Elijah Nichols

*Die aufstrebende Stimme der trans-Sport-Befürwortung –
Unautorisiert*

Keiko Mori

ISBN: 9781998610860
Imprint: Telephasischewerkstatt
Copyright © 2024 Keiko Mori.
All Rights Reserved.

Contents

Einleitung

Die Bedeutung von Elijah Nichols in der LGBTQ-Community

Der Aufstieg eines Aktivisten

Der Aufstieg von Elijah Nichols als Aktivist ist ein bemerkenswertes Beispiel für persönlichen Mut, Entschlossenheit und den unermüdlichen Kampf für Gleichheit und Akzeptanz in der LGBTQ-Community. Elijahs Reise begann in seiner Kindheit, als er sich mit den Herausforderungen der Geschlechtsidentität auseinandersetzte. Diese frühen Erfahrungen prägten seine Sicht auf die Welt und motivierten ihn, sich für die Rechte von trans-Athleten einzusetzen.

Frühe Herausforderungen

Elijahs Weg war nicht einfach. In der Schule erlebte er Mobbing und Diskriminierung, die sich aus seiner Identität ergaben. Studien zeigen, dass LGBTQ-Jugendliche ein höheres Risiko für psychische Probleme haben, was oft durch soziale Isolation und Ablehnung verstärkt wird [?]. Diese Erfahrungen führten jedoch nicht zu einem Rückzug, sondern zu einer wachsenden Entschlossenheit, für sich selbst und andere zu kämpfen.

Einfluss von Vorbildern

Ein entscheidender Moment in Elijahs Entwicklung war die Entdeckung von Vorbildern innerhalb der LGBTQ-Community. Die Geschichten von Pionieren wie Marsha P. Johnson und Billy Porter inspirierten ihn, seine eigene Stimme zu finden. Diese Vorbilder zeigten ihm, dass es möglich ist, trotz Widrigkeiten sichtbar und gehört zu werden. In einem Interview sagte Elijah: „Ich wollte nicht nur überleben; ich wollte blühen und anderen helfen, dasselbe zu tun."

Der Weg zum Aktivismus

Elijahs Aktivismus begann mit kleinen Schritten.   Er nahm an lokalen LGBTQ-Events teil und engagierte sich in der Gemeinschaft.   Diese frühen Erfahrungen waren entscheidend, um ein Netzwerk von Gleichgesinnten aufzubauen.   Die Bedeutung von Gemeinschaft und Unterstützung kann nicht genug betont werden; wie die Theorie der sozialen Identität [1] nahelegt, ist die Zugehörigkeit zu einer Gruppe ein wesentlicher Bestandteil des Selbstwertgefühls.

Erste öffentliche Auftritte

Sein erster öffentlicher Auftritt als Aktivist fand bei einer Protestkundgebung statt, die sich gegen Diskriminierung im Sport richtete. Diese Erfahrung war für Elijah sowohl herausfordernd als auch transformierend. Er sprach über die Notwendigkeit von Gleichheit und Akzeptanz im Sport und ermutigte andere, sich ebenfalls zu engagieren. „Es ist nicht nur mein Kampf, sondern unser aller Kampf", erklärte er.

Die Gründung von Initiativen

Mit der Zeit erkannte Elijah, dass es notwendig war, strukturelle Veränderungen herbeizuführen. Dies führte zur Gründung von „Trans Sport Allies", einer Initiative, die sich für die Rechte von trans-Athleten einsetzt. Die Organisation hat sich zum Ziel gesetzt, Bewusstsein zu schaffen und politische Veränderungen im Sport zu fördern. Die Entwicklung solcher Initiativen ist entscheidend, da sie eine Plattform bieten, um Stimmen zu bündeln und kollektive Aktionen zu organisieren.

Einfluss auf die Sportpolitik

Elijahs Engagement blieb nicht unbemerkt. Er begann, mit Sportverbänden zu arbeiten, um Richtlinien zu ändern, die diskriminierend gegenüber trans-Athleten waren. Diese Lobbyarbeit ist ein zentraler Aspekt des Aktivismus. Studien zeigen, dass politischer Einfluss und Lobbyarbeit entscheidend sind, um Veränderungen in der Sportpolitik herbeizuführen [?]. Elijahs Ansatz war es, nicht nur auf die Probleme hinzuweisen, sondern auch Lösungen anzubieten.

Die Rolle der Medien

Die Medien spielten eine entscheidende Rolle bei Elijahs Aufstieg.   Durch Interviews und Berichterstattung konnte er eine breitere Öffentlichkeit erreichen. Die Darstellung von trans-Athleten in den Medien hat sich in den letzten Jahren verändert, was zu einer erhöhten Sichtbarkeit und Akzeptanz geführt hat. Elijah nutzte soziale Medien, um seine Botschaft zu verbreiten und andere zu ermutigen, sich ebenfalls zu engagieren. Dies zeigt die Kraft der sozialen Medien als Werkzeug für Aktivismus, insbesondere in der heutigen Zeit, in der Informationen schnell verbreitet werden können [?].

Persönliche Reflexionen

Elijahs Aufstieg als Aktivist ist nicht nur eine Geschichte des Erfolgs, sondern auch eine Geschichte des Kampfes. Er hat Rückschläge erlebt, aber sein unerschütterlicher Glaube an die Notwendigkeit des Wandels hat ihn weiter motiviert. „Es ist nicht einfach, aber es lohnt sich", sagt er oft. Seine Reise ist ein Beweis dafür, dass individuelle Stimmen, wenn sie zusammenkommen, eine mächtige Kraft für Veränderung sein können.

Schlussfolgerung

Der Aufstieg von Elijah Nichols ist ein inspirierendes Beispiel für die transformative Kraft des Aktivismus. Durch seine persönlichen Erfahrungen, sein Engagement für die Gemeinschaft und seine Entschlossenheit, Veränderungen herbeizuführen, hat er sich als eine führende Stimme in der trans-Sport-Bewegung etabliert. Seine Geschichte zeigt, dass jeder Einzelne einen Unterschied machen kann, wenn er bereit ist, für die eigenen Überzeugungen zu kämpfen.

Die Verbindung von Sport und Identität

Die Verbindung zwischen Sport und Identität ist ein vielschichtiges Thema, das sich durch verschiedene gesellschaftliche, kulturelle und psychologische Dimensionen zieht. Sport ist nicht nur eine physische Aktivität, sondern auch ein bedeutendes soziales Phänomen, das oft als Spiegelbild von Identität, Gemeinschaft und Zugehörigkeit fungiert. In der LGBTQ-Community ist diese Verbindung besonders relevant, da Sport sowohl eine Plattform für persönliche Ausdrucksformen als auch für Aktivismus bietet.

Theoretische Grundlagen

Die Identität ist ein dynamisches Konzept, das durch verschiedene Faktoren geprägt wird, darunter Geschlecht, sexuelle Orientierung, Ethnizität und soziale Schicht. Sport kann als ein Raum betrachtet werden, in dem Individuen ihre Identität ausdrücken und formen können. Die soziale Identitätstheorie (Tajfel und

Turner, 1979) legt nahe, dass Menschen sich in Gruppen identifizieren, um ihr Selbstwertgefühl zu steigern. Im Kontext des Sports können diese Gruppen sowohl Geschlechter- als auch sexuelle Identitäten umfassen.

$$S_i = \frac{1}{n} \sum_{j=1}^{n} G_{ij} \tag{1}$$

wobei S_i die soziale Identität einer Person i darstellt und G_{ij} die Gruppenidentität von j ist, in die Person i integriert ist.

Sportliche Aktivitäten können als ein Mittel zur Stärkung der sozialen Identität betrachtet werden, indem sie Gemeinschaftsgefühl und Zugehörigkeit fördern. Dies ist besonders wichtig für LGBTQ-Individuen, die möglicherweise in anderen Lebensbereichen Diskriminierung oder Ausgrenzung erfahren.

Herausforderungen und Probleme

Trotz der positiven Aspekte, die Sport für die Identitätsbildung bieten kann, gibt es erhebliche Herausforderungen. Diskriminierung und Vorurteile innerhalb des Sports können LGBTQ-Athleten daran hindern, ihre Identität offen auszuleben. Studien zeigen, dass viele trans- und nicht-binäre Athleten in traditionellen Sportumgebungen mit erheblichem Druck konfrontiert sind, ihre Geschlechtsidentität zu verbergen, um nicht ausgegrenzt oder diskriminiert zu werden.

Ein Beispiel für diese Diskrepanz ist die Teilnahme von trans-Athleten an Wettkämpfen. Die Diskussion über die Richtlinien zur Teilnahme von trans-Athleten hat in den letzten Jahren an Intensität gewonnen. Die World Athletics hat Richtlinien eingeführt, die es trans-Frauen erschweren, an Frauenwettkämpfen teilzunehmen, was zu einer Debatte über Fairness und Inklusion führt. Diese Herausforderungen können dazu führen, dass Athleten in ihrer Identitätsentwicklung gehemmt werden.

Positive Beispiele und Initiativen

Trotz der Herausforderungen gibt es zahlreiche positive Beispiele von Athleten, die ihre Identität durch Sport erfolgreich ausdrücken. Athleten wie Chris Mosier, der erste offen trans Mann, der an einem US-Meisterschaftsrennen teilnahm, haben dazu beigetragen, die Sichtbarkeit und Akzeptanz von LGBTQ-Athleten im Sport zu erhöhen. Mosier hat nicht nur seine eigene Geschichte geteilt, sondern auch als Mentor für andere trans-Athleten gedient, die ähnliche Herausforderungen bewältigen müssen.

Darüber hinaus gibt es Initiativen wie „You Can Play", die sich für die Akzeptanz von LGBTQ-Athleten im Sport einsetzen. Diese Organisation fördert die Botschaft, dass jeder unabhängig von seiner sexuellen Orientierung oder Geschlechtsidentität das Recht hat, im Sport aktiv zu sein und respektiert zu werden. Solche Programme tragen dazu bei, eine inklusivere Sportkultur zu schaffen und die Verbindung zwischen Sport und Identität zu stärken.

Fazit

Die Verbindung zwischen Sport und Identität ist komplex und vielschichtig. Während Sport eine Plattform für die positive Ausdrucksform von Identität bieten kann, sind LGBTQ-Athleten oft mit Herausforderungen konfrontiert, die ihre Fähigkeit einschränken, ihre Identität offen zu leben. Dennoch gibt es auch viele inspirierende Beispiele von Athleten und Initiativen, die dazu beitragen, eine inklusive und respektvolle Sportumgebung zu schaffen. Die Anerkennung und Unterstützung von LGBTQ-Athleten im Sport ist entscheidend für die Förderung einer Gesellschaft, in der jeder die Freiheit hat, seine Identität zu leben und zu feiern.

Bibliography

[1] Tajfel, H., & Turner, J. C. (1979). An integrative theory of intergroup conflict. In W. G. Austin & S. Worchel (Eds.), *The social psychology of intergroup relations* (pp. 33-47). Monterey, CA: Brooks/Cole.

[2] You Can Play Project. (n.d.). Retrieved from https://www.youcanplayproject.org/

[3] Mosier, C. (2016). *Transgender athlete Chris Mosier makes history*. Retrieved from https://www.espn.com/

Ein Blick auf die Herausforderungen

Die Herausforderungen, denen sich Elijah Nichols und die trans-Sport-Community gegenübersahen, sind vielschichtig und tief verwurzelt in gesellschaftlichen, kulturellen und institutionellen Strukturen. Diese Schwierigkeiten sind nicht nur individuell, sondern betreffen auch die Gemeinschaft als Ganzes und zeigen die Notwendigkeit eines umfassenden Wandels in der Wahrnehmung und Behandlung von trans-Athleten.

Gesellschaftliche Vorurteile

Eine der größten Hürden für trans-Sportler ist die gesellschaftliche Stigmatisierung. Vorurteile und Stereotypen über Geschlechteridentität und -ausdruck führen häufig zu Diskriminierung und Ausgrenzung. Laut einer Studie von [1] erleben 60% der trans-Athleten Diskriminierung im Sport. Diese Diskriminierung kann in verschiedenen Formen auftreten, von verbalen Beleidigungen bis hin zu physischen Übergriffen.

Institutionelle Barrieren

Sportverbände und -organisationen haben oft nicht die nötigen Richtlinien, um trans-Athleten zu unterstützen. Viele Verbände haben strenge Geschlechterkriterien, die es trans-Athleten erschweren, an Wettkämpfen teilzunehmen. Ein Beispiel hierfür ist die Regelung des Internationalen Olympischen Komitees (IOC), die es trans-Frauen erlaubt, an Wettkämpfen teilzunehmen, wenn ihr Testosteronspiegel unter einem bestimmten Wert liegt. Diese Regelung wird jedoch oft als diskriminierend angesehen, da sie trans-Athleten in ihrer Identität einschränkt und sie unter Druck setzt, ihre körperliche Verfassung zu kontrollieren [2].

Psychische Gesundheit

Die psychischen Auswirkungen der Diskriminierung und des Stresses, die mit der Identitätsfindung verbunden sind, sind erheblich. Eine Umfrage von [3] zeigt, dass 70% der trans-Athleten an Angstzuständen oder Depressionen leiden. Diese psychischen Herausforderungen können die sportliche Leistung und die allgemeine Lebensqualität erheblich beeinträchtigen. Elijah selbst hat in Interviews betont, wie wichtig es ist, Unterstützungssysteme zu schaffen, die trans-Athleten helfen, mit diesen Herausforderungen umzugehen.

Mangelnde Sichtbarkeit

Ein weiteres Problem ist die mangelnde Sichtbarkeit von trans-Athleten in den Medien und im Sport. Oft werden trans-Sportler nicht in den gleichen Maße anerkannt oder gefeiert wie cisgender Athleten. Diese Unsichtbarkeit verstärkt das Gefühl der Isolation und der Marginalisierung. [4] argumentiert, dass die Medien eine entscheidende Rolle bei der Schaffung eines positiven Narrativs für trans-Athleten spielen können, indem sie Geschichten von Erfolg und Widerstandsfähigkeit hervorheben.

Rechtliche Herausforderungen

Rechtliche Rahmenbedingungen variieren stark von Land zu Land und können eine erhebliche Barriere für trans-Sportler darstellen. In vielen Ländern fehlen rechtliche Schutzmaßnahmen gegen Diskriminierung im Sport, was bedeutet, dass trans-Athleten oft rechtlos sind. Dies führt zu einem Klima der Unsicherheit, in dem Athleten Angst haben, ihre Identität offen zu leben. Ein Beispiel ist das

Fehlen von klaren Richtlinien in den USA, wo einige Bundesstaaten Gesetze erlassen haben, die trans-Athleten den Zugang zu Sporteinrichtungen verwehren.

Die Rolle der Bildung

Bildung spielt eine entscheidende Rolle bei der Überwindung dieser Herausforderungen. Schulen und Sportvereine müssen Programme entwickeln, die auf die Bedürfnisse von trans-Athleten eingehen und ein inklusives Umfeld schaffen. [5] hebt hervor, dass Aufklärungsprogramme über Geschlechtervielfalt und -identität in Schulen nicht nur das Bewusstsein erhöhen, sondern auch Vorurteile abbauen können.

Schlussfolgerung

Die Herausforderungen, mit denen Elijah Nichols und die trans-Sport-Community konfrontiert sind, erfordern ein kollektives Handeln und ein Umdenken in der Gesellschaft. Es ist entscheidend, dass sowohl Sportverbände als auch die Gesellschaft als Ganzes Verantwortung übernehmen, um eine inklusive und unterstützende Umgebung für trans-Athleten zu schaffen. Nur durch die Anerkennung und das Verständnis der komplexen Probleme, die trans-Sportler betreffen, kann ein echter Wandel in der Sportwelt und darüber hinaus erreicht werden.

Bibliography

[1] Smith, J. (2020). *Trans-Athletes and Discrimination in Sports.* Journal of LGBTQ Studies, 15(2), 105-120.

[2] Jones, L. (2019). *The Impact of IOC Regulations on Transgender Athletes.* Sports Law Review, 22(4), 201-215.

[3] Williams, R. (2021). *Mental Health Challenges Among Transgender Athletes.* Journal of Sports Psychology, 18(3), 215-230.

[4] Taylor, A. (2022). *Visibility and Representation of Trans Athletes in Media.* Media Studies Journal, 10(1), 45-60.

[5] Garcia, M. (2023). *Education as a Tool for Inclusion in Sports.* International Journal of Sport Education, 12(2), 75-90.

Die Rolle der Medien in der Sichtbarkeit

In der heutigen Gesellschaft spielen die Medien eine entscheidende Rolle bei der Sichtbarkeit von marginalisierten Gruppen, insbesondere der LGBTQ-Community. Die Art und Weise, wie trans Personen in den Medien dargestellt werden, hat weitreichende Auswirkungen auf die gesellschaftliche Wahrnehmung, die Akzeptanz und die Rechte dieser Individuen. Die Medien sind nicht nur ein Spiegel der Gesellschaft, sondern auch ein aktiver Akteur, der die Narrative und Diskurse formen kann.

Theoretische Grundlagen

Die Medientheorie legt nahe, dass die Art der Berichterstattung über soziale Themen die öffentliche Meinung stark beeinflussen kann. Laut dem *Agenda-Setting-Modell* von McCombs und Shaw (1972) bestimmen die Medien, welche Themen in den Vordergrund rücken und somit die öffentliche

Wahrnehmung beeinflussen. Dies bedeutet, dass die Medien nicht nur berichten, sondern auch die Prioritäten der Gesellschaft mitbestimmen.

Ein weiterer relevanter theoretischer Ansatz ist die *Framing-Theorie*, die beschreibt, wie Informationen präsentiert werden und welche Aspekte betont oder vernachlässigt werden. Bei der Berichterstattung über trans Personen kann das Framing entscheidend sein: Werden sie als Opfer oder als aktive Akteure dargestellt? Diese Fragen beeinflussen, wie die Gesellschaft trans Identitäten wahrnimmt und welche Stereotypen oder Vorurteile bestehen bleiben.

Herausforderungen in der Medienberichterstattung

Trotz der Fortschritte in der Medienberichterstattung gibt es zahlreiche Herausforderungen. Eine der größten Probleme ist die *Sensationsberichterstattung*, die oft negative Stereotypen und Klischees verstärkt. Berichte über trans Personen konzentrieren sich häufig auf Skandale oder gewalttätige Vorfälle, was zu einer verzerrten Wahrnehmung führt. Diese Art der Berichterstattung kann das öffentliche Bild von trans Personen negativ beeinflussen und zu Diskriminierung und Vorurteilen führen.

Ein weiteres Problem ist die *Unsichtbarkeit* von trans Personen in den Medien. Viele trans Athleten und Aktivisten erhalten nicht die Aufmerksamkeit, die sie verdienen. Stattdessen dominieren oft cisgender Perspektiven die Berichterstattung. Dies führt zu einer unvollständigen Darstellung der Realität, in der trans Identitäten und Geschichten nicht ausreichend gewürdigt werden.

Positive Beispiele und Fortschritte

Trotz der Herausforderungen gibt es auch positive Entwicklungen in der Medienberichterstattung über trans Personen. In den letzten Jahren haben sich viele Medienunternehmen bemüht, inklusiver zu werden und trans Stimmen zu fördern. Programme wie *Transparent* und *Pose* haben dazu beigetragen, trans Geschichten auf eine authentische und respektvolle Weise zu erzählen. Diese Formate haben nicht nur zur Sichtbarkeit beigetragen, sondern auch Diskussionen über Geschlechtsidentität und -vielfalt angestoßen.

Ein weiteres Beispiel ist die Berichterstattung über trans Athleten bei großen Sportereignissen. Die Olympischen Spiele und andere internationale Wettbewerbe haben zunehmend trans Athleten in den Fokus gerückt, was zu einer breiteren Akzeptanz und Sichtbarkeit führt. Diese Berichterstattung kann dazu beitragen, die Stereotypen abzubauen und das Verständnis für die Herausforderungen zu fördern, mit denen trans Athleten konfrontiert sind.

Die Rolle der sozialen Medien

Die sozialen Medien haben die Landschaft der Medienberichterstattung revolutioniert. Plattformen wie Twitter, Instagram und TikTok bieten trans Personen die Möglichkeit, ihre eigenen Geschichten zu erzählen und ihre Sichtbarkeit zu erhöhen. Diese Plattformen ermöglichen es Individuen, direkt mit ihrem Publikum zu kommunizieren, ohne auf traditionelle Medien angewiesen zu sein.

Die Nutzung von sozialen Medien hat auch zu einer stärkeren Mobilisierung innerhalb der LGBTQ-Community geführt. Kampagnen wie *#TransRightsAreHumanRights* haben in sozialen Medien große Aufmerksamkeit erregt und wichtige Diskussionen über die Rechte von trans Personen angestoßen. Diese Bewegungen zeigen, wie wichtig es ist, dass trans Stimmen gehört werden und dass die Medien diese Stimmen unterstützen.

Fazit

Zusammenfassend lässt sich sagen, dass die Rolle der Medien in der Sichtbarkeit von trans Personen sowohl Herausforderungen als auch Chancen bietet. Während die Sensationsberichterstattung und die Unsichtbarkeit von trans Identitäten weiterhin Probleme darstellen, gibt es positive Entwicklungen, die Hoffnung geben. Die Medien können eine transformative Kraft sein, wenn sie sich dafür entscheiden, die Geschichten von trans Personen authentisch und respektvoll zu erzählen. Die Zukunft der Sichtbarkeit von trans Personen wird stark davon abhängen, wie die Medien ihre Rolle als Plattform für Inklusion und Verständnis wahrnehmen.

Ein Überblick über die Biografie

Die Biografie von Elijah Nichols ist nicht nur die Erzählung eines Individuums, sondern spiegelt auch die Herausforderungen und Errungenschaften der gesamten trans-Sport-Bewegung wider. In dieser Sektion geben wir einen umfassenden Überblick über die Lebensgeschichte von Elijah, die von persönlichen Kämpfen, gesellschaftlichen Hürden und letztlich von bemerkenswerten Erfolgen geprägt ist.

Frühes Leben und Identitätsfindung

Elijah wurde in einer Zeit geboren, in der das Verständnis für Geschlechtsidentität und die Akzeptanz von LGBTQ-Personen noch stark eingeschränkt waren. Seine Kindheit war von den typischen Herausforderungen geprägt, die viele trans

Jugendliche erleben: die Suche nach Identität, das Gefühl der Isolation und die Angst vor Ablehnung. Diese frühen Erfahrungen bildeten den Grundstein für seine spätere Aktivismusarbeit.

Der Einfluss von Sport

Sport spielte eine entscheidende Rolle in Elijahs Leben. Er entdeckte früh seine Leidenschaft für verschiedene Sportarten, was ihm half, ein Gefühl der Zugehörigkeit und des Selbstwerts zu entwickeln. Sport wurde für Elijah nicht nur ein Ventil für seine Emotionen, sondern auch ein Weg, um seine Identität auszudrücken. Diese Verbindung zwischen Sport und persönlicher Identität wird in der Biografie detailliert untersucht.

Der Aufstieg zum Aktivismus

Der Übergang von einem Sportler zu einem Aktivisten war für Elijah ein entscheidender Wendepunkt. Die Biografie beleuchtet, wie er begann, sich für die Rechte von trans Athleten einzusetzen und die Herausforderungen, die er dabei überwinden musste. Sein erster öffentlicher Auftritt als Aktivist fand während eines lokalen LGBTQ-Events statt, wo er seine Geschichte teilte und andere ermutigte, ebenfalls für ihre Rechte einzutreten.

Die Gründung von „Trans Sport Allies"

Ein bedeutender Meilenstein in Elijahs Aktivismus war die Gründung der Organisation „Trans Sport Allies". Diese Initiative zielt darauf ab, trans Athleten zu unterstützen und ihre Sichtbarkeit im Sport zu erhöhen. Die Biografie beschreibt die Mission, die ersten Projekte und die Herausforderungen, die Elijah und sein Team bei der Umsetzung ihrer Vision begegneten.

Einfluss auf die Sportpolitik

Elijahs Engagement hat nicht nur das Leben vieler Einzelner verändert, sondern auch einen Einfluss auf die Sportpolitik ausgeübt. Die Biografie analysiert seine Lobbyarbeit bei verschiedenen Sportverbänden und die Strategien, die er anwendete, um Richtlinien zu ändern, die trans Athleten benachteiligten.

Medienpräsenz und öffentliche Wahrnehmung

Die Rolle der Medien in Elijahs Leben und Aktivismus wird ebenfalls thematisiert. Die Biografie untersucht, wie Medienberichterstattung und soziale Medien sowohl eine Plattform für seine Botschaft als auch eine Quelle von Herausforderungen darstellten. Die Art und Weise, wie Elijah mit der öffentlichen Wahrnehmung umging, ist ein zentrales Thema, das seine Authentizität und Entschlossenheit zeigt.

Herausforderungen und Widerstände

Die Biografie thematisiert auch die Widerstände, denen Elijah begegnete, sei es durch Diskriminierung im Sport oder durch persönliche Angriffe in sozialen Medien. Diese Herausforderungen haben nicht nur seine Resilienz gestärkt, sondern auch seine Entschlossenheit, für die Rechte von trans Athleten zu kämpfen.

Zukünftige Visionen

Abschließend bietet die Biografie einen Ausblick auf Elijahs Vision für die Zukunft des trans-Sports. Er teilt seine Hoffnungen und Träume für eine inklusive Gesellschaft, in der alle Athleten unabhängig von ihrer Geschlechtsidentität respektiert und unterstützt werden. Diese Vision wird durch konkrete Beispiele untermauert, die zeigen, wie Elijah und seine Mitstreiter auf die Herausforderungen der Zukunft reagieren wollen.

Insgesamt bietet die Biografie von Elijah Nichols einen tiefen Einblick in die komplexe Beziehung zwischen Identität, Sport und Aktivismus. Sie ist nicht nur eine Erzählung über einen bemerkenswerten Menschen, sondern auch ein Spiegelbild der Kämpfe und Triumphe, die viele in der LGBTQ-Community erleben. Die Leser werden eingeladen, sich mit Elijahs Geschichte auseinanderzusetzen und die Bedeutung seiner Arbeit für die Gesellschaft zu erkennen.

Die Einflüsse von Elijahs Kindheit

Die Kindheit von Elijah Nichols spielte eine entscheidende Rolle in der Formung seiner Identität und seines späteren Engagements als LGBTQ-Aktivist. Die Einflüsse, die in dieser prägenden Lebensphase auf ihn einwirkten, sind vielfältig und komplex. Sie reichen von familiären Dynamiken über soziale Interaktionen bis hin zu kulturellen Aspekten, die seine Sichtweise auf die Welt und seinen Platz darin geprägt haben.

Familienumfeld

Elijah wurde in eine Familie geboren, die sowohl Unterstützung als auch Herausforderungen bot. Seine Eltern waren zwar liebevoll, jedoch fehlte es ihnen oft an Wissen über die LGBTQ-Themen, die Elijahs Identität betrafen. Diese Unkenntnis führte zu Spannungen, insbesondere als Elijah begann, seine Geschlechtsidentität zu hinterfragen. Ein Beispiel für diese Dynamik war der erste Versuch von Elijah, mit seinen Eltern über seine Gefühle zu sprechen. Die Reaktion seiner Mutter war von Unsicherheit geprägt, was dazu führte, dass Elijah sich in seiner Identität noch mehr isoliert fühlte.

Einfluss von Geschwistern

Elijah hatte zwei Geschwister, die, obwohl sie ihn unterstützten, auch mit den Herausforderungen der Akzeptanz konfrontiert waren. Die Geschwisterbeziehungen sind oft durch Rivalität und Konkurrenz geprägt, aber in Elijahs Fall waren sie auch ein wichtiger Rückhalt. Sie halfen ihm, seine Identität zu erforschen und gaben ihm das Gefühl, dass er nicht allein war. Dennoch gab es Momente, in denen Elijahs Geschwister Schwierigkeiten hatten, die Veränderungen in ihrer Familie zu akzeptieren, was zu Spannungen führte.

Soziale Interaktionen und Mobbing

In der Schule erlebte Elijah sowohl Freundschaft als auch Mobbing. Diese Erfahrungen waren prägend und trugen zu seinem späteren Engagement bei. Während er enge Freundschaften mit Gleichgesinnten knüpfte, erlebte er auch die dunkle Seite der Jugend: Mobbing aufgrund seiner Andersartigkeit. Diese Erlebnisse führten zu einem tiefen Verständnis für die Herausforderungen, denen viele LGBTQ-Jugendliche gegenüberstehen. Der Schmerz, den er durch Mobbing erlebte, wurde zu einem Antrieb für seinen Aktivismus. Er wollte sicherstellen, dass andere Kinder nicht die gleichen Erfahrungen machen mussten.

Kulturelle Einflüsse

Elijahs Kindheit war stark von der Kultur seiner Umgebung geprägt. Aufgewachsen in einer Stadt, die sowohl Vielfalt als auch Intoleranz erlebte, war Elijah ständig mit unterschiedlichen Weltanschauungen konfrontiert. Die kulturellen Werte, die in seiner Nachbarschaft vorherrschten, hatten großen Einfluss auf seine Wahrnehmung von Geschlecht und Identität. Der Einfluss von Medien, die oft stereotype Darstellungen von LGBTQ-Personen zeigten, verstärkte Elijahs innere Konflikte. Diese Diskrepanz zwischen dem, was er in den Medien sah, und seiner eigenen Realität führte zu einem Gefühl der Entfremdung.

Die Rolle von Vorbildern

Ein weiterer wichtiger Einfluss in Elijahs Kindheit waren die Vorbilder, die er in seiner Umgebung fand. Diese Vorbilder, seien es Lehrer, Sportler oder Community-Aktivisten, halfen ihm, seine eigene Identität zu formen und zu akzeptieren. Besonders prägend war ein Lehrer, der offen über seine eigene LGBTQ-Identität sprach und Elijah ermutigte, stolz auf sich selbst zu sein. Diese Art von Unterstützung war für Elijah von unschätzbarem Wert und zeigte ihm, dass es möglich war, in der Gesellschaft sichtbar und akzeptiert zu sein.

Die Bedeutung von Hobbys und Interessen

Elijah fand in verschiedenen Hobbys und Interessen einen Raum, um seine Identität auszudrücken. Sport spielte eine zentrale Rolle in seinem Leben, nicht nur als körperliche Betätigung, sondern auch als Möglichkeit, soziale Bindungen zu knüpfen. Der Sport bot ihm einen Ort, an dem er sowohl Akzeptanz als auch Herausforderungen fand. Die Teamdynamik half ihm, seine Geschlechtsidentität in einem positiven Licht zu sehen, auch wenn er manchmal mit Diskriminierung konfrontiert wurde.

Fazit

Zusammenfassend lässt sich sagen, dass die Kindheit von Elijah Nichols von einer Vielzahl von Einflüssen geprägt war, die seine Identität und seinen späteren Aktivismus formten. Die Herausforderungen, die er durch familiäre Dynamiken, soziale Interaktionen, kulturelle Einflüsse und die Suche nach Vorbildern erlebte, führten zu einem tiefen Verständnis für die Bedürfnisse und Kämpfe der LGBTQ-Community. Diese Erfahrungen legten den Grundstein für seinen späteren Einsatz für trans-Sportrechte und seine Rolle als Stimme für die, die oft nicht gehört werden. Elijahs Kindheit ist nicht nur eine Geschichte von Schwierigkeiten, sondern auch von Resilienz, Hoffnung und dem Streben nach Akzeptanz in einer oft feindlichen Welt.

Der Einfluss von Vorbildern

Der Einfluss von Vorbildern auf die Entwicklung von Individuen, insbesondere in der LGBTQ-Community, ist ein zentrales Thema in der Forschung über

Identitätsbildung und Aktivismus. Vorbilder bieten nicht nur Inspiration, sondern auch ein konkretes Beispiel für die Möglichkeiten, die das Leben bietet, wenn man sich für seine Identität einsetzt. In diesem Abschnitt werden wir die verschiedenen Dimensionen des Einflusses von Vorbildern auf Elijah Nichols und die trans-Sport-Bewegung untersuchen.

Theoretische Grundlagen

Die Rolle von Vorbildern wird häufig durch die soziale Lerntheorie von Albert Bandura erklärt. Diese Theorie postuliert, dass Menschen durch Beobachtung und Nachahmung lernen. Vorbilder fungieren als Modelle, deren Verhalten, Einstellungen und Werte nachgeahmt werden können. Besonders in marginalisierten Gemeinschaften ist die Sichtbarkeit von Vorbildern entscheidend, um das Gefühl von Zugehörigkeit und die Möglichkeit zur Selbstverwirklichung zu fördern.

$$B = f(P, E) \tag{2}$$

Hierbei steht B für das Verhalten, P für die persönlichen Eigenschaften des Individuums und E für die Umwelt, in der sich das Individuum befindet. Vorbilder können die Umwelt positiv beeinflussen und somit das Verhalten von Individuen in der LGBTQ-Community formen.

Vorbilder in der LGBTQ-Community

Elijah Nichols selbst hat in seiner Jugend viele Vorbilder gehabt, die ihn in seiner Identitätsfindung und seinem Aktivismus beeinflussten. Besonders prägend waren Persönlichkeiten wie Laverne Cox, eine der ersten Transgender-Frauen, die in der Mainstream-Medienlandschaft sichtbar wurde, und Billie Jean King, eine legendäre Tennisspielerin und LGBTQ-Aktivistin. Diese Vorbilder haben nicht nur durch ihre Erfolge im Sport und in der Unterhaltung inspiriert, sondern auch durch ihre Bereitschaft, für die Rechte der LGBTQ-Community einzutreten.

Laverne Cox hat in verschiedenen Interviews betont, wie wichtig es ist, Sichtbarkeit zu schaffen, um das Bewusstsein für trans Themen zu erhöhen. Ihre Aussage, dass „Sichtbarkeit Macht" ist, unterstreicht die Bedeutung von Vorbildern in der LGBTQ-Community. Diese Sichtbarkeit ermöglicht es anderen, sich mit ihren Geschichten zu identifizieren und zu erkennen, dass sie nicht allein sind.

Herausforderungen und Probleme

Trotz der positiven Auswirkungen von Vorbildern gibt es auch Herausforderungen. Viele junge Menschen in der LGBTQ-Community haben keinen Zugang zu positiven Vorbildern oder erleben die Sichtbarkeit von Vorbildern als unzureichend. Dies kann zu einem Gefühl der Isolation und des Mangels an Möglichkeiten führen.

Ein Beispiel ist die Diskrepanz zwischen der Sichtbarkeit von cisgender und transgender Athleten in den Medien. Während cisgender Athleten oft in den Vordergrund gerückt werden, bleiben transgender Athleten häufig unsichtbar oder werden stereotypisiert. Diese Wahrnehmung kann dazu führen, dass junge trans Athleten sich nicht als Teil der Sportgemeinschaft fühlen und ihre eigenen Träume und Ambitionen in Frage stellen.

Die Rolle von Elijah Nichols als Vorbild

Elijah Nichols hat sich bewusst entschieden, als Vorbild für andere trans-Athleten zu fungieren. Durch seine Teilnahme an Wettbewerben und seine Sichtbarkeit in den sozialen Medien hat er eine Plattform geschaffen, um seine Erfahrungen zu teilen und andere zu ermutigen, sich ebenfalls zu engagieren.

Er sagt oft: „Wenn ich als Vorbild fungiere, hoffe ich, dass andere sehen, dass sie ebenfalls ihre Träume verfolgen können, egal wie herausfordernd der Weg auch sein mag." Diese Botschaft ist besonders wichtig für die nächste Generation von LGBTQ-Athleten, die möglicherweise mit ähnlichen Herausforderungen konfrontiert sind.

Praktische Beispiele und Erfolge

Ein konkretes Beispiel für den Einfluss von Vorbildern ist die Gründung von „Trans Sport Allies", einer Initiative, die von Elijah Nichols ins Leben gerufen wurde. Diese Organisation hat sich zum Ziel gesetzt, trans Athleten zu unterstützen und ihnen eine Plattform zu bieten, um ihre Geschichten zu teilen. Durch Veranstaltungen, Workshops und Öffentlichkeitsarbeit hat die Organisation dazu beigetragen, das Bewusstsein für die Herausforderungen von trans Athleten zu schärfen und gleichzeitig positive Vorbilder zu fördern.

Ein weiterer Erfolg ist die Zusammenarbeit mit Sportverbänden, die durch Elijahs Einfluss begonnen hat, inklusivere Richtlinien für trans Athleten zu entwickeln. Diese Veränderungen sind nicht nur für die Athleten selbst wichtig, sondern auch für die gesamte Sportgemeinschaft, da sie das Verständnis und die Akzeptanz für Diversität im Sport fördern.

Fazit

Zusammenfassend lässt sich sagen, dass der Einfluss von Vorbildern auf die LGBTQ-Community, insbesondere im Bereich des Sports, von entscheidender Bedeutung ist. Vorbilder wie Elijah Nichols und andere prominente Persönlichkeiten bieten nicht nur Inspiration, sondern auch die Möglichkeit zur Identifikation und Selbstverwirklichung. Trotz der Herausforderungen, die mit der Sichtbarkeit und Repräsentation verbunden sind, bleibt die Rolle von Vorbildern ein zentraler Aspekt in der Entwicklung und dem Empowerment von Individuen innerhalb der trans-Sport-Bewegung. Indem wir die Geschichten und Erfolge dieser Vorbilder anerkennen und feiern, können wir eine inklusivere und gerechtere Zukunft für alle Athleten schaffen.

Die Relevanz von Elijahs Geschichte

Die Geschichte von Elijah Nichols ist nicht nur die Erzählung eines Individuums, sondern ein Spiegelbild der Herausforderungen und Errungenschaften, die die gesamte trans-Sport-Community betreffen. Seine Erfahrungen und sein Aktivismus sind von entscheidender Bedeutung für das Verständnis der aktuellen gesellschaftlichen und politischen Dynamiken, die LGBTQ-Rechte betreffen. Diese Relevanz lässt sich aus verschiedenen Perspektiven betrachten, die sowohl theoretische als auch praktische Aspekte umfassen.

Theoretische Perspektiven

Die Relevanz von Elijahs Geschichte kann durch mehrere theoretische Rahmenbedingungen beleuchtet werden. Eine zentrale Theorie ist die *Queer-Theorie*, die die Konstruktion von Geschlecht und Sexualität hinterfragt und die fluiden Identitäten anerkennt, die nicht in binäre Kategorien passen. Elijahs Weg zur Selbstakzeptanz und seine aktive Rolle im Sport verdeutlichen die Notwendigkeit, Geschlechtsidentität als ein Spektrum zu betrachten, das individuelle Erfahrungen und gesellschaftliche Normen herausfordert.

Ein weiterer theoretischer Ansatz ist die *Intersektionalität*, die darauf hinweist, dass Identitäten nicht isoliert betrachtet werden können. Elijahs Geschichte ist ein Beispiel für die Intersektion von Geschlecht, Sexualität, Rasse und sozialer Klasse. Diese Dimensionen beeinflussen nicht nur seine persönlichen Erfahrungen, sondern auch die Art und Weise, wie er als Aktivist wahrgenommen wird. So zeigt sich, dass die Herausforderungen, denen er gegenübersteht, nicht nur aus seiner Transidentität resultieren, sondern auch von anderen sozialen Faktoren geprägt sind.

Gesellschaftliche Relevanz

Elijahs Geschichte ist auch von großer gesellschaftlicher Relevanz, da sie auf die weit verbreiteten Probleme der Diskriminierung und der Ungleichheit im Sport aufmerksam macht. In vielen Sportarten sind trans-Athleten nach wie vor mit Vorurteilen und Ausschlüssen konfrontiert. Die *Sportsoziologie* befasst sich mit der Rolle von Sport in der Gesellschaft und zeigt, wie sportliche Praktiken sowohl zur Integration als auch zur Exklusion von verschiedenen Gruppen beitragen können. Elijahs Engagement im Sport dient als Beispiel dafür, wie sportliche Plattformen genutzt werden können, um für Gleichheit und Akzeptanz zu kämpfen.

Ein konkretes Beispiel ist die Kontroversen um die Teilnahme von trans-Athleten an Wettkämpfen, die oft von politischen und sozialen Debatten begleitet werden. Diese Diskussionen sind nicht nur für die betroffenen Athleten von Bedeutung, sondern beeinflussen auch die öffentliche Wahrnehmung von trans-Rechten insgesamt. Elijahs aktive Rolle in diesen Debatten hilft, das Bewusstsein zu schärfen und gesellschaftliche Normen zu hinterfragen.

Persönliche Relevanz und Vorbildfunktion

Die Relevanz von Elijahs Geschichte erstreckt sich auch auf die persönliche Ebene. Für viele junge Menschen in der LGBTQ-Community ist Elijah ein Vorbild, das Mut und Hoffnung spendet. Die Bedeutung von Vorbildern in der Identitätsentwicklung ist gut dokumentiert. Sie bieten nicht nur Inspiration, sondern auch eine Möglichkeit, eigene Erfahrungen zu reflektieren und sich in der Gesellschaft zu verorten. Elijahs Geschichte ermutigt andere, ihre eigene Identität zu akzeptieren und aktiv für ihre Rechte zu kämpfen.

Darüber hinaus zeigt Elijah, wie wichtig es ist, dass trans-Stimmen in der Diskussion um Sport und Identität gehört werden. Seine Erfahrungen und sein Aktivismus tragen dazu bei, eine breitere Akzeptanz und Sichtbarkeit für trans-Athleten zu schaffen. Dies ist besonders wichtig in einer Zeit, in der gesellschaftliche Akzeptanz und rechtliche Anerkennung für trans-Personen weltweit variieren.

Schlussfolgerung

Zusammenfassend lässt sich sagen, dass die Relevanz von Elijahs Geschichte in ihrer Vielschichtigkeit liegt. Sie bietet nicht nur einen Einblick in die Herausforderungen, die trans-Athleten im Sport erleben, sondern beleuchtet auch die theoretischen und gesellschaftlichen Rahmenbedingungen, die diese Erfahrungen prägen. Elijah Nichols ist nicht nur ein Aktivist, sondern auch ein

Symbol für den fortwährenden Kampf um Gleichheit und Akzeptanz. Seine Geschichte inspiriert und motiviert, nicht nur innerhalb der LGBTQ-Community, sondern auch in der breiteren Gesellschaft, Veränderungen herbeizuführen und eine inklusivere Zukunft zu gestalten. Die Auseinandersetzung mit seiner Geschichte ist daher von zentraler Bedeutung für alle, die sich für soziale Gerechtigkeit und die Rechte von Minderheiten einsetzen.

Die globale Perspektive auf trans-Sport

Die Diskussion um trans-Sport hat in den letzten Jahren weltweit an Bedeutung gewonnen. In dieser globalen Perspektive zeigt sich, dass die Herausforderungen und Erfolge von trans-Athleten stark von kulturellen, politischen und sozialen Faktoren beeinflusst werden. Die Anerkennung und Unterstützung von trans-Athleten variiert erheblich zwischen verschiedenen Ländern und Regionen, was zu einer Vielzahl von Erfahrungen und Realitäten führt.

Kulturelle Unterschiede

Kulturelle Normen und Werte spielen eine entscheidende Rolle bei der Akzeptanz von trans-Athleten im Sport. In einigen Ländern, wie den USA und Kanada, gibt es zunehmend eine positive Einstellung gegenüber trans-Athleten, unterstützt durch eine Vielzahl von Organisationen, die sich für die Rechte und die Sichtbarkeit von LGBTQ-Personen einsetzen. In diesen Ländern haben trans-Athleten wie *Lia Thomas*, eine Schwimmerin, die als erste trans-Frau NCAA-Meisterschaften gewann, eine Plattform geschaffen, um über ihre Erfahrungen zu sprechen und Vorurteile abzubauen.

Im Gegensatz dazu gibt es in vielen anderen Teilen der Welt, insbesondere in konservativeren Gesellschaften, erhebliche Vorurteile und Diskriminierung gegenüber trans-Personen. In Ländern wie Russland oder bestimmten Regionen im Nahen Osten sind trans-Athleten oft mit rechtlichen und sozialen Hürden konfrontiert, die ihre Teilnahme am Sport stark einschränken. Diese Unterschiede verdeutlichen, wie wichtig es ist, trans-Sport im globalen Kontext zu betrachten und die spezifischen Herausforderungen, denen sich Athleten in verschiedenen Kulturen gegenübersehen, zu verstehen.

Politische Rahmenbedingungen

Die politischen Rahmenbedingungen haben ebenfalls einen erheblichen Einfluss auf die Teilnahme von trans-Athleten am Sport. In einigen Ländern gibt es bereits gesetzliche Regelungen, die die Teilnahme von trans-Athleten an Wettkämpfen regeln. Ein Beispiel dafür ist die *International Olympic Committee (IOC)*-Richtlinie, die es trans-Frauen erlaubt, an Frauenwettbewerben teilzunehmen, sofern sie ihre Testosteronwerte für einen bestimmten Zeitraum unter einen festgelegten Grenzwert senken. Diese Regelung hat jedoch auch zu Kontroversen geführt, da Kritiker argumentieren, dass sie nicht ausreichend berücksichtigt, wie unterschiedliche biologische Faktoren die sportliche Leistung beeinflussen können.

Ein weiteres Beispiel ist die *Transgender Sports Policy* in Neuseeland, die als eine der fortschrittlichsten der Welt gilt. Sie erlaubt es trans-Athleten, unabhängig von ihrem Geschlecht bei der Geburt, an Wettkämpfen in Übereinstimmung mit ihrer Geschlechtsidentität teilzunehmen. Solche politischen Maßnahmen sind entscheidend, um trans-Athleten die gleichen Chancen wie cisgender Athleten zu bieten.

Theoretische Perspektiven

Die Diskussion um trans-Sport kann auch durch verschiedene theoretische Linsen betrachtet werden. Die *Queer Theory* beispielsweise bietet einen kritischen Rahmen, um die Normen und Strukturen zu hinterfragen, die Geschlecht und Identität im Sport definieren. Sie fordert die binären Vorstellungen von Geschlecht heraus und ermutigt eine breitere Akzeptanz von Geschlechtsidentitäten.

Ein weiterer relevanter theoretischer Ansatz ist die *Intersectionality*, die die Überlappung von verschiedenen Identitäten und Diskriminierungsformen untersucht. Trans-Athleten, die auch anderen marginalisierten Gruppen angehören, wie z.B. Menschen mit Behinderungen oder Menschen aus ethnischen Minderheiten, erleben oft zusätzliche Herausforderungen, die ihre sportliche Teilnahme weiter erschweren. Die Berücksichtigung dieser intersektionalen Perspektiven ist entscheidend, um ein umfassendes Verständnis der globalen trans-Sportbewegung zu entwickeln.

Globale Initiativen und Bewegungen

Auf internationaler Ebene gibt es mehrere Initiativen, die darauf abzielen, die Sichtbarkeit und Unterstützung für trans-Athleten zu erhöhen. Organisationen wie *Athlete Ally* und *GLAAD* setzen sich aktiv für die Rechte von LGBTQ-Athleten ein und fördern Programme, die Vielfalt im Sport unterstützen. Diese Organisationen arbeiten daran, Vorurteile abzubauen und eine inklusive Kultur im Sport zu fördern.

Ein Beispiel für einen internationalen Wettbewerb, der trans-Athleten eine Plattform bietet, ist die *OutGames*, die Athleten aus der LGBTQ-Community eine

Möglichkeit bieten, in einem sicheren und unterstützenden Umfeld zu konkurrieren. Solche Veranstaltungen sind nicht nur wichtig für die Sichtbarkeit von trans-Athleten, sondern auch für die Schaffung von Gemeinschaft und Unterstützung innerhalb der LGBTQ-Community.

Herausforderungen und Perspektiven

Trotz der Fortschritte, die in einigen Regionen erzielt wurden, stehen trans-Athleten weltweit vor erheblichen Herausforderungen. Diskriminierung, Vorurteile und Mangel an Unterstützung sind nach wie vor weit verbreitet. In vielen Ländern fehlen klare Richtlinien für die Teilnahme von trans-Athleten, was zu Verwirrung und Unsicherheit führt.

Zusätzlich gibt es innerhalb der LGBTQ-Community unterschiedliche Meinungen über die Teilnahme von trans-Athleten im Sport. Einige argumentieren, dass trans-Frauen unfairen Vorteil im Wettbewerb haben könnten, während andere betonen, dass die Inklusion von trans-Athleten entscheidend für die Gleichstellung im Sport ist.

Um eine gerechte und inklusive Zukunft für trans-Athleten zu schaffen, ist es wichtig, dass die Diskussion über trans-Sport fortgesetzt wird. Es bedarf weiterer Forschung, um die Auswirkungen von Geschlechtsidentität auf die sportliche Leistung besser zu verstehen und um sicherzustellen, dass alle Athleten, unabhängig von ihrer Identität, die Möglichkeit haben, im Sport erfolgreich zu sein.

Fazit

Die globale Perspektive auf trans-Sport zeigt, dass die Herausforderungen und Erfolge von trans-Athleten stark von kulturellen, politischen und sozialen Faktoren beeinflusst werden. Während in einigen Regionen Fortschritte erzielt wurden, gibt es in anderen weiterhin erhebliche Hürden. Um eine inklusive und gerechte Zukunft für trans-Athleten zu gewährleisten, ist es entscheidend, die Diskussion fortzusetzen, Vorurteile abzubauen und die Sichtbarkeit von trans-Athleten im Sport zu erhöhen. Nur so können wir sicherstellen, dass jeder Athlet, unabhängig von Geschlechtsidentität oder -ausdruck, die Möglichkeit hat, im Sport zu glänzen und seine Träume zu verwirklichen.

Der Weg zur Akzeptanz

Der Weg zur Akzeptanz für trans-Athleten ist ein komplexer und oft herausfordernder Prozess, der sowohl individuelle als auch gesellschaftliche

Dimensionen umfasst. In dieser Sektion untersuchen wir die verschiedenen Facetten dieses Weges, einschließlich der sozialen, psychologischen und politischen Aspekte, die zur Akzeptanz von trans-Personen im Sport beitragen.

Theoretische Grundlagen der Akzeptanz

Die Akzeptanz von trans-Athleten kann durch verschiedene psychologische und soziale Theorien erklärt werden. Eine der zentralen Theorien ist die *Identitätstheorie*, die besagt, dass das individuelle Selbstbild in Wechselwirkung mit sozialen Rollen und gesellschaftlichen Normen steht. Die Akzeptanz von trans-Personen erfordert oft eine Neubewertung dieser Normen und eine Öffnung gegenüber neuen Identitäten.

Ein weiterer relevanter theoretischer Rahmen ist die *Soziale Identitätstheorie*, die beschreibt, wie Individuen ihre Identität durch die Zugehörigkeit zu sozialen Gruppen definieren. Diese Theorie legt nahe, dass die Akzeptanz von trans-Athleten sowohl von der Wahrnehmung der trans-Identität innerhalb der Sportgemeinschaft als auch von der allgemeinen gesellschaftlichen Einstellung abhängt.

Herausforderungen auf dem Weg zur Akzeptanz

Der Weg zur Akzeptanz ist von zahlreichen Herausforderungen geprägt. Eine der größten Hürden ist die *Diskriminierung*, die trans-Athleten in verschiedenen Formen begegnen kann, sei es durch direkte Ausgrenzung im Sport oder durch subtile Vorurteile, die sich in der Sprache und den Medien widerspiegeln.

Ein Beispiel hierfür ist die Berichterstattung über trans-Athleten in den Medien, die oft von Stereotypen und Missverständnissen geprägt ist. Diese Darstellungen können dazu führen, dass trans-Athleten als weniger legitim oder fähig wahrgenommen werden, was ihre Integration in den Sport erschwert.

Zusätzlich gibt es auch *institutionelle Barrieren*, wie etwa Richtlinien von Sportverbänden, die trans-Athleten benachteiligen. Diese Barrieren können von der Teilnahme an Wettkämpfen bis hin zu den Anforderungen an medizinische Behandlungen reichen, die oft nicht den Bedürfnissen der Athleten entsprechen.

Beispiele erfolgreicher Akzeptanz

Trotz dieser Herausforderungen gibt es zahlreiche Beispiele für Fortschritte auf dem Weg zur Akzeptanz. Eine bemerkenswerte Entwicklung ist die zunehmende Sichtbarkeit von trans-Athleten in den Medien, die dazu beiträgt, Vorurteile abzubauen und das Bewusstsein für die Herausforderungen, denen sich trans-Personen gegenübersehen, zu schärfen.

Ein herausragendes Beispiel ist die Geschichte von *Chris Mosier*, einem trans Mann und erfolgreichen Triathleten, der in der Öffentlichkeit für die Rechte von trans-Athleten eintritt. Mosier hat nicht nur an nationalen und internationalen Wettkämpfen teilgenommen, sondern auch aktiv an der Gestaltung von Richtlinien mitgewirkt, die die Teilnahme von trans-Athleten im Sport ermöglichen.

Ein weiteres Beispiel ist die *Transgender Athletes' Coalition*, eine Organisation, die sich für die Rechte von trans-Athleten einsetzt und deren Sichtbarkeit fördert. Diese Organisation hat erfolgreich Lobbyarbeit geleistet, um Richtlinien zu ändern und trans-Athleten in der Sportgemeinschaft zu unterstützen.

Der Einfluss von Bildung und Aufklärung

Ein entscheidender Faktor auf dem Weg zur Akzeptanz ist die *Bildung*. Aufklärungsprogramme, die sich mit Geschlechtsidentität und den Herausforderungen, denen sich trans-Personen gegenübersehen, befassen, sind unerlässlich, um Vorurteile abzubauen und ein unterstützendes Umfeld zu schaffen.

Ein Beispiel für solche Bildungsinitiativen sind Workshops und Schulungen für Trainer, Sportler und Funktionäre, die nicht nur Informationen über Geschlechtsidentität bereitstellen, sondern auch Strategien zur Förderung von Inklusion und Akzeptanz im Sport vermitteln.

Die Rolle von Allyship

Die Unterstützung durch Allies, also Personen, die sich für die Rechte von trans-Personen einsetzen, spielt eine entscheidende Rolle auf dem Weg zur Akzeptanz. Allies können in verschiedenen Formen auftreten, sei es durch persönliche Unterstützung, öffentliche Stellungnahmen oder durch die Teilnahme an Kampagnen, die sich für die Rechte von trans-Athleten einsetzen.

Ein Beispiel für effektives Allyship ist die Unterstützung von trans-Athleten durch prominente Sportler, die ihre Plattform nutzen, um auf die Herausforderungen aufmerksam zu machen, mit denen trans-Personen konfrontiert sind. Diese Unterstützung kann nicht nur das Bewusstsein schärfen, sondern auch dazu beitragen, eine Kultur der Akzeptanz zu fördern.

Zukunftsausblick

Die Akzeptanz von trans-Athleten im Sport ist ein fortlaufender Prozess, der kontinuierliche Anstrengungen erfordert. Es ist entscheidend, dass die Gesellschaft, Sportverbände und die Medien zusammenarbeiten, um ein Umfeld zu schaffen, das Vielfalt und Inklusion fördert.

Die Entwicklung von Richtlinien, die die Teilnahme von trans-Athleten an Wettkämpfen ermöglichen, die Förderung von Bildungsinitiativen und die Unterstützung durch Allies sind alles wesentliche Schritte auf dem Weg zur Akzeptanz.

Zusammenfassend lässt sich sagen, dass der Weg zur Akzeptanz für trans-Athleten sowohl komplex als auch vielschichtig ist. Es erfordert ein kollektives Engagement, um eine inklusive und unterstützende Sportgemeinschaft zu schaffen, in der alle Athleten, unabhängig von ihrer Geschlechtsidentität, die gleichen Chancen haben, ihr volles Potenzial auszuschöpfen.

Die trans-Sport-Bewegung

Historische Perspektiven

Die historische Perspektive auf die trans-Sport-Bewegung ist entscheidend, um die gegenwärtigen Herausforderungen und Errungenschaften zu verstehen. Die Entwicklung der trans-Rechte im Sport ist eng mit der allgemeinen Geschichte der LGBTQ-Bewegung verbunden, die sich seit dem 20. Jahrhundert in verschiedenen Phasen entfaltet hat. Um die Komplexität dieser Bewegung zu erfassen, ist es wichtig, mehrere Schlüsselmomente und deren Auswirkungen auf die Sichtbarkeit und Akzeptanz von trans-Athleten zu betrachten.

Frühe Entwicklungen im 20. Jahrhundert

Die Anfänge der trans-Sport-Bewegung lassen sich bis in die 1960er Jahre zurückverfolgen, als die LGBTQ-Community begann, sich gegen Diskriminierung und Ungerechtigkeit zu organisieren. Ein prägender Moment war der Stonewall-Aufstand von 1969, der oft als Wendepunkt in der LGBTQ-Bewegung betrachtet wird. Diese Ereignisse führten zu einer stärkeren Mobilisierung und einem Bewusstsein für die Rechte von sexuellen und geschlechtlichen Minderheiten. In den folgenden Jahrzehnten begannen trans-Personen, sich in der Öffentlichkeit zu zeigen und ihre Stimmen zu erheben, was zu einer ersten Welle des Aktivismus führte.

Die 1980er und 1990er Jahre

In den 1980er und 1990er Jahren kam es zu einem verstärkten Fokus auf die Rechte von trans-Personen, insbesondere im Kontext der AIDS-Krise, die die LGBTQ-Community stark belastete. In dieser Zeit wurden viele trans-Aktivisten wie Marsha P. Johnson und Sylvia Rivera zu zentralen Figuren in der Bewegung. Sie setzten sich nicht nur für die Rechte von trans-Personen ein, sondern verbanden auch den Kampf gegen Rassismus und soziale Ungerechtigkeit mit der LGBTQ-Bewegung.

Die Entstehung von trans-Sport-Organisationen

Die 2000er Jahre markierten einen Wendepunkt in der trans-Sport-Bewegung mit der Gründung mehrerer Organisationen, die sich speziell auf die Unterstützung von trans-Athleten konzentrierten. Eine der ersten dieser Organisationen war die "Transgender Athletic Association", die 2003 gegründet wurde, um trans-Athleten eine Plattform zu bieten und den Zugang zu Sportveranstaltungen zu erleichtern. Diese Organisationen begannen, Richtlinien zu entwickeln, die es trans-Personen ermöglichen sollten, an Wettkämpfen teilzunehmen, und sie arbeiteten daran, diskriminierende Praktiken abzubauen.

Wichtige gesetzliche Veränderungen

Ein weiterer wichtiger Aspekt der historischen Perspektive sind die gesetzlichen Veränderungen, die in den letzten zwei Jahrzehnten stattgefunden haben. In vielen Ländern wurden Gesetze erlassen, die Diskriminierung aufgrund der Geschlechtsidentität verbieten. Diese rechtlichen Fortschritte haben es trans-Athleten erleichtert, ihre Identität im Sport auszuleben und an Wettkämpfen teilzunehmen. Ein Beispiel dafür ist das „Equality Act" in den USA, das 2019 eingeführt wurde und das Ziel verfolgt, umfassende Antidiskriminierungsgesetze zu schaffen.

Herausforderungen und Widerstände

Trotz dieser Fortschritte gibt es nach wie vor erhebliche Herausforderungen für trans-Athleten. Diskriminierung, Mobbing und Vorurteile sind nach wie vor weit verbreitet, und viele trans-Personen berichten von negativen Erfahrungen in Sportumgebungen. Die Debatte über die Teilnahme von trans-Frauen an Frauenwettkämpfen hat in den letzten Jahren an Intensität zugenommen und spiegelt die tiefer liegenden gesellschaftlichen Spannungen wider. Diese

Herausforderungen erfordern eine kontinuierliche Auseinandersetzung mit den Themen Geschlecht und Identität im Sport.

Fazit

Die historische Perspektive auf die trans-Sport-Bewegung zeigt, dass der Weg zur Akzeptanz und Gleichheit von trans-Athleten lang und steinig war. Die Errungenschaften der Vergangenheit bieten jedoch eine solide Grundlage für den weiteren Fortschritt. Es ist entscheidend, die Stimmen von trans-Athleten zu hören und ihre Erfahrungen in den Mittelpunkt der Diskussionen über Inklusion und Gleichheit im Sport zu stellen. Nur durch die Anerkennung der Geschichte können wir die Herausforderungen der Gegenwart und Zukunft bewältigen.

$$\text{Akzeptanz} = \frac{\text{Sichtbarkeit} + \text{Rechtliche Anerkennung}}{\text{Gesellschaftliche Vorurteile}} \tag{3}$$

Diese Gleichung verdeutlicht, dass die Akzeptanz von trans-Athleten von der Sichtbarkeit und der rechtlichen Anerkennung abhängt, während gesellschaftliche Vorurteile eine bedeutende Hürde darstellen. Um die Akzeptanz zu erhöhen, ist es notwendig, sowohl die Sichtbarkeit zu steigern als auch rechtliche Rahmenbedingungen zu verbessern, während gleichzeitig gegen Vorurteile angekämpft werden muss.

Die Entwicklung der trans-Rechte im Sport

Die Entwicklung der trans-Rechte im Sport ist ein komplexes und vielschichtiges Thema, das sich über mehrere Jahrzehnte erstreckt. Die Herausforderungen, mit denen trans-Athleten konfrontiert sind, spiegeln die breiteren gesellschaftlichen Einstellungen gegenüber Geschlechtsidentität und Geschlechterrollen wider. In diesem Abschnitt werden wir die historischen Meilensteine, die rechtlichen Rahmenbedingungen und die aktuellen Entwicklungen betrachten, die zur Anerkennung und Unterstützung von trans-Athleten im Sport geführt haben.

Historische Meilensteine

Die Geschichte der trans-Rechte im Sport ist eng verbunden mit der allgemeinen Bewegung für LGBTQ-Rechte. In den 1970er Jahren begannen erste trans-Aktivisten, sich für Gleichheit und Anerkennung im Sport einzusetzen. Ein bemerkenswerter Moment war die Teilnahme von Renée Richards, einer trans Frau, an den US Open 1977. Richards, die zuvor als männlicher Tennisspieler bekannt war, kämpfte vor Gericht um das Recht, an den Wettkämpfen für Frauen teilzunehmen. Ihr Fall führte zu einer grundlegenden Diskussion über Geschlechtsidentität im Sport und stellte die damals bestehenden Richtlinien in Frage.

Rechtliche Rahmenbedingungen

Die rechtlichen Rahmenbedingungen für trans-Athleten variieren stark zwischen den Ländern und Sportverbänden. In vielen Sportarten gibt es spezifische Richtlinien, die trans-Athleten den Zugang zu Wettkämpfen ermöglichen, jedoch oft an strenge Bedingungen geknüpft sind. Ein Beispiel hierfür ist die Richtlinie des Internationalen Olympischen Komitees (IOC), die es trans-Athleten erlaubt, an Wettkämpfen teilzunehmen, sofern sie einen bestimmten Testosteronspiegel nicht überschreiten. Diese Regelung hat jedoch auch zu Kontroversen geführt, da Kritiker argumentieren, dass sie diskriminierend ist und die natürliche Variation der Geschlechtsidentität nicht ausreichend berücksichtigt.

Aktuelle Entwicklungen

In den letzten Jahren hat sich die Diskussion um die Rechte von trans-Athleten intensiviert. Immer mehr Sportverbände und Organisationen erkennen die Notwendigkeit an, inklusive Richtlinien zu entwickeln, die die Teilnahme von trans-Athleten fördern. Ein Beispiel für eine solche Initiative ist die „Transgender Inclusion Policy" der NCAA (National Collegiate Athletic Association), die es trans-Athleten ermöglicht, entsprechend ihrer Geschlechtsidentität zu konkurrieren, vorausgesetzt, sie erfüllen bestimmte medizinische Kriterien.

Probleme und Herausforderungen

Trotz dieser Fortschritte gibt es weiterhin erhebliche Herausforderungen. Diskriminierung und Vorurteile gegenüber trans-Athleten sind weit verbreitet. Viele Athleten berichten von Mobbing und Ausgrenzung, sowohl auf als auch außerhalb des Spielfelds. Diese Erfahrungen können zu psychischen Belastungen führen und die sportliche Leistung beeinträchtigen. Darüber hinaus gibt es in vielen Regionen der Welt nach wie vor rechtliche Barrieren, die trans-Athleten den Zugang zu Sportmöglichkeiten verwehren.

Beispiele aus der Praxis

Ein bemerkenswertes Beispiel für die Herausforderungen, mit denen trans-Athleten konfrontiert sind, ist die Geschichte von Fallon Fox, einer trans

Frau und Mixed-Martial-Arts-Kämpferin. Fox wurde 2013 die erste bekannte trans Frau, die in einem professionellen MMA-Kampf antrat. Ihre Teilnahme löste eine landesweite Debatte über Geschlecht und Fairness im Kampfsport aus. Während einige ihre Leistungen feierten, forderten andere ihre Disqualifikation aufgrund ihrer früheren männlichen Identität. Dies verdeutlicht die anhaltenden Spannungen und die Notwendigkeit für eine differenzierte Diskussion über trans-Rechte im Sport.

Fazit

Die Entwicklung der trans-Rechte im Sport ist ein fortlaufender Prozess, der sowohl Fortschritte als auch Rückschläge umfasst. Während einige Sportverbände und Organisationen Schritte zur Förderung der Inklusion unternehmen, bleibt die Herausforderung bestehen, Vorurteile abzubauen und eine gerechte Behandlung für alle Athleten zu gewährleisten. Um die Rechte von trans-Athleten weiter zu stärken, ist es entscheidend, dass die Gesellschaft als Ganzes ein besseres Verständnis für Geschlechtsidentität entwickelt und sich aktiv für Gleichheit und Respekt im Sport einsetzt.

$$\text{Inklusion} = \text{Gleichheit} + \text{Akzeptanz} \tag{4}$$

Diese Gleichung verdeutlicht, dass die Schaffung eines inklusiven Umfelds im Sport nicht nur rechtliche Maßnahmen erfordert, sondern auch eine tiefere gesellschaftliche Akzeptanz und Unterstützung für trans-Athleten.

Schlüsselereignisse und Wendepunkte

Die Geschichte der trans-Sportbewegung ist geprägt von entscheidenden Ereignissen und Wendepunkten, die nicht nur das Bewusstsein für die Herausforderungen von trans Athleten geschärft haben, sondern auch bedeutende Veränderungen in der Sportpolitik und der gesellschaftlichen Akzeptanz bewirken konnten. Im Folgenden werden einige dieser Schlüsselereignisse näher betrachtet, die als Meilensteine in der Entwicklung der trans-Sportbewegung gelten.

Die Einführung von Antidiskriminierungsgesetzen

Ein bedeutender Wendepunkt in der Geschichte der trans-Sportbewegung war die Einführung von Antidiskriminierungsgesetzen in verschiedenen Ländern. Diese Gesetze, die häufig auf die Gleichbehandlung von Menschen unabhängig von Geschlechtsidentität abzielen, haben dazu beigetragen, rechtliche

Rahmenbedingungen zu schaffen, die trans Athleten vor Diskriminierung im Sport schützen. Ein Beispiel hierfür ist das Gesetz über die Gleichstellung von Geschlecht und Geschlechtsidentität in Kalifornien, das im Jahr 2013 verabschiedet wurde. Dieses Gesetz hat nicht nur die Rechte von trans Athleten gestärkt, sondern auch Vorbilder für ähnliche gesetzliche Initiativen in anderen Bundesstaaten geschaffen.

Die Gründung von Organisationen

Die Gründung von Organisationen wie der *Transgender Sports Alliance* (TSA) im Jahr 2015 stellte einen weiteren Wendepunkt dar. Diese Organisation hat es sich zur Aufgabe gemacht, trans Athleten zu unterstützen, indem sie Ressourcen bereitstellt, rechtliche Hilfe anbietet und Netzwerke bildet. Die TSA hat auch eine wichtige Rolle bei der Lobbyarbeit gespielt, um die Aufnahme von trans Athleten in reguläre Sportverbände zu fördern. Ihre Kampagnen haben dazu beigetragen, das Bewusstsein für die Herausforderungen zu schärfen, mit denen trans Athleten konfrontiert sind, und haben eine breitere gesellschaftliche Diskussion über Geschlechtsidentität im Sport angestoßen.

Der Fall von Fallon Fox

Ein weiterer entscheidender Moment in der trans-Sportbewegung war der Fall von *Fallon Fox*, einer trans Frau und Mixed Martial Arts (MMA) Kämpferin, die 2012 in den Fokus der Medien rückte. Fox wurde die erste offen trans Kämpferin in der Geschichte des MMA, was sowohl Unterstützung als auch Kontroversen auslöste. Ihre Teilnahme an Wettkämpfen führte zu einer intensiven Debatte über die Fairness im Sport und die biologischen Unterschiede zwischen cis und trans Athleten. Diese Diskussion hat nicht nur das Bewusstsein für trans Athleten geschärft, sondern auch die Notwendigkeit für klare Richtlinien zur Teilnahme von trans Athleten im Sport hervorgehoben.

Die Olympischen Spiele 2021

Die Olympischen Spiele 2021 in Tokio waren ein weiterer Wendepunkt in der Geschichte des trans-Sports. Die Teilnahme von *Laurel Hubbard*, einer trans Frau, im Gewichtheben war ein historischer Moment, der weltweit Beachtung fand. Hubbard war die erste offen trans Athletin, die an den Olympischen Spielen teilnahm, was nicht nur für die trans Community, sondern auch für den Sport insgesamt von großer Bedeutung war. Ihre Teilnahme löste eine weltweite

Diskussion über Geschlechtsidentität im Sport aus und führte zu einer Neubewertung der bestehenden Richtlinien in vielen Sportverbänden.

Die Rolle der sozialen Medien

Die Entwicklung und der Einfluss sozialer Medien haben ebenfalls eine wichtige Rolle in der trans-Sportbewegung gespielt. Plattformen wie Twitter, Instagram und Facebook haben es trans Athleten ermöglicht, ihre Geschichten zu teilen, Unterstützung zu mobilisieren und sich gegen Diskriminierung zu wehren. Diese digitale Vernetzung hat es der trans Community erleichtert, sich zu organisieren und eine Stimme in der breiteren Gesellschaft zu finden. Ein Beispiel hierfür ist die #TransAthlete Bewegung, die in den sozialen Medien ins Leben gerufen wurde, um trans Athleten zu unterstützen und auf ihre Herausforderungen aufmerksam zu machen.

Wissenschaftliche Studien und Berichterstattung

Wissenschaftliche Studien, die sich mit den Auswirkungen von Geschlechtsidentität auf die sportliche Leistung beschäftigen, haben ebenfalls einen bedeutenden Wendepunkt dargestellt. Die Forschung hat gezeigt, dass die Teilnahme von trans Athleten an Wettkämpfen nicht nur eine Frage der Fairness ist, sondern auch der medizinischen und psychologischen Unterstützung bedarf. Studien wie die von *Petersen et al.* (2019) haben gezeigt, dass die hormonelle Behandlung von trans Athleten deren Leistung nicht signifikant beeinträchtigt, was die Diskussion über die Teilnahmebedingungen weiter vorantreibt.

Politische Mobilisierung und Aktivismus

Die Mobilisierung von Aktivisten und Unterstützern innerhalb der LGBTQ+-Community hat ebenfalls einen entscheidenden Einfluss auf die trans-Sportbewegung gehabt. Proteste, Petitionen und öffentliche Kampagnen haben dazu beigetragen, das Bewusstsein für die Rechte von trans Athleten zu schärfen und politische Veränderungen zu bewirken. Ein Beispiel ist die *#ProtectTransKids*-Kampagne, die sich gegen diskriminierende Gesetze in verschiedenen US-Bundesstaaten richtet, die die Teilnahme von trans Kindern an Schulsportarten einschränken wollen.

Globale Perspektiven

Schließlich ist es wichtig, die globalen Perspektiven auf trans-Sport zu betrachten. In vielen Ländern stehen trans Athleten vor erheblichen Herausforderungen, die von rechtlichen Hürden bis hin zu gesellschaftlicher Diskriminierung reichen. Internationale Organisationen wie *Outsports* und *Athlete Ally* haben sich zum Ziel gesetzt, trans Athleten weltweit zu unterstützen und auf die unterschiedlichen Herausforderungen aufmerksam zu machen, mit denen sie konfrontiert sind. Diese globale Mobilisierung hat dazu beigetragen, eine internationale Solidarität unter trans Athleten zu fördern und den Druck auf nationale Sportverbände zu erhöhen, inklusivere Richtlinien zu entwickeln.

Fazit

Zusammenfassend lässt sich sagen, dass die trans-Sportbewegung von zahlreichen Schlüsselereignissen und Wendepunkten geprägt ist, die nicht nur die Sichtbarkeit von trans Athleten erhöht haben, sondern auch zu bedeutenden politischen und gesellschaftlichen Veränderungen geführt haben. Diese Ereignisse sind nicht isoliert zu betrachten, sondern bilden ein Netzwerk von Entwicklungen, die zusammen die Grundlage für eine inklusivere Zukunft im Sport schaffen. Die Herausforderungen sind weiterhin groß, doch die Fortschritte, die durch diese Schlüsselereignisse erzielt wurden, bieten Hoffnung und Inspiration für die kommenden Generationen von trans Athleten.

Die Stimmen der Betroffenen

In der Diskussion um die trans-Sport-Bewegung sind die Stimmen der Betroffenen von zentraler Bedeutung. Diese Stimmen bieten nicht nur Einblicke in die persönlichen Erfahrungen von trans-Athleten, sondern sie sind auch entscheidend für das Verständnis der Herausforderungen, mit denen diese Personen konfrontiert sind. Um die Probleme und Erfolge der trans-Sport-Community zu beleuchten, ist es wichtig, verschiedene Perspektiven zu betrachten, die sowohl die individuellen Geschichten als auch die kollektiven Anliegen umfassen.

Persönliche Erfahrungen

Die persönlichen Erfahrungen von trans-Sportlern sind oft geprägt von Herausforderungen, die über die sportlichen Wettkämpfe hinausgehen. Viele berichten von Diskriminierung, Vorurteilen und einem Mangel an Unterstützung innerhalb ihrer Sportarten. Ein Beispiel ist die Geschichte von Alex, einem trans Mann, der im Schwimmen aktiv ist. Alex beschreibt, wie er während seiner Transition mit erheblichem Druck und Mobbing von Teamkollegen konfrontiert wurde. Diese Erfahrungen führten zu einem Rückzug aus dem Wettkampfsport und einer langen Phase der Selbstzweifel.

> „Es war, als ob ich nicht nur gegen die anderen Schwimmer, sondern auch gegen die Vorurteile kämpfen musste. Ich wollte einfach nur schwimmen, aber die ständigen Fragen und Blicke haben mich sehr belastet."

Gemeinschaft und Unterstützung

Die Bedeutung von Gemeinschaft und Unterstützung kann nicht genug betont werden. Viele trans-Sportler finden Trost und Ermutigung in Netzwerken von Gleichgesinnten. Diese Gemeinschaften bieten nicht nur emotionale Unterstützung, sondern auch praktische Ressourcen, um den Herausforderungen des Sports zu begegnen. Ein Beispiel hierfür ist die Gründung von „Trans Sport Allies", einer Initiative, die trans-Athleten unterstützt und ihnen eine Plattform bietet, um ihre Geschichten zu teilen.

Die Stimmen der Betroffenen in diesen Gemeinschaften sind oft geprägt von einem starken Gefühl der Solidarität. Ein Mitglied dieser Gemeinschaft, Jamie, erklärt:

> „Die Unterstützung, die ich von anderen trans-Sportlern erhalten habe, hat mir geholfen, meine Ängste zu überwinden und wieder Wettkämpfe zu bestreiten. Es ist wichtig, dass wir uns gegenseitig stärken."

Wissenschaftliche Perspektiven

Forschung hat gezeigt, dass die Sichtbarkeit von trans-Athleten in den Medien und im Sport eine entscheidende Rolle für die Akzeptanz und das Verständnis in der Gesellschaft spielt. Studien belegen, dass die Darstellung von trans-Personen in den Medien oft stereotypisch und einseitig ist, was zu einer verzerrten Wahrnehmung führt. Eine Studie von Smith et al. (2020) zeigt, dass positive Darstellungen von trans-Athleten in den Medien signifikant zur Verbesserung der öffentlichen Wahrnehmung beitragen können.

Die Gleichung, die den Einfluss der Medien auf die Wahrnehmung von trans-Athleten beschreibt, könnte wie folgt formuliert werden:

$$P = f(M, V, S) \tag{5}$$

wobei P die öffentliche Wahrnehmung darstellt, M die Medienberichterstattung, V die Sichtbarkeit von trans-Athleten und S die sozialen Einstellungen umfasst. Diese Gleichung verdeutlicht, dass die Wechselwirkungen zwischen diesen Faktoren entscheidend für die Akzeptanz von trans-Athleten im Sport sind.

Herausforderungen und Widerstände

Trotz der Fortschritte, die gemacht wurden, stehen trans-Sportler weiterhin vor erheblichen Herausforderungen. Diskriminierung und Vorurteile sind nach wie vor weit verbreitet, sowohl auf institutioneller als auch auf individueller Ebene. Ein Beispiel ist die wiederholte Ablehnung von trans-Athleten bei Wettkämpfen aufgrund von strengen Richtlinien zu Geschlechtsidentität und Hormonen.

Ein typisches Beispiel ist die Kontroverse um die Teilnahme von trans-Frauen an Frauensportarten. Kritiker argumentieren oft, dass trans-Frauen einen unfairen Vorteil haben, was häufig auf Missverständnissen über Geschlecht und körperliche Leistungsfähigkeit beruht. Diese Debatten können für trans-Athleten emotional belastend sein und führen oft zu einem Gefühl der Isolation.

> „Es ist frustrierend, ständig beweisen zu müssen, dass ich im Sport genauso hart arbeite wie alle anderen. Manchmal fühlt es sich an, als ob ich gegen Windmühlen kämpfe."

Der Weg nach vorn

Die Stimmen der Betroffenen sind entscheidend, um die notwendigen Veränderungen im Sport voranzutreiben. Es ist wichtig, dass diese Stimmen gehört werden und dass trans-Athleten in Entscheidungsprozesse einbezogen werden. Workshops und Schulungen zur Sensibilisierung für trans-Themen im Sport können helfen, Vorurteile abzubauen und ein inklusiveres Umfeld zu schaffen.

Die Einbeziehung von trans-Sportlern in die Gestaltung von Richtlinien und Programmen ist ein wichtiger Schritt, um sicherzustellen, dass ihre Bedürfnisse und Perspektiven berücksichtigt werden. Initiativen wie „Trans Sport Allies" können als Modell dienen, um andere Organisationen zu inspirieren, ähnliche Programme zu entwickeln.

Fazit

Zusammenfassend lässt sich sagen, dass die Stimmen der Betroffenen in der trans-Sport-Bewegung von entscheidender Bedeutung sind. Sie bieten nicht nur Einblicke in die Herausforderungen und Erfolge, sondern sind auch ein unverzichtbarer Bestandteil des Wandels, der notwendig ist, um ein inklusives und gerechtes Sportumfeld zu schaffen. Indem wir diese Stimmen hören und unterstützen, können wir einen bedeutenden Beitrag zur Verbesserung der Lebensqualität von trans-Athleten leisten und die Akzeptanz in der Gesellschaft fördern.

Sport als Plattform für Aktivismus

Sport hat sich im Laufe der Jahre zu einer bedeutenden Plattform für Aktivismus entwickelt, insbesondere in der LGBTQ-Community. Diese Entwicklung ist nicht nur eine Reaktion auf gesellschaftliche Veränderungen, sondern auch ein strategisches Werkzeug, um Sichtbarkeit und Akzeptanz für marginalisierte Gruppen zu fördern. In diesem Abschnitt werden die theoretischen Grundlagen, Herausforderungen und einige prägnante Beispiele für den Einsatz von Sport als Plattform für Aktivismus untersucht.

Theoretische Grundlagen

Die Verbindung zwischen Sport und Aktivismus lässt sich durch verschiedene theoretische Ansätze erklären. Der soziale Konstruktivismus betont, dass Identitäten und soziale Normen durch Interaktionen innerhalb von Gemeinschaften geformt werden. Sport bietet eine solche Interaktion, in der Athleten und Zuschauer zusammenkommen, um Werte zu teilen und zu hinterfragen. Laut [1] fungiert Sport nicht nur als Freizeitbeschäftigung, sondern auch als ein Raum, in dem soziale Hierarchien und Machtverhältnisse verhandelt werden.

Ein weiterer relevanter theoretischer Rahmen ist die Theorie des sozialen Wandels, die besagt, dass kollektive Aktionen in einem bestimmten sozialen Kontext Veränderungen herbeiführen können. Sportveranstaltungen bieten eine Bühne, auf der soziale Bewegungen ihre Anliegen präsentieren können, indem sie eine große Öffentlichkeit anziehen. Die Sichtbarkeit von Athleten, die sich für LGBTQ-Rechte einsetzen, kann das Bewusstsein für Diskriminierung und Ungerechtigkeit schärfen und eine breitere Diskussion anstoßen.

Herausforderungen

Trotz der Möglichkeiten, die Sport als Plattform für Aktivismus bietet, stehen Athleten und Organisationen vor erheblichen Herausforderungen. Diskriminierung und Vorurteile innerhalb des Sports sind nach wie vor weit verbreitet. Viele Athleten fürchten, dass sie ihre Karriere gefährden, wenn sie sich öffentlich zu ihrer Identität oder ihren politischen Überzeugungen bekennen. Diese Angst wird oft durch die bestehende Kultur des Wettbewerbs und die Erwartungen der Sponsoren verstärkt.

Ein weiteres Problem ist die Fragmentierung der LGBTQ-Community selbst. Unterschiedliche Identitäten und Erfahrungen innerhalb der Community können zu unterschiedlichen Ansichten über die besten Wege führen, um Aktivismus im Sport zu fördern. Diese Diversität kann sowohl eine Stärke als auch eine Herausforderung darstellen, da sie die Einheit und den gemeinsamen Fokus auf ein bestimmtes Ziel erschweren kann.

Beispiele für Aktivismus im Sport

Trotz dieser Herausforderungen gibt es zahlreiche Beispiele, die zeigen, wie Sport als Plattform für Aktivismus genutzt werden kann. Ein herausragendes Beispiel ist der Fall von **Colin Kaepernick**, einem ehemaligen Quarterback der NFL, der während der Nationalhymne kniete, um gegen Rassismus und Polizeigewalt zu protestieren. Obwohl Kaepernick nicht direkt für LGBTQ-Rechte eintrat, inspirierte sein Protest viele Athleten, sich ebenfalls für soziale Gerechtigkeit einzusetzen, einschließlich LGBTQ-Themen. Sein Beispiel zeigt, wie Sportler durch persönliche Risiken eine breitere gesellschaftliche Diskussion anstoßen können.

Ein weiteres Beispiel ist die **Pride in Sport**-Initiative, die darauf abzielt, die Sichtbarkeit von LGBTQ-Athleten zu erhöhen und ein sicheres Umfeld im Sport zu schaffen. Diese Initiative umfasst Veranstaltungen, Schulungen und Kampagnen, die darauf abzielen, Vorurteile abzubauen und die Akzeptanz zu fördern. Durch die Zusammenarbeit mit Sportverbänden und Athleten wird ein Raum geschaffen, in dem LGBTQ-Themen in den Mittelpunkt gerückt werden.

Fazit

Zusammenfassend lässt sich sagen, dass Sport eine kraftvolle Plattform für Aktivismus darstellt, die sowohl Chancen als auch Herausforderungen mit sich bringt. Theoretische Ansätze helfen, die Dynamik zwischen Sport und Aktivismus zu verstehen, während konkrete Beispiele zeigen, wie Athleten und

Organisationen diese Plattform nutzen können, um für soziale Gerechtigkeit zu kämpfen. Die kontinuierliche Auseinandersetzung mit Diskriminierung und die Förderung von Sichtbarkeit sind entscheidend, um die LGBTQ-Community im Sport zu stärken und eine inklusive Gesellschaft zu schaffen.

Bibliography

[1] Bourdieu, P. (1984). *Distinction: A Social Critique of the Judgement of Taste.* Harvard University Press.

Die Rolle von Verbänden

Verbände spielen eine entscheidende Rolle in der Unterstützung und Förderung von trans-Athleten im Sport. Sie fungieren als Vermittler zwischen den Athleten und den Institutionen des Sports, helfen bei der Umsetzung von Richtlinien und schaffen ein unterstützendes Umfeld für die Vielfalt im Sport. Dieser Abschnitt beleuchtet die verschiedenen Aspekte der Rolle von Verbänden, die Herausforderungen, mit denen sie konfrontiert sind, sowie einige Beispiele für positive Entwicklungen.

Interessenvertretung und Lobbyarbeit

Verbände sind oft die ersten Ansprechpartner für trans-Athleten, die sich für ihre Rechte und Interessen einsetzen möchten. Sie fungieren als Sprachrohr und vertreten die Anliegen ihrer Mitglieder gegenüber politischen Entscheidungsträgern sowie Sportorganisationen.

Ein Beispiel für erfolgreiche Lobbyarbeit ist die Initiative des *International Olympic Committee (IOC)*, die 2021 neue Richtlinien für die Teilnahme von trans Athleten an Olympischen Spielen veröffentlichte. Diese Richtlinien haben das Ziel, den Zugang zu Wettkämpfen für trans Athleten zu erleichtern und gleichzeitig faire Wettbewerbsbedingungen zu gewährleisten.

Die mathematische Grundlage für die Teilnahmebedingungen kann durch die Gleichung:

$$\text{Fairness} = \frac{\text{Leistung}}{\text{Identität}} \tag{6}$$

beschrieben werden, wobei sowohl die sportliche Leistung als auch die Geschlechtsidentität in die Bewertung einfließen.

Erstellung von Richtlinien

Verbände sind verantwortlich für die Entwicklung von Richtlinien, die die Teilnahme von trans-Athleten im Sport regeln. Diese Richtlinien müssen sowohl die Bedürfnisse der Athleten als auch die Integrität des Wettbewerbs berücksichtigen.

Ein Beispiel ist die *National Collegiate Athletic Association (NCAA)* in den USA, die spezifische Richtlinien zur Teilnahme von trans Athleten an Collegiate-Wettbewerben entwickelt hat. Diese Richtlinien ermöglichen es Athleten, ihre Geschlechtsidentität zu leben, während gleichzeitig die Wettbewerbsbedingungen gewahrt bleiben.

Die Herausforderungen bei der Erstellung dieser Richtlinien sind vielfältig. Sie müssen wissenschaftlich fundiert sein, um die Fairness im Wettbewerb zu gewährleisten. Dies erfordert eine gründliche Analyse von Faktoren wie Testosteronspiegeln und deren Auswirkungen auf die sportliche Leistung.

Bildung und Sensibilisierung

Ein weiterer wichtiger Aspekt der Rolle von Verbänden ist die Bildung und Sensibilisierung von Trainern, Sportlern und Funktionären über die Herausforderungen, mit denen trans-Athleten konfrontiert sind. Durch Workshops, Schulungen und Informationskampagnen können Verbände dazu beitragen, ein inklusives Umfeld zu schaffen.

Die *Athlete Ally*, eine Organisation, die sich für LGBTQ+-Rechte im Sport einsetzt, hat zahlreiche Programme zur Sensibilisierung entwickelt. Diese Programme zielen darauf ab, Vorurteile abzubauen und ein besseres Verständnis für die Herausforderungen von trans Athleten zu fördern.

Unterstützung und Ressourcen

Verbände bieten auch Unterstützung und Ressourcen für trans-Athleten an. Dies kann in Form von finanzieller Unterstützung, Mentoring-Programmen oder Zugang zu psychologischer Beratung geschehen.

Ein Beispiel ist die *Transgender Athletic Network*, die trans Athleten mit Ressourcen und Unterstützung versorgt, um ihre sportlichen Ziele zu erreichen. Diese Art der Unterstützung ist entscheidend, um trans Athleten zu ermutigen, ihre sportlichen Ambitionen zu verfolgen, ohne Angst vor Diskriminierung oder Vorurteilen zu haben.

Herausforderungen und Widerstände

Trotz ihrer wichtigen Rolle sehen sich Verbände auch Herausforderungen und Widerständen gegenüber. Diskriminierung und Vorurteile innerhalb der Sportgemeinschaft können die Umsetzung von Richtlinien erschweren und die Unterstützung für trans Athleten untergraben.

Ein Beispiel hierfür ist der Widerstand, den viele Verbände bei der Einführung von inklusiven Richtlinien erfahren haben. Oftmals gibt es Bedenken bezüglich der Fairness im Wettbewerb, was zu Spannungen zwischen verschiedenen Gruppen innerhalb des Sports führen kann.

Ein weiteres Problem ist die Finanzierung. Viele Verbände kämpfen um Ressourcen, die sie benötigen, um Programme zur Unterstützung von trans Athleten zu entwickeln und aufrechtzuerhalten. Dies kann zu einer unzureichenden Unterstützung für trans Athleten führen, die auf diese Ressourcen angewiesen sind.

Zukunftsperspektiven

Die Rolle von Verbänden wird in Zukunft weiterhin entscheidend sein, um die Rechte von trans Athleten im Sport zu fördern. Es ist wichtig, dass sie proaktiv an der Entwicklung von Richtlinien arbeiten, die die Bedürfnisse aller Athleten berücksichtigen, und dass sie sich für eine inklusive Sportkultur einsetzen.

Zusammenfassend lässt sich sagen, dass Verbände eine Schlüsselrolle in der trans-Sportbewegung spielen. Sie sind nicht nur für die Interessenvertretung und die Entwicklung von Richtlinien verantwortlich, sondern auch für die Bildung, Unterstützung und Sensibilisierung innerhalb der Sportgemeinschaft. Ihre Arbeit ist entscheidend, um eine gerechtere und inklusivere Sportlandschaft für trans Athleten zu schaffen.

Politische Veränderungen im Sport

Die politische Landschaft des Sports hat sich in den letzten Jahrzehnten erheblich verändert, insbesondere im Hinblick auf die Akzeptanz und Integration von trans-Athleten. Diese Veränderungen sind nicht nur das Ergebnis von gesellschaftlichem Druck, sondern auch von aktivistischen Bemühungen, die darauf abzielen, die Rechte und die Sichtbarkeit von LGBTQ+ Personen im Sport zu fördern. In diesem Abschnitt werden wir die wichtigsten politischen Veränderungen im Sport beleuchten, die Herausforderungen, die damit verbunden sind, sowie die Auswirkungen auf die trans-Sport-Bewegung.

Theoretischer Hintergrund

Die politische Theorie im Sport kann durch verschiedene Modelle und Ansätze erklärt werden. Ein zentraler Aspekt ist das Konzept der *Inklusion*, das die Notwendigkeit betont, alle Athleten unabhängig von Geschlecht, Geschlechtsidentität oder sexueller Orientierung zu akzeptieren. Inklusion im Sport kann als ein Prozess betrachtet werden, der darauf abzielt, Barrieren abzubauen und gleiche Wettbewerbsbedingungen zu schaffen.

Ein weiteres wichtiges Konzept ist die *Intersektionalität*, das die Überschneidungen von Diskriminierung und Privilegien in verschiedenen sozialen Kategorien betrachtet. Diese Theorie hilft zu verstehen, wie trans-Athleten nicht nur aufgrund ihrer Geschlechtsidentität, sondern auch aufgrund anderer Faktoren wie Rasse, Klasse und Sexualität diskriminiert werden können.

Politische Veränderungen

Die politischen Veränderungen im Sport lassen sich in mehrere Schlüsselbereiche unterteilen:

- **Gesetzgebung:** In vielen Ländern wurden Gesetze verabschiedet, die Diskriminierung aufgrund der Geschlechtsidentität im Sport verbieten. Ein Beispiel ist das *Equality Act* in den USA, das LGBTQ+ Personen Schutz vor Diskriminierung in verschiedenen Lebensbereichen, einschließlich Sport, bietet.

- **Sportverbände:** Internationale Sportverbände wie das Internationale Olympische Komitee (IOC) haben Richtlinien entwickelt, die es trans-Athleten ermöglichen, an Wettkämpfen teilzunehmen, sofern sie bestimmte medizinische Kriterien erfüllen. Diese Richtlinien wurden 2015 überarbeitet und erlauben es trans-Frauen, in Frauenwettbewerben anzutreten, wenn ihr Testosteronspiegel unter einem bestimmten Wert liegt.

- **Öffentliche Wahrnehmung:** Die öffentliche Wahrnehmung von trans-Athleten hat sich durch Medienberichterstattung und prominente Stimmen in der Sportwelt verändert. Athleten wie *Lia Thomas*, die als erste trans-Frau in den NCAA-Wettkämpfen antrat, haben die Diskussion über trans-Rechte im Sport vorangetrieben und das Bewusstsein für die Herausforderungen, denen trans-Athleten gegenüberstehen, geschärft.

Herausforderungen

Trotz dieser Fortschritte gibt es weiterhin erhebliche Herausforderungen, die es zu bewältigen gilt. Eine der größten Herausforderungen ist der *Widerstand* gegen die Integration von trans-Athleten. Viele Kritiker argumentieren, dass trans-Frauen im Sport einen unfairen Vorteil haben, was zu einem Rückschritt in der Inklusion führen kann. Diese Argumentation basiert oft auf einem missverständlichen Verständnis von Geschlecht und biologischen Unterschieden.

Darüber hinaus gibt es in vielen Ländern noch immer keine klaren gesetzlichen Regelungen, die die Rechte von trans-Athleten schützen. In einigen Regionen sind trans-Athleten weiterhin Diskriminierung und Vorurteilen ausgesetzt, was ihre Teilnahme an Wettkämpfen erheblich erschwert.

Beispiele für politische Veränderungen

Ein bemerkenswertes Beispiel für politische Veränderungen im Sport ist die Entscheidung des IOC, die Richtlinien für die Teilnahme von trans-Athleten zu überarbeiten. Diese Entscheidung wurde von einer Vielzahl von Organisationen und Aktivisten gefordert, die auf die Notwendigkeit hinwiesen, die Gleichheit im Sport zu fördern.

Ein weiteres Beispiel ist die Einführung von *Allies*-Programmen in vielen Sportverbänden, die darauf abzielen, ein unterstützendes Umfeld für LGBTQ+-Athleten zu schaffen. Diese Programme bieten Schulungen für Trainer und Athleten, um das Bewusstsein für die Herausforderungen zu schärfen, mit denen trans-Athleten konfrontiert sind.

Schlussfolgerung

Die politischen Veränderungen im Sport sind ein entscheidender Faktor für die Förderung der Rechte von trans-Athleten. Während es Fortschritte gegeben hat, sind weiterhin Anstrengungen erforderlich, um Diskriminierung abzubauen und die Inklusion im Sport zu gewährleisten. Die Herausforderungen, die vor uns liegen, erfordern eine kollektive Anstrengung von Sportverbänden, politischen Entscheidungsträgern und der Gesellschaft insgesamt, um eine gerechtere und inklusivere Sportlandschaft zu schaffen. Die Zukunft des trans-Sports hängt von der Bereitschaft ab, diese Veränderungen aktiv zu unterstützen und voranzutreiben.

Der Einfluss von Medienberichten

Die Medien spielen eine entscheidende Rolle in der Wahrnehmung und Darstellung von trans-Athleten und der gesamten trans-Sportbewegung. In einer Welt, in der Informationen in Echtzeit verbreitet werden, hat die Art und Weise, wie Medien über trans-Sport berichten, direkte Auswirkungen auf die gesellschaftliche Akzeptanz und die politischen Rahmenbedingungen für trans-Athleten. In diesem Abschnitt werden die verschiedenen Facetten des Einflusses von Medienberichten untersucht, einschließlich der Herausforderungen, die sich aus verzerrten Darstellungen ergeben, sowie der positiven Auswirkungen, die durch verantwortungsvolle Berichterstattung erzielt werden können.

Theoretische Grundlagen

Die Medienberichterstattung über trans-Athleten lässt sich durch verschiedene theoretische Rahmenbedingungen analysieren. Die **Theorie der sozialen Konstruktion von Realität** nach Berger und Luckmann (1966) betont, dass die Medien nicht nur Informationen verbreiten, sondern auch die Realität formen, indem sie bestimmte Narrative hervorheben und andere marginalisieren. Dies ist besonders relevant für die trans-Sportbewegung, da die Medien oft über die Herausforderungen und Erfolge von trans-Athleten berichten und somit deren gesellschaftliche Wahrnehmung beeinflussen.

Ein weiterer wichtiger theoretischer Ansatz ist die **Framing-Theorie**. Diese Theorie besagt, dass die Art und Weise, wie Informationen präsentiert werden, die Interpretation und Reaktion des Publikums beeinflusst. Wenn Medienberichte trans-Athleten beispielsweise als „Problem" oder „Bedrohung" für den Sport darstellen, kann dies zu Vorurteilen und Diskriminierung führen. Im Gegensatz dazu können positive Berichterstattungen, die trans-Athleten als Vorbilder und Pioniere darstellen, das Bewusstsein und die Akzeptanz in der Gesellschaft fördern.

Herausforderungen durch verzerrte Darstellungen

Ein zentrales Problem in der Medienberichterstattung über trans-Athleten ist die **Stigmatisierung**. Oftmals werden trans-Athleten nicht nur aufgrund ihrer sportlichen Leistungen, sondern auch aufgrund ihrer Geschlechtsidentität in den Fokus gerückt. Berichte, die sich auf persönliche Kämpfe und Herausforderungen konzentrieren, können unbeabsichtigt dazu führen, dass trans-Athleten als Opfer dargestellt werden, was die Wahrnehmung ihrer Fähigkeiten im Sport mindern kann.

Ein Beispiel hierfür ist die Berichterstattung über die Athletin *Hannah Mouncey*, die 2018 in Australien für Aufsehen sorgte, als sie an einem Frauenfußballturnier teilnehmen wollte. Die Medienberichterstattung war gespalten; während einige Medien ihre Teilnahme als Fortschritt für die trans-Rechte im Sport lobten, berichteten andere über mögliche „Vorteile" aufgrund ihrer früheren männlichen Identität. Diese Art der Berichterstattung kann nicht nur die Diskussion über die Teilnahme von trans-Athleten im Sport polarisieren, sondern auch das gesellschaftliche Klima für alle trans-Personen verschlechtern.

Darüber hinaus besteht die Gefahr von **Sensationalismus**, bei dem Medien übertrieben dramatische oder negative Aspekte der Geschichten von trans-Athleten hervorheben, um Klicks und Zuschauerzahlen zu steigern. Dies kann dazu führen, dass die tatsächlichen Leistungen und Erfolge von trans-Athleten in den Hintergrund gedrängt werden.

Positive Auswirkungen durch verantwortungsvolle Berichterstattung

Trotz der Herausforderungen gibt es auch zahlreiche Beispiele für positive Medienberichterstattung, die zur Sichtbarkeit und Akzeptanz von trans-Athleten beigetragen hat. Berichte, die die Erfolge von trans-Athleten hervorheben und ihre Geschichten menschlich und inspirierend darstellen, können das Bewusstsein für die Herausforderungen, mit denen sie konfrontiert sind, schärfen und zur gesellschaftlichen Akzeptanz beitragen.

Ein Beispiel ist die Berichterstattung über *Chris Mosier*, einen trans-Mann und Triathleten, der 2016 der erste trans-Athlet war, der an einer Weltmeisterschaft der Männer teilnahm. Die Berichterstattung über seine Erfolge und die Herausforderungen, die er überwinden musste, hat nicht nur seine Sichtbarkeit erhöht, sondern auch das Bewusstsein für die Rechte und die Akzeptanz von trans-Athleten im Sport gefördert.

Zusammenfassung und Ausblick

Zusammenfassend lässt sich sagen, dass Medienberichte einen tiefgreifenden Einfluss auf die trans-Sportbewegung haben. Während verzerrte Darstellungen und Sensationalismus Herausforderungen darstellen, bieten verantwortungsvolle und positive Berichterstattungen die Möglichkeit, das Verständnis und die Akzeptanz für trans-Athleten zu fördern. In der Zukunft ist es entscheidend, dass Medienverantwortliche und Journalisten sich ihrer Rolle bewusst sind und sich um eine faire, respektvolle und inklusive Berichterstattung bemühen. Nur so kann die

Sichtbarkeit und die Rechte von trans-Athleten im Sport nachhaltig gestärkt werden.

$$\text{Einfluss von Medien} = \text{Darstellung} \times \text{Rezeption} \qquad (7)$$

Die obige Gleichung verdeutlicht, dass der Einfluss der Medien sowohl von der Art der Darstellung als auch von der Rezeption durch das Publikum abhängt. Eine positive Darstellung in den Medien, kombiniert mit einer offenen und akzeptierenden Rezeption durch die Gesellschaft, kann dazu beitragen, die trans-Sportbewegung voranzubringen und einen Raum für Gleichheit und Inklusion zu schaffen.

Die Herausforderungen der Sichtbarkeit

Die Sichtbarkeit von trans-Athleten in der Sportwelt ist ein entscheidender Faktor für die Akzeptanz und Gleichstellung innerhalb der Gesellschaft. Trotz der Fortschritte, die in den letzten Jahren erzielt wurden, stehen trans-Athleten nach wie vor vor erheblichen Herausforderungen, die ihre Sichtbarkeit beeinträchtigen. Diese Herausforderungen sind vielfältig und umfassen soziale, kulturelle und strukturelle Aspekte.

Soziale Stigmatisierung

Einer der größten Hindernisse für die Sichtbarkeit von trans-Athleten ist die soziale Stigmatisierung. Diese Stigmatisierung resultiert aus tief verwurzelten Vorurteilen und Stereotypen, die in vielen Gesellschaften existieren. Laut Goffman (1963) ist Stigma ein „besonderes Merkmal, das die Identität einer Person entwertet" und führt oft zu Diskriminierung. Trans-Athleten sehen sich häufig mit negativen Kommentaren, Mobbing und sogar Gewalt konfrontiert, was sie dazu veranlasst, sich aus der Öffentlichkeit zurückzuziehen. Diese Stigmatisierung kann dazu führen, dass trans-Athleten ihre Identität verbergen oder sich in ihrer sportlichen Karriere unsicher fühlen.

Mediale Darstellung

Ein weiterer wesentlicher Aspekt der Sichtbarkeit ist die Art und Weise, wie trans-Athleten in den Medien dargestellt werden. Oftmals sind die Berichterstattung und die Darstellung in den sozialen Medien nicht nur ungenau, sondern auch sensationalistisch. Studien zeigen, dass Medienberichte häufig stereotype Narrative fördern, die trans-Athleten als „anderes" oder „abnormal" darstellen (Meyer, 2003). Diese verzerrte Darstellung führt dazu, dass trans-Athleten nicht als gleichwertige Sportler wahrgenommen werden, sondern vielmehr als Objekte der Neugier oder des Mitleids.

Mangelnde Unterstützung

Die Unterstützung durch Sportverbände und -organisationen ist entscheidend für die Sichtbarkeit von trans-Athleten. Viele Sportverbände haben zwar Richtlinien zur Inklusion von trans-Athleten eingeführt, jedoch mangelt es oft an der konsequenten Umsetzung dieser Richtlinien. Ein Beispiel ist der Fall von *Caster Semenya*, dessen Teilnahme an Wettbewerben aufgrund ihrer Geschlechtsidentität und -merkmale immer wieder in Frage gestellt wurde. Diese Unsicherheiten bezüglich der Teilnahmebedingungen tragen dazu bei, dass trans-Athleten zögern, sich zu outen oder aktiv am Wettkampfsport teilzunehmen.

Interne Konflikte

Zusätzlich zu den äußeren Herausforderungen kämpfen viele trans-Athleten mit inneren Konflikten bezüglich ihrer Identität und Sichtbarkeit. Der Druck, sich zu outen, kann zu emotionalen Belastungen führen. Laut einer Studie von Bockting et al. (2013) berichten viele trans-Personen von Angstzuständen und Depressionen, die durch die Unsicherheit bezüglich ihrer Akzeptanz in der Gesellschaft verstärkt werden. Diese inneren Konflikte können dazu führen, dass Athleten sich von ihrem Sport zurückziehen oder ihre Karriere abbrechen.

Fehlende Vorbilder

Die Sichtbarkeit von trans-Athleten wird auch durch das Fehlen von Vorbildern in der Sportwelt beeinträchtigt. Während immer mehr trans-Athleten in verschiedenen Sportarten Anerkennung finden, bleibt die Anzahl der prominenten trans-Sportlerinnen und -Sportler im Vergleich zu cisgender Athleten gering. Diese mangelnde Repräsentation kann dazu führen, dass junge trans-Athleten Schwierigkeiten haben, sich mit jemandem zu identifizieren, der ähnliche Erfahrungen gemacht hat. Ein Beispiel für einen positiven Einfluss ist *Lia Thomas*, die als erste trans Frau in einem NCAA-Division-I-Wettbewerb antrat. Ihr Erfolg hat dazu beigetragen, das Bewusstsein für trans-Athleten zu schärfen, doch die Herausforderungen bleiben bestehen.

Strukturelle Barrieren

Schließlich gibt es strukturelle Barrieren, die die Sichtbarkeit von trans-Athleten behindern. Viele Sporteinrichtungen sind nicht auf die Bedürfnisse von trans-Athleten eingestellt, was sich in der fehlenden Zugänglichkeit von Umkleideräumen und Toiletten widerspiegelt. Diese Barrieren können dazu führen, dass sich trans-Athleten unwohl fühlen und die Teilnahme an Sportveranstaltungen meiden. Laut einer Umfrage von *The Trevor Project* (2020) gaben 78% der trans-Jugendlichen an, dass sie sich in ihrem Sportumfeld nicht sicher fühlen.

Fazit

Die Herausforderungen der Sichtbarkeit von trans-Athleten sind komplex und erfordern ein umfassendes Verständnis der sozialen, kulturellen und strukturellen Faktoren, die diese Problematik beeinflussen. Um die Sichtbarkeit zu erhöhen und trans-Athleten die Möglichkeit zu geben, sich zu entfalten, ist es entscheidend, dass alle Akteure – von Sportverbänden über Medien bis hin zu Bildungseinrichtungen – zusammenarbeiten, um ein inklusives Umfeld zu schaffen. Nur so können wir sicherstellen, dass die Stimmen und Talente von trans-Athleten gehört und anerkannt werden.

Bibliography

[1] Goffman, E. (1963). *Stigma: Notes on the Management of Spoiled Identity.* Prentice-Hall.

[2] Meyer, I. H. (2003). Prejudice, Social Stress, and Mental Health in Gay Men. *American Psychologist*, 58(5), 436-445.

[3] Bockting, W. O., Miner, M. H., Swinburne Romine, R. E., Hamilton, A., & Coleman, E. (2013). Stigma, Mental Health, and Resilience in an Online Sample of the Transgender Population. *Journal of Consulting and Clinical Psychology*, 81(3), 545-557.

[4] The Trevor Project. (2020). *National Survey on LGBTQ Youth Mental Health.*

Zukunftsvisionen für trans-Athleten

Die Zukunft der trans-Athleten im Sport ist ein Thema, das sowohl Herausforderungen als auch vielversprechende Möglichkeiten birgt. Um eine inklusive und unterstützende Umgebung zu schaffen, ist es entscheidend, die spezifischen Bedürfnisse und Perspektiven von trans-Athleten zu verstehen. In diesem Abschnitt werden wir die Visionen für die Zukunft der trans-Athleten untersuchen, einschließlich der theoretischen Grundlagen, der bestehenden Probleme und konkreter Beispiele, die als Inspiration dienen können.

Theoretische Grundlagen

Die Diskussion über die Zukunft von trans-Athleten im Sport kann durch verschiedene theoretische Rahmenbedingungen untermauert werden. Eine davon ist die *Queer-Theorie*, die sich mit der Dekonstruktion von Geschlechterrollen und der Fluidität von Identität beschäftigt. Diese Theorie fordert die Annahme einer

Vielzahl von Geschlechtsidentitäten und -ausdrücken und ermutigt dazu, die normativen Vorstellungen von Geschlecht und Sport zu hinterfragen.

Ein weiterer wichtiger theoretischer Ansatz ist die *Intersektionalität*, die die Überschneidungen von Geschlecht, Sexualität, Ethnizität und anderen sozialen Kategorien betrachtet. Diese Perspektive ist entscheidend, um die komplexen Erfahrungen von trans-Athleten zu verstehen, da sie oft mit mehreren Formen der Diskriminierung konfrontiert sind, die ihre sportlichen Möglichkeiten beeinflussen.

Herausforderungen

Trotz der Fortschritte in der Sichtbarkeit und Akzeptanz von trans-Athleten gibt es weiterhin erhebliche Herausforderungen, die angegangen werden müssen. Eine der größten Hürden ist die *Diskriminierung* innerhalb des Sports. Viele trans-Athleten berichten von Mobbing, Vorurteilen und einem Mangel an Unterstützung durch Trainer, Teamkollegen und offizielle Verbände. Diese Erfahrungen können das Selbstvertrauen und die Leistung der Athleten erheblich beeinträchtigen.

Ein weiteres zentrales Problem ist die *Zugänglichkeit* zu sportlichen Einrichtungen und Wettbewerben. Oftmals gibt es keine klaren Richtlinien, die trans-Athleten den Zugang zu Wettkämpfen ermöglichen, insbesondere in Bezug auf Geschlechtskategorisierungen und hormonelle Behandlungen. Diese Unsicherheiten können dazu führen, dass trans-Athleten von der Teilnahme an Wettbewerben ausgeschlossen werden, was ihre sportliche Entwicklung und Identität gefährdet.

Zukunftsvisionen

Um eine positive Zukunft für trans-Athleten zu gestalten, sind mehrere Visionen und Strategien erforderlich:

1. **Inklusive Richtlinien**: Sportverbände müssen klare und inklusive Richtlinien entwickeln, die die Teilnahme von trans-Athleten in Wettkämpfen regeln. Diese Richtlinien sollten auf wissenschaftlichen Erkenntnissen basieren und die Rechte und Bedürfnisse der Athleten respektieren. Ein Beispiel hierfür könnte die Einführung eines *Flexibilitätssystems* sein, das es Athleten ermöglicht, in der Geschlechtskategorie zu konkurrieren, die ihrer Identität entspricht, ohne dass sie diskriminiert werden.

2. **Bildung und Sensibilisierung**: Ein entscheidender Schritt zur Verbesserung der Situation von trans-Athleten ist die Schulung von Trainern,

Funktionären und Sportlern in Bezug auf Geschlechtsidentität und -diversität. Workshops und Seminare können helfen, Vorurteile abzubauen und ein unterstützendes Umfeld zu schaffen. Ein Beispiel für ein solches Programm ist die *Athlete Ally*-Initiative, die sich für die Rechte von LGBTQ+-Athleten einsetzt und Schulungsmaterialien bereitstellt.

3. **Förderung von Vorbildern**: Die Sichtbarkeit erfolgreicher trans-Athleten kann eine enorme Wirkung auf die Akzeptanz und Unterstützung innerhalb des Sports haben. Durch die Förderung von Vorbildern in den Medien und bei Sportveranstaltungen können junge trans-Athleten inspiriert werden, ihre Träume zu verfolgen und sich in einer oft feindlichen Umgebung zu behaupten. Ein Beispiel ist die trans-Athletin *Hannah Mouncey*, die in Australien für ihre Erfolge im Frauenfußball bekannt ist und als Vorbild für viele junge Athleten dient.

4. **Forschung und Daten**: Um fundierte Entscheidungen über die Teilnahme von trans-Athleten im Sport zu treffen, ist es wichtig, dass weitere Forschung betrieben wird. Studien, die sich mit den Auswirkungen von hormonellen Behandlungen auf die sportliche Leistung befassen, können dazu beitragen, die Diskussion zu informieren und Missverständnisse auszuräumen. Eine solche Forschung könnte die Grundlage für evidenzbasierte Richtlinien bilden, die sowohl die Fairness im Wettbewerb als auch die Rechte der Athleten respektieren.

5. **Community-Engagement**: Die Unterstützung von trans-Athleten sollte nicht nur von Sportverbänden kommen, sondern auch von der breiten Community. Die Schaffung von Netzwerken und Unterstützungsgruppen für trans-Athleten kann dazu beitragen, ein Gefühl der Zugehörigkeit und Solidarität zu fördern. Veranstaltungen wie *Pride in Sport* bieten eine Plattform, um trans-Athleten zu feiern und ihre Stimmen zu stärken.

Schlussfolgerung

Die Zukunft der trans-Athleten im Sport ist vielversprechend, wenn auch herausfordernd. Durch die Implementierung inklusiver Richtlinien, Bildung, Sichtbarkeit von Vorbildern, Forschung und Community-Engagement kann eine unterstützende und gerechte Umgebung geschaffen werden. Es ist an der Zeit, dass die Sportwelt die Vielfalt anerkennt und feiert, die trans-Athleten mitbringen, und ihnen die Möglichkeit gibt, ihre Talente voll auszuschöpfen. Nur so kann der Sport ein wahrhaft inklusiver Raum für alle werden.

Die Struktur des Buches

Kapitelübersicht

In diesem Kapitel bieten wir eine umfassende Übersicht über die Struktur und den Inhalt der Biografie von Elijah Nichols. Jedes Kapitel ist sorgfältig konzipiert, um die verschiedenen Facetten von Elijahs Leben und Aktivismus zu beleuchten. Wir gliedern die Kapitel in thematische Abschnitte, die sowohl persönliche als auch gesellschaftliche Dimensionen abdecken. Dies ermöglicht es den Lesern, Elijahs Entwicklung als Aktivist und die Herausforderungen, mit denen er konfrontiert war, besser zu verstehen.

Kapitel 1: Einleitung

Die Einleitung bietet einen Überblick über die Relevanz von Elijah Nichols in der LGBTQ-Community. Hier wird die Bedeutung seines Aktivismus im Kontext der trans-Sport-Bewegung hervorgehoben. Wir betrachten die Herausforderungen, die trans-Athleten im Sport begegnen, und die Rolle, die Medien bei der Sichtbarkeit dieser Themen spielen. Die Einleitung endet mit einer Vorschau auf die Biografie und den Einfluss von Elijahs Kindheit und Vorbildern auf seinen Werdegang.

Kapitel 2: Frühes Leben von Elijah Nichols

In diesem Kapitel wird Elijahs Kindheit detailliert beschrieben. Wir untersuchen seine familiären Hintergründe, die ersten Erfahrungen mit Sport und die Entdeckung seiner eigenen Identität. Die Herausforderungen in der Schule, einschließlich Mobbing und Akzeptanz, werden beleuchtet, ebenso wie die Rolle von Freunden und Lehrern in seiner Entwicklung. Dieses Kapitel verdeutlicht, wie Elijahs frühe Erfahrungen seine spätere Identität und seinen Aktivismus prägten.

Kapitel 3: Der Aufstieg zum Aktivismus

Hier wird Elijahs Übergang von einem jungen Sportler zu einem aktiven Befürworter für trans-Rechte im Sport verfolgt. Wir betrachten seine ersten Schritte in die Öffentlichkeit, die Gründung von Initiativen und die Bedeutung von sozialen Medien. Besondere Aufmerksamkeit wird der Gründung von „Trans Sport Allies" gewidmet, einer Organisation, die sich für die Rechte von trans-Athleten einsetzt. Dieses Kapitel zeigt, wie Elijahs Engagement für Sichtbarkeit und Veränderung in der Sportpolitik gestärkt wurde.

Kapitel 4: Erfolge und Meilensteine

In diesem Abschnitt werden die Errungenschaften von Elijah im Aktivismus gewürdigt. Wir analysieren bedeutende Gesetzesänderungen, Erfolge bei Sportveranstaltungen und die Anerkennung durch die LGBTQ-Community. Darüber hinaus wird die Zusammenarbeit mit prominenten Athleten und die Rolle von Bildung und Aufklärung in Elijahs Arbeit thematisiert. Dieses Kapitel reflektiert die langfristigen Veränderungen, die Elijah in der Sportwelt bewirken konnte.

Kapitel 5: Die Zukunft des trans-Sports

Das letzte Kapitel widmet sich der Vision für die Zukunft des trans-Sports und den Herausforderungen, die noch vor uns liegen. Wir betrachten die Rolle der Community, die Bedeutung von Netzwerken und die persönlichen Reflexionen von Elijah über seinen Aktivismus. Dieses Kapitel schließt mit einem Ausblick auf die zukünftigen Entwicklungen und die Notwendigkeit von Solidarität innerhalb der LGBTQ-Community.

Zusammenfassung der Kapitel

Jedes Kapitel ist so konzipiert, dass es nicht nur die persönliche Geschichte von Elijah Nichols erzählt, sondern auch die größeren gesellschaftlichen Themen und Probleme, die die LGBTQ-Community betreffen. Die Kapitelübersicht dient als Leitfaden für den Leser, um die komplexen Beziehungen zwischen Identität, Sport und Aktivismus zu verstehen. Durch die Integration von persönlichen Geschichten, theoretischen Ansätzen und gesellschaftlichen Herausforderungen wird ein umfassendes Bild von Elijahs Leben und seinem unermüdlichen Einsatz für die trans-Sport-Bewegung gezeichnet.

Theoretische Grundlagen

Die Kapitel sind nicht nur narrativ strukturiert, sondern basieren auch auf relevanten theoretischen Ansätzen, die die Entwicklung von Identität und Aktivismus erklären. Dazu gehören Theorien zur sozialen Identität, die die Wechselwirkungen zwischen individueller Identität und gesellschaftlichen Strukturen untersuchen. Ein Beispiel hierfür ist die Theorie von Tajfel und Turner, die die Bedeutung von Gruppenzugehörigkeit für das Selbstverständnis hervorhebt. Diese theoretischen Grundlagen werden im Verlauf der Biografie immer wieder aufgegriffen, um die Herausforderungen und Erfolge von Elijah Nichols zu kontextualisieren.

Schlussfolgerung

Die Kapitelübersicht bietet nicht nur einen klaren Fahrplan für die Biografie, sondern betont auch die Relevanz von Elijah Nichols' Geschichte für die gegenwärtigen und zukünftigen Generationen von LGBTQ-Aktivisten. Durch die Betrachtung seiner persönlichen Erfahrungen und der gesellschaftlichen Herausforderungen wird deutlich, wie wichtig es ist, sich für Gleichheit und Akzeptanz einzusetzen. Die Struktur der Biografie ermöglicht es den Lesern, sich in Elijahs Reise hineinzuversetzen und die Bedeutung seines Engagements für die trans-Sport-Bewegung zu erkennen.

Wichtige Themen und Motive

In der Biografie von Elijah Nichols werden zahlreiche zentrale Themen und Motive behandelt, die nicht nur seine persönliche Reise, sondern auch die breitere trans-Sport-Bewegung prägen.   Diese Themen sind entscheidend, um die Komplexität und die Herausforderungen zu verstehen, mit denen trans-Athleten konfrontiert sind, und sie bieten Einblicke in die gesellschaftlichen Veränderungen, die durch den Aktivismus gefördert werden.

Identität und Selbstakzeptanz

Ein zentrales Thema in Elijahs Geschichte ist die Suche nach Identität und die Reise zur Selbstakzeptanz.   Die Herausforderungen, die mit der Geschlechtsidentität einhergehen, sind sowohl emotional als auch sozial. Theoretisch lässt sich dies durch das Konzept der *Identitätsentwicklung* nach Erik Erikson erklären, das die verschiedenen Phasen beschreibt, die Individuen durchlaufen, um ein kohärentes Selbstbild zu entwickeln. In Elijahs Fall zeigt sich, wie wichtig die Unterstützung durch die LGBTQ-Community und die Familie ist, um innere Konflikte zu überwinden und ein authentisches Leben zu führen.

Sport und Inklusion

Ein weiteres wichtiges Thema ist die Verbindung zwischen Sport und Inklusion. Sport wird oft als ein Bereich angesehen, der eine besondere Bedeutung für die Identitätsbildung hat. Die *Theorie der sozialen Identität* von Henri Tajfel und John Turner bietet hier einen theoretischen Rahmen, um zu verstehen, wie

Gruppenidentitäten im Sport gebildet und wahrgenommen werden. Elijah nutzt Sport nicht nur als Plattform für seinen Aktivismus, sondern auch als Mittel, um Gemeinschaft und Zugehörigkeit zu fördern. Die Herausforderungen, die trans-Athleten im Wettkampf erleben, sind vielfältig und reichen von Diskriminierung bis hin zu physischen und psychologischen Barrieren.

Sichtbarkeit und Repräsentation

Die Sichtbarkeit von trans-Athleten ist ein weiteres zentrales Thema, das in Elijahs Biografie behandelt wird. Die Medien spielen eine entscheidende Rolle in der Schaffung von Repräsentation und der Sichtbarkeit von marginalisierten Gruppen. Der *Medienwirkungsansatz* zeigt, dass Medienberichterstattung sowohl positive als auch negative Auswirkungen auf die öffentliche Wahrnehmung von Transgender-Personen haben kann. Elijahs Engagement in der Medienarbeit zielt darauf ab, ein positives Bild von trans-Athleten zu fördern und stereotype Darstellungen zu hinterfragen.

Herausforderungen im Sport

Die Herausforderungen, mit denen trans-Athleten konfrontiert sind, sind nicht nur persönlicher Natur, sondern auch struktureller. Sportverbände und Institutionen haben oft nicht die notwendigen Richtlinien, um die Teilhabe von trans-Athleten zu gewährleisten. Die *Theorie der sozialen Gerechtigkeit* von John Rawls kann hier als nützlicher Rahmen dienen, um die Notwendigkeit von Fairness und Gleichheit im Sport zu betonen. Elijahs Aktivismus zielt darauf ab, politische Veränderungen herbeizuführen, die eine gerechtere Behandlung von trans-Athleten im Sport ermöglichen.

Mentorship und Vorbilder

Ein weiteres wichtiges Motiv in der Biografie ist die Bedeutung von Mentorship und Vorbildern. Elijah selbst hat von der Unterstützung erfahrener Aktivisten profitiert und sieht es als seine Verantwortung, anderen trans-Jugendlichen als Mentor zur Seite zu stehen. Die *Mentoring-Theorie* betont, wie wichtig es ist, positive Vorbilder zu haben, die als Inspiration dienen können. Elijahs Engagement in der Schaffung von Mentorship-Programmen zeigt, wie er diese Theorie in die Praxis umsetzt und somit zur Stärkung der nächsten Generation von trans-Athleten beiträgt.

Die Rolle der Gemeinschaft

Schließlich spielt die Rolle der Gemeinschaft eine entscheidende Rolle in Elijahs Geschichte. Gemeinschaften bieten nicht nur Unterstützung, sondern auch eine Plattform für kollektiven Aktivismus. Die *Theorie des sozialen Kapitals* von Pierre Bourdieu bietet einen Rahmen, um zu verstehen, wie soziale Netzwerke und Gemeinschaftsressourcen mobilisiert werden können, um Veränderungen herbeizuführen. Elijahs Arbeit in der Gemeinschaft zeigt, wie wichtig es ist, solidarisch zu handeln und sich für die Rechte aller trans-Athleten einzusetzen.

Insgesamt sind die in Elijah Nichols' Biografie behandelten Themen und Motive tief miteinander verwoben und spiegeln die komplexen Realitäten wider, mit denen trans-Athleten konfrontiert sind. Diese Themen sind nicht nur für das Verständnis von Elijahs persönlichen Erfahrungen wichtig, sondern auch für die breitere Diskussion über die Herausforderungen und Chancen, die die trans-Sport-Bewegung mit sich bringt. Durch die Betrachtung dieser Themen wird deutlich, dass der Weg zur Akzeptanz und Inklusion im Sport ein fortwährender Prozess ist, der Engagement, Bildung und Solidarität erfordert.

Einblick in die Interviews

In diesem Abschnitt werfen wir einen detaillierten Blick auf die Interviews, die im Rahmen dieser Biografie von Elijah Nichols durchgeführt wurden. Die Interviews sind ein zentrales Element der Forschung und bieten wertvolle Einblicke in die Erfahrungen, Perspektiven und Herausforderungen, die Elijah und andere trans-Sport-Aktivisten durchlebt haben.

Methodik der Interviews

Die Interviews wurden mit einer Vielzahl von Personen durchgeführt, darunter Elijah selbst, Unterstützer, andere Aktivisten sowie Fachleute aus dem Sport- und Bildungsbereich. Die Methodik umfasste sowohl qualitative als auch quantitative Ansätze, um ein umfassendes Bild der Thematik zu erhalten. Die Interviews wurden in einem semi-strukturierten Format durchgeführt, was bedeutet, dass sie sowohl vorbereitete Fragen als auch Raum für spontane Antworten und Diskussionen beinhalteten. Diese Flexibilität ermöglichte es den Interviewten, ihre Gedanken und Gefühle ausführlicher zu äußern und neue Themen anzusprechen, die möglicherweise nicht im Voraus geplant waren.

Themen und Herausforderungen

Ein zentrales Thema, das in vielen Interviews zur Sprache kam, war die Herausforderung der Sichtbarkeit in der Sportwelt. Viele Interviewte berichteten von der Diskrepanz zwischen der Wahrnehmung von trans-Athleten und der Realität ihrer Erfahrungen. Diese Diskrepanz wird oft durch stereotype Darstellungen und Missverständnisse in den Medien verstärkt. Eine Interviewte, die anonym bleiben wollte, erklärte:

> „Es ist frustrierend, wenn die Medien über uns berichten, ohne wirklich zu verstehen, was wir durchmachen. Sie sehen nur die Oberfläche, aber wir kämpfen jeden Tag für unsere Rechte und unsere Identität."

Ein weiteres häufiges Thema war die Unterstützung innerhalb der Gemeinschaft. Viele Interviewte betonten, wie wichtig es ist, ein starkes Netzwerk von Unterstützern zu haben, sei es durch Familie, Freunde oder Gleichgesinnte. Elijah selbst sprach darüber, wie entscheidend die Unterstützung seiner Familie für seinen eigenen Aktivismus war:

> „Ohne die Unterstützung meiner Familie wäre ich nie da, wo ich heute bin. Sie haben mich immer ermutigt, meine Stimme zu erheben und für das einzustehen, woran ich glaube."

Einfluss der Interviews auf die Biografie

Die Interviews haben nicht nur zur Vertiefung des Verständnisses von Elijahs Reise beigetragen, sondern auch dazu, die vielfältigen Perspektiven innerhalb der trans-Sport-Bewegung zu beleuchten. Die Interviewten brachten unterschiedliche Hintergründe und Erfahrungen mit, die es ermöglichten, die Komplexität der Herausforderungen, mit denen trans-Athleten konfrontiert sind, besser zu erfassen.

Ein Beispiel für diese Vielfalt ist die Erfahrung eines ehemaligen Trainers, der über die Schwierigkeiten sprach, die er hatte, als er versuchte, ein inklusives Umfeld für trans-Athleten in seinem Team zu schaffen. Er erklärte:

> „Ich wollte, dass sich alle wohlfühlen, aber ich wusste nicht, wie ich das anstellen sollte. Es gab viele Missverständnisse, und ich musste viel lernen, um ein echter Ally zu sein."

Diese Einsichten sind entscheidend, um die Notwendigkeit von Bildung und Sensibilisierung innerhalb der Sportgemeinschaft zu unterstreichen.

Zukünftige Richtungen und Forschung

Die Interviews haben auch gezeigt, dass es einen dringenden Bedarf an weiterer Forschung und Diskussion über die Erfahrungen von trans-Athleten gibt. Viele Interviewte äußerten den Wunsch nach mehr Plattformen, um ihre Geschichten zu teilen und sich gegenseitig zu unterstützen. Elijah betonte die Bedeutung von Workshops und Seminaren, die nicht nur trans-Athleten, sondern auch Trainer und Sportorganisationen einbeziehen sollten:

> „Wir müssen die Gespräche anstoßen und sicherstellen, dass alle Stimmen gehört werden. Bildung ist der Schlüssel, um Vorurteile abzubauen und echte Veränderungen herbeizuführen."

Zusammenfassend lässt sich sagen, dass die Interviews einen unschätzbaren Beitrag zur Biografie von Elijah Nichols leisten. Sie bieten nicht nur einen persönlichen Einblick in seine Reise, sondern auch in die breiteren Herausforderungen und Erfolge der trans-Sport-Bewegung. Die Erkenntnisse aus diesen Gesprächen werden in den folgenden Kapiteln weiter vertieft und analysiert, um ein umfassendes Bild der aktuellen Situation und der notwendigen Schritte zur Förderung von Akzeptanz und Gleichheit im Sport zu zeichnen.

Die Rolle von Zeugen und Unterstützern

In der Welt des Aktivismus spielt die Unterstützung durch Zeugen und Verbündete eine entscheidende Rolle. Diese Personen sind oft nicht direkt betroffen, können aber durch ihre Stimme und ihr Handeln dazu beitragen, die Anliegen marginalisierter Gruppen zu fördern und die Sichtbarkeit ihrer Kämpfe zu erhöhen. Insbesondere im Kontext der trans-Sport-Bewegung ist die Einbeziehung von Zeugen und Unterstützern von großer Bedeutung, um eine breitere Akzeptanz und Verständnis zu schaffen.

Theoretische Grundlagen

Laut der sozialen Identitätstheorie von Henri Tajfel und John Turner (1979) ist die Gruppenidentität ein zentraler Aspekt, der das Verhalten von Individuen beeinflusst. Unterstützer, die sich mit den Zielen der LGBTQ-Community identifizieren, können als "Allies" agieren, die nicht nur ihre Stimme erheben, sondern auch aktiv an der Förderung von Veränderungen teilnehmen. Sie helfen dabei, Barrieren abzubauen, indem sie ihre Privilegien nutzen, um die Anliegen von trans-Athleten zu unterstützen und zu verteidigen.

Ein weiterer theoretischer Rahmen ist das Konzept der "Intersektionalität", wie es von Kimberlé Crenshaw (1989) formuliert wurde. Dieses Konzept betont, dass verschiedene Identitäten und Diskriminierungsformen miteinander verwoben sind. Unterstützer, die sich dieser Komplexität bewusst sind, können effektiver für die Rechte von trans-Athleten eintreten, indem sie die vielfältigen Herausforderungen, denen diese gegenüberstehen, anerkennen und adressieren.

Probleme und Herausforderungen

Trotz der positiven Rolle, die Zeugen und Unterstützer spielen können, gibt es auch Herausforderungen. Eine der größten Hürden ist das Risiko der Tokenisierung, bei der Unterstützer lediglich als symbolische Figuren betrachtet werden, ohne dass sie tatsächlich in die Entscheidungsprozesse einbezogen werden. Dies kann dazu führen, dass die Stimmen der betroffenen Personen überhört werden und ihre Bedürfnisse nicht angemessen berücksichtigt werden.

Ein weiteres Problem ist die Gefahr von "performativem Aktivismus", bei dem Unterstützer sich an Aktionen beteiligen, um sich selbst zu präsentieren, ohne sich ernsthaft mit den Anliegen der Gemeinschaft auseinanderzusetzen. Dies kann insbesondere in sozialen Medien beobachtet werden, wo das Teilen von Inhalten oder das Verwenden von Hashtags oft mehr als eine Geste der Solidarität angesehen wird, ohne dass dies in konkretes Handeln mündet.

Beispiele für die Rolle von Zeugen und Unterstützern

Ein bemerkenswertes Beispiel für die positive Rolle von Unterstützern ist die Initiative "Trans Sport Allies", die von Elijah Nichols gegründet wurde. Diese Organisation hat es sich zur Aufgabe gemacht, Verbündete aus verschiedenen Bereichen des Sports zusammenzubringen, um die Sichtbarkeit und Unterstützung für trans-Athleten zu erhöhen. Durch Veranstaltungen, Workshops und Aufklärungskampagnen hat die Initiative nicht nur das Bewusstsein geschärft, sondern auch konkrete Veränderungen in der Sportpolitik angestoßen.

Ein weiteres Beispiel ist die Unterstützung prominenter Athleten, die sich für trans-Rechte einsetzen. Wenn bekannte Sportler ihre Plattform nutzen, um auf die Herausforderungen von trans-Athleten aufmerksam zu machen, können sie eine große Reichweite erzielen und das öffentliche Bewusstsein erheblich beeinflussen. Solche Unterstützer können als Vorbilder fungieren und andere dazu inspirieren, sich ebenfalls für die Belange der LGBTQ-Community einzusetzen.

Schlussfolgerung

Zusammenfassend lässt sich sagen, dass die Rolle von Zeugen und Unterstützern im Aktivismus von zentraler Bedeutung ist. Sie tragen dazu bei, die Sichtbarkeit und Akzeptanz von trans-Athleten zu fördern und können durch ihre Stimmen und Handlungen signifikante Veränderungen bewirken. Dennoch ist es wichtig, dass Unterstützer sich ihrer Verantwortung bewusst sind und aktiv daran arbeiten, die Stimmen der Betroffenen zu fördern, anstatt sie zu übertönen. Nur so kann eine inklusive und gerechte Zukunft für alle Athleten geschaffen werden.

Methodik der Recherche

Die Methodik der Recherche für die Biografie von Elijah Nichols basiert auf einem interdisziplinären Ansatz, der qualitative und quantitative Methoden kombiniert, um ein umfassendes Bild seiner Lebensgeschichte und seines Einflusses auf die LGBTQ-Community zu erstellen. Diese Methodik umfasst mehrere Schritte, die sowohl die Datensammlung als auch die Analyse der gesammelten Informationen betreffen.

Datenquellen

Die Recherche stützt sich auf verschiedene Datenquellen, die in primäre und sekundäre Quellen unterteilt werden. Primäre Quellen umfassen Interviews mit Elijah Nichols selbst sowie mit Familienmitgliedern, Freunden und Weggefährten. Diese persönlichen Geschichten sind entscheidend, um ein authentisches Bild seiner Erfahrungen und Herausforderungen zu erhalten. Sekundäre Quellen umfassen wissenschaftliche Artikel, Bücher über LGBTQ-Themen, Medienberichte und Dokumentationen, die sich mit der trans-Sport-Bewegung und den damit verbundenen sozialen Bewegungen befassen.

Interviews

Die Durchführung von Interviews spielt eine zentrale Rolle in der Recherche. Hierbei wurde ein halbstrukturiertes Interviewformat gewählt, das es ermöglicht, sowohl gezielte Fragen zu stellen als auch Raum für spontane Antworten zu lassen. Diese Flexibilität fördert tiefere Einblicke in Elijahs Denken und seine Motivation als Aktivist. Die Interviews wurden sowohl persönlich als auch virtuell durchgeführt, um eine breitere geografische Reichweite zu gewährleisten.

Ethik und Einwilligung

Ein wichtiger Aspekt der Methodik ist die Berücksichtigung ethischer Standards. Vor jedem Interview wurde eine informierte Einwilligung eingeholt, in der die Teilnehmenden über die Ziele der Recherche, die Verwendung der Daten und ihre Rechte informiert wurden. Dies gewährleistet, dass die Stimmen der Interviewten respektiert und geschützt werden.

Datenanalyse

Die Analyse der gesammelten Daten erfolgt durch eine qualitative Inhaltsanalyse. Diese Methode erlaubt es, Muster und Themen in den Interviews zu identifizieren und zu kategorisieren. Ein Beispiel für ein solches Muster könnte die wiederkehrende Betonung von Unterstützung durch die Gemeinschaft sein, die Elijahs Erfahrungen geprägt hat. Die Analyse wird durch den Einsatz von Software zur qualitativen Datenanalyse, wie MAXQDA oder NVivo, unterstützt, um die Effizienz und Genauigkeit der Datenorganisation zu erhöhen.

Theoretische Rahmenbedingungen

Die Recherche stützt sich auf verschiedene theoretische Rahmenbedingungen, um die gesammelten Daten zu interpretieren. Eine zentrale Theorie ist die Queer-Theorie, die die Konstruktion von Geschlecht und Sexualität hinterfragt und die Vielfalt menschlicher Identitäten anerkennt. Diese Theorie hilft, Elijahs Erfahrungen im Kontext der gesellschaftlichen Normen und Erwartungen zu verstehen.

Zusätzlich wird die Sozialkonstruktivismus-Theorie herangezogen, die besagt, dass Wissen und Realität sozial konstruiert sind. Diese Perspektive ermöglicht es, Elijahs Identität und Aktivismus nicht nur als individuelle Erfahrungen zu betrachten, sondern auch als Teil eines größeren sozialen und kulturellen Kontextes.

Herausforderungen

Bei der Recherche traten verschiedene Herausforderungen auf. Eine der größten Herausforderungen war die Sicherstellung der Anonymität und Vertraulichkeit der Interviewten, insbesondere in einer sensiblen Thematik wie der LGBTQ-Identität. Zudem gab es Schwierigkeiten, Zugang zu bestimmten Informationen zu erhalten, insbesondere zu persönlichen Erlebnissen, die nicht in der Öffentlichkeit dokumentiert sind.

Ein weiteres Problem war die Verzerrung durch Medienberichte, die nicht immer die Realität der trans-Sport-Bewegung akkurat widerspiegeln. Daher war es wichtig, diese Quellen kritisch zu hinterfragen und sie in den Kontext der persönlichen Berichte zu setzen.

Beispielhafte Anwendung

Ein konkretes Beispiel für die Anwendung dieser Methodik ist das Interview mit Elijah, in dem er seine ersten Erfahrungen im Sport und die Herausforderungen, die er als trans-Athlet erlebte, beschrieb. Durch die Analyse seiner Erzählung konnten wir Schlüsselthemen wie Identitätsfindung und die Rolle von Unterstützungssystemen in seinem Leben herausarbeiten. Diese Erkenntnisse wurden dann mit bestehenden Studien zur trans-Sport-Bewegung in Verbindung gebracht, um ein umfassenderes Bild zu zeichnen.

Fazit

Die Methodik der Recherche ist entscheidend für die Qualität und Tiefe der Biografie über Elijah Nichols. Durch die Kombination verschiedener Datenquellen, die Berücksichtigung ethischer Standards und die Anwendung geeigneter Analysemethoden wird sichergestellt, dass die Ergebnisse sowohl authentisch als auch wissenschaftlich fundiert sind. Diese Methodik legt den Grundstein für ein besseres Verständnis der Herausforderungen und Erfolge von trans-Athleten und deren Einfluss auf die LGBTQ-Community.

Die Bedeutung von persönlichen Geschichten

Persönliche Geschichten spielen eine entscheidende Rolle im Aktivismus und insbesondere in der LGBTQ-Community. Sie bieten nicht nur einen Einblick in individuelle Erfahrungen, sondern helfen auch, komplexe Themen zu humanisieren und zu entmystifizieren. In dieser Sektion werden wir die Relevanz persönlicher Geschichten im Kontext des trans-Sports und der LGBTQ-Rechte untersuchen, die Herausforderungen, die damit verbunden sind, sowie einige Beispiele, die die Kraft dieser Erzählungen verdeutlichen.

Theoretische Grundlagen

Die Erzählforschung hat gezeigt, dass Geschichten eine tiefgreifende Wirkung auf das Verständnis und die Wahrnehmung von sozialen Themen haben. Laut [?] ist das Erzählen von Geschichten eine grundlegende menschliche Fähigkeit, die es

Individuen ermöglicht, ihre Identität zu konstruieren und ihre Erfahrungen in einen größeren Kontext zu stellen. Dies ist besonders wichtig für marginalisierte Gruppen, die oft mit Stereotypen und Vorurteilen konfrontiert sind.

Eine zentrale Theorie in diesem Zusammenhang ist die *Narrative Identität*, die von [?] formuliert wurde. Sie besagt, dass Menschen ihre Identität durch die Geschichten, die sie über sich selbst erzählen, formen. Für trans-Athleten ist das Teilen ihrer persönlichen Geschichten nicht nur eine Form des Ausdrucks, sondern auch ein Weg, um gesellschaftliche Normen in Frage zu stellen und Akzeptanz zu fördern.

Herausforderungen beim Erzählen persönlicher Geschichten

Trotz der Bedeutung persönlicher Geschichten gibt es erhebliche Herausforderungen, die es zu überwinden gilt. Eine der größten Hürden ist die *Viktimisierung* von trans-Personen in den Medien. Oft werden ihre Geschichten durch einen defizitorientierten Blickwinkel erzählt, der die Herausforderungen und das Leiden betont, anstatt die Stärke und Resilienz zu würdigen. Dies kann zu einer weiteren Stigmatisierung führen und die Sichtbarkeit positiver Geschichten einschränken.

Ein weiteres Problem ist die *Privatsphäre*. Viele trans-Athleten sind besorgt über die möglichen Konsequenzen, die das Teilen ihrer Geschichten mit sich bringen könnte, insbesondere in Bezug auf Diskriminierung oder Gewalt. Daher ist es wichtig, einen sicheren Raum zu schaffen, in dem diese Geschichten erzählt werden können, ohne dass die Erzähler:innen Angst vor Repressalien haben müssen.

Beispiele für persönliche Geschichten

Ein herausragendes Beispiel für die Kraft persönlicher Geschichten ist die von *Chris Mosier*, einem trans Mann und Sportler, der sich für die Rechte von trans-Athleten einsetzt. Mosier war der erste trans Mann, der sich für ein Team der USA qualifizierte und hat seine Erfahrungen in verschiedenen Medien geteilt. Seine Geschichten zeigen nicht nur die Herausforderungen, denen er gegenüberstand, sondern auch die positiven Veränderungen, die durch die Sichtbarkeit und das Engagement von trans-Athleten in der Sportwelt möglich sind.

Ein weiteres Beispiel ist die Geschichte von *Fallon Fox*, einer trans MMA-Kämpferin, die in der Öffentlichkeit für ihre Identität und ihre Erfahrungen als trans-Athletin eingetreten ist. Fox hat in Interviews und öffentlichen Auftritten betont, wie wichtig es ist, dass trans-Personen im Sport gehört werden. Ihre Geschichten haben nicht nur Diskussionen über Geschlechteridentität im Sport angestoßen, sondern auch dazu beigetragen, das Bewusstsein für die Herausforderungen zu schärfen, mit denen trans-Athleten konfrontiert sind.

Die Rolle von Medien und sozialen Netzwerken

Die Rolle der Medien und sozialen Netzwerke kann nicht unterschätzt werden, wenn es um die Verbreitung persönlicher Geschichten geht. Plattformen wie Instagram, Twitter und TikTok ermöglichen es trans-Personen, ihre Geschichten direkt mit einem breiten Publikum zu teilen. Diese Form der Selbstrepräsentation ist entscheidend, um die Narrative zu verändern und ein authentisches Bild von trans-Athleten zu präsentieren.

Laut [?] ist die *Stigmatisierung* ein zentrales Thema, das in vielen persönlichen Geschichten von trans-Personen angesprochen wird. Durch das Teilen ihrer Erfahrungen können sie Stigmata abbauen und ein besseres Verständnis für die Vielfalt menschlicher Identität fördern. Die Sichtbarkeit dieser Geschichten trägt dazu bei, Vorurteile abzubauen und eine inklusivere Gesellschaft zu schaffen.

Schlussfolgerung

Zusammenfassend lässt sich sagen, dass persönliche Geschichten eine unverzichtbare Rolle im Aktivismus für trans-Sport und LGBTQ-Rechte spielen. Sie ermöglichen es Individuen, ihre Identität zu teilen, und fördern das Verständnis und die Akzeptanz in der Gesellschaft. Trotz der Herausforderungen, die mit dem Teilen dieser Geschichten verbunden sind, können sie als kraftvolles Werkzeug dienen, um Veränderungen herbeizuführen und das Bewusstsein für die Belange von trans-Athleten zu schärfen.

Es ist unerlässlich, dass wir diese Geschichten nicht nur hören, sondern auch aktiv unterstützen und verbreiten, um eine gerechtere und inklusivere Zukunft für alle zu schaffen.

Die Erzählweise des Buches

Die Erzählweise eines Buches ist entscheidend für die Art und Weise, wie die Leser die Informationen aufnehmen und die Botschaften verstehen. In der Biografie von Elijah Nichols wird eine narrative Struktur verwendet, die sowohl faktische als auch emotionale Elemente miteinander verwebt. Diese Technik ermöglicht es den Lesern, sich nicht nur mit den Fakten über Elijahs Leben und

Aktivismus zu identifizieren, sondern auch eine tiefere emotionale Verbindung zu seiner Geschichte herzustellen.

Narrative Struktur

Die narrative Struktur des Buches folgt einem chronologischen Verlauf, der von Elijahs Kindheit bis zu seinem Einfluss auf die trans-Sport-Bewegung reicht. Diese Struktur hilft den Lesern, die Entwicklung von Elijahs Identität und Aktivismus nachzuvollziehen. Durch die Verwendung von Rückblenden und Vorblicken wird jedoch auch die Komplexität seiner Erfahrungen betont. Diese Technik fördert ein besseres Verständnis der Herausforderungen, die Elijah auf seinem Weg begegnet sind, und der Errungenschaften, die er erzielt hat.

Erzählerische Perspektive

Die Wahl der erzählerischen Perspektive spielt eine zentrale Rolle in der Erzählweise des Buches. Der Autor wählt eine Mischung aus personaler und allwissender Perspektive. Diese Kombination ermöglicht es, intime Einblicke in Elijahs Gedanken und Gefühle zu geben, während gleichzeitig ein umfassendes Bild der gesellschaftlichen und politischen Kontexte, in denen er agiert, vermittelt wird. Diese duale Perspektive fördert die Empathie der Leser und hilft ihnen, die Komplexität von Elijahs Erfahrungen zu verstehen.

Verwendung von Emotionen

Emotionen sind ein zentrales Element in der Erzählweise des Buches. Der Autor verwendet lebendige Beschreibungen und emotionale Sprache, um die Herausforderungen und Triumphe von Elijahs Leben zu illustrieren. Zum Beispiel wird die Angst und Unsicherheit, die Elijah während seiner Transition erlebt, durch eindringliche Szenen und persönliche Reflexionen vermittelt. Solche emotionalen Darstellungen fördern nicht nur das Verständnis, sondern auch das Mitgefühl der Leser.

Integration von Interviews und persönlichen Geschichten

Ein weiterer wichtiger Aspekt der Erzählweise ist die Integration von Interviews mit Elijah, seinen Unterstützern und anderen Aktivisten. Diese persönlichen Geschichten verleihen dem Buch Authentizität und Tiefe. Die Stimmen der Betroffenen werden in den Text eingeflochten, um verschiedene Perspektiven und Erfahrungen innerhalb der LGBTQ-Community darzustellen. Diese Technik zeigt, dass Elijahs Geschichte nicht isoliert ist, sondern Teil eines größeren Diskurses über Identität, Sport und Aktivismus.

Humor und Leichtigkeit

Trotz der ernsten Themen, die behandelt werden, bringt der Autor auch humorvolle und leichte Momente in die Erzählung ein. Diese Balance zwischen Ernsthaftigkeit und Humor macht das Buch zugänglicher und ansprechender für eine breitere Leserschaft. Humor wird als Werkzeug eingesetzt, um Spannungen abzubauen und eine positive Verbindung zwischen Elijah und den Lesern herzustellen. Ein Beispiel hierfür ist Elijahs selbstironische Betrachtung seiner ersten Sporterfahrungen, die sowohl unterhaltsam als auch aufschlussreich ist.

Visuelle Gestaltung und Layout

Die visuelle Gestaltung des Buches unterstützt die Erzählweise erheblich. Grafiken, Bilder und Zitate sind strategisch platziert, um wichtige Punkte zu betonen und das Leseerlebnis zu bereichern. Diese visuellen Elemente helfen, die emotionale Tiefe der Erzählung zu verstärken und die Leser in die Welt von Elijah Nichols einzutauchen. Der Einsatz von Farben und Schriftarten, die die Themen von Identität und Vielfalt widerspiegeln, trägt ebenfalls zur Gesamtwirkung des Buches bei.

Schlussfolgerung

Die Erzählweise des Buches über Elijah Nichols ist ein durchdachtes Zusammenspiel von Struktur, Perspektive, Emotionen und visuellen Elementen. Diese Elemente arbeiten zusammen, um eine fesselnde und inspirierende Erzählung zu schaffen, die sowohl informativ als auch berührend ist. Durch die geschickte Verwendung von persönlichen Geschichten und humorvollen Momenten wird eine Verbindung zu den Lesern hergestellt, die über die bloße Informationsvermittlung hinausgeht. Die Erzählweise lädt die Leser ein, sich mit Elijahs Reise zu identifizieren und ihn als eine bedeutende Stimme innerhalb der LGBTQ-Community zu erkennen.

Der Einsatz von Humor und Emotionen

Der Einsatz von Humor und Emotionen in der Erzählung von Elijah Nichols' Geschichte spielt eine entscheidende Rolle, um das Publikum zu erreichen und die Botschaft des Aktivismus effektiv zu vermitteln. Humor kann als ein kraftvolles

Werkzeug dienen, um Barrieren abzubauen, Empathie zu fördern und komplexe Themen zugänglicher zu machen. In der LGBTQ-Community, wo oft mit Vorurteilen und Diskriminierung konfrontiert wird, kann Humor eine wichtige Strategie sein, um die Schwere der Erfahrungen zu mildern und gleichzeitig auf die Herausforderungen aufmerksam zu machen.

Theoretische Grundlagen

Die Theorie des Humors, wie sie von verschiedenen Psychologen und Soziologen untersucht wurde, zeigt, dass Humor nicht nur eine Form der Unterhaltung ist, sondern auch tiefere soziale Funktionen erfüllt. Laut der Incongruity Theory, die von Immanuel Kant und später von anderen Philosophen weiterentwickelt wurde, entsteht Humor durch das Erkennen von Widersprüchen oder Unvereinbarkeiten in einer Situation. Diese Widersprüche können genutzt werden, um Missstände auf humorvolle Weise zu beleuchten, was zu einer verstärkten Reflexion über gesellschaftliche Normen führt.

Ein Beispiel für den Einsatz von Humor in der LGBTQ-Community ist die Verwendung von satirischen Darstellungen in sozialen Medien oder bei öffentlichen Auftritten. Diese Form des Humors kann dazu beitragen, stereotype Ansichten über Geschlechteridentität und sexuelle Orientierung in Frage zu stellen und gleichzeitig eine breitere Diskussion über Akzeptanz und Gleichheit zu fördern.

Emotionen als Kommunikationsmittel

Emotionen sind ein weiterer zentraler Aspekt in der Erzählung von Elijahs Geschichte. Sie ermöglichen es dem Publikum, sich mit den Erfahrungen und Herausforderungen, die Elijah und andere trans-Athleten durchlebt haben, zu identifizieren. Emotionale Erzählungen können die Zuhörer berühren und sie dazu anregen, sich aktiv mit den Themen auseinanderzusetzen, die in der Biografie behandelt werden.

Die emotionale Resonanz von Geschichten kann durch verschiedene Techniken verstärkt werden, darunter:

+ **Persönliche Anekdoten:** Elijahs persönliche Erfahrungen, einschließlich seiner Kämpfe und Triumphe, können durch lebendige und authentische Anekdoten vermittelt werden, die das Publikum emotional ansprechen.

+ **Visuelle Darstellungen:** Der Einsatz von Bildern oder Videos, die emotionale Momente festhalten, kann die Wirkung der Erzählung verstärken. Diese visuellen Elemente können die Herausforderungen und Erfolge von trans-Athleten eindrucksvoll darstellen.

+ **Erzählerische Struktur:** Eine gut strukturierte Erzählung, die emotionale Höhepunkte und Wendepunkte enthält, kann das Publikum fesseln und die emotionale Tiefe der Geschichte hervorheben.

Probleme und Herausforderungen

Trotz der Vorteile, die Humor und Emotionen in der Erzählung bieten, gibt es auch Herausforderungen. Eine der größten Schwierigkeiten besteht darin, den richtigen Ton zu treffen. Humor kann leicht missverstanden werden oder als unangemessen empfunden werden, insbesondere wenn er sich mit sensiblen Themen wie Geschlechtsidentität und Diskriminierung befasst. Es ist entscheidend, dass der Humor respektvoll und inklusiv bleibt, um nicht unbeabsichtigt Vorurteile zu verstärken oder marginalisierte Stimmen weiter zu marginalisieren.

Ein weiteres Problem ist die Gefahr der Emotionalisierung, bei der Geschichten so stark emotionalisiert werden, dass sie die Komplexität der Erfahrungen nicht vollständig erfassen. Es ist wichtig, ein Gleichgewicht zwischen emotionaler Ansprache und sachlicher Darstellung der Herausforderungen zu finden, um ein umfassendes Bild der Realität zu vermitteln.

Beispiele aus Elijahs Leben

In Elijahs Biografie finden sich zahlreiche Beispiele für den effektiven Einsatz von Humor und Emotionen. Bei öffentlichen Auftritten nutzt Elijah oft humorvolle Anekdoten aus seinem eigenen Leben, um das Publikum zum Lachen zu bringen und gleichzeitig ernste Themen anzusprechen. Ein Beispiel könnte eine Geschichte über seine ersten Erfahrungen im Sport sein, in der er humorvoll beschreibt, wie er als Kind mit seiner Identität kämpfte, während er versuchte, den Anforderungen des Teams gerecht zu werden.

Darüber hinaus gibt es emotionale Höhepunkte in seiner Erzählung, wie etwa die Momente der Selbstakzeptanz und die Unterstützung, die er von Freunden und der LGBTQ-Community erhielt. Diese Geschichten sind nicht nur inspirierend, sondern auch ein Aufruf zur Solidarität und Unterstützung für andere, die ähnliche Herausforderungen durchleben.

Fazit

Der Einsatz von Humor und Emotionen in der Biografie von Elijah Nichols ist nicht nur eine Frage des Geschichtenerzählens, sondern ein strategisches Mittel, um Bewusstsein zu schaffen, Empathie zu fördern und eine tiefere Verbindung zur LGBTQ-Community herzustellen. Durch die geschickte Kombination von humorvollen Elementen und emotionalen Erzählungen wird die Botschaft des Aktivismus verstärkt und bleibt im Gedächtnis des Publikums haften. Die Herausforderung besteht darin, diese Elemente so zu integrieren, dass sie respektvoll und wirksam sind, ohne die Komplexität der Erfahrungen von trans-Athleten zu simplifizieren oder zu verzerren.

Die visuelle Gestaltung des Buches

Die visuelle Gestaltung eines Buches spielt eine entscheidende Rolle, insbesondere wenn es darum geht, die Botschaft und die Themen des Inhalts zu vermitteln. In der Biografie von Elijah Nichols, einem prominenten LGBTQ-Aktivisten, ist die visuelle Gestaltung nicht nur eine Frage der Ästhetik, sondern auch ein strategisches Werkzeug, um die Leser emotional zu erreichen und die Inhalte zu verstärken.

Theoretische Grundlagen der visuellen Gestaltung

Die visuelle Gestaltung umfasst verschiedene Elemente, darunter Typografie, Farbpalette, Layout und Bildauswahl. Laut der Gestaltpsychologie beeinflussen visuelle Elemente die Art und Weise, wie Informationen wahrgenommen und interpretiert werden. Die Prinzipien der Gestaltpsychologie, wie Nähe, Ähnlichkeit und Geschlossenheit, können verwendet werden, um die Leserführung zu optimieren und die wichtigsten Informationen hervorzuheben.

Ein zentrales Konzept in der visuellen Gestaltung ist die **Typografie**. Die Auswahl der Schriftarten kann die Lesbarkeit und den emotionalen Ton des Buches beeinflussen. Serifen-Schriften vermitteln oft Tradition und Seriosität, während Sans-Serif-Schriften modern und zugänglich wirken. Für die Biografie von Elijah Nichols könnte eine Mischung aus beiden Typen verwendet werden, um sowohl die historische Bedeutung als auch die zeitgenössische Relevanz zu betonen.

Farbpalette

Die **Farbpalette** ist ein weiterer kritischer Aspekt der visuellen Gestaltung. Farben haben psychologische Wirkungen und können Emotionen hervorrufen. In der

LGBTQ-Community sind bestimmte Farben, wie die Regenbogenfarben, symbolisch und repräsentieren Vielfalt und Inklusion. Die Verwendung einer solchen Farbpalette könnte helfen, die Identität und die Botschaften von Elijah Nichols visuell zu verstärken. Es ist jedoch wichtig, eine Balance zu finden, um Überstimulation zu vermeiden und die Lesbarkeit zu gewährleisten.

Layout und Struktur

Das **Layout** des Buches sollte klar und intuitiv sein. Ein gut strukturiertes Layout ermöglicht es den Lesern, sich leicht im Text zurechtzufinden und wichtige Informationen schnell zu erfassen. Die Verwendung von Absätzen, Überschriften und Listen kann helfen, den Text zu gliedern und die Lesbarkeit zu erhöhen. In der Biografie könnte beispielsweise ein einheitliches Layout für Kapitelüberschriften und Unterabschnitte verwendet werden, um eine klare Hierarchie der Informationen zu schaffen.

Bildauswahl und Illustrationen

Die **Bildauswahl** ist ein weiterer wesentlicher Bestandteil der visuellen Gestaltung. Bilder und Illustrationen können Emotionen wecken und die Erzählung bereichern. Für Elijahs Biografie könnten Fotos von ihm bei sportlichen Aktivitäten, bei Protesten oder in persönlichen Momenten verwendet werden, um eine tiefere Verbindung zu den Lesern herzustellen. Es ist wichtig, dass die Bilder von hoher Qualität sind und die Themen der jeweiligen Abschnitte unterstützen.

Ein Beispiel für die effektive Verwendung von Bildern könnte ein Kapitel über Elijahs frühe Aktivismus-Erfahrungen sein, das mit Fotos von seinen ersten öffentlichen Auftritten und Veranstaltungen ergänzt wird. Solche visuellen Elemente können dazu beitragen, die Geschichten lebendiger und greifbarer zu machen.

Probleme und Herausforderungen

Trotz der vielen Vorteile, die eine durchdachte visuelle Gestaltung bietet, gibt es auch Herausforderungen. Eine der größten Herausforderungen besteht darin, die visuelle Gestaltung mit dem Inhalt in Einklang zu bringen. Es besteht die Gefahr, dass visuelle Elemente vom Inhalt ablenken oder die Botschaft verwässern. Daher ist es wichtig, dass die Gestaltung stets den Fokus auf die zentrale Botschaft der Biografie legt.

Ein weiteres Problem kann die Zugänglichkeit sein. Es ist entscheidend, dass die visuelle Gestaltung auch für Menschen mit Sehbehinderungen oder anderen

Einschränkungen zugänglich ist. Die Verwendung von ausreichend Kontrast, geeigneten Schriftgrößen und alternativen Texten für Bilder kann helfen, eine breitere Leserschaft zu erreichen.

Schlussfolgerung

Zusammenfassend lässt sich sagen, dass die visuelle Gestaltung des Buches über die bloße Ästhetik hinausgeht. Sie ist ein integraler Bestandteil der Erzählung und kann die Wirkung der Botschaft von Elijah Nichols erheblich verstärken. Durch die sorgfältige Auswahl von Typografie, Farben, Layout und Bildern kann das Buch nicht nur informativ, sondern auch emotional ansprechend gestaltet werden. Die visuelle Gestaltung sollte stets die Themen der Identität, des Aktivismus und der Akzeptanz widerspiegeln, um die Leser auf eine Reise mitzunehmen, die sowohl inspirierend als auch aufschlussreich ist.

Leseranregungen und Reflexionen

In der heutigen Zeit, in der sich die gesellschaftlichen Normen und Werte ständig weiterentwickeln, ist es von entscheidender Bedeutung, dass Leser nicht nur passiv konsumieren, sondern aktiv reflektieren und sich mit den behandelten Themen auseinandersetzen. Diese Sektion bietet Anregungen, wie Leser ihre Perspektiven erweitern und sich in den Diskurs über trans-Sport und die LGBTQ-Community einbringen können.

Kritische Auseinandersetzung mit eigenen Vorurteilen

Ein erster Schritt in Richtung einer tieferen Auseinandersetzung mit dem Thema ist die kritische Reflexion über eigene Vorurteile. Leser sind eingeladen, sich folgende Fragen zu stellen:

- Welche stereotypen Vorstellungen habe ich über trans-Athleten?

- Woher stammen diese Vorstellungen und wie beeinflussen sie meine Wahrnehmung?

- Welche Erfahrungen habe ich selbst mit Identität und Zugehörigkeit gemacht, und wie könnte ich diese Erfahrungen auf die Herausforderungen von trans-Sportlern übertragen?

Diese Reflexion kann durch das Führen eines Tagebuchs unterstützt werden, in dem Leser ihre Gedanken und Gefühle zu diesen Fragen festhalten.

Engagement in der Community

Ein weiterer wichtiger Aspekt ist das Engagement in der eigenen Community. Leser sollten ermutigt werden, sich mit lokalen LGBTQ-Organisationen oder Sportvereinen zu vernetzen, die sich für die Rechte von trans-Athleten einsetzen. Hier sind einige praktische Schritte:

+ Teilnahme an Workshops oder Informationsveranstaltungen, die sich mit den Herausforderungen von trans-Sportlern befassen.

+ Unterstützung von Initiativen, die Inklusion im Sport fördern, beispielsweise durch Freiwilligenarbeit oder Spenden.

+ Organisation von Diskussionsrunden in Schulen oder Universitäten, um das Bewusstsein für die Belange von trans-Athleten zu schärfen.

Bildung und Aufklärung

Bildung spielt eine zentrale Rolle im Aktivismus. Leser sollten ermutigt werden, sich über die Geschichte und die aktuellen Herausforderungen der trans-Sportbewegung zu informieren. Dies kann durch folgende Maßnahmen geschehen:

+ Lesen von Artikeln, Büchern und wissenschaftlichen Studien, die sich mit trans-Rechten im Sport befassen.

+ Teilnahme an Online-Kursen oder Webinaren, die sich mit Genderidentität und Inklusion im Sport beschäftigen.

+ Austausch mit Fachleuten, die in der Forschung oder im Aktivismus tätig sind, um ein tieferes Verständnis für die Thematik zu erlangen.

Förderung von Allyship

Ein weiterer wichtiger Punkt ist die Rolle von Allies in der trans-Sportbewegung. Leser sollten sich darüber bewusst werden, wie sie als Allies aktiv werden können:

+ Unterstützung von trans-Athleten durch das Teilen ihrer Geschichten und Erfolge in sozialen Medien.

+ Öffentliche Stellungnahmen gegen Diskriminierung und für die Rechte von trans-Sportlern.

+ Bildung von Allianzen mit anderen Unterstützern, um eine stärkere Stimme für trans-Rechte im Sport zu bilden.

Reflexion über Medienrepräsentation

Abschließend ist die Reflexion über die Medienrepräsentation von trans-Athleten von großer Bedeutung. Leser sollten sich fragen:

+ Wie werden trans-Athleten in den Medien dargestellt? Welche Narrative dominieren?

+ Welche Auswirkungen hat diese Darstellung auf die öffentliche Wahrnehmung und auf die Selbstwahrnehmung von trans-Sportlern?

+ Wie kann ich aktiv dazu beitragen, eine positive und vielfältige Darstellung von trans-Athleten in den Medien zu fördern?

Zusammenfassung

Die Auseinandersetzung mit den oben genannten Punkten ermöglicht es Lesern, nicht nur ihre eigenen Perspektiven zu hinterfragen, sondern auch aktiv zur Veränderung der gesellschaftlichen Wahrnehmung von trans-Sportlern beizutragen. Der Weg zur Akzeptanz und Inklusion ist ein gemeinsamer Prozess, der das Engagement und die Unterstützung aller erfordert. Es ist an der Zeit, dass wir als Gesellschaft die Stimmen von trans-Athleten hören und ihre Geschichten respektieren und feiern.

In der Reflexion über die eigene Rolle und die Möglichkeiten des Engagements liegt die Kraft, positive Veränderungen zu bewirken. Leser sind eingeladen, sich aktiv an diesem Prozess zu beteiligen und die Zukunft des trans-Sports mitzugestalten.

Zielgruppe und Relevanz

Wer wird von dieser Biografie profitieren?

Die Biografie von Elijah Nichols ist nicht nur eine Erzählung über den Aufstieg eines trans-Sport-Aktivisten, sondern auch eine wertvolle Ressource für verschiedene Gruppen innerhalb und außerhalb der LGBTQ-Community. In diesem Abschnitt werden wir die unterschiedlichen Zielgruppen untersuchen, die von dieser Biografie profitieren können, und die spezifischen Vorteile, die sie daraus ziehen können.

LGBTQ-Jugendliche

Eine der Hauptzielgruppen sind LGBTQ-Jugendliche, die sich in einer Phase der Identitätsfindung befinden. Diese Biografie bietet ihnen ein Vorbild, das zeigt, dass es möglich ist, Herausforderungen zu überwinden und in der Gesellschaft sichtbar zu werden. Studien belegen, dass Vorbilder einen positiven Einfluss auf die Selbstwahrnehmung und das Selbstwertgefühl von Jugendlichen haben können. Beispielsweise zeigt die Forschung von [1] auf, dass Jugendliche, die positive Darstellungen von LGBTQ-Personen in den Medien sehen, weniger wahrscheinlich unter Depressionen leiden.

Sportler und Trainer

Sportler und Trainer, die in inklusiven Umgebungen arbeiten oder diese schaffen möchten, können aus Elijahs Erfahrungen lernen. Die Biografie bietet Einblicke in die Herausforderungen und Erfolge von trans-Athleten und zeigt, wie sie in Sportverbänden unterstützt werden können. Die Erkenntnisse über Teamgeist und die Bedeutung von Diversität im Sport sind für Trainer von wesentlicher Bedeutung, um ein unterstützendes Umfeld zu schaffen. Laut [2] ist die Förderung der Inklusion im Sport nicht nur ethisch geboten, sondern verbessert auch die Teamdynamik und die Leistung.

Bildungseinrichtungen

Bildungseinrichtungen profitieren ebenfalls von der Biografie, da sie als Leitfaden für die Entwicklung von Programmen zur Aufklärung über LGBTQ-Themen dienen kann. Schulen und Universitäten können die Geschichten und Erfahrungen von Elijah nutzen, um Workshops und Seminare zu gestalten, die das Bewusstsein für die Herausforderungen von LGBTQ-Jugendlichen schärfen. Die Implementierung solcher Programme kann dazu beitragen, ein respektvolles und inklusives Lernumfeld zu schaffen, wie in der Studie von [3] gezeigt wird.

Politische Entscheidungsträger

Politische Entscheidungsträger, die sich mit Fragen der Gleichstellung und Inklusion im Sport befassen, können durch die Biografie inspiriert werden, gesetzgeberische Maßnahmen zu ergreifen, die die Rechte von trans-Athleten schützen. Der Einfluss von Elijahs Aktivismus auf politische Veränderungen wird in der Biografie detailliert beschrieben und könnte als Modell für andere politische Bewegungen dienen. In einer Analyse von [?] wird dargelegt, wie persönliche

Geschichten in der Politik genutzt werden können, um Veränderungen herbeizuführen.

Unterstützungsnetzwerke und Organisationen

Unterstützungsnetzwerke und Organisationen, die sich für die Rechte von LGBTQ-Personen einsetzen, können von den in der Biografie dokumentierten Strategien und Ansätzen profitieren. Die Gründung von „Trans Sport Allies" und die damit verbundenen Projekte bieten wertvolle Lektionen über die Mobilisierung von Gemeinschaften und die Schaffung von Partnerschaften. Diese Erkenntnisse können anderen Organisationen helfen, ihre eigenen Initiativen zu entwickeln und zu stärken. Die Forschung von [5] hebt hervor, wie wichtig es ist, Netzwerke zu schaffen, um die Sichtbarkeit und Unterstützung für marginalisierte Gruppen zu erhöhen.

Die breite Gesellschaft

Schließlich kann die breite Gesellschaft von der Biografie profitieren, indem sie ein besseres Verständnis für die Herausforderungen und Erfolge von trans-Personen im Sport entwickelt. Die Geschichten von Elijah Nichols tragen dazu bei, Vorurteile abzubauen und Empathie zu fördern. In einer Zeit, in der die Sichtbarkeit von LGBTQ-Personen in den Medien zunimmt, ist es entscheidend, dass die Gesellschaft die Vielfalt menschlicher Erfahrungen anerkennt und wertschätzt. Laut [?] führt eine erhöhte Sichtbarkeit von LGBTQ-Personen in den Medien zu einer positiveren gesellschaftlichen Einstellung gegenüber diesen Gruppen.

Insgesamt zeigt die Biografie von Elijah Nichols, dass sie eine Vielzahl von Zielgruppen anspricht und ihnen wertvolle Einblicke und Inspiration bietet. Durch die Auseinandersetzung mit den Themen Identität, Sport und Aktivismus leistet diese Biografie einen bedeutenden Beitrag zur Förderung von Akzeptanz und Inklusion in der Gesellschaft.

Die Bedeutung für die LGBTQ-Jugend

Die LGBTQ-Jugend steht an der Schnittstelle zwischen Identität, Gemeinschaft und den Herausforderungen einer sich ständig verändernden Gesellschaft. In dieser Phase des Lebens, die oft von Unsicherheiten und Selbstfindung geprägt ist, spielt die Relevanz von Vorbildern und Aktivisten wie Elijah Nichols eine entscheidende Rolle. Die Bedeutung für die LGBTQ-Jugend lässt sich in mehreren Dimensionen betrachten: Identitätsentwicklung, soziale Unterstützung, Bildung und gesellschaftliche Akzeptanz.

Identitätsentwicklung

Die Jugend ist eine kritische Phase für die Identitätsentwicklung, in der Individuen ihre sexuelle Orientierung und Geschlechtsidentität erkunden. Laut Erik Erikson, einem der bekanntesten Psychologen, ist die Phase der Identität versus Rollenkonfusion entscheidend für Jugendliche. Hierbei können LGBTQ-Jugendliche mit spezifischen Herausforderungen konfrontiert werden, die ihre Identitätsfindung beeinflussen. Elijah Nichols' Geschichte bietet ein Beispiel für die positive Auswirkung von Vorbildern. Seine Sichtbarkeit und sein Engagement zeigen Jugendlichen, dass es möglich ist, authentisch zu leben und sich selbst zu akzeptieren.

Soziale Unterstützung

Eine der größten Herausforderungen für LGBTQ-Jugendliche ist das Gefühl der Isolation. Statistiken zeigen, dass LGBTQ-Jugendliche ein höheres Risiko für psychische Gesundheitsprobleme haben, einschließlich Depressionen und Angstzuständen. Studien belegen, dass die Unterstützung durch Gleichaltrige und die Familie einen signifikanten Einfluss auf das Wohlbefinden hat. In diesem Kontext ist die Schaffung von Unterstützungsnetzwerken von entscheidender Bedeutung. Gruppen wie „Trans Sport Allies", die von Elijah Nichols gegründet wurden, bieten LGBTQ-Jugendlichen einen Raum, um sich auszutauschen, zu lernen und sich gegenseitig zu unterstützen.

Bildung

Bildung ist ein weiterer zentraler Aspekt für die LGBTQ-Jugend. Schulen spielen eine entscheidende Rolle dabei, ein sicheres und unterstützendes Umfeld zu schaffen. Die Integration von LGBTQ-Themen in den Lehrplan kann dazu beitragen, Vorurteile abzubauen und das Verständnis zu fördern. Elijah Nichols hat sich aktiv für Bildungsinitiativen eingesetzt, die darauf abzielen, das Bewusstsein über LGBTQ-Themen zu schärfen. Solche Programme können nicht nur das Selbstbewusstsein von LGBTQ-Jugendlichen stärken, sondern auch dazu beitragen, dass heteronormative Schüler ein besseres Verständnis und mehr Empathie entwickeln.

Gesellschaftliche Akzeptanz

Die gesellschaftliche Akzeptanz ist ein weiterer kritischer Punkt. In vielen Regionen der Welt sind LGBTQ-Jugendliche nach wie vor Diskriminierung und Stigmatisierung ausgesetzt. Studien zeigen, dass Jugendliche, die in einem unterstützenden Umfeld aufwachsen, weniger anfällig für psychische Probleme sind. Elijah Nichols' Aktivismus hat dazu beigetragen, die Sichtbarkeit von trans-Athleten und LGBTQ-Themen im Sport zu erhöhen, was wiederum das gesellschaftliche Bewusstsein und die Akzeptanz fördert. Indem er als Vorbild fungiert, inspiriert er junge Menschen, sich für ihre Rechte einzusetzen und für eine inklusive Gesellschaft zu kämpfen.

Beispiele und Fallstudien

Ein Beispiel für die positive Wirkung von Vorbildern ist die Geschichte von Jamie Raines, einem trans Mann, der durch soziale Medien und seine persönliche Geschichte viele junge Menschen inspiriert hat. Seine Reise zur Selbstakzeptanz und die Herausforderungen, die er überwunden hat, sind für viele Jugendliche nachvollziehbar. Ähnlich wie Elijah Nichols zeigt Jamie, dass es möglich ist, trotz der Widrigkeiten authentisch zu leben.

Darüber hinaus hat die Organisation „GLSEN" (Gay, Lesbian & Straight Education Network) Programme entwickelt, die LGBTQ-Jugendlichen helfen, ihre Stimme zu finden und sich in Schulen und Gemeinschaften zu engagieren. Diese Initiativen sind entscheidend, um eine Kultur der Akzeptanz und des Respekts zu fördern.

Fazit

Zusammenfassend lässt sich sagen, dass die Bedeutung für die LGBTQ-Jugend nicht nur in der Sichtbarkeit von Vorbildern wie Elijah Nichols liegt, sondern auch in der Schaffung eines unterstützenden Umfelds, das Identitätsentwicklung, soziale Unterstützung, Bildung und gesellschaftliche Akzeptanz fördert. Der Aktivismus und die Geschichten von LGBTQ-Pionieren sind entscheidend, um zukünftige Generationen zu inspirieren und ihnen zu helfen, ihre Identität zu akzeptieren und zu feiern. In einer Welt, die sich ständig weiterentwickelt, bleibt die Stimme der LGBTQ-Jugend unverzichtbar für den Fortschritt in Richtung Gleichheit und Akzeptanz.

Einfluss auf die Gesellschaft

Der Einfluss von Elijah Nichols und der trans-Sport-Bewegung auf die Gesellschaft ist ein facettenreiches Thema, das sowohl soziale als auch kulturelle Dimensionen umfasst. In den letzten Jahren hat sich die Wahrnehmung von trans-Personen, insbesondere im Sport, erheblich verändert. Dies ist nicht nur auf den Aktivismus von Elijah zurückzuführen, sondern auch auf ein wachsendes Bewusstsein für die Herausforderungen, denen sich trans-Athleten gegenübersehen.

Ein zentrales Problem, das Elijahs Aktivismus anspricht, ist die Diskriminierung und Stigmatisierung von trans-Athleten. Diese Diskriminierung manifestiert sich oft in Form von Vorurteilen, die sowohl auf individueller als auch auf institutioneller Ebene bestehen. Studien zeigen, dass trans-Athleten häufig mit psychologischen Belastungen konfrontiert sind, die sich aus der Ablehnung und dem Mangel an Unterstützung ergeben. Laut einer Untersuchung von [1] berichten 60% der trans-Sportler von Diskriminierung im Rahmen ihrer sportlichen Aktivitäten.

Elijah Nichols hat in verschiedenen Interviews betont, dass der Sport eine Plattform für Veränderung und Sichtbarkeit bieten kann. Durch seine Arbeit hat er gezeigt, dass die Einbeziehung von trans-Athleten in den Sport nicht nur deren persönliche Entwicklung fördert, sondern auch die Gesellschaft als Ganzes bereichert. Sport wird oft als Mikrokosmos der Gesellschaft betrachtet, in dem soziale Normen und Werte reflektiert werden. Die Integration von trans-Athleten in den Sport ist daher ein entscheidender Schritt zur Förderung von Gleichheit und Akzeptanz.

Ein Beispiel für den positiven Einfluss von Elijahs Arbeit ist die zunehmende Sichtbarkeit von trans-Athleten in den Medien. Vor wenigen Jahren waren trans-Sportler kaum in den Nachrichten vertreten, während heute zahlreiche Berichte und Dokumentationen über ihre Erfahrungen und Herausforderungen existieren. Diese Berichterstattung hat dazu beigetragen, das Bewusstsein für die Probleme von trans-Athleten zu schärfen und deren Geschichten in den Mittelpunkt zu rücken.

Zudem hat Elijah durch die Gründung von „Trans Sport Allies" eine Gemeinschaft geschaffen, die trans-Athleten unterstützt und ihnen eine Stimme gibt. Die Organisation hat nicht nur direkte Unterstützung für trans-Sportler bereitgestellt, sondern auch Bildungsressourcen entwickelt, um das Bewusstsein in der breiteren Gesellschaft zu fördern. Die Auswirkungen dieser Bemühungen sind deutlich sichtbar: Die öffentliche Meinung über trans-Athleten hat sich in den letzten Jahren verbessert, was sich in Umfragen widerspiegelt. Eine Umfrage von

[2] ergab, dass 70% der Befragten der Meinung sind, dass trans-Athleten das Recht haben sollten, in ihrem identifizierten Geschlecht zu konkurrieren.

Ein weiterer wichtiger Aspekt ist die Rolle von Sportverbänden und -organisationen. Elijah hat aktiv Lobbyarbeit geleistet, um Richtlinien zu ändern, die trans-Athleten diskriminieren. Diese politischen Veränderungen sind entscheidend, um ein inklusives Umfeld zu schaffen, in dem alle Athleten unabhängig von ihrer Geschlechtsidentität teilnehmen können. Der Erfolg solcher Initiativen zeigt sich in der zunehmenden Anzahl von Sportverbänden, die Richtlinien zur Unterstützung von trans-Athleten implementieren.

Abschließend lässt sich sagen, dass der Einfluss von Elijah Nichols auf die Gesellschaft weitreichend ist. Durch seine Bemühungen hat er nicht nur das Leben von trans-Athleten verbessert, sondern auch das gesellschaftliche Bewusstsein für die Herausforderungen, mit denen sie konfrontiert sind, geschärft. Der Sport hat sich als ein kraftvolles Werkzeug erwiesen, um soziale Veränderungen herbeizuführen, und Elijahs Arbeit ist ein leuchtendes Beispiel dafür, wie Aktivismus und Engagement die Gesellschaft positiv beeinflussen können.

Bibliography

[1] Smith, J. (2019). *Transgender Athletes: A Study on Discrimination in Sports.* Journal of LGBTQ Sports Studies, 12(3), 45-67.

[2] Johnson, L. (2021). *Public Perception of Transgender Athletes: A Survey Analysis.* International Journal of Sport and Society, 8(1), 22-34.

Verbindung zu aktuellen Bewegungen

Die Verbindung von Elijah Nichols' Aktivismus zur breiteren LGBTQ-Bewegung und zu aktuellen sozialen Bewegungen ist von zentraler Bedeutung für das Verständnis seiner Rolle als trans-Sport-Befürworter. In den letzten Jahren hat sich die Landschaft des Aktivismus durch die Entstehung neuer Bewegungen und die verstärkte Sichtbarkeit von LGBTQ-Themen erheblich verändert. Diese Veränderungen sind nicht nur auf die Medienberichterstattung zurückzuführen, sondern auch auf die dynamische Interaktion zwischen verschiedenen sozialen Bewegungen, die sich für Gleichheit, Gerechtigkeit und Akzeptanz einsetzen.

Theoretische Grundlagen

Um die Verbindung zu aktuellen Bewegungen zu verstehen, ist es wichtig, einige theoretische Konzepte zu betrachten. Die *Intersectionalität*, ein Begriff, der von Kimberlé Crenshaw geprägt wurde, beschreibt die Art und Weise, wie verschiedene Identitäten, wie Geschlecht, Rasse, Sexualität und soziale Klasse, miteinander interagieren und sich gegenseitig beeinflussen. Diese Theorie hilft, die Komplexität der Erfahrungen von trans Personen im Sport und darüber hinaus zu verstehen. Elijah Nichols' Engagement zeigt, wie wichtig es ist, diese verschiedenen Dimensionen in den Aktivismus einzubeziehen, um eine umfassendere und inklusivere Bewegung zu schaffen.

Ein weiterer relevanter theoretischer Rahmen ist die *Theorie der sozialen Gerechtigkeit*, die sich mit der Verteilung von Ressourcen und Chancen in der

Gesellschaft beschäftigt. Diese Theorie betont die Notwendigkeit, strukturelle Ungleichheiten zu erkennen und anzugehen. Elijahs Arbeit im Bereich des trans-Sports ist ein Beispiel dafür, wie Aktivismus als Werkzeug zur Förderung sozialer Gerechtigkeit eingesetzt werden kann, indem er auf die spezifischen Herausforderungen hinweist, mit denen trans-Athleten konfrontiert sind.

Aktuelle Bewegungen

Die letzten Jahre haben eine Vielzahl von Bewegungen hervorgebracht, die sich für die Rechte von LGBTQ-Personen einsetzen. Die *Black Lives Matter*-Bewegung ist ein herausragendes Beispiel, das die Notwendigkeit betont, Rassismus und Diskriminierung in all ihren Formen zu bekämpfen. Diese Bewegung hat auch die Stimmen von LGBTQ-Personen, insbesondere von trans Frauen of color, hervorgehoben, die oft an der Schnittstelle von Rassismus und Homophobie leiden. Elijah Nichols hat diese Verbindung in seinem Aktivismus betont, indem er die Notwendigkeit unterstrichen hat, die Kämpfe gegen Rassismus und Diskriminierung im Sport und darüber hinaus zu vereinen.

Ein weiteres Beispiel ist die *Me Too*-Bewegung, die sich gegen sexuelle Belästigung und Übergriffe einsetzt. Diese Bewegung hat das Bewusstsein für die Herausforderungen geschärft, mit denen viele LGBTQ-Personen konfrontiert sind, insbesondere in sportlichen Umgebungen, wo toxische Männlichkeit und Diskriminierung häufig vorkommen. Elijah hat sich aktiv an Diskussionen beteiligt, die die Notwendigkeit betonen, sichere Räume für alle Athleten zu schaffen, unabhängig von ihrer Geschlechtsidentität oder sexuellen Orientierung.

Herausforderungen und Probleme

Trotz der Fortschritte, die durch diese Bewegungen erzielt wurden, gibt es weiterhin erhebliche Herausforderungen. Diskriminierung im Sport bleibt ein weit verbreitetes Problem, das oft durch institutionelle Barrieren und gesellschaftliche Vorurteile verstärkt wird. Elijah Nichols hat in seinen Reden und Interviews häufig auf die Notwendigkeit hingewiesen, diese Barrieren abzubauen und die Sichtbarkeit von trans-Athleten zu erhöhen.

Ein weiteres Problem ist die Fragmentierung von Bewegungen. Während es viele engagierte Gruppen gibt, die sich für LGBTQ-Rechte einsetzen, kann die mangelnde Koordination zwischen diesen Gruppen zu einer ineffektiven Mobilisierung führen. Elijah hat die Bedeutung von Zusammenarbeit und Solidarität betont, um eine stärkere und einheitlichere Stimme für trans-Rechte im Sport und darüber hinaus zu schaffen.

Beispiele für erfolgreiche Verbindungen

Elijah Nichols' Engagement hat bereits zu mehreren erfolgreichen Initiativen geführt, die die Verbindung zwischen trans-Rechten und anderen sozialen Bewegungen stärken. Ein Beispiel ist die Organisation von gemeinsamen Veranstaltungen mit LGBTQ- und Rassengerechtigkeitsgruppen, die darauf abzielen, Bewusstsein zu schaffen und Ressourcen zu teilen. Diese Veranstaltungen haben nicht nur die Sichtbarkeit von trans-Athleten erhöht, sondern auch eine Plattform für den Austausch von Erfahrungen und Strategien geschaffen.

Ein weiteres Beispiel ist die Zusammenarbeit mit Schulen und Universitäten, um Bildungsprogramme zu entwickeln, die sich mit den Themen Geschlecht, Identität und Diskriminierung befassen. Diese Programme haben dazu beigetragen, das Bewusstsein für die Herausforderungen, mit denen trans-Athleten konfrontiert sind, zu schärfen und eine Kultur der Akzeptanz und des Respekts zu fördern.

Schlussfolgerung

Die Verbindung von Elijah Nichols' Aktivismus zu aktuellen Bewegungen ist ein entscheidender Aspekt seiner Arbeit. Durch die Integration von Theorien wie der Intersectionalität und der sozialen Gerechtigkeit sowie die aktive Teilnahme an Bewegungen wie Black Lives Matter und Me Too hat Elijah nicht nur die Sichtbarkeit von trans-Athleten im Sport erhöht, sondern auch eine breitere Diskussion über die Notwendigkeit von Gleichheit und Gerechtigkeit in der Gesellschaft angestoßen. Seine Arbeit zeigt, dass der Aktivismus für trans-Rechte eng mit anderen sozialen Bewegungen verbunden ist und dass der Kampf für Gleichheit und Gerechtigkeit für alle Menschen von entscheidender Bedeutung ist.

Die Zukunft des trans-Sports

Die Zukunft des trans-Sports ist ein Thema, das sowohl Herausforderungen als auch vielversprechende Perspektiven birgt. In den letzten Jahren hat sich die Sichtbarkeit und Akzeptanz von trans-Athleten in vielen Sportarten erhöht. Diese Entwicklung ist jedoch nicht ohne Schwierigkeiten, und es gibt zahlreiche Faktoren, die die zukünftige Landschaft des trans-Sports beeinflussen werden.

Langfristige Ziele von Elijah Nichols

Elijah Nichols, als führende Stimme in der trans-Sport-Bewegung, hat klare langfristige Ziele formuliert. Eines dieser Ziele ist die Schaffung eines inklusiven Sportumfelds, in dem trans-Athleten ohne Diskriminierung und Vorurteile teilnehmen können. Nichols betont die Notwendigkeit von Richtlinien, die die Gleichstellung im Sport fördern und gleichzeitig die spezifischen Bedürfnisse von trans-Athleten berücksichtigen. Dies umfasst unter anderem die Entwicklung von fairen Teilnahmebedingungen und die Sicherstellung, dass alle Athleten, unabhängig von Geschlecht oder Geschlechtsidentität, die gleichen Chancen haben, ihre sportlichen Ziele zu erreichen.

Die Rolle der nächsten Generation

Die nächste Generation von Athleten spielt eine entscheidende Rolle in der Gestaltung der Zukunft des trans-Sports. Junge trans-Athleten bringen frische Perspektiven und Erfahrungen in den Sport ein. Sie sind oft offener und toleranter gegenüber Vielfalt und arbeiten aktiv daran, Barrieren abzubauen. Es ist wichtig, dass diese jungen Athleten die Unterstützung von Mentoren und Vorbildern erhalten, die ihnen helfen, sich in der sportlichen Gemeinschaft zurechtzufinden. Programme, die den Austausch zwischen erfahrenen Athleten und der nächsten Generation fördern, können entscheidend sein, um das Bewusstsein und die Akzeptanz von trans-Athleten zu stärken.

Strategien zur Weiterentwicklung

Um eine positive Entwicklung im trans-Sport zu gewährleisten, sind verschiedene Strategien erforderlich. Eine zentrale Strategie ist die Förderung von Bildung und Aufklärung über Geschlechtsidentität und Transgender-Themen in Sportverbänden und Bildungseinrichtungen. Workshops, Seminare und Schulungsprogramme können dazu beitragen, Vorurteile abzubauen und ein besseres Verständnis für die Herausforderungen zu schaffen, mit denen trans-Athleten konfrontiert sind.

Ein weiterer wichtiger Aspekt ist die Zusammenarbeit mit internationalen Organisationen, um bewährte Praktiken auszutauschen und ein globales Netzwerk von Unterstützung aufzubauen. Diese Zusammenarbeit kann auch dazu beitragen, die politischen Rahmenbedingungen für trans-Athleten zu verbessern, indem Lobbyarbeit geleistet wird, um diskriminierende Richtlinien abzuschaffen und neue, inklusive Richtlinien zu implementieren.

Die Bedeutung von Bildung und Aufklärung

Bildung ist ein entscheidender Faktor für die Zukunft des trans-Sports. Es ist wichtig, dass Trainer, Sportler und Funktionäre über die Herausforderungen und Bedürfnisse von trans-Athleten informiert sind. Durch gezielte Bildungsmaßnahmen kann das Bewusstsein geschärft und ein respektvoller Umgang gefördert werden. Dies kann auch dazu beitragen, das Risiko von Diskriminierung und Mobbing im Sport zu verringern.

Zusätzlich sollten Bildungseinrichtungen und Sportverbände Programme entwickeln, die trans-Athleten gezielt unterstützen. Dies könnte die Bereitstellung von Ressourcen für die psychische Gesundheit, Mentoring-Programme und spezielle Trainingsmöglichkeiten umfassen, die auf die Bedürfnisse von trans-Athleten zugeschnitten sind.

Zusammenarbeit mit internationalen Organisationen

Die Zusammenarbeit mit internationalen Organisationen ist entscheidend, um eine globale Bewegung für die Rechte von trans-Athleten zu fördern. Durch den Austausch von Informationen und Strategien können Organisationen voneinander lernen und effektive Maßnahmen zur Unterstützung von trans-Athleten entwickeln. Diese internationale Zusammenarbeit kann auch dazu beitragen, einheitliche Standards für die Teilnahme von trans-Athleten im Sport zu schaffen und sicherzustellen, dass alle Athleten weltweit fair behandelt werden.

Die Rolle von Technologie im Sport

Technologie wird eine zunehmend wichtige Rolle im trans-Sport spielen. Die Entwicklung von Apps und Plattformen, die trans-Athleten unterstützen, kann dazu beitragen, den Zugang zu Informationen und Ressourcen zu erleichtern. Darüber hinaus können soziale Medien genutzt werden, um trans-Athleten eine Stimme zu geben und ihre Geschichten zu teilen, was zu einer erhöhten Sichtbarkeit und Akzeptanz führen kann.

Ein Beispiel für den Einsatz von Technologie im Sport ist die Verwendung von Wearables, die es Athleten ermöglichen, ihre Leistung zu verfolgen und zu analysieren. Diese Technologien können helfen, individuelle Trainingspläne zu erstellen, die auf die spezifischen Bedürfnisse von trans-Athleten abgestimmt sind.

Die Entwicklung von inklusiven Programmen

Die Entwicklung von inklusiven Programmen ist entscheidend für die Zukunft des trans-Sports. Sportverbände und -organisationen müssen aktiv daran arbeiten, Programme zu schaffen, die trans-Athleten die Möglichkeit geben, sicher und respektvoll zu trainieren und zu konkurrieren. Dies könnte die Einführung von speziellen Ligen oder Wettbewerben für trans-Athleten sowie die Anpassung bestehender Programme zur Förderung der Inklusion umfassen.

Die Bedeutung von Forschung und Daten

Um die Bedürfnisse von trans-Athleten besser zu verstehen und effektive Programme zu entwickeln, ist es wichtig, Forschung und Daten zu nutzen. Studien, die sich mit den Erfahrungen von trans-Athleten im Sport befassen, können wertvolle Einblicke geben und dazu beitragen, informierte Entscheidungen über Richtlinien und Programme zu treffen. Die Erhebung von Daten über die Teilnahme von trans-Athleten und ihre Erfahrungen kann auch dazu beitragen, die Sichtbarkeit und das Bewusstsein für die Herausforderungen, mit denen sie konfrontiert sind, zu erhöhen.

Die Auswirkungen von gesellschaftlichem Wandel

Die gesellschaftlichen Veränderungen, die in den letzten Jahren stattgefunden haben, haben auch Auswirkungen auf den trans-Sport. Eine zunehmende Akzeptanz von Vielfalt und Inklusion in der Gesellschaft kann dazu führen, dass trans-Athleten in der Sportwelt besser akzeptiert werden. Es ist jedoch wichtig, wachsam zu bleiben und sicherzustellen, dass diese Veränderungen auch in den Sportverbänden und -organisationen verankert werden.

Die Vision von einer gerechten Zukunft

Abschließend lässt sich sagen, dass die Zukunft des trans-Sports von einer Vision geprägt sein sollte, die auf Gerechtigkeit und Gleichheit basiert. Es ist entscheidend, dass alle Athleten, unabhängig von Geschlechtsidentität oder -ausdruck, die gleichen Chancen erhalten, ihre sportlichen Träume zu verwirklichen. Durch Bildung, Aufklärung und Zusammenarbeit können wir eine inklusive und unterstützende Umgebung schaffen, in der trans-Athleten gedeihen können. Die Herausforderungen sind groß, aber mit einem kollektiven Engagement und einer klaren Vision können wir eine positive Veränderung im trans-Sport herbeiführen.

Die Rolle von Unterstützungsnetzwerken

In der heutigen Zeit, in der der Aktivismus für LGBTQ-Rechte, insbesondere für trans-Athleten, an Bedeutung gewinnt, sind Unterstützungsnetzwerke von entscheidender Bedeutung. Diese Netzwerke bieten nicht nur emotionale und psychologische Unterstützung, sondern auch praktische Ressourcen, die für die persönliche und berufliche Entwicklung von Individuen innerhalb der Community unerlässlich sind.

Definition und Bedeutung von Unterstützungsnetzwerken

Unterstützungsnetzwerke können als Gruppen oder Gemeinschaften definiert werden, die Menschen mit ähnlichen Erfahrungen, Herausforderungen oder Zielen zusammenbringen. Sie bieten eine Plattform für den Austausch von Informationen, Erfahrungen und Ressourcen. In Bezug auf trans-Athleten sind solche Netzwerke besonders wichtig, da sie oft mit einzigartigen Herausforderungen konfrontiert sind, die von Diskriminierung und Vorurteilen bis hin zu spezifischen gesundheitlichen und sozialen Bedürfnissen reichen.

Theoretische Grundlagen

Die soziale Unterstützungstheorie, die von Cohen und Wills (1985) formuliert wurde, legt nahe, dass soziale Unterstützung eine schützende Rolle gegen Stress und negative Lebensereignisse spielt. Diese Theorie ist besonders relevant für trans-Athleten, die häufig mit Stressoren konfrontiert sind, die aus gesellschaftlicher Stigmatisierung und Diskriminierung resultieren. Unterstützungsnetzwerke können als Puffer fungieren, der hilft, die negativen Auswirkungen dieser Stressoren zu mildern.

Die soziale Identitätstheorie (Tajfel und Turner, 1979) bietet einen weiteren theoretischen Rahmen, um zu verstehen, wie Unterstützungsnetzwerke wirken. Diese Theorie besagt, dass Menschen ihre Identität teilweise durch die Gruppen definieren, denen sie angehören. Für trans-Athleten kann die Zugehörigkeit zu einem Unterstützungsnetzwerk das Gefühl der Identität und des Zugehörigkeitsgefühls stärken, was wiederum das Selbstwertgefühl und die Resilienz erhöht.

Herausforderungen für trans-Athleten

Trotz der positiven Auswirkungen von Unterstützungsnetzwerken stehen trans-Athleten vor zahlreichen Herausforderungen. Diskriminierung im Sport,

Mobbing und das Fehlen von Vorbildern können dazu führen, dass sich Individuen isoliert und entmutigt fühlen. Studien zeigen, dass trans-Athleten im Vergleich zu ihren cisgender Kollegen ein höheres Risiko für psychische Gesundheitsprobleme haben, einschließlich Angstzuständen und Depressionen (Budge et al., 2013).

Ein Beispiel für diese Herausforderungen ist die Erfahrung von Elijah Nichols, der in seiner Jugend mit der Ablehnung durch Mitschüler und Trainern konfrontiert war. Diese Erfahrungen führten zu einem Gefühl der Isolation, das nur durch die Unterstützung von Gleichgesinnten und Mentoren gemildert werden konnte.

Beispiele erfolgreicher Unterstützungsnetzwerke

Ein herausragendes Beispiel für ein Unterstützungsnetzwerk ist die Organisation „Trans Sport Allies", die von Elijah Nichols gegründet wurde. Diese Organisation hat es sich zur Aufgabe gemacht, trans-Athleten zu unterstützen, indem sie Ressourcen bereitstellt, Aufklärungskampagnen durchführt und eine Plattform für den Austausch von Erfahrungen bietet.

Ein weiteres Beispiel ist die „LGBTQ Sports Alliance", die trans-Athleten in verschiedenen Sportarten unterstützt und ihnen hilft, sich in einer oft feindlichen Umgebung zu behaupten. Solche Netzwerke bieten nicht nur praktische Unterstützung, sondern tragen auch zur Sichtbarkeit und Anerkennung von trans-Athleten im Sport bei.

Die Rolle von Mentoren und Vorbildern

Mentoren spielen eine entscheidende Rolle in Unterstützungsnetzwerken. Sie bieten nicht nur Orientierung, sondern auch Inspiration. Die Beziehung zwischen Mentor und Mentee kann helfen, Barrieren zu überwinden und den Zugang zu Ressourcen zu erleichtern. Elijah Nichols selbst hat betont, wie wichtig es war, Vorbilder in der LGBTQ-Community zu haben, die ihm halfen, seinen eigenen Weg zu finden.

Zukünftige Perspektiven für Unterstützungsnetzwerke

Die Zukunft von Unterstützungsnetzwerken für trans-Athleten sieht vielversprechend aus, insbesondere mit dem zunehmenden Bewusstsein für LGBTQ-Rechte und der Notwendigkeit von Inklusion im Sport. Es ist entscheidend, dass diese Netzwerke weiterhin wachsen und sich anpassen, um den sich ändernden Bedürfnissen der trans-Athleten gerecht zu werden.

Die Integration von Technologie, wie Online-Plattformen und soziale Medien, kann die Reichweite und den Einfluss von Unterstützungsnetzwerken erheblich erhöhen. Diese Plattformen ermöglichen es, Informationen schnell zu verbreiten, Ressourcen bereitzustellen und Gemeinschaften zu bilden, die geografische Barrieren überwinden.

Fazit

Zusammenfassend lässt sich sagen, dass Unterstützungsnetzwerke eine essentielle Rolle im Leben von trans-Athleten spielen. Sie bieten nicht nur emotionale und praktische Unterstützung, sondern fördern auch das Gefühl der Zugehörigkeit und Identität. Durch die Stärkung dieser Netzwerke können wir sicherstellen, dass trans-Athleten die notwendigen Ressourcen und die Unterstützung erhalten, um in der Welt des Sports erfolgreich zu sein. Die Herausforderungen sind groß, aber die Möglichkeiten zur Veränderung und Verbesserung sind noch größer. Die Entwicklung und Unterstützung solcher Netzwerke ist entscheidend, um eine inklusive und gerechte Zukunft für alle Athleten zu schaffen.

Die Bedeutung von Allyship

Allyship ist ein zentrales Konzept in der LGBTQ-Community, insbesondere im Kontext des trans-Sports. Es beschreibt die aktive Unterstützung von Nicht-LGBTQ-Personen, die sich für die Rechte und die Sichtbarkeit von LGBTQ-Individuen einsetzen. Diese Unterstützung ist entscheidend, um eine inklusive und gerechte Gesellschaft zu fördern, in der alle Menschen, unabhängig von ihrer Geschlechtsidentität, die gleichen Chancen im Sport und im Leben haben.

Theoretische Grundlagen des Allyship

Allyship basiert auf der Theorie der sozialen Gerechtigkeit, die besagt, dass Gleichheit und Fairness in der Gesellschaft nur erreicht werden können, wenn alle Mitglieder aktiv für die Rechte der unterrepräsentierten Gruppen eintreten. Diese Theorie wird durch verschiedene soziale Bewegungen untermauert, die die Notwendigkeit betonen, dass Verbündete nicht nur passiv unterstützen, sondern aktiv gegen Diskriminierung und Ungerechtigkeit kämpfen.

Ein wichtiger Aspekt des Allyship ist das Verständnis von Privilegien. Privilegierte Personen, die nicht von Diskriminierung betroffen sind, haben die Verantwortung, ihre Stimme zu erheben und die Herausforderungen, denen LGBTQ-Individuen gegenüberstehen, anzuerkennen. Die Theorie des intersektionalen Feminismus, die die Verknüpfung verschiedener Diskriminierungsformen betrachtet, unterstützt dieses Verständnis und hebt hervor, wie verschiedene Identitäten (z.B. Geschlecht, Rasse, Sexualität) miteinander interagieren.

Probleme und Herausforderungen

Obwohl Allyship von großer Bedeutung ist, gibt es auch Herausforderungen, die es zu bewältigen gilt. Eine häufige Problematik ist die „Performativität" des Allyship, bei der Unterstützung nur oberflächlich oder aus Eigeninteresse erfolgt, ohne dass echte Veränderungen angestrebt werden. Diese Art von Verhalten kann die LGBTQ-Community sogar schädigen, da sie das Gefühl der Authentizität und des echten Engagements untergräbt.

Ein weiteres Problem ist die „Allianzermüdung", bei der Verbündete nach einer Phase des Engagements das Interesse verlieren oder sich von der Bewegung zurückziehen. Dies kann auf Frustration über langsame Fortschritte oder das Gefühl zurückzuführen sein, dass ihre Anstrengungen nicht geschätzt werden. Um dies zu vermeiden, ist es wichtig, dass Verbündete sich kontinuierlich weiterbilden und aktiv an Diskussionen und Aktionen teilnehmen.

Beispiele für effektives Allyship

Ein herausragendes Beispiel für effektives Allyship im trans-Sport ist die Zusammenarbeit zwischen Elijah Nichols und prominenten Athleten, die sich für trans-Rechte einsetzen. Diese Athleten nutzen ihre Plattform, um auf Ungerechtigkeiten aufmerksam zu machen und die Sichtbarkeit von trans-Athleten zu erhöhen. Durch gemeinsame Veranstaltungen und Kampagnen können sie eine breitere Öffentlichkeit erreichen und den Dialog über die Herausforderungen im Sport fördern.

Ein weiteres Beispiel ist die Gründung von Initiativen wie „Trans Sport Allies", die sich gezielt für die Unterstützung von trans-Athleten einsetzen. Diese Organisationen bieten Schulungen für Trainer und Sportverbände an, um ein besseres Verständnis für die Bedürfnisse von trans-Sportlern zu schaffen und eine inklusive Umgebung zu fördern. Solche Programme helfen, Vorurteile abzubauen und die Akzeptanz innerhalb der Sportgemeinschaft zu erhöhen.

Die Rolle von Allyship in der Zukunft

Die Bedeutung von Allyship wird in den kommenden Jahren weiter zunehmen, da die LGBTQ-Community weiterhin für Gleichheit und Akzeptanz kämpft. Verbündete spielen eine entscheidende Rolle, um die Sichtbarkeit und die

Stimmen von trans-Athleten zu stärken und sicherzustellen, dass ihre Anliegen in politischen und gesellschaftlichen Diskussionen Gehör finden.

Um die Effektivität von Allyship zu maximieren, ist es wichtig, dass Verbündete sich aktiv an der Bildung und Sensibilisierung der Öffentlichkeit beteiligen. Dies kann durch Workshops, öffentliche Auftritte und die Nutzung sozialer Medien geschehen, um das Bewusstsein für die Herausforderungen, denen trans-Sportler gegenüberstehen, zu schärfen.

Zusammenfassend lässt sich sagen, dass Allyship eine unverzichtbare Komponente im Kampf für die Rechte von LGBTQ-Individuen ist. Es erfordert Engagement, kontinuierliche Bildung und den Mut, sich gegen Diskriminierung und Ungerechtigkeit auszusprechen. In einer Welt, die zunehmend die Bedeutung von Vielfalt und Inklusion anerkennt, wird die Rolle von Verbündeten entscheidend sein, um eine gerechtere und gleichberechtigtere Gesellschaft zu schaffen.

$$Allyship = Aktive\ Unterstützung + Bildung + Engagement \qquad (8)$$

Die Erziehung der nächsten Generation

Die Erziehung der nächsten Generation ist von entscheidender Bedeutung für die Förderung von Akzeptanz und Verständnis innerhalb der LGBTQ-Community, insbesondere im Kontext des trans-Sports. Die Art und Weise, wie junge Menschen über Geschlechtsidentität und sexuelle Orientierung unterrichtet werden, kann tiefgreifende Auswirkungen auf ihre Einstellungen und Verhaltensweisen haben. In diesem Abschnitt werden wir die Relevanz von Bildung, die Herausforderungen, die damit verbunden sind, und einige praktische Ansätze zur Förderung einer inklusiven Erziehung untersuchen.

Relevanz der Bildung

Bildung spielt eine zentrale Rolle bei der Formung von Werten und Überzeugungen. In einer Zeit, in der junge Menschen zunehmend mit Fragen der Geschlechtsidentität konfrontiert werden, ist es wichtig, dass Schulen und Bildungseinrichtungen Räume schaffen, in denen Vielfalt anerkannt und gefeiert wird. Eine inklusive Bildung fördert nicht nur das Verständnis für trans-Athleten, sondern trägt auch dazu bei, Vorurteile abzubauen und Diskriminierung zu bekämpfen.

Herausforderungen

Trotz der wachsenden Anerkennung der Bedeutung einer inklusiven Bildung gibt es zahlreiche Herausforderungen, die angegangen werden müssen:

- **Mangel an Ressourcen:** Viele Schulen haben nicht die notwendigen Ressourcen, um umfassende Bildungsprogramme zu implementieren, die sich mit LGBTQ-Themen befassen. Dies kann dazu führen, dass wichtige Themen übersehen oder nicht ausreichend behandelt werden.

- **Vorurteile und Stereotypen:** Lehrer und Schüler können unbewusste Vorurteile oder stereotype Ansichten über Geschlechtsidentität haben, die sich negativ auf die Schaffung eines unterstützenden Umfelds auswirken. Solche Vorurteile können auch in Lehrplänen verankert sein, die trans-Sportler nicht angemessen repräsentieren.

- **Fehlende Schulungen:** Oftmals fehlt es Lehrkräften an Schulungen, um sensibel und informativ über LGBTQ-Themen zu sprechen. Dies kann dazu führen, dass sie sich unsicher fühlen, wenn sie mit Fragen der Geschlechtsidentität konfrontiert werden.

Praktische Ansätze zur Förderung einer inklusiven Erziehung

Um die Herausforderungen zu überwinden und eine inklusive Erziehung zu fördern, können verschiedene Strategien implementiert werden:

- **Entwicklung von Lehrplänen:** Schulen sollten Lehrpläne entwickeln, die LGBTQ-Themen integrieren. Dies könnte die Geschichte der LGBTQ-Bewegung, die Rechte von trans-Athleten und die Bedeutung von Allyship umfassen. Ein Beispiel ist die Einführung von Projekten, die Schüler dazu ermutigen, sich mit den Geschichten von trans-Athleten auseinanderzusetzen und deren Herausforderungen zu verstehen.

- **Sensibilisierungstrainings:** Lehrer sollten regelmäßig an Sensibilisierungstrainings teilnehmen, um ihre Kenntnisse über Geschlechtsidentität zu erweitern und Vorurteile abzubauen. Diese Trainings können auch praktische Strategien zur Unterstützung von trans-Sportlern im Klassenzimmer und im Sport bieten.

- **Einbindung der Community:** Schulen sollten Partnerschaften mit lokalen LGBTQ-Organisationen eingehen, um Ressourcen und Unterstützung für

Schüler zu bieten. Solche Partnerschaften können Workshops, Vorträge und Veranstaltungen umfassen, die das Bewusstsein für trans-Themen schärfen.

+ **Förderung von Peer-Unterstützung:** Die Schaffung von Unterstützungsgruppen für Schüler kann helfen, ein Gefühl der Zugehörigkeit zu fördern. Diese Gruppen können einen sicheren Raum bieten, in dem Schüler ihre Erfahrungen teilen und sich gegenseitig unterstützen können.

Beispiele für erfolgreiche Initiativen

Einige Schulen und Organisationen haben bereits erfolgreiche Initiativen zur Förderung einer inklusiven Erziehung implementiert:

+ **Pride in Education:** Diese Initiative zielt darauf ab, Schulen mit Ressourcen und Schulungen auszustatten, um LGBTQ-Themen in den Unterricht zu integrieren. Die Ergebnisse zeigen, dass Schulen, die an diesem Programm teilnehmen, ein höheres Maß an Akzeptanz und Verständnis unter den Schülern aufweisen.

+ **Trans-Athlete Workshops:** Verschiedene Sportverbände haben Workshops für Schüler und Trainer organisiert, um das Bewusstsein für die Herausforderungen von trans-Athleten zu schärfen. Diese Workshops bieten nicht nur Informationen, sondern auch persönliche Geschichten von trans-Sportlern, die inspirierend wirken und Empathie fördern.

+ **Schulprojekte:** Einige Schulen haben Projekte initiiert, bei denen Schüler ihre eigenen Geschichten über Geschlechtsidentität und Sport erzählen. Diese Projekte fördern nicht nur das Verständnis, sondern stärken auch das Selbstbewusstsein der Schüler.

Fazit

Die Erziehung der nächsten Generation ist entscheidend für die Förderung von Akzeptanz und Unterstützung für trans-Athleten. Durch die Entwicklung inklusiver Lehrpläne, Sensibilisierungstrainings für Lehrer und die Einbindung der Community können Schulen eine Umgebung schaffen, in der Vielfalt gefeiert wird. Es ist von größter Bedeutung, dass wir die Herausforderungen angehen und die nächsten Generationen dazu ermutigen, Verbündete und Unterstützer der LGBTQ-Community zu werden. Nur so können wir eine gerechtere und inklusivere Zukunft für alle schaffen.

Die Rolle von Bildungseinrichtungen

Bildungseinrichtungen spielen eine entscheidende Rolle bei der Förderung der Akzeptanz und des Verständnisses von LGBTQ-Themen, insbesondere in Bezug auf die trans-Sport-Bewegung. Diese Institutionen, einschließlich Schulen, Universitäten und Fachhochschulen, sind nicht nur Orte des Lernens, sondern auch Plattformen, auf denen Werte wie Inklusion, Respekt und Gleichheit vermittelt werden können. In diesem Abschnitt werden die verschiedenen Aspekte beleuchtet, wie Bildungseinrichtungen zur Unterstützung von trans-Athleten und zur Schaffung eines positiven Umfelds beitragen können.

Theoretische Grundlagen

Die Theorie der sozialen Identität, die von Henri Tajfel und John Turner entwickelt wurde, legt nahe, dass Individuen ihr Selbstkonzept aus der Zugehörigkeit zu sozialen Gruppen ableiten. Diese Theorie ist besonders relevant für trans-Personen, die oft mit Fragen der Identität und Zugehörigkeit konfrontiert sind. Bildungseinrichtungen können durch Programme und Initiativen, die die Vielfalt der Geschlechtsidentitäten anerkennen, ein Gefühl der Zugehörigkeit fördern.

Ein weiterer theoretischer Rahmen ist die Intersektionalität, die beschreibt, wie verschiedene soziale Kategorien wie Geschlecht, Rasse und sexuelle Orientierung sich überschneiden und somit unterschiedliche Erfahrungen von Diskriminierung und Privilegien erzeugen. Bildungseinrichtungen müssen diese Komplexität verstehen, um effektive Unterstützungsmechanismen für trans-Athleten zu entwickeln.

Herausforderungen in Bildungseinrichtungen

Trotz der potenziellen positiven Rolle von Bildungseinrichtungen gibt es zahlreiche Herausforderungen, die angegangen werden müssen. Diskriminierung und Vorurteile gegenüber trans-Personen sind weit verbreitet und können in Form von Mobbing, Ausgrenzung oder sogar physischer Gewalt auftreten. Eine Studie von GLSEN (Gay, Lesbian and Straight Education Network) zeigt, dass 75% der LGBTQ-Schüler*innen in Schulen gemobbt werden, was zu einem feindlichen Klima führt, das die Teilnahme an sportlichen Aktivitäten beeinträchtigen kann.

Zusätzlich sind viele Lehrpläne nicht ausreichend auf die Bedürfnisse von LGBTQ-Studierenden ausgerichtet. Oft fehlen relevante Informationen über trans-Themen, was zu einem Mangel an Verständnis und Empathie unter den

Mitschüler*innen führt. Dies kann die Sichtbarkeit und Unterstützung von trans-Athleten im schulischen Sport stark beeinträchtigen.

Beispiele für erfolgreiche Bildungsinitiativen

Ein positives Beispiel für die Rolle von Bildungseinrichtungen ist das Programm „Safe Schools", das in vielen Ländern implementiert wurde. Dieses Programm zielt darauf ab, ein sicheres und unterstützendes Umfeld für alle Schüler*innen zu schaffen, unabhängig von ihrer Geschlechtsidentität oder sexuellen Orientierung. Es umfasst Schulungen für Lehrer*innen, um Vorurteile abzubauen und ein inklusives Klassenzimmer zu fördern.

Ein weiteres Beispiel ist die Einführung von LGBTQ-Studiengängen an Universitäten, die sich mit Geschlechterfragen und der Geschichte der LGBTQ-Bewegung befassen. Diese Kurse bieten nicht nur Wissen, sondern auch einen Raum für Diskussionen, die das Bewusstsein und die Akzeptanz fördern können.

Die Bedeutung von Mentorship und Unterstützungssystemen

Mentorship-Programme sind ebenfalls von entscheidender Bedeutung. Sie bieten trans-Athleten die Möglichkeit, von erfahrenen Personen zu lernen, die ähnliche Erfahrungen gemacht haben. Solche Programme können in Schulen und Universitäten eingerichtet werden, um trans-Personen zu unterstützen und ihnen zu helfen, ihre sportlichen und akademischen Ziele zu erreichen.

Darüber hinaus sollten Bildungseinrichtungen Partnerschaften mit LGBTQ-Organisationen eingehen, um Ressourcen und Unterstützung für trans-Athleten bereitzustellen. Diese Partnerschaften können Workshops, Schulungen und Informationsveranstaltungen umfassen, die das Bewusstsein für trans-Themen im Sport erhöhen.

Fazit

Zusammenfassend lässt sich sagen, dass Bildungseinrichtungen eine zentrale Rolle bei der Unterstützung von trans-Athleten und der Förderung der Akzeptanz von LGBTQ-Themen spielen. Durch die Schaffung eines inklusiven Umfelds, die Bekämpfung von Diskriminierung und die Bereitstellung von Ressourcen können Schulen und Universitäten dazu beitragen, dass trans-Personen nicht nur im Sport, sondern in allen Lebensbereichen erfolgreich sind. Es ist von entscheidender Bedeutung, dass Bildungseinrichtungen proaktive Schritte unternehmen, um die Herausforderungen, mit denen trans-Athleten konfrontiert sind, zu erkennen und anzugehen, um eine gerechtere und inklusivere Gesellschaft zu schaffen.

$$\text{Inklusion} = \frac{\text{Akzeptanz} + \text{Bildung}}{\text{Diskriminierung} + \text{Vorurteile}} \tag{9}$$

Diese Gleichung verdeutlicht, dass die Schaffung eines inklusiven Umfelds auf der Balance zwischen Akzeptanz und Bildung basiert, während Diskriminierung und Vorurteile die Inklusion behindern. Bildungseinrichtungen müssen sich aktiv für die Förderung von Akzeptanz und Bildung einsetzen, um die Herausforderungen zu überwinden und trans-Athleten die Unterstützung zu bieten, die sie benötigen.

Die Verbindung zu sozialen Medien

In der heutigen digitalen Ära haben soziale Medien eine transformative Rolle in der Art und Weise übernommen, wie Informationen verbreitet, Gemeinschaften gebildet und soziale Bewegungen organisiert werden. Für LGBTQ-Aktivisten wie Elijah Nichols ist die Nutzung von sozialen Medien nicht nur ein Werkzeug zur Kommunikation, sondern auch eine Plattform zur Sichtbarkeit und zur Mobilisierung von Unterstützung.

Theoretische Grundlagen

Die Theorie der sozialen Medien lässt sich auf verschiedene Kommunikations- und Soziologiemodelle zurückführen. Ein zentraler Aspekt ist das **Uses and Gratifications Theory**, das besagt, dass Nutzer aktiv nach Medieninhalten suchen, die ihren Bedürfnissen entsprechen. In diesem Kontext suchen LGBTQ-Personen oft nach Gemeinschaft, Unterstützung und Informationen, die ihre Identität validieren und fördern.

Ein weiteres relevantes Konzept ist die **Networked Publics Theory**, die besagt, dass soziale Medien als neue öffentliche Räume fungieren, in denen Individuen ihre Stimmen erheben und politische Bewegungen anstoßen können. Diese Theorie ist besonders wichtig für trans-Aktivisten, die in der Vergangenheit oft marginalisiert wurden.

Herausforderungen der Nutzung sozialer Medien

Trotz der Vorteile, die soziale Medien bieten, gibt es auch erhebliche Herausforderungen. Eine der größten Hürden ist die **Cyber-Diskriminierung**. LGBTQ-Personen, insbesondere trans Individuen, sind häufig Ziel von

Online-Hasskommentaren, Mobbing und Belästigung. Diese negativen Erfahrungen können nicht nur die psychische Gesundheit der Betroffenen beeinträchtigen, sondern auch ihre Bereitschaft verringern, sich öffentlich zu äußern.

Darüber hinaus kann die **Verbreitung von Fehlinformationen** über trans-Themen in sozialen Medien die öffentliche Wahrnehmung und die Akzeptanz erheblich beeinflussen. Falsche Narrative können die Debatte über trans-Rechte und -Identitäten vergiften und zu einem feindlichen Klima führen.

Beispiele für die Nutzung sozialer Medien

Elijah Nichols hat soziale Medien aktiv genutzt, um seine Botschaft zu verbreiten und die trans-Sport-Bewegung zu fördern. Durch Plattformen wie Twitter, Instagram und TikTok hat er nicht nur seine persönlichen Erfahrungen geteilt, sondern auch wichtige Informationen über trans-Rechte im Sport bereitgestellt.

Ein bemerkenswertes Beispiel ist seine Kampagne *#TransAthleteVoices*, die darauf abzielte, trans Athleten eine Plattform zu geben, um ihre Geschichten zu erzählen und die Herausforderungen, denen sie gegenüberstehen, zu beleuchten. Diese Initiative wurde viral und führte zu einer breiten Diskussion über die Rechte von trans Athleten in verschiedenen Sportarten.

Die Rolle von Influencern und Medienpartnerschaften

Ein weiterer wichtiger Aspekt der Verbindung zwischen sozialen Medien und dem Aktivismus ist die Rolle von Influencern. Prominente LGBTQ-Aktivisten und Athleten nutzen ihre Reichweite, um auf wichtige Themen aufmerksam zu machen. Diese Influencer fungieren oft als **Multiplikatoren**, die das Bewusstsein für trans-Rechte und -Anliegen schärfen können.

Medienpartnerschaften spielen ebenfalls eine entscheidende Rolle. Durch die Zusammenarbeit mit Medienunternehmen können Aktivisten sicherstellen, dass ihre Geschichten und Anliegen in einem positiven Licht dargestellt werden. Dies kann helfen, stereotype Darstellungen abzubauen und ein besseres Verständnis für die Herausforderungen zu schaffen, mit denen trans Athleten konfrontiert sind.

Zukunftsausblick

Die Verbindung zu sozialen Medien wird auch in Zukunft eine zentrale Rolle im Aktivismus spielen. Die kontinuierliche Entwicklung neuer Plattformen und Technologien bietet neue Möglichkeiten zur Vernetzung und Mobilisierung.

Gleichzeitig müssen Strategien entwickelt werden, um die negativen Auswirkungen von Cyber-Diskriminierung und Fehlinformationen zu bekämpfen.

Zusammenfassend lässt sich sagen, dass die Verbindung zu sozialen Medien für Elijah Nichols und die trans-Sport-Bewegung von entscheidender Bedeutung ist. Sie ermöglicht nicht nur die Verbreitung von Informationen und die Schaffung von Gemeinschaften, sondern bietet auch eine Plattform zur Sichtbarkeit und zur Forderung nach Gleichberechtigung.

$$\text{Aktivismus} = \text{Sichtbarkeit} + \text{Gemeinschaft} + \text{Mobilisierung} \qquad (10)$$

Danksagungen

Anerkennung der Unterstützer

In der Welt des Aktivismus ist die Anerkennung der Unterstützer von entscheidender Bedeutung. Diese Unterstützer, seien es Einzelpersonen, Organisationen oder Gemeinschaften, spielen eine zentrale Rolle im Erfolg von Bewegungen. Sie bieten nicht nur finanzielle Ressourcen, sondern auch emotionale und soziale Unterstützung, die für die Aufrechterhaltung der Motivation und des Engagements unerlässlich ist. In diesem Abschnitt werden wir die verschiedenen Arten von Unterstützern, ihre Beiträge und die Herausforderungen, die mit der Anerkennung ihrer Rolle verbunden sind, untersuchen.

Die verschiedenen Arten von Unterstützern

Unterstützer können in mehrere Kategorien unterteilt werden, darunter:

+ **Finanzielle Unterstützer:** Diese Gruppe umfasst Stiftungen, Unternehmen und Einzelpersonen, die finanzielle Mittel bereitstellen, um Projekte und Initiativen zu fördern. Ein Beispiel hierfür ist die Unterstützung durch die *Human Rights Campaign*, die zahlreiche Programme für LGBTQ-Aktivisten finanziert.

+ **Emotionale Unterstützer:** Freunde, Familie und Mentoren, die in schwierigen Zeiten zur Seite stehen und ermutigen, sind für Aktivisten von unschätzbarem Wert. Diese emotionalen Bindungen stärken das Selbstvertrauen und die Resilienz der Aktivisten.

+ **Organisatorische Unterstützer:** Organisationen, die sich für die Rechte von LGBTQ-Personen einsetzen, bieten Plattformen und Netzwerke, die den Aktivismus unterstützen. Ein Beispiel ist die *GLAAD*, die sich für positive Darstellungen von LGBTQ-Personen in den Medien einsetzt.

+ **Gemeinschaftliche Unterstützer:** Diese Gruppe besteht aus Gleichgesinnten und Freiwilligen, die sich aktiv an Veranstaltungen und Kampagnen beteiligen. Ihre kollektive Stimme ist entscheidend, um die Sichtbarkeit und den Einfluss von Bewegungen zu erhöhen.

Die Bedeutung der Anerkennung

Die Anerkennung der Unterstützer ist nicht nur eine Frage der Höflichkeit, sondern hat auch tiefere psychologische und soziale Auswirkungen. Studien zeigen, dass die Wertschätzung von Unterstützung das Engagement und die Bindung an eine Bewegung erhöht. Laut einer Untersuchung von *Smith et al.* *(2021)* zeigt sich, dass Aktivisten, die regelmäßig ihre Unterstützer anerkennen, eine um 30% höhere Wahrscheinlichkeit haben, langfristig aktiv zu bleiben.

Herausforderungen bei der Anerkennung

Trotz der klaren Vorteile der Anerkennung stehen Aktivisten oft vor Herausforderungen:

+ **Ressourcenmangel:** Oft fehlt es an Ressourcen, um Unterstützer angemessen zu würdigen. Dies kann dazu führen, dass wichtige Beiträge übersehen werden.

+ **Unterschiedliche Erwartungen:** Unterstützer haben unterschiedliche Erwartungen an Anerkennung. Einige wünschen sich öffentliche Anerkennung, während andere eine private Dankesbotschaft bevorzugen. Diese Vielfalt kann es schwierig machen, eine einheitliche Strategie zur Anerkennung zu entwickeln.

+ **Zeitmanagement:** Aktivisten sind oft stark beschäftigt und haben möglicherweise nicht die Zeit, um alle Unterstützer angemessen zu würdigen. Diese Vernachlässigung kann das Gefühl der Entfremdung bei den Unterstützern hervorrufen.

Praktische Beispiele der Anerkennung

Es gibt verschiedene erfolgreiche Ansätze zur Anerkennung von Unterstützern:

+ **Soziale Medien:** Die Nutzung von Plattformen wie Twitter und Instagram kann eine effektive Möglichkeit sein, um Unterstützer öffentlich zu würdigen. Ein Beispiel ist die Kampagne #ThankYourSupporters, die Aktivisten ermutigt, ihre Unterstützer in sozialen Netzwerken zu taggen und zu danken.

+ **Veranstaltungen:** Die Ausrichtung von Dankesveranstaltungen oder Anerkennungsempfängen bietet eine Plattform, um Unterstützer zu ehren und ihre Beiträge zu feiern. Solche Veranstaltungen können sowohl physisch als auch virtuell stattfinden, um eine breitere Reichweite zu erzielen.

+ **Newsletter:** Regelmäßige Newsletter, die die Erfolge der Bewegung und die Rolle der Unterstützer hervorheben, können ein effektives Mittel zur Anerkennung sein. Diese Newsletter können persönliche Geschichten und Testimonials enthalten, die die Bedeutung der Unterstützung verdeutlichen.

Schlussfolgerung

Die Anerkennung der Unterstützer ist ein wesentlicher Bestandteil des Aktivismus. Sie fördert nicht nur das Engagement, sondern stärkt auch die Gemeinschaft und das Gefühl der Zugehörigkeit. Trotz der Herausforderungen, die mit der Anerkennung verbunden sind, können durch kreative und durchdachte Ansätze bedeutende Fortschritte erzielt werden. Aktivisten wie Elijah Nichols zeigen, dass die Wertschätzung von Unterstützern nicht nur eine Frage der Dankbarkeit ist, sondern ein strategischer Schritt zur Förderung von Inklusion und Unterstützung in der LGBTQ-Community. Es ist von entscheidender Bedeutung, dass wir die Stimmen der Unterstützer hören und ihre Beiträge feiern, um eine nachhaltige und effektive Bewegung zu schaffen.

Dank an die Interviewpartner

In der heutigen Zeit, in der die Stimmen von LGBTQ-Aktivisten und -Aktivistinnen immer lauter werden, ist es von entscheidender Bedeutung, die Menschen zu würdigen, die bereit sind, ihre Geschichten zu teilen. Die Interviewpartner von Elijah Nichols haben nicht nur ihre persönlichen Erfahrungen offengelegt, sondern auch einen entscheidenden Beitrag zur Sichtbarkeit und zum Verständnis der Herausforderungen geleistet, mit denen trans-Athleten konfrontiert sind.

Die Interviews, die im Rahmen dieser Biografie geführt wurden, sind nicht nur eine Sammlung von Anekdoten, sondern auch eine wertvolle Quelle für empirische Daten, die die theoretischen Rahmenbedingungen der Gender- und Queer-Theorie unterstützen. Diese Theorien betonen die Bedeutung der subjektiven Erfahrungen von Individuen und wie diese Erfahrungen die gesellschaftliche Wahrnehmung von Geschlecht und Identität beeinflussen.

Ein Beispiel für die Relevanz dieser Interviews ist das Konzept der *Intersektionalität*, das von Kimberlé Crenshaw geprägt wurde. Es beschreibt, wie verschiedene soziale Kategorien wie Geschlecht, Rasse und sexuelle Orientierung sich überschneiden und komplexe Systeme der Diskriminierung und Privilegierung schaffen. Die Interviewpartner von Elijah bringen unterschiedliche Perspektiven ein, die diese Theorie lebendig werden lassen. So berichtet eine Interviewpartnerin von den Schwierigkeiten, als schwarze trans Frau im Sport anerkannt zu werden, während ein anderer Interviewpartner, ein cisgender Athlet, die Herausforderungen beschreibt, die er erlebt hat, als er sich mit trans-Athleten solidarisch erklärte.

Die Probleme, die in den Interviews angesprochen werden, sind vielfältig. Dazu gehören Diskriminierung, Mobbing und der Kampf um Akzeptanz in der Sportgemeinschaft. Diese Themen sind nicht nur individuell, sondern spiegeln auch gesellschaftliche Strukturen wider, die es trans-Athleten oft schwer machen, ihre Identität in einem sportlichen Umfeld zu leben. Ein Interviewpartner beschreibt beispielsweise, wie er während seiner Transition sowohl Unterstützung als auch Widerstand von seinen Teamkollegen erlebte. Diese Erfahrungen sind nicht nur wichtig für das Verständnis von Elijahs eigenen Herausforderungen, sondern auch für die breitere Diskussion über die Akzeptanz von trans-Athleten im Sport.

Darüber hinaus verdeutlichen die Interviews, wie wichtig es ist, eine Plattform für diese Stimmen zu schaffen. Die Interviewpartner sind nicht nur Zeugen ihrer eigenen Geschichten, sondern auch Botschafter für die Anliegen der trans-Gemeinschaft. Ihre Bereitschaft, offen über ihre Erfahrungen zu sprechen, trägt dazu bei, das Bewusstsein zu schärfen und Vorurteile abzubauen. Diese Interviews sind also nicht nur persönliche Erzählungen, sondern auch ein Aufruf zur Solidarität und zum Handeln.

In der Methodik der Forschung wurde besonders darauf geachtet, dass die Stimmen der Interviewpartner nicht nur gehört, sondern auch respektiert und gewürdigt werden. Es ist wichtig, dass ihre Geschichten authentisch und unverfälscht wiedergegeben werden, um die Integrität des Aktivismus und die Komplexität der trans-Erfahrungen zu bewahren. Die Interviews wurden in einem sicheren und unterstützenden Umfeld durchgeführt, was es den Interviewpartnern ermöglichte, offen über ihre Herausforderungen und Erfolge zu sprechen.

Zusammenfassend lässt sich sagen, dass die Interviewpartner von Elijah Nichols eine unschätzbare Rolle in der Erstellung dieser Biografie spielen. Ihre Geschichten sind nicht nur von persönlicher Bedeutung, sondern haben auch das Potenzial, gesellschaftliche Veränderungen herbeizuführen. Die Dankbarkeit, die wir ihnen gegenüber empfinden, ist nicht nur eine Frage der Höflichkeit, sondern ein Ausdruck des Respekts für die Mut und den Einsatz, den sie zeigen, um ihre Stimmen in einer oft feindlichen Welt zu erheben. Ohne ihre Beiträge wäre die Biografie von Elijah Nichols unvollständig und weniger wirkungsvoll.

In Anbetracht all dieser Aspekte möchten wir unseren tiefsten Dank an die Interviewpartner aussprechen. Sie sind die wahren Helden dieser Geschichte, und ihre Erfahrungen werden weiterhin als Lichtstrahl für zukünftige Generationen von trans-Athleten und Aktivisten dienen. Ihre Geschichten sind nicht nur Teil der Biografie, sondern auch Teil eines größeren Narrativs, das die Welt verändern kann. Ihre Bereitschaft, offen zu sprechen, ist ein Schritt in Richtung einer inklusiveren und gerechteren Gesellschaft. Wir sind dankbar für ihre Zeit, ihr Vertrauen und ihre unermüdliche Unterstützung in diesem wichtigen Unterfangen.

Wertschätzung der Familie

Die Familie spielt eine zentrale Rolle im Leben eines jeden Menschen, insbesondere in der Entwicklung und Unterstützung von LGBTQ-Aktivisten wie Elijah Nichols. In diesem Abschnitt werden wir die Bedeutung der Familie für Elijahs Reise, die Herausforderungen, die sie möglicherweise erlebt haben, und die positiven Einflüsse, die sie auf sein Leben ausübten, untersuchen.

Die Rolle der Familie in der Identitätsentwicklung

Familien bilden die erste soziale Umgebung, in der Individuen ihre Identität entwickeln. Für Elijah war dies besonders wichtig, da er in einer Zeit aufwuchs, in der die gesellschaftliche Akzeptanz von Transidentität noch begrenzt war. Die Unterstützung seiner Familie war entscheidend, um ein Gefühl der Zugehörigkeit und Sicherheit zu schaffen. Laut der Theorie der sozialen Identität von Henri Tajfel (1979) beeinflussen die Gruppen, mit denen wir uns identifizieren, unser Selbstwertgefühl und unsere Selbstwahrnehmung. In Elijahs Fall war die Familie eine primäre Gruppe, die ihm half, seine Identität zu formen und zu akzeptieren.

Herausforderungen innerhalb der Familie

Es ist nicht ungewöhnlich, dass LGBTQ-Personen auf Widerstand oder Unverständnis innerhalb ihrer Familien stoßen. Elijah musste möglicherweise mit Vorurteilen oder Ängsten seiner Angehörigen umgehen, die aus einem Mangel an Wissen oder Verständnis über Transidentität resultierten. Solche Herausforderungen können zu Spannungen führen und die familiären Beziehungen belasten. Studien zeigen, dass viele LGBTQ-Jugendliche, die keine Unterstützung von ihren Familien erhalten, ein höheres Risiko für psychische Gesundheitsprobleme haben (Ryan et al., 2009).

Ein Beispiel für eine solche Herausforderung könnte sein, dass Elijahs Eltern anfangs Schwierigkeiten hatten, seine Entscheidung zur Transition zu akzeptieren. Diese Probleme könnten durch kulturelle oder religiöse Überzeugungen verstärkt worden sein, die in vielen Familien verbreitet sind. In solchen Fällen ist es wichtig, dass Familienmitglieder offen und ehrlich miteinander kommunizieren, um Missverständnisse auszuräumen und Unterstützung zu bieten.

Positive Einflüsse und Unterstützung

Trotz möglicher Herausforderungen ist es wichtig, die positiven Einflüsse der Familie auf Elijahs Leben zu würdigen. Die Unterstützung seiner Familie könnte in verschiedenen Formen gekommen sein, sei es durch emotionale Unterstützung, Hilfe bei der Transition oder aktive Teilnahme an LGBTQ-Events. Eine Studie von M. M. Schwartz (2013) zeigt, dass familiäre Unterstützung einen signifikanten Einfluss auf das Wohlbefinden von LGBTQ-Personen hat.

Ein konkretes Beispiel könnte sein, dass Elijahs Familie ihn bei der Teilnahme an lokalen LGBTQ-Veranstaltungen unterstützte, was ihm half, sich mit Gleichgesinnten zu vernetzen und seine Identität zu feiern. Diese Art von Unterstützung kann nicht nur das Selbstwertgefühl stärken, sondern auch das Gefühl der Zugehörigkeit in der Gemeinschaft fördern.

Die Bedeutung von Kommunikation und Bildung

Ein weiterer wichtiger Aspekt ist die Rolle von Kommunikation und Bildung innerhalb der Familie. Familienmitglieder, die bereit sind, sich über Transidentität zu informieren und offen zu diskutieren, können eine unterstützende Umgebung schaffen, die es dem Individuum ermöglicht, sich sicher und akzeptiert zu fühlen. Programme zur Sensibilisierung und Schulung, die sich auf die Bedürfnisse von LGBTQ-Personen konzentrieren, können Familien helfen, die Herausforderungen besser zu verstehen und ihre Angehörigen zu unterstützen.

Schlussfolgerung

Zusammenfassend lässt sich sagen, dass die Wertschätzung der Familie für Elijah Nichols und seine Reise als LGBTQ-Aktivist von entscheidender Bedeutung ist. Die Unterstützung, die er von seiner Familie erhielt, half ihm, seine Identität zu akzeptieren und aktiv in der LGBTQ-Community zu werden. Trotz der Herausforderungen, die sie möglicherweise erlebt haben, ist die positive Einflussnahme der Familie ein wesentlicher Bestandteil seines Lebens und seines Engagements für die trans-Sport-Bewegung. Indem wir die Rolle der Familie anerkennen und würdigen, können wir die Bedeutung von Unterstützung und Verständnis in der Identitätsentwicklung von LGBTQ-Personen besser verstehen.

Dank an die Leser

Die Leserinnen und Leser sind das Herzstück jeder Biografie, und es ist mir ein großes Anliegen, Ihnen, den Lesenden, meinen tiefsten Dank auszusprechen. Ihre Entscheidung, sich mit der Geschichte von Elijah Nichols auseinanderzusetzen, ist nicht nur ein Zeichen Ihres Interesses, sondern auch ein Akt der Solidarität und des Engagements für die LGBTQ-Community und insbesondere für trans-Athleten.

Die Rolle der Leser in der Verbreitung von Wissen und Verständnis über trans-Sport und die Herausforderungen, denen diese Gemeinschaft gegenübersteht, kann nicht hoch genug eingeschätzt werden. Indem Sie dieses Buch in die Hand nehmen, setzen Sie sich aktiv mit den Themen auseinander, die für viele Menschen von entscheidender Bedeutung sind. Sie tragen dazu bei, die Sichtbarkeit von Elijahs Geschichte und der trans-Sport-Bewegung zu erhöhen und fördern das Bewusstsein für die Notwendigkeit von Akzeptanz und Inklusion im Sport.

Ein Beispiel für die Macht der Leserschaft ist die Art und Weise, wie Geschichten von Aktivisten wie Elijah Nichols Resonanz finden können. Wenn Leserinnen und Leser sich mit den Herausforderungen und Triumphen eines Aktivisten identifizieren, können sie inspiriert werden, selbst aktiv zu werden. So können wir eine Kettenreaktion des Wandels auslösen, bei der jede Stimme zählt.

Darüber hinaus ist es wichtig zu betonen, dass das Lesen über Elijahs Erfahrungen nicht nur eine passive Handlung ist. Vielmehr ist es eine Einladung zur Reflexion über die eigene Position in der Gesellschaft und die Rolle, die jeder Einzelne im Kampf für Gleichheit und Gerechtigkeit spielen kann. In einer Zeit, in der Diskriminierung und Vorurteile nach wie vor weit verbreitet sind, ist es unerlässlich, dass wir alle als Verbündete und Unterstützer auftreten.

Die Leser sind auch die ersten Multiplikatoren von Wissen. Wenn Sie die Geschichten und Botschaften in diesem Buch teilen, sei es durch Gespräche, soziale Medien oder andere Plattformen, tragen Sie dazu bei, das Bewusstsein für die Herausforderungen und Errungenschaften der trans-Community zu verbreiten. Jeder von Ihnen hat das Potenzial, eine Veränderung in der Wahrnehmung und im Verständnis von trans-Athleten herbeizuführen.

Darüber hinaus möchte ich betonen, dass das Engagement der Leser nicht nur auf das Lesen beschränkt ist. Ihre Rückmeldungen, Gedanken und Kritiken sind von unschätzbarem Wert. Sie helfen dabei, die Diskussion über trans-Sport und die damit verbundenen Themen voranzutreiben. Ihre Stimmen können dazu beitragen, neue Perspektiven zu eröffnen und wichtige Fragen aufzuwerfen, die in zukünftigen Diskussionen und Publikationen behandelt werden sollten.

In einer Welt, die oft von Spaltung und Vorurteilen geprägt ist, ist es wichtig, dass wir gemeinsam an einem Strang ziehen. Die Unterstützung, die Sie als Leser bieten, ist ein entscheidender Schritt in Richtung einer inklusiveren und gerechteren Gesellschaft. Lassen Sie uns weiterhin die Geschichten von Menschen wie Elijah Nichols erzählen und die Plattform für trans-Athleten erweitern.

Abschließend möchte ich Ihnen für Ihre Zeit und Ihr Engagement danken. Ihre Bereitschaft, sich mit diesen wichtigen Themen auseinanderzusetzen, wird nicht nur das Leben von trans-Athleten beeinflussen, sondern auch das gesamte Sportumfeld bereichern. Gemeinsam können wir eine Zukunft schaffen, in der jeder Mensch, unabhängig von Geschlecht oder Identität, die gleichen Chancen und den gleichen Respekt im Sport erhält. Ihre Rolle als Leser ist entscheidend, und ich bin Ihnen zutiefst dankbar, dass Sie Teil dieser Reise sind.

Ein Aufruf zur Unterstützung

In der heutigen Zeit ist es von entscheidender Bedeutung, dass wir uns aktiv für die Rechte und die Sichtbarkeit von trans-Athleten einsetzen. Elijah Nichols hat uns mit seiner inspirierenden Geschichte und seinem unermüdlichen Einsatz für die trans-Sport-Bewegung gezeigt, wie wichtig es ist, eine unterstützende Gemeinschaft zu schaffen. Doch diese Bemühungen erfordern nicht nur individuelle Anstrengungen, sondern auch kollektive Unterstützung von allen Mitgliedern der Gesellschaft.

Die Notwendigkeit von Unterstützung

Die Herausforderungen, vor denen trans-Athleten stehen, sind vielfältig und oft überwältigend. Diskriminierung, Vorurteile und mangelnde Akzeptanz sind nur einige der Hindernisse, die es zu überwinden gilt. Laut einer Studie von [1] haben 78% der trans-Athleten in den letzten Jahren Diskriminierung im Sport erlebt. Diese Zahlen verdeutlichen die dringende Notwendigkeit, dass wir als Gesellschaft zusammenstehen, um ein Umfeld zu schaffen, das Inklusion und Gleichheit fördert.

Die Rolle von Unterstützungsnetzwerken

Unterstützungsnetzwerke sind für trans-Athleten von entscheidender Bedeutung. Diese Netzwerke bieten nicht nur emotionale Unterstützung, sondern auch praktische Ressourcen. Organisationen wie „Trans Sport Allies" haben sich zum Ziel gesetzt, trans-Athleten zu fördern und ihnen die notwendigen Werkzeuge an die Hand zu geben, um in der Sportwelt erfolgreich zu sein. Durch Mentorship-Programme und Workshops können trans-Athleten wertvolle Fähigkeiten erwerben und sich mit Gleichgesinnten vernetzen.

Ein Beispiel für eine erfolgreiche Initiative ist das Programm „Athlete Ally", das trans-Athleten in verschiedenen Sportarten unterstützt und ihnen hilft, sich in einem oft feindlichen Umfeld zu behaupten. Diese Programme sind unerlässlich, um die Sichtbarkeit und Akzeptanz von trans-Athleten im Sport zu erhöhen.

Die Verantwortung der Verbände und Institutionen

Sportverbände und Institutionen tragen eine große Verantwortung, wenn es darum geht, ein sicheres und inklusives Umfeld für trans-Athleten zu schaffen. Sie müssen Richtlinien implementieren, die Diskriminierung verhindern und die Teilnahme von trans-Athleten an Wettkämpfen ermöglichen. Die International Olympic Committee (IOC) hat bereits Schritte unternommen, um trans-Athleten die Teilnahme an Wettkämpfen zu erleichtern, indem sie Richtlinien zur Hormontherapie und zur Geschlechtsidentität eingeführt haben. Diese Maßnahmen sind ein Schritt in die richtige Richtung, jedoch bedarf es weiterer Anstrengungen, um sicherzustellen, dass trans-Athleten nicht nur teilnehmen, sondern auch die gleichen Chancen auf Erfolg haben wie ihre cisgender Kollegen.

Ein Aufruf an die Gemeinschaft

Jeder Einzelne kann einen Unterschied machen. Es ist wichtig, dass wir unsere Stimmen erheben und uns gegen Diskriminierung und Ungerechtigkeit einsetzen. Wir müssen uns aktiv an Diskussionen beteiligen, Vorurteile abbauen und die Sichtbarkeit von trans-Athleten in den Medien fördern. Eine Möglichkeit, dies zu tun, ist die Unterstützung von LGBTQ+-Organisationen, die sich für die Rechte von trans-Athleten einsetzen. Durch Spenden, Freiwilligenarbeit oder einfach durch das Teilen ihrer Geschichten in sozialen Medien können wir helfen, Bewusstsein zu schaffen und das Verständnis zu fördern.

Praktische Schritte zur Unterstützung

Um Elijahs Vision einer gerechten und inklusiven Sportwelt zu verwirklichen, können wir folgende praktische Schritte unternehmen:

+ **Bildung und Aufklärung:** Informieren Sie sich über die Herausforderungen, mit denen trans-Athleten konfrontiert sind. Workshops und Seminare können helfen, das Bewusstsein zu schärfen und Vorurteile abzubauen.

+ **Einsatz für Richtlinienänderungen:** Unterstützen Sie Organisationen, die sich für die Änderung diskriminierender Richtlinien in Sportverbänden einsetzen. Schreiben Sie an lokale und nationale Verbände, um Ihre Unterstützung für trans-Athleten auszudrücken.

+ **Mentoring:** Bieten Sie sich als Mentor für junge trans-Athleten an. Teilen Sie Ihre Erfahrungen und helfen Sie ihnen, ihre Ziele zu erreichen.

+ **Solidarität zeigen:** Nehmen Sie an Veranstaltungen und Protesten teil, die sich für die Rechte von trans-Athleten einsetzen. Ihre Präsenz kann ein starkes Zeichen der Unterstützung sein.

+ **Ressourcen bereitstellen:** Unterstützen Sie Organisationen, die Ressourcen für trans-Athleten bereitstellen, sei es durch Spenden oder durch die Bereitstellung von Informationen und Netzwerken.

Schlussfolgerung

Die Zukunft des trans-Sports hängt von unserer gemeinsamen Anstrengung ab. Jeder von uns hat die Möglichkeit, einen positiven Einfluss auf das Leben von trans-Athleten zu nehmen und eine Welt zu schaffen, in der jeder die gleichen Chancen hat, unabhängig von Geschlechtsidentität oder sexueller Orientierung. Lassen Sie uns gemeinsam für eine gerechtere und inklusivere Zukunft kämpfen, in der die Stimmen von Elijah Nichols und anderen trans-Athleten gehört und respektiert werden.

Bibliography

[1] Smith, J. (2023). *Trans-Athleten im Sport: Eine umfassende Studie über Diskriminierung und Sichtbarkeit.* Journal of LGBTQ+ Studies, 12(3), 45-67.

Die Rolle von Mentoren

Mentoren spielen eine entscheidende Rolle in der Entwicklung von Aktivisten, insbesondere in der LGBTQ-Community, wo Unterstützung und Guidance oft entscheidend für den Erfolg sind. Die Beziehung zwischen Mentor und Mentee ist nicht nur eine Frage der Weitergabe von Wissen, sondern auch eine tiefgehende Verbindung, die Vertrauen, Verständnis und Empathie erfordert. In diesem Abschnitt werden wir die verschiedenen Aspekte der Mentorenrolle beleuchten, einschließlich der theoretischen Grundlagen, der Herausforderungen, die Mentoren und Mentees begegnen, sowie konkreter Beispiele, die die Bedeutung von Mentoring im Leben von Elijah Nichols und anderen Aktivisten verdeutlichen.

Theoretische Grundlagen des Mentorings

Mentoring ist ein Prozess, der auf der Grundlage von sozialen Lern- und Entwicklungstheorien beruht. Nach Bandura (1977) ist das Lernen durch Beobachtung und Nachahmung ein zentraler Aspekt menschlichen Verhaltens. Mentoren dienen als Vorbilder, die nicht nur Wissen, sondern auch Verhaltensweisen und Strategien vermitteln, die für den Erfolg im Aktivismus notwendig sind. Der Mentor-Mentee-Beziehung wird oft als eine Art „Coaching" beschrieben, bei dem der Mentor den Mentee in seiner persönlichen und professionellen Entwicklung unterstützt.

Ein weiterer theoretischer Rahmen ist das Konzept der „Transformational Leadership" (Bass, 1985), das besagt, dass effektive Mentoren in der Lage sind, das Potenzial ihrer Mentees zu erkennen und sie zu inspirieren, über sich hinauszuwachsen. Diese Art von Führung ist besonders relevant für

111

LGBTQ-Aktivisten, die oft mit inneren und äußeren Herausforderungen konfrontiert sind.

Herausforderungen im Mentoring-Prozess

Trotz der Vorteile des Mentorings gibt es auch Herausforderungen, die sowohl Mentoren als auch Mentees bewältigen müssen. Eine häufige Problematik ist das Ungleichgewicht in der Beziehung. Mentoren können manchmal als überlegene Figuren wahrgenommen werden, was dazu führen kann, dass Mentees sich unsicher fühlen, ihre eigenen Meinungen und Ideen zu äußern. Dieses Ungleichgewicht kann die Entwicklung einer offenen und ehrlichen Kommunikation behindern, die für den Erfolg des Mentorings entscheidend ist.

Ein weiteres Problem ist die Verfügbarkeit von Mentoren. Viele LGBTQ-Aktivisten, insbesondere in ländlichen oder weniger unterstützenden Umgebungen, haben Schwierigkeiten, geeignete Mentoren zu finden. Dies kann dazu führen, dass sie sich isoliert fühlen und weniger Zugang zu den Ressourcen und dem Wissen haben, die für ihre Entwicklung notwendig sind.

Beispiele für erfolgreiche Mentoring-Beziehungen

Ein herausragendes Beispiel für die Rolle von Mentoren in der LGBTQ-Community ist die Beziehung zwischen Elijah Nichols und seiner Mentorin, Dr. Maya Johnson. Dr. Johnson, eine erfahrene Aktivistin und Sportpsychologin, half Elijah, seine Stimme in der trans-Sportbewegung zu finden. Durch regelmäßige Treffen und Gespräche konnte sie ihm nicht nur strategische Ratschläge geben, sondern auch emotionale Unterstützung bieten, die für seine persönliche Entwicklung entscheidend war.

Ein weiteres Beispiel ist die Organisation „Pride in Sports", die ein Mentoring-Programm für junge LGBTQ-Sportler ins Leben gerufen hat. Dieses Programm bringt junge Athleten mit erfahrenen Mentoren zusammen, die ihnen helfen, ihre Identität im Sport zu navigieren und gleichzeitig aktivistische Fähigkeiten zu entwickeln. Die Erfolge dieses Programms zeigen, wie wichtig es ist, eine unterstützende Gemeinschaft zu schaffen, die auf Mentoring basiert.

Die Bedeutung von Mentoring für die Zukunft

Die Rolle von Mentoren wird in der Zukunft des trans-Sports und der LGBTQ-Aktivismus noch entscheidender werden. Angesichts der sich ständig ändernden gesellschaftlichen und politischen Landschaft ist es unerlässlich, dass neue Generationen von Aktivisten die Unterstützung und Anleitung erhalten, die sie benötigen, um erfolgreich zu sein. Mentoren können nicht nur Wissen und Erfahrungen weitergeben, sondern auch als Brücke zwischen der Vergangenheit und der Zukunft fungieren, indem sie die Werte und Lehren der älteren Generationen an die jüngeren weitergeben.

Insgesamt ist die Rolle von Mentoren in der LGBTQ-Community von unschätzbarem Wert. Sie bieten nicht nur Unterstützung, sondern helfen auch dabei, Barrieren abzubauen und eine inklusivere und gerechtere Gesellschaft zu schaffen. Die Investition in Mentoring-Programme und die Förderung von Mentor-Mentee-Beziehungen sind entscheidend für die Entwicklung künftiger Aktivisten und die Stärkung der gesamten Community.

$$\text{Erfolg}_{\text{Mentee}} = f(\text{Mentoring, Ressourcen, Unterstützung}) \qquad (11)$$

Diese Gleichung verdeutlicht, dass der Erfolg eines Mentees von verschiedenen Faktoren abhängt, wobei Mentoring eine zentrale Rolle spielt. In einer unterstützenden Umgebung, in der Mentoren aktiv zur Entwicklung ihrer Mentees beitragen, können diese ihre Ziele effektiver erreichen und einen positiven Einfluss auf die LGBTQ-Community ausüben.

Fazit

Zusammenfassend lässt sich sagen, dass die Rolle von Mentoren in der LGBTQ-Aktivismus und insbesondere im trans-Sport von entscheidender Bedeutung ist. Sie bieten nicht nur Wissen und Unterstützung, sondern fördern auch das persönliche Wachstum und die Entwicklung von zukünftigen Führungspersönlichkeiten. Die Herausforderungen, die mit dem Mentoring verbunden sind, müssen angegangen werden, um sicherzustellen, dass alle Aktivisten die Möglichkeit haben, von den Erfahrungen anderer zu lernen und ihr volles Potenzial auszuschöpfen. Die Förderung von Mentoring-Programmen und die Schaffung einer Kultur der Unterstützung sind entscheidend für die Zukunft des trans-Sports und der LGBTQ-Community insgesamt.

Dank an Organisationen

In der heutigen Zeit ist die Rolle von Organisationen, die sich für die Rechte und die Sichtbarkeit von LGBTQ-Personen einsetzen, von entscheidender Bedeutung. Diese Organisationen bieten nicht nur Unterstützung, sondern auch Ressourcen, die es Aktivisten wie Elijah Nichols ermöglichen, ihre Stimme zu erheben und Veränderungen zu bewirken. In diesem Abschnitt möchte ich den zahlreichen

Organisationen danken, die Elijah und anderen Aktivisten während ihrer Reise zur Seite standen.

Die Rolle von LGBTQ-Organisationen

LGBTQ-Organisationen spielen eine wesentliche Rolle in der Mobilisierung von Gemeinschaften und der Förderung von Gleichheit. Sie bieten ein Netzwerk von Unterstützung, das es Individuen ermöglicht, sich sicher zu fühlen und ihre Identität zu leben. Diese Organisationen sind oft die ersten, die auf Diskriminierung und Ungerechtigkeiten aufmerksam machen und bieten eine Plattform für Betroffene, um ihre Geschichten zu teilen.

Ein Beispiel für eine solche Organisation ist die *Human Rights Campaign* (HRC), die sich für die Gleichstellung von LGBTQ-Personen in den USA einsetzt. Ihre Programme zur Aufklärung und Advocacy haben dazu beigetragen, dass viele Bundesstaaten Gesetze zur Gleichstellung von LGBTQ-Personen verabschiedet haben. Diese Organisation hat nicht nur Elijah unterstützt, sondern auch eine Vielzahl von Aktivisten, die sich für die Rechte von Transgender-Athleten einsetzen.

Wichtige Initiativen und Programme

Ein weiterer wichtiger Akteur in der LGBTQ-Bewegung ist die *GLAAD*, die sich auf die Medienberichterstattung konzentriert. GLAAD arbeitet daran, die Darstellung von LGBTQ-Personen in den Medien zu verbessern und sicherzustellen, dass ihre Geschichten erzählt werden. Diese Organisation hat dazu beigetragen, dass Elijahs Geschichte in verschiedenen Medienformaten sichtbar wurde, was wiederum das Bewusstsein für die Herausforderungen von trans-Sportlern erhöht hat.

Zusätzlich gibt es Organisationen wie *Transgender Europe (TGEU)*, die sich auf die Rechte von Transgender-Personen in Europa konzentrieren. Sie haben wichtige Forschungsarbeiten durchgeführt, die die Diskriminierung von Trans-Personen im Sport dokumentieren und auf die Notwendigkeit von Veränderungen hinweisen. Diese Daten sind entscheidend für die Advocacy-Arbeit von Elijah und anderen Aktivisten, die sich für eine gerechtere Behandlung von Trans-Athleten einsetzen.

Die Herausforderungen, die Organisationen gegenüberstehen

Trotz ihrer wichtigen Arbeit stehen LGBTQ-Organisationen vor zahlreichen Herausforderungen. Eine der größten Hürden ist die Finanzierung. Viele

Organisationen sind auf Spenden und Fördermittel angewiesen, um ihre Programme aufrechtzuerhalten. Die Unsicherheit in der Finanzierung kann dazu führen, dass wichtige Initiativen eingestellt werden müssen, was die Arbeit von Aktivisten wie Elijah erheblich behindert.

Darüber hinaus sehen sich viele Organisationen mit Widerstand aus der Gesellschaft konfrontiert. Diskriminierung und Vorurteile sind nach wie vor weit verbreitet, und viele Organisationen müssen sich gegen negative Berichterstattung und politische Angriffe verteidigen. Diese Herausforderungen erfordern eine starke und engagierte Gemeinschaft, die bereit ist, für die Rechte von LGBTQ-Personen zu kämpfen.

Ein Aufruf zur Unterstützung

Es ist von entscheidender Bedeutung, dass wir die Arbeit dieser Organisationen unterstützen. Ob durch finanzielle Spenden, Freiwilligenarbeit oder einfach durch das Teilen ihrer Botschaften, jede Handlung zählt. Elijah und viele andere Aktivisten sind auf die Unterstützung von Organisationen angewiesen, um ihre Arbeit fortzusetzen und positive Veränderungen in der Gesellschaft zu bewirken.

Zusammenfassend lässt sich sagen, dass die Unterstützung von LGBTQ-Organisationen nicht nur für die Aktivisten von entscheidender Bedeutung ist, sondern auch für die gesamte Gemeinschaft. Durch die Zusammenarbeit können wir eine inklusivere und gerechtere Gesellschaft schaffen. Daher möchte ich allen Organisationen, die sich für die Rechte von LGBTQ-Personen einsetzen, meinen aufrichtigen Dank aussprechen. Ihre Arbeit ist von unschätzbarem Wert und hat das Leben vieler Menschen, einschließlich Elijah Nichols, positiv beeinflusst.

Die Bedeutung von Community-Support

Der Community-Support spielt eine entscheidende Rolle in der Förderung und Unterstützung von LGBTQ-Aktivisten, insbesondere im Kontext der trans-Sport-Bewegung. In dieser Sektion werden wir die verschiedenen Dimensionen des Community-Supports untersuchen, einschließlich seiner theoretischen Grundlagen, der Herausforderungen, die sich in der Praxis ergeben, sowie konkreten Beispielen, die die Wirksamkeit und Notwendigkeit dieser Unterstützung verdeutlichen.

Theoretische Grundlagen des Community-Supports

Der Begriff „Community-Support" bezieht sich auf die kollektive Unterstützung, die Individuen innerhalb einer Gemeinschaft erhalten, um ihre Identität zu stärken und ihre Ziele zu erreichen. In der LGBTQ-Community ist dieser Support oft von zentraler Bedeutung, da viele Mitglieder mit Diskriminierung, Stigmatisierung und Isolation konfrontiert sind.

Laut der *Social Identity Theory* (Tajfel & Turner, 1979) identifizieren sich Menschen stark mit ihrer sozialen Gruppe, was zu einem Gefühl der Zugehörigkeit und des Schutzes führt. Diese Theorie legt nahe, dass die Unterstützung innerhalb einer Gemeinschaft nicht nur das individuelle Wohlbefinden steigert, sondern auch das kollektive Empowerment fördert.

Mathematisch kann der Community-Support als Funktion S betrachtet werden, die von der Anzahl der Unterstützer N und der Stärke der Unterstützung E abhängt:

$$S = f(N, E)$$

Hierbei ist f eine Funktion, die die Wechselwirkungen zwischen der Anzahl der Unterstützer und der Qualität ihrer Unterstützung beschreibt. Ein höherer Wert von N und E führt zu einem stärkeren Community-Support.

Herausforderungen im Community-Support

Trotz der positiven Aspekte des Community-Supports gibt es auch Herausforderungen, die es zu bewältigen gilt. Eine der größten Herausforderungen ist die Fragmentierung innerhalb der Community. Unterschiedliche Identitäten und Erfahrungen können dazu führen, dass sich Mitglieder nicht immer als Teil einer einheitlichen Gemeinschaft fühlen. Dies kann insbesondere in der trans-Sport-Bewegung der Fall sein, wo die Überschneidungen zwischen Geschlecht, Sport und Identität komplex sind.

Ein weiteres Problem ist die mangelnde Sichtbarkeit und Anerkennung von trans-Athleten innerhalb der breiteren LGBTQ-Community und der Gesellschaft im Allgemeinen. Oftmals sind die Erfahrungen von trans-Sportlern nicht ausreichend dokumentiert oder gewürdigt, was zu einem Gefühl der Isolation führt.

Zusätzlich können interne Konflikte innerhalb der Community entstehen, etwa durch unterschiedliche Ansichten über Strategien oder Prioritäten im Aktivismus. Solche Konflikte können den Community-Support untergraben und die Effektivität von Initiativen verringern.

Beispiele für erfolgreichen Community-Support

Trotz dieser Herausforderungen gibt es zahlreiche Beispiele für erfolgreichen Community-Support, die die Bedeutung der kollektiven Unterstützung verdeutlichen. Ein bemerkenswerter Fall ist die Gründung von „Trans Sport Allies", einer Organisation, die sich für die Rechte und Sichtbarkeit von trans-Athleten einsetzt. Diese Initiative hat durch die Unterstützung von Athleten, Trainern und Verbänden eine breite Basis geschaffen, die den trans-Sportlern eine Plattform bietet, um ihre Stimmen zu erheben.

Ein weiteres Beispiel ist die Nutzung sozialer Medien zur Mobilisierung von Unterstützern. Plattformen wie Twitter und Instagram haben es Aktivisten ermöglicht, ihre Geschichten zu teilen und Unterstützung zu mobilisieren. Kampagnen wie #TransIsBeautiful haben nicht nur die Sichtbarkeit von trans-Personen erhöht, sondern auch eine Welle der Solidarität innerhalb der Community ausgelöst.

Darüber hinaus haben lokale LGBTQ-Organisationen Workshops und Schulungen angeboten, um die Sensibilisierung für die Herausforderungen von trans-Sportlern zu erhöhen. Diese Programme fördern nicht nur das Verständnis, sondern bieten auch praktische Unterstützung durch Mentoring und Ressourcen.

Fazit

Zusammenfassend lässt sich sagen, dass Community-Support für die trans-Sport-Bewegung von entscheidender Bedeutung ist. Er stärkt nicht nur die individuelle Identität, sondern trägt auch zur Schaffung eines kollektiven Bewusstseins und einer Plattform für Veränderungen bei. Trotz der Herausforderungen, die es zu bewältigen gilt, zeigen die Beispiele erfolgreicher Initiativen, dass die Kraft der Gemeinschaft eine transformative Wirkung haben kann. Der Aufbau und die Pflege von Community-Support sind entscheidend, um eine inklusive und unterstützende Umgebung für alle Mitglieder der LGBTQ-Community zu schaffen.

Bibliography

[1] Tajfel, H., & Turner, J. C. (1979). An Integrative Theory of Intergroup Conflict. In *The Social Psychology of Intergroup Relations* (pp. 33-47). Monterey, CA: Brooks/Cole.

Persönliche Danksagungen

In diesem Abschnitt möchte ich meine tiefste Dankbarkeit gegenüber den Menschen ausdrücken, die mich auf meiner Reise als Aktivist und Sportler unterstützt haben. Es ist wichtig, die Beiträge und den Einfluss dieser Personen anzuerkennen, da sie eine entscheidende Rolle in meinem Leben und meinem Engagement für die trans-Sport-Bewegung gespielt haben.

Zunächst möchte ich meiner Familie danken. Sie waren von Anfang an meine größte Stütze und haben mir die Freiheit gegeben, ich selbst zu sein. Ihre bedingungslose Liebe und Akzeptanz haben mir geholfen, meine Identität zu erkennen und zu akzeptieren. Besonders meine Eltern, die trotz der Herausforderungen, die mit meiner Transition verbunden waren, immer an meiner Seite standen. Diese Unterstützung war nicht nur emotional, sondern auch praktisch; sie haben mir geholfen, die notwendigen Ressourcen zu finden, um meine Ziele im Sport zu erreichen.

Ein weiteres großes Dankeschön geht an meine Freunde, die mich in schwierigen Zeiten begleitet haben. Ihre Freundschaft hat mir nicht nur Kraft gegeben, sondern auch das Gefühl, dass ich nicht allein bin. In der Schule, wo Mobbing und Diskriminierung an der Tagesordnung waren, waren sie die ersten, die sich für mich einsetzten. Sie haben mir gezeigt, dass wahre Freundschaft die Fähigkeit hat, Barrieren zu überwinden und dass Gemeinschaft eine starke Kraft ist, die Veränderungen bewirken kann.

Ich möchte auch den Aktivisten danken, die vor mir gekommen sind und deren Arbeit den Weg für meine eigenen Bemühungen geebnet hat. Ohne die Pionierarbeit von Menschen wie Marsha P. Johnson und Sylvia Rivera wäre die

Sichtbarkeit der trans-Community im Sport und darüber hinaus nicht möglich gewesen. Ihre Geschichten und Kämpfe inspirieren mich täglich, und ich bin dankbar für die Grundlagen, die sie gelegt haben. Ihre unermüdliche Arbeit hat nicht nur die LGBTQ-Community gestärkt, sondern auch das Bewusstsein für die Herausforderungen geschärft, mit denen trans-Athleten konfrontiert sind.

Darüber hinaus möchte ich den Organisationen danken, die sich für die Rechte von LGBTQ-Athleten einsetzen. Diese Organisationen bieten nicht nur Ressourcen und Unterstützung, sondern sind auch eine Plattform für Sichtbarkeit und Empowerment. Ihre Arbeit hat es mir ermöglicht, meine Stimme zu erheben und für die Rechte von trans-Sportlern zu kämpfen. Die Zusammenarbeit mit diesen Organisationen hat mir wertvolle Einblicke in die Herausforderungen gegeben, denen wir gegenüberstehen, und hat mir geholfen, Strategien zu entwickeln, um diese Herausforderungen zu überwinden.

Ein besonderer Dank gilt auch meinen Mentoren, die mir in meiner Entwicklung als Aktivist und Athlet zur Seite standen. Ihre Weisheit und Erfahrung haben mir geholfen, die richtigen Entscheidungen zu treffen und meine Stimme in der Bewegung zu finden. Sie haben mir nicht nur praktische Ratschläge gegeben, sondern auch die Bedeutung von Resilienz und Durchhaltevermögen vermittelt. Ihre Unterstützung hat mir oft die Perspektive gegeben, die ich brauchte, um an meinen Zielen festzuhalten, selbst wenn die Dinge schwierig wurden.

Ich möchte auch den Sportlern danken, die sich mir angeschlossen haben und die den Mut aufbringen, für ihre Identität einzustehen. Ihre Geschichten sind nicht nur inspirierend, sondern auch ein Beweis dafür, dass es möglich ist, im Sport erfolgreich zu sein, während man gleichzeitig authentisch bleibt. Die Solidarität unter den Athleten ist eine der stärksten Kräfte, die wir haben, und ich bin dankbar, Teil dieser Gemeinschaft zu sein.

Schließlich möchte ich den Lesern dieses Buches danken. Ihr Interesse an meiner Geschichte und der trans-Sport-Bewegung ist entscheidend für die Schaffung eines Bewusstseins und einer Veränderung. Jeder von Ihnen hat die Möglichkeit, Teil dieser Bewegung zu werden, und ich hoffe, dass meine Erfahrungen Sie inspirieren, aktiv zu werden und sich für die Rechte der LGBTQ-Community einzusetzen. Ihre Unterstützung ist der Schlüssel zur Schaffung einer inklusiven und gerechten Zukunft für alle Athleten, unabhängig von ihrer Identität.

Insgesamt ist es die Kombination aus persönlicher Unterstützung, Gemeinschaft, historischer Inspiration und dem Engagement für Veränderung, die mich zu dem gemacht hat, was ich heute bin. Ich bin unendlich dankbar für jeden Einzelnen, der mir auf diesem Weg geholfen hat, und ich freue mich darauf, gemeinsam mit Ihnen allen an einer besseren Zukunft zu arbeiten.

Ein Blick auf zukünftige Unterstützer

Die Rolle der Unterstützer in der LGBTQ-Community, insbesondere im Bereich des trans-Sports, ist von entscheidender Bedeutung für die Schaffung eines inklusiven und unterstützenden Umfelds. Zukünftige Unterstützer müssen sich der Herausforderungen bewusst sein, die trans-Athleten in ihrem Streben nach Gleichheit und Anerkennung im Sport begegnen. In diesem Abschnitt werden wir die verschiedenen Dimensionen der Unterstützung untersuchen, die für die Förderung von trans-Athleten notwendig sind, sowie die theoretischen Grundlagen, die diese Unterstützung untermauern.

Theoretische Grundlagen der Unterstützung

Die Unterstützung von trans-Athleten kann durch verschiedene theoretische Rahmenwerke verstanden werden. Eine der zentralen Theorien ist die **Soziale Identitätstheorie** (Tajfel & Turner, 1979), die besagt, dass Individuen ihre Identität durch die Zugehörigkeit zu sozialen Gruppen definieren. Unterstützer, die sich mit der LGBTQ-Community identifizieren oder sich als Ally positionieren, können eine entscheidende Rolle spielen, indem sie die Sichtbarkeit und Akzeptanz von trans-Athleten fördern.

Ein weiterer wichtiger theoretischer Ansatz ist die **Intersektionalität** (Crenshaw, 1989), die betont, dass verschiedene Identitätsmerkmale, wie Geschlecht, Sexualität, Ethnizität und soziale Klasse, miteinander verwoben sind und die Erfahrungen von Individuen prägen. Zukünftige Unterstützer müssen die Komplexität der Identitäten von trans-Athleten anerkennen und verstehen, dass Unterstützung nicht nur auf der sexuellen Orientierung basiert, sondern auch auf der Berücksichtigung anderer sozialer Faktoren.

Herausforderungen für zukünftige Unterstützer

Zukünftige Unterstützer stehen vor mehreren Herausforderungen, die ihre Fähigkeit, trans-Athleten zu unterstützen, beeinflussen können. Dazu gehören:

+ **Unwissenheit und Vorurteile:** Viele Menschen sind sich der spezifischen Herausforderungen, mit denen trans-Athleten konfrontiert sind, nicht bewusst. Fehlende Informationen können zu Vorurteilen und Diskriminierung führen.

 + **Angst vor Repressalien:** Unterstützer könnten befürchten, dass ihre Unterstützung negative Konsequenzen für ihre eigene Karriere oder sozialen Beziehungen haben könnte. Diese Angst kann sie davon abhalten, sich aktiv für trans-Athleten einzusetzen.

 + **Fehlende Ressourcen:** Oftmals fehlt es Unterstützern an Ressourcen, um effektive Unterstützung zu leisten, sei es in Form von finanzieller Unterstützung, Zeit oder Zugang zu Netzwerken.

Beispiele für Unterstützung

Um die Herausforderungen zu überwinden, können zukünftige Unterstützer verschiedene Strategien anwenden:

1. **Bildung und Sensibilisierung:** Zukünftige Unterstützer sollten sich aktiv über die Herausforderungen und Bedürfnisse von trans-Athleten informieren. Workshops, Seminare und Informationskampagnen können helfen, Vorurteile abzubauen und ein besseres Verständnis zu fördern.

2. **Engagement in der Community:** Die Teilnahme an lokalen LGBTQ-Events oder die Unterstützung von Organisationen, die sich für trans-Rechte einsetzen, kann die Sichtbarkeit und Akzeptanz von trans-Athleten erhöhen. Solche Aktivitäten fördern nicht nur die Gemeinschaft, sondern stärken auch das Netzwerk der Unterstützer.

3. **Mentoring-Programme:** Zukünftige Unterstützer können als Mentoren für trans-Athleten fungieren, um ihnen wertvolle Unterstützung und Orientierung zu bieten. Mentoring kann helfen, das Selbstvertrauen von trans-Athleten zu stärken und ihnen zu ermöglichen, ihre Ziele im Sport zu erreichen.

4. **Politisches Engagement:** Unterstützer sollten sich aktiv an politischen Initiativen beteiligen, die sich für die Rechte von trans-Athleten einsetzen. Lobbyarbeit bei Sportverbänden und die Unterstützung von Gesetzesänderungen können langfristige Veränderungen bewirken.

Die Bedeutung von Allyship

Die Rolle der Unterstützer als Allies ist von größter Bedeutung. Allyship bedeutet nicht nur, sich für die Rechte von trans-Athleten einzusetzen, sondern auch, aktiv gegen Diskriminierung und Vorurteile vorzugehen. Zukünftige Unterstützer sollten sich bewusst sein, dass ihre Stimme und ihr Handeln einen signifikanten Einfluss auf die Wahrnehmung und Akzeptanz von trans-Athleten im Sport haben können.

Ein Beispiel für effektives Allyship ist die Unterstützung von trans-Athleten in sozialen Medien. Durch das Teilen von Geschichten, Erfolgen und Herausforderungen können Unterstützer dazu beitragen, die Sichtbarkeit von trans-Athleten zu erhöhen und ein positives Bild zu vermitteln.

Fazit

Zusammenfassend lässt sich sagen, dass zukünftige Unterstützer eine entscheidende Rolle bei der Förderung von trans-Athleten im Sport spielen. Durch Bildung, Engagement und die Entwicklung von Allyship können sie dazu beitragen, ein unterstützendes und inklusives Umfeld zu schaffen. Es liegt an uns allen, die Stimme der trans-Athleten zu stärken und sicherzustellen, dass der Sport ein Raum für alle ist, unabhängig von Geschlechtsidentität oder sexueller Orientierung. Die Herausforderungen sind groß, aber die Möglichkeiten zur Unterstützung sind noch größer. Es ist an der Zeit, dass wir uns gemeinsam für eine gerechtere Zukunft im Sport einsetzen.

Frühes Leben von Elijah Nichols

Kindheit und Familie

Geburtsort und frühe Jahre

Elijah Nichols wurde in der pulsierenden Stadt San Francisco, Kalifornien, geboren. Diese Stadt, bekannt für ihre kulturelle Vielfalt und progressiven Werte, spielte eine entscheidende Rolle in der frühen Prägung von Elijahs Identität. San Francisco ist nicht nur ein Zentrum der LGBTQ-Bewegung, sondern auch ein Ort, an dem viele gesellschaftliche Bewegungen ihren Anfang nahmen. In den 1980er und 1990er Jahren erlebte die Stadt eine Explosion von Aktivismus, insbesondere im Zusammenhang mit der AIDS-Krise, die eine Generation von LGBTQ-Aktivisten hervorbrachte. Diese Umgebung war für Elijah von entscheidender Bedeutung, da sie ihm die Möglichkeit bot, in einer offenen und unterstützenden Gemeinschaft aufzuwachsen.

Die frühen Jahre von Elijah waren von einer starken familiären Bindung geprägt. Seine Eltern, beide leidenschaftliche Sportler, förderten frühzeitig seine sportlichen Aktivitäten. Diese Unterstützung führte dazu, dass Elijah bereits im Kindesalter eine Vielzahl von Sportarten ausprobierte, darunter Schwimmen, Fußball und Leichtathletik. Sport wurde für ihn nicht nur zu einem Ausdruck körperlicher Fähigkeiten, sondern auch zu einem Raum, in dem er seine Identität erkunden konnte. In der Theorie der Identitätsentwicklung, wie sie von Erik Erikson beschrieben wird, ist die Jugend eine kritische Phase, in der Individuen ihre Identität formen und festigen. Elijahs frühe Erfahrungen im Sport trugen wesentlich zu seiner Selbstwahrnehmung und seinem Selbstwertgefühl bei.

Ein zentrales Problem, das Elijah in seiner Kindheit erlebte, war die Diskrepanz zwischen seiner Geschlechtsidentität und den Erwartungen der Gesellschaft. Obwohl er sich in seinem Körper unwohl fühlte, war er sich zu diesem Zeitpunkt seiner transidenten Identität noch nicht vollständig bewusst.

Diese innere Zerrissenheit führte zu einem Gefühl der Isolation und des Missmuts, besonders in einem Umfeld, das oft heteronormative Standards propagierte. In der Psychologie wird dieses Phänomen als „gender dysphoria" bezeichnet, ein Zustand, in dem das Geschlecht, mit dem sich eine Person identifiziert, nicht mit dem bei der Geburt zugewiesenen Geschlecht übereinstimmt.

Ein Beispiel für die Herausforderungen, mit denen Elijah konfrontiert war, ist seine Erfahrung in der Grundschule. Hier wurde er oft aufgrund seiner sportlichen Fähigkeiten anerkannt, doch gleichzeitig fühlte er sich missverstanden und nicht akzeptiert. Die Lehrer erkannten sein Potenzial im Sport, aber sie waren sich der inneren Kämpfe, die er durchlebte, nicht bewusst. Diese Diskrepanz zwischen äußerer Anerkennung und innerem Kampf führte zu einem tiefen Gefühl der Entfremdung.

Die Nachbarschaft, in der Elijah aufwuchs, war ein weiterer wichtiger Einflussfaktor. San Francisco war in den frühen 2000er Jahren ein Schmelztiegel verschiedener Kulturen und Identitäten. Elijah erlebte eine Gemeinschaft, die sowohl vielfältig als auch kämpferisch war. Diese Erfahrungen stärkten sein Bewusstsein für soziale Gerechtigkeit und die Notwendigkeit, für die Rechte von marginalisierten Gruppen einzutreten. Die Theorie der sozialen Identität, wie sie von Henri Tajfel entwickelt wurde, besagt, dass Individuen ihr Selbstbild durch die Zugehörigkeit zu bestimmten Gruppen definieren. Für Elijah war die LGBTQ-Community eine Quelle der Stärke und Unterstützung, die ihm half, seine eigene Identität zu akzeptieren.

Zusammenfassend lässt sich sagen, dass Elijah Nichols' Geburtsort und seine frühen Jahre in San Francisco eine entscheidende Rolle in seiner Entwicklung als Person und Aktivist spielten. Die Kombination aus familiärer Unterstützung, sportlicher Betätigung und einer vielfältigen Gemeinschaft half ihm, die Herausforderungen seiner Identität zu bewältigen und legte den Grundstein für seinen späteren Aktivismus. In den folgenden Abschnitten werden wir tiefer in die Herausforderungen eintauchen, die Elijah während seiner Schulzeit und bei der Entdeckung seiner transidenten Identität erlebte. Diese Erfahrungen werden entscheidend für sein Engagement in der LGBTQ-Community und seine Rolle als Stimme für trans-Sportrechte sein.

Einfluss der Eltern

Elijah Nichols wuchs in einem Haushalt auf, der sowohl Herausforderungen als auch Unterstützung bot. Der Einfluss der Eltern auf seine Entwicklung und Identitätsfindung war entscheidend und vielschichtig. Diese Einflüsse können in mehreren Aspekten betrachtet werden, einschließlich der emotionalen Unterstützung, der Wertevermittlung und der Reaktion auf Elijahs Identitätsfindungsprozess.

Emotionale Unterstützung

Die emotionale Unterstützung, die Elijah von seinen Eltern erhielt, war ein wesentlicher Faktor für seine Selbstakzeptanz und sein Selbstbewusstsein. Studien zeigen, dass Kinder, die in einem unterstützenden Umfeld aufwachsen, tendenziell ein höheres Selbstwertgefühl und eine bessere psychische Gesundheit entwickeln [1]. Elijahs Eltern förderten seine Interessen im Sport und ermutigten ihn, seine Leidenschaft für den Wettbewerb auszuleben. Diese Unterstützung half ihm, ein Gefühl der Zugehörigkeit zu entwickeln, das für seine spätere Aktivismusarbeit von grundlegender Bedeutung war.

Wertevermittlung

Die Werte, die Elijah von seinen Eltern vermittelt wurden, spielten eine entscheidende Rolle in seiner Entwicklung als LGBTQ-Aktivist. Seine Eltern legten großen Wert auf Gleichheit und Gerechtigkeit, was Elijah dazu inspirierte, sich für die Rechte von trans-Athleten einzusetzen. Laut der Theorie der sozialen Identität, die besagt, dass Individuen ihre Identität stark aus der Zugehörigkeit zu bestimmten sozialen Gruppen ableiten, war die Unterstützung seiner Eltern in Bezug auf Diversität und Inklusion entscheidend [2]. Diese Werte wurden nicht nur in der Familie, sondern auch in der Gemeinschaft, in der sie lebten, gefördert.

Reaktion auf Identitätsfindung

Ein weiterer wichtiger Aspekt war die Reaktion seiner Eltern auf Elijahs Reise zur Selbstakzeptanz. Während der Pubertät begann Elijah, seine Geschlechtsidentität zu hinterfragen. Seine Eltern reagierten zunächst mit Besorgnis, da sie nicht sicher waren, wie sie mit dieser neuen Realität umgehen sollten. Dies ist ein häufiges Problem, mit dem viele Eltern von LGBTQ-Kindern konfrontiert sind. Laut einer Studie von Ryan et al. (2010) ist es entscheidend, dass Eltern lernen, offen und unterstützend zu reagieren, um das emotionale Wohlbefinden ihrer Kinder zu fördern.

Elijahs Eltern nahmen schließlich an Schulungen und Workshops teil, um mehr über LGBTQ-Themen zu erfahren. Diese Bildungsmaßnahmen führten zu einem besseren Verständnis für die Herausforderungen, mit denen Elijah konfrontiert war.

Diese Transformation in der Haltung seiner Eltern half nicht nur Elijah, sich selbst zu akzeptieren, sondern stärkte auch die familiären Bindungen.

Beispiele aus dem Alltag

Ein prägnantes Beispiel für den Einfluss seiner Eltern war die Unterstützung bei der Teilnahme an einem lokalen LGBTQ-Sportevent. Seine Mutter meldete ihn ohne Zögern an, nachdem sie von der Veranstaltung erfahren hatte. Dies zeigte nicht nur ihre Akzeptanz, sondern auch ihr Engagement, Elijah in seiner Identität zu unterstützen. Diese Art von Unterstützung war für Elijah von unschätzbarem Wert, da sie ihm das Gefühl gab, dass er in seiner Identität nicht allein war.

Ein weiteres Beispiel war die offene Kommunikation innerhalb der Familie. Elijahs Eltern schufen einen Raum, in dem er seine Gedanken und Gefühle ohne Angst vor Verurteilung äußern konnte. Diese Form der Kommunikation ist entscheidend, um das Vertrauen zwischen Eltern und Kind zu stärken und das emotionale Wohlbefinden des Kindes zu fördern [4].

Zusammenfassung

Zusammenfassend lässt sich sagen, dass der Einfluss der Eltern auf Elijah Nichols' Entwicklung als LGBTQ-Aktivist sowohl positiv als auch herausfordernd war. Ihre emotionale Unterstützung, die Wertevermittlung und die Reaktion auf seine Identitätsfindung trugen entscheidend zu seinem Selbstbewusstsein und seiner Motivation bei, sich für die Rechte von trans-Athleten einzusetzen. Elijahs Geschichte verdeutlicht, wie wichtig es ist, dass Eltern sich aktiv mit den Themen ihrer Kinder auseinandersetzen und eine unterstützende Rolle in ihrem Leben spielen.

Bibliography

[1] Smith, J. (2020). *The Impact of Parental Support on Self-Esteem in Adolescents.* Journal of Child Psychology, 45(2), 123-135.

[2] Tajfel, H. (1986). *Social Identity and Intergroup Relations.* Cambridge University Press.

[3] Ryan, C., Huebner, D., Diaz, R., & Sanchez, J. (2010). *Family Acceptance in Adolescents and the Health of LGBTQ Young Adults.* Journal of Child and Adolescent Psychiatric Nursing, 23(4), 205-213.

[4] Murray, K. (2019). *The Role of Family Communication in the Well-Being of LGBTQ Youth.* Family Relations, 68(3), 300-315.

Geschwister und familiäre Dynamik

Die familiäre Dynamik spielt eine entscheidende Rolle in der Entwicklung von Elijah Nichols und seiner Identität. Geschwister können sowohl Unterstützer als auch Herausforderer in der Lebensrealität eines Individuums sein. In Elijahs Fall war die Beziehung zu seinen Geschwistern von großer Bedeutung, um seine eigene Identität zu verstehen und zu akzeptieren.

Einfluss der Geschwister

Elijah wuchs als das mittlere Kind in einer Familie mit zwei Geschwistern auf: einer älteren Schwester und einem jüngeren Bruder. Diese Geschwisterkonstellation brachte sowohl Herausforderungen als auch Vorteile mit sich. Studien haben gezeigt, dass Geschwisterbeziehungen einen tiefgreifenden Einfluss auf die soziale und emotionale Entwicklung von Kindern haben können [?]. In Elijahs Fall war die ältere Schwester ein wichtiges Vorbild, das ihm half, sich in seiner Identität zurechtzufinden. Sie war eine leidenschaftliche Sportlerin und ermutigte Elijah, seine eigenen sportlichen Talente zu entdecken.

Herausforderungen in der Geschwisterdynamik

Trotz der positiven Aspekte gab es auch Herausforderungen in der Geschwisterdynamik. Der jüngere Bruder, der in der Schule oft mit Mobbing konfrontiert war, hatte Schwierigkeiten, seine eigene Identität zu finden. Diese Probleme wirkten sich auf die gesamte Familie aus und führten zu Spannungen. Die Theorie der Geschwisterrivalität [?] legt nahe, dass solche Spannungen oft zu einem Gefühl der Unsicherheit und des Wettbewerbs führen können. Elijah fühlte sich manchmal in der Verantwortung, seinen Bruder zu unterstützen, was zu einem zusätzlichen emotionalen Druck führte.

Die Rolle der Eltern

Die Eltern von Elijah hatten eine entscheidende Rolle in der Geschwisterdynamik. Sie förderten offene Kommunikation und ermutigten die Kinder, ihre Gefühle auszudrücken. Diese Unterstützung war besonders wichtig, als Elijah begann, Fragen zu seiner Geschlechtsidentität zu stellen. Die Eltern waren sich der Herausforderungen bewusst, die mit der Erziehung von Geschwistern mit unterschiedlichen Bedürfnissen verbunden waren. Sie schufen ein Umfeld, in dem Elijah und seine Geschwister sich sicher fühlten, ihre Identität zu erkunden.

Beispiele für Geschwisterinteraktionen

Ein prägnantes Beispiel für die Unterstützung innerhalb der Geschwisterdynamik war ein gemeinsames Sportereignis, an dem Elijah und seine Schwester teilnahmen. Während eines lokalen Leichtathletik-Wettbewerbs motivierte seine Schwester ihn, an den Start zu gehen, trotz seiner anfänglichen Ängste. Diese Erfahrung stärkte nicht nur ihre Bindung, sondern half Elijah auch, Selbstvertrauen in seine Fähigkeiten zu gewinnen. Solche positiven Interaktionen sind entscheidend für die Entwicklung eines gesunden Selbstwertgefühls [?].

Langfristige Auswirkungen der Geschwisterdynamik

Die langfristigen Auswirkungen der Geschwisterdynamik sind in Elijahs Leben deutlich sichtbar. Die Unterstützung seiner Schwester und die Herausforderungen durch seinen Bruder haben ihn gelehrt, Empathie zu entwickeln und sich für andere einzusetzen. Diese Fähigkeiten sind nicht nur in seinem persönlichen Leben von Bedeutung, sondern auch in seinem Aktivismus. Forschungsergebnisse zeigen, dass Geschwisterbeziehungen einen signifikanten

Einfluss auf die Entwicklung sozialer Fähigkeiten haben, die für die Interaktion mit der Gemeinschaft und die Förderung von Veränderungen notwendig sind [?].

Fazit

Zusammenfassend lässt sich sagen, dass die Geschwisterdynamik in Elijahs Leben eine komplexe, aber transformative Rolle gespielt hat. Die positiven und herausfordernden Erfahrungen mit seinen Geschwistern haben ihn geprägt und ihm geholfen, seine Identität zu formen. Diese Dynamik ist ein entscheidender Bestandteil seiner Geschichte und hat ihn auf den Weg des Aktivismus vorbereitet, den er schließlich einschlug. Indem er die Unterstützung und die Herausforderungen seiner Geschwister anerkennt, kann Elijah seine eigene Reise besser verstehen und die Bedeutung von Gemeinschaft und Unterstützung in der LGBTQ-Community hervorheben.

Erste Erfahrungen mit Sport

Elijah Nichols wuchs in einer Umgebung auf, in der Sport eine zentrale Rolle im sozialen Gefüge spielte. Bereits in der Grundschule begann er, an verschiedenen Sportarten teilzunehmen, was ihm nicht nur eine Möglichkeit bot, aktiv zu sein, sondern auch, soziale Kontakte zu knüpfen. Sport war für Elijah nicht nur ein Hobby; es war ein Weg, seine Identität zu erkunden und zu formen.

Die Bedeutung von Teamaktivitäten

Eine der ersten Sportarten, die Elijah ausprobierte, war Fußball. In der Grundschule wurde er Teil einer Schulmannschaft, was ihm half, Teamgeist und Zusammenarbeit zu erlernen. Diese Erfahrungen waren prägend, da sie ihm ein Gefühl von Zugehörigkeit gaben. Die Dynamik innerhalb der Mannschaft förderte nicht nur seine sportlichen Fähigkeiten, sondern auch seine sozialen Kompetenzen. Er lernte, Verantwortung zu übernehmen und die Bedeutung von Kommunikation im Team zu schätzen.

Herausforderungen bei der Identitätsfindung

Trotz der positiven Aspekte des Sports sah sich Elijah auch mit Herausforderungen konfrontiert. Die Pubertät brachte innere Konflikte mit sich, insbesondere in Bezug auf seine Geschlechtsidentität. In einem Umfeld, in dem Geschlechterrollen klar definiert waren, fühlte sich Elijah oft fehl am Platz.

Während seine Teamkollegen über Mädchen und traditionelle Männlichkeit sprachen, kämpfte Elijah mit der Akzeptanz seiner eigenen Identität.

Die Kluft zwischen seiner sportlichen Teilnahme und seinem inneren Selbst führte zu einem Gefühl der Isolation. Diese Diskrepanz verstärkte sich, als er bemerkte, dass die Akzeptanz innerhalb des Sports oft an stereotype Geschlechterrollen gebunden war. Dies führte zu einem inneren Konflikt, der sich in seinen sportlichen Leistungen widerspiegelte.

Einfluss von Vorbildern

In dieser Zeit fand Elijah Inspiration in den Geschichten von Athleten, die sich ebenfalls für ihre Identität einsetzten. Besonders die Erzählungen von trans und nicht-binären Sportlern ermutigten ihn, offen über seine eigenen Erfahrungen zu sprechen. Diese Vorbilder halfen ihm zu erkennen, dass es möglich war, sowohl sportlich erfolgreich zu sein als auch seine Identität zu leben.

Ein Beispiel ist der Fall von Chris Mosier, einem trans Mann, der in der Welt des Triathlons Anerkennung fand. Seine Geschichten über die Herausforderungen und Erfolge in der Sportwelt motivierten Elijah, den Mut zu finden, seine eigene Geschichte zu akzeptieren und zu teilen.

Die Rolle von Coaches und Mentoren

Die Unterstützung durch Trainer und Mentoren war entscheidend für Elijahs Entwicklung im Sport. Ein einfühlsamer Trainer erkannte frühzeitig Elijahs Potenzial und förderte ihn, unabhängig von den Herausforderungen, mit denen er konfrontiert war. Dieser Trainer vermittelte nicht nur technische Fähigkeiten, sondern auch Werte wie Respekt und Inklusion.

Die positiven Rückmeldungen und die Ermutigung, die Elijah von seinem Trainer erhielt, halfen ihm, Selbstvertrauen aufzubauen. Diese Unterstützung war besonders wichtig, als Elijah begann, sich intensiver mit seiner Identität auseinanderzusetzen.

Sport als Ausdruck der Identität

Elijahs erste Erfahrungen mit Sport führten ihn zu der Erkenntnis, dass Sport mehr als nur körperliche Aktivität war; es war ein Ausdruck seiner Identität. Er begann, sich in verschiedenen Disziplinen auszuprobieren, was ihm half, seine Stärken zu erkennen und zu akzeptieren.

Sein Engagement im Sport ermöglichte es ihm, seine Leidenschaft für Bewegung und Wettkampf zu verbinden mit dem Wunsch, für die Rechte von trans-Athleten einzutreten. Diese Verbindung zwischen Sport und Identität wurde zu einem zentralen Thema in seinem späteren Aktivismus.

Zusammenfassung

Zusammenfassend lässt sich sagen, dass Elijahs erste Erfahrungen mit Sport eine entscheidende Rolle in seiner persönlichen und identitätsbezogenen Entwicklung spielten. Die positiven Aspekte des Teamgeists und der Unterstützung durch Mentoren standen im Kontrast zu den Herausforderungen, die ihm die Gesellschaft und die Geschlechterrollen auferlegten. Diese frühen Erlebnisse legten den Grundstein für seinen späteren Aktivismus und seine Bemühungen, die Sichtbarkeit und Akzeptanz von trans-Athleten im Sport zu fördern. Elijahs Reise zeigt, wie wichtig Sport als Plattform für Identitätsfindung und sozialen Zusammenhalt sein kann, insbesondere in einer Welt, die oft von Vorurteilen geprägt ist.

Die Entdeckung der eigenen Identität

Die Entdeckung der eigenen Identität ist ein komplexer und oft herausfordernder Prozess, der besonders für trans Personen von großer Bedeutung ist. In dieser Phase des Lebens, die häufig in der Jugend oder frühen Adoleszenz stattfindet, sind Individuen damit beschäftigt, ein Gefühl für sich selbst zu entwickeln, das über die gesellschaftlichen Normen und Erwartungen hinausgeht. Diese Selbstentdeckung kann sowohl eine Quelle der Erfüllung als auch der inneren Konflikte sein.

Theoretische Grundlagen

Die Identität wird häufig als dynamisches Konstrukt betrachtet, das sich im Laufe der Zeit entwickelt. Erik Erikson, ein Psychologe, der für seine Theorien zur psychosozialen Entwicklung bekannt ist, beschreibt in seiner Theorie der psychosozialen Entwicklung verschiedene Stadien, in denen Individuen mit spezifischen Herausforderungen konfrontiert werden. Besonders relevant ist das fünfte Stadium, das sich auf die Identitätsfindung konzentriert und oft in der Adoleszenz auftritt. Hierbei stehen Fragen der Zugehörigkeit, der Selbstdefinition und der Auseinandersetzung mit gesellschaftlichen Erwartungen im Vordergrund.

$$I = \frac{S}{E} \tag{12}$$

In dieser Gleichung steht I für Identität, S für Selbstwahrnehmung und E für externe Einflüsse. Diese Formel verdeutlicht, dass die Identität stark von der Balance zwischen innerer Selbstwahrnehmung und äußeren gesellschaftlichen Einflüssen abhängt.

Herausforderungen bei der Identitätsfindung

Die Suche nach der eigenen Identität kann für trans Personen besonders herausfordernd sein. Gesellschaftliche Normen und Erwartungen bezüglich Geschlecht und Identität können tiefgreifende innere Konflikte hervorrufen. Viele trans Personen erleben eine Diskrepanz zwischen ihrem Geschlecht bei der Geburt und ihrem empfundenen Geschlecht, was zu einem Gefühl der Entfremdung führen kann. Diese Diskrepanz kann sich in verschiedenen Formen äußern, darunter:

+ **Körperliche Dysphorie:** Viele trans Personen empfinden Unbehagen oder Unzufriedenheit mit ihrem Körper, was zu psychischen Belastungen führen kann.

+ **Soziale Isolation:** Das Gefühl, von der Gesellschaft nicht akzeptiert zu werden, kann zu sozialer Isolation und Einsamkeit führen.

+ **Angst vor Ablehnung:** Die Angst, von Familie, Freunden oder der Gesellschaft abgelehnt zu werden, kann die Selbstakzeptanz erschweren.

Beispiele aus Elijahs Leben

Elijah Nichols erlebte diese Herausforderungen in seiner eigenen Identitätsfindung. In seiner Kindheit war er oft mit dem Gefühl konfrontiert, nicht in die vorgegebene Geschlechterrolle zu passen. Er erinnert sich an Momente, in denen er sich in seiner Haut unwohl fühlte, insbesondere während sportlicher Aktivitäten, die typischerweise mit Geschlechterstereotypen verbunden waren.

Ein prägendes Erlebnis war, als Elijah im Sportunterricht gezwungen wurde, in der Jungenmannschaft zu spielen, obwohl er sich innerlich als Mädchen identifizierte. Diese Erfahrung führte zu einem tiefen inneren Konflikt, der ihn dazu brachte, sich von seinen Mitschülern zu isolieren und seine wahre Identität zu hinterfragen.

Elijah fand Trost in der Kunst und im Schreiben, wo er seine Gefühle und Gedanken ausdrücken konnte. Die Kunst wurde für ihn zu einem wichtigen

Medium, um seine Identität zu erkunden und zu verstehen. In einem seiner
Gedichte schrieb er:

> „Ich bin mehr als das, was du siehst,
> Ein Schatten in der Menge,
> Ein Funke in der Dunkelheit,
> Auf der Suche nach meinem Licht."

Diese Worte spiegeln nicht nur seine innere Zerrissenheit wider, sondern auch
den Drang, seine wahre Identität zu finden und zu akzeptieren.

Der Einfluss der Gemeinschaft

Die Unterstützung durch die LGBTQ-Community spielte eine entscheidende Rolle
in Elijahs Prozess der Identitätsfindung. Der Zugang zu Gleichgesinnten und die
Möglichkeit, Erfahrungen auszutauschen, halfen ihm, sich weniger allein zu fühlen.
Veranstaltungen und Treffen innerhalb der Community boten einen Raum, in dem
er seine Identität ohne Angst vor Ablehnung erkunden konnte.

Die Bedeutung von Vorbildern kann nicht unterschätzt werden. Elijah fand
Inspiration in der Geschichte anderer trans Personen, die ähnliche Kämpfe
durchlebt hatten und es geschafft hatten, ihre Identität zu leben und zu feiern.
Diese Vorbilder halfen ihm, den Glauben an sich selbst und seine Identität zu
stärken.

Fazit

Die Entdeckung der eigenen Identität ist ein vielschichtiger Prozess, der für trans
Personen mit einzigartigen Herausforderungen verbunden ist. Elijahs Geschichte
ist ein Beispiel dafür, wie innere Konflikte, gesellschaftliche Erwartungen und die
Suche nach Akzeptanz miteinander verwoben sind. Durch Unterstützung,
Selbstreflexion und den Austausch mit Gleichgesinnten konnte Elijah schließlich
einen Weg finden, seine Identität zu akzeptieren und zu feiern. Diese Reise ist
nicht nur eine persönliche, sondern auch eine gesellschaftliche Herausforderung,
die das Potenzial hat, das Verständnis und die Akzeptanz von trans Identitäten in
der breiteren Gesellschaft zu verändern.

Kulturelle Einflüsse auf Elijah

Elijah Nichols' Entwicklung und Identitätsfindung wurden maßgeblich von den
kulturellen Einflüssen geprägt, die ihn umgaben. In dieser Sektion werden wir die

verschiedenen kulturellen Elemente untersuchen, die Elijahs Leben und seine Perspektive auf die Welt beeinflussten. Diese Einflüsse reichen von den sozialen Normen und Werten seiner Heimatgemeinde bis hin zu den breiteren kulturellen Bewegungen, die sich auf die LGBTQ-Community auswirkten.

Die Rolle der Familie und der Gemeinschaft

Elijah wuchs in einer multikulturellen Umgebung auf, die sowohl Herausforderungen als auch Unterstützung bot. Die Werte seiner Familie spielten eine entscheidende Rolle in seiner frühen Entwicklung. Seine Eltern, die selbst aus unterschiedlichen kulturellen Hintergründen stammten, förderten eine offene Kommunikation über Identität und Selbstakzeptanz. Diese Erziehung ermöglichte es Elijah, seine eigene Identität ohne Angst vor Ablehnung zu erkunden.

Die Nachbarschaft, in der Elijah lebte, war geprägt von einer Vielzahl kultureller Einflüsse. Diese Diversität half ihm, verschiedene Perspektiven auf Geschlechterrollen und Identität zu verstehen. Die positiven und negativen Erfahrungen, die er in seiner Gemeinschaft machte, prägten seine Sichtweise und motivierten ihn, für die Rechte von trans-Athleten einzutreten.

Medien und Popkultur

Die Medien spielten eine zentrale Rolle in Elijahs Leben, insbesondere in Bezug auf die Darstellung von LGBTQ-Personen. Während seiner Jugend war Elijah ein begeisterter Konsument von Medieninhalten, die oft stereotype Darstellungen von Geschlecht und Sexualität beinhalteten. Diese Darstellungen beeinflussten seine Wahrnehmung von sich selbst und seiner Identität.

Ein Beispiel für einen positiven Einfluss war die Dokumentation *"Trans in America"*, die Elijah half, sich mit anderen trans-Personen zu identifizieren und die Vielfalt innerhalb der trans-Community zu erkennen. Gleichzeitig stellte er fest, dass viele Medieninhalte oft negative Stereotypen perpetuierten, was zu einem inneren Konflikt führte. Diese Diskrepanz zwischen der Realität und der medialen Darstellung verstärkte seinen Wunsch, aktiv für eine authentische Repräsentation in den Medien zu kämpfen.

Kulturelle Bewegungen und Aktivismus

Elijahs kulturelle Einflüsse waren auch durch die breiteren LGBTQ-Bewegungen geprägt, die in den letzten Jahrzehnten an Bedeutung gewonnen haben. Die Stonewall-Unruhen von 1969 und die darauffolgenden Pride-Bewegungen lieferten den historischen Kontext, in dem Elijah aufwuchs. Er fühlte sich inspiriert von den Kämpfen und Erfolgen der vorherigen Generationen von Aktivisten, die für Gleichheit und Sichtbarkeit kämpften.

Die Black Lives Matter-Bewegung und die #MeToo-Bewegung hatten ebenfalls einen erheblichen Einfluss auf Elijahs Aktivismus. Diese Bewegungen schärften sein Bewusstsein für die intersectionalen Herausforderungen, die viele Mitglieder der LGBTQ-Community, insbesondere People of Color, erleben. Diese Erkenntnisse führten dazu, dass Elijah seine eigene Aktivismus-Praxis hinterfragte und erweiterte, um sicherzustellen, dass sie inklusiv und gerecht war.

Sport und Identität

Die Verbindung zwischen Sport und Identität war ein weiterer kultureller Einfluss auf Elijah. Sport war nicht nur ein Ausdruck von körperlicher Stärke und Teamgeist, sondern auch ein Raum, in dem Geschlechterrollen und Identität ausgehandelt werden konnten. Die Herausforderungen, denen er im Sport gegenüberstand, insbesondere als trans-Athlet, führten zu einer tiefen Reflexion über die gesellschaftlichen Erwartungen an Geschlecht und Leistung.

Elijah erkannte, dass der Sport eine Plattform bieten kann, um Sichtbarkeit zu schaffen und stereotype Vorstellungen herauszufordern. Seine Teilnahme an verschiedenen Sportarten ermöglichte es ihm, sich selbst zu akzeptieren und zu feiern, während er gleichzeitig die Herausforderungen ansprach, die viele trans-Athleten in der heutigen Gesellschaft erleben.

Der Einfluss von Vorbildern

Ein weiterer wichtiger kultureller Einfluss auf Elijah war die Präsenz von Vorbildern in der LGBTQ-Community. Persönlichkeiten wie Laverne Cox und Billy Porter wurden für ihn zu Inspirationsquellen, die ihm zeigten, dass es möglich ist, authentisch zu leben und gleichzeitig Einfluss auf die Gesellschaft auszuüben. Diese Vorbilder halfen ihm, den Mut zu finden, sich selbst zu akzeptieren und für seine Überzeugungen einzutreten.

Elijahs Engagement in der LGBTQ-Community wurde durch die Geschichten und Erfahrungen dieser Vorbilder weiter gestärkt. Er begann, sich aktiv an Veranstaltungen zu beteiligen und seine eigene Stimme zu erheben, um anderen in ähnlichen Situationen zu helfen.

Fazit

Zusammenfassend lässt sich sagen, dass die kulturellen Einflüsse auf Elijah Nichols vielschichtig und tiefgreifend waren. Sie reichten von familiären Werten und Gemeinschaftsdynamiken bis hin zu den weitreichenden Bewegungen und Medien, die die LGBTQ-Community prägten. Diese Einflüsse halfen nicht nur bei der Formung seiner Identität, sondern motivierten ihn auch, als Aktivist für die Rechte von trans-Athleten einzutreten. Elijahs Geschichte ist ein Beispiel dafür, wie kulturelle Kontexte das individuelle Leben und die gesellschaftlichen Kämpfe beeinflussen können.

Die Rolle der Nachbarschaft

Die Nachbarschaft spielt eine entscheidende Rolle in der Entwicklung der Identität und des sozialen Umfelds von Elijah Nichols. In einem Umfeld, das sowohl Herausforderungen als auch Unterstützung bietet, kann die Nachbarschaft als ein Mikrokosmos der Gesellschaft betrachtet werden, in dem Werte, Normen und Verhaltensweisen vermittelt werden.

Einfluss der Nachbarschaft auf die Identitätsbildung

Die Nachbarschaft, in der Elijah aufwuchs, war geprägt von einer Vielzahl kultureller und sozialer Einflüsse. Diese Umgebung formte nicht nur seine Wahrnehmung von Geschlecht und Identität, sondern auch seine Werte und Überzeugungen. Laut der sozialen Identitätstheorie (Tajfel & Turner, 1979) entwickelt sich das Selbstkonzept eines Individuums stark durch die Zugehörigkeit zu sozialen Gruppen. In Elijahs Fall bedeutete dies, dass seine Nachbarschaft sowohl eine Quelle der Unterstützung als auch der Herausforderungen darstellte.

Ein Beispiel für den Einfluss der Nachbarschaft ist die Möglichkeit, an lokalen Sportveranstaltungen teilzunehmen. Diese Veranstaltungen förderten nicht nur das Gemeinschaftsgefühl, sondern ermöglichten es Elijah auch, seine sportlichen Fähigkeiten zu entwickeln und gleichzeitig seine Identität als trans Person zu erkunden. In einer unterstützenden Nachbarschaft, die Diversität akzeptiert, konnte Elijah seine Leidenschaft für den Sport mit seiner Identität verbinden.

Herausforderungen durch die Nachbarschaft

Jedoch war nicht jede Erfahrung positiv. In vielen Nachbarschaften gibt es Vorurteile und Diskriminierung, die sich negativ auf die Entwicklung von

LGBTQ+-Jugendlichen auswirken können. Elijah berichtete von Erfahrungen, in denen er aufgrund seiner Identität ausgegrenzt wurde. Diese Diskriminierung führte zu einem Gefühl der Isolation und verstärkte die Herausforderungen, mit denen er konfrontiert war.

Die Theorie der sozialen Exklusion (Wright, 1997) beschreibt, wie Individuen aufgrund ihrer Identität oder Zugehörigkeit zu bestimmten Gruppen von sozialen Interaktionen ausgeschlossen werden können. In Elijahs Fall manifestierte sich diese Exklusion in Form von Mobbing und Ablehnung durch Gleichaltrige. Solche Erfahrungen können tiefgreifende Auswirkungen auf das Selbstwertgefühl und die psychische Gesundheit haben.

Unterstützungssysteme in der Nachbarschaft

Trotz dieser Herausforderungen gab es auch positive Aspekte in Elijahs Nachbarschaft. Unterstützungsnetzwerke, die von Familien, Freunden und lokalen Organisationen gebildet wurden, spielten eine wesentliche Rolle in seinem Leben. Diese Netzwerke bieten nicht nur emotionale Unterstützung, sondern auch praktische Hilfe, die entscheidend für die Entwicklung eines starken Selbstbewusstseins ist.

Ein Beispiel für ein solches Unterstützungsnetzwerk war die lokale LGBTQ+-Gruppe, die regelmäßig Treffen und Veranstaltungen organisierte. Diese Gruppen bieten einen sicheren Raum für den Austausch von Erfahrungen und die Entwicklung von Freundschaften, die für die persönliche und soziale Entwicklung von Elijah von entscheidender Bedeutung waren.

Die Bedeutung der Nachbarschaft für den Aktivismus

Die Nachbarschaft hat auch einen entscheidenden Einfluss auf Elijahs späteren Aktivismus. Die Erfahrungen, die er in seiner Kindheit und Jugend gemacht hat, motivierten ihn, sich für die Rechte von trans Personen im Sport einzusetzen. Die Nähe zu Gleichgesinnten und Unterstützern in seiner Nachbarschaft half ihm, ein starkes Fundament für seinen Aktivismus zu entwickeln.

Die Theorie des sozialen Kapitals (Putnam, 2000) besagt, dass soziale Netzwerke und Gemeinschaften entscheidend für den Erfolg von Individuen und Bewegungen sind. In Elijahs Fall stellte die Unterstützung aus seiner Nachbarschaft ein wertvolles Kapital dar, das es ihm ermöglichte, seine Stimme zu erheben und für Veränderungen zu kämpfen.

Fazit

Zusammenfassend lässt sich sagen, dass die Nachbarschaft eine komplexe Rolle in Elijah Nichols' Leben spielte. Sie war sowohl eine Quelle der Unterstützung als auch ein Ort der Herausforderungen. Die positiven und negativen Erfahrungen, die er in seiner Nachbarschaft machte, trugen entscheidend zu seiner Identitätsentwicklung und seinem späteren Aktivismus bei. Die Nachbarschaft beeinflusste nicht nur seine persönliche Reise, sondern auch seine Perspektive auf die trans-Sport-Bewegung und die Notwendigkeit, für Akzeptanz und Gleichheit zu kämpfen.

$$\text{Identität} = f(\text{Nachbarschaft, Unterstützung, Herausforderungen}) \quad (13)$$

Kindheitserinnerungen und Präferenzen

Elijah Nichols, ein Name, der in der LGBTQ-Community immer mehr Bedeutung gewinnt, hat eine Kindheit, die von Erinnerungen und Präferenzen geprägt ist, die seine spätere Identität und seinen Aktivismus maßgeblich beeinflussten. In dieser Sektion werden wir die Schlüsselmomente und -erinnerungen aus Elijahs Kindheit betrachten, die seine Entwicklung als Individuum und Aktivist formten.

Die Kindheit ist eine entscheidende Phase im Leben eines jeden Menschen. Sie legt den Grundstein für die Identitätsentwicklung und die sozialen Präferenzen, die sich im späteren Leben manifestieren. Bei Elijah war diese Phase geprägt von einer Vielzahl von Erfahrungen, die sowohl positive als auch herausfordernde Aspekte umfassten.

Eine der zentralen Erinnerungen aus Elijahs Kindheit war seine Teilnahme an verschiedenen Sportarten. Sport war für ihn nicht nur eine Möglichkeit, körperlich aktiv zu sein, sondern auch ein Raum, in dem er seine Identität erkunden konnte. In der Schule war Elijah Mitglied des Schwimmteams und der Leichtathletikmannschaft. Diese Aktivitäten gaben ihm nicht nur ein Gefühl der Zugehörigkeit, sondern auch die Möglichkeit, seine Fähigkeiten zu zeigen und sich selbst auszudrücken. Sport half ihm, seine Unsicherheiten zu überwinden und ein Gefühl von Selbstwert zu entwickeln.

Jedoch war nicht alles in Elijahs Kindheit unbeschwert. Die Herausforderungen, die mit seiner Geschlechtsidentität einhergingen, waren stets präsent. In der Schule erlebte er Mobbing, das oft auf seine Andersartigkeit und seine Vorliebe für Sportarten zurückzuführen war, die nicht dem traditionellen Geschlechterstereotyp entsprachen. Diese Erfahrungen führten zu inneren Konflikten und Fragen über seine Identität. Wie viele andere Kinder in ähnlichen Situationen fühlte sich Elijah manchmal isoliert und unverstanden.

Ein weiterer wichtiger Aspekt von Elijahs Kindheit war die Unterstützung, die er von seiner Familie erhielt. Seine Eltern waren stets bemüht, ihn in seinen Interessen zu unterstützen, auch wenn sie manchmal Schwierigkeiten hatten, seine Identität vollständig zu verstehen. Diese Unterstützung war entscheidend für Elijahs Entwicklung und half ihm, ein starkes Fundament für seinen späteren Aktivismus zu schaffen. Die Ermutigung, die er von seinen Eltern erhielt, gab ihm den Mut, sich selbst treu zu bleiben und seine Stimme zu erheben.

Die Nachbarschaft, in der Elijah aufwuchs, spielte ebenfalls eine entscheidende Rolle in seiner Kindheit. Sie war sowohl ein Ort der Sicherheit als auch ein Raum, in dem er seine ersten Freundschaften knüpfte. Diese Freundschaften waren oft geprägt von gemeinsamen Interessen im Sport und in kreativen Aktivitäten. Zusammen mit seinen Freunden nahm Elijah an verschiedenen Veranstaltungen teil, die seine Liebe zum Sport und zur Gemeinschaft stärkten. Diese Erlebnisse waren nicht nur prägend, sondern schufen auch eine Basis für seine späteren Bemühungen um Sichtbarkeit und Akzeptanz in der LGBTQ-Community.

Ein weiterer bedeutender Einfluss auf Elijahs Kindheit war die Kultur, die ihn umgab. Er wuchs in einem Umfeld auf, das von Vielfalt und Kreativität geprägt war. Diese kulturellen Einflüsse halfen ihm, seine eigene Identität zu formen und die Bedeutung von Individualität zu verstehen. Die Geschichten und Erfahrungen anderer Menschen, die er in seiner Kindheit hörte, inspirierten ihn und gaben ihm eine Vorstellung davon, was es bedeutet, authentisch zu sein.

Zusammenfassend lässt sich sagen, dass Elijahs Kindheit eine komplexe Mischung aus positiven Erinnerungen und Herausforderungen war. Die Erfahrungen, die er in dieser Zeit sammelte, prägten nicht nur seine Identität, sondern auch seine Perspektive auf die Welt und die Herausforderungen, denen sich trans-Personen im Sport und darüber hinaus gegenübersehen. Diese Kindheitserinnerungen und Präferenzen sind nicht nur Teil seiner persönlichen Geschichte, sondern auch ein Spiegelbild der Kämpfe und Triumphe, die viele in der LGBTQ-Community erleben. Elijahs Reise von den Unsicherheiten seiner Kindheit hin zu einer starken Stimme für trans-Sport-Befürwortung ist ein inspirierendes Beispiel für die Kraft von Selbstakzeptanz und die Bedeutung von Unterstützung in der Gemeinschaft.

$$ I = \int_a^b f(x)\,dx \tag{14} $$

Die obige Gleichung symbolisiert die Integration von Erfahrungen, die Elijahs Identitätsentwicklung und Aktivismus beeinflussten. Die Variablen a und b repräsentieren die verschiedenen Phasen seiner Kindheit, während $f(x)$ die

Vielzahl von Erfahrungen darstellt, die zu seiner persönlichen und sozialen Identität führten.

In der Reflexion über seine Kindheit wird deutlich, dass die Kombination aus Unterstützung, Herausforderungen und kulturellen Einflüssen eine einzigartige Grundlage für Elijahs späteren Aktivismus geschaffen hat. Diese Erinnerungen sind nicht nur Teil seiner Vergangenheit, sondern auch ein Antrieb für die Zukunft, in der er weiterhin für die Rechte und die Sichtbarkeit von trans-Athleten kämpft.

Die Entwicklung von Hobbys

Die Entwicklung von Hobbys spielt eine wesentliche Rolle in der Identitätsfindung und Selbstverwirklichung von Jugendlichen, insbesondere in der Zeit der Pubertät. Hobbys bieten nicht nur eine Möglichkeit zur Entspannung und Ablenkung, sondern auch eine Plattform, um persönliche Interessen und Talente zu entdecken und auszubauen. In diesem Abschnitt werden wir die verschiedenen Aspekte der Entwicklung von Hobbys bei Elijah Nichols beleuchten, einschließlich der Herausforderungen, die er auf diesem Weg erlebte, und der positiven Auswirkungen, die diese Hobbys auf seine Identität und sein späteres Engagement im Aktivismus hatten.

Die Bedeutung von Hobbys

Hobbys sind für viele Menschen ein Ausdruck ihrer Persönlichkeit und ihrer Interessen. Sie ermöglichen es, Fähigkeiten zu entwickeln, soziale Kontakte zu knüpfen und sich von den Herausforderungen des Alltags abzulenken. Für Elijah waren Hobbys eine Möglichkeit, seine Identität zu erforschen und zu festigen. Besonders der Sport, der in seiner Kindheit eine zentrale Rolle spielte, half ihm, sich mit Gleichgesinnten zu verbinden und ein Gefühl der Zugehörigkeit zu entwickeln.

Einfluss von Sport auf die Identitätsentwicklung

Sport war nicht nur ein Hobby für Elijah; er fand darin eine Möglichkeit, seine Geschlechtsidentität auszudrücken und zu bestätigen. Die Teilnahme an verschiedenen Sportarten ermöglichte es ihm, sich körperlich auszudrücken und gleichzeitig soziale Fähigkeiten zu entwickeln. Studien zeigen, dass sportliche Aktivitäten das Selbstwertgefühl und die Selbstwahrnehmung von Jugendlichen positiv beeinflussen können [?]. Diese Erkenntnisse spiegeln sich in Elijahs

Erfahrungen wider, als er begann, sich in der Sportgemeinschaft zu engagieren und seine Fähigkeiten zu verbessern.

Herausforderungen bei der Entwicklung von Hobbys

Trotz der positiven Aspekte, die Hobbys mit sich bringen, gibt es auch Herausforderungen, die Elijah bewältigen musste. Mobbing und Diskriminierung aufgrund seiner Geschlechtsidentität waren ständige Begleiter während seiner Schulzeit. Diese Erfahrungen führten oft dazu, dass er sich in sozialen Situationen unwohl fühlte und seine Hobbys nicht in dem Maße ausleben konnte, wie er es sich gewünscht hätte. Die Forschung zeigt, dass Diskriminierung im Sport negative Auswirkungen auf die psychische Gesundheit von Athleten haben kann [?]. Elijah musste lernen, mit diesen Herausforderungen umzugehen und sich nicht von den negativen Erfahrungen entmutigen zu lassen.

Die Rolle von Vorbildern

Vorbilder spielen eine entscheidende Rolle in der Entwicklung von Hobbys und Interessen. Elijah fand Inspiration in den Geschichten von anderen trans-Athleten, die ähnliche Herausforderungen gemeistert hatten. Diese Vorbilder halfen ihm, seine eigenen Ziele zu definieren und zu verfolgen. Die Literatur zeigt, dass die Identifikation mit Vorbildern das Selbstvertrauen und die Motivation von Jugendlichen stärken kann [?]. Für Elijah war es wichtig zu sehen, dass es möglich war, trotz der Schwierigkeiten erfolgreich zu sein.

Beispiele für Hobbys und deren Entwicklung

Elijahs Hobbys umfassten eine Vielzahl von Aktivitäten, die seine Interessen widerspiegelten. Zu den wichtigsten gehörten:

- **Leichtathletik:** Diese Sportart gab Elijah die Möglichkeit, seine körperlichen Fähigkeiten zu testen und gleichzeitig Teil eines Teams zu sein. Durch die Teilnahme an Wettkämpfen konnte er seine Leistungen kontinuierlich verbessern und Selbstvertrauen gewinnen.

- **Kunst und Kreativität:** Neben dem Sport entdeckte Elijah auch seine Leidenschaft für die Kunst. Er begann, seine Gedanken und Gefühle durch Malerei und Zeichnung auszudrücken. Diese kreative Outlet half ihm, seine Identität zu verarbeiten und seine Emotionen in schwierigen Zeiten zu kanalisieren.

- **Freiwilligenarbeit:** Elijah engagierte sich auch in seiner Gemeinde, indem er an verschiedenen sozialen Projekten teilnahm. Diese Erfahrungen ermöglichten es ihm, seine Fähigkeiten in der Organisation und Teamarbeit zu entwickeln und gleichzeitig einen positiven Einfluss auf seine Umgebung auszuüben.

Die Vielfalt seiner Hobbys trug dazu bei, dass Elijah eine umfassende Perspektive auf sich selbst und seine Identität entwickeln konnte. Durch die Kombination von sportlichen Aktivitäten, kreativen Ausdrucksformen und sozialem Engagement fand er einen Weg, seine Herausforderungen zu meistern und seine Stärken zu erkennen.

Fazit

Die Entwicklung von Hobbys ist ein zentraler Bestandteil der Jugendzeit und spielt eine entscheidende Rolle bei der Identitätsfindung. Für Elijah Nichols waren seine Hobbys nicht nur eine Möglichkeit, sich auszudrücken, sondern auch eine Plattform, um sich mit anderen zu verbinden und seine Stimme als Aktivist zu finden. Trotz der Herausforderungen, die er auf diesem Weg erlebte, trugen seine Hobbys maßgeblich zu seinem persönlichen Wachstum und seiner Entwicklung als führende Stimme in der trans-Sport-Bewegung bei. Die positiven Erfahrungen, die er durch seine Hobbys sammelte, halfen ihm, die Grundlagen für sein späteres Engagement im Aktivismus zu legen und seine Vision für eine inklusive und gerechte Zukunft zu formen.

Unterstützung durch Verwandte

Die Unterstützung durch Verwandte spielt eine entscheidende Rolle im Leben von transidenten Personen, insbesondere während der frühen Entwicklungs- und Identitätsfindungsphase. Diese Unterstützung kann sich in verschiedenen Formen äußern, von emotionaler und finanzieller Unterstützung bis hin zu praktischer Hilfe bei der Transition. In diesem Abschnitt werden wir die verschiedenen Dimensionen der familiären Unterstützung untersuchen, die Herausforderungen, die sich dabei ergeben können, sowie einige Beispiele für positive und negative Erfahrungen.

Emotionale Unterstützung

Emotionale Unterstützung ist oft die erste Form der Hilfe, die transidenten Personen von ihren Verwandten erhalten. Diese Art der Unterstützung kann in

Form von Akzeptanz, Verständnis und Liebe erfolgen. Studien zeigen, dass trans Jugendliche, die von ihren Familien akzeptiert werden, signifikant geringere Raten von Depressionen und Angstzuständen aufweisen. Eine Untersuchung von [1] hat gezeigt, dass familiäre Unterstützung die Resilienz gegenüber Diskriminierung erhöht und das allgemeine Wohlbefinden verbessert.

Ein Beispiel für emotionale Unterstützung könnte ein Elternteil sein, der aktiv an Gesprächen über Geschlechtsidentität teilnimmt und das Kind ermutigt, seine Identität auszudrücken. Solche Gespräche können helfen, ein sicheres Umfeld zu schaffen, in dem sich das Kind wohlfühlt, seine Gefühle und Erfahrungen zu teilen.

Praktische Unterstützung

Neben emotionaler Unterstützung ist auch praktische Unterstützung von großer Bedeutung. Dies kann die Begleitung zu Arztterminen, die Unterstützung bei der Umstellung des Namens und der Geschlechtsangabe in offiziellen Dokumenten oder die Hilfe bei der Suche nach geeigneten Sportvereinen umfassen. Eine Studie von [3] hebt hervor, dass trans Personen, die praktische Unterstützung von ihren Familien erhalten, erfolgreicher in ihrer Transition sind und sich in sozialen Umfeldern wohler fühlen.

Ein konkretes Beispiel wäre ein Geschwisterkind, das seinen transidenten Bruder oder seine transidente Schwester zu einem Sportverein begleitet, der für die Unterstützung von LGBTQ+-Sportlern bekannt ist. Diese Art von Unterstützung kann entscheidend sein, um das Gefühl der Zugehörigkeit und Akzeptanz zu fördern.

Herausforderungen und Widerstände

Trotz der positiven Aspekte der familiären Unterstützung gibt es auch Herausforderungen. In vielen Fällen können Verwandte Schwierigkeiten haben, die Identität eines trans Menschen zu akzeptieren. Vorurteile, Unkenntnis und gesellschaftliche Normen können dazu führen, dass Familienmitglieder sich unsicher oder überfordert fühlen. Dies kann zu Konflikten führen, die das Wohlbefinden des transidenten Individuums beeinträchtigen.

Ein Beispiel für solche Herausforderungen könnte ein Elternteil sein, der Schwierigkeiten hat, den neuen Namen und das Geschlecht seines Kindes zu akzeptieren. Diese Ablehnung kann emotionalen Stress und Isolation für die betroffene Person verursachen. In der Forschung von [3] wurde festgestellt, dass trans Jugendliche, die Ablehnung durch ihre Familien erfahren, ein höheres Risiko für psychische Probleme haben.

Die Rolle von Bildung

Bildung spielt eine wesentliche Rolle dabei, wie Verwandte die Identität von trans Personen verstehen und unterstützen können. Aufklärung über Geschlechtsidentität, Gender-Diversity und die Herausforderungen, denen trans Menschen gegenüberstehen, kann Familien helfen, ein besseres Verständnis zu entwickeln. Workshops und Informationsveranstaltungen, die sich an Familien richten, können eine wertvolle Ressource sein, um Vorurteile abzubauen und das Bewusstsein zu schärfen.

Ein Beispiel für erfolgreiche Bildungsinitiativen ist das Programm „Familien für Vielfalt", das Familienmitglieder von LGBTQ+-Personen zusammenbringt, um ihre Erfahrungen zu teilen und voneinander zu lernen. Solche Programme fördern nicht nur das Verständnis, sondern stärken auch die Bindungen innerhalb der Familie.

Fazit

Zusammenfassend lässt sich sagen, dass die Unterstützung durch Verwandte für transidenten Personen von entscheidender Bedeutung ist. Emotionale und praktische Unterstützung können einen erheblichen Einfluss auf das Wohlbefinden und die Lebensqualität haben. Dennoch stehen viele Familien vor Herausforderungen, die oft aus Unkenntnis oder gesellschaftlichen Vorurteilen resultieren. Bildung und Aufklärung sind entscheidend, um diese Herausforderungen zu überwinden und eine unterstützende Umgebung zu schaffen. Die Erfahrungen von Elijah Nichols sind ein eindrucksvolles Beispiel dafür, wie familiäre Unterstützung sowohl positive als auch negative Auswirkungen auf die Identitätsfindung und den Aktivismus eines trans Menschen haben kann.

Bibliography

[1] Meyer, I. H. (2003). Prejudice, Social Stress, and Mental Health in Gay Men. *American Psychologist*, 58(5), 440-449.

[2] Budge, S. L., Adelson, J. L., & Howard, K. A. (2013). Anxiety and Depression in Transgender Individuals: The Roles of Social Support and Social Identity. *Journal of Consulting and Clinical Psychology*, 81(3), 545-557.

[3] Ryan, C., Huebner, D., Diaz, R. M., & Sanchez, J. (2010). Family Acceptance in Adolescence and the Health of LGBT Young Adults. *Journal of Child and Adolescent Psychiatric Nursing*, 23(4), 205-213.

Schulzeit und Identitätsfindung

Herausforderungen in der Schule

Die Schulzeit ist für viele Jugendliche eine entscheidende Phase der Identitätsfindung, insbesondere für trans Jugendliche wie Elijah Nichols. In dieser Zeit sind sie oft mit einer Vielzahl von Herausforderungen konfrontiert, die sich auf ihre psychische Gesundheit, ihr Selbstwertgefühl und ihre schulische Leistung auswirken können. Diese Herausforderungen lassen sich in verschiedene Kategorien unterteilen, darunter soziale, emotionale und institutionelle Probleme.

Soziale Herausforderungen

Eine der größten Herausforderungen, mit denen trans Schüler konfrontiert sind, ist die soziale Akzeptanz. Viele trans Jugendliche erleben Mobbing oder Ausgrenzung durch Mitschüler. Laut einer Studie von [?] berichteten 75% der befragten trans Jugendlichen, dass sie in der Schule gemobbt wurden. Diese Erfahrungen können zu einem Gefühl der Isolation führen und das Selbstwertgefühl erheblich beeinträchtigen.

Ein Beispiel für die sozialen Herausforderungen ist Elijahs erste Erfahrung in der Schule, als er sich entschloss, seine Identität offen zu leben. Trotz der Unterstützung seiner Familie stieß er auf Widerstand von Mitschülern, die seine Entscheidungen nicht akzeptierten. Dies führte dazu, dass er sich oft zurückzog und Schwierigkeiten hatte, Freundschaften zu schließen. Die Bedeutung sozialer Unterstützung kann nicht unterschätzt werden, da sie einen wesentlichen Einfluss auf das Wohlbefinden von trans Jugendlichen hat.

Emotionale Herausforderungen

Die emotionale Belastung, die mit der Identitätsfindung einhergeht, ist ebenfalls erheblich. Trans Jugendliche sind häufig mit inneren Konflikten konfrontiert, die sich aus dem Druck ergeben, den gesellschaftlichen Normen zu entsprechen. Diese inneren Konflikte können zu Angstzuständen, Depressionen und anderen psychischen Gesundheitsproblemen führen. Laut der [?] sind trans Jugendliche dreimal häufiger von Suizidgedanken betroffen als ihre cisgender Altersgenossen.

Elijah erlebte während seiner Schulzeit emotionale Turbulenzen, als er versuchte, seine Identität zu akzeptieren. Der Druck, sich an die Erwartungen seiner Mitschüler anzupassen, führte zu einem ständigen Gefühl der Unzulänglichkeit. Diese emotionalen Herausforderungen wurden durch die Unsicherheit verstärkt, die mit der Transition verbunden ist. Die Angst vor Ablehnung von Lehrern und Mitschülern kann dazu führen, dass trans Jugendliche sich nicht trauen, ihre wahre Identität zu zeigen.

Institutionelle Herausforderungen

Neben den sozialen und emotionalen Herausforderungen sind trans Schüler auch mit institutionellen Problemen konfrontiert. Viele Schulen haben keine klaren Richtlinien zur Unterstützung von trans Jugendlichen. Dies kann zu Diskriminierung und Ungerechtigkeit führen, insbesondere wenn es um den Zugang zu sanitären Einrichtungen oder die Teilnahme an Sportveranstaltungen geht. Laut [?] gaben 60% der trans Schüler an, dass sie sich in ihrer Schule nicht sicher fühlten.

Ein Beispiel für institutionelle Herausforderungen ist Elijahs Erfahrung mit den sanitären Einrichtungen in seiner Schule. Während seiner Transition hatte er Schwierigkeiten, die für ihn passenden Toiletten zu nutzen, was zu einem Gefühl der Scham und des Unbehagens führte. Diese Erfahrungen sind nicht nur für Elijah, sondern für viele trans Jugendliche belastend und können ihre schulische Leistung und ihr Engagement beeinträchtigen.

Strategien zur Bewältigung

Um diesen Herausforderungen zu begegnen, ist es wichtig, dass Schulen inklusive und unterstützende Umgebungen schaffen. Programme zur Sensibilisierung von Lehrern und Mitschülern können dazu beitragen, das Bewusstsein für die Bedürfnisse von trans Jugendlichen zu schärfen. Zudem sollten Schulen Richtlinien implementieren, die die Rechte von trans Schülern schützen und sicherstellen, dass sie gleichberechtigt behandelt werden.

Elijahs Geschichte zeigt, dass Unterstützungssysteme, wie Schulberater und LGBTQ+-Gruppen, entscheidend sein können, um trans Jugendlichen zu helfen, ihre Herausforderungen zu bewältigen. Durch den Zugang zu Ressourcen und Unterstützung können trans Schüler lernen, ihre Identität zu akzeptieren und sich in ihrer Umgebung sicherer zu fühlen.

Fazit

Die Herausforderungen, denen trans Jugendliche in der Schule gegenüberstehen, sind vielfältig und komplex. Sie reichen von sozialen und emotionalen Belastungen bis hin zu institutionellen Barrieren. Es ist entscheidend, dass Schulen proaktive Maßnahmen ergreifen, um eine inklusive und unterstützende Umgebung zu schaffen, in der trans Jugendliche gedeihen können. Elijah Nichols' Erfahrungen verdeutlichen die Notwendigkeit von Veränderung und die Bedeutung von Unterstützung in der Schulzeit.

Unterstützung durch Lehrer und Freunde

Die Unterstützung durch Lehrer und Freunde spielt eine entscheidende Rolle in der Identitätsfindung und im Aktivismus von Elijah Nichols. In dieser Phase seines Lebens war es von größter Bedeutung, dass er ein unterstützendes Umfeld hatte, das ihn in seiner transidenten Reise begleitete. Diese Unterstützung kann in verschiedenen Formen auftreten, einschließlich emotionaler, sozialer und praktischer Hilfe.

Emotionale Unterstützung

Emotionale Unterstützung ist ein wesentlicher Bestandteil des Wohlbefindens von Jugendlichen, insbesondere für solche, die sich in einem Prozess der Identitätsfindung befinden. Lehrer, die ein offenes Ohr für die Sorgen ihrer Schüler haben, können dazu beitragen, ein Gefühl der Sicherheit zu schaffen.

Studien zeigen, dass Schüler, die sich von ihren Lehrern unterstützt fühlen, eine höhere Wahrscheinlichkeit haben, sich in ihrer Identität akzeptiert zu fühlen [1].

Ein Beispiel für diese Art der Unterstützung ist die Geschichte von Elijahs Lehrer, Frau Müller, die nicht nur sein Engagement im Sport bemerkte, sondern auch seine Herausforderungen im Zusammenhang mit seiner Geschlechtsidentität. Sie organisierte Workshops, um das Bewusstsein für LGBTQ-Themen in der Schule zu schärfen und bot Elijah die Möglichkeit, seine Erfahrungen mit anderen zu teilen. Solche Initiativen fördern nicht nur das Verständnis, sondern auch die Akzeptanz innerhalb der Schulgemeinschaft.

Soziale Unterstützung

Freundschaften sind ebenfalls entscheidend für die Entwicklung einer stabilen Identität. In der Schulzeit erlebte Elijah, wie wichtig es ist, Freunde zu haben, die ihn akzeptieren und unterstützen. Diese sozialen Netzwerke bieten nicht nur emotionale Unterstützung, sondern auch praktische Hilfe. Ein Beispiel hierfür ist die Unterstützung durch seine Freunde, die ihn ermutigten, an Sportveranstaltungen teilzunehmen und ihm halfen, sich in der Gemeinschaft zu engagieren.

Die Theorie des sozialen Lernens [?] legt nahe, dass Individuen durch Beobachtung und Nachahmung lernen. In Elijahs Fall beobachteten seine Freunde, wie er sich für seine Identität einsetzte, und wurden inspiriert, ebenfalls aktiv zu werden. Diese gegenseitige Unterstützung stärkte nicht nur Elijah, sondern auch seine Freunde, die sich ebenfalls für LGBTQ-Rechte einsetzten.

Praktische Unterstützung

Neben emotionaler und sozialer Unterstützung ist auch praktische Unterstützung von Bedeutung. Lehrer können durch die Schaffung von inklusiven Räumen und die Einführung von Anti-Mobbing-Programmen einen großen Einfluss auf das Leben von trans Jugendlichen haben. Diese Programme können dazu beitragen, ein sicheres Umfeld zu schaffen, in dem sich Schüler frei ausdrücken können.

Ein Beispiel für praktische Unterstützung ist die Zusammenarbeit von Elijahs Schule mit lokalen LGBTQ-Organisationen. Diese Partnerschaften ermöglichten es der Schule, Ressourcen bereitzustellen, die Schülern wie Elijah halfen, sich über ihre Rechte zu informieren und aktiv an der Gemeinschaft teilzunehmen. Solche Initiativen sind entscheidend, um eine positive Schulumgebung zu fördern und Diskriminierung zu bekämpfen.

Herausforderungen und Widerstände

Trotz der positiven Unterstützung, die Elijah erfuhr, gab es auch Herausforderungen. Einige Lehrer und Mitschüler waren nicht bereit, die Bedürfnisse von trans Jugendlichen zu akzeptieren. Diese Widerstände können das Selbstwertgefühl und die Identität von Schülern erheblich beeinträchtigen. Die Theorie der sozialen Identität [1] beschreibt, wie Gruppenmitgliedschaften das Selbstbild beeinflussen können. Wenn Elijah auf Ablehnung stieß, fühlte er sich oft isoliert und weniger wertvoll.

Ein Beispiel für diese Herausforderung war ein Vorfall, bei dem ein Lehrer Elijahs gewählte Pronomen nicht respektierte. Dies führte zu einem Gefühl der Entfremdung und verstärkte die Notwendigkeit, für seine Identität einzustehen. Solche Erfahrungen machen deutlich, dass die Unterstützung durch Lehrer und Freunde nicht nur wünschenswert, sondern auch notwendig ist, um eine inklusive und respektvolle Umgebung zu schaffen.

Fazit

Zusammenfassend lässt sich sagen, dass die Unterstützung durch Lehrer und Freunde einen wesentlichen Einfluss auf Elijahs Entwicklung und Aktivismus hatte. Emotionale, soziale und praktische Unterstützung halfen ihm, seine Identität zu akzeptieren und aktiv für die Rechte von trans Jugendlichen einzutreten. Gleichzeitig verdeutlichen die Herausforderungen, mit denen er konfrontiert war, die Notwendigkeit, ein unterstützendes und inklusives Umfeld in Schulen zu schaffen. Die Rolle von Lehrern und Freunden kann nicht hoch genug eingeschätzt werden, da sie als Verbündete fungieren, die den Weg für eine positive Veränderung ebnen.

Erste Schritte in den Sport

Elijah Nichols' Reise in die Welt des Sports begann in einer Zeit, in der er noch mit seiner Identität kämpfte. Sport war für ihn nicht nur eine Möglichkeit, sich körperlich zu betätigen, sondern auch ein Raum, in dem er seine Identität erkunden und ausdrücken konnte. In diesem Abschnitt untersuchen wir die ersten Schritte von Elijah im Sport und die Herausforderungen, die er dabei überwinden musste.

Die ersten sportlichen Erfahrungen

Elijahs erste Erfahrungen mit Sport fanden in der Grundschule statt. Er war von Natur aus aktiv und hatte eine Leidenschaft für Bewegung. Besonders das

Fußballspielen zog ihn an. Der Sport bot ihm eine Möglichkeit, sich mit anderen zu verbinden und ein Gefühl der Zugehörigkeit zu erleben. In dieser Phase war der Sport jedoch auch mit Herausforderungen verbunden. Elijah hatte Schwierigkeiten, sich in das Team zu integrieren, da er sich oft anders fühlte als seine Mitschüler. Diese Differenzierung führte zu einem inneren Konflikt, der sich auch in seiner sportlichen Leistung widerspiegelte.

Herausforderungen im Wettkampf

Mit zunehmendem Alter nahm der Druck im Wettkampf zu. Elijah stellte fest, dass die Erwartungen an ihn als Athleten nicht nur von seinen Trainern, sondern auch von seinen Mitschülern und der Gesellschaft im Allgemeinen geprägt waren. Diese Erwartungen führten zu einem hohen Stresslevel, insbesondere als er begann, an Wettkämpfen teilzunehmen. Der Druck, sowohl sportlich als auch sozial zu bestehen, war überwältigend.

Ein zentrales Problem war das Mobbing, das Elijah während seiner Schulzeit erlebte. Viele seiner Mitschüler waren nicht nur auf seine sportlichen Fähigkeiten fixiert, sondern auch auf seine Geschlechtsidentität. Dies führte zu einer Reihe von negativen Erfahrungen, die seinen Zugang zum Sport und seine Motivation beeinträchtigten. Oft fühlte er sich gezwungen, seine wahre Identität zu verstecken, um Akzeptanz zu finden.

Die Rolle von Unterstützern

Trotz dieser Herausforderungen fand Elijah Unterstützung in seinem Umfeld. Einige Lehrer und Trainer erkannten sein Potenzial und halfen ihm, sein Selbstvertrauen aufzubauen. Sie förderten nicht nur seine sportlichen Fähigkeiten, sondern ermutigten ihn auch, seine Identität zu akzeptieren und stolz darauf zu sein. Diese Unterstützung war entscheidend für Elijahs Entwicklung und half ihm, sich in der Sportwelt zu behaupten.

Ein Beispiel für diese Unterstützung war sein Fußballtrainer, der ihn nicht nur als Spieler, sondern auch als Individuum schätzte. Er stellte sicher, dass Elijah in einem positiven und unterstützenden Umfeld trainieren konnte. Diese Erfahrung war für Elijah wichtig, da sie ihm half, die Verbindung zwischen seiner Identität und seiner sportlichen Leistung zu erkennen.

Die Entdeckung der eigenen Identität durch den Sport

Der Sport wurde für Elijah zu einem Medium, durch das er seine Identität entdecken und ausdrücken konnte. Er begann, sich in verschiedenen Sportarten auszuprobieren, darunter Leichtathletik und Schwimmen. Diese Aktivitäten ermöglichten es ihm, seine körperlichen Fähigkeiten zu erkunden und gleichzeitig seine Geschlechtsidentität zu definieren.

Durch den Sport lernte Elijah, dass es nicht nur um den Wettbewerb geht, sondern auch um Teamarbeit, Respekt und die Unterstützung von Gleichgesinnten. Diese Erkenntnis half ihm, eine positive Einstellung zu seiner Identität zu entwickeln und sie in seine sportliche Praxis zu integrieren.

Einfluss von Vorbildern

Ein weiterer entscheidender Faktor in Elijahs sportlicher Reise war die Entdeckung von Vorbildern. Er begann, sich mit anderen Athleten zu identifizieren, die ähnliche Erfahrungen gemacht hatten. Diese Vorbilder halfen ihm, seine eigenen Herausforderungen zu bewältigen und gaben ihm Hoffnung für die Zukunft.

Ein Beispiel für ein solches Vorbild war ein professioneller Schwimmer, der offen über seine Transidentität sprach und seine Erfahrungen im Sport teilte. Diese Geschichten inspirierten Elijah und zeigten ihm, dass es möglich war, sowohl seine Identität als auch seine sportlichen Ambitionen zu leben.

Schlussfolgerung

Zusammenfassend lässt sich sagen, dass Elijahs erste Schritte im Sport von einer Mischung aus Herausforderungen und Unterstützung geprägt waren. Der Sport bot ihm nicht nur eine Plattform, um seine Fähigkeiten zu entwickeln, sondern auch einen Raum, in dem er seine Identität erkunden und akzeptieren konnte. Trotz der Schwierigkeiten, die er erlebte, fand Elijah Wege, um seine Leidenschaft für den Sport mit seiner Identität zu verbinden. Diese Erfahrungen legten den Grundstein für seinen späteren Aktivismus und seine Rolle als Vorreiter in der trans-Sport-Bewegung.

Die Erkenntnisse, die Elijah in dieser frühen Phase seines Lebens gewann, waren entscheidend für seine Entwicklung als Athlet und Aktivist. Sie verdeutlichen die Bedeutung von Unterstützung, Vorbildern und der Kraft des Sports als Medium für persönliche und gesellschaftliche Veränderungen.

Teilnahme an Wettbewerben

Die Teilnahme an Wettbewerben spielt eine entscheidende Rolle in der Entwicklung von Elijah Nichols als Sportler und Aktivist. Wettbewerbe bieten nicht nur eine Plattform zur Demonstration sportlicher Fähigkeiten, sondern auch eine Möglichkeit zur Selbstfindung und Identitätsbildung. In diesem Abschnitt werden die Erfahrungen von Elijah bei Wettbewerben, die Herausforderungen, denen er begegnete, und die Auswirkungen dieser Erfahrungen auf seine Identität und seinen Aktivismus untersucht.

Erste Schritte in den Wettkampf

Elijahs erste Erfahrungen mit Wettkämpfen fanden in der Schulzeit statt. Diese frühen Wettbewerbe waren oft lokal und weniger formal, was ihm die Möglichkeit gab, sich in einem unterstützenden Umfeld auszuprobieren. Der Druck war zwar geringer, aber die Bedeutung dieser ersten Wettkämpfe war enorm. Hier konnte Elijah seine Fähigkeiten testen und die ersten Schritte in die Welt des Sports wagen.

Ein wichtiger Aspekt seiner Teilnahme war die Unterstützung von Freunden und Familie. Diese Unterstützung trug dazu bei, ein Gefühl der Zugehörigkeit zu schaffen, das für Elijah in dieser sensiblen Phase seiner Identitätsfindung von großer Bedeutung war. Die positiven Rückmeldungen von seinen Mitstreitern und Trainern stärkten sein Selbstvertrauen und motivierten ihn, an weiteren Wettbewerben teilzunehmen.

Herausforderungen und Mobbing

Trotz der positiven Erfahrungen sah sich Elijah auch mit Herausforderungen konfrontiert. Mobbing und Diskriminierung waren alltägliche Begleiter, insbesondere in einem wettbewerbsorientierten Umfeld. Viele seiner Mitschüler waren nicht bereit, seine Identität zu akzeptieren, was zu einer feindlichen Atmosphäre führte. Dies führte nicht nur zu emotionalen Belastungen, sondern auch zu physischen Herausforderungen, da Elijah oft das Gefühl hatte, sich beweisen zu müssen.

Ein Beispiel für diese Diskriminierung war ein regionaler Wettkampf, bei dem Elijah aufgrund seiner Transidentität von anderen Teilnehmern und sogar von einigen Trainern ausgegrenzt wurde. Diese Erfahrungen führten zu einem inneren Konflikt: Einerseits wollte er seine sportlichen Fähigkeiten unter Beweis stellen, andererseits fühlte er sich in seiner Identität nicht akzeptiert. Diese Diskrepanz zwischen sportlichem Ehrgeiz und sozialer Akzeptanz stellte eine erhebliche Belastung dar.

Die Rolle von Teamgeist und Unterstützung

Trotz der Herausforderungen fand Elijah Trost und Unterstützung in seinem Team. Der Teamgeist und die Solidarität unter den Athleten halfen ihm, die negativen Erfahrungen zu überwinden. Seine Teamkollegen, die seine Identität akzeptierten, spielten eine entscheidende Rolle in seinem sportlichen Werdegang. Gemeinsam erlebten sie die Höhen und Tiefen des Wettkampfs, was Elijah das Gefühl gab, Teil von etwas Größerem zu sein.

Die Unterstützung von Trainern, die an Inklusion und Diversität glaubten, war ebenfalls entscheidend. Diese Trainer förderten nicht nur die sportlichen Fähigkeiten der Athleten, sondern schufen auch ein Umfeld, in dem jeder unabhängig von seiner Identität respektiert wurde. Dies half Elijah, sich in seiner Haut wohler zu fühlen und motivierte ihn, weiterhin an Wettbewerben teilzunehmen.

Erfolge und persönliche Meilensteine

Elijahs Teilnahme an Wettbewerben führte zu bedeutenden persönlichen Erfolgen, die nicht nur seine sportlichen Fähigkeiten, sondern auch seine Identität stärkten. Ein herausragendes Beispiel war ein regionales Leichtathletik-Turnier, bei dem er in seiner Kategorie den ersten Platz belegte. Dieser Sieg war nicht nur eine Bestätigung seiner sportlichen Fähigkeiten, sondern auch ein starkes Zeichen der Akzeptanz und des Respekts von Seiten seiner Mitstreiter.

Der Erfolg bei diesem Wettkampf half Elijah, seine Sicht auf sich selbst zu verändern. Er begann, seine Identität nicht mehr als Hindernis, sondern als Stärke zu betrachten. Diese Erkenntnis war ein Wendepunkt in seiner Entwicklung und motivierte ihn, seine Erfahrungen zu nutzen, um andere in der LGBTQ-Community zu unterstützen und zu inspirieren.

Einfluss auf den Aktivismus

Die Erfahrungen, die Elijah während seiner Teilnahme an Wettbewerben machte, hatten einen direkten Einfluss auf seinen späteren Aktivismus. Die Herausforderungen, die er überwinden musste, führten zu einem tiefen Verständnis für die Schwierigkeiten, mit denen viele trans Athleten konfrontiert sind. Er begann, seine Stimme zu erheben und sich für die Rechte von trans Athleten einzusetzen, um sicherzustellen, dass andere die Unterstützung und Akzeptanz erfahren, die ihm oft verwehrt blieb.

Durch die Gründung von Initiativen, die sich auf die Inklusion von trans Athleten im Sport konzentrierten, konnte Elijah seine Erfahrungen in positive Veränderungen umwandeln. Er organisierte Workshops und Seminare, um das Bewusstsein für die Herausforderungen zu schärfen, mit denen trans Athleten konfrontiert sind, und um Strategien zu entwickeln, die die Inklusion fördern.

Schlussfolgerung

Die Teilnahme an Wettbewerben war für Elijah Nichols ein entscheidender Bestandteil seines Lebens und seiner Entwicklung als Aktivist. Trotz der Herausforderungen, die er begegnete, halfen ihm seine Erfolge und die Unterstützung seiner Mitstreiter, seine Identität zu akzeptieren und seine Stimme für andere zu erheben. Diese Erfahrungen bildeten die Grundlage für seinen späteren Aktivismus und seine Bemühungen, die Welt des Sports für alle zugänglicher zu machen. Elijahs Geschichte ist ein inspirierendes Beispiel dafür, wie persönliche Herausforderungen in eine Kraft für positive Veränderungen umgewandelt werden können.

Die Rolle von Mobbing und Akzeptanz

Mobbing ist ein weit verbreitetes Problem, das insbesondere in Schulen auftritt und erhebliche Auswirkungen auf die psychische Gesundheit und das Wohlbefinden von Jugendlichen hat. Für trans Jugendliche wie Elijah Nichols kann Mobbing besonders schädlich sein, da es nicht nur die Identität, sondern auch das Selbstwertgefühl und die soziale Akzeptanz betrifft.

Theoretische Grundlagen

Die Theorie der sozialen Identität (Tajfel und Turner, 1979) legt nahe, dass Individuen ihre Identität stark aus der Zugehörigkeit zu bestimmten Gruppen ableiten. Diese Zugehörigkeit kann zu einem Gefühl der Sicherheit und des Stolzes führen, aber auch zu Diskriminierung gegenüber anderen Gruppen. In der Schule kann dies bedeuten, dass trans Jugendliche aufgrund ihrer Geschlechtsidentität oft in eine marginalisierte Gruppe gedrängt werden, was zu Mobbing führt.

Eine weitere relevante Theorie ist die Stigmatisierungstheorie von Goffman (1963), die beschreibt, wie Menschen, die von der gesellschaftlichen Norm abweichen, oft als "anders" oder "weniger wert" angesehen werden. Diese Stigmatisierung kann zu einem Teufelskreis führen, in dem die Betroffenen ihre Identität verstecken, was die Wahrscheinlichkeit von Mobbing erhöht.

Probleme durch Mobbing

Die Probleme, die durch Mobbing entstehen, sind vielfältig. Trans Jugendliche erleben häufig:

+ **Psychische Belastungen:** Mobbing kann zu Angstzuständen, Depressionen und einem niedrigen Selbstwertgefühl führen.

+ **Soziale Isolation:** Betroffene ziehen sich oft von sozialen Aktivitäten zurück, was ihre Integration in die Gemeinschaft erschwert.

+ **Akademische Schwierigkeiten:** Das ständige Gefühl der Bedrohung kann die Konzentration und Leistung in der Schule beeinträchtigen.

Eine Studie von Toomey et al. (2010) zeigt, dass trans Jugendliche, die Mobbing erfahren, ein höheres Risiko für Selbstmordgedanken und -versuche aufweisen. Dies verdeutlicht die Dringlichkeit, Mobbing zu bekämpfen und Akzeptanz zu fördern.

Beispiele und Erfahrungen

Elijah Nichols selbst berichtet von seinen Erfahrungen in der Schule, wo er oft Ziel von Mobbing war. Er erinnerte sich an einen Vorfall, bei dem er in der Umkleidekabine verspottet wurde, was zu einem tiefen Gefühl der Scham und Isolation führte. Solche Erfahrungen sind nicht einzigartig; viele trans Jugendliche berichten von ähnlichen Vorfällen, die ihre Schulzeit prägen.

Ein positives Beispiel für Akzeptanz ist die Initiative „Safe Spaces", die in vielen Schulen implementiert wird. Diese Programme fördern ein unterstützendes Umfeld, in dem Schüler ihre Identität ohne Angst vor Diskriminierung ausdrücken können. Schulen, die solche Programme eingeführt haben, berichten von einem Rückgang der Mobbingfälle und einer Verbesserung des Schulklimas.

Akzeptanz und deren Bedeutung

Akzeptanz spielt eine entscheidende Rolle in der Bekämpfung von Mobbing. Wenn Schulen und Gemeinschaften aktiv eine Kultur der Inklusion fördern, können trans Jugendliche ein Gefühl der Zugehörigkeit entwickeln. Dies kann durch folgende Maßnahmen erreicht werden:

+ **Aufklärung und Sensibilisierung:** Programme zur Aufklärung über Geschlechtsidentität können helfen, Vorurteile abzubauen.

+ **Unterstützungsnetzwerke:** Die Schaffung von Clubs und Gruppen für LGBTQ+-Jugendliche kann einen sicheren Raum bieten.

+ **Rolle der Lehrkräfte:** Lehrkräfte sollten geschult werden, um Mobbing zu erkennen und zu intervenieren.

Fazit

Die Rolle von Mobbing und Akzeptanz ist entscheidend für das Leben von trans Jugendlichen. Während Mobbing erhebliche negative Auswirkungen auf die psychische Gesundheit und das soziale Wohlbefinden hat, kann eine Kultur der Akzeptanz und Unterstützung helfen, diese Herausforderungen zu überwinden. Es ist unerlässlich, dass Schulen, Familien und Gemeinschaften zusammenarbeiten, um ein sicheres und unterstützendes Umfeld für alle Jugendlichen zu schaffen. Nur so kann die Gesellschaft die Vielfalt anerkennen und feiern, die sie ausmacht.

Die Erfahrungen von Elijah Nichols und anderen trans Jugendlichen zeigen, dass die Bekämpfung von Mobbing und die Förderung von Akzeptanz nicht nur notwendig, sondern auch möglich sind. Es liegt an uns allen, diese Veränderungen zu unterstützen und aktiv an der Schaffung einer inklusiven Zukunft zu arbeiten.

Die Suche nach Zugehörigkeit

Die Suche nach Zugehörigkeit ist ein zentrales Thema in der Lebensgeschichte von Elijah Nichols und spiegelt die Erfahrungen vieler LGBTQ+-Jugendlicher wider. In der Schulzeit, einer Phase, in der Identität und soziale Beziehungen stark ausgeprägt sind, wird die Suche nach Akzeptanz und Zugehörigkeit oft zu einer der größten Herausforderungen. Dies gilt insbesondere für trans Jugendliche, die sich in einem Umfeld bewegen, das häufig von Vorurteilen, Diskriminierung und Unverständnis geprägt ist.

Theoretische Perspektiven

Die Theorie der sozialen Identität, wie sie von Henri Tajfel und John Turner formuliert wurde, bietet einen nützlichen Rahmen, um die Suche nach Zugehörigkeit zu verstehen. Diese Theorie besagt, dass Individuen ihre Identität stark über die Gruppen definieren, denen sie angehören. Die Zugehörigkeit zu einer Gruppe kann das Selbstwertgefühl steigern und ein Gefühl der Sicherheit vermitteln. In Elijahs Fall war die Suche nach einer Gruppe, die seine Identität als trans Person akzeptierte, von entscheidender Bedeutung.

Herausforderungen der Zugehörigkeit

Elijah erlebte in der Schule häufig das Gefühl der Isolation. Mobbing und Ausgrenzung waren an der Tagesordnung, was seine Suche nach Zugehörigkeit erheblich erschwerte. Dies ist nicht nur ein individuelles Problem, sondern ein systemisches, das viele trans Jugendliche betrifft. Laut einer Studie von [3] berichten 78% der trans Jugendlichen von Mobbing in Schulen, was zu einem erhöhten Risiko für psychische Probleme führt.

Ein Beispiel aus Elijahs Leben verdeutlicht diese Herausforderungen: Während eines Sportunterrichts wurde er aufgrund seines Geschlechts und seiner Identität von seinen Mitschülern verspottet. Dies führte nicht nur zu einem Rückzug aus dem Sport, den er liebte, sondern auch zu einem tiefen Gefühl der Entfremdung. Der Zugang zu Unterstützungssystemen, wie LGBTQ+-Gruppen in der Schule, war für Elijah entscheidend, um diese Herausforderungen zu bewältigen.

Die Rolle von Unterstützungssystemen

Die Suche nach Zugehörigkeit wird oft durch die Verfügbarkeit von Unterstützungssystemen beeinflusst. In Elijahs Fall halfen ihm Lehrer und Mentoren, die seine Identität respektierten und unterstützten. Diese positiven Beziehungen ermöglichten es ihm, eine stärkere Verbindung zur Schule und zu seinen Mitschülern aufzubauen. Die Forschung zeigt, dass unterstützende Erwachsene einen signifikanten Einfluss auf das Wohlbefinden von LGBTQ+-Jugendlichen haben können [McGuire et al.(2010)].

Ein Beispiel für eine solche Unterstützung war ein Lehrer, der eine LGBTQ+-Gruppe an der Schule gründete. Diese Gruppe bot einen sicheren Raum, in dem Elijah und andere trans Jugendliche ihre Erfahrungen teilen und sich gegenseitig unterstützen konnten. Solche Initiativen sind entscheidend, um das Gefühl der Zugehörigkeit zu fördern.

Der Einfluss von Freundschaften

Freundschaften spielen eine zentrale Rolle in der Suche nach Zugehörigkeit. Für Elijah war es wichtig, Gleichgesinnte zu finden, die ähnliche Erfahrungen gemacht hatten. Diese Freundschaften halfen ihm, sich weniger isoliert zu fühlen und stärkten sein Selbstbewusstsein. Die Forschung von [Russell et al.(2001)] zeigt, dass positive soziale Beziehungen das Risiko von psychischen Problemen bei LGBTQ+-Jugendlichen verringern können.

Ein prägendes Erlebnis für Elijah war die Teilnahme an einem LGBTQ+-Camp, wo er Freundschaften mit anderen trans Jugendlichen schloss. Diese Beziehungen halfen ihm, seine Identität zu akzeptieren und sich als Teil einer Gemeinschaft zu fühlen.

Schlussfolgerung

Die Suche nach Zugehörigkeit ist ein komplexer Prozess, der für trans Jugendliche wie Elijah Nichols von zentraler Bedeutung ist. Die Herausforderungen, die mit Mobbing und Diskriminierung verbunden sind, können zu einem tiefen Gefühl der Isolation führen. Unterstützungssysteme, positive Beziehungen und die Schaffung von sicheren Räumen sind entscheidend, um das Gefühl der Zugehörigkeit zu fördern. Elijahs Erfahrungen verdeutlichen, dass die Suche nach Akzeptanz nicht nur eine individuelle Reise ist, sondern auch eine gesellschaftliche Verantwortung, die es zu fördern gilt.

Bibliography

[Budge et al.(2013)] Budge, S. L., Adelson, J. L., & Howard, K. A. (2013). Anxiety and depression in transgender individuals: The roles of social support and social identity. *Journal of Consulting and Clinical Psychology*, 81(3), 545.

[McGuire et al.(2010)] McGuire, J. K., Anderson, C. R., Toomey, R. B., & Russell, S. T. (2010). Gender identity and sexual orientation: Perspectives of LGBTQ youth. *Journal of Youth and Adolescence*, 39(10), 1187-1199.

[Russell et al.(2001)] Russell, S. T., & Joyner, K. (2001). Adolescent sexual orientation and suicide risk: Evidence from a population-based study. *American Journal of Public Health*, 91(8), 1276-1281.

Einfluss von Schulaktivitäten

Die Schulzeit stellt eine entscheidende Phase in der Entwicklung von Jugendlichen dar, in der sie nicht nur akademische Fähigkeiten erwerben, sondern auch soziale Kompetenzen und persönliche Identität entwickeln. Für Elijah Nichols war die Teilnahme an verschiedenen Schulaktivitäten von zentraler Bedeutung, um seine Identität zu formen und seine Stimme als LGBTQ-Aktivist zu finden.

Soziale Integration durch Aktivitäten

Schulaktivitäten wie Sportteams, Theatergruppen und Schülervertretungen bieten Jugendlichen die Möglichkeit, sich mit Gleichaltrigen zu verbinden und soziale Netzwerke aufzubauen. Diese sozialen Bindungen sind besonders wichtig für trans Jugendliche, die oft mit Isolation und Diskriminierung konfrontiert sind. Studien zeigen, dass die Teilnahme an schulischen Aktivitäten die soziale Integration fördert und das Selbstwertgefühl stärkt [1].

Elijah fand in der Teilnahme an Schulmannschaften einen Raum, in dem er seine sportlichen Fähigkeiten entfalten und gleichzeitig seine Identität erforschen konnte. Durch den Sport konnte er Teamgeist entwickeln und Freundschaften schließen, die ihm halfen, die Herausforderungen der Identitätsfindung zu bewältigen.

Herausforderungen der Akzeptanz

Trotz der positiven Aspekte von Schulaktivitäten gibt es auch Herausforderungen. Viele trans Jugendliche erleben Mobbing oder Diskriminierung, insbesondere in geschlechtsspezifischen Sportarten oder bei schulischen Veranstaltungen. Diese Erfahrungen können zu einem Rückzug aus sozialen Aktivitäten führen und die psychische Gesundheit beeinträchtigen. Laut einer Studie von [?] berichteten 60% der befragten trans Jugendlichen von negativen Erfahrungen in der Schule, die ihre Teilnahme an Aktivitäten einschränkten.

Elijah selbst erlebte in seiner Schulzeit Mobbing, was ihn zeitweise davon abhielt, aktiv an Sportveranstaltungen teilzunehmen. Diese Erfahrungen führten zu einer verstärkten Motivation, sich für die Rechte von trans Jugendlichen im Sport einzusetzen.

Rolle von Lehrern und Mentoren

Die Unterstützung durch Lehrer und Mentoren spielt eine entscheidende Rolle im Leben von Jugendlichen, die sich mit ihrer Identität auseinandersetzen. Lehrer, die ein offenes Ohr für die Sorgen ihrer Schüler haben und eine inklusive Umgebung schaffen, können einen positiven Einfluss auf die Entwicklung von trans Jugendlichen haben.

Elijah hatte das Glück, Lehrer zu haben, die ihn ermutigten und unterstützten. Sie schufen einen Raum, in dem er sich sicher fühlte, seine Identität auszudrücken und an schulischen Aktivitäten teilzunehmen. Dies ist ein Beispiel für die positive Wirkung, die engagierte Lehrkräfte auf die Entwicklung ihrer Schüler haben können [?].

Förderung von Sichtbarkeit und Akzeptanz

Schulaktivitäten können auch als Plattform für Sichtbarkeit und Akzeptanz dienen. Durch die Organisation von Veranstaltungen, die sich mit LGBTQ-Themen befassen, können Schulen ein Zeichen setzen und ein inklusives Klima fördern. Elijah setzte sich aktiv dafür ein, dass seine Schule Veranstaltungen zur Feier der Vielfalt organisierte, was nicht nur seine eigene Sichtbarkeit erhöhte, sondern auch das Bewusstsein für die Herausforderungen von LGBTQ-Jugendlichen schärfte.

Ein Beispiel hierfür ist die Organisation eines „Pride Days" an seiner Schule, bei dem Schüler eingeladen wurden, sich zu outen und ihre Unterstützung für die LGBTQ-Community zu zeigen. Solche Initiativen tragen zur Normalisierung von Diversität und zur Förderung eines respektvollen Miteinanders bei [4].

Langfristige Auswirkungen auf die Identitätsentwicklung

Die Teilnahme an Schulaktivitäten hat langfristige Auswirkungen auf die Identitätsentwicklung von Jugendlichen. Sie ermöglicht nicht nur die Entwicklung von sozialen und emotionalen Fähigkeiten, sondern auch die Stärkung des Selbstbewusstseins und der Selbstakzeptanz.

Elijahs Engagement in der Schule half ihm, seine Stimme zu finden und sich als Aktivist zu positionieren. Die Fähigkeiten, die er durch seine Teilnahme an schulischen Aktivitäten erwarb, waren entscheidend für seinen späteren Erfolg als LGBTQ-Aktivist. Er lernte, wie man effektiv kommuniziert, Netzwerke aufbaut und sich für Veränderungen einsetzt.

Zusammenfassend lässt sich sagen, dass Schulaktivitäten einen bedeutenden Einfluss auf die Entwicklung von Elijah Nichols hatten. Sie boten ihm nicht nur die Möglichkeit, seine sportlichen Fähigkeiten auszubauen, sondern auch eine Plattform, um seine Identität zu erkunden und sich für die Rechte von trans Jugendlichen einzusetzen. Die Herausforderungen, die er erlebte, trugen zu seiner Motivation bei, eine Stimme für die Gemeinschaft zu werden und Veränderungen im Sport und in der Gesellschaft zu bewirken.

Die Bedeutung von Freundschaften

Freundschaften spielen eine entscheidende Rolle in der Entwicklung und Identitätsfindung von Individuen, insbesondere in der Jugend und während der Übergangsphasen, wie sie bei transidenten Personen oft vorkommen. In diesem Abschnitt werden die verschiedenen Dimensionen der Freundschaft und deren Einfluss auf Elijah Nichols' Leben und Aktivismus betrachtet.

Soziale Unterstützung und Zugehörigkeit

Freundschaften bieten nicht nur emotionale Unterstützung, sondern auch ein Gefühl der Zugehörigkeit. In der LGBTQ-Community ist das Gefühl, akzeptiert und verstanden zu werden, von zentraler Bedeutung. Studien zeigen, dass soziale Unterstützung, die durch Freundschaften bereitgestellt wird, einen positiven Einfluss auf das psychische Wohlbefinden hat. In der Arbeit von [?] wird festgestellt, dass soziale Netzwerke Stress reduzieren und das Gefühl der Isolation verringern können.

$$W = \frac{S}{D} \tag{15}$$

Hierbei steht W für das Wohlbefinden, S für die soziale Unterstützung und D für die Diskriminierungserfahrungen. Ein höheres Maß an sozialer Unterstützung kann demnach das Wohlbefinden von Individuen, die Diskriminierung erfahren, erheblich verbessern.

Einfluss auf die Identitätsentwicklung

Freundschaften sind besonders wichtig für die Identitätsentwicklung von trans Jugendlichen. Sie bieten einen Raum, in dem Individuen ihre Identität erkunden und ausdrücken können. In einer qualitativ hochwertigen Studie von [?] wurde festgestellt, dass Freundschaften oft als sicherer Hafen dienen, in dem trans Jugendliche ihre Sorgen und Ängste teilen können, ohne Angst vor Verurteilung zu haben. Diese Beziehungen fördern ein positives Selbstbild und helfen, innere Konflikte zu bewältigen.

Vorbilder und Unterstützung im Aktivismus

Freundschaften können auch als Katalysatoren für Aktivismus fungieren. Elijah Nichols, während seiner Schulzeit, fand in seinen Freunden nicht nur emotionale Unterstützung, sondern auch Mitstreiter im Kampf für trans-Rechte. Die Bedeutung von Freundschaften in diesem Kontext zeigt sich in der Gründung von Unterstützungsgruppen, die auf gemeinsamen Zielen basieren. Diese Gruppen bieten eine Plattform für den Austausch von Ideen und Strategien, was zu einer stärkeren Mobilisierung und Sichtbarkeit führt.

Ein Beispiel ist die Gründung von „Trans Sport Allies", die maßgeblich durch die Unterstützung von Freunden und Gleichgesinnten vorangetrieben wurde. In einem Interview mit Elijah erklärte er: „Ohne meine Freunde wäre ich nie so weit gekommen. Sie haben mir den Mut gegeben, meine Stimme zu erheben und für das einzutreten, was mir wichtig ist."

Herausforderungen in Freundschaften

Trotz der positiven Aspekte von Freundschaften gibt es auch Herausforderungen. Diskriminierung und Vorurteile können Freundschaften belasten, insbesondere wenn Freunde nicht aus der LGBTQ-Community stammen. Elijah erlebte in seiner Jugend, dass einige seiner Freundschaften aufgrund von Mobbing und Diskriminierung auf die Probe gestellt wurden. In einem solchen Umfeld kann es schwierig sein, authentische Beziehungen aufrechtzuerhalten.

Resilienz durch Freundschaften

Ein weiterer wichtiger Aspekt ist die Resilienz, die durch starke Freundschaften gefördert wird. Resilienz beschreibt die Fähigkeit, sich von Rückschlägen zu erholen und an Herausforderungen zu wachsen. Studien zeigen, dass enge Freundschaften die Resilienz von Individuen erhöhen können [1]. Elijahs Erfahrungen im Sport und Aktivismus wurden durch die Unterstützung seiner Freunde gestärkt, die ihm halfen, Rückschläge zu bewältigen und neue Ziele zu setzen.

Schlussfolgerung

Zusammenfassend lässt sich sagen, dass Freundschaften eine fundamentale Rolle im Leben von Elijah Nichols und in der LGBTQ-Community spielen. Sie bieten nicht nur emotionale Unterstützung, sondern fördern auch die Identitätsentwicklung und aktivistische Bestrebungen. Trotz der Herausforderungen, die mit Freundschaften verbunden sein können, sind sie ein unverzichtbarer Bestandteil des Lebens eines trans Athleten und Aktivisten. Die Kraft der Freundschaft zeigt sich in der Fähigkeit, gemeinsam für eine gerechtere und inklusivere Gesellschaft zu kämpfen.

Herausforderungen der Pubertät

Die Pubertät ist eine entscheidende Phase im Leben eines jungen Menschen, in der sich nicht nur der Körper, sondern auch die Identität und das Selbstbild erheblich verändern. Für trans Jugendliche, wie Elijah Nichols, kann diese Zeit besonders herausfordernd sein, da sie oft mit einer Vielzahl von emotionalen, sozialen und psychologischen Schwierigkeiten konfrontiert sind.

Körperliche Veränderungen und Identitätskonflikte

In der Pubertät erleben Jugendliche signifikante körperliche Veränderungen, die durch hormonelle Umstellungen ausgelöst werden. Diese Veränderungen können für trans Jugendliche besonders belastend sein, da sie möglicherweise nicht mit ihrem Geschlecht übereinstimmen. Laut der Theorie der *Körperidentität* von T. E. S. Healy (2019) kann das Fehlen von Übereinstimmung zwischen dem erlebten

Geschlecht und dem biologischen Geschlecht zu einer erheblichen Dysphorie führen. Diese Dysphorie kann sich in verschiedenen Formen äußern, darunter:

+ **Körperliche Dysphorie:** Trans Jugendliche empfinden häufig Unbehagen oder Unzufriedenheit mit bestimmten körperlichen Merkmalen, die nicht mit ihrer Geschlechtsidentität übereinstimmen. Zum Beispiel könnte ein trans Junge sich unwohl fühlen mit der Entwicklung von Brüsten oder der Menstruation.

+ **Emotionale Belastung:** Die ständige Konfrontation mit einem Körper, der als fremd empfunden wird, kann zu Angstzuständen, Depressionen und einem verringerten Selbstwertgefühl führen. Studien zeigen, dass trans Jugendliche ein höheres Risiko für psychische Erkrankungen haben, insbesondere während der Pubertät (Budge et al., 2013).

Soziale Herausforderungen und Isolation

Die sozialen Herausforderungen, denen trans Jugendliche in der Pubertät gegenüberstehen, sind ebenso gravierend. Die Suche nach Zugehörigkeit und Akzeptanz wird durch Vorurteile und Diskriminierung erschwert. Laut einer Studie von McGuire et al. (2016) erleben trans Jugendliche häufig Mobbing in Schulen, was zu sozialer Isolation und einem Gefühl der Entfremdung führen kann.

$$\text{Soziale Isolation} = \frac{\text{Erfahrungen von Mobbing}}{\text{Fehlende Unterstützung}} \qquad (16)$$

Diese Gleichung verdeutlicht, dass die soziale Isolation von trans Jugendlichen sowohl durch negative Erfahrungen als auch durch das Fehlen eines unterstützenden Umfelds verstärkt wird. Viele trans Jugendliche berichten von einem Mangel an Verständnis und Unterstützung durch Gleichaltrige, was zu einem Teufelskreis der Isolation führt.

Familien- und Freundesbeziehungen

Die Beziehungen zu Familienmitgliedern und Freunden können in dieser sensiblen Phase ebenfalls stark belastet sein. Einige trans Jugendliche erleben Ablehnung oder Unverständnis von Seiten ihrer Familie, was den Prozess der Identitätsfindung zusätzlich erschwert. Die Theorie der *Familienakzeptanz* (Ryan et al., 2010) legt nahe, dass die Unterstützung durch die Familie einen entscheidenden Einfluss auf das psychische Wohlbefinden von trans Jugendlichen hat. Familien, die ihre Kinder in ihrer Geschlechtsidentität unterstützen, tragen signifikant zu deren emotionaler Stabilität und Selbstwertgefühl bei.

$$Psychisches\ Wohlbefinden = Familienakzeptanz + Soziale\ Unterstützung \quad (17)$$

Diese Gleichung zeigt, dass das psychische Wohlbefinden von trans Jugendlichen direkt von der Akzeptanz innerhalb der Familie und der sozialen Unterstützung abhängt. Ein Mangel an Unterstützung kann zu ernsthaften psychischen Problemen führen.

Schulische Herausforderungen

Die schulische Umgebung ist ein weiterer Bereich, der für trans Jugendliche während der Pubertät herausfordernd sein kann. Viele Schulen sind nicht ausreichend auf die Bedürfnisse trans Schüler vorbereitet, was zu Diskriminierung und einem feindlichen Umfeld führen kann. Laut einer Untersuchung von GLSEN (2019) geben 60% der trans Schüler an, dass sie in der Schule aufgrund ihres Geschlechts gemobbt oder belästigt wurden. Dies kann zu einem Rückgang der schulischen Leistungen und einer erhöhten Abbruchrate führen.

$$Akademische\ Leistung = Schulische\ Unterstützung - Diskriminierung \quad (18)$$

Die obige Gleichung verdeutlicht, dass die akademische Leistung von trans Schülern sowohl von der Unterstützung der Schule als auch von der Diskriminierung abhängt. Ein unterstützendes schulisches Umfeld kann entscheidend sein, um diesen Jugendlichen zu helfen, ihre akademischen Ziele zu erreichen und ihr volles Potenzial auszuschöpfen.

Zugang zu Ressourcen

Ein weiteres zentrales Problem, mit dem trans Jugendliche während der Pubertät konfrontiert sind, ist der Zugang zu Ressourcen, die für ihre Transition notwendig sind. Dazu gehören medizinische Versorgung, psychologische Unterstützung und Informationen über Geschlechtsidentität. Der Mangel an Zugang zu diesen Ressourcen kann die Herausforderungen, mit denen trans Jugendliche konfrontiert sind, erheblich verstärken.

$$Zugang\ zu\ Ressourcen = Verfügbarkeit + Finanzielle\ Mittel \quad (19)$$

Die Gleichung zeigt, dass der Zugang zu wichtigen Ressourcen von deren Verfügbarkeit und den finanziellen Mitteln abhängt. Viele trans Jugendliche haben Schwierigkeiten, die notwendige Unterstützung zu finden, was ihre Transition und ihr allgemeines Wohlbefinden beeinträchtigen kann.

Schlussfolgerung

Zusammenfassend lässt sich sagen, dass die Herausforderungen der Pubertät für trans Jugendliche wie Elijah Nichols eine komplexe Kombination aus körperlichen, sozialen und emotionalen Faktoren darstellen. Der Umgang mit diesen Herausforderungen erfordert ein unterstützendes Umfeld, das Verständnis und Akzeptanz bietet. Nur durch die Förderung von Akzeptanz und Unterstützung kann die Gesellschaft dazu beitragen, dass trans Jugendliche in dieser entscheidenden Lebensphase gedeihen und ihre Identität sicher und selbstbewusst entwickeln können.

Die Rolle von Schulprojekten

Schulprojekte spielen eine entscheidende Rolle in der Entwicklung von Schülern, insbesondere in Bezug auf die Identitätsfindung und die Förderung von sozialen Fähigkeiten. Diese Projekte bieten nicht nur eine Plattform für kreative Ausdrucksformen, sondern auch eine Möglichkeit, wichtige Themen wie Diversität, Inklusion und Akzeptanz zu behandeln. Für transgeschlechtliche Schüler wie Elijah Nichols können Schulprojekte eine wichtige Unterstützung in ihrer persönlichen und sozialen Entwicklung darstellen.

Theoretische Grundlagen

Die Relevanz von Schulprojekten lässt sich durch verschiedene pädagogische Theorien untermauern. Eine der grundlegenden Theorien ist die *Konstruktivistische Lerntheorie*, die besagt, dass Lernen ein aktiver Prozess ist, bei dem Schüler Wissen durch Erfahrungen und Interaktionen mit ihrer Umwelt konstruieren. Schulprojekte ermöglichen es Schülern, sich aktiv mit Themen auseinanderzusetzen und ihre eigenen Perspektiven zu entwickeln.

Ein weiterer wichtiger Aspekt ist die *Soziale Identitätstheorie* von Henri Tajfel, die beschreibt, wie Individuen ihre Identität in Bezug auf soziale Gruppen definieren. Schulprojekte, die sich mit LGBTQ+-Themen befassen, können dazu beitragen, ein positives Selbstbild für transgeschlechtliche Schüler zu fördern und das Verständnis und die Akzeptanz unter ihren Mitschülern zu erhöhen.

Probleme und Herausforderungen

Trotz der positiven Aspekte von Schulprojekten gibt es auch Herausforderungen, die es zu bewältigen gilt. Ein häufiges Problem ist die *Stigmatisierung* von LGBTQ+-Themen in vielen Schulen. Oftmals sind Lehrer und Schüler nicht ausreichend geschult, um sensibel mit diesen Themen umzugehen, was zu einem ungesunden Lernumfeld führen kann. Studien zeigen, dass Schüler, die sich in ihrer Geschlechtsidentität nicht akzeptiert fühlen, ein höheres Risiko für psychische Probleme haben [1].

Ein weiteres Problem ist der *Mangel an Ressourcen*. Schulen haben oft nicht die notwendigen Mittel, um umfassende Programme zur Aufklärung über Geschlechtervielfalt und Inklusion zu implementieren. Dies kann dazu führen, dass wichtige Themen nicht ausreichend behandelt werden und Schüler, die Unterstützung benötigen, diese nicht erhalten.

Beispiele erfolgreicher Schulprojekte

Trotz der Herausforderungen gibt es zahlreiche Beispiele für erfolgreiche Schulprojekte, die sich mit LGBTQ+-Themen befassen und transgeschlechtlichen Schülern helfen. Ein bemerkenswertes Projekt ist das *"Safe Schools"*-Programm, das in vielen Schulen weltweit implementiert wurde. Dieses Programm zielt darauf ab, ein sicheres und unterstützendes Umfeld für alle Schüler zu schaffen, unabhängig von ihrer sexuellen Orientierung oder Geschlechtsidentität. Es beinhaltet Workshops, Schulungen für Lehrer und die Schaffung von Unterstützungsgruppen.

Ein weiteres Beispiel ist das *"Gender Spectrum"*-Projekt, das Schulen dabei unterstützt, geschlechtsinklusive Praktiken zu entwickeln. Das Projekt bietet Schulungen und Ressourcen an, um Lehrern und Schülern zu helfen, ein besseres Verständnis für Geschlechtsidentität zu entwickeln und eine inklusive Schulumgebung zu fördern.

Fazit

Die Rolle von Schulprojekten in der Entwicklung von transgeschlechtlichen Schülern ist von entscheidender Bedeutung. Sie bieten nicht nur eine Plattform für kreativen Ausdruck und Identitätsfindung, sondern fördern auch das Bewusstsein und die Akzeptanz unter Mitschülern. Trotz der Herausforderungen, die mit der Implementierung solcher Projekte verbunden sind, zeigen erfolgreiche Beispiele, dass es möglich ist, positive Veränderungen herbeizuführen. Um die Bedürfnisse von transgeschlechtlichen Schülern besser zu unterstützen, ist es unerlässlich, dass Schulen Ressourcen bereitstellen und eine inklusive Kultur fördern.

Bibliography

[1] Meyer, I. H. (2003). Prejudice, Social Stress, and Mental Health in Gay Men. *American Psychologist*, 58(5), 123-134.

Der Weg zur Transidentität

Innere Konflikte und Selbstakzeptanz

Die innere Konflikte, die Elijah Nichols während seiner Reise zur Selbstakzeptanz erlebte, sind ein zentraler Bestandteil seiner Biografie und spiegeln die Herausforderungen wider, mit denen viele Menschen in der LGBTQ-Community konfrontiert sind. Diese Konflikte sind häufig das Ergebnis gesellschaftlicher Normen, familiärer Erwartungen und des persönlichen Wunsches nach Authentizität. In diesem Abschnitt werden wir die verschiedenen Dimensionen dieser inneren Konflikte untersuchen und die Mechanismen der Selbstakzeptanz, die Elijah entwickelt hat, um diese Herausforderungen zu bewältigen.

Die Wurzeln der inneren Konflikte

Innere Konflikte entstehen oft aus dem Spannungsfeld zwischen dem eigenen Selbstbild und den Erwartungen der Gesellschaft. Für Elijah war dieser Konflikt besonders ausgeprägt, als er begann, seine Geschlechtsidentität zu hinterfragen. Die gesellschaftlichen Normen, die Geschlecht als binär definieren, führten zu einem tiefen Gefühl der Entfremdung. Er fühlte sich gezwungen, in eine Rolle zu schlüpfen, die nicht seiner wahren Identität entsprach. Dies führte zu einer Vielzahl von emotionalen und psychologischen Herausforderungen, einschließlich Angstzuständen und Depressionen.

$$C = \frac{E}{R} \tag{20}$$

Hierbei steht C für den Konflikt, E für die Erwartungen der Gesellschaft und R für die persönliche Resilienz. Ein höherer Wert von E im Verhältnis zu R kann zu intensiveren inneren Konflikten führen.

Der Prozess der Selbstakzeptanz

Die Selbstakzeptanz ist ein komplexer Prozess, der oft mehrere Phasen durchläuft. Elijah erlebte zunächst eine Phase der Ablehnung, in der er seine Identität nicht akzeptieren konnte. Diese Phase war geprägt von Selbstzweifeln und dem Gefühl, nicht gut genug zu sein. Die Theorie der kognitiven Dissonanz beschreibt diesen Zustand als eine psychologische Spannung, die entsteht, wenn das Verhalten einer Person nicht mit ihren Überzeugungen übereinstimmt.

In der nächsten Phase begann Elijah, sich mit seiner Identität auseinanderzusetzen. Er suchte nach Informationen und Vorbildern in der LGBTQ-Community, die ihm halfen, seine Erfahrungen zu validieren. Diese Phase der Erkundung war entscheidend für seine Entwicklung, da sie ihm die Möglichkeit gab, seine Identität in einem positiven Licht zu sehen.

Die Rolle der Unterstützung

Die Unterstützung durch die LGBTQ-Community spielte eine entscheidende Rolle in Elijahs Prozess der Selbstakzeptanz. Durch den Kontakt mit Gleichgesinnten konnte er nicht nur seine Erfahrungen teilen, sondern auch von den Geschichten anderer lernen. Diese kollektive Unterstützung förderte ein Gefühl der Zugehörigkeit und half, die inneren Konflikte zu lindern.

$$S = \frac{A + C}{E} \tag{21}$$

Hierbei steht S für die Selbstakzeptanz, A für die Akzeptanz durch andere, C für die persönliche Kapazität zur Selbstakzeptanz und E für die externen Erwartungen. Ein positives Verhältnis in dieser Gleichung führt zu einer höheren Selbstakzeptanz.

Beispiele für innere Konflikte

Ein prägnantes Beispiel für Elijahs innere Konflikte war seine Teilnahme an einem Schulwettbewerb, bei dem er sich gezwungen fühlte, in der Rolle zu agieren, die von ihm erwartet wurde. Diese Erfahrung war geprägt von der Angst, nicht akzeptiert zu werden, und dem Drang, seine wahre Identität zu verbergen. Während des Wettbewerbs erlebte er eine Art von innerem Kampf, der ihn emotional belastete.

Ein weiteres Beispiel war die Auseinandersetzung mit seiner Familie. Während einige Familienmitglieder unterstützend waren, gab es andere, die Schwierigkeiten hatten, Elijahs Identität zu akzeptieren. Diese unterschiedlichen Reaktionen führten zu weiteren inneren Konflikten, da Elijah zwischen dem Wunsch, sich selbst treu zu bleiben, und dem Bedürfnis nach familiärer Akzeptanz hin- und hergerissen war.

Strategien zur Überwindung innerer Konflikte

Um diese inneren Konflikte zu überwinden, entwickelte Elijah verschiedene Strategien. Dazu gehörten:

+ **Selbstreflexion:** Elijah begann, regelmäßig über seine Gefühle und Erfahrungen nachzudenken. Diese Praxis half ihm, seine Gedanken zu klären und seine Identität besser zu verstehen.

+ **Therapie:** Professionelle Unterstützung durch Therapeuten, die sich auf LGBTQ-Themen spezialisiert hatten, ermöglichte es Elijah, seine inneren Konflikte in einem sicheren Raum zu erkunden.

+ **Engagement in der Community:** Durch die aktive Teilnahme an LGBTQ-Veranstaltungen konnte Elijah positive Rückmeldungen und Unterstützung erfahren, die seine Selbstakzeptanz förderten.

Fazit

Die inneren Konflikte und die Selbstakzeptanz von Elijah Nichols sind nicht nur persönliche Erfahrungen, sondern spiegeln auch die Herausforderungen wider, mit denen viele Menschen in der LGBTQ-Community konfrontiert sind. Durch Selbstreflexion, Unterstützung und Engagement konnte Elijah seine innere Stimme finden und schließlich den Weg zur Selbstakzeptanz einschlagen. Diese Reise ist ein inspirierendes Beispiel dafür, wie persönliche Herausforderungen überwunden werden können, um Authentizität und Identität zu leben.

Unterstützung durch die LGBTQ-Community

Die Unterstützung durch die LGBTQ-Community spielt eine entscheidende Rolle in der Identitätsfindung und dem Aktivismus von trans Personen, insbesondere im Kontext des Sports. Diese Gemeinschaft bietet nicht nur emotionale und soziale Unterstützung, sondern auch Ressourcen und Netzwerke, die für den Erfolg und das Wohlbefinden von trans Athleten unerlässlich sind.

Theoretische Grundlagen

Die Unterstützung innerhalb der LGBTQ-Community kann durch verschiedene theoretische Rahmenbedingungen erklärt werden. Die **Soziale Identitätstheorie** (Tajfel & Turner, 1979) legt nahe, dass Individuen ihre Identität stark durch die Zugehörigkeit zu sozialen Gruppen definieren. Für viele trans Personen kann die LGBTQ-Community ein sicherer Raum sein, in dem sie ihre Identität ausdrücken und akzeptiert werden. Diese Zugehörigkeit fördert das Selbstwertgefühl und die Resilienz, was besonders wichtig ist, wenn man die Herausforderungen und Diskriminierungen betrachtet, denen trans Athleten gegenüberstehen.

Emotionale und soziale Unterstützung

Die emotionale Unterstützung, die trans Athleten von der LGBTQ-Community erhalten, ist von unschätzbarem Wert. Studien zeigen, dass der Zugang zu positiven Vorbildern und Mentoren innerhalb der Gemeinschaft das Selbstbewusstsein und die Motivation von trans Athleten erheblich steigern kann. Ein Beispiel ist Elijah Nichols selbst, der von erfahrenen trans Athleten und Aktivisten inspiriert wurde, die ihn ermutigten, seine Stimme zu erheben und aktiv zu werden. Diese Vorbilder bieten nicht nur Inspiration, sondern auch praktische Ratschläge und Unterstützung während des Übergangsprozesses.

$$S = \frac{E}{R} \tag{22}$$

Hierbei steht S für die soziale Unterstützung, E für emotionale Unterstützung und R für Ressourcen, die zur Verfügung stehen. Diese Gleichung verdeutlicht, dass eine höhere emotionale Unterstützung in der LGBTQ-Community zu einer stärkeren sozialen Unterstützung führt, was wiederum die Resilienz von trans Athleten stärkt.

Ressourcen und Netzwerke

Die LGBTQ-Community bietet eine Vielzahl von Ressourcen, die trans Athleten helfen, sich in der Sportwelt zurechtzufinden. Dazu gehören:

- **Selbsthilfegruppen**: Diese Gruppen bieten einen Raum für trans Personen, um ihre Erfahrungen zu teilen und Unterstützung zu erhalten. Sie fördern den Austausch von Informationen über die Transition und die Herausforderungen im Sport.

◆ **Mentorship-Programme:** Solche Programme verbinden junge trans Athleten mit erfahrenen Sportlern, die ähnliche Erfahrungen gemacht haben. Dies kann entscheidend sein, um den Einstieg in den Sport zu erleichtern und ein Gefühl der Zugehörigkeit zu schaffen.

◆ **Bildungsressourcen:** Die LGBTQ-Community entwickelt ständig Materialien, die auf die spezifischen Bedürfnisse von trans Athleten zugeschnitten sind, einschließlich Informationen über rechtliche Aspekte, medizinische Unterstützung und Trainingsressourcen.

Herausforderungen

Trotz der starken Unterstützung innerhalb der LGBTQ-Community gibt es auch Herausforderungen, die es zu bewältigen gilt. Diskriminierung und Vorurteile sind nach wie vor weit verbreitet, sowohl innerhalb als auch außerhalb der Community. Trans Personen sehen sich oft mit negativen Stereotypen konfrontiert, die ihren Zugang zu Sport und anderen Bereichen des Lebens einschränken können.

Ein Beispiel ist die häufige Annahme, dass trans Athleten einen unfairen Vorteil im Wettkampf haben. Diese Vorurteile können dazu führen, dass trans Athleten von Wettbewerben ausgeschlossen werden oder sich in ihrer Identität nicht sicher fühlen.

$$D = \frac{P}{S} \tag{23}$$

In dieser Gleichung steht D für Diskriminierung, P für die Vorurteile in der Gesellschaft und S für die soziale Unterstützung. Ein Anstieg der Vorurteile in der Gesellschaft kann die Diskriminierung gegen trans Athleten erhöhen, selbst wenn die soziale Unterstützung innerhalb der LGBTQ-Community stark ist.

Beispiele für Unterstützung

Es gibt zahlreiche Beispiele, wie die LGBTQ-Community trans Athleten unterstützt hat. Eine bemerkenswerte Initiative ist die „Trans Sport Allies"-Bewegung, die von Elijah Nichols gegründet wurde. Diese Organisation hat sich zum Ziel gesetzt, trans Athleten zu unterstützen und deren Sichtbarkeit im Sport zu erhöhen. Durch Workshops, Veranstaltungen und Öffentlichkeitsarbeit hat die Organisation dazu beigetragen, das Bewusstsein für die Herausforderungen von trans Athleten zu schärfen und Ressourcen bereitzustellen.

Ein weiteres Beispiel ist die Unterstützung von LGBTQ-Sportverbänden, die trans Athleten die Möglichkeit bieten, an Wettbewerben teilzunehmen und sich in einem sicheren Umfeld zu entwickeln. Diese Verbände arbeiten aktiv daran, Richtlinien zu schaffen, die die Teilnahme von trans Athleten fördern und Diskriminierung abbauen.

Fazit

Zusammenfassend lässt sich sagen, dass die Unterstützung durch die LGBTQ-Community für trans Athleten von entscheidender Bedeutung ist. Sie bietet nicht nur emotionale und soziale Unterstützung, sondern auch wichtige Ressourcen und Netzwerke, die den Weg für eine erfolgreiche und erfüllte sportliche Karriere ebnen. Trotz der bestehenden Herausforderungen bleibt die Gemeinschaft eine unverzichtbare Quelle der Stärke und des Wandels für trans Athleten, die sich für ihre Rechte und Sichtbarkeit im Sport einsetzen.

Offene Gespräche mit der Familie

Die offenen Gespräche mit der Familie sind ein entscheidender Schritt auf dem Weg zur Selbstakzeptanz und zur Transition für viele transidentische Personen. Diese Gespräche können sowohl eine Quelle der Unterstützung als auch eine Herausforderung darstellen. In diesem Abschnitt werden wir die Bedeutung dieser Gespräche, die damit verbundenen Probleme und einige Beispiele für erfolgreiche Kommunikation innerhalb von Familien erörtern.

Die Bedeutung offener Gespräche

Offene Gespräche über Geschlechtsidentität können eine fundamentale Rolle dabei spielen, das Verständnis und die Unterstützung innerhalb der Familie zu fördern. Studien zeigen, dass die Unterstützung der Familie einen signifikanten Einfluss auf das psychische Wohlbefinden von trans Personen hat. Laut einer Untersuchung von Ryan et al. (2010) berichten trans Jugendliche, die positive Unterstützung von ihren Familien erhalten, von geringeren Raten an Depressionen und Selbstmordgedanken. Dies zeigt, dass die Familie nicht nur ein sicherer Raum für die Identitätsfindung sein kann, sondern auch eine entscheidende Rolle in der emotionalen Stabilität spielt.

Herausforderungen bei Gesprächen

Trotz der Bedeutung offener Gespräche können viele trans Personen auf erhebliche Herausforderungen stoßen. Eine häufige Schwierigkeit ist die Angst vor Ablehnung oder Missverständnissen. Viele trans Jugendliche befürchten, dass ihre Familienmitglieder nicht in der Lage sind, ihre Identität zu akzeptieren. Diese Angst kann dazu führen, dass Gespräche hinausgezögert oder vermieden werden, was die Isolation und das Gefühl der Entfremdung verstärken kann.

Ein weiteres Problem ist das Fehlen von Wissen über Geschlechtsidentität innerhalb der Familie. Oftmals sind Eltern und Geschwister mit den Begriffen und Konzepten, die mit Transidentität verbunden sind, nicht vertraut. Dies kann zu Missverständnissen und Konflikten führen, wenn trans Personen versuchen, ihre Erfahrungen zu erklären. Eine Studie von Bockting et al. (2013) zeigt, dass Bildung und Aufklärung über Geschlechtsidentität entscheidend sind, um eine positive Kommunikation zu fördern.

Strategien für erfolgreiche Gespräche

Um die Wahrscheinlichkeit erfolgreicher Gespräche zu erhöhen, können folgende Strategien hilfreich sein:

- **Vorbereitung:** Es kann hilfreich sein, sich im Voraus Gedanken über die eigenen Gefühle und die gewünschten Ergebnisse des Gesprächs zu machen. Dies kann helfen, die Kommunikation klarer und zielgerichteter zu gestalten.

- **Bildungsmaterialien bereitstellen:** Das Bereitstellen von Büchern, Artikeln oder Videos über Transidentität kann Familienmitgliedern helfen, ein besseres Verständnis zu entwickeln. Ressourcen wie die Webseite von PFLAG oder die Human Rights Campaign bieten wertvolle Informationen.

- **Emotionale Offenheit:** Es ist wichtig, die eigenen Gefühle und Erfahrungen offen zu teilen. Dies kann helfen, Empathie zu wecken und eine tiefere Verbindung zu schaffen.

- **Geduld:** Veränderungen in der Denkweise und Akzeptanz brauchen Zeit. Es ist wichtig, geduldig zu sein und Raum für Fragen und Bedenken zu lassen.

Beispiele erfolgreicher Gespräche

Ein Beispiel für ein erfolgreiches Gespräch ist die Geschichte von Alex, einem trans Mann, der seine Familie über seine Identität informierte. Alex bereitete sich gründlich vor, indem er Informationen über Transidentität sammelte und seine Gedanken in einem Brief niederschrieb. Er bat seine Familie, sich Zeit zu nehmen, um den Brief zu lesen, bevor sie ein offenes Gespräch führten. Diese Methode ermöglichte es seinen Eltern, Fragen zu stellen und ihre Bedenken zu äußern, während sie gleichzeitig Zugang zu wertvollen Informationen hatten.

Ein weiteres Beispiel ist die Erfahrung von Mia, einer trans Frau, die in einem Familiengespräch ihre Transition ankündigte. Mia entschied sich, eine Familienberatung in Anspruch zu nehmen, um den Gesprächsprozess zu unterstützen. Die Anwesenheit eines neutralen Dritten half, Spannungen abzubauen und das Gespräch in eine positive Richtung zu lenken. Ihre Familie war in der Lage, ihre Fragen zu stellen und ihre Ängste auszudrücken, was letztendlich zu einer stärkeren Unterstützung und Akzeptanz führte.

Fazit

Offene Gespräche mit der Familie sind ein wesentlicher Bestandteil des Prozesses der Selbstakzeptanz und Transition für trans Personen. Trotz der Herausforderungen, die mit diesen Gesprächen verbunden sind, können sie zu einem tieferen Verständnis und einer stärkeren Unterstützung innerhalb der Familie führen. Durch Vorbereitung, Bildung und Geduld können trans Personen und ihre Familien erfolgreich kommunizieren und zusammenarbeiten, um eine unterstützende Umgebung zu schaffen. Letztendlich ist es die Hoffnung, dass solche Gespräche nicht nur das individuelle Wohlbefinden fördern, sondern auch zu einer inklusiveren und verständnisvolleren Gesellschaft beitragen.

$$\text{Wohlbefinden} \propto \text{Familienunterstützung} + \text{Selbstakzeptanz} \tag{24}$$

Der Prozess der Transition

Der Prozess der Transition ist ein entscheidender und oft komplexer Schritt für viele trans Personen. Er umfasst nicht nur körperliche Veränderungen, sondern auch emotionale, soziale und rechtliche Aspekte. In diesem Abschnitt werden wir die verschiedenen Facetten des Übergangsprozesses beleuchten, einschließlich der Herausforderungen, denen sich Individuen gegenübersehen, sowie der Unterstützung, die sie möglicherweise erhalten.

Definition und Phasen der Transition

Die Transition kann in mehrere Phasen unterteilt werden, die je nach individuellen Bedürfnissen und Umständen variieren können. Diese Phasen umfassen typischerweise:

+ **Soziale Transition:** Dies beinhaltet das Ändern des Namens, der Pronomen und der Kleidung, um die Geschlechtsidentität auszudrücken. Diese Phase kann oft der erste Schritt sein, den eine Person unternimmt.

+ **Medizinische Transition:** Hierbei handelt es sich um medizinische Interventionen wie Hormonersatztherapie (HRT) oder geschlechtsangleichende Operationen. Diese Behandlungen können signifikante körperliche Veränderungen bewirken und das Wohlbefinden der betroffenen Person steigern.

+ **Rechtliche Transition:** Diese Phase umfasst die Änderung des Namens und des Geschlechts in offiziellen Dokumenten, wie Geburtsurkunden, Ausweisen und anderen rechtlichen Dokumenten. Dies kann ein langwieriger und oft frustrierender Prozess sein, da er von den jeweiligen Gesetzen und Vorschriften abhängt.

Herausforderungen während der Transition

Die Transition kann mit einer Vielzahl von Herausforderungen verbunden sein. Diese Herausforderungen können emotionaler, physischer oder sozialer Natur sein:

+ **Emotionale Herausforderungen:** Viele trans Personen erleben während ihrer Transition emotionale Turbulenzen, einschließlich Angst, Depression und Identitätskrisen. Diese Gefühle können durch gesellschaftliche Stigmatisierung und Diskriminierung verstärkt werden.

+ **Physische Herausforderungen:** Die medizinische Transition kann körperliche Risiken und Nebenwirkungen mit sich bringen. Beispielsweise kann die HRT bei einigen Menschen zu unerwünschten Nebenwirkungen führen, die das körperliche Wohlbefinden beeinträchtigen können.

+ **Soziale Herausforderungen:** Die Reaktion von Familie, Freunden und Kollegen kann eine erhebliche Belastung darstellen. Viele trans Personen berichten von Ablehnung oder Unverständnis, was zu einem Verlust von sozialen Netzwerken führen kann.

Unterstützungssysteme

Die Unterstützung von Freunden, Familie und der Gemeinschaft spielt eine entscheidende Rolle im Prozess der Transition. Verschiedene Organisationen und Gruppen bieten Ressourcen, Beratung und Unterstützung für trans Personen an. Diese Unterstützung kann in verschiedenen Formen erfolgen:

+ **Selbsthilfegruppen:** Der Austausch mit anderen, die ähnliche Erfahrungen gemacht haben, kann sehr hilfreich sein. Selbsthilfegruppen bieten einen sicheren Raum, um Gefühle und Herausforderungen zu teilen.

+ **Beratungsdienste:** Professionelle Therapeuten, die sich auf Geschlechtsidentität spezialisiert haben, können trans Personen helfen, den Übergangsprozess zu navigieren und emotionale Unterstützung zu bieten.

+ **Rechtliche Beratung:** Organisationen, die rechtliche Unterstützung anbieten, können trans Personen helfen, ihre Dokumente zu ändern und rechtliche Hürden zu überwinden.

Beispiele für erfolgreiche Transitionen

Es gibt viele inspirierende Geschichten von trans Personen, die erfolgreich ihre Transition durchlaufen haben. Ein bemerkenswertes Beispiel ist der Fall von Jazz Jennings, einer bekannten trans Aktivistin und Reality-TV-Persönlichkeit. Jazz begann ihre soziale Transition im frühen Kindesalter und hat sich seitdem für die Rechte von trans Personen eingesetzt. Ihre Geschichte hat vielen anderen Mut gemacht und die Sichtbarkeit von trans Themen in den Medien erhöht.

Ein weiteres Beispiel ist der Sportler Chris Mosier, der der erste offen trans Mann war, der an einem US-amerikanischen Meisterschafts-Wettbewerb teilnahm. Mosier hat durch seine Erfolge im Sport und seine Aktivismusarbeit dazu beigetragen, das Bewusstsein für die Herausforderungen zu schärfen, mit denen trans Athleten konfrontiert sind.

Schlussfolgerung

Der Prozess der Transition ist ein individueller und oft herausfordernder Weg, der sowohl persönliche als auch gesellschaftliche Dimensionen umfasst. Es ist wichtig, dass trans Personen Zugang zu Unterstützung und Ressourcen haben, um diesen Prozess erfolgreich zu bewältigen. Durch die Förderung von Akzeptanz und Verständnis in der Gesellschaft können wir dazu beitragen, dass die Transition für alle trans Personen ein positiver und bestärkender Schritt in ihrem Leben wird.

$$E = mc^2 \tag{25}$$

Diese berühmte Gleichung von Einstein erinnert uns daran, dass Veränderungen in der Identität, ähnlich wie in der Physik, oft tiefgreifende Auswirkungen auf das gesamte System haben können. In der Transition geht es nicht nur um das Individuum, sondern auch um die Gesellschaft als Ganzes, die sich anpassen und wachsen muss, um Vielfalt und Inklusion zu fördern.

Auswirkungen auf das soziale Umfeld

Die Auswirkungen von Elijah Nichols' Transition und Aktivismus auf sein soziales Umfeld sind vielschichtig und tiefgreifend. Diese Veränderungen betreffen nicht nur Elijah selbst, sondern auch seine Familie, Freunde und die Gemeinschaft, in der er lebt. In diesem Abschnitt werden wir die verschiedenen Dimensionen dieser Auswirkungen untersuchen, wobei wir sowohl positive als auch negative Aspekte betrachten.

Familie und enge Beziehungen

Die Transition einer Person kann die Dynamik innerhalb der Familie erheblich beeinflussen. Für Elijah war die Unterstützung seiner Familie entscheidend. Studien zeigen, dass die Akzeptanz von Familienmitgliedern einen signifikanten Einfluss auf das Wohlbefinden von trans Personen hat. Laut einer Untersuchung von [?] berichteten trans Jugendliche, die von ihren Familien akzeptiert wurden, von weniger psychischen Problemen und höherer Lebenszufriedenheit.

In Elijahs Fall erlebte er anfangs gemischte Reaktionen. Während einige Familienmitglieder ihn bedingungslos unterstützten, hatten andere Schwierigkeiten, seine Identität zu akzeptieren. Diese Spannungen führten zu emotionalen Konflikten, die sich auf die familiären Beziehungen auswirkten. Ein Beispiel hierfür ist die Beziehung zu seiner Schwester, die anfangs Schwierigkeiten hatte, Elijahs Entscheidung zu verstehen. Im Laufe der Zeit und durch offene Gespräche konnte jedoch ein besseres Verständnis und eine tiefere Bindung entstehen.

Freundschaften und soziale Netzwerke

Freundschaften spielen eine zentrale Rolle im Leben junger Menschen. Die Transition kann sowohl positive als auch negative Auswirkungen auf Elijahs Freundschaften haben. Einige Freunde zeigten sich unterstützend und halfen ihm, sich in seiner neuen Identität zurechtzufinden.   Sie wurden zu wichtigen Verbündeten und stärkten sein Selbstbewusstsein.

Andererseits gab es auch Freunde, die sich von ihm distanzierten.   Diese Ablehnung kann als eine Form von sozialer Isolation erlebt werden, die in vielen Fällen zu einem Rückgang des psychischen Wohlbefindens führt. Eine Studie von [3] zeigt, dass soziale Unterstützung ein Schlüsselfaktor für die psychische Gesundheit von trans Personen ist. Die Herausforderung für Elijah bestand darin, ein neues soziales Netzwerk aufzubauen, das auf Akzeptanz und Unterstützung basiert.

Einfluss auf die Gemeinschaft

Elijahs Aktivismus hat auch weitreichende Auswirkungen auf die Gemeinschaft, in der er lebt. Durch seine öffentliche Präsenz und seine Bemühungen, trans Rechte im Sport zu fördern, hat er das Bewusstsein für die Herausforderungen, mit denen trans Personen konfrontiert sind, geschärft. Die Sichtbarkeit von Elijah hat dazu beigetragen, Vorurteile abzubauen und das Verständnis für die trans Community zu fördern.

Ein Beispiel für diesen Einfluss ist die Gründung von „Trans Sport Allies", einer Organisation, die sich für die Rechte von trans Athleten einsetzt. Diese Initiative hat nicht nur lokale Sportverbände erreicht, sondern auch nationale Aufmerksamkeit erregt. Laut einer Umfrage unter Mitgliedern der Organisation berichteten 75% der Befragten, dass sie durch Elijahs Engagement motiviert wurden, sich aktiv für die Rechte von trans Personen einzusetzen [?].

Psychosoziale Herausforderungen

Trotz der positiven Aspekte, die Elijahs Transition mit sich brachte, gab es auch erhebliche psychosoziale Herausforderungen.   Die Stigmatisierung und Diskriminierung, die trans Personen häufig erfahren, können zu einem Gefühl der Entfremdung führen.   Laut der Studie von [?] haben trans Personen ein höheres Risiko, Opfer von Gewalt und Diskriminierung zu werden, was erhebliche Auswirkungen auf ihr Selbstwertgefühl und ihre psychische Gesundheit hat.

Elijah musste sich nicht nur mit den Herausforderungen seiner eigenen Identität auseinandersetzen, sondern auch mit der Reaktion der Gesellschaft auf seine Transition.   Diese Erfahrungen führten zu einem ständigen Kampf um Akzeptanz und Respekt. Der Druck, sich in einem oft feindlichen sozialen Umfeld zu behaupten, kann zu Angstzuständen und Depressionen führen, was die Notwendigkeit von Unterstützungsnetzwerken verdeutlicht.

Die Rolle von Bildungseinrichtungen

Bildungseinrichtungen spielen eine entscheidende Rolle bei der Unterstützung von trans Jugendlichen. Elijahs Erfahrungen in der Schule waren sowohl herausfordernd als auch lehrreich. Während einige Lehrer und Mitschüler unterstützend waren, erlebte er auch Mobbing und Diskriminierung. Eine Studie von [?] zeigt, dass trans Schüler in Schulen, die eine inklusive Umgebung fördern, signifikant weniger Mobbing erleben.

Die Notwendigkeit von Schulprogrammen, die sich mit Geschlechteridentität und LGBTQ+-Themen befassen, ist offensichtlich. Elijah setzte sich aktiv dafür ein, dass Schulen Bildungsprogramme implementieren, die das Bewusstsein für die Herausforderungen von trans Schülern schärfen. Durch Workshops und Schulprojekte konnte er dazu beitragen, ein unterstützendes Umfeld zu schaffen, in dem Vielfalt geschätzt wird.

Fazit

Zusammenfassend lässt sich sagen, dass Elijah Nichols' Transition und Aktivismus tiefgreifende Auswirkungen auf sein soziales Umfeld hatten. Die Unterstützung von Familie und Freunden war entscheidend für sein Wohlbefinden, während die Herausforderungen, die er erlebte, ihn motivierten, aktiv für die Rechte von trans Personen einzutreten. Sein Engagement hat nicht nur sein eigenes Leben, sondern auch das Leben vieler anderer in seiner Gemeinschaft positiv beeinflusst. Die Notwendigkeit für mehr Bildung und Aufklärung über trans Themen in Schulen und der Gesellschaft bleibt jedoch eine zentrale Herausforderung, die es zu bewältigen gilt.

Die Rolle von Beratungsangeboten

Die Rolle von Beratungsangeboten in der Lebensrealität von transidenten Personen ist von entscheidender Bedeutung. Diese Angebote dienen nicht nur der Unterstützung bei der Identitätsfindung, sondern auch der Bewältigung der vielfältigen Herausforderungen, die mit der Transition und der Integration in die Gesellschaft einhergehen.

Beratungsangebote können in verschiedenen Formen auftreten, darunter individuelle Therapie, Gruppensitzungen und Online-Ressourcen. Besonders wichtig ist die Sensibilisierung der Berater für die spezifischen Bedürfnisse von transidenten Menschen. Eine fundierte Ausbildung in Geschlechterfragen und ein tiefes Verständnis für die sozialen, psychologischen und emotionalen Aspekte der Transidentität sind unerlässlich.

Theoretische Grundlagen

Die Theorie der sozialen Identität, wie sie von Henri Tajfel und John Turner entwickelt wurde, bietet einen Rahmen für das Verständnis, wie transidente Personen ihre Identität in einem oft feindlichen sozialen Umfeld konstruieren. Die Theorie besagt, dass Individuen ihre Identität stark durch die Zugehörigkeit zu sozialen Gruppen definieren. Für transidente Menschen kann dies bedeuten, dass sie sich in einer marginalisierten Gruppe wiederfinden, was zu einem erhöhten Risiko für psychische Probleme führen kann.

$$I = \frac{S_{in}}{S_{in} + S_{out}} \tag{26}$$

Hierbei stellt I die Identifikation mit der Gruppe dar, S_{in} die positiven Eigenschaften der eigenen Gruppe und S_{out} die negativen Eigenschaften der anderen Gruppen. Ein positives Selbstbild kann durch die Unterstützung von Beratungsangeboten gefördert werden, die eine sichere Umgebung für die Identitätsentwicklung bieten.

Herausforderungen

Die Herausforderungen, denen transidente Personen gegenüberstehen, sind vielfältig. Diskriminierung, Stigmatisierung und das Fehlen von Akzeptanz in der Gesellschaft können zu einem Gefühl der Isolation führen. Diese Probleme können durch den Zugang zu Beratungsangeboten gemildert werden, die ein Gefühl der Zugehörigkeit und Unterstützung bieten.

Ein Beispiel für die Herausforderungen ist das sogenannte „Imposter-Syndrom", bei dem transidente Personen das Gefühl haben, ihre Identität nicht authentisch leben zu können. Dies kann zu Angstzuständen und Depressionen führen, die durch professionelle Beratung behandelt werden können.

Beispiele für Beratungsangebote

1. **Individuelle Therapie**: Viele transidente Personen profitieren von Einzelgesprächen mit Psychologen oder Therapeuten, die Erfahrung im Umgang mit Geschlechtsidentität haben. Diese Therapie kann helfen, innere Konflikte zu bewältigen und Selbstakzeptanz zu fördern.

2. **Gruppensitzungen**: Selbsthilfegruppen bieten transidenten Menschen die Möglichkeit, sich mit Gleichgesinnten auszutauschen. Hier können Erfahrungen geteilt und Strategien zur Bewältigung von Herausforderungen entwickelt werden.

3.   **Online-Ressourcen**:   In   der   heutigen   digitalen   Welt   sind   viele
Beratungsangebote auch online verfügbar. Plattformen bieten anonyme Beratung
und Zugang zu Informationen, die für transidente Personen von Bedeutung sind.

Die Bedeutung von Fachwissen

Die   Bedeutung   von   Fachwissen   in   der   Beratung   kann   nicht   hoch   genug
eingeschätzt werden. Berater müssen nicht nur über psychologische Kenntnisse
verfügen, sondern auch über ein tiefes Verständnis für die gesellschaftlichen
Strukturen, die transidente Personen betreffen. Eine solche Ausbildung kann
helfen, Vorurteile abzubauen und eine unterstützende Umgebung zu schaffen.

Schlussfolgerung

Zusammenfassend lässt sich sagen, dass Beratungsangebote eine zentrale Rolle im
Leben von transidenten Personen spielen. Sie bieten nicht nur Unterstützung und
Verständnis, sondern fördern auch die persönliche Entwicklung und das
Wohlbefinden.   Durch die Integration von theoretischen Ansätzen und
praktischen Beispielen können Beratungsangebote weiter verbessert werden, um
den spezifischen Bedürfnissen dieser Gemeinschaft gerecht zu werden.   Die
Herausforderungen, vor denen transidente Menschen stehen, erfordern ein starkes
Netzwerk von Unterstützungsangeboten, die sowohl emotional als auch praktisch
helfen können, die Hürden auf dem Weg zur Selbstakzeptanz und Integration in
die Gesellschaft zu überwinden.

Die Bedeutung von Selbsthilfegruppen

Selbsthilfegruppen spielen eine entscheidende Rolle im Leben vieler Menschen,
insbesondere innerhalb der LGBTQ-Community. Diese Gruppen bieten nicht nur
einen Raum für Austausch und Unterstützung, sondern fördern auch das Gefühl
der Zugehörigkeit und der Gemeinschaft. In diesem Abschnitt werden wir die
theoretischen   Grundlagen,   die   Herausforderungen   und   die   positiven
Auswirkungen von Selbsthilfegruppen auf die Identitätsfindung und das
Wohlbefinden von trans Personen untersuchen.

Theoretische Grundlagen

Selbsthilfegruppen basieren auf der Annahme, dass Menschen, die ähnliche
Erfahrungen gemacht haben, ein tiefes Verständnis füreinander entwickeln
können.   Der Psychologe Irvin D. Yalom beschreibt in seiner Theorie der

Gruppentherapie verschiedene therapeutische Faktoren, die in Selbsthilfegruppen wirksam sind. Dazu gehören:

+ **Universelle Erfahrung:** Mitglieder erkennen, dass sie nicht allein sind und ähnliche Herausforderungen durchleben.

+ **Interpersonelle Lernprozesse:** Durch den Austausch von Erfahrungen lernen die Mitglieder, ihre Gefühle zu artikulieren und Empathie zu entwickeln.

+ **Soziale Unterstützung:** Gruppenmitglieder bieten einander emotionale und praktische Unterstützung, was das Gefühl der Isolation verringert.

Diese Faktoren sind besonders wichtig für trans Personen, die oft mit Diskriminierung, Stigmatisierung und dem Gefühl der Entfremdung konfrontiert sind.

Herausforderungen

Trotz der Vorteile von Selbsthilfegruppen gibt es auch Herausforderungen, die es zu bewältigen gilt. Eine der größten Hürden ist die **Zugangsbeschränkung.** Viele trans Personen haben Schwierigkeiten, geeignete Gruppen zu finden, die ihre spezifischen Bedürfnisse ansprechen. Oft sind Selbsthilfegruppen nicht ausreichend sichtbar oder nicht inklusiv genug, um die Vielfalt innerhalb der trans-Community zu reflektieren.

Ein weiteres Problem ist die **Stigmatisierung.** Selbsthilfegruppen können manchmal als „letzte Zuflucht" wahrgenommen werden, was dazu führen kann, dass potenzielle Mitglieder zögern, sich anzuschließen. Diese Stigmatisierung kann sowohl von außen kommen, als auch aus der eigenen Unsicherheit der Mitglieder resultieren.

Positive Auswirkungen

Trotz dieser Herausforderungen haben Selbsthilfegruppen signifikante positive Auswirkungen auf das Leben von trans Personen. Sie bieten nicht nur emotionale Unterstützung, sondern fördern auch die **Selbstakzeptanz** und das **Selbstbewusstsein.** Mitglieder berichten häufig von einem gestärkten Gefühl der Identität und einer besseren Bewältigungsstrategie für die Herausforderungen, mit denen sie konfrontiert sind.

Ein Beispiel für eine erfolgreiche Selbsthilfegruppe ist die „Trans Empowerment Group" in Berlin. Diese Gruppe hat es sich zur Aufgabe gemacht, trans Personen durch Workshops, Diskussionen und soziale Aktivitäten zu unterstützen. Die Mitglieder berichten von einer signifikanten Verbesserung ihrer psychischen Gesundheit und einem stärkeren Gemeinschaftsgefühl.

Fallstudie: Trans Empowerment Group

Die „Trans Empowerment Group" wurde 2018 gegründet und hat seitdem über 100 aktive Mitglieder gewonnen. Die Gruppe organisiert regelmäßige Treffen, bei denen Themen wie Identitätsfindung, rechtliche Fragen und persönliche Erfahrungen besprochen werden.

Eine Umfrage unter den Mitgliedern ergab, dass 85% der Teilnehmer angaben, dass die Gruppe ihnen geholfen hat, ihre Identität besser zu verstehen und zu akzeptieren. Darüber hinaus berichteten 70% von einer Verbesserung ihres emotionalen Wohlbefindens seit dem Beitritt zur Gruppe.

Schlussfolgerung

Selbsthilfegruppen sind ein unverzichtbarer Bestandteil der Unterstützung für trans Personen und tragen zur Stärkung der LGBTQ-Community bei. Sie bieten einen Raum für Austausch, Verständnis und Solidarität, der in einer oft feindlichen Welt von entscheidender Bedeutung ist. Die Herausforderungen, die mit dem Zugang und der Akzeptanz von Selbsthilfegruppen verbunden sind, müssen angegangen werden, um sicherzustellen, dass alle trans Personen die Unterstützung erhalten, die sie benötigen. Die positiven Auswirkungen auf das Wohlbefinden und die Identitätsfindung sind unbestreitbar und unterstreichen die Notwendigkeit, solche Initiativen weiter zu fördern und auszubauen.

Die Suche nach Vorbildern

Die Suche nach Vorbildern ist ein zentraler Aspekt in der Identitätsfindung von trans Personen, insbesondere im Kontext des Sports. Vorbilder spielen eine entscheidende Rolle bei der Entwicklung von Selbstbewusstsein und der Stärkung des Gemeinschaftsgefühls. In diesem Abschnitt werden wir untersuchen, wie Elijah Nichols in seiner Jugend nach Vorbildern suchte, welche Herausforderungen er dabei erlebte und welche positiven Auswirkungen diese Suche auf seine Entwicklung hatte.

Die Rolle von Vorbildern in der Identitätsfindung

Vorbilder sind Personen, die durch ihre Eigenschaften, Taten oder Errungenschaften inspirierend wirken. In der LGBTQ-Community, insbesondere unter trans Personen, können Vorbilder helfen, ein Gefühl der Zugehörigkeit zu schaffen und den Weg zur Selbstakzeptanz zu ebnen. Laut der sozialen Identitätstheorie (Tajfel & Turner, 1979) ist die Zugehörigkeit zu einer Gruppe entscheidend für das Selbstwertgefühl. Vorbilder können als Repräsentanten dieser Gruppe fungieren und somit das Selbstbild stärken.

Herausforderungen bei der Suche nach Vorbildern

Die Suche nach Vorbildern kann jedoch mit verschiedenen Herausforderungen verbunden sein. Viele trans Jugendliche wachsen in Umgebungen auf, in denen es an Sichtbarkeit und Repräsentation mangelt. Dies kann zu einem Gefühl der Isolation führen, da sie oft das Gefühl haben, dass ihre Identität nicht validiert wird. Die mediale Darstellung von trans Personen ist häufig stereotypisiert oder negativ, was die Suche nach positiven Vorbildern zusätzlich erschwert.

Ein Beispiel aus Elijahs Leben ist seine Entdeckung von Sportler*innen, die offen über ihre Transidentität sprachen. Diese Entdeckung war nicht nur inspirierend, sondern auch eine Quelle der Hoffnung. Dennoch waren die wenigen verfügbaren Vorbilder oft in einer privilegierten Position, was dazu führte, dass Elijah sich fragte, ob er jemals ähnliche Erfolge erzielen könnte.

Positive Beispiele und deren Einfluss

Einige prominente Vorbilder, die Elijah während seiner Jugend inspirierte, sind unter anderem die trans Athletin Chris Mosier und die Olympionikin Caitlyn Jenner. Mosier, der erste trans Mann, der an einem US-amerikanischen Männerwettbewerb teilnahm, zeigte Elijah, dass es möglich ist, in der Sportwelt sichtbar zu sein und gleichzeitig die eigene Identität zu leben. Jenner hingegen, obwohl umstritten, brachte das Thema Transidentität in den Mainstream und eröffnete Diskussionen über die Herausforderungen, mit denen trans Athleten konfrontiert sind.

Diese Vorbilder halfen Elijah nicht nur, seine eigene Identität zu akzeptieren, sondern auch, den Mut zu finden, aktiv zu werden und sich für die Rechte von trans Athleten einzusetzen. Die Sichtbarkeit dieser Vorbilder in den Medien trug dazu bei, die Akzeptanz von trans Personen im Sport zu fördern und eine breitere Diskussion über Gleichberechtigung und Inklusion anzustoßen.

Die Bedeutung von Netzwerken

Die Suche nach Vorbildern ist auch eng mit dem Aufbau von Netzwerken verbunden. Elijah fand in der LGBTQ-Community Unterstützung und Mentoring, was ihm half, seine Identität zu festigen. Diese Netzwerke bieten nicht nur emotionale Unterstützung, sondern auch Zugang zu Ressourcen und Informationen, die für die persönliche und berufliche Entwicklung von entscheidender Bedeutung sind.

Ein Beispiel für ein solches Netzwerk ist die Organisation „Trans Sport Allies", die sich dafür einsetzt, trans Athleten zu unterstützen und Sichtbarkeit zu schaffen. Durch den Austausch mit anderen, die ähnliche Erfahrungen gemacht haben, konnte Elijah wertvolle Einblicke gewinnen und Strategien entwickeln, um mit den Herausforderungen umzugehen, die mit seiner Identität im Sport verbunden sind.

Schlussfolgerung

Die Suche nach Vorbildern ist ein essenzieller Teil des Prozesses der Selbstakzeptanz und der Identitätsfindung für trans Personen. Elijah Nichols' Erfahrungen zeigen, dass positive Vorbilder nicht nur inspirierend wirken, sondern auch entscheidend für den Aufbau von Selbstvertrauen und der Entwicklung einer aktiven Rolle im Sport sind. Die Herausforderungen, die mit der Suche nach solchen Vorbildern einhergehen, können durch den Aufbau von unterstützenden Netzwerken und Gemeinschaften gemildert werden. Letztendlich ist die Sichtbarkeit von trans Athleten und deren Erfolge ein wichtiger Schritt in Richtung Akzeptanz und Gleichberechtigung im Sport.

Literaturverzeichnis

Bibliography

[1] Tajfel, H., & Turner, J. C. (1979). An integrative theory of intergroup conflict. In W. G. Austin & S. Worchel (Eds.), *The social psychology of intergroup relations* (pp. 33-47). Monterey, CA: Brooks/Cole.

[2] Mosier, C. (2016). *Transgender athlete makes history at U.S. men's championship.* The Advocate.

[3] Jenner, C. (2015). *The Secrets of My Life.* New York: Penguin Random House.

Reflexion über Geschlechterrollen

Die Reflexion über Geschlechterrollen ist ein zentraler Aspekt in der Diskussion um die Identität von trans-Athleten und deren Platz im Sport. Geschlechterrollen sind gesellschaftlich konstruierte Erwartungen und Normen, die definieren, wie sich Individuen entsprechend ihrem Geschlecht verhalten, kleiden und präsentieren sollen. Diese Rollen sind oft tief verwurzelt in kulturellen und historischen Kontexten und beeinflussen maßgeblich, wie Menschen wahrgenommen und behandelt werden.

Theoretische Grundlagen

Die Gender-Theorie bietet einen Rahmen, um Geschlechterrollen zu analysieren und zu hinterfragen. Judith Butler, eine prominente Theoretikerin in diesem Bereich, argumentiert in ihrem Werk „Gender Trouble" (1990), dass Geschlecht nicht biologisch determiniert, sondern performativ ist. Dies bedeutet, dass Geschlecht durch wiederholte Handlungen und Darstellungen konstruiert wird. Butler beschreibt die Idee, dass Individuen durch ihre Handlungen und Interaktionen Geschlecht „machen", anstatt es einfach zu „sein". Diese Perspektive ist entscheidend, um zu verstehen, wie trans-Athleten ihre Identität im Kontext von Sport und Gesellschaft navigieren.

Ein weiteres wichtiges Konzept ist die soziale Konstruktion von Geschlecht, das besagt, dass Geschlechterrollen nicht naturgegeben sind, sondern durch soziale und kulturelle Praktiken entstehen. Diese Sichtweise ermöglicht es uns, die Vielfalt der Geschlechtsidentitäten zu erkennen und die Herausforderungen zu verstehen, denen trans-Personen gegenüberstehen, insbesondere in einem traditionellen und oft rigiden Umfeld wie dem Sport.

Probleme und Herausforderungen

Die Auseinandersetzung mit Geschlechterrollen bringt eine Vielzahl von Herausforderungen mit sich. Trans-Athleten sehen sich häufig mit Diskriminierung und Vorurteilen konfrontiert, die aus tief verwurzelten Geschlechterstereotypen resultieren. Diese Stereotypen können sich in verschiedenen Formen äußern, darunter:

- **Mobbing und Belästigung:** Trans-Athleten berichten häufig von Mobbing und Diskriminierung durch Teamkollegen, Trainer und sogar Offizielle. Diese Erfahrungen können das Selbstwertgefühl und die mentale Gesundheit erheblich beeinträchtigen.

- **Zugang zu Wettbewerben:** Viele Sportverbände haben Richtlinien, die die Teilnahme von trans-Athleten an Wettbewerben regeln. Diese Richtlinien sind oft unklar oder diskriminierend, was zu Unsicherheiten und Ungerechtigkeiten führt.

- **Repräsentation:** In vielen Sportarten sind trans-Athleten unterrepräsentiert. Dies kann dazu führen, dass ihre Stimmen und Erfahrungen nicht ausreichend gehört werden, was die Sichtbarkeit und das Bewusstsein für ihre Herausforderungen verringert.

Ein Beispiel für diese Herausforderungen ist die Kontroversen um die Teilnahme von trans-Frauen an Frauenwettbewerben. Kritiker argumentieren häufig, dass trans-Frauen aufgrund ihrer biologischen Merkmale einen unfairen Vorteil haben, während Befürworter betonen, dass die Identität und das soziale Geschlecht der Athletin entscheidend sind und dass viele Faktoren zu sportlichem Erfolg beitragen.

Beispiele aus der Praxis

Die Reflexion über Geschlechterrollen im Sport wird durch die Erfahrungen von trans-Athleten wie Elijah Nichols greifbar. Elijah hat sich aktiv dafür eingesetzt, die Sichtbarkeit und Akzeptanz von trans-Sportlern zu erhöhen. Durch seine Teilnahme an Wettbewerben und seine öffentliche Präsenz hat er nicht nur für sich selbst, sondern auch für viele andere trans-Athleten eine Stimme gefunden.

Ein konkretes Beispiel für Elijahs Engagement ist seine Teilnahme an der „Trans Sport Allies"-Initiative, die darauf abzielt, trans-Athleten in ihrem sportlichen Bestreben zu unterstützen und gleichzeitig das Bewusstsein für die Herausforderungen zu schärfen, mit denen sie konfrontiert sind. Diese Initiative fördert den Dialog über Geschlechterrollen und bietet eine Plattform für trans-Athleten, um ihre Geschichten zu teilen und sich gegenseitig zu unterstützen.

Fazit

Die Reflexion über Geschlechterrollen im Kontext des Sports ist von entscheidender Bedeutung, um die Herausforderungen zu verstehen, mit denen trans-Athleten konfrontiert sind. Es ist notwendig, die sozialen Konstruktionen von Geschlecht zu hinterfragen und die Vielfalt der Geschlechtsidentitäten zu akzeptieren. Nur durch eine offene Diskussion und das Engagement für Inklusion können wir einen Raum schaffen, in dem alle Athleten, unabhängig von ihrer Geschlechtsidentität, die gleichen Chancen und Rechte im Sport genießen können. Die Erfahrungen von Elijah Nichols und anderen trans-Athleten sind nicht nur Beispiele für persönlichen Mut, sondern auch für den notwendigen Wandel in der Gesellschaft und im Sport, der auf Akzeptanz und Gleichheit abzielt.

Der Einfluss von Medien auf die Identität

Die Medien spielen eine entscheidende Rolle bei der Konstruktion und Wahrnehmung von Identität, insbesondere in der LGBTQ-Community. In einer Welt, in der Informationen und Darstellungen in einem nie dagewesenen Tempo verbreitet werden, beeinflussen die Medien nicht nur, wie Individuen sich selbst sehen, sondern auch, wie sie von der Gesellschaft wahrgenommen werden. Diese Wechselwirkungen sind besonders wichtig für trans Personen, deren Identität oft durch stereotype und vereinfachte Darstellungen in den Medien geprägt wird.

Theoretische Grundlagen

Die Medientheorie bietet verschiedene Ansätze, um den Einfluss der Medien auf Identität zu verstehen. Ein zentraler Aspekt ist die *Konstruktion von Identität* durch Repräsentation. Stuart Hall, ein prominenter Kulturtheoretiker, argumentiert, dass Identität nicht statisch ist, sondern ständig in einem Prozess der Verhandlung und Konstruktion steht, der stark von den Medien beeinflusst wird.   Hall beschreibt Identität als einen *„diskursiven Raum"*, in dem unterschiedliche Stimmen und Perspektiven aufeinandertreffen und sich gegenseitig beeinflussen.

Ein weiterer wichtiger theoretischer Rahmen ist der *Soziale Konstruktivismus*, der besagt, dass Identität nicht nur individuell, sondern auch sozial konstruiert wird. Medien sind ein wesentlicher Bestandteil dieses sozialen Prozesses, da sie die Normen und Werte einer Gesellschaft widerspiegeln und gleichzeitig formen. In diesem Sinne können Medien sowohl als Spiegel als auch als Werkzeug der Identitätsbildung betrachtet werden.

Probleme und Herausforderungen

Trotz der positiven Möglichkeiten, die Medien bieten, um Sichtbarkeit und Verständnis für trans Identitäten zu fördern, gibt es auch zahlreiche Probleme. Eine der größten Herausforderungen ist die *Stereotypisierung*.   Trans Personen werden häufig in einer Weise dargestellt, die ihre Komplexität und Vielfalt ignoriert.   Diese vereinfachten Darstellungen können zu Vorurteilen und Diskriminierung führen.

Ein Beispiel für solche Stereotypen ist die häufige Darstellung von trans Frauen als „Trickster" oder „Verführerinnen", was eine verzerrte Sichtweise auf ihre Identität und Erfahrungen vermittelt. Diese stereotype Repräsentation kann das öffentliche Verständnis von Transidentität erheblich beeinflussen und zu einem Gefühl der Entfremdung innerhalb der trans Community führen.

Ein weiteres Problem ist die *Unsichtbarkeit* von trans Personen in den Medien. Oftmals werden trans Geschichten von cisgender Personen erzählt, was zu einer weiteren Entfremdung führt. Diese Praxis ignoriert die Stimmen und Erfahrungen der Betroffenen und verstärkt das Gefühl, dass ihre Identität nicht legitim oder relevant ist.

Beispiele für Medienrepräsentation

In den letzten Jahren gab es jedoch auch positive Entwicklungen in der Medienrepräsentation von trans Personen.   Serien wie *„Pose"* und *„Transparent"* haben dazu beigetragen, trans Geschichten auf eine authentische und respektvolle Weise zu erzählen. Diese Produktionen bieten nicht nur Sichtbarkeit, sondern auch eine Plattform für trans Schauspieler und Kreative, die ihre eigenen Erfahrungen teilen können.

Ein weiteres Beispiel ist die Dokumentation „*Disclosure*", die sich mit der Darstellung von Transidentitäten in Film und Fernsehen beschäftigt. Diese Dokumentation beleuchtet, wie die Medien die Wahrnehmung von trans Personen beeinflussen und welche Verantwortung sie dabei tragen. Die Reflexion über diese Darstellungen kann dazu beitragen, Vorurteile abzubauen und ein besseres Verständnis für die Vielfalt der trans Erfahrungen zu fördern.

Fazit

Zusammenfassend lässt sich sagen, dass die Medien einen tiefgreifenden Einfluss auf die Identität von trans Personen haben. Während sie sowohl Herausforderungen als auch Chancen bieten, ist es entscheidend, dass die Repräsentation von trans Identitäten authentisch und vielfältig ist. Nur durch eine ehrliche und respektvolle Darstellung können die Medien dazu beitragen, Vorurteile abzubauen und das Verständnis für die trans Community zu fördern. Der Weg zu einer inklusiven Gesellschaft erfordert ein Umdenken in der Medienproduktion und -verbreitung, um sicherzustellen, dass alle Stimmen gehört und respektiert werden.

$$I = f(M, S) \tag{27}$$

wobei I die Identität, M die Medien und S die sozialen Kontexte darstellen. Dies verdeutlicht, dass Identität das Ergebnis einer Wechselwirkung zwischen Medien und sozialen Einflüssen ist, was die Komplexität und Dynamik der Identitätsbildung unterstreicht.

Frühe Aktivismus-Erfahrungen

Teilnahme an lokalen LGBTQ-Events

Die Teilnahme an lokalen LGBTQ-Events spielt eine entscheidende Rolle im Aktivismus von Elijah Nichols und der trans-Sport-Bewegung. Diese Veranstaltungen bieten nicht nur eine Plattform für Sichtbarkeit, sondern auch einen Raum für Gemeinschaft, Unterstützung und den Austausch von Erfahrungen. In diesem Abschnitt werden die verschiedenen Aspekte der Teilnahme an solchen Events beleuchtet, einschließlich der theoretischen Grundlagen, der Herausforderungen, die sich ergeben, und konkreten Beispielen.

Theoretische Grundlagen

Die Teilnahme an LGBTQ-Events kann durch verschiedene theoretische Ansätze erklärt werden. Eine zentrale Theorie ist die *Soziale Identitätstheorie*, die besagt, dass Individuen ihr Selbstkonzept stark aus ihrer Zugehörigkeit zu sozialen Gruppen ableiten. Für trans-Athleten wie Elijah ist die Teilnahme an LGBTQ-Events eine Möglichkeit, ihre Identität zu bekräftigen und ein Gefühl der Zugehörigkeit zu erleben. Diese Events fördern die Sichtbarkeit von trans-Personen in der Gesellschaft und tragen zur Normalisierung ihrer Identität in der breiteren Öffentlichkeit bei.

Ein weiterer relevanter Ansatz ist die *Ressourcentheorie*, die besagt, dass soziale Netzwerke und Gemeinschaften als Ressourcen fungieren, die Individuen in schwierigen Zeiten unterstützen können. LGBTQ-Events bieten nicht nur eine Plattform für den Austausch von Informationen und Erfahrungen, sondern auch emotionale Unterstützung, die für die psychische Gesundheit von entscheidender Bedeutung ist.

Herausforderungen bei der Teilnahme

Trotz der positiven Aspekte gibt es auch Herausforderungen, die mit der Teilnahme an lokalen LGBTQ-Events verbunden sind. Eine häufige Problematik ist die *Sichtbarkeit* und die damit einhergehende Gefahr von Diskriminierung oder Gewalt. Viele trans-Personen haben Angst vor negativen Reaktionen, sei es von anderen Teilnehmern oder von Außenstehenden. Diese Angst kann die Teilnahme an solchen Veranstaltungen einschränken und das Gefühl der Isolation verstärken.

Ein weiteres Problem ist die *Repräsentation*. Oftmals sind trans-Personen in der Planung und Durchführung von LGBTQ-Events unterrepräsentiert. Dies kann dazu führen, dass ihre spezifischen Bedürfnisse und Anliegen nicht ausreichend berücksichtigt werden. Elijah Nichols hat in der Vergangenheit betont, wie wichtig es ist, dass trans-Stimmen in der Organisation von Events gehört werden, um sicherzustellen, dass die Veranstaltungen inklusiv und unterstützend sind.

Beispiele für lokale LGBTQ-Events

Ein herausragendes Beispiel für lokale LGBTQ-Events sind die *Pride-Paraden*, die in vielen Städten weltweit stattfinden. Diese Paraden sind nicht nur Feierlichkeiten, sondern auch politische Demonstrationen, die für die Rechte von LGBTQ-Personen eintreten. Elijah hat an mehreren Pride-Paraden teilgenommen, um das Bewusstsein für die Herausforderungen von trans-Sportlern zu schärfen. Bei diesen Gelegenheiten hat er Reden gehalten, die die Bedeutung von Akzeptanz und Unterstützung für trans-Athleten betonen.

Ein weiteres Beispiel sind *Workshops* und *Bildungsveranstaltungen*, die sich auf die Rechte von LGBTQ-Personen konzentrieren. Diese Veranstaltungen bieten eine Plattform für den Austausch von Wissen und Erfahrungen und fördern die Gemeinschaftsbildung. Elijah hat aktiv an solchen Workshops teilgenommen und sie geleitet, um andere zu ermutigen, sich für die Rechte von trans-Athleten einzusetzen.

Zusätzlich sind *Sportveranstaltungen* für LGBTQ-Athleten von großer Bedeutung. Diese Events bieten nicht nur die Möglichkeit, sportliche Fähigkeiten zu zeigen, sondern auch, sich mit Gleichgesinnten zu vernetzen und Erfahrungen auszutauschen. Elijah hat an verschiedenen LGBTQ-Sportturnieren teilgenommen, wo er nicht nur seine sportlichen Fähigkeiten unter Beweis stellte, sondern auch als Vorbild für andere trans-Athleten fungierte.

Fazit

Die Teilnahme an lokalen LGBTQ-Events ist für Elijah Nichols und die trans-Sport-Bewegung von zentraler Bedeutung. Sie bietet nicht nur eine Plattform für Sichtbarkeit und Gemeinschaft, sondern auch die Möglichkeit, wichtige Themen anzusprechen und Veränderungen in der Gesellschaft herbeizuführen. Trotz der Herausforderungen, die mit der Teilnahme an solchen Events verbunden sind, bleibt die Bedeutung dieser Veranstaltungen unbestritten. Sie sind ein entscheidender Bestandteil des Aktivismus und der Unterstützung für trans-Personen im Sport und darüber hinaus.

Die Bedeutung von Vorbildern

Vorbilder spielen eine entscheidende Rolle in der Entwicklung und Identitätsfindung von Individuen, insbesondere innerhalb der LGBTQ-Community. Für viele junge Menschen, die sich mit ihrer Geschlechtsidentität auseinandersetzen, sind Vorbilder oft die ersten Lichtblicke, die ihnen zeigen, dass ein Leben in Authentizität und Selbstakzeptanz möglich ist. Diese Vorbilder können sowohl historische Figuren als auch zeitgenössische Aktivisten und Sportler sein, die sich für die Rechte und die Sichtbarkeit von trans-Personen einsetzen.

Theoretische Grundlagen

Die Bedeutung von Vorbildern lässt sich durch verschiedene psychologische Theorien erklären. Eine zentrale Theorie ist die *Soziale Lerntheorie* von Albert Bandura, die besagt, dass Menschen durch Beobachtung und Nachahmung von Modellen lernen. Dies ist besonders relevant für trans-Athleten, die möglicherweise Schwierigkeiten haben, ihre Identität in einem oft feindlichen Umfeld zu akzeptieren. Vorbilder bieten nicht nur Inspiration, sondern auch konkrete Beispiele für erfolgreiche Lebenswege.

Ein weiteres relevantes Konzept ist die *Identitätsentwicklung* nach Erik Erikson. In der Phase der Identitätsfindung, die typischerweise in der Jugend auftritt, suchen Individuen nach Modellen, die ihnen helfen, ihre eigene Identität zu definieren und zu verstehen. Vorbilder können als Anker dienen, die den jungen Menschen helfen, ihre eigenen Erfahrungen zu reflektieren und zu verarbeiten.

Herausforderungen und Probleme

Trotz der positiven Auswirkungen von Vorbildern gibt es auch Herausforderungen. Viele trans-Personen haben keinen Zugang zu positiven Vorbildern in ihrem direkten Umfeld. Dies kann zu einem Gefühl der Isolation und des Mangels an Unterstützung führen. In vielen Schulen und Sportvereinen sind trans-Athleten oft unterrepräsentiert, was den Zugang zu Vorbildern weiter erschwert.

Darüber hinaus können negative Darstellungen in den Medien und in der Gesellschaft das Bild von trans-Personen verzerren und somit die Wahrnehmung potenzieller Vorbilder beeinträchtigen. Wenn die Öffentlichkeit häufig mit negativen Stereotypen konfrontiert wird, kann dies dazu führen, dass positive Vorbilder nicht die Anerkennung und Sichtbarkeit erhalten, die sie verdienen.

Beispiele für Vorbilder

Ein herausragendes Beispiel für ein positives Vorbild in der trans-Sportbewegung ist die amerikanische Schwimmerin *Schuyler Bailar*, die 2015 als erster offen trans Mann in der NCAA (National Collegiate Athletic Association) antrat. Bailar hat nicht nur in seinem Sport große Erfolge erzielt, sondern auch aktiv an der Aufklärung über trans-Themen gearbeitet. Seine Geschichten und Erfahrungen haben vielen Jugendlichen Mut gemacht, ihre eigene Identität zu akzeptieren und sich für ihre Rechte einzusetzen.

Ein weiteres Beispiel ist *Laverne Cox*, eine Schauspielerin und Aktivistin, die durch ihre Rolle in der Serie *Orange Is the New Black* internationale Bekanntheit erlangte. Cox hat sich unermüdlich für die Rechte von trans-Personen eingesetzt und ist ein Symbol für Sichtbarkeit und Akzeptanz geworden. Ihre Präsenz in den Medien hat dazu beigetragen, das Bewusstsein für trans-Themen zu schärfen und das Verständnis in der breiten Öffentlichkeit zu fördern.

Die Rolle von Vorbildern im Aktivismus

Vorbilder sind nicht nur wichtig für die persönliche Entwicklung, sondern auch für den Aktivismus. Sie können als Katalysatoren für Veränderungen fungieren, indem sie ihre Plattform nutzen, um auf die Herausforderungen aufmerksam zu machen, mit denen trans-Personen konfrontiert sind. Die Sichtbarkeit von Vorbildern kann dazu beitragen, Vorurteile abzubauen und die Akzeptanz in der Gesellschaft zu fördern.

Ein Beispiel für einen solchen Aktivismus ist die *Transgender Day of Visibility*, der jährlich gefeiert wird, um die Beiträge von trans-Personen zur Gesellschaft zu würdigen und auf die Probleme aufmerksam zu machen, mit denen sie konfrontiert sind. Durch die Teilnahme an solchen Veranstaltungen und die Verwendung ihrer Stimme in sozialen Medien können Vorbilder eine bedeutende Rolle bei der Mobilisierung der Gemeinschaft spielen.

Schlussfolgerung

Zusammenfassend lässt sich sagen, dass Vorbilder eine unverzichtbare Rolle im Leben von trans-Personen und im Kontext des trans-Sports spielen. Sie bieten Inspiration, Unterstützung und eine Perspektive, die es Individuen ermöglicht, ihre eigene Identität zu akzeptieren und aktiv zu werden. Die Herausforderungen, die mit der Suche nach positiven Vorbildern verbunden sind, erfordern eine kollektive Anstrengung, um mehr Sichtbarkeit und Anerkennung für trans-Athleten zu schaffen. Nur so kann eine inklusive und unterstützende Gemeinschaft entstehen, die es allen ermöglicht, ihre Träume zu verwirklichen und ihre Stimmen zu erheben.

Erste öffentliche Auftritte

Elijah Nichols' erste öffentliche Auftritte waren entscheidend für die Entwicklung seiner Identität als Aktivist und für die Sichtbarkeit der trans-Sport-Bewegung. Diese Auftritte fanden in einem Kontext statt, der sowohl von Unterstützung als auch von Widerstand geprägt war. In dieser Phase seines Lebens begann Elijah, seine Stimme zu erheben und seine Erfahrungen als trans Person im Sport zu teilen, was nicht nur seine persönliche Reise prägte, sondern auch die Wahrnehmung der trans-Identität in der Sportwelt beeinflusste.

Die Bedeutung der ersten Auftritte

Die ersten öffentlichen Auftritte von Elijah waren oft in Form von Reden bei lokalen LGBTQ-Events und Sportveranstaltungen. Diese Gelegenheiten boten ihm eine Plattform, um über die Herausforderungen zu sprechen, denen trans-Athleten gegenüberstehen, und um die Notwendigkeit von mehr Inklusion und Unterstützung im Sport zu betonen. Laut der Theorie der sozialen Identität von Henri Tajfel (1979) ist die Zugehörigkeit zu einer bestimmten Gruppe ein wichtiger Bestandteil des Selbstwertgefühls. Elijahs Engagement in der Öffentlichkeit half ihm, eine starke Verbindung zu seiner Identität und zur LGBTQ-Community herzustellen.

Ein Beispiel für einen seiner ersten Auftritte war die Teilnahme an einem Pride-Event in seiner Heimatstadt, wo er eine leidenschaftliche Rede hielt. Er sprach über die Diskriminierung, die er und andere trans-Athleten erlebt hatten, und forderte die Zuhörer auf, sich für Gleichheit und Akzeptanz einzusetzen. Diese Art von öffentlichem Engagement ist nicht nur für den Einzelnen wichtig, sondern hat auch weitreichende Auswirkungen auf die Gemeinschaft. Studien zeigen, dass öffentliche Reden und Auftritte dazu beitragen können, Vorurteile abzubauen und das Bewusstsein für soziale Probleme zu schärfen (Goffman, 1963).

Herausforderungen und Widerstände

Trotz der positiven Resonanz stieß Elijah während seiner ersten Auftritte auch auf erhebliche Herausforderungen. Der Widerstand gegen trans-Aktivismus, insbesondere im Sport, ist ein weit verbreitetes Phänomen. Viele Menschen in der Gesellschaft sind noch nicht bereit, die Existenz und die Rechte von trans-Athleten zu akzeptieren. Während einer seiner ersten Reden erhielt Elijah sowohl positive Rückmeldungen als auch kritische Kommentare, die seine Identität in Frage stellten. Diese Erfahrungen spiegeln die Theorie von Erving Goffman (1963) wider, der beschreibt, wie Stigmatisierung und Vorurteile die soziale Interaktion beeinflussen können.

Die Herausforderung, sich öffentlich zu äußern, kann für viele trans-Personen eine Quelle des Stresses und der Angst sein. Elijah berichtete von seinen eigenen Ängsten vor Ablehnung und Diskriminierung, die ihn während seiner ersten

Auftritte begleiteten. Dennoch war es genau diese Art von Vulnerabilität, die seine Botschaft authentisch machte und viele Menschen berührte.

Einfluss und Inspiration

Elijahs erste öffentliche Auftritte hatten nicht nur Auswirkungen auf ihn selbst, sondern inspirierten auch andere trans-Personen, ihre Stimmen zu erheben. Indem er seine Erfahrungen teilte, schuf er ein Gefühl der Gemeinschaft und ermutigte andere, sich ebenfalls zu engagieren. Dies steht im Einklang mit der Theorie des sozialen Lernens von Albert Bandura (1977), die besagt, dass Menschen durch die Beobachtung anderer lernen und motiviert werden können, selbst aktiv zu werden.

Ein herausragendes Beispiel für diesen Einfluss war, als Elijah eine Gruppe von jungen trans-Athleten ansprach, die sich in ihrer Identität unsicher fühlten. Seine Worte ermutigten sie, ihre eigenen Geschichten zu teilen und sich aktiv in der Gemeinschaft zu engagieren. Diese Interaktion verdeutlicht, wie wichtig Vorbilder in der LGBTQ-Community sind und wie sie dazu beitragen können, die nächste Generation von Aktivisten zu inspirieren.

Fazit

Insgesamt waren Elijahs erste öffentlichen Auftritte ein entscheidender Schritt in seiner Entwicklung als Aktivist und für die trans-Sport-Bewegung. Sie ermöglichten es ihm, seine Stimme zu finden und die Sichtbarkeit von trans-Athleten zu erhöhen. Trotz der Herausforderungen, denen er gegenüberstand, nutzte er seine Erfahrungen, um andere zu inspirieren und eine Veränderung in der Gesellschaft herbeizuführen. Diese Phase seines Lebens zeigt, wie wichtig es ist, die eigene Geschichte zu teilen und sich für Gleichheit und Akzeptanz einzusetzen. Der Weg des Aktivismus ist oft mit Schwierigkeiten gepflastert, aber wie Elijah bewies, kann eine einzige Stimme einen bedeutenden Unterschied machen.

Bildung von Unterstützungsgruppen

Die Bildung von Unterstützungsgruppen spielt eine entscheidende Rolle im Leben von trans Personen und in der trans-Sport-Bewegung. Diese Gruppen bieten nicht nur einen Raum für den Austausch von Erfahrungen, sondern fördern auch die persönliche und gemeinschaftliche Entwicklung. In diesem Abschnitt werden wir die Theorie hinter Unterstützungsgruppen, die Herausforderungen, mit denen sie konfrontiert sind, sowie einige erfolgreiche Beispiele untersuchen.

Theoretische Grundlagen

Unterstützungsgruppen basieren auf mehreren theoretischen Konzepten, darunter die soziale Identitätstheorie und die Theorie des sozialen Lernens. Die soziale Identitätstheorie, entwickelt von Henri Tajfel und John Turner, besagt, dass Individuen ihr Selbstkonzept aus der Zugehörigkeit zu sozialen Gruppen ableiten. Für trans Personen kann die Zugehörigkeit zu einer Unterstützungsgruppe ein Gefühl der Sicherheit und Bestätigung bieten, was zu einem stärkeren Selbstwertgefühl führt.

Die Theorie des sozialen Lernens, formuliert von Albert Bandura, betont die Bedeutung von Beobachtung und Nachahmung im Lernprozess. In Unterstützungsgruppen können Mitglieder voneinander lernen, indem sie Erfahrungen teilen und bewährte Praktiken austauschen. Dies fördert nicht nur die persönliche Entwicklung, sondern auch die kollektive Stärke der Gruppe.

Herausforderungen bei der Bildung von Unterstützungsgruppen

Trotz ihrer Vorteile stehen Unterstützungsgruppen vor verschiedenen Herausforderungen:

+ **Ressourcenmangel:** Oft fehlt es an finanziellen Mitteln und Räumlichkeiten, um regelmäßige Treffen abzuhalten. Dies kann die Kontinuität und den Einfluss der Gruppe beeinträchtigen.

+ **Zugang und Sichtbarkeit:** Viele trans Personen haben möglicherweise keinen Zugang zu Informationen über bestehende Gruppen oder fühlen sich von der Gesellschaft ausgeschlossen. Dies kann die Rekrutierung neuer Mitglieder erschweren.

+ **Interne Konflikte:** Unterschiedliche Erfahrungen und Perspektiven innerhalb der Gruppe können zu Spannungen führen. Es ist wichtig, einen respektvollen und inklusiven Raum zu schaffen, um diese Konflikte zu lösen.

+ **Stigmatisierung:** Die Angst vor Diskriminierung oder Stigmatisierung kann dazu führen, dass sich potenzielle Mitglieder nicht öffnen oder an Gruppenaktivitäten teilnehmen.

Erfolgreiche Beispiele

Es gibt zahlreiche Beispiele für erfolgreiche Unterstützungsgruppen, die trans Personen und ihre Bedürfnisse ansprechen. Eine solche Gruppe ist *Trans Lifeline*, eine Hotline und Unterstützungsorganisation, die trans Personen in Notlagen hilft. Sie bietet nicht nur emotionale Unterstützung, sondern auch Ressourcen zur psychischen Gesundheit und rechtlichen Fragen.

Ein weiteres Beispiel ist die *Transgender Sports Network*, die sich auf die Förderung von trans Athleten konzentriert. Diese Organisation bietet Workshops, Trainingsmöglichkeiten und ein sicheres Umfeld für trans Sportler, um ihre Fähigkeiten zu entwickeln und sich gegenseitig zu unterstützen. Die Gruppe hat auch erfolgreich mit Sportverbänden zusammengearbeitet, um Richtlinien zu entwickeln, die die Teilnahme von trans Personen am Sport fördern.

Praktische Schritte zur Bildung von Unterstützungsgruppen

Um eine effektive Unterstützungsgruppe zu gründen, können folgende Schritte unternommen werden:

1. **Bedarfsermittlung:** Führen Sie Umfragen oder Interviews durch, um die Bedürfnisse der trans Community in Ihrer Region zu ermitteln.

2. **Ressourcen sichern:** Suchen Sie nach lokalen Organisationen, die bereit sind, Unterstützung zu leisten, sei es durch finanzielle Mittel oder durch Bereitstellung von Räumlichkeiten.

3. **Sichtbarkeit erhöhen:** Nutzen Sie soziale Medien und lokale Veranstaltungen, um die Gruppe bekannt zu machen und neue Mitglieder zu gewinnen.

4. **Inklusivität fördern:** Stellen Sie sicher, dass die Gruppe einen respektvollen und einladenden Raum bietet, in dem alle Mitglieder gehört werden.

5. **Regelmäßige Treffen:** Planen Sie regelmäßige Treffen, um den Austausch zu fördern und den Mitgliedern die Möglichkeit zu geben, sich aktiv einzubringen.

Schlussfolgerung

Die Bildung von Unterstützungsgruppen ist ein wesentlicher Bestandteil des trans-Aktivismus und der trans-Sport-Bewegung. Sie bieten nicht nur einen Raum für persönliche Entwicklung und Austausch, sondern stärken auch die Gemeinschaft und fördern das Bewusstsein für die Herausforderungen, mit denen trans Personen konfrontiert sind. Durch die Überwindung von Herausforderungen und die Implementierung bewährter Praktiken können

Unterstützungsgruppen einen bedeutenden Einfluss auf das Leben von trans Individuen und die Gesellschaft insgesamt ausüben. Die Zukunft des trans-Sports hängt von der Stärkung dieser Gemeinschaften und der Unterstützung der Stimmen, die sie repräsentieren, ab.

Verbindung zu anderen Aktivisten

Die Verbindung zu anderen Aktivisten ist ein entscheidender Aspekt im Leben von Elijah Nichols und spielt eine zentrale Rolle in seinem Engagement für die trans-Sport-Bewegung. Diese Verbindungen sind nicht nur eine Quelle der Unterstützung, sondern auch ein Weg, um Erfahrungen auszutauschen, Strategien zu entwickeln und die Sichtbarkeit der trans-Community zu erhöhen. In diesem Abschnitt werden wir die verschiedenen Dimensionen dieser Verbindungen untersuchen, einschließlich der Herausforderungen, die damit verbunden sind, sowie der positiven Auswirkungen, die sie auf Elijahs Aktivismus hatten.

Die Bedeutung von Netzwerken

Die Fähigkeit, Netzwerke zu bilden und zu pflegen, ist für jeden Aktivisten von großer Bedeutung. Elijah hat früh erkannt, dass der Austausch mit anderen Aktivisten, insbesondere innerhalb der LGBTQ-Community, eine Quelle der Inspiration und des Wissens ist. Diese Netzwerke bieten nicht nur emotionale Unterstützung, sondern auch praktische Ressourcen, die für den Aktivismus unerlässlich sind. Laut einer Studie von Smith et al. (2020) ist die soziale Unterstützung durch Gleichgesinnte entscheidend für die psychische Gesundheit und das Wohlbefinden von Aktivisten.

Gemeinsame Projekte und Initiativen

Elijah hat an mehreren gemeinsamen Projekten mit anderen Aktivisten teilgenommen, die sich für die Rechte von trans-Athleten einsetzen. Ein bemerkenswertes Beispiel ist die Initiative „Trans Athletes United", die von einer Gruppe von Aktivisten gegründet wurde, um die Sichtbarkeit von trans-Athleten zu erhöhen und sich gegen Diskriminierung im Sport einzusetzen. Diese Initiative hat es Elijah ermöglicht, seine Stimme zu erheben und gleichzeitig von den Erfahrungen anderer zu lernen.

Die Zusammenarbeit mit anderen Aktivisten hat auch dazu beigetragen, die Reichweite von Elijahs Botschaft zu erweitern. Durch gemeinsame Veranstaltungen und Workshops konnte er ein breiteres Publikum erreichen und das Bewusstsein für die Herausforderungen, mit denen trans-Athleten konfrontiert sind, schärfen. Diese kollektiven Bemühungen sind entscheidend, um die gesellschaftliche Akzeptanz zu fördern und politische Veränderungen herbeizuführen.

Herausforderungen in der Zusammenarbeit

Trotz der vielen Vorteile, die die Verbindung zu anderen Aktivisten mit sich bringt, gibt es auch Herausforderungen. Unterschiedliche Ansichten über Strategien und Prioritäten können zu Spannungen führen. Elijah hat erlebt, dass nicht alle Aktivisten die gleiche Vorstellung von Aktivismus haben, was manchmal zu Konflikten innerhalb von Gruppen führen kann. Diese Differenzen sind jedoch oft produktiv, da sie zu einem tieferen Verständnis der Komplexität der trans-Rechte und der verschiedenen Ansätze führen, die verfolgt werden können.

Ein Beispiel für solche Spannungen war die Diskussion über die Verwendung von sozialen Medien als Aktivismus-Tool. Während einige Aktivisten die Reichweite und den Einfluss von Social Media betonten, sahen andere darin eine oberflächliche Form des Aktivismus, die nicht zu nachhaltigen Veränderungen führt. Elijah hat gelernt, dass es wichtig ist, diese unterschiedlichen Perspektiven zu respektieren und einen Dialog zu fördern, um gemeinsame Ziele zu erreichen.

Einfluss von Vorbildern und Mentoren

Die Verbindung zu anderen Aktivisten hat Elijah auch die Möglichkeit gegeben, von erfahrenen Vorbildern und Mentoren zu lernen. Diese Beziehungen haben ihm nicht nur geholfen, seine Fähigkeiten als Aktivist zu entwickeln, sondern auch sein Verständnis für die Herausforderungen, mit denen trans-Athleten konfrontiert sind, zu vertiefen. Mentoren wie die bekannte Aktivistin und Sportlerin Alex Tran haben Elijah ermutigt, seine Stimme zu erheben und sich für die Rechte von trans-Athleten einzusetzen.

Diese Mentoren haben auch dazu beigetragen, Elijahs Selbstbewusstsein zu stärken und ihm zu zeigen, dass es möglich ist, in einer oft feindlichen Umgebung erfolgreich zu sein. Die Bedeutung von Vorbildern in der LGBTQ-Community kann nicht genug betont werden, da sie oft als Lichtblicke für junge Menschen dienen, die nach Identität und Zugehörigkeit suchen.

Die Rolle von Kunst und Kreativität

Ein weiterer Aspekt der Verbindung zu anderen Aktivisten ist die Rolle von Kunst und Kreativität im Aktivismus. Elijah hat mit Künstlern und Kreativen zusammengearbeitet, um die Botschaft der trans-Sport-Bewegung durch verschiedene Medien zu verbreiten. Diese Zusammenarbeit hat nicht nur dazu beigetragen, die Sichtbarkeit zu erhöhen, sondern auch eine Plattform für die Stimmen von trans-Athleten zu schaffen.

Künstlerische Projekte, wie z.B. Dokumentarfilme und Theateraufführungen, haben es Elijah ermöglicht, die Geschichten von trans-Athleten auf eine Weise zu erzählen, die emotional anspricht und zum Nachdenken anregt. Diese kreativen Ansätze haben sich als besonders effektiv erwiesen, um das Bewusstsein für die Herausforderungen zu schärfen, mit denen trans-Athleten konfrontiert sind, und um Empathie innerhalb der breiteren Gemeinschaft zu fördern.

Fazit

Die Verbindung zu anderen Aktivisten ist ein wesentlicher Bestandteil von Elijah Nichols' Reise als trans-Sport-Aktivist. Diese Netzwerke bieten Unterstützung, Inspiration und Möglichkeiten zur Zusammenarbeit, während sie gleichzeitig Herausforderungen und Spannungen mit sich bringen. Durch den Austausch von Erfahrungen, die Teilnahme an gemeinsamen Projekten und die Zusammenarbeit mit Mentoren hat Elijah nicht nur seine eigene Stimme gestärkt, sondern auch zur Stärkung der trans-Community beigetragen. In einer Zeit, in der die Sichtbarkeit und Rechte von trans-Athleten zunehmend in den Fokus rücken, bleibt die Verbindung zu anderen Aktivisten ein entscheidender Faktor für den Erfolg und die Nachhaltigkeit von Veränderungen im Sport und darüber hinaus.

Die Rolle von Kunst und Kreativität

Die Rolle von Kunst und Kreativität im Aktivismus, insbesondere im Kontext von Elijah Nichols und der trans-Sport-Bewegung, ist von entscheidender Bedeutung. Kunst hat die Fähigkeit, Emotionen auszudrücken, Geschichten zu erzählen und Gemeinschaften zu mobilisieren. Sie fungiert als ein kraftvolles Werkzeug, um Sichtbarkeit zu schaffen und die Stimmen von marginalisierten Gruppen zu stärken. In diesem Abschnitt werden wir die verschiedenen Dimensionen der Kunst und Kreativität im Aktivismus untersuchen, ihre Herausforderungen beleuchten und einige inspirierende Beispiele betrachten.

Kunst als Ausdrucksform

Kunst dient als ein Medium, durch das persönliche und kollektive Erfahrungen kommuniziert werden können. Für Elijah Nichols war die Kunst nicht nur ein Hobby, sondern ein essenzieller Bestandteil seiner Identität und seines Aktivismus. Durch verschiedene Kunstformen wie Malerei, Theater und Musik konnte er seine Gefühle und Gedanken über die Herausforderungen, mit denen er konfrontiert war, zum Ausdruck bringen. Kunst ermöglicht es Aktivisten, ihre Botschaften auf eine Weise zu vermitteln, die oft tiefere emotionale Resonanz erzeugt als traditionelle Kommunikationsformen.

Theoretische Grundlagen

Die Verbindung zwischen Kunst und Aktivismus wird in der Literatur häufig untersucht. Theoretiker wie Arlene Goldbard argumentieren, dass Kunst eine transformative Kraft hat, die es Individuen ermöglicht, ihre Realität zu hinterfragen und zu verändern. Goldbard beschreibt Kunst als ein Werkzeug, das nicht nur zur Unterhaltung dient, sondern auch als Katalysator für soziale Veränderungen fungiert. In diesem Sinne kann Kunst als eine Form des Widerstands betrachtet werden, die es den Menschen ermöglicht, ihre Stimmen zu erheben und gegen Ungerechtigkeiten zu kämpfen.

Herausforderungen der künstlerischen Ausdrucksformen

Trotz der positiven Aspekte, die Kunst im Aktivismus mit sich bringt, gibt es auch Herausforderungen. Künstlerische Ausdrucksformen sind oft von gesellschaftlichen Normen und Erwartungen eingeschränkt. In vielen Fällen sehen sich Künstler, die sich für LGBTQ-Rechte einsetzen, mit Zensur, Diskriminierung und finanziellen Schwierigkeiten konfrontiert. Diese Herausforderungen können die Sichtbarkeit und den Einfluss ihrer Arbeiten erheblich einschränken.

Ein Beispiel für solche Herausforderungen ist die Zensur von LGBTQ-Kunst in verschiedenen Ländern, wo Regierungen versuchen, die Darstellung von queeren Identitäten in der Kunst zu kontrollieren. Dies führt oft zu einem Verlust von kreativen Stimmen und einer Einschränkung der Vielfalt im künstlerischen Ausdruck.

Inspirierende Beispiele

Trotz dieser Herausforderungen gibt es zahlreiche Beispiele für Kunst, die im Aktivismus eine bedeutende Rolle spielt. Ein bemerkenswertes Beispiel ist die Performance-Kunst von Marina Abramović, die oft Themen wie Identität und Geschlechterrollen behandelt. Ihre Arbeiten fordern das Publikum heraus, über die eigenen Vorurteile nachzudenken und sich mit den Erfahrungen anderer auseinanderzusetzen.

Ein weiteres Beispiel ist die Organisation "Queer Art", die Künstler unterstützt, die sich mit LGBTQ-Themen auseinandersetzen. Sie bieten Plattformen für Künstler, um ihre Arbeiten zu präsentieren und fördern die Vernetzung innerhalb der Community. Solche Initiativen sind entscheidend, um die Sichtbarkeit von trans-Künstlern und ihren Arbeiten zu erhöhen.

Die Verbindung von Kunst und Aktivismus in Elijahs Arbeit

Elijah Nichols hat Kunst als ein zentrales Element seiner Aktivismusstrategie verwendet. Er hat Workshops organisiert, in denen trans-Athleten ihre Geschichten durch kreative Ausdrucksformen erzählen konnten. Diese Workshops fördern nicht nur das Selbstbewusstsein der Teilnehmer, sondern schaffen auch eine Gemeinschaft, in der Erfahrungen geteilt und Unterstützung angeboten wird.

Durch die Verwendung von Kunst in seinen Kampagnen hat Elijah es geschafft, die Aufmerksamkeit auf die Herausforderungen zu lenken, mit denen trans-Athleten konfrontiert sind. Seine kreativen Projekte haben nicht nur zur Sensibilisierung beigetragen, sondern auch zur Mobilisierung von Unterstützern und zur Förderung von Veränderungen in der Sportpolitik.

Fazit

Die Rolle von Kunst und Kreativität im Aktivismus ist unbestreitbar. Sie bietet nicht nur eine Plattform für den Ausdruck von Identität, sondern auch ein Werkzeug für soziale Veränderungen. Trotz der Herausforderungen, die Künstler im Aktivismus gegenüberstehen, bleibt die Kraft der Kunst, Gemeinschaften zu verbinden und die Sichtbarkeit von marginalisierten Stimmen zu erhöhen, von zentraler Bedeutung. Elijah Nichols' Arbeit ist ein herausragendes Beispiel dafür, wie Kunst effektiv genutzt werden kann, um wichtige gesellschaftliche Themen anzugehen und den trans-Sport aktiv zu fördern.

$$\text{Kunst} + \text{Aktivismus} = \text{Sichtbarkeit} + \text{Veränderung} \qquad (28)$$

Die Bedeutung von Netzwerken

In der heutigen Zeit sind Netzwerke für Aktivisten von entscheidender Bedeutung, insbesondere für diejenigen, die sich für die Rechte von trans-Athleten und die LGBTQ-Community einsetzen. Netzwerke bieten nicht nur Unterstützung und Ressourcen, sondern auch eine Plattform für den Austausch von Ideen und Strategien. Sie können als Katalysatoren für Veränderungen fungieren und helfen, die Sichtbarkeit und Akzeptanz von trans-Athleten im Sport zu erhöhen.

Theoretische Grundlagen

Die Theorie der sozialen Netzwerke, die von Wissenschaftlern wie Granovetter (1973) und Burt (1992) entwickelt wurde, zeigt, dass soziale Netzwerke die Verbreitung von Informationen und Ressourcen innerhalb einer Gemeinschaft erheblich beeinflussen. Granovetter argumentiert, dass schwache Bindungen, also Verbindungen zu Personen, die nicht zu den engsten Freunden gehören, oft entscheidend für den Zugang zu neuen Informationen und Gelegenheiten sind. In der LGBTQ-Community sind solche schwachen Bindungen von besonderer Bedeutung, da sie den Austausch von Erfahrungen und die Bildung breiterer Allianzen fördern können.

Probleme und Herausforderungen

Trotz der Vorteile von Netzwerken gibt es auch Herausforderungen, die es zu bewältigen gilt. Eine der größten Hürden ist die Fragmentierung innerhalb der LGBTQ-Community selbst. Unterschiedliche Identitäten und Erfahrungen können zu Spannungen führen, die die Zusammenarbeit und den Austausch von Ressourcen erschweren. Zudem können Marginalisierung und Diskriminierung innerhalb der Gemeinschaft dazu führen, dass sich einige Mitglieder isoliert fühlen und nicht in der Lage sind, von den Vorteilen eines Netzwerks zu profitieren.

Ein weiteres Problem ist der Zugang zu Ressourcen. Nicht alle trans-Athleten haben die gleichen Möglichkeiten, sich mit unterstützenden Netzwerken zu verbinden. Geografische Barrieren, finanzielle Einschränkungen und mangelnde Sichtbarkeit können dazu führen, dass einige Individuen ausgeschlossen werden.

Beispiele für erfolgreiche Netzwerke

Ein herausragendes Beispiel für ein erfolgreiches Netzwerk ist die Organisation „Trans Sport Allies", die von Elijah Nichols gegründet wurde. Diese Organisation hat es sich zur Aufgabe gemacht, trans-Athleten zu unterstützen und ihnen eine Stimme im Sport zu geben. Durch die Schaffung von Partnerschaften mit Sportverbänden und anderen LGBTQ-Organisationen hat „Trans Sport Allies" eine Plattform geschaffen, die es trans-Athleten ermöglicht, ihre Geschichten zu teilen und sich gegenseitig zu unterstützen.

Ein weiteres Beispiel ist das „LGBTQ Sports Network", das Athleten, Trainer und Unterstützer aus verschiedenen Sportarten zusammenbringt. Diese Plattform fördert nicht nur den Austausch von Informationen, sondern organisiert auch Veranstaltungen, die darauf abzielen, die Sichtbarkeit von LGBTQ-Athleten zu erhöhen und Diskriminierung im Sport zu bekämpfen.

Strategien zur Stärkung von Netzwerken

Um die Wirksamkeit von Netzwerken zu erhöhen, sollten mehrere Strategien in Betracht gezogen werden:

+ **Schaffung von inklusiven Räumen:** Es ist wichtig, Räume zu schaffen, in denen sich trans-Athleten wohl und sicher fühlen können, um ihre Erfahrungen und Herausforderungen zu teilen.

+ **Mentorship-Programme:** Die Einrichtung von Mentorship-Programmen kann jüngeren oder weniger erfahrenen Athleten helfen, von den Erfahrungen erfahrener Aktivisten zu profitieren und ihre eigenen Netzwerke auszubauen.

+ **Nutzung von sozialen Medien:** Die Verwendung von sozialen Medien zur Vernetzung und zum Austausch von Informationen kann die Reichweite und den Einfluss von Netzwerken erheblich erhöhen.

+ **Organisierung von Workshops und Veranstaltungen:** Durch die Organisation von Veranstaltungen, die sich auf Bildung und Aufklärung konzentrieren, können Netzwerke ihre Mitglieder stärken und die Sichtbarkeit der trans-Athleten erhöhen.

Fazit

Zusammenfassend lässt sich sagen, dass Netzwerke eine entscheidende Rolle im Aktivismus für trans-Athleten spielen. Sie bieten nicht nur Unterstützung und Ressourcen, sondern fördern auch den Austausch von Ideen und Strategien, die für den Erfolg im Aktivismus unerlässlich sind. Durch die Überwindung von Herausforderungen und die Implementierung effektiver Strategien können Netzwerke dazu beitragen, die Sichtbarkeit und Akzeptanz von trans-Athleten im Sport nachhaltig zu verbessern.

In einer Welt, in der Solidarität und Unterstützung unerlässlich sind, bleibt die Bedeutung von Netzwerken unbestritten. Sie sind das Rückgrat einer starken und vereinten Bewegung, die darauf abzielt, Gleichheit und Akzeptanz für alle Athleten zu fördern, unabhängig von ihrer Geschlechtsidentität.

Herausforderungen bei der Organisation

Die Organisation von Aktivismus-Events und -Initiativen ist ein komplexer Prozess, der mit einer Vielzahl von Herausforderungen verbunden ist. Diese Herausforderungen können in verschiedene Kategorien unterteilt werden, einschließlich finanzieller, logistischer, kommunikativer und sozialer Aspekte. Im Folgenden werden einige dieser Herausforderungen näher beleuchtet und durch relevante Theorien und Beispiele unterstützt.

Finanzielle Herausforderungen

Eine der größten Herausforderungen bei der Organisation von Aktivismus-Events ist die Finanzierung. Oftmals sind die verfügbaren Mittel begrenzt, was die Durchführung von Veranstaltungen erheblich einschränken kann. Theoretisch betrachtet, kann die Finanzierungsproblematik durch das Konzept der *Resource Dependence Theory* erklärt werden, das besagt, dass Organisationen auf externe Ressourcen angewiesen sind, um ihre Ziele zu erreichen. In der Praxis bedeutet dies, dass Aktivisten oft auf Spenden von Einzelpersonen oder Organisationen angewiesen sind.

Beispielsweise hatte Elijah Nichols mit der Gründung von „Trans Sport Allies" Schwierigkeiten, ausreichend Mittel zu beschaffen, um Programme und Veranstaltungen zu finanzieren. Diese finanziellen Engpässe führten dazu, dass einige geplante Projekte nicht realisiert werden konnten, was wiederum die Sichtbarkeit und Reichweite der Organisation beeinträchtigte.

Logistische Herausforderungen

Neben der finanziellen Unterstützung stellen logistische Herausforderungen eine erhebliche Hürde dar. Dazu gehören die Planung und Koordination von Veranstaltungen, die Auswahl geeigneter Standorte und die Sicherstellung der notwendigen Genehmigungen. Die *Chaos-Theorie* kann hier als nützliches Konzept dienen, um zu verdeutlichen, wie unvorhergesehene Ereignisse und Komplikationen den Verlauf von Veranstaltungen stören können.

Ein konkretes Beispiel ist die Organisation eines Sportturniers, bei dem unerwartet schlechtes Wetter auftrat. Die Veranstalter mussten schnell reagieren und die Veranstaltung in eine Halle verlegen, was zusätzliche Kosten und logistische Probleme mit sich brachte.

Kommunikative Herausforderungen

Die Kommunikation innerhalb der Organisation sowie nach außen ist entscheidend für den Erfolg von Aktivismus-Initiativen. Missverständnisse oder unklare Kommunikationsstrukturen können zu Verwirrung und Ineffizienz führen. Die *Communication Theory* hebt die Bedeutung von klaren Botschaften und der richtigen Zielgruppenansprache hervor.

Ein Beispiel dafür ist die Herausforderung, verschiedene Interessengruppen innerhalb der LGBTQ-Community zu erreichen. Unterschiedliche Gruppen haben unterschiedliche Bedürfnisse und Prioritäten, was die Kommunikation und das Messaging kompliziert macht. Elijah Nichols erlebte dies bei der Planung einer Kampagne, die sich an trans-Athleten richtete, während gleichzeitig die Anliegen von nicht-binären und gender-nonkonformen Personen berücksichtigt werden mussten.

Soziale Herausforderungen

Soziale Herausforderungen können sich ebenfalls negativ auf die Organisation von Aktivismus-Initiativen auswirken. Dazu gehören interne Konflikte, unterschiedliche Meinungen innerhalb des Teams und der Umgang mit externem Widerstand. Die *Social Identity Theory* kann hier helfen, zu verstehen, wie Gruppenzugehörigkeit und Identität das Verhalten von Individuen innerhalb einer Organisation beeinflussen.

Ein Beispiel ist der Widerstand, den Elijah und sein Team von konservativen Gruppen erfuhren, die gegen die Inklusion von trans-Athleten in den Sport kämpften. Solche Widerstände erforderten nicht nur strategische Planung, sondern auch die Fähigkeit, die eigene Community zu mobilisieren und zu stärken, um gegen diese Angriffe standzuhalten.

Zusammenfassung

Zusammenfassend lässt sich sagen, dass die Organisation von Aktivismus-Events und -Initiativen mit einer Vielzahl von Herausforderungen konfrontiert ist. Finanzielle, logistische, kommunikative und soziale Aspekte spielen eine entscheidende Rolle und erfordern eine sorgfältige Planung und Umsetzung. Die Theorien, die hier besprochen wurden, bieten wertvolle Einblicke in die Komplexität der Organisation und können als Leitfaden für zukünftige Initiativen dienen. Durch das Verständnis dieser Herausforderungen und die Entwicklung von Strategien zu deren Bewältigung können Aktivisten wie Elijah Nichols effektiver arbeiten und ihre Ziele erreichen.

Die Relevanz von Sichtbarkeit

Die Sichtbarkeit von trans-Athleten ist ein entscheidender Faktor im Kampf um Gleichheit und Akzeptanz innerhalb des Sports und der Gesellschaft insgesamt. Sichtbarkeit bedeutet nicht nur, dass trans-Personen in den Medien und bei sportlichen Veranstaltungen präsent sind, sondern auch, dass ihre Geschichten und Erfahrungen gehört und anerkannt werden. In dieser Sektion werden wir die theoretischen Grundlagen der Sichtbarkeit, die damit verbundenen Probleme und einige Beispiele für erfolgreiche Sichtbarkeit in der trans-Sport-Bewegung untersuchen.

Theoretische Grundlagen der Sichtbarkeit

Die Theorie der Sichtbarkeit ist eng mit den Konzepten von Identität und Repräsentation verbunden. Judith Butler, eine prominente Gender-Theoretikerin, argumentiert in ihrem Werk *Gender Trouble*, dass Geschlecht und Identität performativ sind und durch gesellschaftliche Normen und Erwartungen konstruiert werden. Sichtbarkeit ist daher ein Schlüssel zur Dekonstruktion dieser Normen, da sie es trans-Personen ermöglicht, ihre Identität zu zeigen und die bestehenden Geschlechterrollen in Frage zu stellen.

$$V = \frac{R}{C} \tag{29}$$

wobei V die Sichtbarkeit, R die Repräsentation und C die gesellschaftlichen Konstrukte sind, die die Sichtbarkeit von trans-Personen beeinflussen. Diese Gleichung verdeutlicht, dass eine höhere Repräsentation in den Medien und im Sport zu einer größeren Sichtbarkeit führen kann, was wiederum hilft, gesellschaftliche Vorurteile abzubauen.

Probleme der Sichtbarkeit

Trotz der Notwendigkeit und der Vorteile der Sichtbarkeit stehen trans-Athleten vor erheblichen Herausforderungen. Eine der größten Hürden ist die Diskriminierung, die oft in Form von Vorurteilen und Stereotypen auftritt. Diese Diskriminierung kann sowohl auf individueller als auch auf institutioneller Ebene stattfinden. Oft werden trans-Athleten nicht nur in ihrer sportlichen Leistung, sondern auch in ihrer Identität angegriffen, was zu einem Gefühl der Isolation und Unsicherheit führen kann.

Ein weiteres Problem ist die mediale Darstellung von trans-Personen. Häufig werden trans-Athleten entweder sensationalisiert oder auf ihre

Geschlechtsidentität reduziert, was zu einer verzerrten Wahrnehmung führt. Diese Art der Berichterstattung kann negative Stereotypen verstärken und die Sichtbarkeit von trans-Personen in einem schlechten Licht erscheinen lassen.

Beispiele für erfolgreiche Sichtbarkeit

Trotz dieser Herausforderungen gibt es zahlreiche Beispiele für erfolgreiche Sichtbarkeit von trans-Athleten, die als Inspiration und Hoffnung für die Community dienen können. Ein herausragendes Beispiel ist die Geschichte von Chris Mosier, einem trans Mann und erfolgreichen Triathleten, der als erster trans-Athlet in der Geschichte des Sports in einem Männer-Wettbewerb antrat. Mosier hat nicht nur seine sportlichen Fähigkeiten unter Beweis gestellt, sondern auch aktiv für die Rechte von trans-Athleten gekämpft und dabei die Sichtbarkeit für die trans-Community erhöht.

Ein weiteres Beispiel ist die Olympionikin Fallon Fox, die als erste offen trans Frau in der Mixed-Martial-Arts (MMA) Welt bekannt wurde. Ihre Karriere hat bedeutende Diskussionen über Geschlecht und Fairness im Sport angestoßen und die Sichtbarkeit von trans-Personen in der Sportwelt erheblich erhöht. Fox hat in Interviews und öffentlichen Auftritten betont, wie wichtig es ist, die Stimmen von trans-Athleten zu hören, um das Verständnis und die Akzeptanz in der Gesellschaft zu fördern.

Fazit

Die Relevanz von Sichtbarkeit kann nicht hoch genug eingeschätzt werden. Sie ist nicht nur entscheidend für die persönliche Identität und das Selbstbewusstsein von trans-Athleten, sondern auch für die gesellschaftliche Akzeptanz und das Verständnis von Geschlechtervielfalt im Sport. Durch die Schaffung von Plattformen und Räumen, in denen trans-Personen sichtbar sein können, können wir die bestehenden Stereotypen und Diskriminierungen abbauen und eine inklusivere Gesellschaft fördern. Es ist entscheidend, dass sowohl die Medien als auch die Sportverbände ihre Verantwortung wahrnehmen, um die Sichtbarkeit von trans-Athleten zu unterstützen und zu fördern. Nur so können wir eine gerechtere und gleichberechtigte Zukunft für alle Athleten schaffen.

Die Auswirkungen auf die Community

Die Auswirkungen von Elijah Nichols' Aktivismus auf die LGBTQ-Community sind vielschichtig und tiefgreifend. Durch seine Bemühungen, die Sichtbarkeit von trans-Athleten zu erhöhen und die Rechte von trans Personen im Sport zu fördern, hat er nicht nur das Bewusstsein für diese Themen geschärft, sondern auch eine Plattform geschaffen, auf der die Stimmen der Betroffenen gehört werden können. Diese Auswirkungen lassen sich in mehreren Bereichen analysieren:

Erhöhung der Sichtbarkeit

Ein zentraler Aspekt von Elijahs Aktivismus ist die Erhöhung der Sichtbarkeit von trans-Athleten. Sichtbarkeit ist ein kritischer Faktor für die Akzeptanz und das Verständnis innerhalb der breiteren Gesellschaft. Laut der *Theorie der sozialen Identität* (Tajfel & Turner, 1979) spielt die Zugehörigkeit zu einer Gruppe eine wesentliche Rolle im Selbstwertgefühl und in der Identität eines Individuums. Durch die Sichtbarmachung von trans-Athleten in den Medien und bei Sportveranstaltungen wird ein positives Bild dieser Identität gefördert, was wiederum das Selbstwertgefühl und die Akzeptanz innerhalb der Community stärkt.

Schaffung von Netzwerken

Elijah hat durch seine Initiativen, wie die Gründung von „Trans Sport Allies", ein Netzwerk geschaffen, das trans-Athleten und ihre Unterstützer miteinander verbindet. Netzwerke sind entscheidend für den Austausch von Informationen, Ressourcen und Unterstützung. Sie ermöglichen es Individuen, sich in einer oft feindlichen Umgebung zu organisieren. Diese Art von Unterstützung ist besonders wichtig, da trans Personen häufig mit Diskriminierung und Isolation konfrontiert sind. Laut einem Bericht der *Human Rights Campaign* (2020) fühlen sich trans Jugendliche, die Teil einer unterstützenden Community sind, eher in der Lage, ihre Identität zu leben und ihre Ziele zu verfolgen.

Einfluss auf die Politik

Elijahs Aktivismus hat auch politische Auswirkungen, da er sich aktiv für Gesetzesänderungen und Richtlinien einsetzt, die die Rechte von trans-Athleten schützen. Durch Lobbyarbeit und die Zusammenarbeit mit Sportverbänden hat er dazu beigetragen, dass trans-Athleten in vielen Sportarten anerkannt und akzeptiert werden. Ein Beispiel hierfür ist die Änderung der Richtlinien des Internationalen Olympischen Komitees (IOC) im Jahr 2021, die trans Athleten mehr Rechte und Möglichkeiten zur Teilnahme an Wettkämpfen einräumen. Diese Veränderungen können weitreichende Auswirkungen auf die Community haben, indem sie ein Gefühl der Zugehörigkeit und Akzeptanz fördern.

Psychologische Auswirkungen

Die psychologischen Auswirkungen von Elijahs Aktivismus sind ebenfalls nicht zu unterschätzen. Laut einer Studie von *Budge et al.* (2013) erleben trans Personen häufig hohe Raten von Angstzuständen und Depressionen, insbesondere wenn sie sich in einem nicht unterstützenden Umfeld befinden. Durch die Schaffung eines unterstützenden Netzwerks und die Erhöhung der Sichtbarkeit können trans Personen jedoch positive psychologische Effekte erleben. Diese Effekte zeigen sich in einer höheren Lebenszufriedenheit und einem stärkeren Gefühl der Identität. Elijahs Engagement hat dazu beigetragen, ein Umfeld zu schaffen, in dem trans Personen sich sicherer fühlen, ihre Identität auszudrücken.

Kulturelle Veränderungen

Elijahs Einfluss erstreckt sich auch auf die kulturellen Normen innerhalb der Sportgemeinschaft und der Gesellschaft insgesamt. Durch die Förderung von Inklusion und Diversität hat er dazu beigetragen, stereotype Vorstellungen von Geschlecht und Sport zu hinterfragen. Diese kulturellen Veränderungen sind entscheidend, um eine breitere Akzeptanz von trans Athleten zu erreichen. Die *Theory of Planned Behavior* (Ajzen, 1991) legt nahe, dass das Verhalten von Individuen stark von ihren Einstellungen, subjektiven Normen und wahrgenommenen Verhaltenskontrollen beeinflusst wird. Indem Elijah positive Beispiele für trans Athleten präsentiert, verändert er die Einstellungen der Gesellschaft und fördert eine akzeptierende Haltung.

Langfristige Auswirkungen

Die langfristigen Auswirkungen von Elijahs Aktivismus sind noch nicht vollständig absehbar, jedoch zeigen sich bereits erste positive Veränderungen. Die Erhöhung der Sichtbarkeit und die Schaffung von unterstützenden Netzwerken können dazu führen, dass zukünftige Generationen von trans Athleten in einem deutlich inklusiveren Umfeld aufwachsen. Darüber hinaus kann Elijahs Arbeit als Katalysator für weitere Veränderungen in der Gesellschaft fungieren, indem sie andere dazu inspiriert, sich ebenfalls für die Rechte von marginalisierten Gruppen einzusetzen.

Insgesamt lässt sich festhalten, dass Elijah Nichols' Aktivismus nicht nur unmittelbare Auswirkungen auf die trans-Community hat, sondern auch langfristige Veränderungen in der Gesellschaft bewirken kann. Durch die Erhöhung der Sichtbarkeit, die Schaffung von Netzwerken, den Einfluss auf die Politik, die Förderung psychologischer Gesundheit und die Veränderung kultureller Normen hat er einen bedeutenden Beitrag zur Verbesserung der Lebensrealitäten von trans Personen im Sport und darüber hinaus geleistet. Diese Veränderungen sind von entscheidender Bedeutung, um eine gerechtere und inklusivere Gesellschaft zu schaffen, in der alle Menschen, unabhängig von ihrer Geschlechtsidentität, die gleichen Chancen und Rechte genießen.

Der Einfluss von Sport auf Elijahs Leben

Sport als Ausdruck der Identität

Sport ist nicht nur ein physisches Betätigungsfeld, sondern auch ein Raum, in dem Identität geformt, ausgedrückt und verhandelt wird. Für viele Menschen, insbesondere für Mitglieder der LGBTQ-Community, spielt Sport eine entscheidende Rolle bei der Entwicklung und Festigung ihrer Identität. In diesem Abschnitt werden wir die verschiedenen Dimensionen untersuchen, in denen Sport als Ausdruck der Identität fungiert, die Herausforderungen, denen trans-Athleten gegenüberstehen, und einige Beispiele, die diese Dynamik verdeutlichen.

Theoretische Grundlagen

Die Verbindung zwischen Sport und Identität kann durch verschiedene theoretische Rahmenwerke verstanden werden. Eine zentrale Theorie ist die soziale Identitätstheorie, die von Henri Tajfel und John Turner entwickelt wurde. Diese Theorie besagt, dass Individuen ihre Identität stark durch die Gruppen definieren, denen sie angehören. Im Kontext des Sports können diese Gruppen sowohl auf nationaler als auch auf lokaler Ebene existieren und umfassen oft Geschlechter-, Ethnien- und sexuelle Identitäten.

$$I = \sum_{i=1}^{n} \alpha_i G_i \tag{30}$$

Hierbei steht I für die individuelle Identität, G_i für die verschiedenen Gruppen, denen eine Person angehört, und α_i für das Gewicht, das jede Gruppe für die Selbstdefinition des Individuums hat. Diese Gleichung verdeutlicht, dass die Identität eines Individuums aus einer Vielzahl von Gruppenmitgliedschaften besteht, die je nach Kontext unterschiedlich gewichtet werden.

Sport als Plattform zur Selbstentfaltung

Für viele trans-Athleten bietet der Sport eine Plattform, um ihre Identität zu erforschen und auszudrücken. Die Teilnahme an sportlichen Aktivitäten kann einen bedeutenden Beitrag zur Selbstakzeptanz leisten. Der Sport ermöglicht es den Athleten, sich nicht nur körperlich, sondern auch emotional und sozial zu entfalten. In einem Umfeld, das oft von Wettbewerb und Teamgeist geprägt ist, können trans-Athleten ein Gefühl der Zugehörigkeit und Akzeptanz erfahren.

Ein Beispiel hierfür ist der Fall von *Chris Mosier*, einem trans Mann und erfolgreichen Triathleten. Mosier hat nicht nur in seiner sportlichen Karriere bemerkenswerte Erfolge erzielt, sondern auch als Aktivist für die Rechte von trans-Athleten gewirkt. Er hat durch seine Teilnahme an Wettbewerben und seine öffentliche Sichtbarkeit dazu beigetragen, das Bewusstsein für die Herausforderungen zu schärfen, mit denen trans-Athleten konfrontiert sind.

Herausforderungen im Sport

Trotz der positiven Aspekte, die Sport für die Identitätsentwicklung bieten kann, stehen trans-Athleten vor erheblichen Herausforderungen. Diskriminierung, Vorurteile und mangelnde Akzeptanz sind häufige Probleme, die es trans-Athleten erschweren, ihren Platz im Sport zu finden. Die Teilnahme an Wettkämpfen wird oft durch strenge Richtlinien und Richtlinien der Sportverbände eingeschränkt, die nicht immer die Realität der trans-Erfahrung widerspiegeln.

Ein Beispiel ist die Debatte um die Teilnahme von trans Frauen an Frauenwettkämpfen. Viele Sportverbände haben Richtlinien implementiert, die auf dem Testosteronspiegel basieren, um sicherzustellen, dass trans Frauen nicht unfairen Vorteil im Wettbewerb haben. Diese Richtlinien sind jedoch umstritten und werfen Fragen zur Fairness und Inklusivität auf.

Sport als Ausdruck von Widerstand

Trotz dieser Herausforderungen nutzen viele trans-Athleten den Sport als Mittel des Widerstands. Durch ihre Teilnahme an Wettbewerben und die Sichtbarkeit, die sie erlangen, fordern sie die bestehenden Normen und kämpfen für ihre Rechte. Diese Form des Aktivismus kann sowohl auf individueller als auch auf kollektiver Ebene erfolgen.

Ein herausragendes Beispiel ist die *Transgender Athletic Coalition*, die sich für die Rechte von trans-Athleten einsetzt und deren Sichtbarkeit in der Sportwelt fördert. Durch Veranstaltungen, Workshops und Kampagnen hat die Coalition dazu beigetragen, das Bewusstsein für die Herausforderungen zu schärfen, mit denen trans-Athleten konfrontiert sind, und gleichzeitig eine unterstützende Gemeinschaft zu schaffen.

Fazit

Zusammenfassend lässt sich sagen, dass Sport ein kraftvolles Medium ist, durch das Identität geformt und ausgedrückt werden kann. Für trans-Athleten bietet der Sport nicht nur die Möglichkeit zur Selbstentfaltung, sondern auch eine Plattform für Aktivismus und Widerstand. Trotz der Herausforderungen, die sie im Sport erleben, bleibt die Bedeutung von Sport als Ausdruck der Identität unbestritten. Die fortwährenden Kämpfe und Erfolge von trans-Athleten sind ein Zeugnis für die transformative Kraft des Sports und seine Fähigkeit, Gemeinschaften zu bilden und Veränderungen herbeizuführen.

Die Bedeutung von Teamgeist

Der Teamgeist spielt eine entscheidende Rolle im Sport, insbesondere für trans-Athleten, die oft mit zusätzlichen Herausforderungen konfrontiert sind. Teamgeist wird als das Gefühl der Zusammengehörigkeit und des gemeinsamen Ziels innerhalb einer Gruppe definiert. In der Sportpsychologie wird Teamgeist als ein zentraler Faktor für den Erfolg und die Leistung eines Teams betrachtet. Er fördert nicht nur die Motivation, sondern auch die Resilienz der Athleten gegenüber äußeren und inneren Herausforderungen.

Theoretische Grundlagen

Die Theorie des Teamgeistes basiert auf verschiedenen psychologischen Konzepten, die die Dynamik innerhalb von Gruppen untersuchen. Eine zentrale Theorie ist die *Soziale Identitätstheorie* (Tajfel & Turner, 1979), die besagt, dass Individuen ihre Identität stark durch die Zugehörigkeit zu sozialen Gruppen definieren. Diese Zugehörigkeit kann das Selbstwertgefühl stärken und die Motivation erhöhen, insbesondere in einem unterstützenden Umfeld. Ein stark ausgeprägter Teamgeist kann zu höherer Teamkohäsion führen, was sich positiv auf die Leistung auswirkt.

Ein weiteres relevantes Konzept ist die *Motivationstheorie von Deci und Ryan* (1985), die zwischen intrinsischer und extrinsischer Motivation unterscheidet. Teamgeist fördert die intrinsische Motivation, da Athleten sich als Teil eines größeren Ganzen fühlen und ihre Leistungen nicht nur für sich selbst, sondern auch für ihre Teamkollegen erbringen möchten.

Herausforderungen für trans-Athleten

Für trans-Athleten kann der Aufbau von Teamgeist mit spezifischen Herausforderungen verbunden sein. Diskriminierung und Vorurteile innerhalb der Sportgemeinschaft können das Gefühl der Zugehörigkeit beeinträchtigen. Studien zeigen, dass trans-Athleten häufig das Gefühl haben, nicht vollständig akzeptiert zu werden, was ihre Leistung und ihr Engagement im Team negativ beeinflussen kann.

Ein Beispiel hierfür ist die Erfahrung von Elijah Nichols, der in einem traditionellen Sportumfeld mit Vorurteilen konfrontiert wurde. Trotz seiner sportlichen Fähigkeiten berichtete er von einem Mangel an Unterstützung durch Teamkollegen und Trainern, was zu einem Gefühl der Isolation führte. Diese Erfahrungen sind nicht einzigartig, sondern spiegeln die Realität vieler trans-Athleten wider.

Positive Beispiele und Strategien zur Förderung des Teamgeistes

Um den Teamgeist zu stärken, sind gezielte Maßnahmen erforderlich. Ein Beispiel für eine erfolgreiche Initiative ist das Programm *Inclusive Sports*, das darauf abzielt, trans-Athleten in bestehende Teams zu integrieren und ein unterstützendes Umfeld zu schaffen. Durch Workshops und Team-Building-Aktivitäten lernen die Athleten, Vorurteile abzubauen und Empathie füreinander zu entwickeln.

Ein weiterer Ansatz ist die Implementierung von Mentorship-Programmen, in denen erfahrene Athleten jüngeren trans-Athleten als Mentoren zur Seite stehen. Diese Programme fördern nicht nur den Teamgeist, sondern bieten auch eine Plattform für den Austausch von Erfahrungen und die Unterstützung bei der Identitätsfindung.

Die Rolle von Coaches und Führungspersönlichkeiten

Coaches spielen eine entscheidende Rolle bei der Förderung des Teamgeistes. Sie sollten eine inklusive Teamkultur schaffen, die Vielfalt wertschätzt und respektiert. Eine solche Kultur kann durch klare Kommunikation und das Setzen gemeinsamer Ziele erreicht werden. Coaches sollten auch darauf achten, dass alle Teammitglieder, unabhängig von ihrer Geschlechtsidentität, die gleichen Chancen erhalten, sich zu entfalten.

Ein Beispiel hierfür ist ein Coach, der regelmäßig Team-Meetings abhält, um die individuellen Bedürfnisse der Athleten zu besprechen und sicherzustellen, dass sich jeder gehört und respektiert fühlt. Diese offene Kommunikation trägt dazu bei, das Vertrauen innerhalb des Teams zu stärken und den Teamgeist zu fördern.

Fazit

Die Bedeutung von Teamgeist im Sport kann nicht überschätzt werden, insbesondere für trans-Athleten, die oft mit zusätzlichen Herausforderungen konfrontiert sind. Ein starker Teamgeist fördert nicht nur die individuelle Leistung, sondern auch die Resilienz und das Wohlbefinden der Athleten. Durch gezielte Maßnahmen, inklusive Programme und die Unterstützung von Coaches kann der Teamgeist gestärkt werden, was letztlich zu einer positiven und integrativen Sportumgebung führt. In einer Zeit, in der die Sichtbarkeit von trans-Athleten zunimmt, ist es entscheidend, dass Sportgemeinschaften aktiv daran arbeiten, ein unterstützendes Umfeld zu schaffen, in dem jeder Athlet die Möglichkeit hat, sein volles Potenzial zu entfalten.

Herausforderungen im Wettkampf

Die Herausforderungen, denen sich trans-Athleten im Wettkampf gegenübersehen, sind vielfältig und komplex. Diese Herausforderungen können sowohl physischer als auch psychologischer Natur sein und umfassen Aspekte wie Diskriminierung, gesundheitliche Probleme, Zugang zu Ressourcen sowie die Notwendigkeit, sich an wechselnde Richtlinien in Sportverbänden anzupassen.

Diskriminierung und Vorurteile

Trans-Athleten sehen sich häufig Diskriminierung und Vorurteilen ausgesetzt, die ihre Teilnahme an Wettkämpfen erheblich beeinträchtigen können. Diese Diskriminierung kann in verschiedenen Formen auftreten, darunter:

+ **Verbale Angriffe:** Viele trans-Athleten berichten von beleidigenden Kommentaren und Anfeindungen während Wettkämpfen. Diese Angriffe können das Selbstbewusstsein und die Leistung der Athleten negativ beeinflussen.

+ **Ausschluss von Wettbewerben:** Einige Sportverbände haben strenge Richtlinien, die trans-Athleten den Zugang zu bestimmten Wettkämpfen verwehren. Diese Regeln können auf der Annahme basieren, dass trans-Athleten einen unfairen Vorteil haben, was in vielen Fällen nicht durch wissenschaftliche Beweise gestützt wird.

Gesundheitliche Herausforderungen

Die körperlichen Veränderungen, die mit der Transition einhergehen, können ebenfalls Herausforderungen im Wettkampf darstellen. Trans-Athleten, die Hormonersatztherapie (HRT) in Anspruch nehmen, erleben häufig Veränderungen in ihrer körperlichen Leistungsfähigkeit. Diese Veränderungen können sowohl Vorteile als auch Nachteile mit sich bringen:

+ **Vorteile:** Einige trans-Frauen berichten von einer erhöhten Ausdauer und einer verbesserten Fähigkeit, Muskelmasse aufzubauen, nachdem sie mit HRT begonnen haben.

+ **Nachteile:** Andererseits kann die HRT auch zu einer Verringerung der Muskelkraft führen, was sich negativ auf die Wettkampfleistung auswirken kann. Die Anpassung an diese Veränderungen erfordert Zeit und Geduld.

Zugang zu Ressourcen

Der Zugang zu Trainingsressourcen und -einrichtungen stellt eine weitere Herausforderung für trans-Athleten dar. Oftmals sind Trainingsmöglichkeiten nicht auf die spezifischen Bedürfnisse von trans-Athleten ausgelegt. Dies kann folgende Aspekte betreffen:

+ **Inklusive Trainingsumgebungen:** Viele Sporteinrichtungen sind nicht auf die Bedürfnisse von trans-Athleten vorbereitet. Dies kann beispielsweise die Verfügbarkeit von geschlechtergerechten Umkleideräumen oder Toiletten umfassen.

+ **Trainingsressourcen:** Trans-Athleten haben möglicherweise Schwierigkeiten, Trainer zu finden, die über das Wissen und die Sensibilität verfügen, um ihre speziellen Bedürfnisse zu berücksichtigen. Dies kann zu einer suboptimalen Trainingsumgebung führen.

Wechselnde Richtlinien

Die Richtlinien für die Teilnahme von trans-Athleten am Wettkampf können sich häufig ändern, was zusätzliche Unsicherheiten mit sich bringt. Sportverbände haben unterschiedliche Kriterien für die Teilnahme von trans-Athleten, und diese können sich je nach den neuesten wissenschaftlichen Erkenntnissen oder gesellschaftlichen Entwicklungen ändern. Einige der häufigsten Probleme in diesem Zusammenhang sind:

+ **Unklare Richtlinien:** Viele trans-Athleten finden die Richtlinien, die ihre Teilnahme regeln, verwirrend und inkonsistent. Dies kann dazu führen, dass sie sich unsicher fühlen, ob sie an Wettkämpfen teilnehmen können.

+ **Wettbewerbsfähigkeit:** Die Unsicherheit über die Richtlinien kann auch die Wettbewerbsfähigkeit der Athleten beeinträchtigen. Wenn Athleten nicht sicher sind, ob sie die erforderlichen Kriterien erfüllen, kann dies ihre Motivation und ihr Engagement für den Sport verringern.

Psychologische Belastungen

Die psychologischen Belastungen, die mit dem Wettkampf als trans-Athlet einhergehen, sind nicht zu unterschätzen. Diese Belastungen können sich in verschiedenen Formen äußern:

+ **Leistungsangst:** Trans-Athleten können unter einer erhöhten Leistungsangst leiden, insbesondere wenn sie sich in einem Umfeld befinden, das nicht unterstützend oder inklusiv ist. Diese Angst kann ihre Leistung beeinträchtigen und zu einem Rückgang des Selbstwertgefühls führen.

+ **Identitätskonflikte:** Die ständige Auseinandersetzung mit der eigenen Identität im Kontext des Wettkampfs kann emotional belastend sein. Trans-Athleten müssen oft die Balance zwischen ihrer sportlichen Identität und ihrer Geschlechtsidentität finden, was zu inneren Konflikten führen kann.

Beispiele aus der Praxis

Ein bemerkenswertes Beispiel für die Herausforderungen, denen trans-Athleten gegenüberstehen, ist die Geschichte von *Chris Mosier*, einem trans-Mann und erfolgreichen Triathleten. Mosier war der erste trans-Athlet, der sich für die Teilnahme an den Weltmeisterschaften im Duathlon qualifizierte. Trotz seiner Erfolge sah er sich jedoch mit zahlreichen Herausforderungen konfrontiert, darunter:

+ **Diskriminierung:** Mosier berichtete von Diskriminierungserfahrungen während Wettkämpfen und von der Notwendigkeit, seine Identität ständig zu verteidigen.

◆ **Politische Kämpfe:** Er engagierte sich aktiv in der Politik, um die Richtlinien für trans-Athleten zu ändern, und setzte sich für mehr Inklusion im Sport ein.

Zusammenfassend lässt sich sagen, dass trans-Athleten im Wettkampf mit einer Vielzahl von Herausforderungen konfrontiert sind, die ihre Leistung und ihr Wohlbefinden beeinträchtigen können. Die Überwindung dieser Herausforderungen erfordert nicht nur persönliche Stärke, sondern auch gesellschaftliche Unterstützung und Veränderungen in der Sportpolitik. Der Kampf um Gleichheit und Akzeptanz im Sport ist noch lange nicht vorbei, aber die Stimmen und Geschichten von trans-Athleten wie Elijah Nichols und Chris Mosier tragen dazu bei, das Bewusstsein zu schärfen und Veränderungen voranzutreiben.

Sportliche Erfolge und Misserfolge

Elijah Nichols' Reise im Sport war geprägt von einer Vielzahl an Erfolgen und Misserfolgen, die nicht nur seine persönliche Entwicklung, sondern auch seine Rolle als Aktivist für trans-Sportrechte maßgeblich beeinflussten. In diesem Abschnitt werden wir die wichtigsten sportlichen Errungenschaften sowie die Herausforderungen und Rückschläge, die Elijah auf seinem Weg erlebte, beleuchten.

Erfolge im Sport

Elijahs sportliche Karriere begann in der Schulzeit, wo er sich schnell als talentierter Leichtathlet hervortat. Seine ersten Erfolge erzielte er in der Disziplin des Sprintens, wo er bei regionalen Wettkämpfen zahlreiche Medaillen gewann. Diese frühen Erfolge waren entscheidend für sein Selbstbewusstsein und halfen ihm, seine Identität als trans-Athlet zu akzeptieren. Ein bemerkenswerter Moment war der Gewinn der Goldmedaille bei den Landesmeisterschaften, wo er nicht nur seine sportlichen Fähigkeiten unter Beweis stellte, sondern auch als Vorbild für andere trans-Jugendliche fungierte.

$$\text{Leistung} = \frac{\text{Distanz}}{\text{Zeit}} \tag{31}$$

Diese einfache Formel verdeutlicht, wie Elijahs Trainingsdisziplin und Engagement zu seinen Erfolgen führten. Durch konsequentes Training und die Unterstützung von Coaches konnte er seine Zeiten kontinuierlich verbessern und sich so einen Platz in der regionalen Sportgemeinschaft sichern.

Herausforderungen und Misserfolge

Trotz seiner Erfolge hatte Elijah mit zahlreichen Herausforderungen zu kämpfen. Ein bedeutender Rückschlag ereignete sich während eines wichtigen Wettkampfs, als er aufgrund von Diskriminierung und Vorurteilen gegen trans-Athleten mit psychischen Belastungen zu kämpfen hatte. Diese Erfahrungen führten zu einem vorübergehenden Rückgang seiner Leistungen, was ihn dazu brachte, eine Pause vom Wettkampfsport einzulegen.

Ein Beispiel für einen solchen Rückschlag war die Teilnahme an einem nationalen Wettkampf, bei dem Elijah aufgrund seiner Identität diskriminiert wurde. Diese Erfahrungen sind nicht nur für ihn persönlich, sondern auch für viele andere trans-Athleten von Bedeutung, da sie die existierenden Barrieren im Sport verdeutlichen.

Einfluss der Misserfolge auf den Aktivismus

Die Misserfolge, die Elijah erlebte, hatten einen tiefgreifenden Einfluss auf seinen Aktivismus. Anstatt sich von den Rückschlägen entmutigen zu lassen, nutzte er diese Erfahrungen, um auf die Herausforderungen aufmerksam zu machen, mit denen trans-Athleten konfrontiert sind. Er begann, Workshops und Seminare zu organisieren, um das Bewusstsein für Diskriminierung im Sport zu schärfen und andere trans-Athleten zu ermutigen, ihre Geschichten zu teilen.

Elijahs Engagement führte zur Gründung von „Trans Sport Allies", einer Organisation, die sich für die Rechte von trans-Athleten einsetzt. Durch die Verbindung seiner sportlichen Erfahrungen mit seinem Aktivismus konnte er nicht nur seine eigene Resilienz stärken, sondern auch eine Plattform für andere schaffen, um ihre Stimmen zu erheben.

Schlussfolgerung

Insgesamt zeigt Elijahs Reise im Sport, dass Erfolge und Misserfolge eng miteinander verbunden sind. Während seine sportlichen Erfolge ihm halfen, Selbstvertrauen zu gewinnen und als Vorbild zu fungieren, waren es die Herausforderungen, die ihn motivierten, sich für die Rechte von trans-Athleten einzusetzen. Diese duale Perspektive auf sportliche Erfolge und Misserfolge ist entscheidend für das Verständnis der komplexen Realität, in der sich trans-Athleten bewegen.

Die Reflexion über seine Erfahrungen hat nicht nur Elijah geprägt, sondern auch einen bedeutenden Einfluss auf die trans-Sportbewegung insgesamt. Durch die Anerkennung der Herausforderungen und das Feiern der Erfolge schafft Elijah eine inklusive und unterstützende Umgebung für zukünftige Generationen von Athleten.

Die Vision für die Zukunft

Die Vision für die Zukunft von Elijah Nichols und die trans-Sport-Bewegung ist geprägt von der Hoffnung auf eine inklusive und gerechte Gesellschaft, in der alle Athleten, unabhängig von ihrer Geschlechtsidentität, die gleichen Chancen und Rechte im Sport genießen. Diese Vision basiert auf mehreren Grundpfeilern, die sowohl theoretische als auch praktische Aspekte des Aktivismus und der sozialen Gerechtigkeit umfassen.

Inklusion im Sport

Ein zentrales Element von Elijahs Vision ist die vollständige Inklusion von trans-Athleten in alle Sportarten und Wettbewerbe. Die Theorie der sozialen Gerechtigkeit, insbesondere das Konzept der *Gleichheit der Chancen*, spielt hier eine entscheidende Rolle. Laut dieser Theorie sollten alle Individuen, unabhängig von Geschlecht, Rasse oder sexueller Orientierung, die gleichen Möglichkeiten haben, ihre Talente und Fähigkeiten zu entfalten. Dies bedeutet, dass Sportverbände und -organisationen Richtlinien entwickeln müssen, die Diskriminierung verhindern und die Teilnahme von trans-Athleten fördern.

Politische und gesellschaftliche Veränderungen

Um diese Vision zu verwirklichen, sind politische Veränderungen unerlässlich. Elijah betont die Notwendigkeit, dass Gesetzgeber und Sportverbände aktiv an der Schaffung von Richtlinien arbeiten, die die Rechte von trans-Athleten schützen. Ein Beispiel hierfür ist die Einführung von Antidiskriminierungsgesetzen, die speziell auf den Sport abzielen. Diese Gesetze sollten sicherstellen, dass trans-Athleten nicht aufgrund ihrer Identität benachteiligt werden, was auch durch die *Theorie der strukturellen Diskriminierung* unterstützt wird, die besagt, dass gesellschaftliche Strukturen oft Ungleichheiten perpetuieren.

Bildung und Aufklärung

Ein weiterer wichtiger Aspekt von Elijahs Vision ist die Förderung von Bildung und Aufklärung über trans-Themen innerhalb der Sportgemeinschaft. Die *Theorie des sozialen Lernens* legt nahe, dass Individuen durch Beobachtung und Interaktion mit anderen lernen. Daher sollten Workshops, Seminare und Schulungen für

Trainer, Athleten und Funktionäre angeboten werden, um ein besseres Verständnis für die Herausforderungen und Bedürfnisse von trans-Athleten zu schaffen. Ein Beispiel für solche Programme ist die Initiative „Train the Trainer", die darauf abzielt, Führungskräfte im Sport über die Bedeutung von Diversität und Inklusion zu sensibilisieren.

Technologische Innovationen

Die Integration von Technologie in den Sport kann ebenfalls zur Verwirklichung von Elijahs Vision beitragen. Durch die Nutzung von digitalen Plattformen können trans-Athleten ihre Geschichten teilen, Netzwerke bilden und sich gegenseitig unterstützen. Die *Theorie der sozialen Medien* zeigt, dass Online-Plattformen nicht nur zur Vernetzung, sondern auch zur Mobilisierung von Gemeinschaften genutzt werden können. Ein Beispiel ist die Nutzung von Social Media für Kampagnen, die auf die Herausforderungen von trans-Athleten aufmerksam machen, wie die #TransAthleteMovement, die eine breite Unterstützung und Sichtbarkeit für trans-Athleten geschaffen hat.

Langfristige Ziele und Strategien

Elijahs langfristige Ziele umfassen die Schaffung eines Umfelds, in dem trans-Athleten nicht nur akzeptiert, sondern auch gefeiert werden. Dies erfordert eine kontinuierliche Zusammenarbeit mit Sportverbänden, politischen Entscheidungsträgern und der breiten Öffentlichkeit. Strategien zur Weiterentwicklung könnten die Entwicklung von spezifischen Programmen zur Unterstützung von trans-Athleten im Wettkampf sowie die Schaffung von Stipendien und Förderprogrammen umfassen, die sich an trans-Jugendliche richten.

Die Rolle der Community

Die Community spielt eine entscheidende Rolle in Elijahs Vision. Die *Theorie des sozialen Kapitals* besagt, dass soziale Netzwerke und Gemeinschaften einen bedeutenden Einfluss auf das individuelle und kollektive Wohlbefinden haben. Daher ist es wichtig, dass trans-Athleten Zugang zu Unterstützungsnetzwerken haben, die ihnen helfen, Herausforderungen zu bewältigen und ihre Ziele zu erreichen. Veranstaltungen, die die Sichtbarkeit von trans-Athleten fördern, wie der „Trans Sports Day", können dazu beitragen, ein Gefühl der Zugehörigkeit und Unterstützung zu schaffen.

Schlussfolgerung

Die Vision für die Zukunft, die Elijah Nichols verkörpert, ist eine von Hoffnung und Entschlossenheit. Sie basiert auf den Prinzipien der Inklusion, Bildung, technologischen Innovation und der Stärke der Community. Mit einem klaren Fokus auf die Schaffung gerechter Bedingungen für alle Athleten, unabhängig von ihrer Geschlechtsidentität, strebt Elijah danach, eine Welt zu gestalten, in der jeder die Möglichkeit hat, im Sport erfolgreich zu sein. Diese Vision ist nicht nur eine Herausforderung, sondern auch ein Aufruf zur Aktion für alle, die an einer gerechteren Gesellschaft interessiert sind. Es ist die Verantwortung jedes Einzelnen, diese Vision zu unterstützen und aktiv zur Veränderung beizutragen.

Die Rolle von Coaches

Die Rolle von Coaches im Leben von trans-Athleten ist von entscheidender Bedeutung, sowohl für die sportliche Entwicklung als auch für die persönliche Identität. Coaches sind oft nicht nur Trainer, sondern auch Mentoren, die eine Schlüsselrolle bei der Förderung von Inklusion und Akzeptanz im Sport spielen. Ihre Unterstützung kann den Unterschied zwischen Erfolg und Misserfolg für Athleten ausmachen, die sich in einem oft feindlichen Umfeld behaupten müssen.

Theoretische Grundlagen

In der Sportpsychologie wird häufig das Konzept des *Mentoring* hervorgehoben, das als eine Beziehung beschrieben wird, in der erfahrene Coaches jüngere Athleten unterstützen, um deren Potenzial zu maximieren. Laut Kram (1985) umfasst Mentoring zwei Hauptdimensionen: die berufliche Entwicklung und die psychosoziale Unterstützung. Für trans-Athleten ist die psychosoziale Unterstützung besonders wichtig, da sie oft mit Herausforderungen konfrontiert sind, die über die sportliche Leistung hinausgehen.

$$\text{Mentoring-Effekte} = \text{Berufliche Unterstützung} + \text{Psychosoziale Unterstützung} \tag{32}$$

Diese Gleichung verdeutlicht, dass die Unterstützung durch Coaches nicht nur auf technische Fähigkeiten abzielt, sondern auch auf die emotionale und soziale Entwicklung der Athleten.

Herausforderungen für Coaches

Coaches stehen vor einer Vielzahl von Herausforderungen, wenn sie trans-Athleten unterstützen. Eine der größten Hürden ist das Vorurteil, das in vielen Sportarten und Gesellschaften vorherrscht. Oft haben Coaches selbst Vorurteile oder unzureichendes Wissen über trans-Themen, was zu Missverständnissen und Diskriminierung führen kann.

Ein Beispiel für solche Herausforderungen ist die Unsicherheit, wie man mit Fragen der Geschlechtsidentität umgeht. Coaches könnten sich unsicher fühlen, wie sie trans-Athleten ansprechen oder welche Pronomen sie verwenden sollen. Diese Unsicherheit kann das Vertrauen zwischen Coach und Athlet beeinträchtigen, was wiederum die Leistung und das Wohlbefinden des Athleten negativ beeinflussen kann.

Positive Beispiele und Best Practices

Trotz der Herausforderungen gibt es viele positive Beispiele, wie Coaches trans-Athleten erfolgreich unterstützen können. Ein herausragendes Beispiel ist der Fall von *Chris Mosier*, einem trans-Mann und Athleten, der in der Triathlon-Community bekannt ist. Mosier hat nicht nur an Wettkämpfen teilgenommen, sondern auch Coaches und Sportverbände geschult, um ein besseres Verständnis für die Bedürfnisse von trans-Athleten zu fördern.

Ein weiteres Beispiel ist die Initiative *TransAthlete*, die Coaches Ressourcen und Schulungen anbietet, um die Inklusion von trans-Athleten im Sport zu verbessern. Diese Programme konzentrieren sich auf die Sensibilisierung für Geschlechtsidentität, den respektvollen Umgang mit Athleten und die Schaffung eines unterstützenden Umfelds.

Empfehlungen für Coaches

Um die Rolle von Coaches zu stärken und eine positive Umgebung für trans-Athleten zu schaffen, sollten folgende Empfehlungen beachtet werden:

- **Fortbildung und Sensibilisierung:** Coaches sollten an Schulungen teilnehmen, die sich mit Geschlechtsidentität und den spezifischen Bedürfnissen von trans-Athleten befassen.

- **Offene Kommunikation:** Es ist wichtig, eine offene und respektvolle Kommunikation zu fördern, in der Athleten ermutigt werden, ihre Identität und Bedürfnisse auszudrücken.

- **Inklusion im Team:** Coaches sollten Strategien entwickeln, um ein inklusives Teamumfeld zu schaffen, in dem alle Athleten unabhängig von ihrer Geschlechtsidentität akzeptiert werden.

- **Mentoring-Programme:** Die Implementierung von Mentoring-Programmen kann trans-Athleten helfen, sich in der Sportgemeinschaft zu orientieren und Unterstützung von erfahrenen Athleten zu erhalten.

Fazit

Die Rolle von Coaches ist entscheidend für die Entwicklung und das Wohlbefinden von trans-Athleten. Durch Bildung, Sensibilisierung und die Schaffung eines unterstützenden Umfelds können Coaches dazu beitragen, Barrieren abzubauen und eine positive sportliche Erfahrung für alle Athleten zu gewährleisten. Indem sie sich aktiv für Inklusion und Akzeptanz einsetzen, können Coaches nicht nur den sportlichen Erfolg ihrer Athleten fördern, sondern auch deren persönliche Entwicklung und Identität unterstützen. Die Zukunft des trans-Sports hängt stark von der Bereitschaft der Coaches ab, sich weiterzubilden und sich für eine gerechtere und inklusivere Sportlandschaft einzusetzen.

Die Bedeutung von Training

Training spielt eine entscheidende Rolle im Leben von Athleten, insbesondere für trans-Athleten, die sich nicht nur sportlichen Herausforderungen stellen, sondern auch den zusätzlichen Hürden der Identität und Akzeptanz. In diesem Abschnitt werden wir die verschiedenen Dimensionen des Trainings untersuchen, einschließlich der physischen, psychischen und sozialen Aspekte, die für den Erfolg im Sport von Bedeutung sind.

Physische Dimension des Trainings

Die physische Dimension des Trainings umfasst die Entwicklung von Kraft, Ausdauer, Flexibilität und Geschicklichkeit. Diese Aspekte sind für jeden Sportler von zentraler Bedeutung, jedoch besonders für trans-Athleten, die oft mit dem Druck kämpfen, sich in einem Umfeld zu beweisen, das möglicherweise nicht immer unterstützend ist.

Die Trainingsmethoden variieren je nach Sportart, aber einige grundlegende Prinzipien sind universell anwendbar. Ein Beispiel ist das **Wettkampftraining**, das auf spezifische Ziele ausgerichtet ist, um die Leistung zu maximieren. Die **Trainingsbelastung** kann durch die folgende Gleichung beschrieben werden:

$$\text{Trainingsbelastung} = \text{Intensität} \times \text{Dauer} \tag{33}$$

Hierbei ist die Intensität der Grad der Anstrengung, während die Dauer die Zeit ist, die für das Training aufgewendet wird. Für trans-Athleten ist es wichtig, eine Balance zwischen der Trainingsbelastung und der Regeneration zu finden, um Verletzungen zu vermeiden und die körperliche Gesundheit zu fördern.

Psychische Dimension des Trainings

Die psychische Dimension des Trainings ist ebenso wichtig wie die physische. Sportpsychologie spielt eine zentrale Rolle im Training, da Athleten mentale Stärke und Resilienz entwickeln müssen, um mit Druck und Herausforderungen umzugehen. Trans-Athleten können sich mit zusätzlichen psychischen Belastungen konfrontiert sehen, wie etwa der Angst vor Diskriminierung oder der Sorge um die Akzeptanz in ihrem Team.

Techniken wie **Visualisierung** und **Achtsamkeit** können helfen, die mentale Stärke zu fördern. Visualisierung beinhaltet das mentale Durchspielen von Wettkämpfen oder Trainingseinheiten, um das Selbstvertrauen zu stärken und die Leistung zu verbessern. Achtsamkeit hingegen fördert die Konzentration und hilft, Stress abzubauen. Eine Studie von Vealey et al. (2016) zeigt, dass Athleten, die regelmäßig Achtsamkeitsübungen praktizieren, eine signifikante Verbesserung ihrer sportlichen Leistung und ihres Wohlbefindens erfahren.

Soziale Dimension des Trainings

Die soziale Dimension des Trainings ist von großer Bedeutung, insbesondere für trans-Athleten, die möglicherweise mit Isolation und Vorurteilen kämpfen. Ein unterstützendes Umfeld kann den Unterschied zwischen Erfolg und Misserfolg ausmachen. Teamgeist und Kameradschaft sind entscheidend, um ein Gefühl der Zugehörigkeit zu schaffen.

Gruppentraining und Teamaktivitäten fördern nicht nur die sportliche Leistung, sondern auch den sozialen Zusammenhalt. Ein Beispiel hierfür ist die **Bildung von Unterstützungsgruppen**, in denen trans-Athleten ihre Erfahrungen austauschen und sich gegenseitig ermutigen können. Solche Gruppen können eine wichtige Rolle dabei spielen, das Selbstbewusstsein zu stärken und das Gefühl der Isolation zu verringern.

Herausforderungen im Training

Trotz der positiven Aspekte des Trainings stehen trans-Athleten vor spezifischen Herausforderungen. Diskriminierung und Vorurteile im Sport können sich negativ auf die Motivation und das Engagement auswirken. Es ist wichtig, dass Trainer und Sportverbände ein inklusives Umfeld schaffen, in dem alle Athleten die gleichen Chancen haben, unabhängig von ihrer Geschlechtsidentität.

Ein Beispiel für eine solche Herausforderung ist der Zugang zu geeigneten Trainingsressourcen. Trans-Athleten benötigen möglicherweise spezielle Unterstützung bei der Anpassung ihrer Trainingsprogramme, um den physischen Veränderungen während der Transition gerecht zu werden. Dies kann zusätzliche Schulungen für Trainer und Sportorganisationen erforderlich machen, um sicherzustellen, dass sie die Bedürfnisse von trans-Athleten verstehen und respektieren.

Schlussfolgerung

Zusammenfassend lässt sich sagen, dass Training eine fundamentale Rolle im Leben von trans-Athleten spielt. Es geht nicht nur darum, physische Fähigkeiten zu entwickeln, sondern auch um die Stärkung der mentalen und sozialen Aspekte, die für den Erfolg im Sport entscheidend sind. Durch die Schaffung eines unterstützenden und inklusiven Umfelds können Trainer und Sportverbände dazu beitragen, dass trans-Athleten ihr volles Potenzial ausschöpfen und ihre Ziele erreichen. Die Herausforderungen, die sie überwinden müssen, sind nicht nur persönliche, sondern auch gesellschaftliche, und es liegt an uns allen, diese Barrieren abzubauen und eine gerechtere Sportwelt zu schaffen.

Persönliche Rekorde und Ziele

Elijah Nichols hat im Laufe seiner sportlichen und aktivistischen Karriere zahlreiche persönliche Rekorde aufgestellt und ehrgeizige Ziele verfolgt. Diese Rekorde sind nicht nur ein Maß für seine sportliche Leistung, sondern auch ein Symbol für seine Entschlossenheit und seinen Kampf für die Rechte von trans-Athleten. In diesem Abschnitt werden wir die Bedeutung dieser Rekorde und Ziele näher betrachten, die Herausforderungen, die Elijah auf seinem Weg begegnet sind, sowie die Theorien, die hinter der Setzung und Erreichung solcher Ziele stehen.

Die Bedeutung persönlicher Rekorde

Persönliche Rekorde sind für Athleten von zentraler Bedeutung, da sie sowohl die körperlichen als auch die mentalen Grenzen eines Individuums widerspiegeln. Für Elijah repräsentieren seine Rekorde nicht nur individuelle Erfolge, sondern auch einen Weg, um die Sichtbarkeit und Akzeptanz von trans-Athleten im Sport zu fördern. Ein bemerkenswerter Rekord, den Elijah aufgestellt hat, ist der schnellste Lauf über 400 Meter in seiner Altersgruppe, den er in einer Zeit von 52,34 Sekunden absolvierte. Dieser Rekord wurde nicht nur von seinen Mitstreitern anerkannt, sondern auch von verschiedenen Sportverbänden, die die Bedeutung von Vielfalt im Sport betonen.

Zielsetzungstheorie

Die Zielsetzungstheorie, die von Edwin Locke und Gary Latham entwickelt wurde, besagt, dass spezifische und herausfordernde Ziele die Leistung steigern können. Elijah hat diese Theorie in seiner eigenen Karriere angewendet, indem er sich klare, messbare Ziele gesetzt hat. Zu Beginn seiner Karriere legte er sich das Ziel, innerhalb von zwei Jahren an den nationalen Meisterschaften teilzunehmen. Dieses Ziel war nicht nur ehrgeizig, sondern auch spezifisch und messbar, was ihm half, fokussiert zu bleiben und seine Fortschritte regelmäßig zu überprüfen.

Herausforderungen auf dem Weg zu den Zielen

Der Weg zur Erreichung seiner persönlichen Rekorde war jedoch nicht ohne Herausforderungen. Elijah sah sich während seiner Transition mit zahlreichen physischen und emotionalen Hürden konfrontiert. Ein Beispiel ist die Zeit, in der er mit den Nebenwirkungen der Hormontherapie kämpfte, die seine Ausdauer und Leistungsfähigkeit beeinflussten. Diese Herausforderungen führten zu Rückschlägen, die Elijah jedoch als Gelegenheiten zur persönlichen Weiterentwicklung betrachtete.

Ein weiterer bedeutender Rückschlag war die Diskriminierung, die er in verschiedenen Sportumgebungen erlebte. Diese Erfahrungen führten dazu, dass Elijah nicht nur für seine eigenen Rechte kämpfte, sondern auch für die Rechte anderer trans-Athleten. Diese doppelte Herausforderung – die eigenen sportlichen Ziele zu verfolgen und gleichzeitig für Gleichheit zu kämpfen – machte seine Reise besonders bemerkenswert.

Die Rolle der Unterstützung

Die Unterstützung durch die Community war entscheidend für Elijahs Erfolg. Er erhielt nicht nur Rückhalt von Freunden und Familie, sondern auch von anderen Athleten und Organisationen, die sich für die Rechte von LGBTQ+-Personen einsetzen. Diese Unterstützung half ihm, seine persönlichen Rekorde zu erreichen und seine Ziele zu verwirklichen. Ein Beispiel hierfür ist die Gründung von Trainingsgruppen, in denen trans-Athleten gemeinsam trainieren und sich gegenseitig motivieren konnten. Diese Gemeinschaftsbildung förderte nicht nur den sportlichen Erfolg, sondern auch das Gefühl der Zugehörigkeit und Akzeptanz.

Ziele für die Zukunft

Elijah hat auch ehrgeizige Ziele für die Zukunft. Eines seiner Hauptziele ist es, an internationalen Wettkämpfen teilzunehmen und die Sichtbarkeit von trans-Athleten auf dieser Plattform zu erhöhen. Er plant, sich auf die Olympischen Spiele vorzubereiten, was nicht nur eine persönliche Herausforderung darstellt, sondern auch eine Möglichkeit, die Stimmen von trans-Athleten weltweit zu stärken.

Ein weiteres Ziel ist die Entwicklung von Programmen, die trans-Athleten unterstützen, ihre eigenen Rekorde zu setzen und ihre Ziele zu erreichen. Elijah ist überzeugt, dass durch Bildung und Unterstützung die nächste Generation von Athleten ermutigt werden kann, ihre Träume zu verfolgen, unabhängig von Geschlecht oder Identität.

Schlussfolgerung

Zusammenfassend lässt sich sagen, dass die persönlichen Rekorde und Ziele von Elijah Nichols nicht nur seine sportlichen Fähigkeiten widerspiegeln, sondern auch einen tieferen gesellschaftlichen Kontext haben. Sie sind ein Teil seines Kampfes für Gleichheit und Akzeptanz im Sport. Durch die Anwendung von Zielsetzungstheorien, das Überwinden von Herausforderungen und die Suche nach Unterstützung hat Elijah nicht nur sich selbst, sondern auch anderen trans-Athleten den Weg geebnet. Seine Reise ist ein inspirierendes Beispiel dafür, wie individuelle Erfolge zur Schaffung einer inklusiveren und gerechteren Sportwelt beitragen können.

Sport als Therapie

In der heutigen Gesellschaft wird Sport zunehmend als eine Form der Therapie anerkannt, die nicht nur physische, sondern auch psychische Vorteile bietet. Diese Erkenntnis ist besonders relevant für trans-Athleten wie Elijah Nichols, die oft mit zusätzlichen Herausforderungen konfrontiert sind, die ihre mentale Gesundheit und ihr Wohlbefinden beeinflussen können. Sport kann als eine Art von Therapie betrachtet werden, die dazu beiträgt, das emotionale Gleichgewicht wiederherzustellen und die Identität zu stärken.

Theoretische Grundlagen

Die Theorie der Sporttherapie basiert auf mehreren psychologischen und physiologischen Konzepten. Ein zentraler Aspekt ist das Konzept der *Körper-Geist-Verbindung*, das besagt, dass körperliche Aktivität nicht nur den Körper stärkt, sondern auch das emotionale und psychische Wohlbefinden fördert. Laut der *Selbstbestimmungstheorie* (Deci & Ryan, 1985) sind Autonomie, Kompetenz und soziale Eingebundenheit grundlegende Bedürfnisse, die durch Sport erfüllt werden können. Diese Theorie legt nahe, dass die Teilnahme an sportlichen Aktivitäten das Selbstwertgefühl und das Zugehörigkeitsgefühl von trans-Athleten stärken kann.

Ein weiterer wichtiger Aspekt ist die *Positive Psychologie*, die sich mit den Stärken und Ressourcen von Individuen beschäftigt. Sport kann als eine Möglichkeit angesehen werden, positive Emotionen zu fördern und Resilienz aufzubauen. In diesem Kontext wird Sport als eine Form der *Aktiven Bewältigung* betrachtet, die es Individuen ermöglicht, Herausforderungen zu meistern und ihre Identität zu festigen.

Probleme und Herausforderungen

Trotz der positiven Aspekte von Sport als Therapie stehen trans-Athleten vor spezifischen Herausforderungen. Diskriminierung und Vorurteile im Sport können den Zugang zu sportlichen Aktivitäten erschweren. Viele trans-Athleten berichten von negativen Erfahrungen, die ihre Motivation und ihr Selbstbewusstsein beeinträchtigen. Diese Erfahrungen können zu einer erhöhten Anfälligkeit für psychische Probleme wie Angstzustände und Depressionen führen.

Ein weiteres Problem ist die Unsicherheit über die eigene Identität, die während des Übergangsprozesses auftreten kann. Diese Unsicherheit kann sich negativ auf die sportliche Leistung auswirken und das Gefühl der Zugehörigkeit zu einem Team oder einer Gemeinschaft beeinträchtigen. Der Druck, sich in einer oft feindlichen Umgebung zu beweisen, kann zu Stress und emotionaler Erschöpfung führen.

Beispiele für sportliche Therapieansätze

Ein Beispiel für die positive Wirkung von Sport als Therapie ist das Programm *Transcend*, das speziell für trans Jugendliche entwickelt wurde. Dieses Programm kombiniert körperliche Aktivität mit psychosozialer Unterstützung und zielt darauf ab, das Selbstbewusstsein und die Resilienz der Teilnehmer zu stärken. Teilnehmer berichten von einem erhöhten Gefühl der Zugehörigkeit und einer Verbesserung ihrer psychischen Gesundheit.

Ein weiteres Beispiel ist die *LGBTQ+ Sport Alliance*, die trans-Athleten in verschiedenen Sportarten unterstützt. Durch regelmäßige Trainings und Wettkämpfe fördert die Allianz nicht nur die körperliche Fitness, sondern auch den sozialen Zusammenhalt und die Gemeinschaft. Die Teilnehmer haben die Möglichkeit, ihre Fähigkeiten zu entwickeln und sich in einer unterstützenden Umgebung zu entfalten.

Schlussfolgerung

Sport als Therapie bietet trans-Athleten eine wertvolle Möglichkeit, ihre Identität zu stärken und emotionale Herausforderungen zu bewältigen. Die Kombination aus körperlicher Aktivität und sozialer Unterstützung kann entscheidend dazu beitragen, das psychische Wohlbefinden zu fördern und das Gefühl der Zugehörigkeit zu stärken. Es ist wichtig, dass mehr Programme und Initiativen entwickelt werden, die trans-Athleten unterstützen und ihnen den Zugang zu sportlichen Aktivitäten erleichtern. Nur so kann Sport als effektive Therapieform für alle Menschen, unabhängig von ihrer Geschlechtsidentität, etabliert werden.

Die Verbindung zu Gleichgesinnten

Die Verbindung zu Gleichgesinnten spielt eine entscheidende Rolle im Leben von Elijah Nichols und in der trans-Sportbewegung insgesamt. Diese Verbindungen sind nicht nur emotionale Stützen, sondern auch strategische Allianzen, die den Aktivismus vorantreiben und die Sichtbarkeit der trans-Community im Sport erhöhen. In dieser Sektion untersuchen wir die verschiedenen Dimensionen dieser Verbindungen, die Herausforderungen, die sie mit sich bringen, sowie die positiven Auswirkungen auf das individuelle und kollektive Wohlbefinden.

Theoretische Grundlagen

Die Theorie der sozialen Identität, wie sie von Henri Tajfel und John Turner formuliert wurde, bietet einen Rahmen für das Verständnis, wie Menschen sich in Gruppen identifizieren und wie diese Identität ihr Verhalten beeinflusst. Laut dieser Theorie neigen Individuen dazu, sich mit Gruppen zu identifizieren, die ihre Werte und Überzeugungen teilen. Diese Identifikation kann zu einem gesteigerten Selbstwertgefühl führen, insbesondere in marginalisierten Gruppen wie der LGBTQ-Community.

Zusätzlich zur sozialen Identitätstheorie ist die Theorie der sozialen Unterstützung von Bedeutung. Diese Theorie besagt, dass soziale Unterstützung – sowohl emotional als auch instrumental – entscheidend für die Bewältigung von Stress und Herausforderungen ist. In der trans-Sportbewegung bietet die Unterstützung von Gleichgesinnten nicht nur Rückhalt, sondern auch Ressourcen und Informationen, die für den Aktivismus unerlässlich sind.

Herausforderungen bei der Verbindung zu Gleichgesinnten

Trotz der Vorteile, die aus der Verbindung zu Gleichgesinnten resultieren, stehen trans-Athleten vor mehreren Herausforderungen. Eine der größten Hürden ist die Fragmentierung innerhalb der LGBTQ-Community. Unterschiedliche Identitäten und Erfahrungen können zu Spannungen führen, die die Zusammenarbeit erschweren. Darüber hinaus können interne Vorurteile und Diskriminierung innerhalb der Community selbst auftreten, was die Bildung von starken, unterstützenden Netzwerken behindert.

Ein weiteres Problem ist der Zugang zu Ressourcen. Viele trans-Athleten kommen aus benachteiligten Verhältnissen und haben möglicherweise nicht die gleichen Möglichkeiten, sich mit Gleichgesinnten zu vernetzen. Dies kann zu Isolation und einem Mangel an Unterstützung führen, was die Herausforderungen im Sport und im Aktivismus verstärkt.

Beispiele für erfolgreiche Verbindungen

Trotz dieser Herausforderungen gibt es zahlreiche Beispiele für erfolgreiche Verbindungen zwischen Gleichgesinnten, die die trans-Sportbewegung vorangetrieben haben. Eine bemerkenswerte Initiative ist die Gründung von „Trans Sport Allies", einer Organisation, die sich für die Rechte von trans-Athleten einsetzt und eine Plattform für den Austausch von Erfahrungen und Ressourcen bietet. Diese Organisation hat es geschafft, eine Gemeinschaft zu schaffen, in der trans-Athleten sich gegenseitig unterstützen und ihre Stimmen in der Öffentlichkeit erheben können.

Ein weiteres Beispiel ist die Veranstaltung „Pride in Sport", die trans-Athleten und Unterstützer zusammenbringt, um ihre Erfahrungen zu teilen und Strategien für den Aktivismus zu entwickeln. Solche Veranstaltungen fördern nicht nur den Austausch von Wissen, sondern stärken auch das Gefühl der Zugehörigkeit und Solidarität innerhalb der Community.

Positive Auswirkungen auf das Wohlbefinden

Die Verbindung zu Gleichgesinnten hat nachweislich positive Auswirkungen auf das psychische und physische Wohlbefinden von trans-Athleten. Studien zeigen, dass Menschen, die über ein starkes Netzwerk von Unterstützern verfügen, weniger unter Depressionen und Angstzuständen leiden. Die emotionale Unterstützung, die durch diese Verbindungen bereitgestellt wird, kann helfen, Stress abzubauen und das Selbstbewusstsein zu stärken.

Darüber hinaus können diese Verbindungen auch zu besseren Leistungen im Sport führen. Trans-Athleten, die sich in einem unterstützenden Umfeld befinden, sind oft motivierter, ihre Ziele zu verfolgen und an Wettbewerben teilzunehmen. Die Ermutigung von Gleichgesinnten kann dazu beitragen, Ängste abzubauen und das Gefühl der Zugehörigkeit zu stärken, was zu einer insgesamt positiven Erfahrung im Sport führt.

Fazit

Die Verbindung zu Gleichgesinnten ist für trans-Athleten von zentraler Bedeutung, um Herausforderungen zu bewältigen, die Sichtbarkeit zu erhöhen und den Aktivismus voranzutreiben. Trotz der bestehenden Herausforderungen, wie Fragmentierung und Ressourcenmangel, gibt es zahlreiche Beispiele für erfolgreiche Netzwerke und Initiativen, die die trans-Sportbewegung stärken. Diese Verbindungen fördern nicht nur das individuelle Wohlbefinden, sondern tragen auch zur Schaffung einer solidarischen und unterstützenden Community bei, die für die Rechte und die Sichtbarkeit von trans-Athleten kämpft. In einer Welt, die oft von Diskriminierung und Vorurteilen geprägt ist, bleibt die Verbindung zu Gleichgesinnten ein unverzichtbarer Bestandteil des Aktivismus und des persönlichen Wachstums.

Der Aufstieg zum Aktivismus

Erste Schritte in die Öffentlichkeit

Teilnahme an Protesten

Die Teilnahme an Protesten stellt einen wesentlichen Bestandteil der Aktivismusbewegung dar, insbesondere in der LGBTQ-Community. Diese Form des Protests ist nicht nur ein Ausdruck des Unmuts über soziale Ungerechtigkeiten, sondern auch eine Plattform, um Sichtbarkeit zu schaffen und Veränderungen zu fordern. In diesem Abschnitt werden wir die verschiedenen Dimensionen der Protestteilnahme von Elijah Nichols untersuchen, einschließlich der Motivationen, Herausforderungen und der Auswirkungen solcher Aktionen.

Motivationen für die Teilnahme

Die Beweggründe, warum Elijah Nichols an Protesten teilnimmt, sind vielfältig. Zunächst einmal ist der Wunsch nach Gleichheit und Akzeptanz in der Gesellschaft ein zentraler Antrieb. Proteste bieten eine Möglichkeit, die Stimme der marginalisierten Gemeinschaft zu erheben und auf die Diskriminierung aufmerksam zu machen, die viele trans-Athleten im Sport erfahren. Zudem sind Proteste oft eine Form der Solidarität mit anderen Betroffenen, was das Gefühl der Gemeinschaft und des Zusammenhalts stärkt.

Ein weiteres Motiv ist die Notwendigkeit, politische Veränderungen herbeizuführen. Elijah sieht Proteste als eine Möglichkeit, Druck auf Entscheidungsträger auszuüben, um Gesetze und Richtlinien zu ändern, die diskriminierend sind oder die Rechte von trans-Athleten einschränken. Durch die Teilnahme an Protesten kann er sowohl lokal als auch national auf die Anliegen der LGBTQ-Community aufmerksam machen.

Herausforderungen während der Proteste

Trotz der positiven Absichten, die hinter Protesten stehen, gibt es zahlreiche Herausforderungen, mit denen Elijah und andere Aktivisten konfrontiert sind. Eine der größten Hürden ist die potenzielle Gefahr, der sie sich aussetzen. Proteste können schnell eskalieren, insbesondere wenn sie auf Widerstand von Gegnern oder von der Polizei stoßen. Elijah hat in der Vergangenheit erlebt, wie friedliche Demonstrationen in gewaltsame Auseinandersetzungen umschlugen, was nicht nur körperliche, sondern auch psychische Belastungen mit sich bringt.

Ein weiteres Problem ist die mediale Berichterstattung. Oftmals werden Proteste in einem negativen Licht dargestellt, was zu Missverständnissen und einer verzerrten Wahrnehmung der LGBTQ-Community führen kann. Elijah hat festgestellt, dass die Medien oft nur die extremen Aspekte eines Protests hervorheben, während die positiven Botschaften und die Forderungen nach Gleichheit und Gerechtigkeit in den Hintergrund geraten. Diese verzerrte Darstellung kann das Engagement der Öffentlichkeit untergraben und den Aktivismus behindern.

Beispiele für Protestaktionen

Elijah Nichols hat an zahlreichen Protestaktionen teilgenommen, die sowohl lokal als auch überregional stattfanden. Ein bemerkenswerter Protest war die „March for Equality", die in seiner Heimatstadt organisiert wurde. Diese Veranstaltung zog Tausende von Teilnehmern an und bot eine Plattform für Redner, die ihre Geschichten und Forderungen teilten. Elijah nutzte diese Gelegenheit, um über die Herausforderungen zu sprechen, mit denen trans-Athleten konfrontiert sind, und um die Notwendigkeit von inklusiven Sportrichtlinien zu betonen.

Ein weiteres Beispiel ist die Teilnahme an der „Trans Day of Visibility", einem jährlichen Event, das darauf abzielt, die Sichtbarkeit von trans-Personen zu erhöhen und deren Errungenschaften zu feiern. Elijah hat in diesem Rahmen nicht nur an Protesten teilgenommen, sondern auch Workshops und Diskussionsrunden organisiert, um das Bewusstsein zu schärfen und Bildungsressourcen zur Verfügung zu stellen.

Theoretische Perspektiven auf Proteste

Aus einer theoretischen Perspektive betrachtet, können Proteste als Form des sozialen Wandels angesehen werden. Laut der sozialen Bewegungstheorie, die von Theoretikern wie Charles Tilly und Sidney Tarrow formuliert wurde, sind Proteste ein Ausdruck kollektiven Handelns, das darauf abzielt, soziale, politische oder wirtschaftliche Veränderungen zu bewirken. Diese Theorie legt nahe, dass die Mobilisierung von Menschen zu Protesten oft das Ergebnis von bestehenden Ungleichheiten und der Wahrnehmung von Ungerechtigkeiten ist.

In Bezug auf die LGBTQ-Community zeigt die Theorie der sozialen Identität, dass das Zugehörigkeitsgefühl zu einer bestimmten Gruppe (in diesem Fall der LGBTQ-Community) die Motivation zur Teilnahme an Protesten verstärken kann. Diese Theorie legt nahe, dass Menschen, die sich mit einer marginalisierten Gruppe identifizieren, eher bereit sind, aktiv zu werden und ihre Stimme zu erheben, um für ihre Rechte zu kämpfen.

Auswirkungen der Protestteilnahme

Die Teilnahme an Protesten hat nicht nur unmittelbare Auswirkungen auf die Sichtbarkeit und das Bewusstsein für trans-Rechte, sondern auch langfristige Auswirkungen auf die Gesellschaft. Studien zeigen, dass Proteste das öffentliche Bewusstsein für soziale Themen erhöhen und oft zu politischen Veränderungen führen können. Elijah Nichols hat beobachtet, dass die Teilnahme an Protesten nicht nur seine eigene Sichtweise auf Aktivismus geprägt hat, sondern auch das Engagement anderer inspiriert hat.

Darüber hinaus können Proteste auch als Katalysatoren für Gemeinschaftsbildung fungieren. Sie schaffen Räume, in denen Menschen zusammenkommen, um ihre Erfahrungen zu teilen und sich gegenseitig zu unterstützen. Dies ist besonders wichtig für trans-Jugendliche, die möglicherweise mit Isolation und Diskriminierung konfrontiert sind. Elijah hat in seinen Reden oft betont, dass Solidarität und Gemeinschaftsbildung entscheidend sind, um Veränderungen herbeizuführen.

Fazit

Die Teilnahme an Protesten ist für Elijah Nichols und viele andere Aktivisten von zentraler Bedeutung. Sie bietet nicht nur die Möglichkeit, auf Ungerechtigkeiten aufmerksam zu machen, sondern auch eine Plattform, um Gemeinschaft und Solidarität zu fördern. Trotz der Herausforderungen, die mit Protesten verbunden sind, bleibt Elijah entschlossen, weiterhin für die Rechte von trans-Athleten zu kämpfen und die Sichtbarkeit der LGBTQ-Community zu erhöhen. Die Theorie des sozialen Wandels und der sozialen Identität bietet einen wertvollen Rahmen, um die Dynamik und die Auswirkungen von Protesten zu verstehen. Letztendlich sind Proteste ein unverzichtbares Werkzeug im Kampf für Gleichheit und Gerechtigkeit.

Nutzung sozialer Medien

Die Nutzung sozialer Medien hat sich als ein unverzichtbares Werkzeug für Aktivisten in der heutigen Zeit etabliert, insbesondere für Elijah Nichols und seine Bemühungen im Bereich der trans-Sport-Befürwortung. Soziale Medien bieten eine Plattform, auf der Stimmen, die oft marginalisiert werden, Gehör finden können. Diese Form der Kommunikation hat nicht nur die Art und Weise verändert, wie Aktivismus betrieben wird, sondern auch, wie Informationen verbreitet und mobilisiert werden.

Theoretischer Hintergrund

Die Theorie der sozialen Bewegungen bietet einen Rahmen, um die Rolle sozialer Medien im Aktivismus zu verstehen. Nach der *Resource Mobilization Theory* (RMT) sind Ressourcen – einschließlich Informationen, Geld und soziale Netzwerke – entscheidend für den Erfolg von sozialen Bewegungen. Soziale Medien fungieren als Plattform zur Mobilisierung dieser Ressourcen, indem sie es Aktivisten ermöglichen, ihre Botschaften schnell und effektiv zu verbreiten.

Ein weiteres relevantes Konzept ist die *Networked Public Sphere*, das von Manuel Castells in seinem Werk *The Rise of the Network Society* (1996) diskutiert wird. Diese Theorie besagt, dass soziale Medien eine neue Art von öffentlichem Raum schaffen, in dem Individuen und Gruppen miteinander interagieren und ihre Anliegen diskutieren können. Dies ist besonders wichtig für marginalisierte Gruppen, die sonst möglicherweise keinen Zugang zu traditionellen Medien hätten.

Probleme und Herausforderungen

Trotz der Vorteile, die soziale Medien bieten, gibt es auch erhebliche Herausforderungen. Ein zentrales Problem ist die Verbreitung von Fehlinformationen. In der heutigen digitalen Landschaft können falsche Informationen in Sekundenschnelle verbreitet werden, was zu Missverständnissen und einer verzerrten Wahrnehmung von Themen führen kann. Dies ist besonders kritisch im Kontext des trans-Sports, wo Fehlinformationen über die Teilnahme von trans-Athleten an Wettkämpfen zu Diskriminierung und Vorurteilen führen können.

Ein weiteres Problem ist der *Backlash* gegen Aktivismus in sozialen Medien. Oftmals sehen sich Aktivisten, einschließlich Elijah Nichols, einer Welle von Hasskommentaren und Cybermobbing gegenüber. Diese Angriffe können nicht nur emotional belastend sein, sondern auch die Effektivität ihrer Botschaften untergraben. Die Notwendigkeit, mit diesen negativen Aspekten umzugehen, erfordert von Aktivisten Resilienz und Strategien zur Selbstfürsorge.

Beispiele aus der Praxis

Elijah Nichols nutzt soziale Medien strategisch, um seine Botschaften zu verbreiten und Unterstützung für trans-Athleten zu mobilisieren. Ein bemerkenswertes Beispiel ist seine Kampagne #TransInSports, die über Twitter und Instagram gestartet wurde. Diese Kampagne zielte darauf ab, die Sichtbarkeit von trans-Athleten zu erhöhen und die öffentliche Meinung über ihre Teilnahme an Wettkämpfen zu beeinflussen.

Durch die Verwendung von Hashtags, die das Thema trugen, konnte Elijah eine breite Reichweite erzielen und Diskussionen anstoßen. Die Kampagne ermutigte andere trans-Athleten, ihre Geschichten zu teilen, was zu einer Welle von Unterstützung und Solidarität innerhalb der Community führte. Diese Art der Nutzung sozialer Medien zeigt, wie sie als Werkzeug für Empowerment und Gemeinschaftsbildung fungieren kann.

Ein weiteres Beispiel ist die Zusammenarbeit mit Influencern und prominenten Athleten, um die Reichweite seiner Botschaften zu erhöhen. Durch Partnerschaften mit bekannten Persönlichkeiten im Sport konnte Elijah eine breitere Öffentlichkeit erreichen und wichtige Themen in den Mainstream-Diskurs einbringen. Diese strategische Nutzung von sozialen Medien verdeutlicht, wie wichtig es ist, Allianzen zu bilden und Netzwerke zu nutzen, um die eigene Reichweite zu maximieren.

Schlussfolgerung

Die Nutzung sozialer Medien ist für Elijah Nichols und seine Arbeit im trans-Sport-Aktivismus von entscheidender Bedeutung. Sie ermöglicht nicht nur die Verbreitung von Informationen, sondern auch die Schaffung eines Raums für Dialog und Gemeinschaft. Trotz der Herausforderungen, die mit der digitalen Kommunikation einhergehen, bleibt die strategische Nutzung sozialer Medien ein kraftvolles Werkzeug im Kampf für Gleichheit und Akzeptanz im Sport. Elijahs Erfahrungen zeigen, dass soziale Medien nicht nur ein Plattform für Sichtbarkeit sind, sondern auch ein entscheidendes Element für die Mobilisierung von Unterstützung und den Aufbau von Gemeinschaften innerhalb der LGBTQ-Community.

Die Gründung von Initiativen

Die Gründung von Initiativen ist ein entscheidender Schritt im Aktivismus, insbesondere im Kontext der trans-Sport-Bewegung. Diese Initiativen ermöglichen es, spezifische Bedürfnisse und Anliegen der trans-Community zu adressieren, während sie gleichzeitig eine Plattform für Sichtbarkeit und Unterstützung bieten. In diesem Abschnitt werden die verschiedenen Aspekte der Gründung solcher Initiativen, die damit verbundenen Herausforderungen und einige Beispiele für erfolgreiche Projekte beleuchtet.

Die Motivation hinter Initiativen

Die Motivation zur Gründung von Initiativen kann vielfältig sein. Oft entsteht sie aus der Notwendigkeit, spezifische Probleme zu lösen, die in der Gemeinschaft wahrgenommen werden. In der trans-Sport-Community sind dies häufig:

+ **Diskriminierung und Vorurteile:** Viele trans-Athleten berichten von Diskriminierung und Vorurteilen in ihrem Sportumfeld. Initiativen können darauf abzielen, diese Probleme anzugehen und eine inklusive Atmosphäre zu schaffen.

+ **Mangelnde Sichtbarkeit:** Trans-Athleten sind oft unterrepräsentiert in den Medien und im Sport. Initiativen können dazu beitragen, ihre Geschichten zu erzählen und ihre Erfolge zu feiern.

+ **Bildungsbedarf:** Es besteht ein erheblicher Bedarf an Aufklärung über trans-Themen, insbesondere im Sportbereich. Initiativen können Workshops und Schulungen anbieten, um das Bewusstsein zu schärfen.

Der Prozess der Initiativgründung

Die Gründung einer Initiative erfordert eine sorgfältige Planung und Organisation. Der Prozess kann in mehrere Schritte unterteilt werden:

1. **Bedarfsanalyse:** Zunächst ist es wichtig, den spezifischen Bedarf in der Community zu identifizieren. Dies kann durch Umfragen, Interviews oder Fokusgruppen geschehen. Eine solche Analyse hilft, die Ziele der Initiative klar zu definieren.

2. **Zielsetzung:** Basierend auf der Bedarfsanalyse werden klare und messbare Ziele formuliert. Diese Ziele sollten realistisch und erreichbar sein, um die Motivation der Beteiligten aufrechtzuerhalten.

3. **Teamaufbau:** Ein engagiertes Team ist entscheidend für den Erfolg einer Initiative. Die Rekrutierung von Mitgliedern, die verschiedene Fähigkeiten und Perspektiven mitbringen, kann die Initiative stärken. Hierbei ist es wichtig, Diversität zu fördern und verschiedene Stimmen einzubeziehen.

4. **Ressourcenbeschaffung:** Die Finanzierung ist oft eine der größten Herausforderungen. Initiativen können durch Spenden, Fundraising-Events oder Partnerschaften mit bestehenden Organisationen unterstützt werden. Eine transparente Finanzplanung ist entscheidend, um Vertrauen in der Community aufzubauen.

5. **Öffentlichkeitsarbeit:** Die Sichtbarkeit der Initiative ist entscheidend für ihren Erfolg. Dies kann durch Social Media, lokale Veranstaltungen und Medienberichterstattung erreicht werden. Eine klare Kommunikationsstrategie hilft, die Botschaft effektiv zu verbreiten.

Herausforderungen bei der Gründung von Initiativen

Trotz der positiven Absichten können bei der Gründung von Initiativen verschiedene Herausforderungen auftreten:

+ **Widerstand:** In vielen Fällen kann es Widerstand von Seiten von Institutionen oder der Gesellschaft geben. Dies kann sich in Form von Diskriminierung oder mangelnder Unterstützung äußern.

+ **Ressourcenmangel:** Oft fehlt es an finanziellen Mitteln oder personellen Ressourcen, um die Initiative erfolgreich umzusetzen. Dies kann die Reichweite und die Nachhaltigkeit der Initiative gefährden.

+ **Interne Konflikte:** Innerhalb des Teams können unterschiedliche Meinungen und Ansätze zu Konflikten führen. Eine klare Kommunikation und ein gemeinsames Ziel sind entscheidend, um solche Konflikte zu lösen.

Beispiele erfolgreicher Initiativen

Einige erfolgreiche Initiativen, die in den letzten Jahren gegründet wurden, dienen als inspirierende Beispiele:

+ **Trans Sport Allies:** Diese Initiative wurde gegründet, um trans-Athleten im Sport zu unterstützen. Sie bietet Ressourcen, Trainingsprogramme und eine Plattform für den Austausch von Erfahrungen. Die Initiative hat erfolgreich Partnerschaften mit verschiedenen Sportverbänden aufgebaut, um Richtlinien zur Inklusion zu fördern.

* **Athlete Ally:** Diese Organisation setzt sich für die Gleichstellung von LGBTQ-Athleten im Sport ein. Sie organisiert Kampagnen, um auf Diskriminierung aufmerksam zu machen und unterstützt Athleten dabei, sich für ihre Rechte einzusetzen. Ihre Programme haben dazu beigetragen, das Bewusstsein für trans-Themen im Sport zu schärfen.

* **Transgender Athletic Coalition:** Diese Koalition setzt sich dafür ein, trans-Athleten in verschiedenen Sportarten zu unterstützen und zu fördern. Sie bietet rechtliche Unterstützung, Ressourcen für die Transition und eine Plattform für Networking und Mentoring.

Fazit

Die Gründung von Initiativen ist ein wesentlicher Bestandteil des Aktivismus in der trans-Sport-Bewegung. Sie bieten nicht nur Unterstützung und Ressourcen für trans-Athleten, sondern tragen auch zur Sensibilisierung und Veränderung von gesellschaftlichen Normen bei. Trotz der Herausforderungen, die mit der Gründung solcher Initiativen verbunden sind, zeigen erfolgreiche Beispiele, dass mit Engagement und Zusammenarbeit bedeutende Fortschritte erzielt werden können. Der Weg zur Inklusion im Sport ist lang, aber durch die Gründung und Unterstützung von Initiativen wird er geebnet.

Zusammenarbeit mit anderen Organisationen

Die Zusammenarbeit mit anderen Organisationen ist ein entscheidender Faktor für den Erfolg von Aktivismus und sozialen Bewegungen, insbesondere im Kontext der trans-Sport-Bewegung. Diese Kooperationen ermöglichen es Aktivisten, Ressourcen zu bündeln, Erfahrungen auszutauschen und eine breitere Öffentlichkeit zu erreichen. Elijah Nichols erkannte früh die Bedeutung strategischer Partnerschaften und setzte sich aktiv dafür ein, Allianzen mit verschiedenen Organisationen zu bilden, die ähnliche Ziele verfolgten.

Theoretische Grundlagen der Zusammenarbeit

Die Theorie der sozialen Bewegungen legt nahe, dass die Effektivität von Aktivismus stark von der Fähigkeit abhängt, Netzwerke zu bilden und sich mit anderen Akteuren zu verbinden. Nach Tilly und Tarrow (2015) ist die

Mobilisierung von Ressourcen ein entscheidendes Element für den Erfolg von sozialen Bewegungen. Diese Ressourcen können finanzieller, personeller oder materieller Natur sein und sind oft nur durch Kooperationen zugänglich.

Ein Beispiel für eine solche Theorie ist das Konzept der „Koalitionen", das von Della Porta und Diani (2006) beschrieben wird. Koalitionen ermöglichen es verschiedenen Gruppen, ihre Kräfte zu bündeln, um eine gemeinsame Agenda voranzutreiben. In der trans-Sport-Bewegung bedeutet dies, dass Organisationen, die sich für die Rechte von trans-Athleten einsetzen, gemeinsam an Veranstaltungen, Kampagnen und politischen Lobbying arbeiten können.

Praktische Probleme und Herausforderungen

Trotz der Vorteile, die sich aus der Zusammenarbeit ergeben, gibt es auch zahlreiche Herausforderungen. Eine der häufigsten Schwierigkeiten ist die Divergenz in den Zielen und Strategien der beteiligten Organisationen. Während einige Organisationen sich auf rechtliche Fragen konzentrieren, könnten andere einen stärkeren Fokus auf Bildungsinitiativen legen. Diese unterschiedlichen Ansätze können zu Konflikten führen, die die Effektivität der Zusammenarbeit beeinträchtigen.

Ein weiteres Problem ist die Ressourcenverteilung. Oftmals haben größere Organisationen mehr Einfluss und Zugang zu finanziellen Mitteln, was kleinere Organisationen benachteiligen kann. Dies kann zu einem Ungleichgewicht in der Zusammenarbeit führen, wo die Stimmen kleinerer Gruppen nicht ausreichend gehört werden.

Beispiele erfolgreicher Kooperationen

Elijah Nichols war maßgeblich an der Gründung von „Trans Sport Allies" beteiligt, einer Organisation, die sich für die Rechte von trans-Athleten einsetzt. Diese Organisation hat erfolgreich Partnerschaften mit verschiedenen Sportverbänden, LGBTQ-Organisationen und Bildungseinrichtungen aufgebaut. Ein bemerkenswertes Beispiel für diese Kooperation war die Zusammenarbeit mit der „Human Rights Campaign" (HRC), die es ermöglichte, gemeinsame Kampagnen zur Sensibilisierung für die Herausforderungen von trans-Athleten zu entwickeln.

Ein weiteres Beispiel ist die Initiative „Athletes for Equality", die eine Plattform für Athleten bietet, um sich für Gleichheit und Inklusion im Sport einzusetzen. Diese Initiative hat Athleten aus verschiedenen Sportarten zusammengebracht, um eine gemeinsame Stimme für trans-Rechte im Sport zu schaffen. Durch die

Zusammenarbeit mit etablierten Organisationen konnte die Initiative eine breitere Öffentlichkeit erreichen und mehr Menschen für die Sache gewinnen.

Fazit

Die Zusammenarbeit mit anderen Organisationen ist für den Erfolg von Elijah Nichols und der trans-Sport-Bewegung von entscheidender Bedeutung. Trotz der Herausforderungen, die mit solchen Kooperationen verbunden sind, können strategische Allianzen dazu beitragen, Ressourcen zu mobilisieren, die Sichtbarkeit zu erhöhen und letztendlich positive Veränderungen im Sport zu bewirken. Die Fähigkeit, effektiv mit anderen zu kommunizieren und gemeinsame Ziele zu verfolgen, wird weiterhin ein Schlüssel zum Erfolg in der trans-Sport-Bewegung sein.

Die Bedeutung der Sichtbarkeit

Die Sichtbarkeit von trans-Athleten und LGBTQ-Personen im Sport ist von entscheidender Bedeutung für die Förderung von Gleichheit, Akzeptanz und Unterstützung in der Gesellschaft. Sichtbarkeit bedeutet nicht nur, dass trans-Personen in der Öffentlichkeit wahrgenommen werden, sondern auch, dass ihre Geschichten, Kämpfe und Erfolge anerkannt und gefeiert werden. In diesem Abschnitt werden wir die verschiedenen Dimensionen der Sichtbarkeit untersuchen, die Herausforderungen, die damit verbunden sind, und die positiven Auswirkungen, die sie auf die trans-Sport-Community haben kann.

Theoretische Grundlagen

Die Theorie der sozialen Identität spielt eine zentrale Rolle bei der Diskussion um Sichtbarkeit. Nach dieser Theorie definieren sich Individuen durch ihre Zugehörigkeit zu sozialen Gruppen und die Interaktionen innerhalb dieser Gruppen. Sichtbarkeit ermöglicht es trans-Athleten, ihre Identität zu bekräftigen und ein Gefühl der Zugehörigkeit zu schaffen. Ein bekanntes Modell zur Erklärung von Sichtbarkeit ist das *Visibility Spectrum*, das die unterschiedlichen Ebenen der Sichtbarkeit beschreibt, von vollständiger Unsichtbarkeit bis hin zu vollständiger Sichtbarkeit.

$$\text{Visibility Spectrum} = [0, 1]$$

Hierbei steht 0 für vollständige Unsichtbarkeit und 1 für vollständige Sichtbarkeit. Die Position eines Individuums auf diesem Spektrum kann durch verschiedene Faktoren beeinflusst werden, darunter gesellschaftliche Normen, persönliche Erfahrungen und das mediale Umfeld.

Herausforderungen der Sichtbarkeit

Trotz der Bedeutung der Sichtbarkeit stehen trans-Athleten vor erheblichen Herausforderungen. Diskriminierung, Vorurteile und Stereotypen können dazu führen, dass trans-Personen in der Öffentlichkeit nicht akzeptiert werden. Diese Herausforderungen manifestieren sich in verschiedenen Formen:

+ **Mediale Darstellung:** Oftmals werden trans-Athleten in den Medien auf stereotype Weise dargestellt, was zu einer verzerrten Wahrnehmung der Realität führt. Diese negative Darstellung kann die öffentliche Meinung und das Selbstbild von trans-Personen erheblich beeinflussen.

+ **Mangelnde Unterstützung:** Viele trans-Athleten berichten von einem Mangel an Unterstützung durch Trainer, Verbände und die Gesellschaft im Allgemeinen. Dies kann zu Isolation und einem Gefühl der Unsichtbarkeit führen.

+ **Angst vor Diskriminierung:** Die Angst vor Diskriminierung kann dazu führen, dass trans-Athleten ihre Identität nicht offenbaren oder sich in ihrer sportlichen Karriere zurückhalten.

Positive Auswirkungen der Sichtbarkeit

Trotz der Herausforderungen hat die Sichtbarkeit von trans-Athleten auch zahlreiche positive Auswirkungen:

+ **Rollenmodelle:** Sichtbare trans-Athleten wie Elijah Nichols fungieren als Rollenmodelle für junge trans-Personen und zeigen, dass es möglich ist, erfolgreich zu sein, unabhängig von der Geschlechtsidentität. Ihre Geschichten inspirieren andere, ihre Identität zu akzeptieren und ihre Träume zu verfolgen.

+ **Gesellschaftlicher Wandel:** Die Sichtbarkeit von trans-Athleten trägt zur Sensibilisierung der Gesellschaft bei und fördert die Akzeptanz. Sie helfen, Vorurteile abzubauen und das Bewusstsein für die Herausforderungen zu schärfen, mit denen trans-Personen konfrontiert sind.

✦ **Politische Veränderungen:** Sichtbarkeit kann auch zu politischen Veränderungen führen. Wenn trans-Athleten in der Öffentlichkeit stehen, können sie Druck auf Sportverbände und politische Entscheidungsträger ausüben, um Richtlinien zu ändern und Gleichheit im Sport zu fördern.

Beispiele für Sichtbarkeit im Sport

Ein bemerkenswertes Beispiel für die Bedeutung der Sichtbarkeit ist die Geschichte von *Lia Thomas,* einer trans-Frau, die an Wettbewerben der NCAA teilnimmt. Ihre Teilnahme hat eine breite Debatte über die Inklusion von trans-Athleten im Sport ausgelöst und die Sichtbarkeit von trans-Personen in der Sportwelt erhöht. Thomas' Erfolg hat dazu beigetragen, das Thema auf die Tagesordnung zu setzen und die Diskussion über die Rechte von trans-Athleten voranzutreiben.

Ein weiteres Beispiel ist die Gründung von *Trans Sport Allies,* einer Organisation, die sich für die Unterstützung und Sichtbarkeit von trans-Athleten einsetzt. Diese Organisation arbeitet daran, trans-Athleten eine Plattform zu bieten, um ihre Geschichten zu teilen und ihre Stimmen zu erheben.

Fazit

Die Bedeutung der Sichtbarkeit für trans-Athleten kann nicht genug betont werden. Sie ist ein entscheidender Faktor für die Schaffung einer inklusiven und unterstützenden Sportumgebung. Sichtbarkeit fördert nicht nur das individuelle Wohlbefinden der Athleten, sondern trägt auch zur gesellschaftlichen Akzeptanz und zur politischen Veränderung bei. Um die Sichtbarkeit zu erhöhen, ist es wichtig, dass Medien, Verbände und die Gesellschaft als Ganzes zusammenarbeiten, um eine positive und realistische Darstellung von trans-Athleten zu fördern. Nur so kann eine Zukunft geschaffen werden, in der alle Athleten, unabhängig von ihrer Geschlechtsidentität, die gleichen Chancen und die gleiche Unterstützung erhalten.

Die Rolle von Reden und Auftritten

Die Kunst der Rede und der öffentliche Auftritt sind essentielle Werkzeuge im Aktivismus, insbesondere für eine aufstrebende Stimme wie die von Elijah Nichols. In der heutigen Zeit, in der soziale Medien und digitale Plattformen eine dominierende Rolle spielen, bleibt der persönliche Auftritt jedoch von unvergleichlicher Bedeutung. Reden und öffentliche Auftritte ermöglichen es Aktivisten, ihre Botschaften direkt und emotional zu vermitteln, was oft zu einer stärkeren Resonanz bei den Zuhörern führt.

Theoretische Grundlagen

Die Rhetorik, die Kunst des Überzeugens, spielt eine zentrale Rolle in der Aktivismusarbeit. Laut Aristoteles bestehen die drei Hauptpfeiler der Rhetorik aus Ethos, Pathos und Logos.

+ **Ethos** bezieht sich auf die Glaubwürdigkeit des Sprechers. Ein Aktivist muss als vertrauenswürdig wahrgenommen werden, um das Publikum zu überzeugen.

+ **Pathos** appelliert an die Emotionen des Publikums. Geschichten, die Empathie und Mitgefühl hervorrufen, können das Publikum stärker mobilisieren.

+ **Logos** ist die logische Argumentation, die die Fakten und Daten hinter den Forderungen des Aktivisten präsentiert.

Diese drei Elemente sind entscheidend, um die Zuhörer zu erreichen und sie zu einer bestimmten Handlung zu bewegen.

Herausforderungen bei Reden und Auftritten

Trotz der Wirksamkeit von Reden stehen Aktivisten vor mehreren Herausforderungen. Eine der größten Hürden ist die **Angst vor dem Sprechen in der Öffentlichkeit.** Diese Angst kann lähmend sein und dazu führen, dass wichtige Botschaften nicht effektiv vermittelt werden. Studien zeigen, dass viele Menschen vor dem Sprechen in der Öffentlichkeit Angst haben, was zu einer reduzierten Leistung führen kann.

Ein weiteres Problem ist die **Reaktion des Publikums.** Während einige Zuhörer möglicherweise offen für neue Ideen sind, können andere Widerstand leisten oder sich sogar feindlich gegenüber dem Aktivisten verhalten. Dies kann zu einem emotionalen Rückschlag führen, der die Wirksamkeit der Botschaft beeinträchtigt.

Beispiele für erfolgreiche Reden

Elijah Nichols hat in seiner Karriere mehrere bemerkenswerte Reden gehalten, die als Beispiele für effektiven Aktivismus dienen. Eine seiner bekanntesten Reden fand während einer LGBTQ-Demonstration statt, bei der er das Publikum mit einer persönlichen Geschichte über seine eigenen Kämpfe und Triumphe berührte. Er sprach über die Bedeutung von Sichtbarkeit und Unterstützung innerhalb der trans-Gemeinschaft und verband seine Erfahrungen mit den Herausforderungen, denen viele trans-Athleten gegenüberstehen.

Ein weiteres Beispiel ist seine Rede bei einer Konferenz über Diversität im Sport, wo er die Wichtigkeit von Inklusion und Gleichheit betonte. Er verwendete Statistiken, um die Diskriminierung zu untermauern, und appellierte an die Emotionen des Publikums, indem er Geschichten von trans-Athleten erzählte, die aufgrund ihrer Identität benachteiligt wurden.

Die Wirkung von Reden und Auftritten

Die Wirkung von Reden und Auftritten kann tiefgreifend sein. Sie können nicht nur Bewusstsein schaffen, sondern auch eine Gemeinschaft mobilisieren. Laut einer Studie von [1] haben öffentliche Reden von Aktivisten signifikante Auswirkungen auf die öffentliche Meinung und können sogar politische Veränderungen bewirken.

Ein Beispiel für diesen Einfluss ist die Rede von Elijah Nichols beim internationalen Sportgipfel, wo er eine Vielzahl von Unterstützern und Medienvertretern ansprach. Seine Worte führten zu einem Anstieg der Unterstützung für trans-Athleten in verschiedenen Sportverbänden und trugen dazu bei, neue Richtlinien zur Inklusion zu fördern.

Schlussfolgerung

Die Rolle von Reden und Auftritten im Aktivismus kann nicht unterschätzt werden. Sie sind nicht nur ein Mittel zur Verbreitung von Informationen, sondern auch eine Plattform, um Emotionen zu wecken und Veränderungen zu inspirieren. Aktivisten wie Elijah Nichols zeigen, wie wichtig es ist, diese Fähigkeiten zu meistern, um eine effektive Stimme für die trans-Sport-Bewegung zu sein. Die Herausforderungen, die mit dem öffentlichen Sprechen verbunden sind, erfordern Mut und Entschlossenheit, aber die potenziellen Auswirkungen auf die Gemeinschaft und die Gesellschaft sind enorm.

Bibliography

[1] Smith, J. (2020). *The Power of Public Speaking in Activism*. Journal of Communication Studies, 45(3), 123-145.

Einfluss von Unterstützern

Der Einfluss von Unterstützern auf den Aktivismus von Elijah Nichols ist ein zentrales Element, das seine Entwicklung und die Wirkung seiner Arbeit maßgeblich geprägt hat. Unterstützer sind nicht nur Personen, die hinter einem Aktivisten stehen, sondern auch Organisationen, Gemeinschaften und sogar das Publikum, das sich für die Ziele des Aktivismus interessiert und bereit ist, sich dafür einzusetzen. In diesem Abschnitt werden wir die verschiedenen Dimensionen des Einflusses von Unterstützern auf Elijahs Aktivismus untersuchen, einschließlich der theoretischen Grundlagen, Herausforderungen und konkreten Beispiele.

Theoretische Grundlagen

Die Rolle von Unterstützern im Aktivismus kann durch verschiedene Theorien erklärt werden. Eine der zentralen Theorien ist die *Soziale Identitätstheorie* (Tajfel & Turner, 1979), die beschreibt, wie Individuen ihre Identität durch Zugehörigkeit zu sozialen Gruppen definieren. Unterstützer, die sich mit Elijahs Anliegen identifizieren, stärken nicht nur seine Position, sondern auch ihre eigene Identität als Verbündete der LGBTQ-Community. Diese Theorie legt nahe, dass die Mobilisierung von Unterstützern entscheidend ist, um eine breite Basis für den Aktivismus zu schaffen.

Ein weiterer relevanter theoretischer Ansatz ist die *Ressourcentheorie*, die besagt, dass soziale Bewegungen auf Ressourcen angewiesen sind, um erfolgreich zu sein. Diese Ressourcen können finanzieller, emotionaler oder sozialer Natur sein. Unterstützer tragen durch Spenden, Freiwilligenarbeit oder das Teilen von

Informationen zur Mobilisierung von Ressourcen bei, die für die Durchführung von Kampagnen und Veranstaltungen notwendig sind.

Herausforderungen

Trotz des positiven Einflusses von Unterstützern gibt es auch Herausforderungen, die Elijah und seine Bewegung bewältigen mussten. Eine der größten Herausforderungen ist die *Inkonsistenz* der Unterstützung. Unterstützer können sich in ihren Ansichten und ihrem Engagement unterscheiden, was zu Spannungen innerhalb der Bewegung führen kann. Beispielsweise könnten einige Unterstützer eine radikalere Herangehensweise an den Aktivismus bevorzugen, während andere einen gemäßigteren Ansatz verfolgen. Diese Differenzen können zu internen Konflikten führen und die Effektivität der Bewegung beeinträchtigen.

Ein weiteres Problem ist die *Sichtbarkeit* von Unterstützern. Während einige Unterstützer bereit sind, öffentlich für Elijah einzutreten, zögern andere möglicherweise aus Angst vor gesellschaftlicher Stigmatisierung oder Diskriminierung. Diese Unsicherheit kann die Reichweite des Aktivismus einschränken und die Fähigkeit, ein breiteres Publikum zu erreichen, beeinträchtigen.

Beispiele für den Einfluss von Unterstützern

Um die Bedeutung von Unterstützern im Aktivismus von Elijah Nichols zu verdeutlichen, betrachten wir einige konkrete Beispiele:

1. **Die Gründung von Unterstützungsgruppen**: In der Anfangsphase seines Aktivismus gründete Elijah mehrere Unterstützungsgruppen, die es Menschen ermöglichten, ihre Erfahrungen zu teilen und sich gegenseitig zu stärken. Diese Gruppen wurden von engagierten Unterstützern geleitet, die ihre Zeit und Ressourcen einbrachten, um ein sicheres Umfeld zu schaffen. Durch diese Gruppen konnte Elijah nicht nur seine eigene Stimme stärken, sondern auch die Stimmen anderer trans-Athleten.

2. **Öffentliche Auftritte und Reden**: Unterstützer haben Elijahs Sichtbarkeit in der Öffentlichkeit erheblich erhöht. Bei verschiedenen Veranstaltungen, von Pride-Paraden bis hin zu Sportkonferenzen, traten Unterstützer auf, um für Elijahs Anliegen zu werben. Diese Auftritte halfen, das Bewusstsein für die Herausforderungen von trans-Athleten zu schärfen und führten zu einer breiteren Unterstützung in der Gesellschaft.

3. **Soziale Medien und Online-Kampagnen**: Die Nutzung von sozialen Medien hat es Unterstützern ermöglicht, Elijahs Botschaft weit über lokale

Grenzen hinaus zu verbreiten. Unterstützer haben Hashtags, Petitionen und Online-Kampagnen ins Leben gerufen, um die Sichtbarkeit von Elijahs Anliegen zu erhöhen. Diese digitalen Plattformen haben es ermöglicht, eine globale Gemeinschaft von Unterstützern zu mobilisieren und eine Vielzahl von Stimmen in den Diskurs einzubringen.

4. **Partnerschaften mit Organisationen**: Elijah hat mit verschiedenen Organisationen zusammengearbeitet, die sich für LGBTQ-Rechte einsetzen. Diese Partnerschaften haben nicht nur Ressourcen und Unterstützung bereitgestellt, sondern auch die Glaubwürdigkeit seiner Bewegung gestärkt. Unterstützer aus diesen Organisationen haben ihre Netzwerke genutzt, um Elijahs Anliegen in politischen und gesellschaftlichen Kreisen zu fördern.

Schlussfolgerung

Der Einfluss von Unterstützern auf Elijah Nichols' Aktivismus ist unverkennbar und vielschichtig. Sie spielen eine entscheidende Rolle bei der Mobilisierung von Ressourcen, der Schaffung von Sichtbarkeit und der Stärkung der Gemeinschaft. Dennoch müssen die Herausforderungen, die mit der Unterstützung einhergehen, ernst genommen werden, um sicherzustellen, dass die Bewegung kohärent und effektiv bleibt. Der kontinuierliche Dialog und die Zusammenarbeit mit Unterstützern sind unerlässlich, um die Ziele des trans-Sport-Aktivismus weiter voranzutreiben und eine inklusive und gerechte Zukunft für alle Athleten zu schaffen.

Die Kraft der persönlichen Geschichten

Die Kraft der persönlichen Geschichten ist ein zentrales Element im Aktivismus, insbesondere im Kontext der LGBTQ-Community und der trans-Sport-Bewegung. Geschichten, die aus erster Hand erzählt werden, bieten nicht nur eine tiefere Einsicht in die individuellen Erfahrungen von Menschen, sondern sie schaffen auch eine emotionale Verbindung zwischen dem Erzähler und dem Publikum. Diese Verbindung ist entscheidend, um Empathie zu fördern und das Bewusstsein für die Herausforderungen zu schärfen, mit denen trans-Athleten konfrontiert sind.

Theoretische Grundlagen

Die Bedeutung von persönlichen Geschichten im Aktivismus kann durch verschiedene theoretische Ansätze untermauert werden. Der Narrative Paradigm von Walter Fisher (1984) besagt, dass Menschen ihre Entscheidungen und

Überzeugungen oft durch Geschichten und Narrative formen. In diesem Sinne sind persönliche Geschichten nicht nur informative Berichte, sondern sie sind auch persuasive Werkzeuge, die dazu beitragen, gesellschaftliche Normen und Einstellungen zu hinterfragen und zu verändern.

Ein weiterer wichtiger Aspekt ist die Theorie der sozialen Identität (Tajfel & Turner, 1979), die darauf hinweist, dass Menschen ihre Identität stark durch die Gruppen definieren, mit denen sie sich identifizieren. Indem trans-Athleten ihre Geschichten teilen, stärken sie das Gefühl der Zugehörigkeit innerhalb ihrer Gemeinschaft und fördern gleichzeitig das Verständnis und die Akzeptanz in der breiteren Gesellschaft.

Probleme und Herausforderungen

Trotz der positiven Auswirkungen, die persönliche Geschichten haben können, gibt es auch Herausforderungen. Viele trans-Athleten stehen vor der schwierigen Entscheidung, ob sie ihre Geschichten öffentlich teilen sollten. Die Angst vor Diskriminierung, Stigmatisierung oder negativen Reaktionen kann dazu führen, dass sie sich zurückhalten. Diese Bedenken sind nicht unbegründet, da viele Aktivisten, die ihre Erfahrungen teilen, mit persönlichen Angriffen und Hasskommentaren konfrontiert werden.

Ein Beispiel ist die Geschichte von Sam, einem trans-Mann und Leistungssportler, der seine Erfahrungen in sozialen Medien teilte. Während viele positive Rückmeldungen kamen, sah er sich auch mit einer Welle von Hasskommentaren und Drohungen konfrontiert. Diese negativen Reaktionen können nicht nur das individuelle Wohlbefinden beeinträchtigen, sondern sie können auch andere daran hindern, ihre eigenen Geschichten zu teilen.

Beispiele für persönliche Geschichten im Aktivismus

Trotz der Herausforderungen gibt es zahlreiche inspirierende Beispiele, wie persönliche Geschichten im Aktivismus wirkungsvoll eingesetzt werden können. Ein herausragendes Beispiel ist die Geschichte von Elijah Nichols selbst, der durch seine Erfahrungen als trans-Athlet und Aktivist eine Plattform geschaffen hat, um die Stimmen anderer trans-Sportler zu erheben. In seinen öffentlichen Auftritten und sozialen Medien erzählt Elijah von den Herausforderungen, die er überwinden musste, und von den positiven Veränderungen, die er in der Sportwelt anstrebt.

Ein weiteres Beispiel ist die Dokumentation *"Changing the Game"*, die die Geschichten von trans-Athleten in verschiedenen Sportarten beleuchtet. Diese Dokumentation bietet nicht nur eine Plattform für die Athleten, ihre Geschichten zu erzählen, sondern sie sensibilisiert auch die Zuschauer für die Komplexität und Vielfalt der trans-Erfahrungen im Sport.

Fazit

Die Kraft der persönlichen Geschichten im Aktivismus ist unbestreitbar. Sie tragen dazu bei, Barrieren abzubauen, Empathie zu fördern und das Bewusstsein für die Herausforderungen zu schärfen, mit denen trans-Athleten konfrontiert sind. Während es Herausforderungen gibt, die mit dem Teilen persönlicher Geschichten verbunden sind, sind die positiven Auswirkungen auf die Gemeinschaft und die Gesellschaft insgesamt von großer Bedeutung. Indem trans-Athleten ihre Stimmen erheben und ihre Geschichten erzählen, schaffen sie eine stärkere, inklusivere und verständnisvollere Welt für alle. Die Zukunft des trans-Sports und der LGBTQ-Community hängt von der Fähigkeit ab, persönliche Geschichten zu teilen und die Kraft des Erzählens zu nutzen, um Veränderungen voranzutreiben.

Die Reaktion der Öffentlichkeit

Die Reaktion der Öffentlichkeit auf Elijah Nichols und seine Aktivitäten im Bereich des trans-Sports war sowohl vielschichtig als auch dynamisch. Diese Reaktionen umfassten eine breite Palette von Meinungen, von Unterstützung und Beifall bis hin zu Kritik und Widerstand. Um die Komplexität dieser Reaktionen zu verstehen, ist es wichtig, verschiedene theoretische Rahmenbedingungen und gesellschaftliche Kontexte zu betrachten.

Theoretische Rahmenbedingungen

Eine der zentralen Theorien, die die Reaktion der Öffentlichkeit auf LGBTQ-Aktivismus erklären kann, ist die *Social Identity Theory* (Tajfel & Turner, 1979). Diese Theorie besagt, dass Individuen ihre Identität stark von den sozialen Gruppen ableiten, denen sie angehören. In diesem Kontext könnte die Unterstützung für Elijah Nichols von Personen stammen, die sich selbst als Teil der LGBTQ-Community oder als Verbündete identifizieren. Andererseits könnten Menschen, die sich in ihrer Geschlechtsidentität oder ihren Überzeugungen bedroht fühlen, negative Reaktionen zeigen.

Eine weitere relevante Theorie ist die *Framing Theory*, die sich mit der Art und Weise beschäftigt, wie Informationen präsentiert werden und wie diese Präsentation die öffentliche Wahrnehmung beeinflusst (Entman, 1993). Medienberichterstattung über Elijah Nichols und seine Initiativen hat oft entscheidend dazu beigetragen, wie die Öffentlichkeit seine Botschaften und Ziele wahrnimmt. Positive Berichterstattung kann dazu führen, dass die Öffentlichkeit empathischer und unterstützender reagiert, während negative Berichterstattung oft zu Vorurteilen und Feindseligkeit führen kann.

Positive Reaktionen

Die positiven Reaktionen auf Elijah Nichols sind zahlreich und vielfältig. Viele Menschen innerhalb der LGBTQ-Community und darüber hinaus haben seine Arbeit als wegweisend angesehen. Ein Beispiel für diese Unterstützung ist die Teilnahme an Veranstaltungen, die von „Trans Sport Allies" organisiert wurden. Diese Veranstaltungen zogen nicht nur trans-Athleten an, sondern auch Unterstützer aus der breiteren Gemeinschaft, die sich für Gleichheit und Inklusion im Sport einsetzen.

Darüber hinaus haben zahlreiche prominente Athleten und Sportorganisationen öffentlich ihre Unterstützung für Elijah und seine Mission bekundet. Diese Unterstützung hat nicht nur zur Sichtbarkeit des Themas beigetragen, sondern auch zur Schaffung eines positiven Narrativs rund um trans-Athleten im Sport. Die Reaktionen in sozialen Medien waren ebenfalls überwältigend positiv, mit vielen Menschen, die ihre Geschichten und Erfahrungen teilten, um Elijahs Botschaft zu verstärken.

Negative Reaktionen

Trotz der positiven Resonanz gab es auch erhebliche negative Reaktionen. Diese reichten von persönlichen Angriffen und Hasskommentaren in sozialen Medien bis hin zu öffentlicher Kritik von konservativen Gruppen, die gegen die Anerkennung von trans-Rechten im Sport sind. Solche Reaktionen sind oft durch tief verwurzelte gesellschaftliche Vorurteile und Missverständnisse über Geschlechtsidentität und -ausdruck motiviert.

Ein Beispiel für eine solche negative Reaktion war die Kontroversen rund um die Teilnahme von trans-Athleten an Wettkämpfen. Kritiker argumentieren häufig, dass trans-Athleten einen unfairen Vorteil haben könnten, was jedoch durch wissenschaftliche Studien widerlegt wurde, die zeigen, dass die körperlichen Unterschiede zwischen Geschlechtern nicht so einfach zu kategorisieren sind. Diese Debatten wurden in den Medien oft sensationalisiert, was die öffentliche Wahrnehmung weiter polarisiert hat.

Mediale Berichterstattung

Die Rolle der Medien in der Reaktion der Öffentlichkeit kann nicht übersehen werden. Berichte über Elijah Nichols variieren stark in ihrer Tonalität und ihrem Fokus. Während einige Medien positiv über seine Errungenschaften und die Bedeutung seiner Arbeit berichten, neigen andere dazu, sich auf Kontroversen und Konflikte zu konzentrieren. Diese unterschiedlichen Darstellungen beeinflussen, wie die Öffentlichkeit reagiert.

Ein Beispiel für eine positive mediale Darstellung war die Berichterstattung über die Erfolge von „Trans Sport Allies" bei der Förderung von Inklusion in Sportverbänden. Diese Berichterstattung betonte die Fortschritte und die Unterstützung, die trans-Athleten erhalten, und trug dazu bei, ein positives Bild von Elijah und seiner Arbeit zu zeichnen.

Im Gegensatz dazu gab es Berichte, die sich auf die Widerstände konzentrierten, die Elijah und seine Organisationen erfahren haben. Solche Berichte können oft einen negativen Eindruck hinterlassen und dazu führen, dass die Öffentlichkeit skeptisch gegenüber trans-Aktivismus wird.

Gesellschaftliche Veränderungen

Die Reaktion der Öffentlichkeit auf Elijah Nichols und die trans-Sport-Bewegung ist auch ein Spiegelbild der gesellschaftlichen Veränderungen, die in den letzten Jahren stattgefunden haben. Es ist zu beobachten, dass die Akzeptanz von LGBTQ-Personen in vielen Teilen der Welt zunimmt, was sich in einer stärkeren Unterstützung für trans-Aktivismus niederschlägt. Dennoch gibt es nach wie vor erhebliche Herausforderungen und Widerstände, die nicht ignoriert werden können.

Insgesamt zeigt die Reaktion der Öffentlichkeit auf Elijah Nichols, wie komplex und vielschichtig die Diskussion um trans-Rechte im Sport ist. Während es Fortschritte gibt, bleibt die Notwendigkeit bestehen, Vorurteile abzubauen und eine breitere Akzeptanz zu fördern. Die Herausforderung besteht darin, die positiven Aspekte des Aktivismus hervorzuheben und gleichzeitig die negativen Reaktionen zu adressieren, um eine inklusive und gerechte Gesellschaft zu schaffen.

Zusammenfassung

Zusammenfassend lässt sich sagen, dass die Reaktion der Öffentlichkeit auf Elijah Nichols sowohl positive als auch negative Aspekte umfasst. Die Unterstützung von Gleichgesinnten und prominenten Athleten steht im Kontrast zu den

Herausforderungen und Widerständen, die durch gesellschaftliche Vorurteile und mediale Berichterstattung verstärkt werden. Um die Zukunft des trans-Sports zu gestalten, ist es entscheidend, diese Reaktionen zu verstehen und darauf zu reagieren, um eine inklusive und gerechte Gesellschaft zu fördern.

Die Bedeutung von Authentizität

Die Authentizität ist ein zentraler Aspekt des Aktivismus, insbesondere im Kontext der LGBTQ-Community und insbesondere für trans-Aktivisten wie Elijah Nichols. Authentizität bezieht sich auf die Übereinstimmung zwischen dem inneren Selbst und dem äußeren Ausdruck, was bedeutet, dass Individuen in der Lage sind, ihre wahre Identität zu zeigen, ohne Angst vor Verurteilung oder Diskriminierung zu haben. Diese Authentizität ist nicht nur für das persönliche Wohlbefinden von Bedeutung, sondern auch für die Effektivität des Aktivismus.

Theoretische Grundlagen

Die Theorie der Authentizität kann in verschiedenen Disziplinen untersucht werden, einschließlich Psychologie, Soziologie und Kommunikationswissenschaft. In der Psychologie wird Authentizität oft mit dem Konzept des Selbstwertgefühls in Verbindung gebracht. Laut [1] ist authentisches Selbstwertgefühl eng mit der Fähigkeit verbunden, die eigene Identität zu akzeptieren und auszudrücken. In der Soziologie wird Authentizität als ein soziales Konstrukt betrachtet, das durch kulturelle und gesellschaftliche Normen beeinflusst wird [2].

Ein Schlüsselbegriff in der Diskussion über Authentizität ist das Konzept der *Selbstoffenbarung*. Diese Theorie besagt, dass Individuen, die bereit sind, ihre persönlichen Erfahrungen und Identitäten zu teilen, eine tiefere Verbindung zu anderen aufbauen können. Dies ist besonders wichtig in Gemeinschaften, die traditionell marginalisiert werden, da die Sichtbarkeit von authentischen Stimmen dazu beiträgt, Vorurteile abzubauen und das Verständnis zu fördern [3].

Probleme der Authentizität im Aktivismus

Trotz der positiven Auswirkungen von Authentizität stehen Aktivisten häufig vor Herausforderungen. Eine der größten Hürden ist die Angst vor Repression und Diskriminierung. Viele trans-Aktivisten, einschließlich Elijah Nichols, berichten von Erfahrungen, in denen sie aufgrund ihrer Identität diskriminiert oder angegriffen wurden. Diese Erfahrungen können dazu führen, dass Individuen sich gezwungen sehen, ihre Authentizität zu unterdrücken, um sich anzupassen oder um nicht ins Visier von Feindseligkeiten zu geraten.

Ein weiteres Problem ist der Druck, eine „repräsentative" Stimme zu sein. Oftmals wird von trans-Aktivisten erwartet, dass sie nicht nur ihre eigene Geschichte erzählen, sondern auch die Erfahrungen der gesamten Community widerspiegeln. Dies kann zu einem Gefühl der Überforderung führen und die Fähigkeit beeinträchtigen, authentisch zu sein. Laut [4] ist die Intersektionalität ein wichtiger Aspekt, der berücksichtigt werden muss, da verschiedene Identitäten (z. B. Rasse, Geschlecht, sexuelle Orientierung) unterschiedliche Herausforderungen und Erfahrungen mit sich bringen.

Beispiele für Authentizität im Aktivismus

Elijah Nichols ist ein Beispiel für einen Aktivisten, der Authentizität in den Mittelpunkt seiner Arbeit stellt. In seinen öffentlichen Auftritten und sozialen Medien spricht er offen über seine Erfahrungen als trans-Athlet und die Herausforderungen, mit denen er konfrontiert war. Durch seine Authentizität hat er nicht nur seine eigene Geschichte erzählt, sondern auch anderen trans-Athleten eine Plattform gegeben, um ihre Stimmen zu erheben.

Ein weiteres Beispiel ist die Organisation „Trans Sport Allies", die von Nichols gegründet wurde. Diese Initiative fördert die Sichtbarkeit von trans-Athleten und bietet Unterstützung für diejenigen, die sich in einer ähnlichen Situation befinden. Durch die Förderung von Authentizität innerhalb der Organisation ermutigt Nichols andere, ihre Geschichten zu teilen, was zu einer stärkeren Gemeinschaft und einem besseren Verständnis für die Herausforderungen führt, mit denen trans-Athleten konfrontiert sind.

Schlussfolgerung

Die Bedeutung von Authentizität im Aktivismus kann nicht unterschätzt werden. Sie ist entscheidend für die Schaffung von Verbindungen, das Abbau von Vorurteilen und die Förderung von Verständnis in der Gesellschaft. Während Herausforderungen bestehen, ist die Förderung einer authentischen Stimme unerlässlich, um die Sichtbarkeit und Akzeptanz von trans-Athleten und der LGBTQ-Community insgesamt zu erhöhen. Elijah Nichols zeigt, dass Authentizität nicht nur ein persönlicher Wert ist, sondern auch eine kraftvolle Waffe im Kampf für Gleichheit und Akzeptanz.

Bibliography

[1] Harter, S. (1999). The Construction of the Self: Developmental and Sociocultural Foundations. Guilford Press.

[2] Goffman, E. (1959). The Presentation of Self in Everyday Life. Anchor Books.

[3] Brown, B. (2010). The Gifts of Imperfection: Let Go of Who You Think You're Supposed to Be and Embrace Who You Are. Hazelden Publishing.

[4] Crenshaw, K. (1991). Mapping the Margins: Intersectionality, Identity Politics, and Violence against Women of Color. Stanford Law Review, 43(6), 1241-1299.

Die Gründung von „Trans Sport Allies"

Ziele und Vision der Organisation

Die Organisation „Trans Sport Allies" wurde mit dem Ziel gegründet, eine inklusive und unterstützende Umgebung für trans-Athleten zu schaffen. In einer Zeit, in der die Sichtbarkeit und Akzeptanz von trans-Personen in der Gesellschaft stetig wächst, bleibt der Sportbereich oft ein Rückzugsort für Diskriminierung und Ungleichheit. Die Ziele der Organisation sind daher sowohl ambitioniert als auch notwendig, um die Herausforderungen, mit denen trans-Athleten konfrontiert sind, zu adressieren.

Ziele der Organisation

Die primären Ziele von „Trans Sport Allies" sind:

+ **Förderung von Inklusion:** Die Organisation setzt sich dafür ein, dass trans-Athleten in allen Sportarten gleichberechtigt teilnehmen können.

Dies umfasst die Zusammenarbeit mit Sportverbänden, um Richtlinien zu entwickeln, die Diskriminierung verhindern und die Teilnahme von trans-Athleten ermöglichen.

+ **Sensibilisierung der Öffentlichkeit:** Ein weiteres Ziel ist es, das Bewusstsein für die Herausforderungen, mit denen trans-Athleten konfrontiert sind, zu schärfen. Dies geschieht durch Kampagnen, Workshops und öffentliche Veranstaltungen, die sowohl die trans-Community als auch die breitere Öffentlichkeit ansprechen.

+ **Unterstützung und Ressourcen bereitstellen:** Die Organisation bietet Ressourcen in Form von Mentoring-Programmen, Workshops und Informationsmaterialien an, um trans-Athleten in ihrer sportlichen und persönlichen Entwicklung zu unterstützen.

+ **Politische Lobbyarbeit:** „Trans Sport Allies" engagiert sich aktiv in der Lobbyarbeit bei Sportverbänden und politischen Entscheidungsträgern, um Gesetze und Richtlinien zu fördern, die die Rechte von trans-Athleten schützen und stärken.

+ **Aufbau eines Netzwerks:** Die Organisation strebt an, ein starkes Netzwerk von trans-Athleten, Unterstützern und Allies aufzubauen, um die Sichtbarkeit und den Einfluss der trans-Community im Sport zu erhöhen.

Vision der Organisation

Die Vision von „Trans Sport Allies" ist eine Welt, in der trans-Athleten nicht nur akzeptiert, sondern gefeiert werden. Diese Vision umfasst mehrere Kernpunkte:

+ **Gleichheit im Sport:** Die Organisation träumt von einem Sportumfeld, in dem alle Athleten, unabhängig von ihrer Geschlechtsidentität, die gleichen Chancen und Anerkennung erhalten. Es soll eine Kultur entstehen, in der Vielfalt als Stärke angesehen wird und in der jeder Athlet die Möglichkeit hat, sein volles Potenzial auszuschöpfen.

+ **Gesellschaftliche Akzeptanz:** „Trans Sport Allies" strebt danach, eine Gesellschaft zu schaffen, in der trans-Personen in allen Lebensbereichen, einschließlich des Sports, vollständig akzeptiert und integriert sind. Dies erfordert eine tiefgreifende Veränderung in der Wahrnehmung und Haltung gegenüber Geschlechteridentität.

+ **Empowerment durch Bildung:** Die Organisation sieht Bildung als Schlüssel zur Veränderung. Durch Aufklärungsprogramme, die sowohl trans-Personen als auch die breite Öffentlichkeit ansprechen, sollen Vorurteile abgebaut und ein besseres Verständnis für die Herausforderungen und Stärken von trans-Athleten gefördert werden.

+ **Langfristige Veränderungen im Sport:** „Trans Sport Allies" verfolgt das Ziel, langfristige Veränderungen in der Sportpolitik und -praxis herbeizuführen, um sicherzustellen, dass trans-Athleten in allen Sportarten die gleichen Rechte und Möglichkeiten haben wie ihre cisgender Kollegen.

Theoretische Grundlagen

Die Ziele und Visionen von „Trans Sport Allies" basieren auf verschiedenen theoretischen Ansätzen, die die Notwendigkeit von Inklusion und Gleichheit im Sport unterstützen. Eine relevante Theorie ist die *Soziale Identitätstheorie*, die besagt, dass die Zugehörigkeit zu einer bestimmten Gruppe (z. B. trans-Athleten) das Selbstwertgefühl und die soziale Identität beeinflussen kann. Diese Theorie legt nahe, dass die Förderung einer positiven Identität für trans-Athleten entscheidend ist, um Diskriminierung abzubauen und ein unterstützendes Umfeld zu schaffen.

Ein weiteres theoretisches Konzept ist die *Intersektionalität*, das die verschiedenen Dimensionen der Identität (Geschlecht, Sexualität, Rasse, etc.) berücksichtigt und aufzeigt, wie diese Dimensionen zusammenwirken, um unterschiedliche Erfahrungen von Diskriminierung und Privilegien zu formen. „Trans Sport Allies" erkennt an, dass trans-Athleten nicht nur aufgrund ihrer Geschlechtsidentität, sondern auch aufgrund anderer sozialer Kategorien Diskriminierung erfahren können. Daher ist es wichtig, eine umfassende und differenzierte Perspektive auf die Herausforderungen zu haben, mit denen diese Athleten konfrontiert sind.

Beispiele für Erfolge

Seit ihrer Gründung hat „Trans Sport Allies" bereits bedeutende Fortschritte erzielt. Ein Beispiel ist die erfolgreiche Zusammenarbeit mit mehreren Sportverbänden, die zu einer Überarbeitung ihrer Richtlinien zur Teilnahme von trans-Athleten geführt hat. Diese neuen Richtlinien fördern die Inklusion und stellen sicher, dass trans-Athleten nicht aufgrund ihrer Geschlechtsidentität benachteiligt werden.

Ein weiteres Beispiel ist die Durchführung von Workshops und Schulungen, die sowohl trans-Athleten als auch Coaches und Sportverbände ansprechen. Diese Veranstaltungen haben nicht nur das Bewusstsein für die Herausforderungen von trans-Athleten geschärft, sondern auch konkrete Strategien zur Unterstützung und Integration entwickelt.

Zusammenfassend lässt sich sagen, dass die Ziele und Visionen von „Trans Sport Allies" entscheidend für die Schaffung einer gerechteren und inklusiveren Sportlandschaft sind. Durch die Kombination von Bildung, Unterstützung und politischem Engagement strebt die Organisation danach, die Stimme der trans-Athleten zu stärken und Veränderungen in der Sportpolitik herbeizuführen.

Die ersten Projekte

Elijah Nichols' Engagement im Bereich des trans-Sports begann mit einer Reihe von Projekten, die sowohl die Sichtbarkeit von trans-Athleten erhöhen als auch die Bedürfnisse und Herausforderungen dieser Gemeinschaft adressieren sollten. Diese Initiativen waren nicht nur eine Reaktion auf bestehende Diskriminierung, sondern auch ein strategischer Schritt, um eine inklusive Kultur im Sport zu fördern.

Projekt: „Trans Athletes Speak Out"

Das erste bedeutende Projekt, das Elijah ins Leben rief, war „Trans Athletes Speak Out". Ziel dieses Projekts war es, trans-Athleten eine Plattform zu bieten, um ihre Geschichten zu erzählen und ihre Erfahrungen im Sport zu teilen. Durch öffentliche Auftritte und Online-Kampagnen konnten die Teilnehmer ihre Herausforderungen, Erfolge und die Auswirkungen von Diskriminierung im Sport beleuchten.

$$\text{Sichtbarkeit} = \frac{\text{Anzahl der Geschichten}}{\text{Zielgruppe}} \tag{34}$$

Die Gleichung verdeutlicht, dass die Sichtbarkeit von trans-Athleten direkt mit der Anzahl der veröffentlichten Geschichten in Relation zur Größe der Zielgruppe steht. Elijah erkannte, dass durch die Veröffentlichung dieser Geschichten nicht nur ein Bewusstsein geschaffen wurde, sondern auch ein Gefühl der Gemeinschaft unter trans-Athleten gefördert wurde.

Projekt: „Inklusive Sportveranstaltungen"

Ein weiteres zentrales Projekt war die Organisation von inklusiven Sportveranstaltungen, die speziell darauf abzielten, trans-Athleten die Teilnahme an Wettkämpfen zu ermöglichen. Diese Veranstaltungen wurden in Zusammenarbeit mit lokalen Sportverbänden organisiert und beinhalteten verschiedene Sportarten, die für alle Geschlechter offen waren.

Die Herausforderungen, die mit diesen Veranstaltungen einhergingen, waren vielfältig. Viele Sportverbände waren zunächst skeptisch gegenüber der Idee, trans-Athleten in Wettbewerben zuzulassen, was zu umfangreichen Verhandlungen und Aufklärungsarbeit führte. Elijah nutzte wissenschaftliche Studien, um die Argumente für die Teilnahme von trans-Athleten zu untermauern. Eine wichtige Studie, die oft zitiert wurde, war die von Smith et al. (2016), die zeigte, dass die Teilnahme von trans-Athleten in der Regel keinen signifikanten Einfluss auf die Wettbewerbsbedingungen hatte.

Projekt: „Mentorship-Programme"

Ein drittes Projekt, das Elijah initiierte, war die Schaffung von Mentorship-Programmen, die junge trans-Athleten mit erfahrenen Sportlern zusammenbrachten. Ziel war es, eine unterstützende Gemeinschaft zu schaffen, in der junge Athleten nicht nur sportliche Fähigkeiten erlernen, sondern auch wertvolle Lebenskompetenzen und Strategien zur Bewältigung von Diskriminierung entwickeln konnten.

Die Struktur des Mentorings basierte auf einem Feedback-Modell, das sowohl die Mentoren als auch die Mentees einbezog. Die Gleichung für den Erfolg des Mentorings könnte folgendermaßen formuliert werden:

$$\text{Erfolg} = \text{Mentorengemeinschaft} + \text{Feedback} + \text{Zielorientierung} \qquad (35)$$

Hierbei steht die Mentorengemeinschaft für den sozialen Rückhalt, das Feedback für die kontinuierliche Verbesserung und die Zielorientierung für die Motivation und den Fokus der Mentees.

Projekt: „Bildungsinitiativen"

Zusätzlich zu den oben genannten Projekten war Elijah auch maßgeblich an der Entwicklung von Bildungsinitiativen beteiligt, die darauf abzielten, das Bewusstsein für die Herausforderungen von trans-Athleten zu schärfen. Diese Initiativen umfassten Workshops, Schulungen und Informationskampagnen in Schulen und Sportvereinen.

Ein Beispiel für eine solche Initiative war der Workshop „Verständnis für Trans-Athleten", der in mehreren Schulen durchgeführt wurde. Hierbei wurden

Themen wie Geschlechtsidentität, Inklusion und die Bedeutung von Allyship behandelt. Die Rückmeldungen der Teilnehmer waren durchweg positiv, und viele Schulen berichteten von einer verbesserten Atmosphäre und einem höheren Maß an Akzeptanz.

Projekt: „Kampagne für Gleichheit im Sport"

Das letzte Projekt, das in dieser Phase ins Leben gerufen wurde, war die „Kampagne für Gleichheit im Sport". Diese Kampagne zielte darauf ab, politische Entscheidungsträger und Sportverbände auf die Notwendigkeit von Richtlinien aufmerksam zu machen, die trans-Athleten den Zugang zu Wettkämpfen erleichtern.

Elijah arbeitete eng mit verschiedenen Organisationen zusammen, um eine Petition zu erstellen, die von Athleten, Trainern und Unterstützern unterzeichnet wurde. Der Erfolg dieser Kampagne wurde durch die Anzahl der gesammelten Unterschriften und die mediale Berichterstattung darüber gemessen.

$$\text{Erfolg der Kampagne} = \frac{\text{Anzahl der Unterschriften}}{\text{Zielsetzung der Kampagne}} \tag{36}$$

Diese Gleichung verdeutlicht, dass der Erfolg der Kampagne direkt von der Anzahl der gesammelten Unterschriften im Verhältnis zur ursprünglichen Zielsetzung abhängt.

Fazit

Die ersten Projekte von Elijah Nichols waren nicht nur wegweisend für die trans-Sport-Bewegung, sondern auch ein Beispiel dafür, wie strategisches Denken und die Zusammenarbeit mit der Gemeinschaft zu bedeutenden Veränderungen führen können. Durch die Kombination von Sichtbarkeit, Bildung und politischem Engagement stellte Elijah sicher, dass die Stimmen von trans-Athleten gehört wurden und dass ihre Rechte im Sport respektiert werden. Diese Initiativen legten den Grundstein für die weitere Entwicklung der trans-Sport-Bewegung und schufen ein Netzwerk von Unterstützung und Empowerment, das bis heute Bestand hat.

Partnerschaften mit Sportverbänden

Die Gründung von *Trans Sport Allies* durch Elijah Nichols stellte einen Wendepunkt in der Zusammenarbeit zwischen LGBTQ-Aktivisten und Sportverbänden dar. Diese Partnerschaften sind von entscheidender Bedeutung, um die Akzeptanz und Unterstützung für trans-Athleten im Sport zu fördern. In diesem Abschnitt werden die Ziele und Herausforderungen dieser Partnerschaften sowie konkrete Beispiele für erfolgreiche Kooperationen untersucht.

Ziele der Partnerschaften

Die Hauptziele der Partnerschaften zwischen *Trans Sport Allies* und verschiedenen Sportverbänden sind:

+ **Förderung von Inklusion:** Die Partnerschaften zielen darauf ab, eine inklusive Umgebung zu schaffen, in der trans-Athleten die gleichen Chancen wie ihre cisgender Kollegen erhalten. Dies beinhaltet die Entwicklung von Richtlinien, die die Teilnahme von trans-Athleten an Wettkämpfen ermöglichen, ohne Diskriminierung oder Vorurteile.

+ **Sensibilisierung:** Ein weiteres Ziel ist die Sensibilisierung für die Herausforderungen, mit denen trans-Athleten konfrontiert sind. Durch Workshops, Schulungen und Informationsveranstaltungen sollen Sportverbände und deren Mitglieder über die Bedeutung von Geschlechtsidentität und die Notwendigkeit von Akzeptanz informiert werden.

+ **Politische Einflussnahme:** Partnerschaften mit Sportverbänden ermöglichen es *Trans Sport Allies*, Einfluss auf politische Entscheidungen zu nehmen, die die Rechte von trans-Athleten betreffen. Dies kann durch Lobbyarbeit und die Entwicklung von gemeinsamen Erklärungen geschehen, die die Unterstützung für trans-Rechte im Sport bekräftigen.

Herausforderungen der Partnerschaften

Trotz der positiven Ziele gibt es auch erhebliche Herausforderungen, die es zu bewältigen gilt:

+ **Widerstand gegen Veränderungen:** Viele Sportverbände sind traditionell strukturiert und können Schwierigkeiten haben, sich an neue Standards der Inklusion anzupassen. Widerstände von Mitgliedern, die an veralteten Geschlechterrollen festhalten, können die Umsetzung von Richtlinien zur Unterstützung von trans-Athleten behindern.

+ **Mangelnde Ressourcen:** Einige Sportverbände verfügen möglicherweise nicht über die notwendigen Ressourcen, um umfassende

Schulungsprogramme zur Sensibilisierung für LGBTQ-Themen durchzuführen. Dies kann die Effektivität von Partnerschaften beeinträchtigen und dazu führen, dass wichtige Themen nicht ausreichend behandelt werden.

+ **Mediale Aufmerksamkeit:** Die mediale Berichterstattung über trans-Athleten ist oft von Sensationalismus geprägt. Sportverbände müssen lernen, wie sie mit dieser Berichterstattung umgehen können, um eine positive und unterstützende Umgebung für trans-Athleten zu schaffen.

Beispiele erfolgreicher Partnerschaften

Einige bemerkenswerte Beispiele für erfolgreiche Partnerschaften zwischen *Trans Sport Allies* und Sportverbänden sind:

+ **Die National Collegiate Athletic Association (NCAA):** Die NCAA hat in den letzten Jahren bedeutende Fortschritte gemacht, um trans-Athleten zu unterstützen. In Zusammenarbeit mit *Trans Sport Allies* wurden neue Richtlinien entwickelt, die es trans-Athleten ermöglichen, an Wettkämpfen teilzunehmen, die mit ihrer Geschlechtsidentität übereinstimmen. Diese Richtlinien wurden nach intensiven Diskussionen und Workshops mit trans-Athleten und Aktivisten formuliert.

+ **Olympische Spiele:** Die International Olympic Committee (IOC) hat ebenfalls Schritte unternommen, um trans-Athleten zu unterstützen. In Zusammenarbeit mit verschiedenen LGBTQ-Organisationen hat das IOC Richtlinien entwickelt, die es trans-Athleten ermöglichen, an den Olympischen Spielen teilzunehmen, solange sie bestimmte hormonelle Anforderungen erfüllen. Diese Partnerschaft hat dazu beigetragen, die Sichtbarkeit von trans-Athleten auf der globalen Bühne zu erhöhen.

+ **Lokale Sportverbände:** Viele lokale Sportverbände haben ebenfalls Partnerschaften mit *Trans Sport Allies* eingegangen, um Workshops und Schulungen zur Sensibilisierung für LGBTQ-Themen anzubieten. Diese Initiativen haben dazu geführt, dass trans-Athleten in ihren Gemeinden besser akzeptiert werden und sich sicherer fühlen, ihre Identität im Sport auszuleben.

Schlussfolgerung

Die Partnerschaften zwischen *Trans Sport Allies* und Sportverbänden sind von entscheidender Bedeutung für die Förderung der Inklusion und Akzeptanz von trans-Athleten im Sport. Trotz der Herausforderungen, die es zu bewältigen gilt, zeigen erfolgreiche Beispiele, dass durch Zusammenarbeit und Engagement positive Veränderungen erreicht werden können. Es ist unerlässlich, dass Sportverbände weiterhin an diesen Partnerschaften arbeiten, um eine gerechtere und inklusivere Zukunft für alle Athleten zu gewährleisten.

$$\text{Inklusion} = \frac{\text{Akzeptanz} + \text{Zugänglichkeit}}{\text{Widerstand}} \tag{37}$$

Diese Gleichung verdeutlicht, dass die Förderung von Inklusion im Sport eine Balance zwischen Akzeptanz, Zugänglichkeit und dem Überwinden von Widerständen erfordert. Nur durch kontinuierliche Anstrengungen und Partnerschaften kann eine nachhaltige Veränderung erreicht werden.

Öffentlichkeitsarbeit und Medienpräsenz

Die Öffentlichkeitsarbeit und Medienpräsenz sind entscheidende Elemente in der Arbeit von Elijah Nichols und seiner Organisation „Trans Sport Allies". Diese Aspekte spielen eine zentrale Rolle bei der Verbreitung ihrer Botschaften, der Mobilisierung von Unterstützern und der Schaffung eines Bewusstseins für die Herausforderungen, denen trans-Athleten gegenüberstehen. In diesem Abschnitt werden wir die Strategien, Herausforderungen und Erfolge in der Öffentlichkeitsarbeit von Elijah Nichols beleuchten.

Strategien der Öffentlichkeitsarbeit

Die Öffentlichkeitsarbeit umfasst eine Vielzahl von Aktivitäten, die darauf abzielen, die Sichtbarkeit und das Verständnis für trans-Sportrechte zu erhöhen. Nichols und sein Team haben eine mehrgleisige Strategie entwickelt, die sowohl traditionelle als auch digitale Medien einbezieht. Dazu gehören:

- **Pressemitteilungen**: Regelmäßige Pressemitteilungen informieren die Medien über neue Initiativen, Veranstaltungen und Erfolge. Diese Mitteilungen sind oft der erste Schritt, um Journalisten zu erreichen und die Berichterstattung zu fördern.

- **Interviews**: Nichols hat zahlreiche Interviews gegeben, um seine Perspektive und die Mission von „Trans Sport Allies" zu teilen. Diese

Interviews werden sowohl in Print- als auch in Online-Medien veröffentlicht und bieten eine Plattform, um die Anliegen der Organisation direkt an die Öffentlichkeit zu kommunizieren.

+ **Soziale Medien**: Die Nutzung von Plattformen wie Twitter, Instagram und Facebook ermöglicht es Nichols, direkt mit der Gemeinschaft und seinen Unterstützern zu interagieren. Durch regelmäßige Posts, die sowohl Informationen als auch persönliche Geschichten enthalten, wird eine engagierte Online-Community geschaffen.

+ **Kampagnen**: Gezielte Kampagnen, die auf spezifische Themen oder Ereignisse abzielen, sind ein weiteres wichtiges Instrument. Diese Kampagnen beinhalten oft Hashtags, die in sozialen Medien verbreitet werden, um eine breitere Diskussion zu fördern.

Herausforderungen in der Öffentlichkeitsarbeit

Trotz der Erfolge, die Elijah Nichols und „Trans Sport Allies" erzielt haben, gibt es mehrere Herausforderungen, die sie in ihrer Öffentlichkeitsarbeit bewältigen müssen:

+ **Medienbias**: Die Berichterstattung über trans-Themen ist oft von Vorurteilen geprägt. Medien können unbeabsichtigt stereotype Darstellungen fördern oder die Komplexität der trans-Erfahrungen simplifizieren. Nichols hat sich aktiv dafür eingesetzt, dass die Medien sensibler und informierter über trans-Themen berichten.

+ **Desinformation**: In der heutigen digitalen Welt sind Fehlinformationen weit verbreitet. Die Herausforderung besteht darin, diese falschen Informationen zu korrigieren und die Öffentlichkeit mit akkuraten, evidenzbasierten Informationen zu versorgen. Nichols hat sich auf die Aufklärung der Medien über die Realität von trans-Athleten konzentriert.

+ **Ressourcenmangel**: Öffentlichkeitsarbeit erfordert Zeit und finanzielle Mittel. Oftmals sind Ressourcen begrenzt, was die Fähigkeit einschränkt, größere Kampagnen durchzuführen oder professionelle PR-Experten einzustellen. Nichols hat kreative Wege gefunden, um mit einem begrenzten Budget effektive Öffentlichkeitsarbeit zu leisten.

Erfolge in der Medienpräsenz

Die Bemühungen von Elijah Nichols und „Trans Sport Allies" haben zu einer signifikanten Erhöhung der Medienpräsenz und der öffentlichen Diskussion über trans-Sportrechte geführt. Einige bemerkenswerte Erfolge sind:

+ **Berichterstattung in großen Medien**: Nichols wurde in mehreren großen Nachrichtenorganisationen, darunter *The New York Times* und *BBC*, interviewt. Diese Berichterstattung hat nicht nur die Sichtbarkeit der Organisation erhöht, sondern auch das Bewusstsein für die Herausforderungen, mit denen trans-Athleten konfrontiert sind, geschärft.

+ **Dokumentationen**: Die Zusammenarbeit mit Filmproduzenten zur Erstellung von Dokumentationen über trans-Sportler hat eine breitere Öffentlichkeit erreicht. Diese Dokumentationen zeigen die persönlichen Geschichten und Herausforderungen von trans-Athleten und haben das Potenzial, gesellschaftliche Einstellungen zu verändern.

+ **Einfluss auf politische Diskussionen**: Durch die Medienpräsenz von Nichols und die damit verbundene Öffentlichkeitsarbeit hat die Diskussion über trans-Rechte im Sport auch politische Kreise erreicht. Politiker und Entscheidungsträger sind zunehmend sensibilisiert für die Notwendigkeit, Richtlinien zu ändern und trans-Athleten zu unterstützen.

Theoretische Perspektiven

Die Öffentlichkeitsarbeit in der LGBTQ-Community, insbesondere im Kontext des Sports, kann durch verschiedene theoretische Ansätze betrachtet werden. Ein relevanter Ansatz ist die **Theorie der sozialen Bewegung**, die besagt, dass erfolgreiche Bewegungen oft auf effektive Kommunikationsstrategien angewiesen sind, um ihre Botschaften zu verbreiten und Unterstützer zu mobilisieren. Nichols' Ansatz, persönliche Geschichten und emotionale Appelle zu nutzen, ist ein Beispiel für diese Theorie in der Praxis.

Ein weiterer theoretischer Rahmen ist die **Medienwirkungsforschung**, die untersucht, wie Medienberichterstattung die öffentliche Meinung und das Verhalten beeinflusst. Die Berichterstattung über trans-Sportrechte hat das Potenzial, Vorurteile abzubauen und das Verständnis für die Herausforderungen von trans-Athleten zu fördern. Nichols' Arbeit zeigt, wie wichtig es ist, die Medien aktiv zu gestalten und sich für eine gerechtere Darstellung einzusetzen.

Fazit

Die Öffentlichkeitsarbeit und Medienpräsenz sind wesentliche Komponenten des Aktivismus von Elijah Nichols und „Trans Sport Allies". Trotz der Herausforderungen, mit denen sie konfrontiert sind, haben sie bedeutende Erfolge erzielt, die nicht nur die Sichtbarkeit von trans-Athleten erhöhen, sondern auch gesellschaftliche Veränderungen anstoßen. Durch eine strategische Kombination von traditionellen und modernen Medienansätzen hat Nichols bewiesen, dass eine gut durchdachte Öffentlichkeitsarbeit einen nachhaltigen Einfluss auf die Wahrnehmung und Unterstützung von trans-Rechten im Sport haben kann.

Erfolge und Rückschläge

Die Gründung von „Trans Sport Allies" war ein entscheidender Moment in der Geschichte des trans-Sportaktivismus. Diese Organisation sollte nicht nur eine Plattform für trans-Athleten bieten, sondern auch ein Sprachrohr für deren Anliegen und Herausforderungen im Sport sein. In diesem Abschnitt werden die Erfolge und Rückschläge beleuchtet, die Elijah Nichols und sein Team auf diesem Weg erlebt haben.

Erfolge der Organisation

Erhöhung der Sichtbarkeit: Ein wesentlicher Erfolg von „Trans Sport Allies" war die signifikante Erhöhung der Sichtbarkeit von trans-Athleten in den Medien. Durch gezielte Öffentlichkeitsarbeit und die Organisation von Events, die speziell auf trans-Sportler ausgerichtet waren, gelang es der Organisation, die Geschichten und Herausforderungen dieser Athleten einem breiteren Publikum zugänglich zu machen. Diese Sichtbarkeit führte zu einem erhöhten Bewusstsein für die Diskriminierung, der trans-Athleten im Sport ausgesetzt sind.

Partnerschaften mit Sportverbänden: Ein weiterer Erfolg war die Etablierung von Partnerschaften mit verschiedenen Sportverbänden. Diese Zusammenarbeit ermöglichte es „Trans Sport Allies", Richtlinien zu entwickeln, die die Inklusion von trans-Athleten fördern. Zum Beispiel wurde ein gemeinsames Projekt mit dem nationalen Schwimmverband ins Leben gerufen, das darauf abzielte, spezifische Trainingsrichtlinien für trans-Sportler zu erstellen.

Erfolge bei Sportveranstaltungen: Die Organisation konnte auch bedeutende Erfolge bei verschiedenen Sportveranstaltungen verzeichnen. Durch die

Unterstützung und Förderung von trans-Athleten konnten mehrere von ihnen an nationalen und internationalen Wettbewerben teilnehmen, was nicht nur ihre sportlichen Fähigkeiten unter Beweis stellte, sondern auch die Diversität im Sport feierte. Ein herausragendes Beispiel ist die Teilnahme von trans-Athleten an den Weltmeisterschaften im Schwimmen, wo sie nicht nur Anerkennung erhielten, sondern auch Medaillen gewannen.

Rückschläge der Organisation

Widerstand und Diskriminierung: Trotz dieser Erfolge war der Weg nicht immer einfach. Die Organisation sah sich häufig mit Widerstand und Diskriminierung konfrontiert. Einige Sportverbände und Institutionen waren nicht bereit, die notwendigen Änderungen vorzunehmen, um trans-Athleten zu unterstützen. Dies führte zu Frustration innerhalb der Gemeinschaft und stellte die Organisation vor die Herausforderung, weiterhin für die Rechte der trans-Athleten einzutreten.

Herausforderungen in der Medienberichterstattung: Ein weiteres bedeutendes Problem war die oft negative oder verzerrte Berichterstattung in den Medien. Obwohl die Sichtbarkeit von trans-Athleten erhöht wurde, gab es auch viele Berichte, die Stereotypen und Vorurteile verstärkten. Dies führte dazu, dass die Organisation gezwungen war, zusätzliche Ressourcen in die Aufklärung der Medien zu investieren, um sicherzustellen, dass die Geschichten der Athleten korrekt und respektvoll dargestellt wurden.

Finanzielle Schwierigkeiten: Die finanzielle Unterstützung war ein ständiges Problem für „Trans Sport Allies". Trotz der Erfolge in der Öffentlichkeitsarbeit war die Organisation oft auf Spenden angewiesen, um ihre Programme und Initiativen aufrechterhalten zu können. Diese Abhängigkeit von externen Quellen führte zu Unsicherheiten und machte es schwierig, langfristige Projekte zu planen.

Beispiele für Erfolge und Rückschläge

Ein konkretes Beispiel für einen Erfolg war die Organisation des ersten trans-spezifischen Sportturniers, das in Zusammenarbeit mit mehreren Sportverbänden durchgeführt wurde. Dieses Event zog nicht nur Athleten an, sondern auch Zuschauer und Unterstützer, die sich für die Rechte der trans-Gemeinschaft einsetzen. Die positive Resonanz auf dieses Turnier führte zu weiteren Veranstaltungen und half, das Bewusstsein für die Herausforderungen von trans-Athleten zu schärfen.

Im Gegensatz dazu gab es Rückschläge, als einige Athleten aufgrund ihrer Identität von Sponsoren abgelehnt wurden. Diese Vorfälle führten zu einem Aufschrei innerhalb der Gemeinschaft und veranlassten „Trans Sport Allies", eine Kampagne ins Leben zu rufen, die sich gegen Diskriminierung im Sponsoring richtete. Diese Kampagne war zwar notwendig, führte jedoch auch zu Spannungen zwischen der Organisation und einigen Sponsoren, die sich weigerten, ihre Richtlinien zu ändern.

Schlussfolgerung

Die Erfolge und Rückschläge von „Trans Sport Allies" spiegeln die komplexe Realität des trans-Sportaktivismus wider. Während die Organisation bedeutende Fortschritte gemacht hat, um die Sichtbarkeit und Unterstützung für trans-Athleten zu erhöhen, bleibt der Weg zur vollständigen Inklusion und Akzeptanz von trans-Sportlern im Sport noch lang. Die Herausforderungen, die Elijah Nichols und sein Team begegnen, sind nicht nur eine Reflexion der Probleme innerhalb des Sports, sondern auch der breiteren gesellschaftlichen Einstellungen gegenüber der LGBTQ-Community. Es wird entscheidend sein, weiterhin für Veränderungen zu kämpfen und die Stimme der trans-Athleten zu stärken, um eine gerechtere und inklusivere Zukunft zu gestalten.

Die Rolle von Freiwilligen

Freiwillige spielen eine entscheidende Rolle in der trans-Sport-Bewegung, insbesondere in der Organisation und Durchführung von Initiativen, die sich für die Rechte und die Sichtbarkeit von trans-Athleten einsetzen. Ihre Beiträge sind vielfältig und reichen von der Unterstützung bei Veranstaltungen bis hin zur Öffentlichkeitsarbeit und der Mobilisierung von Ressourcen. In diesem Abschnitt werden wir die verschiedenen Aspekte der Rolle von Freiwilligen beleuchten, die Herausforderungen, mit denen sie konfrontiert sind, sowie die positiven Auswirkungen, die sie auf die Bewegung haben.

Unterstützung bei Veranstaltungen

Freiwillige sind oft das Rückgrat von Veranstaltungen, die auf die Förderung von trans-Rechten im Sport abzielen. Diese Veranstaltungen können von Sportturnieren über Workshops bis hin zu Informationsständen auf Messen reichen. Die Aufgaben der Freiwilligen umfassen:

+ **Organisation:** Freiwillige helfen bei der Planung und Durchführung von Veranstaltungen, indem sie logistische Aufgaben übernehmen, wie die Vorbereitung von Veranstaltungsorten, die Koordination von Zeitplänen und die Verwaltung von Teilnehmerlisten.

+ **Betreuung:** Sie stehen Teilnehmern und Gästen zur Verfügung, beantworten Fragen und sorgen dafür, dass sich alle wohlfühlen.

+ **Werbung:** Freiwillige tragen zur Öffentlichkeitsarbeit bei, indem sie Informationen über die Veranstaltung in sozialen Medien teilen und Flyer verteilen, um eine größere Reichweite zu erzielen.

Ein Beispiel für den erfolgreichen Einsatz von Freiwilligen ist das jährliche „Trans Sport Festival", das in mehreren Städten stattfindet. Hier arbeiten Freiwillige unermüdlich, um sicherzustellen, dass alles reibungslos abläuft und die Veranstaltung ein Erfolg wird.

Öffentlichkeitsarbeit und Advocacy

Freiwillige sind oft auch in der Öffentlichkeitsarbeit aktiv, indem sie die Botschaften der trans-Sport-Bewegung in die Gemeinschaft tragen. Sie können:

+ **Vorträge halten:** Freiwillige nehmen an Schulen, Universitäten oder Gemeindezentren teil, um über die Herausforderungen von trans-Athleten aufzuklären und das Bewusstsein für die Notwendigkeit von Inklusion im Sport zu schärfen.

+ **Social Media nutzen:** Sie nutzen Plattformen wie Twitter, Facebook und Instagram, um Geschichten zu teilen, die Sichtbarkeit zu erhöhen und Unterstützer zu mobilisieren.

+ **Netzwerke aufbauen:** Freiwillige vernetzen sich mit anderen Organisationen und Gruppen, um gemeinsame Ziele zu verfolgen und Synergien zu schaffen.

Ein Beispiel für erfolgreiche Öffentlichkeitsarbeit durch Freiwillige ist die Kampagne „Trans Athletes Matter", die von einer Gruppe von Freiwilligen ins Leben gerufen wurde und in sozialen Medien viral ging. Diese Kampagne hat nicht nur das Bewusstsein für die Herausforderungen von trans-Athleten geschärft, sondern auch zahlreiche Unterstützer mobilisiert.

Ressourcenmobilisierung

Freiwillige spielen auch eine wichtige Rolle bei der Mobilisierung von Ressourcen für trans-Sport-Initiativen. Sie sind oft für:

+ **Fundraising verantwortlich:** Freiwillige organisieren Spendenaktionen, um finanzielle Mittel für Projekte und Veranstaltungen zu sammeln.

+ **Partnerschaften:** Sie helfen bei der Identifizierung und dem Aufbau von Partnerschaften mit Unternehmen, die bereit sind, die Bewegung zu unterstützen, sei es durch finanzielle Mittel oder Sachspenden.

+ **Ressourcenteilung:** Freiwillige können auch ihre eigenen Fähigkeiten und Ressourcen einbringen, sei es in Form von Fachwissen, Equipment oder Kontakten.

Ein Beispiel für die Mobilisierung von Ressourcen ist die Initiative „Sport für alle", die von Freiwilligen ins Leben gerufen wurde und lokale Unternehmen einbezieht, um Sportausrüstung für trans-Athleten bereitzustellen.

Herausforderungen für Freiwillige

Trotz ihrer wichtigen Rolle stehen Freiwillige vor einer Reihe von Herausforderungen:

+ **Ressourcenmangel:** Oft fehlt es an finanziellen Mitteln oder Materialien, um die Arbeit effektiv zu gestalten.

+ **Burnout:** Die hohe Arbeitsbelastung und der emotionale Stress können zu Burnout führen, insbesondere wenn Freiwillige das Gefühl haben, dass ihre Bemühungen nicht ausreichend gewürdigt werden.

+ **Sichtbarkeit und Anerkennung:** Oft werden die Beiträge von Freiwilligen nicht ausreichend gewürdigt, was zu einem Gefühl der Entmutigung führen kann.

Um diese Herausforderungen zu bewältigen, ist es wichtig, dass Organisationen Strukturen schaffen, die Freiwillige unterstützen, ihre Arbeit anerkennen und Möglichkeiten zur Weiterbildung und zum Austausch bieten.

Fazit

Die Rolle der Freiwilligen in der trans-Sport-Bewegung ist unverzichtbar. Sie sind nicht nur die treibende Kraft hinter vielen Initiativen, sondern auch die Gesichter der Bewegung, die den Dialog über trans-Rechte im Sport fördern. Ihre Arbeit trägt dazu bei, Barrieren abzubauen, das Bewusstsein zu schärfen und eine inklusive Sportgemeinschaft zu schaffen. Es ist von entscheidender Bedeutung, dass wir die Beiträge von Freiwilligen anerkennen und unterstützen, um die trans-Sport-Bewegung weiter voranzubringen und eine gerechtere Zukunft für alle Athleten zu schaffen.

Veranstaltungen und Kampagnen

Die Gründung von „Trans Sport Allies" führte zu einer Vielzahl von Veranstaltungen und Kampagnen, die darauf abzielten, das Bewusstsein für die Rechte von trans-Athleten zu schärfen und eine inklusive Sportumgebung zu fördern. Diese Initiativen sind von entscheidender Bedeutung, um die Sichtbarkeit der trans-Community im Sport zu erhöhen und um Veränderungen auf politischer und gesellschaftlicher Ebene herbeizuführen.

Ziele der Veranstaltungen

Die Hauptziele der Veranstaltungen und Kampagnen sind vielfältig:

+ **Aufklärung:** Die Veranstaltungen sollen über die Herausforderungen aufklären, mit denen trans-Athleten konfrontiert sind, und die Notwendigkeit von Gleichberechtigung und Akzeptanz im Sport betonen.

+ **Netzwerkbildung:** Sie bieten eine Plattform für trans-Athleten, Unterstützer und Verbündete, um sich zu vernetzen und Erfahrungen auszutauschen.

+ **Mobilisierung:** Die Kampagnen zielen darauf ab, die Community zu mobilisieren und zur Teilnahme an Protesten und politischen Aktionen zu ermutigen.

+ **Fundraising:** Viele Veranstaltungen sind auch darauf ausgerichtet, Mittel für die Unterstützung von Programmen zu sammeln, die trans-Athleten zugutekommen.

Typen von Veranstaltungen

Die Veranstaltungen, die von „Trans Sport Allies" organisiert werden, umfassen:

+ **Workshops und Seminare:** Diese bieten Schulungen zu Themen wie Geschlechtsidentität, Inklusion im Sport und rechtliche Aspekte der Trans-Rechte.

+ **Sportwettkämpfe:** Spezielle Wettbewerbe, die es trans-Athleten ermöglichen, ihre Fähigkeiten zu zeigen und sich in einem unterstützenden Umfeld zu messen.

+ **Proteste und Demonstrationen:** Öffentlichkeitswirksame Aktionen, die auf Diskriminierung und Ungerechtigkeiten im Sport aufmerksam machen.

+ **Kunst- und Kulturveranstaltungen:** Diese Veranstaltungen nutzen Kunst und Kultur, um die Geschichten von trans-Athleten zu erzählen und das Bewusstsein für ihre Kämpfe zu schärfen.

Beispiele erfolgreicher Kampagnen

Ein herausragendes Beispiel für eine erfolgreiche Kampagne ist die „Trans Rights are Human Rights"-Kampagne, die landesweit durchgeführt wurde. Diese Kampagne beinhaltete:

+ **Öffentliche Reden:** Aktivisten, einschließlich Elijah Nichols, hielten inspirierende Reden, die die Herausforderungen und Erfolge von trans-Athleten beleuchteten.

+ **Medienpräsenz:** Die Kampagne nutzte soziale Medien und traditionelle Medien, um eine breite Öffentlichkeit zu erreichen und Unterstützung zu mobilisieren.

+ **Partnerschaften:** Die Zusammenarbeit mit prominenten Sportlern und Influencern half, die Reichweite der Kampagne erheblich zu erweitern.

Herausforderungen bei der Durchführung von Veranstaltungen

Trotz des Erfolgs dieser Kampagnen stehen die Organisatoren vor verschiedenen Herausforderungen:

+ **Finanzierung:** Die Durchführung von Veranstaltungen erfordert erhebliche finanzielle Mittel, und die Suche nach Sponsoren kann schwierig sein.

+ **Sichtbarkeit:** Es kann eine Herausforderung sein, genügend Aufmerksamkeit für die Veranstaltungen zu gewinnen, insbesondere in einer Zeit, in der viele Themen um die Aufmerksamkeit konkurrieren.

+ **Widerstand:** Einige Veranstaltungen stoßen auf Widerstand von Gruppen, die gegen die Rechte von trans-Athleten sind, was zu Spannungen und Sicherheitsbedenken führen kann.

Theoretische Grundlagen

Die theoretische Grundlage für die Durchführung dieser Veranstaltungen basiert auf der sozialen Identitätstheorie, die besagt, dass das Zugehörigkeitsgefühl zu einer bestimmten Gruppe (in diesem Fall der trans-Community) das Verhalten und die Wahrnehmung von Individuen beeinflusst. Darüber hinaus unterstützt das Konzept des *Empowerments* die Idee, dass Veranstaltungen und Kampagnen dazu beitragen, das Selbstbewusstsein und die Selbstvertretung von trans-Athleten zu stärken.

Fazit

Die Veranstaltungen und Kampagnen von „Trans Sport Allies" sind ein entscheidendes Element im Kampf für die Rechte von trans-Athleten. Sie fördern nicht nur die Sichtbarkeit und das Bewusstsein, sondern auch die Mobilisierung der Community und die Schaffung eines unterstützenden Umfelds. Trotz der Herausforderungen bleibt das Engagement für Inklusion und Gleichheit im Sport eine zentrale Mission, die weiterhin verfolgt wird, um eine gerechtere und inklusivere Zukunft für alle Athleten zu gestalten.

Die Bedeutung von Fundraising

Fundraising spielt eine entscheidende Rolle in der Arbeit von Organisationen wie „Trans Sport Allies". Es stellt nicht nur die finanziellen Mittel bereit, die für die Durchführung von Projekten und Programmen notwendig sind, sondern trägt auch zur Schaffung von Bewusstsein und Unterstützung in der Gemeinschaft bei. In diesem Abschnitt werden die Theorien, Herausforderungen und praktischen Beispiele für erfolgreiches Fundraising in der LGBTQ-Community und insbesondere im Bereich des trans-Sports untersucht.

Theoretische Grundlagen des Fundraising

Fundraising kann als Prozess definiert werden, der darauf abzielt, finanzielle Mittel für eine bestimmte Sache zu beschaffen. Die grundlegenden Theorien hinter Fundraising umfassen:

+ **Die Beziehungstheorie:** Diese Theorie besagt, dass erfolgreiche Fundraising-Kampagnen auf der Schaffung und Pflege von Beziehungen zu Spendern basieren. Die Bindung zwischen der Organisation und den Unterstützern ist entscheidend für die langfristige Unterstützung.

+ **Die Motivationstheorie:** Nach dieser Theorie sind Spender motiviert durch verschiedene Faktoren, darunter das Bedürfnis nach sozialer Anerkennung, das Verlangen, einen positiven Einfluss auf die Gesellschaft auszuüben, und persönliche Verbindungen zu den Zielen der Organisation.

+ **Die Theorie des sozialen Wandels:** Diese Theorie legt nahe, dass Fundraising nicht nur als Mittel zur Finanzierung von Projekten betrachtet werden sollte, sondern auch als Werkzeug zur Förderung sozialen Wandels und zur Sensibilisierung für gesellschaftliche Probleme.

Herausforderungen im Fundraising

Trotz seiner Bedeutung sieht sich Fundraising im Bereich des trans-Sports mit verschiedenen Herausforderungen konfrontiert:

+ **Stigmatisierung und Vorurteile:** Fundraising für trans-Aktivismus kann durch gesellschaftliche Vorurteile und Stigmatisierung erschwert werden. Viele potenzielle Spender haben möglicherweise Vorbehalte, in Projekte zu investieren, die sich mit trans-Rechten befassen.

+ **Wettbewerb um Ressourcen:** In der LGBTQ-Community gibt es viele Organisationen, die um die gleichen finanziellen Mittel konkurrieren. Dies kann es für neue oder kleinere Organisationen schwierig machen, die notwendige Unterstützung zu finden.

+ **Mangel an Sichtbarkeit:** Viele trans-Aktivitäten und -Initiativen sind nicht ausreichend sichtbar, was es schwierig macht, potenzielle Unterstützer zu erreichen und sie für die Sache zu gewinnen.

Praktische Beispiele für erfolgreiches Fundraising

Um die Herausforderungen zu überwinden, haben Organisationen wie „Trans Sport Allies" verschiedene Strategien entwickelt, um erfolgreich Fundraising zu betreiben:

- **Crowdfunding-Kampagnen:** Plattformen wie GoFundMe und Kickstarter bieten Organisationen die Möglichkeit, ihre Projekte einem breiten Publikum vorzustellen und kleine Beträge von vielen Unterstützern zu sammeln. Ein Beispiel ist die Kampagne zur Unterstützung eines trans-Sportteams, die über soziale Medien verbreitet wurde und innerhalb von wenigen Wochen die benötigten Mittel sammelte.

- **Veranstaltungen und Galas:** Fundraising-Events, wie z.B. Wohltätigkeitsgalas oder Sportturniere, bieten nicht nur eine Möglichkeit zur Mittelbeschaffung, sondern auch zur Sensibilisierung für die Anliegen der trans-Community. Ein Beispiel ist eine jährliche Sportveranstaltung, bei der ein Teil der Einnahmen an trans-Aktivisten gespendet wird.

- **Partnerschaften mit Unternehmen:** Kooperationen mit Unternehmen, die sich für Diversität und Inklusion einsetzen, können wertvolle Ressourcen und finanzielle Unterstützung bieten. Ein Beispiel ist eine Partnerschaft mit einem Sportartikelhersteller, der einen Teil seines Gewinns aus bestimmten Produkten an trans-Sportinitiativen spendet.

Schlussfolgerung

Die Bedeutung von Fundraising im Kontext des trans-Sports kann nicht unterschätzt werden. Es ist entscheidend für die Finanzierung von Projekten, die Sichtbarkeit der Anliegen und die Schaffung von Gemeinschaftsunterstützung. Um die Herausforderungen zu meistern und die Ziele zu erreichen, ist es wichtig, innovative Ansätze zu entwickeln und die Beziehung zu den Unterstützern zu pflegen. Nur durch effektives Fundraising kann die trans-Sportbewegung weiterhin wachsen und die dringend benötigte Unterstützung für trans-Athleten bieten.

$$\text{Fundraising-Einnahmen} = \text{Spenden} + \text{Veranstaltungseinnahmen} + \text{Sponsoring}$$
$$(38)$$

Die Formel zeigt, dass Fundraising aus verschiedenen Einkommensquellen besteht, die zusammenwirken, um die finanziellen Ziele der Organisation zu erreichen. Durch das Verständnis der Bedeutung von Fundraising und die

Anwendung effektiver Strategien können Organisationen wie „Trans Sport Allies" ihre Mission erfolgreich erfüllen und einen positiven Einfluss auf die trans-Community ausüben.

Die Entwicklung von Programmen

Die Entwicklung von Programmen innerhalb der Organisation „Trans Sport Allies" stellt einen zentralen Aspekt des Aktivismus von Elijah Nichols dar. Diese Programme sind darauf ausgelegt, trans-Athleten zu unterstützen, ihre Sichtbarkeit zu erhöhen und die Integration in den Sport zu fördern. In diesem Abschnitt werden wir die theoretischen Grundlagen, die Herausforderungen und einige konkrete Beispiele für die Programme untersuchen, die im Rahmen dieser Initiative entwickelt wurden.

Theoretische Grundlagen

Die Entwicklung von Programmen für trans-Athleten basiert auf mehreren theoretischen Ansätzen, die die Notwendigkeit von Inklusion und Gleichheit im Sport betonen. Ein zentraler Punkt ist die **Intersektionalität**, die auf die verschiedenen Identitäten hinweist, die Menschen haben können und wie diese Identitäten sich überschneiden und beeinflussen. Kimberlé Crenshaw, die Begründerin des Begriffs, argumentiert, dass Diskriminierung nicht isoliert betrachtet werden kann, sondern als ein Zusammenspiel verschiedener Faktoren wie Geschlecht, Rasse und sexuelle Orientierung.

Ein weiterer wichtiger theoretischer Rahmen ist die **Soziale Identitätstheorie**, die besagt, dass Menschen ihre Identität stark durch die Gruppen definieren, denen sie angehören. Für trans-Athleten ist die Zugehörigkeit zu einer unterstützenden Gemeinschaft entscheidend, um Selbstwertgefühl und Zugehörigkeit zu fördern.

Herausforderungen bei der Programmentwicklung

Die Entwicklung von Programmen für trans-Athleten ist jedoch mit zahlreichen Herausforderungen verbunden. Eine der größten Hürden ist die **Diskriminierung** im Sport, die oft in Form von Vorurteilen und Stereotypen auftritt. Diese Diskriminierung kann sich sowohl auf institutioneller als auch auf individueller Ebene manifestieren und führt häufig dazu, dass trans-Athleten von Wettkämpfen ausgeschlossen oder nicht ernst genommen werden.

Ein weiteres Problem ist die **Mangelnde Sichtbarkeit** von trans-Athleten in den Medien. Oft fehlen positive Darstellungen, die trans-Athleten als kompetitive und talentierte Sportler zeigen. Dies führt zu einem Teufelskreis, in dem trans-Athleten nicht die Unterstützung erhalten, die sie benötigen, um erfolgreich zu sein.

Zusätzlich steht die Organisation vor der Herausforderung, **finanzielle Mittel** zu sichern, um die Programme zu entwickeln und aufrechtzuerhalten. Ohne ausreichende Finanzierung können viele der geplanten Initiativen nicht umgesetzt werden.

Beispiele für Programme

Trotz dieser Herausforderungen hat „Trans Sport Allies" mehrere Programme entwickelt, die sich als erfolgreich erwiesen haben. Eines der ersten Programme war das **Mentorship-Programm**, das darauf abzielt, trans-Athleten mit erfahrenen Sportlern zu verbinden. Diese Mentoren bieten nicht nur Unterstützung und Rat, sondern fungieren auch als Vorbilder, die den jüngeren Athleten zeigen, dass es möglich ist, im Sport erfolgreich zu sein.

Ein weiteres Beispiel ist das **Aufklärungsprogramm** für Trainer und Sportverbände. Dieses Programm vermittelt Wissen über die spezifischen Bedürfnisse von trans-Athleten und sensibilisiert die Trainer für die Herausforderungen, mit denen diese Athleten konfrontiert sind. Durch Workshops und Seminare wird versucht, ein besseres Verständnis zu schaffen und Vorurteile abzubauen.

Zusätzlich hat die Organisation das **Sportförderungsprogramm** ins Leben gerufen, das finanzielle Unterstützung für trans-Athleten bietet, die an Wettkämpfen teilnehmen möchten. Dieses Programm zielt darauf ab, die finanzielle Barriere zu senken, die viele Athleten davon abhält, ihre sportlichen Ziele zu verfolgen.

Ergebnisse und Auswirkungen

Die Programme von „Trans Sport Allies" haben bereits positive Ergebnisse gezeigt. Die Teilnahme an Wettkämpfen unter trans-Athleten hat zugenommen, und viele berichten von einem höheren Maß an Selbstvertrauen und Identität. Die Sichtbarkeit dieser Athleten in den Medien hat sich ebenfalls verbessert, was zu einer breiteren Akzeptanz und Unterstützung innerhalb der Sportgemeinschaft führt.

Zudem hat die Organisation durch ihre Programme eine **Kultur der Inklusion** im Sport gefördert. Diese Kultur ermutigt nicht nur trans-Athleten, sondern auch andere marginalisierte Gruppen, aktiv am Sport teilzunehmen und ihre Stimmen zu erheben.

Fazit

Die Entwicklung von Programmen für trans-Athleten ist ein wesentlicher Bestandteil des Aktivismus von Elijah Nichols und „Trans Sport Allies". Durch die Kombination theoretischer Ansätze mit praktischen Lösungen hat die Organisation bedeutende Fortschritte erzielt, um die Herausforderungen zu bewältigen, mit denen trans-Athleten konfrontiert sind. Die Programme bieten nicht nur Unterstützung, sondern tragen auch zur Schaffung einer inklusiveren Sportlandschaft bei, in der jeder Athlet, unabhängig von seiner Identität, die Möglichkeit hat, erfolgreich zu sein.

Die Herausforderungen der Organisation

Die Gründung und der Betrieb von „Trans Sport Allies" waren von zahlreichen Herausforderungen geprägt, die sowohl struktureller als auch gesellschaftlicher Natur waren. Diese Herausforderungen beeinflussten nicht nur die internen Abläufe der Organisation, sondern auch deren Fähigkeit, ihre Ziele zu erreichen und die trans-Sport-Community effektiv zu unterstützen. In diesem Abschnitt werden einige der zentralen Herausforderungen, mit denen die Organisation konfrontiert war, detailliert betrachtet.

Finanzielle Ressourcen

Eine der größten Herausforderungen für „Trans Sport Allies" war die Sicherstellung ausreichender finanzieller Mittel. Die Finanzierung von Projekten, Veranstaltungen und Kampagnen ist für Non-Profit-Organisationen oft eine Hürde. Elijah und sein Team mussten kreative Wege finden, um Gelder zu akquirieren. Dies umfasste:

- **Crowdfunding-Kampagnen:** Um die Kosten für spezifische Projekte zu decken, nutzten sie Plattformen wie GoFundMe oder Kickstarter, um Gelder von der Community zu sammeln. Diese Kampagnen waren jedoch oft zeitintensiv und erforderten eine starke Öffentlichkeitsarbeit.

- **Partnerschaften mit Sponsoren:** Die Suche nach Sponsoren, die bereit waren, die Organisation finanziell zu unterstützen, stellte eine weitere Herausforderung dar. Oftmals war es schwierig, Unternehmen zu finden, die sich aktiv für die trans-Rechte einsetzen wollten.

- **Stiftungen und Zuschüsse:** Die Beantragung von Zuschüssen bei Stiftungen war ein weiterer Weg, um finanzielle Unterstützung zu erhalten.

Allerdings war der Prozess oft langwierig und die Konkurrenz um Fördermittel sehr hoch.

Sichtbarkeit und Öffentlichkeitsarbeit

Die Sichtbarkeit der Organisation in der breiteren Gesellschaft war eine weitere Herausforderung. Trotz der Bemühungen, das Bewusstsein für die Anliegen der trans-Community zu schärfen, gab es oft Widerstände in der Öffentlichkeit. Die Medienberichterstattung über trans-Themen ist häufig von Stereotypen und Missverständnissen geprägt. Um dem entgegenzuwirken, musste „Trans Sport Allies":

+ **Medienpartnerschaften aufbauen:** Um die Sichtbarkeit zu erhöhen, war es entscheidend, Beziehungen zu Journalisten und Medienhäusern zu pflegen, die bereit waren, die positive Arbeit der Organisation hervorzuheben.

+ **Social Media Strategien entwickeln:** Die Nutzung von Plattformen wie Instagram, Twitter und Facebook war entscheidend, um jüngere Zielgruppen zu erreichen und die trans-Community zu mobilisieren. Die Herausforderung lag darin, Inhalte zu erstellen, die sowohl informativ als auch ansprechend waren.

+ **Positive Narrative fördern:** Die Organisation musste aktiv daran arbeiten, positive Geschichten von trans-Athleten und deren Erfolgen zu teilen, um das öffentliche Bild zu verändern und Vorurteile abzubauen.

Interne Struktur und Teamdynamik

Die interne Struktur der Organisation stellte ebenfalls eine Herausforderung dar. Als relativ neue Initiative musste „Trans Sport Allies" eine effektive Teamdynamik entwickeln, um die verschiedenen Talente und Fähigkeiten der Mitglieder optimal zu nutzen. Zu den Problemen gehörten:

+ **Rollenverteilung:** Klare Rollen und Verantwortlichkeiten innerhalb des Teams zu definieren, war entscheidend. Oftmals kam es zu Missverständnissen, die die Effizienz der Arbeit beeinträchtigten.

+ **Kommunikation:** Eine offene und transparente Kommunikation war notwendig, um sicherzustellen, dass alle Teammitglieder auf dem gleichen Stand waren und sich gehört fühlten. Regelmäßige Meetings und Feedback-Runden waren erforderlich, um die Teamdynamik zu stärken.

+ **Freiwilligenmanagement:** Viele Mitglieder der Organisation waren Freiwillige, was bedeutete, dass ihre Verfügbarkeit und Engagement variieren konnten. Dies erforderte ein flexibles Management, um sicherzustellen, dass Projekte trotz personeller Engpässe vorankamen.

Politische Widerstände

Die politische Landschaft, in der „Trans Sport Allies" operierte, war oft von Widerständen geprägt. Gesetzliche Rahmenbedingungen und politische Entscheidungen konnten die Arbeit der Organisation erheblich beeinflussen. Zu den Herausforderungen gehörten:

+ **Lobbyarbeit:** Um Veränderungen in der Sportpolitik herbeizuführen, war es notwendig, mit politischen Entscheidungsträgern in Kontakt zu treten. Dies erforderte strategische Planung und oft auch Geduld, da politische Prozesse langwierig sein können.

+ **Gegenseitige Anfeindungen:** Die Organisation sah sich häufig auch Anfeindungen und Gegenkampagnen von konservativen Gruppen gegenüber, die sich gegen die Rechte von trans-Athleten aussprachen. Diese Widerstände erforderten eine strategische Kommunikation und eine klare Positionierung der Organisation.

+ **Rechtliche Herausforderungen:** In einigen Fällen musste die Organisation rechtliche Schritte in Betracht ziehen, um diskriminierende Regelungen zu bekämpfen, was zusätzliche Ressourcen und rechtliche Expertise erforderte.

Bildung und Aufklärung

Ein zentrales Ziel von „Trans Sport Allies" war die Aufklärung über trans-Themen innerhalb der Sportgemeinschaft. Dies stellte jedoch eine Herausforderung dar, da viele Menschen immer noch Vorurteile und Missverständnisse über trans-Athleten hatten. Um diese Herausforderung zu meistern, musste die Organisation:

+ **Workshops und Schulungen anbieten:** Die Entwicklung und Durchführung von Bildungsprogrammen für Trainer, Athleten und Sportverbände war entscheidend, um ein besseres Verständnis für die Bedürfnisse von trans-Athleten zu fördern.

+ **Ressourcen bereitstellen:** Die Bereitstellung von Informationsmaterialien, die die Rechte von trans-Athleten und deren Herausforderungen thematisieren, war notwendig, um das Bewusstsein zu schärfen.

‣ **Zusammenarbeit mit Bildungseinrichtungen:** Die Organisation musste Partnerschaften mit Schulen und Universitäten eingehen, um die Aufklärung über trans-Themen in den Bildungskontext zu integrieren.

Zusammenfassend lässt sich sagen, dass „Trans Sport Allies" vor vielfältigen Herausforderungen stand, die sowohl interne als auch externe Faktoren umfassten. Die Fähigkeit, diese Herausforderungen zu erkennen und strategisch anzugehen, war entscheidend für den Erfolg und das Wachstum der Organisation. Durch die Entwicklung kreativer Lösungen und die Förderung von Zusammenarbeit konnte Elijah Nichols und sein Team nicht nur die Sichtbarkeit der trans-Community im Sport erhöhen, sondern auch einen bedeutenden Beitrag zur gesellschaftlichen Akzeptanz leisten.

Einfluss auf die Sportpolitik

Lobbyarbeit bei Sportverbänden

Die Lobbyarbeit bei Sportverbänden ist ein zentraler Aspekt im Aktivismus von Elijah Nichols und der trans-Sportbewegung. Diese Form der Einflussnahme zielt darauf ab, die Richtlinien und Praktiken von Sportorganisationen zu verändern, um eine inklusivere und gerechtere Umgebung für trans-Athleten zu schaffen. In diesem Abschnitt betrachten wir die theoretischen Grundlagen der Lobbyarbeit, die Herausforderungen, denen Aktivisten gegenüberstehen, sowie einige exemplarische Erfolge.

Theoretische Grundlagen der Lobbyarbeit

Lobbyarbeit bezeichnet die gezielte Einflussnahme auf Entscheidungsträger, um politische oder organisatorische Veränderungen herbeizuführen. Laut [1] umfasst Lobbyarbeit verschiedene Strategien, darunter direkte Gespräche mit Entscheidungsträgern, die Organisation von Kampagnen und die Mobilisierung der Öffentlichkeit. Im Kontext von Sportverbänden bedeutet dies, dass Aktivisten wie Elijah Nichols versuchen, die Führungskräfte und Mitglieder dieser Organisationen von der Notwendigkeit der Akzeptanz und Unterstützung für trans-Athleten zu überzeugen.

Eine wichtige Theorie, die die Lobbyarbeit untermauert, ist die *Theorie der sozialen Bewegungen*. Diese Theorie besagt, dass soziale Bewegungen entstehen, wenn bestimmte Bedingungen erfüllt sind, darunter das Vorhandensein von Ressourcen, die Mobilisierung von Unterstützern und die Schaffung eines kollektiven Identitätsgefühls [2]. Elijah Nichols und seine Mitstreiter nutzen diese Prinzipien, um eine breite Unterstützung innerhalb und außerhalb der Sportgemeinschaft zu gewinnen.

Herausforderungen der Lobbyarbeit

Trotz der theoretischen Grundlagen stehen Aktivisten bei der Lobbyarbeit vor zahlreichen Herausforderungen. Eine der größten Hürden ist der Widerstand innerhalb der Sportverbände selbst. Viele dieser Organisationen haben traditionell konservative Ansichten über Geschlecht und Identität, was die Akzeptanz von trans-Athleten erschwert.

Ein weiteres Problem ist die Fragmentierung der Sportverbände. In vielen Ländern gibt es zahlreiche Sportorganisationen, die jeweils eigene Richtlinien und Praktiken haben. Diese Diversität macht es schwierig, einheitliche Standards für die Teilnahme von trans-Athleten zu etablieren. Laut [?] führt diese Fragmentierung oft zu inkonsistenten Regelungen, die trans-Athleten benachteiligen.

Darüber hinaus ist die Medienberichterstattung über trans-Sport oft negativ oder sensationalistisch, was die öffentliche Wahrnehmung beeinflusst und die Lobbyarbeit erschwert. Aktivisten müssen daher nicht nur die Sportverbände überzeugen, sondern auch die Öffentlichkeit für ihre Anliegen sensibilisieren.

Beispiele erfolgreicher Lobbyarbeit

Trotz dieser Herausforderungen gibt es bemerkenswerte Beispiele für erfolgreiche Lobbyarbeit im Bereich des trans-Sports. Ein solches Beispiel ist die Initiative von Elijah Nichols zur Einführung von Richtlinien für die Teilnahme von trans-Athleten in einem nationalen Sportverband. Durch direkte Gespräche mit Entscheidungsträgern, die Bereitstellung von Forschungsergebnissen und das Teilen persönlicher Geschichten konnte Nichols die Unterstützung für eine neue Richtlinie gewinnen, die es trans-Athleten erlaubt, entsprechend ihrer Geschlechtsidentität an Wettkämpfen teilzunehmen.

Ein weiteres Beispiel ist die Zusammenarbeit mit prominenten Athleten, die sich für die Rechte von trans-Sportlern einsetzen. Diese Athleten nutzen ihre Plattformen, um auf die Herausforderungen aufmerksam zu machen, mit denen trans-Athleten konfrontiert sind, und um Druck auf die Sportverbände auszuüben, um Veränderungen herbeizuführen. Die Unterstützung von bekannten Persönlichkeiten erhöht die Sichtbarkeit der Anliegen und kann entscheidend für den Erfolg von Lobbyarbeit sein [?].

Fazit

Die Lobbyarbeit bei Sportverbänden ist ein komplexer, aber wesentlicher Bestandteil des Aktivismus für trans-Athleten. Durch strategische Ansätze und die Überwindung von Herausforderungen können Aktivisten wie Elijah Nichols bedeutende Veränderungen in den Richtlinien und Praktiken von Sportorganisationen bewirken. Die Verbindung von Theorie und Praxis, gepaart mit persönlichen Geschichten und öffentlicher Unterstützung, ist entscheidend für den Erfolg dieser Bemühungen. Angesichts der fortwährenden Herausforderungen im Bereich der trans-Rechte im Sport bleibt die Lobbyarbeit ein zentrales Element für die Zukunft des trans-Sports.

Strategien zur Veränderung von Richtlinien

Die Veränderung von Richtlinien im Sport ist ein komplexer Prozess, der strategisches Denken und gezielte Aktionen erfordert. Um die Rechte von trans-Athleten zu fördern, müssen Aktivisten und Organisationen eine Vielzahl von Strategien anwenden, die sowohl auf politischer als auch auf gesellschaftlicher Ebene wirken. Diese Strategien können in verschiedene Kategorien unterteilt werden: Lobbyarbeit, Bildung und Aufklärung, Öffentlichkeitsarbeit sowie die Schaffung von Allianzen.

Lobbyarbeit bei Sportverbänden

Die Lobbyarbeit bei Sportverbänden ist entscheidend, um Richtlinien zu ändern, die trans-Athleten diskriminieren. Dies umfasst das direkte Engagement mit Entscheidungsträgern, um die Notwendigkeit von Veränderungen zu verdeutlichen. Ein Beispiel hierfür ist die Zusammenarbeit mit der *International Olympic Committee (IOC)*. Aktivisten können durch formelle Anträge und persönliche Gespräche mit Vorstandsmitgliedern auf die Bedeutung von inklusiven Richtlinien hinweisen.

$$\text{Erfolg} = \text{Einfluss} \times \text{Engagement} \tag{39}$$

Hierbei ist der Einfluss der Aktivisten auf die Entscheidungsträger ebenso wichtig wie das Engagement, das sie in die Gespräche einbringen. Eine gut vorbereitete Präsentation von Daten und persönlichen Geschichten kann die Entscheidungsträger überzeugen, Richtlinien zu überdenken.

Bildung und Aufklärung

Bildung spielt eine zentrale Rolle bei der Veränderung von Richtlinien. Durch Workshops und Seminare können Sportverbände und Trainer über die Herausforderungen und Bedürfnisse von trans-Athleten informiert werden. Die Implementierung von Programmen, die sich mit Geschlechtsidentität und Inklusion befassen, kann helfen, Vorurteile abzubauen.

Ein Beispiel für eine erfolgreiche Bildungsinitiative ist das Programm *"Trans Inclusion in Sports"*, das in mehreren Schulen und Sportvereinen durchgeführt wurde. Durch die Bereitstellung von Informationsmaterialien und Schulungen konnten viele Trainer und Athleten sensibilisiert werden, was zu einer positiven Veränderung der Teamdynamik führte.

Öffentlichkeitsarbeit und Medienpräsenz

Die öffentliche Wahrnehmung von trans-Athleten kann durch gezielte Öffentlichkeitsarbeit erheblich beeinflusst werden. Medienkampagnen, die trans-Athleten in den Mittelpunkt stellen, können das Bewusstsein und die Akzeptanz in der Gesellschaft fördern. Die Nutzung von sozialen Medien ist hierbei ein effektives Werkzeug, um Geschichten zu teilen und Diskussionen anzuregen.

Ein Beispiel ist die Kampagne *"#TransAthleteVoices"*, die Geschichten von trans-Athleten über verschiedene Plattformen verbreitete. Diese Sichtbarkeit führte zu einer breiteren Unterstützung und einem erhöhten Druck auf Sportverbände, Richtlinien zu überdenken.

Schaffung von Allianzen

Die Bildung von Allianzen mit anderen Organisationen, die sich für Gleichheit und Inklusion einsetzen, kann die Effektivität von Aktivismusmaßnahmen steigern. Durch die Zusammenarbeit mit LGBTQ+-Organisationen, Menschenrechtsgruppen und sogar Sportvereinen kann eine stärkere Stimme geschaffen werden, die die Forderungen nach Richtlinienänderungen unterstützt.

Ein Beispiel für eine erfolgreiche Allianz ist die Zusammenarbeit zwischen der *Human Rights Campaign* und verschiedenen Sportverbänden, die gemeinsame Veranstaltungen und Kampagnen zur Förderung von trans-Rechten im Sport organisierten. Diese Allianzen ermöglichen es, Ressourcen zu bündeln und eine größere Reichweite zu erzielen.

Herausforderungen und Widerstände

Trotz dieser Strategien stehen Aktivisten vor zahlreichen Herausforderungen. Politische Widerstände, wie etwa gegenläufige Gesetze oder mangelnde Unterstützung von Entscheidungsträgern, können die Fortschritte behindern. Zudem ist die Verbreitung von Fehlinformationen über trans-Athleten ein weiteres Hindernis, das es zu überwinden gilt.

Um diesen Herausforderungen zu begegnen, müssen Aktivisten resiliente Strategien entwickeln, die auf langfristige Veränderungen abzielen. Dies könnte die Entwicklung von umfassenden Informationskampagnen umfassen, die gezielt auf die Aufklärung der Öffentlichkeit abzielen und gleichzeitig die positiven Geschichten von trans-Athleten hervorheben.

Zusammenfassend lässt sich sagen, dass die Veränderung von Richtlinien im Sport ein mehrdimensionaler Prozess ist, der strategische Planung und engagierte Aktionen erfordert. Durch Lobbyarbeit, Bildung, Öffentlichkeitsarbeit und die Bildung von Allianzen können Aktivisten die notwendigen Veränderungen herbeiführen, um eine inklusive und gerechte Sportumgebung für trans-Athleten zu schaffen.

Zusammenarbeit mit Athleten

Die Zusammenarbeit mit Athleten spielt eine entscheidende Rolle in der trans-Sportbewegung, da sie nicht nur die Sichtbarkeit der Anliegen von trans-Athleten erhöht, sondern auch eine Plattform für den Austausch von Erfahrungen und Strategien zur Überwindung von Herausforderungen bietet. Diese Zusammenarbeit kann in verschiedenen Formen erfolgen, einschließlich persönlicher Partnerschaften, gemeinsamer Veranstaltungen und Kampagnen, sowie durch die Unterstützung von Athleten, die sich für trans-Rechte einsetzen.

Die Bedeutung von Athleten als Fürsprecher

Athleten haben oft eine große Reichweite und Einfluss, sowohl in den sozialen Medien als auch in der Öffentlichkeit. Ihre Stimmen können dazu beitragen, Vorurteile abzubauen und ein größeres Bewusstsein für die Herausforderungen zu schaffen, mit denen trans-Athleten konfrontiert sind. Ein Beispiel hierfür ist die Zusammenarbeit zwischen Elijah Nichols und bekannten Athleten wie *[Name eines prominenten Athleten]*, der sich öffentlich für trans-Rechte ausgesprochen hat. Diese Partnerschaften sind nicht nur für die Sichtbarkeit wichtig, sondern auch für die Schaffung eines unterstützenden Umfelds, in dem trans-Athleten sich sicher fühlen können.

Herausforderungen in der Zusammenarbeit

Trotz der positiven Aspekte gibt es auch Herausforderungen bei der Zusammenarbeit mit Athleten. Eine der größten Hürden ist die Angst vor Repressionen oder negativen Konsequenzen, die Athleten möglicherweise fürchten, wenn sie sich für trans-Rechte einsetzen. Diese Bedenken können dazu führen, dass Athleten zögern, sich zu engagieren, oder dass sie ihre Unterstützung nicht offen zeigen.

Ein Beispiel für solche Herausforderungen ist die Erfahrung von *[anderer Athlet]*, der nach der Unterstützung von trans-Athleten mit Kritik und Gegenwind konfrontiert wurde. Solche Situationen können abschreckend wirken und die Bereitschaft anderer Athleten, sich zu engagieren, beeinträchtigen.

Strategien zur Förderung der Zusammenarbeit

Um die Zusammenarbeit mit Athleten zu fördern, sind verschiedene Strategien erforderlich. Eine Möglichkeit besteht darin, Schulungsprogramme anzubieten, die Athleten über die Herausforderungen und Rechte von trans-Athleten informieren. Diese Programme können Workshops, Seminare oder Webinare umfassen, in denen Athleten lernen, wie sie sich effektiv für trans-Rechte einsetzen können.

Ein weiterer Ansatz ist die Schaffung von Netzwerken, die Athleten und trans-Athleten miteinander verbinden. Solche Netzwerke können als Plattformen dienen, um Erfahrungen auszutauschen, Ressourcen zu teilen und gemeinsame Initiativen zu planen. Ein Beispiel hierfür ist die Gründung von *[Name einer Organisation]*, die sich darauf konzentriert, trans-Athleten mit Unterstützern aus der Sportwelt zu vernetzen.

Erfolgreiche Beispiele der Zusammenarbeit

Es gibt bereits zahlreiche erfolgreiche Beispiele für die Zusammenarbeit zwischen trans-Athleten und prominenten Sportlern. Ein herausragendes Beispiel ist die Kampagne *[Name der Kampagne]*, die von Elijah Nichols ins Leben gerufen wurde und die Unterstützung von mehreren Olympioniken erhielt. Diese Kampagne hatte nicht nur das Ziel, auf die Herausforderungen von trans-Athleten aufmerksam zu machen, sondern auch konkrete Maßnahmen zur Verbesserung ihrer Bedingungen im Sport zu fordern.

Darüber hinaus haben Athleten wie *[Name eines weiteren Athleten]* ihre Plattform genutzt, um über die Bedeutung von Inklusion im Sport zu sprechen und sich aktiv an Veranstaltungen zu beteiligen, die sich für trans-Rechte einsetzen. Solche Initiativen zeigen, wie Athleten als Verbündete fungieren können und welche positiven Auswirkungen dies auf die trans-Sportbewegung hat.

Zukunftsperspektiven

Die Zukunft der Zusammenarbeit zwischen Athleten und der trans-Sportbewegung sieht vielversprechend aus. Mit der zunehmenden Akzeptanz von LGBTQ+-Rechten und der Sichtbarkeit von trans-Athleten in den Medien wird erwartet, dass immer mehr Athleten bereit sind, sich für diese Anliegen einzusetzen. Um diese Entwicklung zu unterstützen, ist es wichtig, weiterhin Ressourcen und Schulungen anzubieten, die Athleten helfen, sich sicher und informiert zu fühlen, wenn sie sich für trans-Rechte engagieren.

Zusammenfassend lässt sich sagen, dass die Zusammenarbeit mit Athleten ein essenzieller Bestandteil des trans-Sportaktivismus ist. Durch die Stärkung dieser Partnerschaften können wir eine inklusivere und gerechtere Sportlandschaft schaffen, in der alle Athleten, unabhängig von ihrer Geschlechtsidentität, die gleichen Chancen und Rechte genießen.

$$\text{Erfolg} = \text{Sichtbarkeit} + \text{Unterstützung} + \text{Gemeinschaft} \tag{40}$$

Die Rolle von Sponsoren

Sponsoren spielen eine entscheidende Rolle im Bereich des trans-Sports und des LGBTQ-Aktivismus. Ihre Unterstützung kann nicht nur finanzielle Mittel bereitstellen, sondern auch zur Sichtbarkeit und Akzeptanz von trans-Athleten beitragen. In dieser Sektion werden wir die verschiedenen Dimensionen der Rolle von Sponsoren untersuchen, einschließlich der theoretischen Grundlagen, der Herausforderungen, die sie mit sich bringen, und konkreten Beispielen, die die Bedeutung von Sponsoren im trans-Sport verdeutlichen.

Theoretische Grundlagen

Die Rolle von Sponsoren im Sport kann aus verschiedenen theoretischen Perspektiven betrachtet werden. Eine häufige Theorie ist die **Stakeholder-Theorie**, die besagt, dass Unternehmen nicht nur den Interessen ihrer Aktionäre, sondern auch den Interessen anderer Stakeholder – einschließlich der Gemeinschaft, der Mitarbeiter und der Konsumenten – Rechnung tragen müssen. Sponsoren im Sport sind oft gefordert, soziale Verantwortung zu übernehmen, was bedeutet, dass sie sich aktiv für soziale Belange einsetzen, die über die reine Profitmaximierung hinausgehen.

Ein weiteres relevantes Konzept ist die **Social Identity Theory**, die beschreibt, wie Individuen ihre Identität durch die Zugehörigkeit zu bestimmten Gruppen definieren. Sponsoren, die sich mit trans-Athleten und LGBTQ-Themen identifizieren, können ihre Markenidentität stärken und eine positive Wahrnehmung in der Öffentlichkeit fördern. Dies kann sich in einer erhöhten Kundenbindung und einem positiven Markenimage niederschlagen.

Herausforderungen für Sponsoren

Trotz der potenziellen Vorteile, die Sponsoring im trans-Sport mit sich bringt, sehen sich Sponsoren auch Herausforderungen gegenüber. Eine der größten Herausforderungen ist das Risiko von **Backlash** oder öffentlicher Ablehnung. Wenn Sponsoren sich zu stark mit trans-Aktivismus identifizieren, könnten sie auf Widerstand von konservativen Gruppen oder Einzelpersonen stoßen, die gegen LGBTQ-Rechte sind. Dies kann sich negativ auf ihre Markenwahrnehmung und letztlich auf ihre Verkaufszahlen auswirken.

Ein weiteres Problem ist die **Transparenz** und Authentizität der Sponsoren. Es gibt eine wachsende Skepsis gegenüber Unternehmen, die sich nur oberflächlich mit sozialen Themen beschäftigen, ohne echte Veränderungen zu fördern. Sponsoren müssen sicherstellen, dass ihre Unterstützung für trans-Athleten nicht nur ein Marketing-Trick ist, sondern dass sie tatsächlich hinter den Anliegen stehen und aktiv zur Verbesserung der Situation beitragen.

Beispiele für erfolgreiche Sponsorenstrategien

Ein bemerkenswertes Beispiel für eine erfolgreiche Sponsorenstrategie im trans-Sport ist das Engagement von **Nike**. Das Unternehmen hat sich aktiv für die Unterstützung von trans-Athleten eingesetzt, indem es Kampagnen gestartet hat, die die Vielfalt im Sport feiern. Nike hat nicht nur Produkte entwickelt, die auf die Bedürfnisse von trans-Athleten zugeschnitten sind, sondern auch Athleten wie **Chris Mosier** unterstützt, der als erster offen trans-Athlet für die USA bei einer Weltmeisterschaft antrat. Diese Unterstützung hat Nike nicht nur als Vorreiter im Bereich der Inklusion positioniert, sondern auch als Unternehmen, das sich für soziale Gerechtigkeit einsetzt.

Ein weiteres Beispiel ist **Coca-Cola**, das in den letzten Jahren aktiv LGBTQ-Events gesponsert hat, einschließlich Pride-Paraden. Durch diese Unterstützung hat Coca-Cola nicht nur seine Marke bei LGBTQ-Konsumenten gestärkt, sondern auch ein klares Zeichen für Diversität und Inklusion gesetzt. Diese Initiativen zeigen, dass Sponsoren nicht nur finanzielle Unterstützung bieten, sondern auch eine Plattform für trans-Athleten schaffen können, um ihre Geschichten zu erzählen und Sichtbarkeit zu erlangen.

Zukunftsperspektiven für Sponsoren im trans-Sport

Die Zukunft des Sponsorings im trans-Sport wird voraussichtlich weiterhin von einer wachsenden Akzeptanz und Unterstützung geprägt sein. Unternehmen, die sich frühzeitig für die Rechte von trans-Athleten einsetzen, könnten sich als Marktführer in einem zunehmend wettbewerbsintensiven Umfeld positionieren. Die Entwicklung von **Inklusionsrichtlinien** und -programmen innerhalb von Unternehmen wird entscheidend sein, um sicherzustellen, dass Sponsoren nicht nur finanziell, sondern auch kulturell in der LGBTQ-Community verwurzelt sind.

Darüber hinaus wird die Rolle von sozialen Medien und digitalen Plattformen für Sponsoren an Bedeutung gewinnen. Unternehmen können über diese Kanäle direkt mit ihren Zielgruppen kommunizieren und ihre Unterstützung für trans-Athleten in Echtzeit zeigen. Dies bietet nicht nur eine Möglichkeit zur Markenbildung, sondern auch zur Schaffung eines dialogischen Austauschs mit der Community.

Insgesamt zeigt sich, dass Sponsoren eine Schlüsselrolle im trans-Sport spielen können, indem sie finanzielle Unterstützung bieten, Sichtbarkeit schaffen und zur gesellschaftlichen Akzeptanz beitragen. Die Herausforderungen, die mit dieser Rolle verbunden sind, erfordern jedoch ein hohes Maß an Sensibilität und Verantwortungsbewusstsein. Sponsoren, die bereit sind, sich authentisch und nachhaltig für trans-Athleten einzusetzen, werden nicht nur zur Verbesserung der Lebensrealitäten dieser Athleten beitragen, sondern auch ihre eigene Marke stärken und eine positive gesellschaftliche Veränderung fördern.

Zusammenfassung

Zusammenfassend lässt sich sagen, dass Sponsoren im trans-Sport eine bedeutende Rolle spielen, die über bloße finanzielle Unterstützung hinausgeht. Sie sind entscheidend für die Sichtbarkeit und Akzeptanz von trans-Athleten und tragen dazu bei, die gesellschaftlichen Normen zu verändern. Die Herausforderungen, die mit dieser Rolle einhergehen, erfordern jedoch ein tiefes Verständnis für die Bedürfnisse der Community und eine authentische Beteiligung an ihren Anliegen. Sponsoren, die diese Prinzipien in den Mittelpunkt ihrer Strategien stellen, werden nicht nur als Vorreiter im Bereich der Inklusion wahrgenommen, sondern tragen auch aktiv zur Schaffung einer gerechteren Gesellschaft bei.

Erfolge in der Gesetzgebung

Die Erfolge in der Gesetzgebung sind ein entscheidender Aspekt des Aktivismus von Elijah Nichols und der trans-Sport-Bewegung. In diesem Abschnitt werden wir die wichtigsten gesetzlichen Veränderungen untersuchen, die durch den Einsatz von Elijah und anderen Aktivisten erreicht wurden. Diese Veränderungen haben nicht nur den rechtlichen Status von trans-Athleten im Sport verbessert, sondern auch die gesellschaftliche Wahrnehmung und Akzeptanz von trans-Personen gefördert.

Einführung in die Gesetzgebung

Die Gesetzgebung ist ein komplexes System, das durch verschiedene gesellschaftliche, politische und kulturelle Faktoren beeinflusst wird. Der Prozess der Gesetzgebung umfasst mehrere Schritte, von der Initiierung eines Gesetzesentwurfs bis hin zur endgültigen Verabschiedung durch die Legislative. In vielen Ländern ist der Weg zur rechtlichen Anerkennung von LGBTQ-Rechten, insbesondere für trans-Personen, mit zahlreichen Herausforderungen und Widerständen verbunden.

Wichtige gesetzliche Errungenschaften

Antidiskriminierungsgesetze   Eines der bemerkenswertesten Erfolge war die Verabschiedung von Antidiskriminierungsgesetzen, die trans-Personen im Sport und im Alltag schützen. Diese Gesetze verbieten Diskriminierung aufgrund der Geschlechtsidentität und stellen sicher, dass trans-Athleten das Recht haben, an Wettkämpfen teilzunehmen, die ihrer Geschlechtsidentität entsprechen. Ein Beispiel hierfür ist das *Equality Act*, das in den USA vorgeschlagen wurde und darauf abzielt, Diskriminierung aufgrund von Geschlechtsidentität und sexueller Orientierung in verschiedenen Lebensbereichen, einschließlich Sport, zu verbieten.

Gesetzgebung zur Anerkennung der Geschlechtsidentität   Ein weiterer bedeutender Erfolg war die Einführung von Gesetzen, die es trans-Personen ermöglichen, ihre Geschlechtsidentität offiziell anerkennen zu lassen. In vielen Ländern, darunter auch Deutschland, wurde der *Transsexuellengesetz* reformiert, um den Prozess der Geschlechtsanpassung zu erleichtern und den trans-Personen mehr Rechte zu gewähren. Diese gesetzgeberischen Änderungen sind entscheidend, da sie nicht nur rechtliche Anerkennung bieten, sondern auch das gesellschaftliche Stigma verringern.

Herausforderungen in der Gesetzgebung

Trotz dieser Erfolge stehen Aktivisten wie Elijah Nichols vor erheblichen Herausforderungen. Die Gesetzgebung ist oft ein langsamer Prozess, der von politischen Auseinandersetzungen und gesellschaftlichen Widerständen geprägt ist. Viele Gesetzesentwürfe, die trans-Rechte fördern sollen, stoßen auf Widerstand von konservativen Gruppen, die sich gegen die Anerkennung von Geschlechtsidentität und sexuellem Ausdruck aussprechen.

Politische Widerstände Politische Widerstände sind ein zentrales Problem in der Gesetzgebung. In vielen Ländern gibt es politische Parteien, die sich gegen die Rechte von LGBTQ-Personen aussprechen. Diese Widerstände können die Verabschiedung von Gesetzen erheblich verzögern oder sogar ganz verhindern. Ein Beispiel hierfür ist der Widerstand gegen das *Equality Act* in den USA, wo politische Gegner argumentieren, dass solche Gesetze die Religionsfreiheit beeinträchtigen könnten.

Gesellschaftliche Akzeptanz Ein weiteres Problem ist die gesellschaftliche Akzeptanz. Selbst wenn Gesetze verabschiedet werden, kann es an der gesellschaftlichen Unterstützung mangeln. Die Akzeptanz von trans-Personen variiert stark zwischen verschiedenen Kulturen und Gemeinschaften. Um eine nachhaltige Veränderung zu erreichen, ist es entscheidend, dass die Gesellschaft hinter diesen gesetzlichen Änderungen steht und die Rechte von trans-Personen aktiv unterstützt.

Beispiele erfolgreicher Gesetzgebung

Ein bemerkenswertes Beispiel für erfolgreiche Gesetzgebung ist die Einführung von Richtlinien zur Inklusion von trans-Athleten in Sportverbänden. Der *International Olympic Committee* (IOC) hat 2015 neue Richtlinien veröffentlicht, die es trans-Athleten ermöglichen, an Wettkämpfen teilzunehmen, ohne dass sie ihre Geschlechtsidentität chirurgisch anpassen müssen. Diese Richtlinien sind ein Schritt in die richtige Richtung, um die Gleichheit im Sport zu fördern.

Ein weiteres Beispiel ist die Gesetzgebung in Kanada, wo das *Bill C-16* 2017 verabschiedet wurde. Dieses Gesetz fügte Geschlechtsidentität und Geschlechtsausdruck als geschützte Merkmale unter dem *Canadian Human Rights Act* hinzu. Diese rechtlichen Veränderungen haben nicht nur die Rechte von trans-Personen im Sport gestärkt, sondern auch einen positiven Einfluss auf die gesellschaftliche Wahrnehmung von Geschlechtsidentität und Vielfalt ausgeübt.

Fazit

Die Erfolge in der Gesetzgebung sind ein wesentlicher Bestandteil der trans-Sport-Bewegung und des Aktivismus von Elijah Nichols. Diese gesetzlichen Änderungen haben nicht nur rechtliche Rahmenbedingungen geschaffen, die trans-Athleten schützen, sondern auch zur gesellschaftlichen Akzeptanz und Sichtbarkeit beigetragen. Trotz der Herausforderungen, die noch bestehen, bleibt der Einsatz für gesetzliche Veränderungen ein zentraler Bestandteil des Kampfes für Gleichheit und Gerechtigkeit im Sport und darüber hinaus. Die Arbeit von Elijah Nichols und anderen Aktivisten zeigt, dass durch Engagement und Beharrlichkeit bedeutende Fortschritte erzielt werden können, die das Leben von trans-Personen nachhaltig verbessern.

Die Bedeutung von politischen Allianzen

In der heutigen politischen Landschaft ist die Bildung von Allianzen ein entscheidender Faktor für den Erfolg von Bewegungen, insbesondere innerhalb der LGBTQ-Community und der trans-Sport-Bewegung. Politische Allianzen sind strategische Partnerschaften zwischen verschiedenen Gruppen, die gemeinsame Ziele verfolgen und Ressourcen bündeln, um ihre Stimmen zu verstärken und Einfluss auf politische Entscheidungen zu nehmen. Diese Allianzen sind besonders wichtig, um die Rechte und die Sichtbarkeit von trans-Athleten im Sport zu fördern und Diskriminierung entgegenzuwirken.

Theoretische Grundlagen

Die Theorie der politischen Allianzen basiert auf dem Konzept der kollektiven Aktion, das besagt, dass Individuen und Gruppen, die gemeinsame Interessen haben, effektiver zusammenarbeiten können, um ihre Ziele zu erreichen. Die *Ressourcentheorie* legt dar, dass Gruppen, die über unterschiedliche Ressourcen verfügen, durch Allianzen Synergien schaffen können. Diese Ressourcen können finanzieller, sozialer oder politischer Natur sein.

Ein Beispiel für eine erfolgreiche politische Allianz ist die Zusammenarbeit zwischen LGBTQ-Organisationen und Sportverbänden. Diese Partnerschaften haben es ermöglicht, Richtlinien zu entwickeln, die trans-Athleten unterstützen und Diskriminierung im Sport abbauen. Die *Intersektionalität* spielt hierbei ebenfalls eine Rolle, da sie aufzeigt, wie verschiedene Identitäten und Erfahrungen innerhalb der LGBTQ-Community miteinander verwoben sind und wie Allianzen gebildet werden können, um die Bedürfnisse aller Mitglieder zu berücksichtigen.

Herausforderungen bei der Bildung von Allianzen

Trotz der Vorteile, die politische Allianzen bieten, gibt es auch Herausforderungen. Eine der größten Hürden ist das *Misstrauen* zwischen verschiedenen Gruppen. Historisch gesehen haben einige LGBTQ-Gruppen das Gefühl, dass ihre spezifischen Bedürfnisse in breiteren Bewegungen nicht ausreichend berücksichtigt werden. Dies kann zu Spannungen führen und den Aufbau von Allianzen erschweren.

Ein weiteres Problem ist das *Ungleichgewicht* der Macht innerhalb von Allianzen. Wenn eine Gruppe über mehr Ressourcen oder Einfluss verfügt als eine andere, kann dies zu einer Dominanz führen, die die Stimmen der weniger mächtigen Gruppen unterdrückt. Um diese Herausforderungen zu bewältigen, ist es wichtig, dass alle Partner in einer Allianz gleichberechtigt behandelt werden und dass die Entscheidungsfindung transparent und inklusiv ist.

Beispiele für erfolgreiche politische Allianzen

Ein herausragendes Beispiel für eine erfolgreiche politische Allianz ist die *Human Rights Campaign* (HRC) in den Vereinigten Staaten. Die HRC hat sich mit verschiedenen Sportorganisationen zusammengetan, um Richtlinien zu entwickeln, die trans-Athleten unterstützen. Diese Partnerschaften haben dazu beigetragen, dass wichtige Sportverbände, wie die *National Collegiate Athletic Association* (NCAA), ihre Richtlinien überarbeitet haben, um mehr Inklusion zu fördern.

Ein weiteres Beispiel ist die Zusammenarbeit zwischen LGBTQ-Organisationen und feministischen Bewegungen. Diese Allianzen haben es ermöglicht, die Rechte von trans-Frauen im Sport zu stärken, indem sie die Diskussion über Geschlechteridentität und -gerechtigkeit in den Vordergrund rücken. Solche Kooperationen sind entscheidend, um ein umfassendes Verständnis für die Herausforderungen zu schaffen, mit denen trans-Athleten konfrontiert sind, und um gemeinsame Lösungen zu entwickeln.

Schlussfolgerung

Die Bedeutung von politischen Allianzen kann nicht genug betont werden. Sie sind entscheidend für die Stärkung der Stimmen von trans-Athleten und für die Förderung von Veränderungen im Sport. Durch den Aufbau von Allianzen können verschiedene Gruppen ihre Ressourcen bündeln, um effektiver gegen Diskriminierung und Ungerechtigkeit zu kämpfen. Die Herausforderungen, die mit der Bildung solcher Allianzen verbunden sind, erfordern jedoch ein hohes Maß an Engagement, Transparenz und Respekt für die unterschiedlichen Perspektiven und Bedürfnisse aller Beteiligten. Nur durch Zusammenarbeit und Solidarität kann eine gerechte und inklusive Zukunft für alle Athleten geschaffen werden.

Die Reaktion von Sportlern

Die Reaktion von Sportlern auf die trans-Sport-Bewegung und die damit verbundenen Herausforderungen ist ein entscheidender Aspekt des Aktivismus im Sport. Diese Reaktionen können in verschiedenen Formen auftreten, von öffentlicher Unterstützung bis hin zu Widerstand. In diesem Abschnitt werden wir untersuchen, wie Athleten auf die Forderungen nach Gleichheit und Akzeptanz reagieren, welche Theorien diese Reaktionen beeinflussen und die Probleme, die sich aus diesen Reaktionen ergeben können.

Öffentliche Unterstützung und Solidarität

Einige Sportler haben sich aktiv für die Rechte von trans-Athleten ausgesprochen. Diese Unterstützung kann sich in Form von sozialen Medien, öffentlichen Erklärungen oder sogar durch die Teilnahme an Veranstaltungen zeigen, die sich für trans-Rechte einsetzen. Ein Beispiel hierfür ist der Olympionike *Chris Mosier*, der als erster offen transgeschlechtlicher Athlet an einer Weltmeisterschaft teilnahm. Mosier hat nicht nur seine eigene Geschichte geteilt, sondern auch andere Athleten ermutigt, sich für die Rechte von trans-Sportlern einzusetzen.

Die Theorie der *sozialen Identität* (Tajfel & Turner, 1979) kann helfen, diese Unterstützung zu erklären. Diese Theorie besagt, dass Individuen ihr Selbstwertgefühl durch die Zugehörigkeit zu sozialen Gruppen definieren. Athleten, die sich mit der LGBTQ+-Community identifizieren oder deren Werte unterstützen, können sich durch die Unterstützung von trans-Athleten ebenfalls in ihrer Identität gestärkt fühlen.

Widerstand und Vorurteile

Gleichzeitig gibt es auch Widerstand unter Sportlern, insbesondere in traditionellen Sportarten, in denen Geschlechterrollen stark verankert sind. Einige Athleten äußern Bedenken hinsichtlich der Fairness im Wettbewerb und argumentieren, dass trans-Frauen, die in der männlichen Kategorie trainiert haben, einen unfairen Vorteil im Wettbewerb haben könnten. Diese Sichtweise wird oft durch die *Theorie der biologischen Determinierung* gestützt, die annimmt, dass körperliche Unterschiede zwischen Geschlechtern die sportliche Leistung beeinflussen.

Ein prominentes Beispiel ist die Debatte um *Caster Semenya*, eine südafrikanische Mittelstreckenläuferin, die aufgrund ihrer natürlichen Testosteronwerte in den Mittelpunkt der Diskussion über Geschlechtergerechtigkeit im Sport geriet. Während einige Athleten Semenya unterstützen, gibt es auch Stimmen, die fordern, dass sie von Wettkämpfen ausgeschlossen wird, was die Spannungen innerhalb der Sportgemeinschaft verdeutlicht.

Die Rolle von Verbänden und Richtlinien

Die Reaktionen von Sportlern werden auch stark von den Richtlinien der jeweiligen Sportverbände beeinflusst. Die *International Olympic Committee (IOC)* hat Richtlinien eingeführt, die es trans-Athleten ermöglichen, an Wettkämpfen teilzunehmen, wenn sie bestimmte Hormonschwellen erreichen. Diese Regelungen sind jedoch umstritten und führen zu unterschiedlichen Reaktionen unter den Athleten.

Einige Athleten unterstützen die Richtlinien des IOC, weil sie glauben, dass sie die Inklusion fördern und gleichzeitig die Integrität des Wettbewerbs wahren. Andere hingegen sehen diese Richtlinien als unzureichend an und fordern umfassendere Veränderungen, um sicherzustellen, dass alle Athleten, unabhängig von Geschlecht oder Geschlechtsidentität, die gleichen Chancen haben.

Persönliche Geschichten und Erfahrungen

Die Reaktionen von Sportlern sind oft auch von persönlichen Erfahrungen geprägt. Athleten, die selbst Teil der LGBTQ+-Community sind oder enge Freunde oder Familienmitglieder haben, die trans sind, zeigen häufig mehr Verständnis und Unterstützung. Diese persönlichen Verbindungen können die Wahrnehmung von trans-Athleten und deren Herausforderungen im Sport erheblich beeinflussen.

Ein Beispiel hierfür ist *Megan Rapinoe*, die US-amerikanische Fußballspielerin, die sich offen für LGBTQ+-Rechte einsetzt und oft über die Bedeutung von Inklusion und Akzeptanz spricht. Ihre Sichtweise und ihr Engagement haben dazu beigetragen, das Bewusstsein für die Herausforderungen von trans-Athleten zu schärfen und eine breitere Diskussion über Geschlechtergerechtigkeit im Sport anzustoßen.

Fazit

Zusammenfassend lässt sich sagen, dass die Reaktionen von Sportlern auf die trans-Sport-Bewegung vielfältig und komplex sind. Sie reichen von öffentlicher Unterstützung bis hin zu Widerstand und sind stark von persönlichen Erfahrungen, sozialen Identitäten und den Richtlinien der Sportverbände geprägt. Um eine inklusive und gerechte Sportumgebung zu schaffen, ist es wichtig, diese unterschiedlichen Perspektiven zu verstehen und den Dialog zwischen Athleten, Verbänden und der LGBTQ+-Community zu fördern. Nur so kann eine nachhaltige Veränderung im Sport erreicht werden, die die Rechte und die Sichtbarkeit von trans-Athleten respektiert und fördert.

Die Rolle von Medienberichten

Die Medien spielen eine entscheidende Rolle in der Sichtbarkeit und Wahrnehmung von trans-Sport-Aktivisten und deren Anliegen. In einer Welt, in der Informationen schnell verbreitet werden, ist die Art und Weise, wie Medien über trans-Sport berichten, von großer Bedeutung. Diese Berichterstattung kann sowohl positive als auch negative Auswirkungen auf die Wahrnehmung der trans-Community haben.

Theoretische Grundlagen

Die Medienberichterstattung über LGBTQ-Themen, insbesondere über trans-Sport, kann durch verschiedene theoretische Ansätze analysiert werden. Der **Framing-Ansatz** ist besonders relevant, da er beschreibt, wie bestimmte Themen durch die Auswahl und Betonung bestimmter Aspekte in den Medien präsentiert werden. Framing beeinflusst nicht nur die öffentliche Meinung, sondern auch die politische Agenda.

Ein weiterer relevanter Ansatz ist die **Agenda-Setting-Theorie**, die besagt, dass Medien nicht nur darüber berichten, was wichtig ist, sondern auch, was die Menschen denken. Medien können durch die Art und Weise, wie sie über trans-Sport berichten, das Bewusstsein für die Herausforderungen und Errungenschaften der trans-Community schärfen.

Probleme in der Berichterstattung

Trotz der positiven Möglichkeiten, die Medien bieten, gibt es auch erhebliche Probleme in der Berichterstattung über trans-Sport. Häufig werden trans-Athleten in den Medien stereotypisiert oder auf ihre Geschlechtsidentität reduziert, was zu einer verzerrten Wahrnehmung führt. Dies kann durch die Verwendung von diskriminierenden Begriffen oder durch das Ignorieren der sportlichen Leistungen und der Persönlichkeit der Athleten geschehen.

Ein Beispiel für solche problematischen Darstellungen ist die Berichterstattung über *Schwimmerin Lia Thomas*, die als erste trans-Frau in der NCAA-Geschichte an Wettkämpfen teilnahm. Die Medienberichterstattung konzentrierte sich oft auf ihre Geschlechtsidentität und die Kontroversen rund um ihre Teilnahme, während ihre sportlichen Erfolge und die Herausforderungen, die sie überwinden musste, in den Hintergrund gedrängt wurden. Solche Berichterstattung kann nicht nur die öffentliche Meinung negativ beeinflussen, sondern auch das Selbstwertgefühl von trans-Athleten beeinträchtigen.

Positive Beispiele

Es gibt jedoch auch positive Beispiele für die Medienberichterstattung über trans-Sport. Berichte, die die Geschichten von trans-Athleten in den Vordergrund stellen und ihre Leistungen sowie ihre Kämpfe um Akzeptanz und Gleichberechtigung betonen, können eine starke Botschaft senden. Ein solches Beispiel ist die Dokumentation *I Am Cait*, die das Leben von Caitlyn Jenner und ihre Erfahrungen als trans-Frau beleuchtet. Diese Art von Berichterstattung kann dazu beitragen, das Bewusstsein zu schärfen und das Verständnis für die Herausforderungen, mit denen trans-Athleten konfrontiert sind, zu fördern.

Der Einfluss von sozialen Medien

Mit dem Aufkommen sozialer Medien hat sich die Art und Weise, wie über trans-Sport berichtet wird, erheblich verändert. Plattformen wie Twitter, Instagram und TikTok ermöglichen es trans-Athleten, ihre eigenen Geschichten zu erzählen und ihre Erfahrungen direkt mit der Öffentlichkeit zu teilen. Diese direkte Kommunikation kann dazu beitragen, Missverständnisse abzubauen und das Bewusstsein für die Realität des Lebens als trans-Athlet zu schärfen.

Ein Beispiel für den Einfluss sozialer Medien ist die Kampagne #*TransAthlete*, die von trans-Athleten ins Leben gerufen wurde, um ihre Sichtbarkeit und ihre Stimmen in der Sportwelt zu erhöhen. Diese Kampagne hat nicht nur das Bewusstsein für die Herausforderungen von trans-Athleten geschärft, sondern auch eine Plattform für Unterstützung und Solidarität geschaffen.

Zukunftsperspektiven

Die Rolle der Medien in der Berichterstattung über trans-Sport wird auch in Zukunft von entscheidender Bedeutung sein. Um die Wahrnehmung von trans-Athleten zu verbessern, ist es wichtig, dass Journalisten und Medienunternehmen verantwortungsvoll berichten und die Vielfalt und Komplexität der trans-Erfahrungen anerkennen. Dies kann durch Schulungen und Sensibilisierungsprogramme für Journalisten erreicht werden, um sicherzustellen, dass sie die richtigen Begriffe verwenden und die Geschichten der Athleten respektvoll und genau wiedergeben.

Zusammenfassend lässt sich sagen, dass die Medienberichterstattung über trans-Sport sowohl Herausforderungen als auch Chancen bietet. Während problematische Darstellungen nach wie vor ein großes Problem darstellen, können positive Berichte und die Nutzung sozialer Medien dazu beitragen, das Bewusstsein zu schärfen und die Sichtbarkeit von trans-Athleten zu erhöhen. Die Verantwortung liegt bei den Medien, eine respektvolle und inklusive Berichterstattung zu fördern, um eine gerechtere und gleichberechtigtere Sportwelt zu schaffen.

Herausforderungen durch Widerstand

Die Herausforderungen, die Elijah Nichols auf seinem Weg als LGBTQ-Aktivist im Bereich des trans-Sports begegnet sind, sind vielfältig und oft komplex. Widerstand kann in verschiedenen Formen auftreten, sei es durch gesellschaftliche Vorurteile, institutionelle Diskriminierung oder persönliche Angriffe. Diese Widerstände stellen nicht nur eine Hürde für den Aktivismus dar, sondern haben auch tiefgreifende Auswirkungen auf die individuelle Identität und das soziale Umfeld.

Gesellschaftliche Vorurteile

Gesellschaftliche Vorurteile sind eine der häufigsten Formen des Widerstands, mit denen trans-Aktivisten konfrontiert sind. Diese Vorurteile basieren oft auf tief verwurzelten Stereotypen und Missverständnissen über Geschlechtsidentität und -ausdruck. Eine Studie von Herek (2009) zeigt, dass trans-Personen häufig mit Diskriminierung und Gewalt konfrontiert sind, was zu einem Gefühl der Isolation und Angst führt.

Ein Beispiel für solche Vorurteile ist die Annahme, dass trans-Athleten unfairen Vorteil im Sport haben. Diese Annahme ignoriert die komplexen biologischen und sozialen Faktoren, die die sportliche Leistung beeinflussen. Die

Forschung von Jones et al. (2016) hat gezeigt, dass die körperlichen Unterschiede zwischen Geschlechtern nicht so klar sind, wie viele annehmen. Diese Missverständnisse führen dazu, dass trans-Athleten oft von Wettbewerben ausgeschlossen werden, was die Sichtbarkeit und Akzeptanz innerhalb des Sports weiter verringert.

Institutionelle Diskriminierung

Institutionelle Diskriminierung ist eine weitere bedeutende Herausforderung. Sportverbände und -organisationen haben oft Richtlinien, die trans-Athleten benachteiligen. Diese Richtlinien basieren häufig auf veralteten wissenschaftlichen Annahmen und ignorieren die Empfehlungen von Fachleuten, die sich mit Geschlechtsidentität und Sport befassen. Ein Beispiel ist die Richtlinie des Internationalen Olympischen Komitees (IOC), die besagt, dass trans-Frauen einen bestimmten Testosteronspiegel nicht überschreiten dürfen, um an Frauenwettkämpfen teilnehmen zu können. Diese Regelung wurde von vielen als diskriminierend kritisiert, da sie die individuelle Identität und die Erfahrungen von trans-Athleten nicht angemessen berücksichtigt.

Persönliche Angriffe und Hasskommentare

Neben strukturellen Widerständen sieht sich Elijah auch persönlichen Angriffen und Hasskommentaren ausgesetzt. Die Anonymität des Internets hat es einfacher gemacht, abwertende und beleidigende Kommentare zu verbreiten. Laut einer Studie von McGuffin (2017) berichten viele LGBTQ-Aktivisten von einer Zunahme von Cybermobbing und Belästigung, was zu einem Rückgang der Aktivität und des Engagements führen kann.

Ein Beispiel ist die Erfahrung von Elijah, der nach einer öffentlichen Rede über die Rechte von trans-Sportlern mit einer Welle von negativen Kommentaren konfrontiert wurde. Diese persönlichen Angriffe können nicht nur das Selbstwertgefühl beeinträchtigen, sondern auch die Motivation, weiterhin für Veränderungen zu kämpfen.

Der Umgang mit Rückschlägen

Der Umgang mit Widerstand erfordert Resilienz und Strategien zur Bewältigung von Rückschlägen. Elijah hat gelernt, dass es wichtig ist, sich auf die positiven Aspekte seiner Arbeit zu konzentrieren und sich mit unterstützenden Gemeinschaften zu umgeben. Die Unterstützung durch Gleichgesinnte ist entscheidend, um den emotionalen und psychologischen Druck zu bewältigen, der durch Widerstand entsteht.

Eine Studie von Kelleher (2018) hebt die Bedeutung von Unterstützungsnetzwerken hervor, die trans-Aktivisten helfen können, mit Herausforderungen umzugehen. Diese Netzwerke bieten nicht nur emotionale Unterstützung, sondern auch praktische Ressourcen, um den Aktivismus fortzusetzen.

Solidarität und Widerstandsfähigkeit

Die Herausforderungen, die Elijah und andere trans-Aktivisten erleben, erfordern auch Solidarität innerhalb der LGBTQ-Community und darüber hinaus. Die Bildung von Allianzen mit anderen sozialen Bewegungen kann dazu beitragen, die Sichtbarkeit und den Einfluss des trans-Sports zu stärken. Eine solche Zusammenarbeit kann auch dazu beitragen, die gesellschaftlichen Vorurteile abzubauen und ein besseres Verständnis für die Herausforderungen zu fördern, mit denen trans-Athleten konfrontiert sind.

Elijah hat in seiner Arbeit betont, dass Widerstand nicht nur eine Herausforderung, sondern auch eine Chance zur Reflexion und zum Wachstum ist. Der Umgang mit Widerstand kann die Widerstandsfähigkeit stärken und das Engagement für die Sache vertiefen.

Zusammenfassend lässt sich sagen, dass der Widerstand, dem trans-Aktivisten gegenüberstehen, vielschichtig und herausfordernd ist. Dennoch ist es durch die Kombination von persönlicher Resilienz, Gemeinschaftsunterstützung und solidarischen Allianzen möglich, diesen Widerstand zu überwinden und Fortschritte im trans-Sport zu erzielen. Der Weg ist lang, aber die Vision von Gleichheit und Akzeptanz treibt den Aktivismus voran.

Die Zukunft der Sportpolitik

Die Zukunft der Sportpolitik ist ein zentrales Thema in der Diskussion um die Integration von trans-Athleten und die Gleichstellung im Sport. In den letzten Jahren hat sich die Sportpolitik erheblich verändert, und es ist wichtig, die Richtung zu betrachten, die sie in den kommenden Jahren einschlagen könnte. Dieser Abschnitt beleuchtet die Herausforderungen, Chancen und theoretischen Grundlagen, die die zukünftige Sportpolitik prägen werden.

Theoretische Grundlagen

Die Sportpolitik ist eng mit verschiedenen theoretischen Ansätzen verbunden, die die Sichtweise auf Geschlecht und Identität im Sport beeinflussen. Ein zentraler Ansatz ist die Gender-Theorie, die Geschlecht nicht als binäre Kategorie betrachtet, sondern als ein Spektrum, das kulturell und sozial konstruiert ist. Diese Theorie legt nahe, dass die Sportpolitik sich anpassen muss, um die Vielfalt der Geschlechtsidentitäten zu berücksichtigen. Ein weiterer relevanter theoretischer Rahmen ist die Queer-Theorie, die die Normen hinterfragt, die Geschlecht und Sexualität im Sport definieren.

$$P = \frac{C}{R} \tag{41}$$

Hierbei steht P für die politische Macht, C für die kulturelle Akzeptanz von Diversität im Sport und R für die bestehenden Regelungen, die oft restriktiv sind. Eine Zunahme der kulturellen Akzeptanz könnte somit zu einer stärkeren politischen Macht für trans-Athleten führen.

Herausforderungen der Zukunft

Trotz der Fortschritte gibt es zahlreiche Herausforderungen, die die zukünftige Sportpolitik beeinflussen werden. Eine der größten Herausforderungen ist die Diskriminierung und der Widerstand gegen trans-Athleten in vielen Sportverbänden. Viele dieser Verbände haben noch keine klaren Richtlinien für die Teilnahme von trans-Athleten, was zu Unsicherheiten und Diskriminierung führen kann.

Ein Beispiel ist die Diskussion um die Teilnahme von trans-Frauen an Frauenwettkämpfen, die oft von der Angst vor unfairen Wettbewerbsvorteilen geprägt ist. Diese Bedenken führen zu politischen Spannungen und können die Entwicklung einer inklusiven Sportpolitik behindern.

Chancen für eine inklusive Sportpolitik

Die Zukunft der Sportpolitik bietet jedoch auch zahlreiche Chancen. Die zunehmende Sichtbarkeit von LGBTQ+-Themen und die Unterstützung durch prominente Athleten können dazu beitragen, dass trans-Athleten in der Sportwelt akzeptiert werden. Initiativen wie die „Trans Sport Allies" zeigen, dass es möglich ist, eine inklusive Umgebung zu schaffen, in der alle Athleten unabhängig von ihrer Geschlechtsidentität respektiert werden.

Die Rolle der sozialen Medien kann hierbei nicht unterschätzt werden. Plattformen wie Twitter und Instagram ermöglichen es Athleten, ihre Geschichten zu teilen und eine breitere Öffentlichkeit zu erreichen. Diese Sichtbarkeit kann Druck auf Sportverbände ausüben, um ihre Richtlinien zu überdenken und anzupassen.

Politische Allianzen und Lobbyarbeit

Eine der Schlüsselstrategien für die Zukunft der Sportpolitik wird die Bildung von politischen Allianzen sein. Aktivisten und Organisationen müssen zusammenarbeiten, um eine starke Lobby für trans-Rechte im Sport zu bilden. Dies könnte durch die Gründung von Netzwerken geschehen, die sich für die Rechte von trans-Athleten einsetzen und Lobbyarbeit bei Sportverbänden und politischen Entscheidungsträgern leisten.

Die Zusammenarbeit mit anderen sozialen Bewegungen, wie der feministischen Bewegung oder der Black Lives Matter-Bewegung, kann ebenfalls dazu beitragen, eine stärkere und vielfältigere Stimme für die Rechte von trans-Athleten zu schaffen.

Die Rolle der Bildung

Bildung wird eine entscheidende Rolle in der zukünftigen Sportpolitik spielen. Es ist wichtig, dass Trainer, Offizielle und Athleten über Geschlechtsidentität und die Herausforderungen, mit denen trans-Athleten konfrontiert sind, aufgeklärt werden. Workshops und Schulungen könnten dazu beitragen, Vorurteile abzubauen und ein besseres Verständnis für die Bedürfnisse von trans-Athleten zu entwickeln.

Ein Beispiel für solche Bildungsinitiativen ist die Einführung von Programmen an Schulen und Universitäten, die sich mit Geschlechtervielfalt im Sport befassen. Diese Programme könnten dazu beitragen, eine neue Generation von Athleten zu formen, die inklusiv und respektvoll gegenüber allen Geschlechtsidentitäten sind.

Fazit

Die Zukunft der Sportpolitik wird entscheidend davon abhängen, wie gut es gelingt, die bestehenden Herausforderungen zu überwinden und die Chancen zu nutzen, die sich bieten. Die Integration von trans-Athleten in den Sport erfordert ein Umdenken in der Politik, eine stärkere Berücksichtigung von Diversität und eine aktive Auseinandersetzung mit den bestehenden Normen. Wenn diese Herausforderungen erfolgreich angegangen werden, könnte die Sportpolitik zu einem Vorreiter für Gleichheit und Inklusion in der Gesellschaft werden.

Insgesamt ist die Zukunft der Sportpolitik ein dynamisches und sich ständig weiterentwickelndes Feld, das sowohl Risiken als auch Chancen birgt. Die nächsten Jahre werden entscheidend sein, um die Weichen für eine inklusive und gerechte Sportlandschaft zu stellen.

Medienpräsenz und öffentliche Wahrnehmung

Interviews und Berichterstattung

Die Berichterstattung über LGBTQ-Aktivismus, insbesondere in Bezug auf trans-Sport, ist von entscheidender Bedeutung für die Sichtbarkeit und das Verständnis der Herausforderungen, mit denen trans-Athleten konfrontiert sind. Interviews mit Aktivisten, Sportlern und Experten spielen eine zentrale Rolle in der Medienberichterstattung, da sie persönliche Geschichten und Erfahrungen vermitteln, die oft über die trockenen Zahlen und Fakten hinausgehen.

Die Bedeutung von Interviews

Interviews sind ein effektives Mittel, um die Stimmen von trans-Athleten zu hören und ihre Perspektiven auf die Herausforderungen und Erfolge im Sport zu verstehen. Diese persönlichen Erzählungen bieten nicht nur Einblicke in das Leben der Athleten, sondern tragen auch dazu bei, Vorurteile abzubauen und das Bewusstsein für die Probleme zu schärfen, mit denen die LGBTQ-Community konfrontiert ist.

Ein Beispiel dafür ist das Interview mit Elijah Nichols, das in mehreren Medien veröffentlicht wurde. In diesem Interview sprach er über seine persönlichen Erfahrungen im Sport und die Hürden, die er als trans-Athlet überwinden musste. Er betonte die Wichtigkeit von Akzeptanz und Unterstützung durch Trainer und Teamkollegen, um ein Umfeld zu schaffen, in dem sich alle Athleten wohlfühlen können.

Herausforderungen in der Berichterstattung

Trotz der positiven Aspekte der Berichterstattung gibt es auch erhebliche Herausforderungen. Eine der größten Schwierigkeiten besteht darin, sicherzustellen, dass die Berichterstattung sensibel und respektvoll ist. Oftmals werden trans-Personen in den Medien nicht korrekt dargestellt oder ihre Geschichten werden sensationalisiert. Dies kann zu einer verzerrten Wahrnehmung der Realität führen und Stereotypen verstärken.

Ein weiteres Problem ist die mangelnde Vielfalt in der Berichterstattung. Viele Medien konzentrieren sich auf einige wenige prominente trans-Aktivisten oder Athleten, während die Stimmen weniger bekannter Personen oft ignoriert werden. Dies kann dazu führen, dass die vielfältigen Erfahrungen innerhalb der trans-Community nicht ausreichend repräsentiert sind.

Theoretische Perspektiven

Die Medienberichterstattung über LGBTQ-Themen kann durch verschiedene theoretische Rahmenbedingungen analysiert werden. Eine solche Theorie ist die *Representation Theory*, die sich mit der Art und Weise beschäftigt, wie verschiedene Gruppen in den Medien dargestellt werden. Diese Theorie betont die Bedeutung einer genauen und fairen Darstellung, um Vorurteile abzubauen und ein besseres Verständnis für die Herausforderungen, mit denen diese Gruppen konfrontiert sind, zu fördern.

Eine andere relevante Theorie ist die *Framing Theory*, die untersucht, wie die Art und Weise, wie Nachrichten präsentiert werden, die öffentliche Wahrnehmung beeinflussen kann. Zum Beispiel kann die Entscheidung, trans-Athleten als „anders" oder „nicht normal" darzustellen, die öffentliche Meinung negativ beeinflussen und Vorurteile verstärken.

Beispiele für erfolgreiche Berichterstattung

Es gibt jedoch auch positive Beispiele für erfolgreiche Berichterstattung über trans-Aktivisten im Sport. Medienkampagnen wie „#TransAthlete" haben dazu beigetragen, die Sichtbarkeit von trans-Athleten zu erhöhen und ihre Geschichten in den Vordergrund zu rücken. Diese Kampagnen nutzen soziale Medien, um eine breitere Öffentlichkeit zu erreichen und eine unterstützende Gemeinschaft zu schaffen.

Ein weiteres Beispiel ist die Dokumentation „Changing the Game", die die Geschichten von mehreren trans-Athleten verfolgt und deren Herausforderungen und Triumphe im Sport beleuchtet. Diese Art von Berichterstattung trägt dazu bei, das Bewusstsein zu schärfen und ein besseres Verständnis für die komplexen Themen rund um trans-Sport zu fördern.

Fazit

Zusammenfassend lässt sich sagen, dass Interviews und Berichterstattung eine entscheidende Rolle in der Sichtbarkeit und dem Verständnis der trans-Sport-Bewegung spielen. Während es Herausforderungen gibt, die es zu bewältigen gilt, können gut durchdachte Berichterstattung und persönliche Geschichten dazu beitragen, Vorurteile abzubauen und eine inklusivere Gesellschaft zu fördern. Die Medien haben die Verantwortung, die Stimmen von trans-Athleten zu hören und ihre Geschichten respektvoll und genau zu erzählen, um das Bewusstsein für ihre Herausforderungen und Erfolge zu schärfen.

Die Rolle von Dokumentationen

Dokumentationen spielen eine entscheidende Rolle in der Sichtbarkeit und dem Verständnis von trans-Aktivismus und der trans-Sport-Bewegung. Sie bieten nicht nur eine Plattform zur Darstellung von Geschichten, sondern auch eine Möglichkeit, die Herausforderungen und Erfolge von Individuen und Gemeinschaften zu dokumentieren. In diesem Abschnitt werden wir die verschiedenen Aspekte der Rolle von Dokumentationen im Kontext von Elijah Nichols und der trans-Sport-Bewegung untersuchen.

Förderung der Sichtbarkeit

Eine der Hauptfunktionen von Dokumentationen ist die Förderung der Sichtbarkeit marginalisierter Gruppen. Die Darstellung von trans-Aktivisten und deren Erfahrungen in Dokumentarfilmen oder Serien trägt dazu bei, Vorurteile abzubauen und ein besseres Verständnis für die Herausforderungen zu schaffen, mit denen sie konfrontiert sind. Ein Beispiel hierfür ist die Dokumentation *Disclosure*, die die Darstellung von trans-Personen in den Medien untersucht und aufzeigt, wie diese Darstellungen die gesellschaftliche Wahrnehmung beeinflussen.

Bildung und Aufklärung

Dokumentationen dienen auch als wichtige Bildungsressource. Sie können als Lehrmaterial in Schulen und Universitäten eingesetzt werden, um das Bewusstsein für trans-Themen zu schärfen und die Diskussion über Geschlechtsidentität und -vielfalt zu fördern. Die Verwendung von Dokumentationen in Bildungseinrichtungen kann helfen, Vorurteile abzubauen und ein inklusiveres Umfeld zu schaffen. Ein Beispiel ist die Verwendung von Dokumentationen in Workshops, die sich mit Geschlechterfragen befassen, um die Perspektiven von trans-Athleten zu beleuchten.

Authentizität und persönliche Geschichten

Die Kraft von Dokumentationen liegt oft in der Authentizität der erzählten Geschichten. Durch persönliche Interviews und Erfahrungsberichte wird eine emotionale Verbindung zum Publikum hergestellt. Diese Authentizität kann dazu beitragen, das Stigma zu verringern, das trans-Personen oft erleben. Beispielsweise zeigt die Dokumentation *The Death and Life of Marsha P. Johnson* die Lebensgeschichte einer prominenten trans-Aktivistin und beleuchtet die Herausforderungen, mit denen sie konfrontiert war, sowie ihren Einfluss auf die LGBTQ-Bewegung.

Herausforderungen bei der Produktion

Trotz ihrer positiven Aspekte stehen Dokumentationen vor verschiedenen Herausforderungen. Eine der größten Herausforderungen ist die Finanzierung. Oftmals sind Dokumentarfilme auf Spenden oder Fördermittel angewiesen, um produziert zu werden. Dies kann dazu führen, dass wichtige Geschichten nicht erzählt werden, weil die nötigen Ressourcen fehlen. Zudem besteht die Gefahr, dass Dokumentationen die Erfahrungen von trans-Personen nicht angemessen repräsentieren, wenn sie von Personen produziert werden, die nicht Teil der Gemeinschaft sind.

Einfluss auf die öffentliche Wahrnehmung

Dokumentationen haben das Potenzial, die öffentliche Wahrnehmung erheblich zu beeinflussen. Sie können dazu beitragen, stereotype Vorstellungen zu hinterfragen und ein differenzierteres Bild von trans-Personen zu vermitteln. Durch die Darstellung von trans-Athleten, die in ihrem Sport erfolgreich sind, können Dokumentationen dazu beitragen, die Akzeptanz und Unterstützung in der Gesellschaft zu fördern. Ein Beispiel ist die Dokumentation *Changing the Game*, die die Geschichten von trans-Athleten beleuchtet und deren Kämpfe sowie Triumphe im Sport zeigt.

Fazit

Zusammenfassend lässt sich sagen, dass Dokumentationen eine bedeutende Rolle im trans-Aktivismus und in der trans-Sport-Bewegung spielen. Sie fördern die Sichtbarkeit, dienen als Bildungsressource, bieten authentische Perspektiven und können die öffentliche Wahrnehmung positiv beeinflussen. Dennoch müssen Herausforderungen wie Finanzierung und Repräsentation überwunden werden, um sicherzustellen, dass die Geschichten von trans-Personen weiterhin gehört und respektiert werden. Die Rolle von Dokumentationen wird in den kommenden Jahren voraussichtlich noch wichtiger werden, da der trans-Aktivismus weiterhin an Bedeutung gewinnt und die Gesellschaft sich in Richtung größerer Akzeptanz und Inklusion bewegt.

Einfluss von Social Media

Die Rolle von Social Media im Aktivismus hat in den letzten Jahren exponentiell zugenommen, insbesondere in der LGBTQ-Community. Plattformen wie Twitter, Instagram und Facebook haben sich als entscheidende Werkzeuge erwiesen, um Sichtbarkeit zu schaffen, Gemeinschaften zu mobilisieren und transformative Veränderungen herbeizuführen. Der Einfluss von Social Media auf den Aktivismus kann aus verschiedenen Perspektiven betrachtet werden, einschließlich der Verbreitung von Informationen, der Schaffung von Netzwerken und der Förderung von Solidarität.

Verbreitung von Informationen

Social Media ermöglicht es Aktivisten, Informationen in Echtzeit zu verbreiten. Diese Schnelligkeit ist entscheidend, um auf aktuelle Ereignisse und Entwicklungen zu reagieren. Ein Beispiel hierfür ist die #BlackLivesMatter-Bewegung, die durch Twitter und andere Plattformen erheblich an Dynamik gewann. In ähnlicher Weise hat Elijah Nichols Social Media genutzt, um über trans-Sportrechte zu informieren und auf Missstände aufmerksam zu machen. Ein bemerkenswerter Fall war die Kampagne zur Unterstützung trans-Athleten bei den Olympischen Spielen, die durch Hashtags wie #TransAthletesMatter an Sichtbarkeit gewann.

Die Verbreitung von Informationen über Social Media kann jedoch auch problematisch sein. Falschinformationen und Gerüchte können sich schnell verbreiten, was zu Missverständnissen und Spaltungen innerhalb der Community führen kann. Diese Problematik wird durch die Tatsache verstärkt, dass viele Nutzer nicht immer die Quellen ihrer Informationen überprüfen. Eine Studie von Vosoughi et al. (2018) zeigt, dass falsche Nachrichten 70% mehr Retweets erhalten als wahre Nachrichten, was die Verbreitung von Fehlinformationen begünstigt.

Schaffung von Netzwerken

Social Media hat es Aktivisten ermöglicht, Netzwerke zu bilden und sich mit Gleichgesinnten zu verbinden, unabhängig von geografischen Grenzen. Diese Netzwerke sind oft entscheidend für den Austausch von Ressourcen, Strategien und Unterstützung. Die Gründung von Online-Communities, wie z.B. die Facebook-Gruppe "Trans Sports Allies", hat es ermöglicht, eine Plattform für den Austausch von Erfahrungen und die Organisation von Veranstaltungen zu schaffen.

Ein weiterer Vorteil von Social Media ist die Möglichkeit, prominente Unterstützer zu gewinnen. Wenn bekannte Athleten oder Persönlichkeiten des öffentlichen Lebens sich zu einem Thema äußern, kann dies das Bewusstsein und die Unterstützung für die Sache erheblich steigern. Ein Beispiel dafür ist, als die olympische Schwimmerin Lia Thomas ihre Erfahrungen als trans-Athletin auf Instagram teilte, was eine Welle der Unterstützung und Diskussionen über trans-Rechte im Sport auslöste.

Förderung von Solidarität

Social Media dient nicht nur als Plattform für den Austausch von Informationen, sondern auch als Raum für Solidarität und Unterstützung. Die Möglichkeit, Geschichten zu teilen und persönliche Erfahrungen zu dokumentieren, hat dazu beigetragen, ein Gefühl der Gemeinschaft zu schaffen. Dies ist besonders wichtig für marginalisierte Gruppen, die oft isoliert sind oder nicht die Unterstützung finden, die sie benötigen.

Beispielsweise hat Elijah Nichols durch die Nutzung von Instagram und Twitter seine eigene Geschichte geteilt, um anderen trans-Athleten Mut zu machen. Diese Authentizität hat dazu beigetragen, eine breitere Diskussion über die Herausforderungen und Erfolge von trans-Athleten zu fördern. Die Verwendung von persönlichen Geschichten hat sich als wirksames Mittel erwiesen, um Empathie zu erzeugen und das Bewusstsein zu schärfen.

Herausforderungen und Risiken

Trotz der vielen Vorteile, die Social Media bietet, gibt es auch erhebliche Herausforderungen. Die Anonymität, die Social Media bietet, kann zu Cybermobbing und Belästigung führen. Aktivisten, die sich für trans-Rechte einsetzen, sind häufig Ziel von Hasskommentaren und Bedrohungen. Diese negativen Erfahrungen können nicht nur das psychische Wohlbefinden der

Betroffenen beeinträchtigen, sondern auch die Bereitschaft, sich öffentlich zu äußern.

Ein weiteres Problem ist die Fragmentierung der Community. Während Social Media es ermöglicht, sich zu vernetzen, kann es auch zu einer Spaltung innerhalb der Bewegung führen, wenn verschiedene Gruppen unterschiedliche Ansichten vertreten. Dies kann zu Konflikten und Missverständnissen führen, die die Effektivität des Aktivismus beeinträchtigen.

Fazit

Zusammenfassend lässt sich sagen, dass Social Media einen tiefgreifenden Einfluss auf den Aktivismus in der LGBTQ-Community hat. Es bietet eine Plattform für die Verbreitung von Informationen, die Schaffung von Netzwerken und die Förderung von Solidarität. Dennoch müssen die Herausforderungen, die mit der Nutzung von Social Media verbunden sind, ernst genommen werden. Um die Vorteile von Social Media voll auszuschöpfen, ist es entscheidend, Strategien zu entwickeln, die die Verbreitung von Fehlinformationen minimieren und die Sicherheit der Aktivisten gewährleisten. Nur so kann Social Media als wirksames Werkzeug für den Aktivismus und die Unterstützung von trans-Rechten im Sport dienen.

Reaktionen der Öffentlichkeit

Die Reaktionen der Öffentlichkeit auf die Aktivitäten von Elijah Nichols und die trans-Sport-Bewegung sind vielfältig und komplex. Diese Reaktionen sind entscheidend für die Wahrnehmung von trans-Athleten und deren Rechte im Sport. In diesem Abschnitt werden wir die unterschiedlichen Facetten der öffentlichen Reaktionen untersuchen, einschließlich der positiven Rückmeldungen, der kritischen Stimmen und der allgemeinen gesellschaftlichen Trends.

Positive Rückmeldungen

Ein großer Teil der Öffentlichkeit hat Elijah Nichols' Engagement für die trans-Sport-Bewegung positiv aufgenommen. Viele Menschen sehen in ihm eine Quelle der Inspiration und des Wandels. Die sozialen Medien spielen eine entscheidende Rolle bei der Verbreitung dieser positiven Rückmeldungen. Plattformen wie Twitter, Instagram und Facebook ermöglichen es Unterstützern, ihre Anerkennung und ihren Stolz über Elijahs Arbeit auszudrücken. Diese positiven Reaktionen manifestieren sich oft in Form von Hashtags, die sich um seine Initiativen gruppieren, wie zum Beispiel `#TransSportAllies`.

Positive Rückmeldungen $= f$(Soziale Medien, Öffentliche Auftritte, Medienberichterst.

(42)

Ein Beispiel für positive öffentliche Reaktionen war die Teilnahme von Elijah an einer nationalen Sportveranstaltung, bei der er als Sprecher auftrat. Seine Rede ermutigte viele junge Athleten, ihre Identität zu akzeptieren und sich aktiv für ihre Rechte einzusetzen. Diese Art von Sichtbarkeit und Unterstützung führt häufig zu einer Welle von positiven Kommentaren und Ermutigungen in der Öffentlichkeit.

Kritische Stimmen

Trotz der positiven Resonanz gibt es auch kritische Stimmen, die sich gegen Elijahs Aktivitäten und die trans-Sport-Bewegung aussprechen. Kritiker argumentieren oft, dass die Einbeziehung von trans-Athleten in bestimmte Sportarten die Fairness und Chancengleichheit gefährden könnte. Diese Argumente basieren häufig auf biologischen und physiologischen Annahmen, die die Leistung und Wettbewerbsfähigkeit von trans-Athleten in Frage stellen.

Ein weit verbreitetes Argument in dieser Debatte ist die Annahme, dass trans-Frauen, die als Männer geboren wurden, einen unfairen Vorteil im Wettbewerb haben könnten. Diese Bedenken werden häufig in den Medien aufgegriffen und können zu einer verstärkten Stigmatisierung von trans-Athleten führen. Die Verwendung von pseudowissenschaftlichen Studien und selektiven Daten, um diese Argumente zu untermauern, ist ein häufiges Problem, das die öffentliche Wahrnehmung beeinflusst.

Kritische Stimmen $= g$(Medienberichterstattung, Öffentliche Debatten, Politische Äuß.

(43)

Ein Beispiel für eine kritische Reaktion war die Kontroverse um die Teilnahme einer trans-Frau an einer Schwimmmeisterschaft, die in verschiedenen Nachrichtenartikeln thematisiert wurde. Die Berichterstattung war oft einseitig und stellte die Leistung der Athletin in Frage, was zu einer Welle von negativen Kommentaren in sozialen Medien führte.

Gesellschaftliche Trends

Die Reaktionen der Öffentlichkeit sind auch Teil eines größeren gesellschaftlichen Trends, der sich mit der Akzeptanz und Sichtbarkeit von LGBTQ+-Personen beschäftigt. In den letzten Jahren haben viele Länder Fortschritte in der

Anerkennung von LGBTQ+-Rechten gemacht, was sich auch in der Sportwelt widerspiegelt. Dennoch bleibt die Akzeptanz von trans-Athleten ein sensibles Thema, das von kulturellen, politischen und sozialen Faktoren beeinflusst wird.

$$\text{Öffentliche Reaktion} = h(\text{Gesellschaftliche Trends, Politische Entscheidungen, Kulturelle} \tag{44}$$

Beispielsweise haben Länder wie Kanada und Neuseeland bedeutende Fortschritte in der Integration von trans-Athleten in den Sport erzielt, während in anderen Regionen, wie den USA, die Debatte über die Rechte von trans-Athleten weiterhin polarisiert ist. Diese Unterschiede in der öffentlichen Meinung können durch lokale Gesetze und gesellschaftliche Normen verstärkt werden.

Schlussfolgerung

Die Reaktionen der Öffentlichkeit auf Elijah Nichols und die trans-Sport-Bewegung sind ein Spiegelbild der aktuellen gesellschaftlichen Debatten über Geschlecht, Identität und Fairness im Sport. Während positive Rückmeldungen die Sichtbarkeit und Akzeptanz fördern, stehen kritische Stimmen oft im Widerspruch und können die Herausforderungen für trans-Athleten verstärken. Die Balance zwischen diesen Reaktionen ist entscheidend für die zukünftige Entwicklung des trans-Sports und die Akzeptanz in der breiten Gesellschaft.

Insgesamt zeigt sich, dass die öffentliche Wahrnehmung von trans-Athleten und deren Rechten im Sport ein dynamisches und sich ständig veränderndes Feld ist, das sowohl Herausforderungen als auch Chancen birgt. Elijah Nichols' Engagement wird weiterhin eine zentrale Rolle dabei spielen, die Diskussion voranzutreiben und eine inklusive Sportkultur zu fördern.

Kritiken und Herausforderungen

Die Medienpräsenz von Elijah Nichols und der trans-Sport-Bewegung ist nicht ohne Kontroversen und Herausforderungen. In diesem Abschnitt werden die verschiedenen Kritiken und Probleme beleuchtet, mit denen Elijah und seine Mitstreiter konfrontiert sind, sowie die Reaktionen der Öffentlichkeit und der Medien auf diese Herausforderungen.

Kritik an der Sichtbarkeit trans-Athleten

Ein zentrales Thema in der Diskussion um trans-Sportler ist die Sichtbarkeit. Während die Medienberichterstattung oft als positiv wahrgenommen wird, gibt es auch kritische Stimmen, die argumentieren, dass diese Sichtbarkeit nicht immer im besten Interesse der trans-Community ist. Kritiker behaupten, dass die mediale Aufmerksamkeit oft auf sensationelle Geschichten fokussiert ist, die stereotype Darstellungen von trans-Personen fördern und nicht die Vielfalt innerhalb der Community widerspiegeln.

Ein Beispiel hierfür ist die Berichterstattung über trans-Athleten bei großen Sportereignissen, die häufig auf ihre Geschlechtsidentität reduziert wird, anstatt ihre sportlichen Leistungen zu würdigen. Diese Art der Berichterstattung kann dazu führen, dass trans-Athleten als Außenseiter betrachtet werden, was die ohnehin bestehenden Vorurteile verstärken kann.

Herausforderungen der Akzeptanz in der Gesellschaft

Ein weiteres bedeutendes Problem ist die gesellschaftliche Akzeptanz von trans-Sportlern. Trotz zunehmender Sichtbarkeit und Unterstützung gibt es immer noch weit verbreitete Vorurteile und Diskriminierung. Studien zeigen, dass trans-Personen in vielen Bereichen des Lebens, einschließlich des Sports, mit erheblichen Herausforderungen konfrontiert sind.

Die *American Psychological Association* (APA) hat festgestellt, dass trans-Personen häufig mit psychischen Belastungen kämpfen, die aus Diskriminierung und sozialer Isolation resultieren. Diese Belastungen können sich negativ auf die sportliche Leistung und das allgemeine Wohlbefinden auswirken.

$$\text{Psychische Belastung} = f(\text{Diskriminierung, Isolation}) \tag{45}$$

Hierbei steht die psychische Belastung in direkter Beziehung zur Diskriminierung und Isolation, die trans-Athleten erfahren.

Medienkritik und Fehlinformationen

Die Rolle der Medien in der Berichterstattung über trans-Sportler ist komplex. Während einige Medienplattformen versuchen, die Stimmen der trans-Community zu stärken, gibt es auch zahlreiche Beispiele für Fehlinformationen und verzerrte Darstellungen.

Ein kritisches Beispiel ist die Berichterstattung über die Teilnahme von trans-Frauen an Frauenwettkämpfen. Oft wird argumentiert, dass trans-Frauen einen unfairen Vorteil im Sport haben, was auf biologischen Unterschieden zwischen cis- und trans-Frauen basiert. Diese Argumentation ignoriert jedoch die komplexen biologischen und sozialen Faktoren, die die sportliche Leistung beeinflussen.

$$\text{Leistung} = f(\text{Biologie, Training, Erfahrung}) \qquad (46)$$

Hierbei wird deutlich, dass die Leistung eines Athleten nicht allein durch biologische Faktoren bestimmt wird, sondern auch durch Training und Erfahrung.

Die Rolle von sozialen Medien

Soziale Medien spielen eine ambivalente Rolle in der Wahrnehmung von trans-Athleten. Auf der einen Seite bieten Plattformen wie Twitter und Instagram trans-Sportlern die Möglichkeit, ihre Geschichten zu erzählen und sich mit Unterstützern zu vernetzen. Auf der anderen Seite können soziale Medien auch ein Ort der Belästigung und des Hasses sein.

Die Verbreitung von Fake News und Hasskommentaren ist ein ernstes Problem, das die psychische Gesundheit von trans-Athleten beeinträchtigen kann. Studien zeigen, dass die Exposition gegenüber negativen Kommentaren auf sozialen Medien mit einem Anstieg von Angstzuständen und Depressionen korreliert ist.

$$\text{Psychische Gesundheit} = g(\text{Negative Kommentare, Unterstützung}) \qquad (47)$$

Diese Gleichung verdeutlicht, dass die psychische Gesundheit von trans-Athleten sowohl durch negative Kommentare als auch durch die Verfügbarkeit von Unterstützung beeinflusst wird.

Widerstand von Sportverbänden

Ein weiteres bedeutendes Hindernis ist der Widerstand von Sportverbänden gegen die Integration von trans-Athleten. Viele Verbände haben noch keine klaren Richtlinien für die Teilnahme von trans-Sportlern entwickelt, was zu Unsicherheiten und Ausschluss führen kann.

Beispielsweise haben einige große Sportverbände, wie die *International Olympic Committee* (IOC), Richtlinien erlassen, die es trans-Athleten ermöglichen, an Wettkämpfen teilzunehmen, jedoch unter strengen Bedingungen. Diese Bedingungen können als diskriminierend empfunden werden und führen zu weiteren Spannungen innerhalb der Sportgemeinschaft.

Zusammenfassung

Insgesamt zeigt sich, dass die Kritiken und Herausforderungen, denen sich Elijah Nichols und die trans-Sport-Bewegung gegenübersehen, vielfältig und komplex sind. Die Medien spielen eine entscheidende Rolle bei der Formung der öffentlichen Wahrnehmung, doch die Herausforderungen der Akzeptanz, die Fehlinformationen und der Widerstand von Sportverbänden bleiben bedeutende Hürden. Es ist von entscheidender Bedeutung, dass diese Themen offen diskutiert werden, um eine inklusivere und gerechtere Sportlandschaft für alle Athleten zu schaffen.

Die Bedeutung von Medienpartnerschaften

Die Rolle von Medienpartnerschaften im Aktivismus von Elijah Nichols und der trans-Sport-Bewegung kann nicht hoch genug eingeschätzt werden. Medienpartnerschaften sind strategische Allianzen zwischen Aktivisten und Medienorganisationen, die darauf abzielen, die Sichtbarkeit und Reichweite von Themen zu erhöhen, die für die LGBTQ-Community von Bedeutung sind. Diese Partnerschaften können in verschiedenen Formen auftreten, einschließlich Kooperationen mit Nachrichtenagenturen, sozialen Medienplattformen und Influencern.

Theoretische Grundlagen

Die Theorie der Medienwirkung legt nahe, dass die Medien einen erheblichen Einfluss auf die öffentliche Wahrnehmung und das Verhalten haben. Gemäß der Agenda-Setting-Theorie können Medien die Themen, die in der Öffentlichkeit diskutiert werden, beeinflussen, indem sie bestimmten Themen mehr Aufmerksamkeit schenken als anderen. Dies ist besonders relevant für marginalisierte Gruppen, deren Anliegen oft in den Hintergrund gedrängt werden. Medienpartnerschaften bieten eine Plattform, um die Stimmen von trans-Athleten und Aktivisten zu verstärken und deren Geschichten in den Vordergrund zu rücken.

Herausforderungen

Trotz der offensichtlichen Vorteile von Medienpartnerschaften gibt es auch Herausforderungen. Eine der größten Hürden besteht darin, sicherzustellen, dass die Berichterstattung fair und genau ist. Oftmals können Medienberichte stereotype Darstellungen oder verzerrte Narrative fördern, die der Realität nicht gerecht werden. Dies kann zu einer weiteren Stigmatisierung von trans-Personen führen und die Bemühungen um Akzeptanz und Gleichstellung untergraben.

Ein weiteres Problem ist die Abhängigkeit von Medienorganisationen, die möglicherweise nicht immer die Interessen der LGBTQ-Community priorisieren. Es ist entscheidend, dass Aktivisten und Organisationen klare Kommunikationsstrategien entwickeln, um ihre Botschaften effektiv zu vermitteln und sicherzustellen, dass ihre Anliegen angemessen repräsentiert werden.

Beispiele für erfolgreiche Medienpartnerschaften

Ein bemerkenswertes Beispiel für eine erfolgreiche Medienpartnerschaft ist die Zusammenarbeit zwischen Elijah Nichols und einer großen Nachrichtenagentur. Durch diese Partnerschaft konnte Nichols seine Erfahrungen und Perspektiven als trans-Athlet in einer Reihe von Interviews und Artikeln teilen. Diese Berichterstattung führte zu einer erhöhten Sichtbarkeit der Herausforderungen, mit denen trans-Athleten konfrontiert sind, und half, das Bewusstsein für die Notwendigkeit von Veränderungen im Sport zu schärfen.

Ein weiteres Beispiel ist die Nutzung von sozialen Medien, um eine breitere Öffentlichkeit zu erreichen. Elijah hat Plattformen wie Instagram und Twitter genutzt, um seine Botschaften direkt an seine Follower zu kommunizieren und eine engagierte Community aufzubauen. Diese direkte Kommunikation ermöglicht es ihm, Feedback zu erhalten und seine Strategien in Echtzeit anzupassen.

Die Rolle von Influencern

Influencer spielen eine zunehmend wichtige Rolle in der Verbreitung von Informationen und der Sensibilisierung für soziale Themen. Die Zusammenarbeit mit Influencern, die sich für LGBTQ-Rechte einsetzen, kann dazu beitragen, die Reichweite von Kampagnen erheblich zu erhöhen. Diese Influencer haben oft eine treue Anhängerschaft, die ihnen vertraut und bereit ist, sich für die von ihnen unterstützten Themen zu engagieren.

Ein Beispiel für eine solche Partnerschaft ist die Zusammenarbeit von Elijah mit bekannten Athleten und Influencern aus der LGBTQ-Community, die ihre Plattformen nutzen, um die Botschaften von „Trans Sport Allies" zu verbreiten. Diese Partnerschaften haben nicht nur die Sichtbarkeit der Organisation erhöht, sondern auch das Engagement der Community gefördert.

Fazit

Die Bedeutung von Medienpartnerschaften im Aktivismus von Elijah Nichols und der trans-Sport-Bewegung ist unbestreitbar. Durch strategische Allianzen mit Medienorganisationen und Influencern können Aktivisten ihre Botschaften effektiver verbreiten und das Bewusstsein für die Herausforderungen, mit denen trans-Athleten konfrontiert sind, erhöhen. Gleichzeitig müssen sie jedoch wachsam bleiben, um sicherzustellen, dass die Berichterstattung fair und genau ist. Nur durch eine bewusste und strategische Nutzung von Medienpartnerschaften kann eine nachhaltige Veränderung in der Wahrnehmung und Behandlung von trans-Athleten im Sport erreicht werden.

Die Rolle von Influencern

In der heutigen digitalen Ära spielen Influencer eine entscheidende Rolle in der Verbreitung von Informationen und der Beeinflussung von Meinungen, insbesondere in sozialen Bewegungen wie der trans-Sport-Bewegung. Influencer sind Personen, die durch ihre Präsenz in sozialen Medien eine große Anhängerschaft gewonnen haben und somit in der Lage sind, Trends zu setzen, Diskussionen zu initiieren und das Bewusstsein für wichtige Themen zu schärfen. Die Rolle von Influencern in der LGBTQ-Community und im trans-Sport ist vielschichtig und umfasst sowohl Chancen als auch Herausforderungen.

Theoretische Grundlagen

Die Theorie der sozialen Einflussnahme (Social Influence Theory) besagt, dass Individuen in sozialen Gruppen ihre Meinungen und Verhaltensweisen anpassen, um akzeptiert zu werden oder um ihre sozialen Beziehungen zu verbessern. Influencer nutzen diese Dynamik, um ihre Botschaften zu verbreiten und ihre Follower zu mobilisieren. Sie fungieren als Meinungsführer, die durch ihre Authentizität und persönliche Geschichten Glaubwürdigkeit aufbauen. Diese Glaubwürdigkeit ist besonders wichtig in der LGBTQ-Community, wo die Sichtbarkeit und Repräsentation von trans-Personen oft eingeschränkt ist.

Chancen durch Influencer

Influencer können eine Plattform für trans-Athleten bieten, um ihre Geschichten zu teilen und Sichtbarkeit zu erlangen. Ein Beispiel hierfür ist die trans-Athletin Chris Mosier, die als erste trans-Person in den USA für die Teilnahme an einem nationalen Team bekannt wurde. Durch ihre Präsenz in sozialen Medien hat sie nicht nur ihre eigene Geschichte erzählt, sondern auch andere ermutigt, sich zu outen und ihre Identität zu akzeptieren. Mosier hat ihre Plattform genutzt, um auf die Herausforderungen aufmerksam zu machen, die trans-Athleten im Sport erleben, und hat somit einen wichtigen Beitrag zur trans-Sport-Bewegung geleistet.

Ein weiteres Beispiel ist die Influencerin Jazz Jennings, die durch ihre Reality-Show und ihre Social-Media-Präsenz das Bewusstsein für die Herausforderungen von trans-Jugendlichen schärft. Jennings hat eine große Fangemeinde aufgebaut, die ihre Botschaften der Akzeptanz und des Verständnisses unterstützt. Ihre Fähigkeit, persönliche Erfahrungen zu teilen, hat es ihr ermöglicht, eine Verbindung zu vielen Menschen herzustellen und eine positive Veränderung in der Gesellschaft zu bewirken.

Probleme und Herausforderungen

Trotz der positiven Auswirkungen, die Influencer auf die trans-Sport-Bewegung haben können, gibt es auch Herausforderungen. Eine der größten Herausforderungen ist die Gefahr der Kommerzialisierung von Aktivismus. Influencer, die für Marken oder Produkte werben, können in den Augen ihrer Follower als weniger authentisch wahrgenommen werden, was das Vertrauen in ihre Botschaften untergraben kann. Es besteht die Gefahr, dass wichtige Themen wie die Rechte von trans-Athleten in den Hintergrund gedrängt werden, wenn sie in den Dienst von Marketingstrategien gestellt werden.

Zudem können Influencer, die nicht selbst trans sind, aber in der LGBTQ-Community aktiv sind, als „Gatekeeper" fungieren. Sie könnten unbeabsichtigt die Stimmen von trans-Personen übertönen oder deren Erfahrungen nicht authentisch repräsentieren. Dies kann zu einer weiteren Marginalisierung der trans-Community führen, wenn ihre Perspektiven nicht ausreichend gehört werden.

Fazit

Die Rolle von Influencern in der trans-Sport-Bewegung ist sowohl vielversprechend als auch herausfordernd. Während sie die Möglichkeit bieten, Sichtbarkeit und Unterstützung für trans-Athleten zu schaffen, müssen sie auch darauf achten, authentisch zu bleiben und die Stimmen derjenigen, für die sie sprechen, nicht zu übertönen. Es ist entscheidend, dass Influencer Verantwortung übernehmen und sicherstellen, dass ihre Plattformen genutzt werden, um echte Veränderungen zu fördern und die Herausforderungen, mit denen trans-Athleten konfrontiert sind, ins Rampenlicht zu rücken.   Nur so kann die trans-Sport-Bewegung weiter wachsen und sich in eine inklusive und gerechte Zukunft entwickeln.

Die Entwicklung von Medienstrategien

Die Entwicklung von Medienstrategien ist ein entscheidender Bestandteil des Aktivismus, insbesondere für Elijah Nichols und seine Bemühungen, die Sichtbarkeit von trans-Athleten im Sport zu erhöhen. Medienstrategien umfassen die Planung und Ausführung von Kommunikationsmethoden, die darauf abzielen, eine bestimmte Botschaft an ein breites Publikum zu übermitteln.   In diesem Abschnitt werden wir die verschiedenen Aspekte der Medienstrategien untersuchen, die Elijah und seine Organisation „Trans Sport Allies" entwickelt haben, um ihre Ziele zu erreichen.

Theoretische Grundlagen

Die Medienstrategien von Elijah basieren auf mehreren theoretischen Ansätzen, darunter die **Agenda-Setting-Theorie** und die **Framing-Theorie**.   Die Agenda-Setting-Theorie besagt, dass die Medien nicht nur berichten, sondern auch die Themen bestimmen, über die die Öffentlichkeit nachdenkt.   Dies ist besonders wichtig für marginalisierte Gruppen, die oft nicht die gleiche Medienpräsenz haben wie dominante Gruppen.

Die Framing-Theorie hingegen beschäftigt sich damit, wie Informationen präsentiert werden und wie dies die Wahrnehmung der Öffentlichkeit beeinflusst. Durch das gezielte Framing von Geschichten kann Elijah die Narrative über trans-Athleten gestalten und positive Bilder schaffen, die Stereotypen und Vorurteile herausfordern.

Probleme bei der Umsetzung

Trotz der theoretischen Grundlagen gibt es zahlreiche Herausforderungen bei der Entwicklung und Umsetzung von Medienstrategien.   Eine der größten Herausforderungen ist die **Medienrepräsentation**.   Oftmals werden trans-Personen in den Medien stereotypisiert oder auf eine Weise dargestellt, die ihre Identität und Erfahrungen nicht genau widerspiegelt.   Dies kann zu einer Verzerrung der öffentlichen Wahrnehmung führen und die Bemühungen um Akzeptanz und Gleichheit behindern.

Ein weiteres Problem ist der **Zugang zu Medien**. Viele trans-Aktivisten haben nicht die gleichen Ressourcen oder Netzwerke wie ihre cisgender Kollegen, was es schwierig macht, ihre Botschaften effektiv zu verbreiten. Elijah hat oft betont, dass es notwendig ist, Partnerschaften mit Medienorganisationen einzugehen, um sicherzustellen, dass trans-Stimmen gehört werden.

Beispiele für erfolgreiche Strategien

Elijah Nichols hat mehrere erfolgreiche Medienstrategien entwickelt, die als Modell für andere Aktivisten dienen können. Eine der effektivsten Strategien war die Nutzung von **sozialen Medien.** Plattformen wie Twitter, Instagram und TikTok haben es Elijah ermöglicht, direkt mit seiner Zielgruppe zu kommunizieren und eine Gemeinschaft von Unterstützern aufzubauen. Durch regelmäßige Updates, persönliche Geschichten und Aufrufe zur Aktion hat Elijah eine engagierte Anhängerschaft geschaffen, die seine Botschaft weiterverbreitet.

Ein weiteres Beispiel ist die **Zusammenarbeit mit Influencern.** Elijah hat strategische Partnerschaften mit prominenten Athleten und Influencern geschlossen, um die Reichweite seiner Botschaften zu erhöhen. Diese Influencer haben eine große Anhängerschaft und können dazu beitragen, die Sichtbarkeit von trans-Athleten in der breiteren Sportgemeinschaft zu erhöhen. Solche Kooperationen haben nicht nur die Medienberichterstattung über trans-Sport erhöht, sondern auch das Bewusstsein für die Herausforderungen, mit denen trans-Athleten konfrontiert sind, geschärft.

Zukünftige Entwicklungen

Die zukünftige Entwicklung von Medienstrategien wird entscheidend sein, um die Sichtbarkeit und Akzeptanz von trans-Athleten im Sport weiter zu fördern. Eine wichtige Richtung wird die **Nutzung neuer Technologien** sein. Mit dem Aufkommen von Virtual Reality (VR) und Augmented Reality (AR) könnten neue Wege gefunden werden, um Geschichten von trans-Athleten zu erzählen und das Publikum emotional zu erreichen.

Darüber hinaus wird die **Schulung von Medienvertretern** in Bezug auf trans-Themen eine wichtige Rolle spielen. Durch Workshops und Seminare können Journalisten und Medienproduzenten besser informiert werden, was zu einer genaueren und respektvolleren Berichterstattung führen kann.

Schlussfolgerung

Die Entwicklung von Medienstrategien ist ein dynamischer und fortlaufender Prozess, der entscheidend für den Erfolg von Elijah Nichols und seiner Organisation „Trans Sport Allies" ist. Durch die Anwendung theoretischer

Konzepte, die Überwindung praktischer Herausforderungen und die Nutzung innovativer Ansätze hat Elijah eine starke Medienpräsenz aufgebaut, die die Sichtbarkeit von trans-Athleten erheblich verbessert hat. Der Weg zur Gleichheit im Sport ist noch lang, aber mit effektiven Medienstrategien kann die Stimme der trans-Community lauter und klarer gehört werden.

Die Auswirkungen von Fake News

In der heutigen digitalen Ära sind Fake News zu einem bedeutenden Problem geworden, das weitreichende Auswirkungen auf die Gesellschaft, insbesondere auf die LGBTQ-Community und den trans-Sport, hat. Fake News sind falsche oder irreführende Informationen, die absichtlich verbreitet werden, um die öffentliche Meinung zu manipulieren oder zu beeinflussen. Diese Desinformation kann durch verschiedene Kanäle verbreitet werden, einschließlich sozialer Medien, Online-Nachrichtenseiten und sogar traditioneller Medien.

Theoretische Grundlagen

Die Verbreitung von Fake News kann durch verschiedene theoretische Ansätze erklärt werden. Ein zentraler Aspekt ist die *Agenda-Setting-Theorie*, die besagt, dass die Medien nicht nur berichten, sondern auch die Themen bestimmen, die in der Öffentlichkeit diskutiert werden. Dies bedeutet, dass die Art und Weise, wie Informationen präsentiert werden, die Wahrnehmung und das Verhalten der Menschen beeinflussen kann. Wenn Fake News über trans-Athleten oder LGBTQ-Themen verbreitet werden, kann dies zu einer verzerrten Wahrnehmung führen, die Vorurteile und Diskriminierung verstärkt.

Ein weiterer relevanter theoretischer Rahmen ist die *Framing-Theorie*. Diese Theorie untersucht, wie Informationen präsentiert werden und welche Aspekte hervorgehoben oder ignoriert werden. Fake News können bestimmte Narrative fördern, die die Sichtweise der Öffentlichkeit über trans-Sportler beeinflussen und zu einer Polarisierung der Meinungen führen.

Probleme durch Fake News

Die Auswirkungen von Fake News auf die trans-Sport-Bewegung sind vielschichtig und können zu ernsthaften Problemen führen:

- **Stigmatisierung und Diskriminierung:** Fake News können dazu führen, dass trans-Athleten stigmatisiert werden. Berichte, die falsche Informationen über die Leistungen oder die Teilnahme von trans-Sportlern verbreiten, können zu Diskriminierung und Vorurteilen führen. Beispielsweise können übertriebene Darstellungen der „Ungerechtigkeit" von trans-Sportlern, die in Frauenwettbewerben antreten, das öffentliche Bild negativ beeinflussen.

+ **Verzerrte öffentliche Wahrnehmung:** Die Verbreitung von Falschinformationen kann die öffentliche Meinung über trans-Sportler verzerren. Wenn beispielsweise behauptet wird, dass trans-Athleten einen unfairen Vorteil im Wettkampf haben, kann dies zu einer breiten Akzeptanz solcher Stereotypen führen, die nicht auf Fakten basieren.

+ **Schädigung des Aktivismus:** Fake News können die Arbeit von Aktivisten untergraben, indem sie die Glaubwürdigkeit der Bewegung in Frage stellen. Wenn Aktivisten mit falschen Informationen konfrontiert werden, müssen sie zusätzliche Ressourcen aufwenden, um die Wahrheit zu verteidigen, anstatt sich auf ihre Hauptziele zu konzentrieren.

Beispiele für Fake News im trans-Sport

Ein Beispiel für die Auswirkungen von Fake News auf den trans-Sport ist die Kontroverse um die Teilnahme von trans-Frauen an Frauenwettbewerben. Berichte, die behaupteten, dass trans-Frauen durch hormonelle Unterschiede einen unfairen Vorteil hätten, wurden häufig ohne wissenschaftliche Grundlage verbreitet. Diese Behauptungen wurden von verschiedenen Studien widerlegt, die zeigten, dass der Erfolg im Sport von einer Vielzahl von Faktoren abhängt und nicht allein durch das Geschlecht oder die Geschlechtsidentität bestimmt wird.

Ein weiteres Beispiel ist die Berichterstattung über den Fall von Lia Thomas, einer trans-Frau, die in der NCAA an Wettkämpfen teilnahm. Medienberichte, die ihre Erfolge übertrieben darstellten oder sie als Bedrohung für cisgender Frauen im Sport darstellten, führten zu einer Welle von Hasskommentaren und einer verstärkten Diskussion über die Teilnahme von trans-Sportlern im Allgemeinen. Solche Berichte ignorierten oft die komplexen Herausforderungen, mit denen trans-Athleten konfrontiert sind, und reduzierten die Debatte auf ein einfaches „Gegeneinander" zwischen cisgender und trans-Sportlern.

Strategien zur Bekämpfung von Fake News

Um den negativen Auswirkungen von Fake News entgegenzuwirken, sind verschiedene Strategien erforderlich:

+ **Bildung und Aufklärung:** Die Aufklärung der Öffentlichkeit über die Realität von trans-Sportlern und die Herausforderungen, mit denen sie konfrontiert sind, ist entscheidend. Bildungskampagnen, die auf wissenschaftlichen Erkenntnissen basieren, können helfen, Vorurteile abzubauen und die Akzeptanz zu fördern.

+ **Stärkung der Medienkompetenz:** Die Förderung von Medienkompetenz in der Gesellschaft kann dazu beitragen, dass Menschen kritisch mit Informationen umgehen und Fake News erkennen. Workshops und Schulungen, die sich auf die Identifizierung von Falschinformationen konzentrieren, können hilfreich sein.

+ **Zusammenarbeit mit Journalisten:** Aktivisten und Organisationen sollten aktiv mit Journalisten zusammenarbeiten, um sicherzustellen, dass die Berichterstattung über trans-Sportler genau und respektvoll ist. Der Austausch von Informationen und die Bereitstellung von Ressourcen können dazu beitragen, die Qualität der Berichterstattung zu verbessern.

Fazit

Die Auswirkungen von Fake News auf die trans-Sport-Bewegung sind erheblich und können die Wahrnehmung, die Akzeptanz und die Rechte von trans-Athleten negativ beeinflussen. Durch die Kombination von Bildung, Medienkompetenz und Zusammenarbeit können wir jedoch gegen diese Herausforderungen ankämpfen und eine informierte und respektvolle Diskussion über trans-Sportler fördern. Die Verantwortung liegt nicht nur bei den Medien, sondern auch bei der Gesellschaft, sich aktiv gegen Falschinformationen einzusetzen und die Stimmen der Betroffenen zu unterstützen.

Die Relevanz von positiven Darstellungen

In der heutigen Medienlandschaft, in der die Sichtbarkeit von LGBTQ-Personen und insbesondere von trans-Athleten zunehmend in den Fokus rückt, ist die Art und Weise, wie diese Individuen dargestellt werden, von entscheidender Bedeutung. Positive Darstellungen können nicht nur das öffentliche Bewusstsein und die Akzeptanz fördern, sondern auch das Selbstwertgefühl und die Identität der dargestellten Personen stärken. In diesem Abschnitt werden wir die Relevanz positiver Darstellungen im Kontext des trans-Sports untersuchen und die theoretischen Grundlagen sowie praktische Beispiele analysieren.

Theoretische Grundlagen

Die Theorie der sozialen Identität, entwickelt von Henri Tajfel und John Turner, legt nahe, dass Menschen ihre Identität stark aus den Gruppen ableiten, denen sie angehören. Diese Theorie ist besonders relevant für die LGBTQ-Community, da die Zugehörigkeit zu einer marginalisierten Gruppe oft mit Diskriminierung und Stigmatisierung verbunden ist. Positive Darstellungen in den Medien können dazu beitragen, das Selbstbild von Individuen innerhalb dieser Gruppen zu verbessern, indem sie ein Gefühl der Zugehörigkeit und des Stolzes fördern.

Ein weiterer relevanter theoretischer Ansatz ist die Medientheorie von Stuart Hall, die betont, dass Medien nicht nur Informationen vermitteln, sondern auch Bedeutungen konstruieren. Wenn trans-Athleten in den Medien positiv dargestellt werden, wird nicht nur ihre Identität anerkannt, sondern auch die gesellschaftliche Wahrnehmung von Transidentität als legitim und wertvoll gefördert. Dies kann zu einem Wandel in der öffentlichen Meinung führen und Vorurteile abbauen.

Probleme bei negativen Darstellungen

Negative Darstellungen von trans-Personen in den Medien sind weit verbreitet und können schwerwiegende Auswirkungen auf die betroffenen Individuen und die Gesellschaft insgesamt haben. Häufig werden trans-Athleten als Opfer oder als Bedrohung für die Integrität des Sports dargestellt, was zu einer verstärkten Stigmatisierung führt. Solche Darstellungen können das Selbstwertgefühl von trans-Athleten untergraben und zu einem Gefühl der Isolation führen.

Ein Beispiel für die schädlichen Auswirkungen negativer Darstellungen ist die Berichterstattung über die Teilnahme von trans-Frauen an Frauensportarten. Oft wird argumentiert, dass trans-Frauen einen unfairen Vorteil haben, was nicht nur wissenschaftlich unhaltbar ist, sondern auch die Errungenschaften von trans-Athleten herabwürdigt. Diese Art von Berichterstattung kann dazu führen, dass trans-Athleten von Wettbewerben ausgeschlossen werden und ihre Sichtbarkeit in der Sportwelt weiter eingeschränkt wird.

Beispiele für positive Darstellungen

Im Gegensatz dazu gibt es zahlreiche Beispiele für positive Darstellungen von trans-Athleten, die nicht nur die Sichtbarkeit erhöhen, sondern auch als Vorbilder für die LGBTQ-Jugend dienen. Ein herausragendes Beispiel ist die trans-Athletin Chris Mosier, die als erste trans-Person an den US-Meisterschaften im Duathlon teilnahm. Mosier hat nicht nur in den Medien für sich selbst gesprochen, sondern auch aktiv daran gearbeitet, die Richtlinien des US-amerikanischen

Leichtathletikverbands zu ändern, um die Teilnahme von trans-Athleten zu ermöglichen. Ihre positive Darstellung in den Medien hat nicht nur ihre eigene Karriere gefördert, sondern auch das Bewusstsein für die Herausforderungen, denen trans-Athleten gegenüberstehen, geschärft.

Ein weiteres Beispiel ist die Dokumentation „Changing the Game", die die Geschichten von trans-Athleten in verschiedenen Sportarten erzählt. Diese Dokumentation zeigt nicht nur die Herausforderungen, mit denen diese Athleten konfrontiert sind, sondern auch ihre Erfolge und ihre Resilienz. Durch die positive Darstellung ihrer Geschichten wird ein Raum für Empathie und Verständnis geschaffen, der über die Grenzen des Sports hinausgeht.

Fazit

Zusammenfassend lässt sich sagen, dass positive Darstellungen von trans-Athleten in den Medien von entscheidender Bedeutung sind, um das öffentliche Bewusstsein zu schärfen, Vorurteile abzubauen und das Selbstwertgefühl der dargestellten Personen zu stärken. Die theoretischen Grundlagen, die die Bedeutung dieser Darstellungen untermauern, zeigen, dass Medien nicht nur passive Informationsquellen sind, sondern aktiv zur Konstruktion von Identitäten und gesellschaftlichen Normen beitragen. Angesichts der Herausforderungen, die trans-Athleten in der heutigen Gesellschaft gegenüberstehen, ist es unerlässlich, dass die Medien ihre Geschichten authentisch und positiv erzählen, um eine inklusive und gerechte Zukunft im Sport zu fördern.

Herausforderungen und Widerstände

Diskriminierung im Sport

Die Diskriminierung im Sport ist ein komplexes und vielschichtiges Phänomen, das sich in verschiedenen Formen manifestiert. Sie betrifft nicht nur Athleten, sondern auch Trainer, Offizielle und Fans. Besonders im Kontext von LGBTQ+-Personen, insbesondere trans Personen, sind die Herausforderungen gravierend. Diese Diskriminierung kann sowohl auf institutioneller als auch auf individueller Ebene auftreten.

Theoretische Grundlagen

Die Diskriminierung im Sport kann durch verschiedene theoretische Rahmenwerke erklärt werden. Eine häufig verwendete Theorie ist die

Intersektionalität, die beschreibt, wie verschiedene soziale Kategorien wie Geschlecht, Sexualität, Ethnie und Klasse miteinander interagieren und zur Diskriminierung beitragen können [3]. Diese Theorie ist besonders relevant für trans Athleten, die oft an der Schnittstelle mehrerer Diskriminierungsformen stehen.

Zusätzlich spielt die *Soziale Identitätstheorie* eine Rolle, die besagt, dass Individuen sich in Gruppen identifizieren und diese Identifikation ihre Interaktionen und Wahrnehmungen beeinflusst [1]. In Sportumgebungen, wo Teamzugehörigkeit und Wettbewerb wichtig sind, kann dies zu einer Marginalisierung von Personen führen, die nicht den traditionellen Geschlechter- und Identitätsnormen entsprechen.

Probleme der Diskriminierung

Diskriminierung im Sport kann sich in verschiedenen Formen äußern:

+ **Strukturelle Diskriminierung:** Viele Sportverbände und -organisationen haben Regeln und Richtlinien, die trans Athleten benachteiligen. Beispielsweise können Richtlinien zur Teilnahme an Wettkämpfen strenge Anforderungen an die Geschlechtsidentität stellen, die oft nicht den realen Lebensrealitäten der Athleten entsprechen. Ein Beispiel ist die Regelung, dass trans Frauen eine bestimmte Zeitspanne Hormone nehmen müssen, bevor sie an Frauenwettkämpfen teilnehmen dürfen.

+ **Verbale und physische Belästigung:** Athleten können in der Sportumgebung mit verbalen Angriffen, Mobbing oder sogar physischer Gewalt konfrontiert werden. Diese Erlebnisse können nicht nur die sportliche Leistung beeinträchtigen, sondern auch das psychische Wohlbefinden erheblich schädigen.

+ **Ausschluss aus Teams oder Wettbewerben:** Diskriminierung kann auch durch den Ausschluss von trans Athleten aus Teams oder Wettkämpfen erfolgen. Dies geschieht häufig aufgrund von Vorurteilen oder Missverständnissen über Geschlechtsidentität und -ausdruck.

Beispiele aus der Praxis

In den letzten Jahren gab es mehrere hochkarätige Fälle von Diskriminierung im Sport. Ein bemerkenswerter Fall ist der von *Mack Beggs*, einem trans Jungen, der in Texas kämpfte, um in der Jungenliga zu konkurrieren. Trotz seiner Erlaubnis, an

Wettkämpfen teilzunehmen, sah er sich mit massiven Widerständen konfrontiert, die von seinen Gegnern und sogar von den Medien kamen [?].

Ein weiteres Beispiel ist die *International Olympic Committee* (IOC) Richtlinie, die es trans Athleten erlaubt, an Wettkämpfen teilzunehmen, wenn sie nachweisen, dass ihr Testosteronspiegel unter einem bestimmten Niveau liegt. Diese Regelung hat zu viel Diskussion und Kritik geführt, da sie als diskriminierend empfunden wird [?].

Maßnahmen gegen Diskriminierung

Um Diskriminierung im Sport zu bekämpfen, sind mehrere Maßnahmen erforderlich:

- **Aufklärung und Sensibilisierung:** Sportorganisationen sollten Programme zur Aufklärung über Geschlechtsidentität und sexuelle Orientierung anbieten, um Vorurteile abzubauen.

- **Inklusive Richtlinien:** Es ist entscheidend, dass Sportverbände Richtlinien entwickeln, die die Teilnahme von trans Athleten ermöglichen und fördern, ohne diskriminierende Anforderungen zu stellen.

- **Schutzmaßnahmen:** Die Einführung von Anti-Diskriminierungsgesetzen und -richtlinien in Sportverbänden kann dazu beitragen, eine sichere Umgebung für alle Athleten zu schaffen.

Schlussfolgerung

Diskriminierung im Sport bleibt ein bedeutendes Problem, das trans Athleten und die LGBTQ+-Community im Allgemeinen betrifft. Durch das Verständnis der theoretischen Grundlagen, der Probleme und der praktischen Beispiele können wir beginnen, effektive Maßnahmen zu entwickeln, um eine inklusive und gerechte Sportumgebung zu schaffen. Nur durch Zusammenarbeit und Engagement können wir die Herausforderungen überwinden und eine Zukunft gestalten, in der alle Athleten unabhängig von ihrer Geschlechtsidentität respektiert und unterstützt werden.

Persönliche Angriffe und Hasskommentare

Persönliche Angriffe und Hasskommentare stellen für viele LGBTQ-Aktivisten, einschließlich Elijah Nichols, eine der größten Herausforderungen dar. Diese Angriffe sind nicht nur emotional belastend, sondern können auch erhebliche

Auswirkungen auf die psychische Gesundheit und die öffentliche Wahrnehmung von Aktivisten haben. In diesem Abschnitt werden wir die Natur dieser Angriffe, ihre Auswirkungen und einige Strategien zur Bewältigung untersuchen.

Die Natur der Angriffe

Persönliche Angriffe können in verschiedenen Formen auftreten, darunter beleidigende Kommentare, Drohungen, Verleumdungen und Cybermobbing. Diese Angriffe sind oft motiviert durch Vorurteile und Stereotypen gegenüber trans und nicht-binären Personen. Laut einer Studie von [1] fühlen sich 63% der trans-Aktivisten aufgrund ihrer Identität in sozialen Medien angegriffen. Diese Angriffe können sowohl anonym als auch offen erfolgen, wobei die Anonymität des Internets es Angreifern erleichtert, ihre Hassbotschaften zu verbreiten.

Auswirkungen auf die Betroffenen

Die Auswirkungen von persönlichen Angriffen und Hasskommentaren können verheerend sein. Viele Aktivisten berichten von erhöhten Angstzuständen, Depressionen und einem verminderten Selbstwertgefühl. Eine Umfrage von [2] zeigt, dass 75% der Befragten, die Erfahrungen mit Hasskommentaren gemacht haben, an psychischen Problemen leiden. Darüber hinaus können solche Angriffe das Engagement der Aktivisten verringern, da sie sich gezwungen fühlen, ihre Aktivitäten einzuschränken oder sich aus der Öffentlichkeit zurückzuziehen.

Beispiele aus der Praxis

Ein bemerkenswertes Beispiel ist der Fall von Elijah Nichols selbst, der während seiner frühen Aktivismusjahre mit einer Flut von Hasskommentaren konfrontiert wurde, nachdem er sich öffentlich zu seiner Identität bekannt hatte. In einem Interview berichtete er: „Die ersten Monate waren überwältigend. Ich erhielt Nachrichten, in denen mir gesagt wurde, ich solle verschwinden oder dass ich nicht akzeptiert werden sollte. Es war schwer, diese Worte nicht persönlich zu nehmen." Solche Erfahrungen sind nicht ungewöhnlich und verdeutlichen die Realität, mit der viele Aktivisten konfrontiert sind.

Strategien zur Bewältigung

Um mit persönlichen Angriffen und Hasskommentaren umzugehen, haben viele Aktivisten verschiedene Strategien entwickelt:

- **Unterstützungsnetzwerke:** Der Aufbau eines starken Unterstützungsnetzwerks kann entscheidend sein. Freunde, Familie und Gleichgesinnte bieten emotionale Unterstützung und helfen, die negativen Auswirkungen von Angriffen zu mildern.

- **Medienkompetenz:** Aktivisten sollten geschult werden, um mit Medien und sozialen Plattformen umzugehen. Dies umfasst das Erkennen von toxischen Inhalten und das Setzen von Grenzen, wenn es um die Interaktion mit der Öffentlichkeit geht.

- **Therapeutische Unterstützung:** Professionelle Hilfe durch Psychologen oder Therapeuten kann helfen, die emotionalen Wunden zu heilen, die durch Angriffe verursacht werden. Viele Aktivisten berichten, dass regelmäßige Gesprächstherapie ihnen geholfen hat, ihre Erfahrungen zu verarbeiten.

- **Öffentliche Aufklärung:** Durch die Aufklärung der Öffentlichkeit über die Auswirkungen von Hasskommentaren und persönlichen Angriffen können Aktivisten das Bewusstsein schärfen und möglicherweise eine Veränderung in der gesellschaftlichen Wahrnehmung bewirken.

Fazit

Persönliche Angriffe und Hasskommentare sind ernsthafte Herausforderungen, mit denen LGBTQ-Aktivisten konfrontiert sind. Die Auswirkungen auf die psychische Gesundheit und das Engagement sind erheblich, und es ist wichtig, dass sowohl die Gemeinschaft als auch die Gesellschaft als Ganzes diese Probleme anerkennen und angehen. Durch Unterstützung, Bildung und den Austausch von Erfahrungen können Aktivisten besser mit diesen Herausforderungen umgehen und ihre wichtige Arbeit fortsetzen.

Der Umgang mit Rückschlägen

Im Leben eines Aktivisten, insbesondere in der dynamischen und oft herausfordernden Welt des trans-Sports, sind Rückschläge unvermeidlich. Diese Rückschläge können in verschiedenen Formen auftreten, sei es durch persönliche Angriffe, gesellschaftliche Widerstände oder durch institutionelle Barrieren. Der Umgang mit diesen Rückschlägen ist entscheidend für den langfristigen Erfolg und das Wohlbefinden eines Aktivisten wie Elijah Nichols. In diesem Abschnitt werden wir die Strategien untersuchen, die Elijah und andere Aktivisten nutzen, um mit Rückschlägen umzugehen, und die theoretischen Hintergründe, die diesen Strategien zugrunde liegen.

Theoretische Grundlagen

Die Psychologie des Umgangs mit Rückschlägen basiert auf verschiedenen theoretischen Ansätzen. Ein zentraler Begriff ist die **Resilienz**, die die Fähigkeit beschreibt, sich von Schwierigkeiten zu erholen und gestärkt aus ihnen hervorzugehen. Laut Bonanno (2004) ist Resilienz nicht nur die Abwesenheit von psychischen Problemen, sondern auch die Fähigkeit, positive Anpassungen in der Folge von Herausforderungen zu zeigen. Resilienz kann durch verschiedene Faktoren beeinflusst werden, einschließlich sozialer Unterstützung, persönlicher Überzeugungen und der Fähigkeit zur Selbstreflexion.

Ein weiterer wichtiger Aspekt ist das Konzept des **Growth Mindset** (Dweck, 2006), das die Überzeugung beschreibt, dass Fähigkeiten und Intelligenz durch Anstrengung und Lernen entwickelt werden können. Aktivisten, die ein Growth Mindset annehmen, sehen Rückschläge nicht als endgültige Misserfolge, sondern als Gelegenheiten zur Verbesserung und zum Lernen.

Strategien zum Umgang mit Rückschlägen

1. Soziale Unterstützung Eine der effektivsten Strategien, um mit Rückschlägen umzugehen, ist die Suche nach sozialer Unterstützung. Elijah Nichols hat oft betont, wie wichtig seine Community und Unterstützer für ihn sind. In Zeiten der Krise wendet er sich an Freunde, Familie und andere Aktivisten, um emotionale Unterstützung und praktische Ratschläge zu erhalten. Studien zeigen, dass soziale Unterstützung nicht nur das emotionale Wohlbefinden verbessert, sondern auch die Resilienz stärkt (Cohen & Wills, 1985).

2. Reflexion und Selbstbewusstsein Die Fähigkeit zur Selbstreflexion ist eine weitere wesentliche Strategie. Elijah nutzt Tagebuchführung und Gespräche mit Mentoren, um seine Erfahrungen zu verarbeiten und aus Rückschlägen zu lernen. Diese Praxis ermöglicht es ihm, Muster zu erkennen und seine Reaktionen auf Herausforderungen zu analysieren. In der Psychologie wird diese Art der Reflexion oft als **metakognitive Strategie** bezeichnet, die die Selbstregulation und das Lernen aus Erfahrungen fördert (Flavell, 1979).

3. Anpassungsfähigkeit Anpassungsfähigkeit ist eine Schlüsselkompetenz im Aktivismus. Elijah hat gelernt, flexibel zu sein und seine Strategien anzupassen, wenn er auf Widerstände stößt. Diese Fähigkeit zur Anpassung wird in der Forschung als **kognitive Flexibilität** bezeichnet und ist entscheidend für die Problemlösung und die Bewältigung von Stress (Martin & Rubin, 1995).

4. Positive Selbstgespräche Die Art und Weise, wie Aktivisten mit sich selbst sprechen, kann einen erheblichen Einfluss auf ihre Fähigkeit haben, Rückschläge zu bewältigen. Elijah praktiziert positive Selbstgespräche, um sich zu motivieren und seine Perspektive zu ändern. Die Forschung zeigt, dass positive Selbstgespräche das Selbstbewusstsein stärken und die Leistung verbessern können (Creswell et al., 2007).

5. Zielsetzung Eine klare Zielsetzung ist entscheidend, um den Fokus zu behalten und sich von Rückschlägen nicht entmutigen zu lassen. Elijah setzt sich sowohl kurzfristige als auch langfristige Ziele, die ihm helfen, seine Fortschritte zu messen und motiviert zu bleiben. Die SMART-Methode (spezifisch, messbar, erreichbar, relevant, zeitgebunden) ist ein bewährtes Modell, das viele Aktivisten verwenden, um ihre Ziele zu definieren und zu verfolgen (Doran, 1981).

Beispiele aus Elijahs Leben

Ein prägnantes Beispiel für Elijahs Umgang mit Rückschlägen ereignete sich während eines wichtigen Sportereignisses, bei dem er aufgrund diskriminierender Richtlinien nicht teilnehmen konnte. Anstatt sich entmutigen zu lassen, nutzte Elijah diese Erfahrung, um eine Kampagne zu starten, die auf die Notwendigkeit von inklusiven Richtlinien im Sport aufmerksam machte. Durch die Nutzung sozialer Medien und die Zusammenarbeit mit anderen Aktivisten gelang es ihm, eine breite Öffentlichkeit zu mobilisieren und letztendlich eine Änderung der Richtlinien zu bewirken.

Ein weiteres Beispiel ist Elijahs Reaktion auf persönliche Angriffe in den sozialen Medien. Anstatt sich auf negative Kommentare zu konzentrieren, hat er sich entschieden, positive Botschaften zu verbreiten und seine Plattform zu nutzen, um andere zu ermutigen, die ähnliche Angriffe erfahren haben. Diese Strategie hat nicht nur seine Resilienz gestärkt, sondern auch dazu beigetragen, eine unterstützende Community zu fördern.

Schlussfolgerung

Der Umgang mit Rückschlägen ist eine unvermeidliche Realität im Aktivismus, insbesondere in der trans-Sport-Bewegung. Elijah Nichols zeigt, wie wichtig es ist,

Resilienz, soziale Unterstützung und positive Selbstgespräche zu nutzen, um Herausforderungen zu bewältigen. Durch Reflexion und Anpassungsfähigkeit hat er nicht nur seine eigenen Erfahrungen gemeistert, sondern auch einen positiven Einfluss auf die LGBTQ-Community und die Gesellschaft insgesamt ausgeübt. Seine Geschichte ist ein inspirierendes Beispiel dafür, wie Rückschläge als Sprungbrett für Wachstum und Veränderung genutzt werden können.

Strategien zur Resilienz

Resilienz ist die Fähigkeit, sich von Rückschlägen zu erholen und sich an herausfordernde Umstände anzupassen. Für Aktivisten, insbesondere in der LGBTQ-Community, ist Resilienz von entscheidender Bedeutung, um den emotionalen und physischen Herausforderungen zu begegnen, die mit ihrem Engagement verbunden sind. In diesem Abschnitt werden verschiedene Strategien zur Resilienz erörtert, die Elijah Nichols und andere Aktivisten anwenden können, um in schwierigen Zeiten stark zu bleiben.

Soziale Unterstützung

Eine der effektivsten Strategien zur Förderung der Resilienz ist die Suche nach sozialer Unterstützung. Studien zeigen, dass Menschen, die über ein starkes Netzwerk von Freunden, Familie und Gleichgesinnten verfügen, besser in der Lage sind, mit Stress umzugehen und sich von Rückschlägen zu erholen. Für Elijah bedeutete dies, dass er sich aktiv in LGBTQ-Organisationen einbrachte, um Unterstützung und Ermutigung von Gleichgesinnten zu erhalten.

$$R = f(S, E) \tag{48}$$

Hierbei steht R für Resilienz, S für soziale Unterstützung und E für die externen Herausforderungen, denen man gegenübersteht. Eine starke soziale Unterstützung kann die Auswirkungen von Stressoren erheblich mildern.

Positive Selbstgespräche

Ein weiterer wichtiger Aspekt der Resilienz ist die Art und Weise, wie wir mit uns selbst sprechen. Positive Selbstgespräche können helfen, das Selbstvertrauen zu stärken und die eigene Fähigkeit zur Bewältigung von Herausforderungen zu fördern. Elijah entwickelte Techniken, um negative Gedanken zu erkennen und durch positive Affirmationen zu ersetzen. Ein Beispiel für eine solche Affirmation könnte sein: „Ich bin stark, und ich kann diese Herausforderung überwinden."

Achtsamkeit und Meditation

Achtsamkeit und Meditation haben sich als wirksame Methoden zur Stärkung der Resilienz erwiesen. Diese Praktiken helfen, Stress abzubauen und die emotionale Stabilität zu fördern. Elijah integrierte regelmäßige Achtsamkeitsübungen in seinen Alltag, um sich auf den gegenwärtigen Moment zu konzentrieren und negative Gedankenmuster zu durchbrechen. Eine Studie von Kabat-Zinn (1990) zeigt, dass Achtsamkeit die Stressbewältigung verbessert und die allgemeine Lebensqualität steigert.

Zielsetzung und Planung

Das Setzen von realistischen Zielen ist eine weitere wichtige Strategie zur Förderung der Resilienz. Durch das Festlegen von Zielen kann Elijah seine Energie auf spezifische, erreichbare Ergebnisse konzentrieren. SMART-Ziele (spezifisch, messbar, erreichbar, relevant, zeitgebunden) sind ein nützliches Werkzeug, um die eigene Motivation und den Fortschritt zu verfolgen. Ein Beispiel für ein SMART-Ziel könnte sein: „Ich werde innerhalb der nächsten drei Monate an mindestens zwei LGBTQ-Veranstaltungen teilnehmen, um mein Netzwerk zu erweitern."

$$Z = SMART(G, T) \tag{49}$$

Hierbei steht Z für Zielerreichung, G für die gesetzten Ziele und T für den Zeitrahmen.

Selbstfürsorge

Selbstfürsorge ist ein zentraler Bestandteil der Resilienz. Aktivisten wie Elijah müssen darauf achten, ihre körperliche und geistige Gesundheit zu pflegen. Dazu gehören gesunde Ernährung, regelmäßige Bewegung und ausreichend Schlaf. Studien zeigen, dass körperliche Aktivität die Stimmung verbessert und Stress reduziert. Elijah fand, dass regelmäßiges Training nicht nur seine körperliche Fitness steigerte, sondern auch seine mentale Stärke und Resilienz förderte.

Lernen aus Rückschlägen

Die Fähigkeit, aus Rückschlägen zu lernen und diese als Gelegenheiten für persönliches Wachstum zu betrachten, ist eine Schlüsselstrategie zur Resilienz. Elijah reflektierte regelmäßig über seine Erfahrungen und suchte nach Lektionen, die er aus schwierigen Situationen ziehen konnte. Diese Reflexion half ihm, eine wachstumsorientierte Denkweise zu entwickeln, die es ihm ermöglichte, Herausforderungen als Teil seines Aktivismus zu akzeptieren.

Engagement in der Gemeinschaft

Das Engagement in der Gemeinschaft kann auch zur Resilienz beitragen. Durch die aktive Teilnahme an gemeinschaftlichen Aktivitäten und Veranstaltungen konnte Elijah ein Gefühl der Zugehörigkeit und des Zwecks entwickeln. Diese Verbindung zur Gemeinschaft stärkte nicht nur seine Resilienz, sondern ermutigte auch andere, sich aktiv für Veränderungen einzusetzen.

Professionelle Unterstützung

Schließlich ist die Inanspruchnahme professioneller Unterstützung eine wichtige Strategie zur Förderung der Resilienz. Psychologen und Therapeuten können wertvolle Werkzeuge und Techniken bereitstellen, um mit Stress und Herausforderungen umzugehen. Elijah erkannte die Bedeutung von Therapie und Beratung und ermutigte andere, ebenfalls Hilfe in Anspruch zu nehmen, wenn sie mit Herausforderungen konfrontiert sind.

Zusammenfassend lässt sich sagen, dass Resilienz für Aktivisten wie Elijah Nichols von entscheidender Bedeutung ist, um in einem oft herausfordernden Umfeld zu bestehen. Durch soziale Unterstützung, positive Selbstgespräche, Achtsamkeit, Zielsetzung, Selbstfürsorge, Lernen aus Rückschlägen, Engagement in der Gemeinschaft und professionelle Unterstützung können Aktivisten ihre Resilienz stärken und langfristig erfolgreich sein.

Unterstützung durch die Community

Die Unterstützung durch die Community spielt eine entscheidende Rolle im Aktivismus von Elijah Nichols und in der trans-Sport-Bewegung insgesamt. Diese Unterstützung manifestiert sich in verschiedenen Formen, angefangen bei emotionaler und sozialer Rückendeckung bis hin zu praktischen Ressourcen und Netzwerken, die für die Verbreitung von Informationen und die Mobilisierung von Aktionen notwendig sind.

Die Rolle der Community in der Identitätsfindung

Die Community bietet einen Raum, in dem Individuen ihre Identität frei erkunden und entwickeln können. In der LGBTQ-Community ist es besonders wichtig, dass Menschen, die sich mit ihrer Geschlechtsidentität auseinandersetzen,

Zugang zu einer unterstützenden Umgebung haben. Diese Unterstützung kann durch Selbsthilfegruppen, lokale LGBTQ-Organisationen oder Online-Communities erfolgen. Die Theorie der sozialen Identität von Henri Tajfel (1979) besagt, dass die Zugehörigkeit zu einer Gruppe das Selbstwertgefühl und das Wohlbefinden eines Individuums stark beeinflussen kann. In diesem Kontext wird die Identität von trans-Athleten durch die Akzeptanz und Bestätigung innerhalb ihrer Community gestärkt.

Emotionale und soziale Unterstützung

Emotionale Unterstützung ist ein zentraler Aspekt der Community. Für viele trans-Personen kann der Weg zur Selbstakzeptanz mit Herausforderungen und Rückschlägen verbunden sein. Die Community bietet nicht nur einen sicheren Raum für den Austausch von Erfahrungen, sondern auch eine Quelle der Ermutigung. Studien zeigen, dass soziale Unterstützung das Risiko von psychischen Erkrankungen verringern kann [?]. Beispielsweise berichten viele trans-Athleten, dass sie durch den Rückhalt von Gleichgesinnten in ihrer Community motiviert werden, ihre sportlichen Ziele zu verfolgen.

Praktische Unterstützung und Ressourcen

Neben emotionaler Unterstützung bietet die Community auch praktische Ressourcen. Dazu gehören Zugang zu Informationen über Gesundheitsversorgung, rechtliche Unterstützung, Mentoring-Programme und finanzielle Hilfen für trans-Athleten. Organisationen wie „Trans Sport Allies" arbeiten daran, diese Ressourcen zu bündeln und zugänglich zu machen. Die Bereitstellung von Informationen über die rechtlichen Rahmenbedingungen für trans-Athleten ist entscheidend, um Diskriminierung im Sport zu bekämpfen.

Ein Beispiel für erfolgreiche praktische Unterstützung ist das Mentoring-Programm, das von verschiedenen LGBTQ-Organisationen ins Leben gerufen wurde. Hierbei werden erfahrene Athleten mit aufstrebenden trans-Athleten zusammengebracht, um sie in ihrer sportlichen und persönlichen Entwicklung zu fördern. Diese Programme helfen nicht nur dabei, Fähigkeiten zu entwickeln, sondern auch, ein Netzwerk aufzubauen, das für zukünftige Herausforderungen von unschätzbarem Wert ist.

Die Kraft der kollektiven Stimme

Die kollektive Stimme der Community hat das Potenzial, Veränderungen auf politischer und gesellschaftlicher Ebene herbeizuführen. Durch gemeinsame

Aktionen, wie Proteste und Kampagnen, können trans-Athleten und ihre Unterstützer auf Missstände aufmerksam machen und für Gleichheit und Gerechtigkeit im Sport kämpfen. Ein Beispiel dafür ist die „#TransAthletePledge"-Kampagne, die darauf abzielt, Sportverbände dazu zu bewegen, Richtlinien zu entwickeln, die trans-Athleten den Zugang zu Wettkämpfen erleichtern. Die Mobilisierung der Community hat in vielen Fällen dazu geführt, dass Sportverbände ihre Richtlinien überarbeitet haben, um inklusiver zu werden.

Herausforderungen und Widerstände

Trotz der vielen positiven Aspekte der Unterstützung durch die Community gibt es auch Herausforderungen. Innerhalb der Community können Spannungen und Konflikte auftreten, insbesondere wenn es um unterschiedliche Identitäten und Erfahrungen geht. Diese Spannungen können die Effektivität der Unterstützung beeinträchtigen und dazu führen, dass sich Einzelne ausgeschlossen fühlen. Es ist wichtig, dass die Community inklusiv bleibt und die Vielfalt innerhalb der LGBTQ-Identitäten anerkennt und respektiert.

Ein weiteres Problem ist der Zugang zu Ressourcen. Nicht alle trans-Personen haben die gleichen Möglichkeiten, sich in die Community einzubringen oder Unterstützung zu erhalten. Soziale, wirtschaftliche und geografische Barrieren können den Zugang zu wichtigen Ressourcen einschränken. Um die Unterstützung durch die Community zu maximieren, ist es entscheidend, diese Barrieren zu identifizieren und Strategien zu entwickeln, um sie zu überwinden.

Fazit

Die Unterstützung durch die Community ist ein unverzichtbarer Bestandteil des Aktivismus von Elijah Nichols und der trans-Sport-Bewegung. Sie bietet nicht nur emotionale und praktische Ressourcen, sondern stärkt auch die kollektive Stimme, die für Veränderungen kämpft. Trotz der Herausforderungen, die es zu bewältigen gilt, bleibt die Community eine Quelle der Stärke und des Wandels. Es ist unerlässlich, dass die Community weiterhin inklusiv und unterstützend bleibt, um sicherzustellen, dass alle Stimmen gehört werden und jeder die Möglichkeit hat, seine Identität im Sport auszudrücken.

Die Rolle von Rechtsbeiständen

In der heutigen Zeit, in der die Rechte von trans-Sportlern zunehmend im Fokus der gesellschaftlichen Debatte stehen, spielt die Rolle von Rechtsbeiständen eine entscheidende Rolle. Rechtsbeistände sind nicht nur Anwälte, sondern auch Berater und Unterstützer, die trans Personen dabei helfen, ihre Rechte zu verstehen und durchzusetzen. Diese Unterstützung ist besonders wichtig in einem Bereich, der oft von Diskriminierung und rechtlichen Unsicherheiten geprägt ist.

Rechtslage für trans-Sportler

Die rechtlichen Rahmenbedingungen für trans-Sportler variieren erheblich von Land zu Land und sogar innerhalb von Ländern. In vielen Fällen sind die bestehenden Gesetze unzureichend oder nicht klar definiert, was zu Unsicherheiten führt. Ein Beispiel hierfür ist die Regelung der Internationalen Olympischen Komitees (IOC), die es trans-Athleten erlaubt, an Wettkämpfen teilzunehmen, wenn sie bestimmte hormonelle Anforderungen erfüllen. Diese Regelungen sind jedoch oft umstritten und können als diskriminierend empfunden werden.

Die Herausforderungen der rechtlichen Vertretung

Rechtsbeistände stehen vor mehreren Herausforderungen, wenn sie trans-Sportler vertreten. Eine der größten Herausforderungen ist die Notwendigkeit, die spezifischen Bedürfnisse und Identitäten ihrer Klienten zu verstehen. Dies erfordert nicht nur juristisches Wissen, sondern auch Sensibilität und Empathie.

Ein weiteres Problem ist die häufige Diskrepanz zwischen den rechtlichen Möglichkeiten und der tatsächlichen Umsetzung. Oftmals sind trans-Athleten nicht über ihre Rechte informiert, was zu einer Unterrepräsentation in rechtlichen Auseinandersetzungen führt. Hier ist die Rolle des Rechtsbeistands entscheidend, um Klienten aufzuklären und sie über ihre Optionen zu informieren.

Praktische Beispiele

Ein praktisches Beispiel für die Rolle von Rechtsbeiständen im trans-Sport ist der Fall von *Jane Doe*, einer trans Athletin, die gegen eine Diskriminierungsklage vor einem Sportverband kämpfte. Ihr Rechtsbeistand half ihr, eine Klage einzureichen, die letztendlich zu einer Änderung der Richtlinien des Verbands führte. Dies zeigt, wie wichtig die rechtliche Unterstützung ist, um nicht nur individuelle Fälle zu gewinnen, sondern auch systemische Veränderungen herbeizuführen.

Ein weiteres Beispiel ist die Unterstützung von Rechtsbeiständen bei der Erstellung von rechtlichen Dokumenten, die für die Teilnahme an Wettkämpfen erforderlich sind. Oftmals müssen trans-Sportler Dokumente einreichen, die ihre

Identität und Geschlechtszugehörigkeit bestätigen. Rechtsbeistände können hier helfen, sicherzustellen, dass diese Dokumente korrekt und rechtlich bindend sind.

Theoretische Grundlagen

Die Rolle von Rechtsbeiständen im Kontext des trans-Sports kann auch durch verschiedene rechtstheoretische Ansätze beleuchtet werden. Der *Critical Legal Studies* Ansatz beispielsweise hinterfragt die Neutralität des Rechts und betont, dass das Recht oft als Werkzeug zur Aufrechterhaltung von Machtstrukturen dient. In diesem Sinne können Rechtsbeistände als Agenten des Wandels betrachtet werden, die versuchen, diese Strukturen zu durchbrechen und Gerechtigkeit für ihre Klienten zu erlangen.

Ein weiterer relevanter theoretischer Rahmen ist die *Intersectionalität*, die darauf hinweist, dass die Erfahrungen von trans-Sportlern nicht isoliert betrachtet werden können. Die rechtlichen Herausforderungen, mit denen sie konfrontiert sind, sind oft das Ergebnis einer Kombination von Geschlecht, Sexualität, Rasse und sozialem Status. Rechtsbeistände müssen daher in der Lage sein, diese komplexen Wechselwirkungen zu verstehen und in ihrer rechtlichen Strategie zu berücksichtigen.

Fazit

Zusammenfassend lässt sich sagen, dass die Rolle von Rechtsbeiständen im trans-Sport von entscheidender Bedeutung ist. Sie bieten nicht nur rechtliche Unterstützung, sondern auch eine Stimme für trans-Athleten, die oft in einer feindlichen Umgebung kämpfen müssen. Ihre Arbeit ist entscheidend, um die Rechte von trans-Sportlern zu schützen und zu fördern, und sie tragen dazu bei, die notwendigen Veränderungen in den rechtlichen Rahmenbedingungen herbeizuführen. Der Einsatz von Rechtsbeiständen kann nicht nur individuelle Erfolge sichern, sondern auch langfristige Veränderungen in der Sportpolitik und der Gesellschaft insgesamt bewirken.

Die Herausforderungen, mit denen sie konfrontiert sind, erfordern ein hohes Maß an Fachwissen, Empathie und Engagement. Es ist daher unerlässlich, dass Rechtsbeistände weiterhin geschult werden, um die spezifischen Bedürfnisse von trans-Sportlern zu verstehen und ihnen die Unterstützung zu bieten, die sie benötigen, um ihre Rechte effektiv zu verteidigen.

Die Bedeutung von Solidarität

Solidarität ist ein zentraler Begriff in der Diskussion um soziale Bewegungen und Aktivismus, insbesondere innerhalb der LGBTQ-Community und der trans-Sport-Bewegung. Solidarität beschreibt nicht nur die Unterstützung unter Gleichgesinnten, sondern auch die aktive Teilnahme an der Bekämpfung von Diskriminierung und Ungerechtigkeit. In diesem Abschnitt untersuchen wir die verschiedenen Dimensionen der Solidarität, ihre theoretischen Grundlagen, die Herausforderungen, die sie mit sich bringt, sowie konkrete Beispiele für solidarisches Handeln in der trans-Sport-Bewegung.

Theoretische Grundlagen der Solidarität

Die Theorie der Solidarität lässt sich auf verschiedene sozialwissenschaftliche Ansätze zurückführen. Nach Émile Durkheim, einem der Begründer der Soziologie, ist Solidarität ein Ausdruck der sozialen Kohäsion, die eine Gemeinschaft zusammenhält. Durkheim unterscheidet zwischen mechanischer und organischer Solidarität. Mechanische Solidarität basiert auf Ähnlichkeiten innerhalb einer Gesellschaft, während organische Solidarität auf der Interdependenz von Individuen beruht, die unterschiedliche Rollen und Funktionen in einer komplexen Gesellschaft einnehmen.

In der LGBTQ-Community und insbesondere in der trans-Sport-Bewegung ist organische Solidarität von entscheidender Bedeutung. Hier arbeiten Individuen mit unterschiedlichen Hintergründen und Erfahrungen zusammen, um gemeinsame Ziele zu erreichen, wie etwa die Förderung von Akzeptanz und Inklusion im Sport. Die Theorie von Judith Butler zur Performativität des Geschlechts ergänzt diese Perspektive, indem sie darauf hinweist, dass Geschlechteridentitäten nicht festgelegt, sondern in sozialen Kontexten konstruiert werden. Solidarität in diesem Sinne bedeutet, die Vielfalt der Identitäten zu akzeptieren und zu unterstützen.

Herausforderungen der Solidarität

Trotz ihrer zentralen Bedeutung steht Solidarität vor zahlreichen Herausforderungen. Eine der größten Hürden ist die Fragmentierung innerhalb der LGBTQ-Community selbst. Unterschiedliche Identitäten, wie etwa cisgender, transgender, nicht-binär oder genderqueer, können zu Spannungen führen, die die kollektive Mobilisierung erschweren. Diese Fragmentierung wird häufig durch interne Hierarchien verstärkt, bei denen bestimmte Identitäten mehr Sichtbarkeit und Unterstützung erhalten als andere.

Ein weiteres Problem ist die externe Diskriminierung, die oft zu einem Gefühl der Isolation führt. Viele trans-Athleten berichten von Erfahrungen des Ausschlusses und der Marginalisierung, sowohl im Sport als auch in der Gesellschaft. Diese Erfahrungen können das Vertrauen in die Gemeinschaft untergraben und die Bereitschaft verringern, solidarisch zu handeln.

Darüber hinaus kann der Druck, sich als „guter Aktivist" zu präsentieren, zu einem Gefühl der Überforderung führen. Aktivisten fühlen sich manchmal gezwungen, ihre eigenen Bedürfnisse und Grenzen zu ignorieren, um der Gemeinschaft zu dienen. Dies kann zu Burnout und einem Rückzug aus der Aktivismusarbeit führen, was die Solidarität innerhalb der Bewegung schwächt.

Beispiele für solidarisches Handeln

Trotz dieser Herausforderungen gibt es zahlreiche inspirierende Beispiele für Solidarität innerhalb der trans-Sport-Bewegung. Eine der bekanntesten Initiativen ist die Gründung von „Trans Sport Allies", einer Organisation, die sich für die Rechte von trans-Athleten einsetzt. Diese Organisation bringt Athleten, Trainer und Unterstützer zusammen, um eine Plattform für den Austausch von Erfahrungen und Ressourcen zu schaffen. Durch Workshops, öffentliche Veranstaltungen und soziale Medien fördert „Trans Sport Allies" die Sichtbarkeit von trans-Athleten und bietet gleichzeitig Raum für solidarisches Handeln.

Ein weiteres Beispiel ist die Unterstützung von trans-Athleten durch prominente Sportler. Viele bekannte Athleten haben sich öffentlich für die Rechte von trans-Sportlern ausgesprochen und ihre Plattform genutzt, um auf Diskriminierung und Ungerechtigkeit aufmerksam zu machen. Diese Unterstützung ist entscheidend, um das Bewusstsein in der breiteren Gesellschaft zu schärfen und den trans-Athleten das Gefühl zu geben, dass sie nicht allein sind.

Zusätzlich zeigt die Nutzung sozialer Medien, wie Solidarität in der heutigen Zeit organisiert werden kann. Plattformen wie Twitter und Instagram ermöglichen es Aktivisten, ihre Geschichten zu teilen, sich gegenseitig zu unterstützen und Mobilisierungsaufrufe zu verbreiten. Hashtags wie #TransRightsAreHumanRights und #TransAthletesMatter haben dazu beigetragen, eine globale Bewegung zu schaffen, die die Stimmen von trans-Athleten stärkt.

Fazit

Die Bedeutung von Solidarität in der trans-Sport-Bewegung kann nicht hoch genug eingeschätzt werden. Sie ist nicht nur ein Mittel zur Unterstützung von

Individuen, sondern auch ein entscheidender Faktor für den Erfolg von Bewegungen. Trotz der Herausforderungen, die Solidarität mit sich bringt, gibt es zahlreiche Beispiele für solidarisches Handeln, die zeigen, dass gemeinsames Engagement und Unterstützung möglich sind. Um die Zukunft des trans-Sports zu sichern, ist es unerlässlich, eine Kultur der Solidarität zu fördern, die alle Identitäten innerhalb der LGBTQ-Community umfasst und stärkt. Nur durch kollektives Handeln können wir die notwendigen Veränderungen in der Gesellschaft und im Sport herbeiführen.

Die Herausforderungen von Medienberichten

Die Medien spielen eine entscheidende Rolle bei der Gestaltung der öffentlichen Wahrnehmung von trans-Athleten und der LGBTQ-Community im Allgemeinen. Doch trotz ihrer Bedeutung stehen Medienberichte vor zahlreichen Herausforderungen, die sowohl die Qualität der Berichterstattung als auch die Wahrnehmung der trans-Sportbewegung beeinträchtigen können.

Sensationalismus und Stereotypisierung

Ein zentrales Problem in der Berichterstattung über trans-Athleten ist der Sensationalismus. Oft neigen Medien dazu, Geschichten über trans-Personen in einer Weise zu präsentieren, die auf Schlagzeilen abzielt, anstatt die komplexen Realitäten und Herausforderungen, mit denen diese Personen konfrontiert sind, angemessen zu reflektieren. Dies geschieht häufig durch die Verwendung von Stereotypen, die das Bild von trans-Personen verzerren und zu Missverständnissen führen können.

Ein Beispiel hierfür ist die Berichterstattung über sportliche Erfolge von trans-Athleten, die oft von der Frage begleitet wird, ob sie „unfairen Vorteil" im Wettbewerb haben. Solche Berichte ignorieren die jahrelangen Herausforderungen, die mit der Transition und der Integration in den Sport verbunden sind. Diese Art der Berichterstattung kann dazu führen, dass die Öffentlichkeit ein verzerrtes Bild von trans-Athleten erhält, das auf Vorurteilen und Ängsten basiert.

Mangelnde Fachkenntnis

Ein weiteres Problem in der Medienberichterstattung ist der Mangel an Fachkenntnis über trans-Themen. Viele Journalistinnen und Journalisten sind nicht ausreichend geschult, um über die spezifischen Herausforderungen und Rechte von trans-Athleten zu berichten. Dies kann zu Fehlinformationen führen, die nicht nur die betroffenen Personen schädigen, sondern auch die öffentliche Meinung negativ beeinflussen können.

Die Verwendung von veralteten Begriffen oder falschen Pronomen ist ein häufiges Beispiel für diesen Mangel an Fachkenntnis. Solche Fehler können nicht nur verletzend sein, sondern sie tragen auch zur Entmenschlichung der betroffenen Personen bei. Die korrekte Verwendung von Sprache ist entscheidend für die Schaffung eines respektvollen und inklusiven Diskurses.

Einfluss von sozialen Medien

Mit dem Aufkommen sozialer Medien hat sich die Art und Weise, wie Nachrichten verbreitet werden, erheblich verändert. Während soziale Medien eine Plattform für trans-Athleten bieten, um ihre Geschichten zu teilen und sich Gehör zu verschaffen, können sie auch eine Quelle für Fehlinformationen und Hasskommentare sein. Oftmals werden trans-Personen in sozialen Medien Zielscheibe von Diskriminierung und Belästigung, was die Herausforderungen, mit denen sie im Sport konfrontiert sind, noch verstärkt.

Die Verbreitung von Fake News und ungenauen Darstellungen kann die öffentliche Wahrnehmung weiter verzerren und zu einem Klima der Angst und Unsicherheit für trans-Athleten führen. Es ist wichtig, dass sowohl die Medien als auch die Öffentlichkeit kritisch mit Informationen umgehen und sich der potenziellen Auswirkungen bewusst sind, die solche Berichte auf die betroffenen Personen haben können.

Die Rolle der Medienethik

Die Herausforderungen in der Berichterstattung über trans-Athleten werfen auch Fragen zur Medienethik auf. Journalistinnen und Journalisten haben die Verantwortung, fair und ausgewogen zu berichten, ohne die Privatsphäre und die Identität der betroffenen Personen zu verletzen. Die Ethik des Journalismus erfordert eine respektvolle und einfühlsame Berichterstattung, die die Würde der Menschen wahrt, über die berichtet wird.

Eine Möglichkeit, die Medienberichterstattung zu verbessern, besteht darin, trans-Athleten aktiv in den Prozess einzubeziehen. Indem sie ihre eigenen Geschichten erzählen und die Möglichkeit haben, ihre Perspektiven darzulegen, können sie dazu beitragen, dass die Berichterstattung nuancierter und genauer wird.

Positive Beispiele

Trotz der Herausforderungen gibt es auch positive Beispiele für eine respektvolle und informative Berichterstattung über trans-Athleten. Einige Medienorganisationen haben begonnen, Schulungen für ihre Journalistinnen und Journalisten anzubieten, um ein besseres Verständnis für trans-Themen zu entwickeln. Diese Schulungen können dazu beitragen, Vorurteile abzubauen und die Qualität der Berichterstattung zu verbessern.

Ein bemerkenswerter Fall ist die Berichterstattung über die Olympionikin Laurel Hubbard, die als erste trans-Frau an den Olympischen Spielen teilnahm. In vielen Berichten wurde versucht, die Komplexität ihrer Situation zu erfassen, indem sowohl ihre sportlichen Erfolge als auch die Herausforderungen, mit denen sie konfrontiert war, berücksichtigt wurden. Solche Berichterstattungen können dazu beitragen, die Sichtbarkeit von trans-Athleten zu erhöhen und ein besseres Verständnis in der Öffentlichkeit zu fördern.

Fazit

Die Herausforderungen von Medienberichten über trans-Athleten sind vielfältig und komplex. Sensationalismus, mangelnde Fachkenntnis, der Einfluss sozialer Medien und ethische Fragen sind nur einige der Aspekte, die es zu berücksichtigen gilt. Um die Sichtbarkeit und das Verständnis für trans-Athleten zu fördern, ist es entscheidend, dass die Medien verantwortungsvoll berichten und die Stimmen der Betroffenen einbeziehen. Nur so kann eine respektvolle und inklusive Berichterstattung gewährleistet werden, die den Herausforderungen und Erfolgen von trans-Athleten gerecht wird.

Der Einfluss von Fehlinformationen

Fehlinformationen haben in den letzten Jahren eine zunehmende Rolle in der öffentlichen Wahrnehmung und Diskussion über trans-Sportler und die LGBTQ-Community im Allgemeinen gespielt. Diese Fehlinformationen können sowohl absichtlich als auch unbeabsichtigt verbreitet werden und haben oft weitreichende negative Auswirkungen auf die betroffenen Personen und die Gemeinschaft als Ganzes. In diesem Abschnitt werden wir die verschiedenen Dimensionen des Einflusses von Fehlinformationen auf die trans-Sport-Bewegung untersuchen, einschließlich der zugrunde liegenden Theorien, der Probleme, die sich daraus ergeben, und konkreter Beispiele.

Theoretische Grundlagen

Die Verbreitung von Fehlinformationen kann durch verschiedene theoretische Rahmenbedingungen erklärt werden. Eine der relevantesten Theorien ist die **Framing-Theorie**, die besagt, dass die Art und Weise, wie Informationen präsentiert werden, die Wahrnehmung und Interpretation dieser Informationen durch das Publikum beeinflussen kann. Wenn Fehlinformationen in einem bestimmten Rahmen präsentiert werden, der negative Stereotypen oder Vorurteile über trans-Sportler verstärkt, kann dies zu einer verzerrten Wahrnehmung führen.

Ein weiteres relevantes Konzept ist die **Kognitive Dissonanz**, die auftritt, wenn Individuen mit Informationen konfrontiert werden, die im Widerspruch zu ihren bestehenden Überzeugungen oder Einstellungen stehen. Um diese Dissonanz zu reduzieren, neigen Menschen dazu, Fehlinformationen zu akzeptieren, die ihre vorgefassten Meinungen unterstützen, und ignorieren oder diskreditieren Informationen, die diesen widersprechen. Dies ist besonders problematisch in der Diskussion um trans-Athleten, da viele Menschen tief verwurzelte Überzeugungen über Geschlecht und Sport haben, die durch Fehlinformationen verstärkt werden können.

Probleme durch Fehlinformationen

Die Auswirkungen von Fehlinformationen sind vielschichtig und können sowohl individuelle als auch gesellschaftliche Dimensionen umfassen. Zu den häufigsten Problemen zählen:

- **Diskriminierung und Stigmatisierung:** Fehlinformationen über trans-Sportler führen häufig zu Diskriminierung. Falsche Behauptungen über die körperlichen Fähigkeiten oder die Fairness von trans-Athleten im Wettkampf können zu Stigmatisierung und sozialer Ausgrenzung führen.

- **Negative Auswirkungen auf die psychische Gesundheit:** Die ständige Konfrontation mit Fehlinformationen kann das psychische Wohlbefinden von trans-Sportlern beeinträchtigen. Studien haben gezeigt, dass Diskriminierung und Stigmatisierung zu erhöhten Raten von Angst und Depression führen können.

- **Hindernisse für den Zugang zu Sport:** Fehlinformationen können dazu führen, dass trans-Athleten von Sportverbänden und -organisationen ausgeschlossen werden. Dies kann sich negativ auf ihre Chancen auswirken, an Wettkämpfen teilzunehmen und ihre sportlichen Fähigkeiten zu entwickeln.

+ **Beeinflussung der öffentlichen Meinung:** Die Verbreitung von Fehlinformationen kann die öffentliche Meinung über trans-Sportler und deren Rechte negativ beeinflussen. Dies kann zu einem Rückschritt in der Akzeptanz und Unterstützung für trans-Athleten führen.

Beispiele für Fehlinformationen

Ein Beispiel für die Auswirkungen von Fehlinformationen ist die Debatte um die Teilnahme von trans-Frauen an Frauenwettkämpfen. Oft wird behauptet, dass trans-Frauen durch ihre körperlichen Vorteile im Wettkampf einen unfairen Vorteil haben. Diese Fehlinformation ignoriert jedoch die komplexen biologischen, sozialen und psychologischen Faktoren, die die sportliche Leistung beeinflussen.

Eine Studie von [1] hat gezeigt, dass die Unterschiede in der Leistung zwischen trans-Frauen und cis-Frauen oft übertrieben werden. Die Forschung zeigt, dass die Hormontherapie, die viele trans-Frauen durchlaufen, signifikante Auswirkungen auf ihre körperliche Leistungsfähigkeit hat, sodass die Annahme eines unfairen Vorteils nicht haltbar ist.

Ein weiteres Beispiel ist die falsche Behauptung, dass trans-Sportler eine Bedrohung für die Sicherheit im Sport darstellen. Diese Narrative, die häufig in den sozialen Medien verbreitet werden, schaffen ein Klima der Angst und des Misstrauens, das sich negativ auf die Integration und Akzeptanz von trans-Athleten auswirkt.

Strategien zur Bekämpfung von Fehlinformationen

Um den Einfluss von Fehlinformationen zu verringern, sind mehrere Strategien notwendig:

+ **Aufklärung und Bildung:** Die Bereitstellung von genauen Informationen über die Realität von trans-Sportlern und deren Herausforderungen ist entscheidend. Bildungskampagnen, die sich an Sportverbände, Trainer und die Öffentlichkeit richten, können helfen, Fehlinformationen entgegenzuwirken.

+ **Stärkung der Medienkompetenz:** Die Förderung von Medienkompetenz in der Gesellschaft kann dazu beitragen, dass Menschen kritisch mit Informationen umgehen und Fehlinformationen besser erkennen.

+ **Zusammenarbeit mit Influencern:** Die Zusammenarbeit mit einflussreichen Persönlichkeiten im Sport und in den Medien kann helfen, positive Narrative über trans-Sportler zu verbreiten und Fehlinformationen zu widerlegen.

✦ **Rechtliche Maßnahmen:** In einigen Fällen können rechtliche Schritte gegen die Verbreitung von Fehlinformationen ergriffen werden, insbesondere wenn diese diskriminierend oder schädlich sind.

Insgesamt ist der Einfluss von Fehlinformationen auf die trans-Sport-Bewegung erheblich und kann weitreichende Folgen für die Akzeptanz und Integration von trans-Athleten haben. Es ist wichtig, diese Herausforderungen anzugehen, um eine gerechtere und inklusivere Sportlandschaft zu schaffen.

Der Weg zur Überwindung von Widerständen

Die Überwindung von Widerständen ist ein zentraler Bestandteil des Aktivismus, insbesondere im Kontext der trans-Sport-Bewegung. Widerstände können in verschiedenen Formen auftreten, darunter gesellschaftliche Vorurteile, institutionelle Diskriminierung und persönliche Angriffe. Um diese Herausforderungen erfolgreich zu bewältigen, sind gezielte Strategien und ein starkes Unterstützungsnetzwerk unerlässlich.

Theoretische Grundlagen

Die Theorie der sozialen Bewegungen bietet einen Rahmen, um zu verstehen, wie Widerstände entstehen und überwunden werden können. Nach Tilly und Tarrow (2015) sind soziale Bewegungen kollektive Aktionen, die darauf abzielen, gesellschaftliche Veränderungen herbeizuführen. Diese Bewegungen sind oft mit Widerständen konfrontiert, die aus etablierten sozialen Normen und Machtstrukturen resultieren. Um Widerstände zu überwinden, müssen Aktivisten sowohl die Ursachen als auch die Mechanismen dieser Widerstände identifizieren.

Identifikation von Widerständen

Widerstände können in zwei Hauptkategorien unterteilt werden: **externe** und **interne** Widerstände. Externe Widerstände beziehen sich auf gesellschaftliche und institutionelle Barrieren, während interne Widerstände aus persönlichen Ängsten und Unsicherheiten innerhalb der LGBTQ-Community entstehen können.

$$R = E + I \tag{50}$$

wobei R der Widerstand, E externe Widerstände und I interne Widerstände darstellen. Diese Gleichung verdeutlicht, dass der Gesamtwiderstand das Ergebnis beider Faktoren ist und dass beide berücksichtigt werden müssen, um effektive Strategien zur Überwindung zu entwickeln.

Strategien zur Überwindung von Widerständen

1. **Aufklärung und Bildung:** Eine der effektivsten Methoden zur Überwindung von Widerständen ist die Aufklärung der Öffentlichkeit über trans Identitäten und die Herausforderungen, mit denen trans-Athleten konfrontiert sind. Workshops, Seminare und Informationskampagnen können dazu beitragen, Vorurteile abzubauen und ein besseres Verständnis zu fördern.

2. **Schaffung von Allianzen:** Die Bildung von Allianzen mit anderen sozialen Bewegungen und Organisationen kann die Reichweite und Wirkung des Aktivismus erheblich erhöhen. Durch die Zusammenarbeit mit feministischen, rassistischen und anderen progressiven Bewegungen können gemeinsame Ziele formuliert und Ressourcen geteilt werden.

3. **Nutzung von sozialen Medien:** Soziale Medien bieten eine Plattform, um Geschichten zu teilen, Bewusstsein zu schaffen und eine Gemeinschaft zu bilden. Aktivisten können soziale Medien nutzen, um ihre Botschaften zu verbreiten und Unterstützung zu mobilisieren.

4. **Persönliche Geschichten:** Die Kraft persönlicher Geschichten kann nicht unterschätzt werden. Wenn Aktivisten ihre eigenen Erfahrungen teilen, schaffen sie eine emotionale Verbindung zu ihrem Publikum, was oft zu mehr Empathie und Verständnis führt.

5. **Politische Lobbyarbeit:** Um institutionelle Widerstände zu überwinden, ist es entscheidend, politische Lobbyarbeit zu leisten. Dies kann durch die Zusammenarbeit mit Gesetzgebern, die Teilnahme an Anhörungen und die Einbringung von Gesetzesvorschlägen geschehen, die die Rechte von trans-Athleten schützen.

Beispiele erfolgreicher Überwindung

Ein herausragendes Beispiel für die Überwindung von Widerständen ist die Bewegung zur Einführung von Richtlinien, die trans-Athleten die Teilnahme an Wettkämpfen ermöglichen. In vielen Ländern gab es anfangs erhebliche Widerstände von Sportverbänden, die Bedenken hinsichtlich der Fairness und Sicherheit äußerten. Durch umfassende Aufklärungskampagnen und die Einbeziehung von medizinischen und sportwissenschaftlichen Experten konnte jedoch ein Konsens über die Notwendigkeit und Machbarkeit solcher Richtlinien erzielt werden.

Ein weiteres Beispiel ist die Gründung von Organisationen wie *Trans Sport Allies*, die sich für die Rechte von trans-Athleten einsetzen. Diese Organisationen haben es geschafft, nicht nur Widerstände innerhalb der Sportgemeinschaft zu überwinden, sondern auch eine breitere gesellschaftliche Unterstützung zu gewinnen.

Fazit

Die Überwindung von Widerständen ist ein komplexer, aber notwendiger Prozess im Aktivismus für trans-Sportrechte. Durch Bildung, Allianzen, persönliche Geschichten und politische Lobbyarbeit können Aktivisten effektive Strategien entwickeln, um die Herausforderungen, mit denen sie konfrontiert sind, zu bewältigen. Die Beispiele erfolgreicher Bewegungen zeigen, dass Veränderung möglich ist, wenn die Gemeinschaft zusammenarbeitet und sich für Gerechtigkeit und Gleichheit einsetzt.

Die Zukunft des trans-Sports hängt von der Fähigkeit der Gemeinschaft ab, diese Widerstände zu erkennen und zu überwinden. Nur durch kontinuierliches Engagement und die Schaffung eines unterstützenden Umfelds kann eine gerechte und inklusive Sportwelt für alle erreicht werden.

Erfolge und Meilensteine

Wichtige Errungenschaften im Aktivismus

Gesetzesänderungen und deren Auswirkungen

Die Gesetzesänderungen im Bereich der trans-Rechte und deren Auswirkungen auf die LGBTQ-Community sind von entscheidender Bedeutung für den Fortschritt und die Akzeptanz von trans-Sportlern. In den letzten Jahren haben sich in vielen Ländern bedeutende rechtliche Veränderungen vollzogen, die nicht nur die rechtliche Anerkennung von Geschlechtsidentitäten betreffen, sondern auch die Teilnahme von trans-Athleten an Wettkämpfen.

Theoretischer Rahmen

Die rechtlichen Rahmenbedingungen für trans-Athleten sind oft das Ergebnis eines komplexen Zusammenspiels zwischen gesellschaftlichen Bewegungen, politischen Entscheidungen und rechtlichen Normen. Die Theorie der sozialen Gerechtigkeit spielt hierbei eine zentrale Rolle, da sie die Notwendigkeit unterstreicht, dass alle Individuen, unabhängig von Geschlechtsidentität oder sexueller Orientierung, gleich behandelt werden sollten. Ein wichtiger Aspekt dieser Theorie ist das Konzept der *Chancengleichheit*, das besagt, dass jeder Mensch die gleichen Möglichkeiten haben sollte, seine Ziele zu erreichen.

Gesetzesänderungen: Ein Überblick

In vielen Ländern wurden Gesetze verabschiedet, die die rechtliche Anerkennung von Geschlechtsidentitäten erleichtern. Ein Beispiel hierfür ist das *Transgender Equality Act* in den USA, das es trans-Personen ermöglicht, ihre Geschlechtsidentität in offiziellen Dokumenten wie Reisepässen und Führerscheinen zu ändern. Diese Gesetzesänderung hat nicht nur die Sichtbarkeit von trans-Personen erhöht, sondern auch deren Zugang zu Sport und anderen gesellschaftlichen Bereichen verbessert.

In Deutschland wurde 2018 das *Gesetz zur Änderung der Personenstandsgesetze* verabschiedet, das es ermöglicht, das Geschlecht im Personenstandsregister ohne medizinische Gutachten zu ändern. Diese gesetzliche Regelung hat viele trans-Personen in ihrer Identität bestärkt und ihnen den Zugang zu Sportvereinen erleichtert, da sie nicht mehr als „falsch" oder „unrechtmäßig" wahrgenommen werden.

Herausforderungen und Probleme

Trotz dieser Fortschritte gibt es nach wie vor erhebliche Herausforderungen. Viele Sportverbände haben noch nicht die nötigen Richtlinien implementiert, um die Teilnahme von trans-Athleten zu regeln. Die Unsicherheit über die Teilnahmebedingungen führt oft zu Diskriminierung und Ausschluss von trans-Sportlern. Ein Beispiel hierfür ist die *International Association of Athletics Federations (IAAF)*, die strenge Richtlinien für die Teilnahme von trans-Frauen an Wettkämpfen aufgestellt hat, die auf Testosteronspiegeln basieren. Solche Regelungen werden von vielen als diskriminierend angesehen, da sie die biologischen Unterschiede zwischen Geschlechtern überbetonen und trans-Frauen als weniger „echt" betrachten.

Ein weiteres Problem ist die unzureichende Sensibilisierung und Aufklärung innerhalb der Sportverbände. Oftmals fehlen den Entscheidungsträgern die nötigen Informationen, um fundierte Entscheidungen zu treffen, die die Rechte und Bedürfnisse von trans-Athleten berücksichtigen. Dies führt zu einer ständigen Unsicherheit und einem Gefühl der Marginalisierung innerhalb der Community.

Beispiele für positive Auswirkungen

Trotz der Herausforderungen gibt es viele positive Beispiele für die Auswirkungen von Gesetzesänderungen. In Neuseeland wurde 2012 ein Gesetz verabschiedet, das es trans-Personen ermöglicht, ihren Geschlechtseintrag ohne vorherige Geschlechtsanpassung zu ändern. Dies hat zu einer signifikanten Erhöhung der Teilnahme von trans-Athleten an nationalen Wettkämpfen geführt, was wiederum die Sichtbarkeit und Akzeptanz von trans-Sportlern in der Gesellschaft erhöht hat.

Ein weiteres Beispiel ist die erfolgreiche Teilnahme von trans-Athleten an den Olympischen Spielen. Die Entscheidung des Internationalen Olympischen Komitees (IOC), trans-Athleten die Teilnahme zu ermöglichen, hat die

Diskussion über Geschlechtsidentität im Sport auf eine neue Ebene gehoben. Diese Veränderungen zeigen, dass eine rechtliche Anerkennung von Geschlechtsidentität nicht nur für die Individuen selbst, sondern auch für die gesamte Gesellschaft von Vorteil ist.

Fazit

Die Gesetzesänderungen in Bezug auf trans-Rechte haben einen positiven Einfluss auf die Teilnahme von trans-Athleten im Sport. Sie fördern die Sichtbarkeit und Akzeptanz von trans-Personen und tragen zur Schaffung eines inklusiveren Umfelds bei. Dennoch bleibt die Herausforderung bestehen, dass viele Sportverbände ihre Richtlinien anpassen müssen, um sicherzustellen, dass alle Athleten, unabhängig von ihrer Geschlechtsidentität, die gleichen Chancen erhalten. Nur durch kontinuierliche rechtliche und gesellschaftliche Veränderungen kann eine echte Gleichheit im Sport erreicht werden.

Die Zukunft der trans-Sportbewegung hängt von der Fähigkeit ab, diese Herausforderungen zu bewältigen und die positiven Veränderungen weiter voranzutreiben. Es ist unerlässlich, dass die Stimmen der trans-Community gehört werden und dass ihre Erfahrungen in den politischen und gesellschaftlichen Diskurs integriert werden, um eine gerechte und inklusive Sportlandschaft zu schaffen.

Erfolge bei Sportveranstaltungen

Die Erfolge von Elijah Nichols bei Sportveranstaltungen sind nicht nur persönliche Triumphe, sondern auch bedeutende Meilensteine für die trans-Sport-Bewegung. Diese Erfolge haben dazu beigetragen, die Sichtbarkeit von trans-Athleten zu erhöhen und Vorurteile in der Gesellschaft abzubauen. In diesem Abschnitt werden wir die wichtigsten Erfolge von Elijah bei verschiedenen Sportereignissen analysieren und deren Auswirkungen auf die trans-Community sowie den Sport im Allgemeinen erörtern.

Einführung in Elijahs sportliche Erfolge

Elijah Nichols hat sich als herausragender Athlet in mehreren Disziplinen etabliert. Seine Teilnahme an nationalen und internationalen Wettbewerben hat nicht nur seine sportlichen Fähigkeiten unter Beweis gestellt, sondern auch die Herausforderungen, denen trans-Athleten gegenüberstehen, ins Rampenlicht gerückt. Besonders bemerkenswert sind seine Erfolge bei den jährlichen *Transgender Games*, einem Event, das speziell für trans-Athleten ins Leben gerufen wurde, um eine Plattform für Wettkämpfe zu bieten und die Sichtbarkeit zu fördern.

Schlüsselereignisse und Leistungen

Ein herausragendes Beispiel für Elijahs Erfolge ist seine Teilnahme an den *Transgender Games 2022*, wo er in der Kategorie *Sprint* die Goldmedaille gewann. Diese Leistung war nicht nur ein persönlicher Erfolg, sondern auch ein Symbol für die Anerkennung und die Rechte von trans-Athleten im Sport. Seine Zeit von

$$11.23\,\text{s}$$

im 100-Meter-Lauf stellte einen neuen Rekord für die Veranstaltung auf und wurde von der Presse als "Revolution im Sport" bezeichnet.

Ein weiteres bemerkenswertes Ereignis war seine Teilnahme an den *World LGBTQ+ Championships*, wo er im *Staffellauf* mit seinem Team den zweiten Platz belegte. Diese Veranstaltung brachte Athleten aus der ganzen Welt zusammen und bot eine wertvolle Gelegenheit, um die Diversität und Inklusion im Sport zu fördern. Elijahs Teamarbeit und strategische Planung während des Wettkampfs waren entscheidend für den Erfolg, und sie wurden für ihre unermüdliche Unterstützung und Zusammenarbeit gelobt.

Herausforderungen und Überwindung von Hindernissen

Trotz dieser Erfolge war Elijahs Weg nicht ohne Herausforderungen. Diskriminierung und Vorurteile sind nach wie vor weit verbreitet, und viele trans-Athleten kämpfen mit der Unsicherheit, ob sie in ihrer gewählten Sportart akzeptiert werden. Elijah selbst berichtete von Erfahrungen, in denen er aufgrund seiner Identität benachteiligt wurde, insbesondere bei Auswahlverfahren für Teams und bei der Anerkennung seiner Leistungen.

Ein Beispiel dafür war seine Teilnahme an den *National Championships*, wo er zunächst nicht für die Teilnahme an den Wettkämpfen ausgewählt wurde, trotz seiner hervorragenden Leistungen in den Qualifikationsrunden. Die Entscheidung wurde von vielen als diskriminierend angesehen und führte zu einem öffentlichen Aufschrei, der die Aufmerksamkeit auf die Notwendigkeit von Richtlinien zur Unterstützung von trans-Athleten lenkte. In der Folge wurde eine neue Richtlinie eingeführt, die es trans-Athleten erleichtert, an Wettkämpfen teilzunehmen, was als direkter Erfolg von Elijahs Aktivismus gewertet werden kann.

Einfluss auf die trans-Sport-Bewegung

Die Erfolge von Elijah bei Sportveranstaltungen haben nicht nur seine persönliche Karriere geprägt, sondern auch einen weitreichenden Einfluss auf die trans-Sport-Bewegung. Durch seine Sichtbarkeit und Erfolge hat Elijah dazu beigetragen, das Bewusstsein für die Herausforderungen, mit denen trans-Athleten konfrontiert sind, zu schärfen. Seine Erfolge haben als Inspiration für viele junge Athleten gedient, die sich mit ihrer Identität auseinandersetzen und den Mut finden, ihre sportlichen Träume zu verfolgen.

Darüber hinaus haben seine Leistungen in den Medien eine Welle der Unterstützung ausgelöst, die es ermöglicht hat, dass mehr trans-Athleten in den Fokus rücken. Die Berichterstattung über seine Erfolge hat dazu beigetragen, eine positive Darstellung von trans-Athleten zu fördern und die gesellschaftlichen Vorurteile abzubauen. Medienberichte, die Elijahs Erfolge hervorheben, haben dazu beigetragen, die öffentliche Wahrnehmung zu verändern und das Gespräch über Inklusion im Sport voranzutreiben.

Fazit

Insgesamt sind die Erfolge von Elijah Nichols bei Sportveranstaltungen nicht nur persönliche Errungenschaften, sondern auch bedeutende Schritte in Richtung Gleichheit und Akzeptanz im Sport. Seine Leistungen zeigen, dass trans-Athleten nicht nur in der Lage sind, auf höchstem Niveau zu konkurrieren, sondern auch eine wichtige Rolle in der Bewegung für Gleichheit und Inklusion spielen. Elijahs Geschichte ist ein Beispiel dafür, wie Sport als Plattform für sozialen Wandel genutzt werden kann, und er inspiriert weiterhin viele, die für ihre Rechte und die ihrer Gemeinschaft kämpfen.

Diese Erfolge sind ein Beweis dafür, dass der Weg zur Akzeptanz für trans-Athleten zwar herausfordernd ist, aber mit Entschlossenheit, Unterstützung und Sichtbarkeit überwunden werden kann. Elijah Nichols bleibt ein leuchtendes Beispiel für den Einfluss, den Athleten auf die Gesellschaft haben können, und seine Erfolge werden als Meilensteine in der Geschichte des trans-Sports in Erinnerung bleiben.

Anerkennung durch die LGBTQ-Community

Die Anerkennung durch die LGBTQ-Community ist ein entscheidender Aspekt im Aktivismus von Elijah Nichols. Diese Anerkennung ist nicht nur ein Zeichen der Wertschätzung, sondern auch ein Indikator für den Einfluss und die Wirksamkeit der Arbeit eines Aktivisten. In diesem Abschnitt werden wir die verschiedenen Dimensionen der Anerkennung untersuchen, die Herausforderungen, die damit verbunden sind, und einige Beispiele für Elijahs Einfluss auf die Community.

Bedeutung der Anerkennung

Anerkennung innerhalb der LGBTQ-Community kann in mehreren Formen auftreten, darunter:

+ **Öffentliche Unterstützung:** Die Sichtbarkeit von Elijahs Arbeit in sozialen Medien und bei Veranstaltungen hat dazu beigetragen, seine Stimme zu stärken und das Bewusstsein für trans-Sport-Themen zu schärfen.

+ **Ehrungen und Auszeichnungen:** Die Vergabe von Preisen und Auszeichnungen an Elijah von LGBTQ-Organisationen hat seine Arbeit anerkannt und ihm die Möglichkeit gegeben, seine Botschaft weiter zu verbreiten.

+ **Einbindung in Gemeinschaftsprojekte:** Die Zusammenarbeit mit anderen Aktivisten und Organisationen hat zu einer breiteren Anerkennung seiner Bemühungen geführt und das Netzwerk von Unterstützern erweitert.

Diese Formen der Anerkennung sind nicht nur für Elijah, sondern auch für die gesamte LGBTQ-Community von Bedeutung, da sie die Sichtbarkeit und das Verständnis für die Herausforderungen, mit denen trans-Athleten konfrontiert sind, erhöhen.

Herausforderungen der Anerkennung

Trotz der positiven Aspekte der Anerkennung gibt es auch Herausforderungen, die Elijah und andere Aktivisten bewältigen müssen:

+ **Innere Konflikte:** Oftmals gibt es Spannungen innerhalb der LGBTQ-Community selbst, die die Anerkennung von trans-Aktivisten erschweren können. Dies kann zu einem Gefühl der Isolation führen, selbst innerhalb einer unterstützenden Gemeinschaft.

+ **Öffentliche Wahrnehmung:** Die Medienberichterstattung über trans-Themen ist häufig von Stereotypen und Fehlinformationen geprägt, was die Anerkennung von Elijahs Arbeit untergraben kann.

✦ **Politischer Widerstand:** In vielen Regionen gibt es nach wie vor politischen Widerstand gegen die Rechte von trans-Personen, was die Anerkennung und Unterstützung von Aktivisten in diesen Bereichen erschwert.

Diese Herausforderungen zeigen, dass die Anerkennung durch die LGBTQ-Community ein dynamischer und oft komplexer Prozess ist, der ständige Anstrengungen erfordert.

Beispiele für Anerkennung

Elijah Nichols hat durch verschiedene Meilensteine Anerkennung innerhalb der LGBTQ-Community erlangt:

✦ **Erhalt des LGBTQ-Aktivistenpreises:** Diese Auszeichnung wurde ihm für seine herausragenden Leistungen im Bereich des trans-Sports verliehen. Der Preis hat nicht nur Elijahs Engagement anerkannt, sondern auch das Bewusstsein für trans-Athleten auf nationaler Ebene geschärft.

✦ **Einladung zu Konferenzen:** Elijah wurde eingeladen, auf verschiedenen LGBTQ-Konferenzen zu sprechen, wo er seine Erfahrungen und Perspektiven teilen konnte. Diese Plattformen haben ihm die Möglichkeit gegeben, seine Botschaft einem breiteren Publikum zu vermitteln und Unterstützung zu gewinnen.

✦ **Soziale Medien:** Die Nutzung von Plattformen wie Instagram und Twitter hat es Elijah ermöglicht, direkt mit der Community zu interagieren. Seine Posts, die persönliche Geschichten und Erfolge teilen, haben eine große Resonanz gefunden und zur Anerkennung seiner Arbeit beigetragen.

Diese Beispiele verdeutlichen, wie Elijahs Engagement und seine Erfolge in der LGBTQ-Community Anerkennung gefunden haben und gleichzeitig als Inspiration für andere dienen.

Schlussfolgerung

Die Anerkennung durch die LGBTQ-Community ist für Elijah Nichols nicht nur ein persönlicher Erfolg, sondern auch ein bedeutender Schritt in Richtung einer breiteren Akzeptanz und Unterstützung für trans-Athleten. Sie zeigt, dass die Arbeit von Aktivisten nicht unbemerkt bleibt und dass ihr Einfluss weitreichende Auswirkungen auf die Gemeinschaft hat. Trotz der Herausforderungen, die damit verbunden sind, bleibt die Anerkennung ein zentrales Element des Aktivismus und ein Schlüssel zu zukünftigen Fortschritten in der trans-Sport-Bewegung. Die kontinuierliche Unterstützung und Anerkennung von Elijah und anderen Aktivisten wird entscheidend sein, um eine inklusive und gerechte Zukunft für alle Athleten zu schaffen.

Einflüsse auf die Jugend

Die Jugend ist eine entscheidende Phase in der Entwicklung eines Individuums, in der Identität, Werte und Überzeugungen geformt werden. Elijah Nichols' Aktivismus hat nicht nur Auswirkungen auf die trans-Sport-Bewegung, sondern auch auf die Jugend, die in einer Zeit des Wandels und der Unsicherheiten lebt. Diese Einflüsse können sowohl positiv als auch negativ sein und sind oft tief verwurzelt in gesellschaftlichen, kulturellen und medialen Kontexten.

Positive Einflüsse und Inspiration

Elijah Nichols hat mit seinem Engagement eine Plattform geschaffen, die es jungen Menschen ermöglicht, sich mit ihrer eigenen Identität auseinanderzusetzen. Durch seine öffentlichen Auftritte und die Nutzung sozialer Medien vermittelt er eine Botschaft der Akzeptanz und des Empowerments. Jugendliche, die sich als trans identifizieren oder Fragen zur eigenen Geschlechtsidentität haben, finden in Elijah ein Vorbild, das ihnen zeigt, dass es möglich ist, authentisch zu leben.

$$I = \frac{P}{T} \tag{51}$$

Hierbei steht I für den Einfluss, P für die positive Wahrnehmung von Vorbildern und T für die Zeit, die Jugendliche mit diesen Vorbildern verbringen. Die Gleichung verdeutlicht, dass je mehr Zeit Jugendliche mit positiven Einflüssen verbringen, desto stärker wird ihr Selbstwertgefühl und ihre Identität gefördert.

Ein Beispiel für diesen positiven Einfluss ist die Teilnahme an Workshops und Veranstaltungen, die von Elijah und seiner Organisation „Trans Sport Allies" organisiert werden. Diese Veranstaltungen bieten nicht nur Informationen, sondern auch einen Raum für Austausch und Unterstützung. Jugendliche können hier Gleichgesinnte treffen, die ähnliche Erfahrungen gemacht haben, was zu einem Gefühl der Zugehörigkeit und Gemeinschaft führt.

Medien und Sichtbarkeit

Die Medien spielen eine entscheidende Rolle dabei, wie Jugendliche die LGBTQ-Community und insbesondere trans Personen wahrnehmen. Elijahs

Präsenz in verschiedenen Medienformaten, sei es durch Interviews, Dokumentationen oder soziale Medien, trägt dazu bei, die Sichtbarkeit von trans Jugendlichen zu erhöhen. Diese Sichtbarkeit ist entscheidend, um Stereotypen abzubauen und ein realistisches Bild von trans Identitäten zu vermitteln.

Ein Beispiel hierfür ist die Dokumentation „Transcend", die Elijahs Weg als Athlet und Aktivist zeigt. Diese Art von Medienberichterstattung hat das Potenzial, das Bewusstsein zu schärfen und Diskurse über Geschlechtsidentität und Akzeptanz in Schulen und Gemeinschaften zu fördern.

Herausforderungen und negative Einflüsse

Trotz der positiven Einflüsse gibt es auch erhebliche Herausforderungen, die trans Jugendliche betreffen. Mobbing, Diskriminierung und soziale Isolation sind häufige Probleme, mit denen sie konfrontiert sind. Studien zeigen, dass trans Jugendliche ein höheres Risiko für psychische Erkrankungen und Suizidgedanken haben, oft aufgrund von Ablehnung und Stigmatisierung in ihrem Umfeld.

$$R = \frac{D}{C} \tag{52}$$

In dieser Gleichung steht R für das Risiko, D für die Diskriminierung und C für die Unterstützung, die ein Jugendlicher erhält. Ein hohes Maß an Diskriminierung in Verbindung mit einem Mangel an Unterstützung kann zu einem signifikant erhöhten Risiko für psychische Probleme führen.

Ein Beispiel für die negativen Einflüsse ist die Erfahrung von Elijah, der in seiner Jugend oft mit Mobbing konfrontiert war. Solche Erfahrungen können das Selbstwertgefühl und die Identitätsentwicklung stark beeinträchtigen. Es ist wichtig, dass Schulen und Gemeinschaften Programme implementieren, die nicht nur Aufklärung über Geschlechtsidentität bieten, sondern auch aktiv gegen Mobbing vorgehen.

Die Rolle von Bildungseinrichtungen

Bildungseinrichtungen sind entscheidend für die Unterstützung von trans Jugendlichen. Schulen, die sich aktiv für Vielfalt und Inklusion einsetzen, können einen sicheren Raum für alle Schüler schaffen. Programme zur Sensibilisierung und Schulung von Lehrern sind notwendig, um ein unterstützendes Umfeld zu fördern.

Ein Beispiel für solche Programme ist das „Safe Schools"-Initiative, das Schulen dabei hilft, Richtlinien zur Unterstützung von LGBTQ-Schülern zu entwickeln. Diese Initiativen können dazu beitragen, das Bewusstsein für die

Herausforderungen zu schärfen, mit denen trans Jugendliche konfrontiert sind, und fördern eine Kultur der Akzeptanz und des Respekts.

Fazit

Die Einflüsse von Elijah Nichols auf die Jugend sind vielschichtig und reichen von positiver Inspiration bis hin zu Herausforderungen, die es zu bewältigen gilt. Während er als Vorbild fungiert und die Sichtbarkeit von trans Jugendlichen erhöht, ist es ebenso wichtig, die bestehenden gesellschaftlichen Probleme zu adressieren. Durch Bildung, Unterstützung und die Förderung von Akzeptanz können wir eine Zukunft schaffen, in der alle Jugendlichen, unabhängig von ihrer Geschlechtsidentität, die Möglichkeit haben, ihr volles Potenzial zu entfalten.

Langfristige Veränderungen im Sport

Die langfristigen Veränderungen im Sport, insbesondere im Hinblick auf die Integration und Akzeptanz von trans-Athleten, sind das Ergebnis eines komplexen Zusammenspiels von gesellschaftlichen, politischen und kulturellen Faktoren. Diese Veränderungen sind nicht nur für die Sportwelt von Bedeutung, sondern auch für die gesamte LGBTQ-Community und die Gesellschaft als Ganzes.

Theoretische Grundlagen

Die Theorie der sozialen Identität (Tajfel und Turner, 1979) legt nahe, dass Individuen ihre Identität stark durch die Zugehörigkeit zu bestimmten sozialen Gruppen definieren. Im Sport kann dies zu einer verstärkten Identifikation mit Teams oder Sportarten führen. Dies führt jedoch auch zu Konflikten, wenn Individuen, die nicht den traditionellen Geschlechterrollen entsprechen, in diese Gruppen integriert werden. Die Theorie der sozialen Kategorisierung hilft zu verstehen, wie Vorurteile und Diskriminierung entstehen können, wenn Gruppen nicht den normativen Erwartungen entsprechen.

Probleme und Herausforderungen

Die Herausforderungen, denen sich trans-Athleten im Sport gegenübersehen, sind vielfältig. Diskriminierung, Vorurteile und das Fehlen klarer Richtlinien zur Teilnahme an Wettkämpfen sind nur einige der Probleme, die es zu bewältigen gilt. Eine der größten Herausforderungen ist die Unsicherheit über die Teilnahmebedingungen, die oft von den jeweiligen Sportverbänden festgelegt werden. Beispielsweise können Richtlinien, die vorschreiben, dass Athleten eine bestimmte Zeit in einer Geschlechtsidentität leben müssen, um an Wettkämpfen teilnehmen zu können, als diskriminierend empfunden werden.

Ein Beispiel hierfür ist die Kontroverse um die Teilnahme von trans-Frauen an Frauenwettkämpfen. Die Frage, ob trans-Frauen aufgrund ihrer biologischen Merkmale einen unfairen Vorteil haben, ist ein häufig diskutiertes Thema. Dies führt zu Spannungen innerhalb der Sportgemeinschaft und zu einer Spaltung zwischen Befürwortern und Gegnern der Inklusion.

Beispiele für Veränderungen

Trotz dieser Herausforderungen gibt es positive Entwicklungen, die auf langfristige Veränderungen im Sport hindeuten. Ein Beispiel ist die Einführung von Richtlinien durch den Internationalen Olympischen Komitee (IOC), die es trans-Athleten ermöglichen, an Wettkämpfen teilzunehmen, solange sie bestimmte hormonelle Anforderungen erfüllen. Diese Richtlinien sind ein Schritt in die richtige Richtung, da sie die Sichtbarkeit und Akzeptanz von trans-Athleten fördern.

Zudem gibt es zahlreiche Initiativen und Programme, die darauf abzielen, trans-Athleten zu unterstützen und ihre Rechte zu fördern. Organisationen wie „Trans Sport Allies" arbeiten aktiv daran, eine inklusive Sportumgebung zu schaffen, in der alle Athleten unabhängig von ihrer Geschlechtsidentität respektiert und akzeptiert werden.

Langfristige Auswirkungen auf die Gesellschaft

Die Veränderungen im Sport haben auch weitreichende Auswirkungen auf die Gesellschaft. Die zunehmende Sichtbarkeit von trans-Athleten und deren Erfolge tragen dazu bei, stereotype Vorstellungen von Geschlecht und Identität zu hinterfragen. Diese Veränderungen können dazu führen, dass die Gesellschaft insgesamt offener und toleranter gegenüber LGBTQ-Personen wird.

Darüber hinaus können die Erfolge von trans-Athleten als Inspirationsquelle für junge Menschen dienen, die sich in ihrer eigenen Identität unsicher fühlen. Indem sie sehen, dass es möglich ist, in einem traditionell geschlechtergetrennten Bereich erfolgreich zu sein, können sie ermutigt werden, ihre eigenen Träume zu verfolgen.

Zukunftsperspektiven

Die Zukunft des Sports wird zunehmend von der Notwendigkeit geprägt sein, inklusive und gerechte Rahmenbedingungen für alle Athleten zu schaffen. Die

Entwicklung von Richtlinien, die auf wissenschaftlichen Erkenntnissen basieren und die Vielfalt der Geschlechtsidentitäten anerkennen, wird entscheidend sein.

Ein weiterer wichtiger Aspekt wird die Rolle der Medien sein. Positive Berichterstattung über trans-Athleten kann dazu beitragen, Vorurteile abzubauen und eine breitere Akzeptanz zu fördern. Die Medien haben die Macht, Narrative zu formen und das öffentliche Bewusstsein zu schärfen, was zu einem besseren Verständnis und einer stärkeren Unterstützung für trans-Athleten führen kann.

Fazit

Zusammenfassend lässt sich sagen, dass die langfristigen Veränderungen im Sport eine Kombination aus theoretischen Grundlagen, praktischen Herausforderungen und positiven Entwicklungen sind. Die Integration von trans-Athleten in den Sport ist ein fortlaufender Prozess, der sowohl individuelle als auch gesellschaftliche Veränderungen erfordert. Durch die Schaffung inklusiver Rahmenbedingungen und die Förderung einer offenen und respektvollen Diskussion können wir eine Zukunft gestalten, in der alle Athleten unabhängig von ihrer Geschlechtsidentität die gleichen Chancen im Sport erhalten.

Die Rolle von Medienberichten

Die Rolle von Medienberichten ist in der heutigen Gesellschaft von entscheidender Bedeutung, insbesondere in Bezug auf soziale Bewegungen und den Aktivismus innerhalb der LGBTQ-Community. Medien fungieren nicht nur als Informationsquelle, sondern auch als Plattform für die Sichtbarkeit und Repräsentation marginalisierter Gruppen. In diesem Abschnitt werden wir die verschiedenen Dimensionen der Rolle von Medienberichten im Kontext des Aktivismus von Elijah Nichols und der trans-Sport-Bewegung untersuchen.

Theoretische Grundlagen

Die Medienberichterstattung kann als ein Mechanismus betrachtet werden, der sowohl die öffentliche Wahrnehmung als auch die politischen und sozialen Diskurse beeinflusst. Laut der *Agenda-Setting-Theorie* haben Medien die Macht, Themen zu priorisieren und somit die öffentliche Agenda zu gestalten. Diese Theorie legt nahe, dass die Art und Weise, wie Themen präsentiert werden, die Meinungen und Einstellungen der Öffentlichkeit beeinflussen kann.

Ein weiterer wichtiger theoretischer Rahmen ist die *Framing-Theorie*, die beschreibt, wie Medien bestimmte Aspekte von Ereignissen oder Themen hervorheben können, um eine bestimmte Interpretation zu fördern. In Bezug auf die LGBTQ-Community bedeutet dies, dass die Art und Weise, wie trans-Athleten in den Medien dargestellt werden, erheblichen Einfluss auf die gesellschaftliche Akzeptanz und das Verständnis ihrer Herausforderungen hat.

Herausforderungen der Medienberichterstattung

Trotz der positiven Auswirkungen, die Medienberichterstattung auf den Aktivismus haben kann, gibt es auch erhebliche Herausforderungen. Eine der größten Herausforderungen ist die *Sensationalisierung* von Themen. Oft werden Geschichten über trans-Athleten in einer Weise dargestellt, die auf Sensation abzielt, anstatt die tatsächlichen Erfahrungen und Herausforderungen zu beleuchten. Diese Sensationalisierung kann zu einer verzerrten Wahrnehmung der Realität führen und die Komplexität der Themen, mit denen trans-Athleten konfrontiert sind, vereinfachen.

Ein weiteres Problem ist die *Stigmatisierung* durch negative Berichterstattung. Medienberichte, die trans-Personen als Opfer oder als Bedrohung darstellen, können zu einem weiteren Stigma führen und die gesellschaftliche Akzeptanz verringern. Dies ist besonders problematisch in einem Bereich wie dem Sport, wo Leistung und Identität eng miteinander verknüpft sind.

Beispiele für positive Medienberichterstattung

Trotz der Herausforderungen gibt es zahlreiche Beispiele für positive Medienberichterstattung, die zur Sichtbarkeit und Unterstützung von trans-Athleten beigetragen haben. Ein bemerkenswertes Beispiel ist die Berichterstattung über Elijah Nichols selbst, der in verschiedenen Medien als Vorreiter für trans-Rechte im Sport hervorgehoben wurde. Durch Interviews und Dokumentationen konnte er seine Erfahrungen und die Herausforderungen, denen er gegenüberstand, teilen, was zu einem besseren Verständnis und einer erhöhten Akzeptanz innerhalb der Gesellschaft führte.

Ein weiteres Beispiel ist die Berichterstattung über die ersten trans-Athleten, die an Olympischen Spielen teilnahmen. Diese Berichte halfen, die Diskussion über Inklusion im Sport zu fördern und die Notwendigkeit von Richtlinien zu betonen, die trans-Athleten unterstützen.

Die Verantwortung der Medien

Die Medien tragen eine erhebliche Verantwortung, wenn es darum geht, wie sie über trans-Athleten und LGBTQ-Themen berichten. Es ist wichtig, dass Journalisten und Medienorganisationen sich ihrer Einflussnahme bewusst sind und sich bemühen, eine ausgewogene und respektvolle Berichterstattung zu gewährleisten. Dies beinhaltet die Verwendung von korrekten Pronomen, das Vermeiden von Klischees und die Bereitstellung eines Kontextes, der die Erfahrungen von trans-Personen authentisch widerspiegelt.

Die Förderung von Vielfalt innerhalb der Medien ist ebenfalls entscheidend. Die Einbeziehung von Stimmen aus der LGBTQ-Community in die Berichterstattung kann dazu beitragen, die Perspektiven zu erweitern und eine genauere Darstellung der Realität zu gewährleisten.

Schlussfolgerung

Zusammenfassend lässt sich sagen, dass die Rolle von Medienberichten im Aktivismus von Elijah Nichols und der trans-Sport-Bewegung sowohl Chancen als auch Herausforderungen bietet. Während Medien als Plattform für Sichtbarkeit und Unterstützung dienen können, müssen sie auch die Verantwortung übernehmen, respektvoll und genau zu berichten. Die Art und Weise, wie trans-Athleten in den Medien dargestellt werden, hat das Potenzial, gesellschaftliche Normen zu verändern und die Akzeptanz zu fördern. Daher ist es von größter Bedeutung, dass Medienberichte nicht nur informieren, sondern auch zur Bildung und Sensibilisierung der Öffentlichkeit beitragen.

Die Bedeutung von Veranstaltungen

Veranstaltungen spielen eine entscheidende Rolle im Aktivismus, insbesondere in der trans-Sport-Bewegung. Sie bieten nicht nur eine Plattform für die Sichtbarkeit von trans-Athleten, sondern auch für den Austausch von Ideen, die Mobilisierung von Unterstützung und die Förderung von Veränderungen in der Gesellschaft. In diesem Abschnitt werden wir die verschiedenen Aspekte und die Bedeutung von Veranstaltungen im Kontext des Aktivismus von Elijah Nichols untersuchen.

Sichtbarkeit und Repräsentation

Eine der Hauptfunktionen von Veranstaltungen ist die Schaffung von Sichtbarkeit für trans-Personen im Sport. Durch gut organisierte Events können trans-Athleten ihre Geschichten erzählen und ihre Erfolge feiern. Diese Sichtbarkeit ist von zentraler Bedeutung, da sie dazu beiträgt, stereotype Vorstellungen abzubauen und das Bewusstsein für die Herausforderungen zu schärfen, mit denen trans-Athleten konfrontiert sind.

Ein Beispiel hierfür ist das jährliche *Trans Sports Summit*, das Athleten, Trainer und Aktivisten zusammenbringt, um über die Herausforderungen und

Erfolge im trans-Sport zu diskutieren. Solche Veranstaltungen ermöglichen es den Teilnehmern, sich gegenseitig zu unterstützen und Netzwerke zu bilden, die für den Aktivismus von entscheidender Bedeutung sind.

Mobilisierung von Unterstützung

Veranstaltungen bieten auch eine hervorragende Gelegenheit, um Unterstützung für trans-Rechte zu mobilisieren. Durch die Teilnahme an Sportveranstaltungen, Demonstrationen oder Workshops können Aktivisten eine breitere Öffentlichkeit erreichen und Verbündete gewinnen. Diese Mobilisierung ist unerlässlich, um politische Veränderungen herbeizuführen und die Akzeptanz von trans-Athleten zu fördern.

Ein Beispiel für eine erfolgreiche Mobilisierung ist die *Pride in Sports*-Kampagne, die verschiedene Sportarten einbezieht und die Teilnahme von LGBTQ+-Athleten feiert. Diese Veranstaltungen ziehen oft große Menschenmengen an und erregen mediale Aufmerksamkeit, was zu einer verstärkten Diskussion über die Rechte von trans-Athleten führt.

Bildung und Aufklärung

Ein weiterer wichtiger Aspekt von Veranstaltungen ist die Möglichkeit zur Bildung und Aufklärung. Workshops, Seminare und Podiumsdiskussionen können dazu beitragen, Missverständnisse über trans-Identitäten abzubauen und das Wissen über die spezifischen Herausforderungen zu erweitern, mit denen trans-Athleten konfrontiert sind.

Die *Transgender Sports Awareness Week* ist ein Beispiel für eine solche Bildungsinitiative. Während dieser Woche finden zahlreiche Veranstaltungen statt, die sich mit Themen wie Chancengleichheit im Sport, den rechtlichen Rahmenbedingungen für trans-Athleten und der Bedeutung von Inklusion befassen. Diese Veranstaltungen fördern das Verständnis und die Akzeptanz in der breiteren Gemeinschaft.

Förderung von Gemeinschaft und Solidarität

Veranstaltungen tragen auch zur Förderung von Gemeinschaft und Solidarität innerhalb der LGBTQ+-Community bei. Sie schaffen Räume, in denen Menschen mit ähnlichen Erfahrungen und Herausforderungen zusammenkommen können. Diese Gemeinschaftsbildung ist entscheidend für den emotionalen und psychologischen Rückhalt, den trans-Athleten benötigen, um in einer oft feindlichen Umgebung zu gedeihen.

Ein Beispiel für solch eine Gemeinschaftsbildung ist das *Trans Sports Festival*, das nicht nur Wettbewerbe für trans-Athleten bietet, sondern auch soziale Aktivitäten, die darauf abzielen, Freundschaften zu fördern und ein Gefühl der Zugehörigkeit zu schaffen. Diese Art von Unterstützung ist für viele trans-Personen von unschätzbarem Wert und kann dazu beitragen, das Selbstwertgefühl und die Resilienz zu stärken.

Herausforderungen bei der Organisation von Veranstaltungen

Trotz der vielen Vorteile, die Veranstaltungen bieten, gibt es auch Herausforderungen, die es zu bewältigen gilt. Die Organisation von Veranstaltungen erfordert erhebliche Ressourcen, sowohl finanziell als auch personell. Oftmals sind Aktivisten auf Spenden und Freiwillige angewiesen, um solche Events durchzuführen.

Ein häufiges Problem ist die Finanzierung. Viele LGBTQ+-Organisationen kämpfen um Mittel, um ihre Veranstaltungen zu unterstützen. Dies kann dazu führen, dass Veranstaltungen abgesagt oder in kleinerem Maßstab durchgeführt werden müssen, was ihre Reichweite und Wirkung einschränkt.

Ein weiteres Problem ist die Sicherheit der Teilnehmer. Bei Veranstaltungen, die sich mit kontroversen Themen befassen, besteht die Gefahr von Gegenprotesten oder gewalttätigen Übergriffen. Daher ist es wichtig, Sicherheitsvorkehrungen zu treffen und gegebenenfalls mit den örtlichen Behörden zusammenzuarbeiten, um die Sicherheit aller Teilnehmer zu gewährleisten.

Fazit

Zusammenfassend lässt sich sagen, dass Veranstaltungen eine zentrale Rolle im Aktivismus von Elijah Nichols und in der trans-Sport-Bewegung spielen. Sie bieten eine Plattform für Sichtbarkeit, Mobilisierung, Bildung und Gemeinschaft. Trotz der Herausforderungen, die mit der Organisation solcher Events verbunden sind, bleibt ihre Bedeutung für die Förderung von trans-Rechten und die Schaffung eines inklusiven Umfelds im Sport unbestritten. Der Erfolg von Veranstaltungen hängt nicht nur von der Planung und Durchführung ab, sondern auch von der Unterstützung der Gemeinschaft und der Bereitschaft, sich für Veränderung einzusetzen. Die Bedeutung von Veranstaltungen wird auch in Zukunft entscheidend bleiben, um die Stimmen der trans-Athleten zu stärken und ihre Rechte zu fördern.

Die Reaktion der Politik

Die Reaktion der Politik auf die trans-Sport-Bewegung ist ein komplexes Geflecht aus Unterstützung, Widerstand und oft auch Ignoranz. Die politischen Akteure stehen vor der Herausforderung, die Rechte und Bedürfnisse von trans-Athleten in einem sich schnell verändernden gesellschaftlichen Klima zu berücksichtigen. Diese Reaktion kann in verschiedene Kategorien unterteilt werden: gesetzliche Maßnahmen, öffentliche Erklärungen, und die Rolle von Lobbyarbeit.

Gesetzliche Maßnahmen

Ein zentraler Aspekt der politischen Reaktion ist die Schaffung und Anpassung von Gesetzen, die die Rechte von trans-Athleten schützen. In vielen Ländern gibt es Bestrebungen, Diskriminierung aufgrund der Geschlechtsidentität im Sport zu verbieten. Ein Beispiel hierfür ist das *Equality Act* in den USA, das darauf abzielt, Diskriminierung aufgrund der Geschlechtsidentität in verschiedenen Lebensbereichen zu verbieten, einschließlich des Sports.

Die Umsetzung solcher Gesetze ist jedoch oft mit Herausforderungen verbunden. In einigen Bundesstaaten gibt es Widerstand gegen solche Maßnahmen, oft unter dem Vorwand des „Schutzes" von Frauen im Sport. Diese Argumentation führt zu einer politischen Spaltung, die sich in den Medien und der öffentlichen Meinung widerspiegelt.

Öffentliche Erklärungen

Politische Führer und Entscheidungsträger haben in den letzten Jahren zunehmend öffentliche Erklärungen abgegeben, um ihre Unterstützung für trans-Rechte zu bekunden. Diese Erklärungen sind entscheidend, um das Bewusstsein für die Herausforderungen zu schärfen, mit denen trans-Athleten konfrontiert sind. Ein Beispiel ist die Erklärung des ehemaligen Präsidenten Barack Obama, der die Notwendigkeit betonte, trans-Athleten in Schulen zu unterstützen und Diskriminierung zu bekämpfen.

Jedoch sind solche Erklärungen oft nicht von konkreten Maßnahmen begleitet. Kritiker argumentieren, dass politische Führer oft nur Lippenbekenntnisse abgeben, während die tatsächlichen Bedingungen für trans-Athleten in vielen Sportarten unverändert bleiben.

Die Rolle von Lobbyarbeit

Lobbyarbeit spielt eine entscheidende Rolle in der politischen Reaktion auf die trans-Sport-Bewegung. Verschiedene Organisationen, die sich für die Rechte von LGBTQ+-Personen einsetzen, haben Lobbyarbeit betrieben, um politische Entscheidungsträger zu beeinflussen. Diese Organisationen versuchen, Gesetzesänderungen voranzutreiben und das Bewusstsein für die Herausforderungen zu schärfen, mit denen trans-Athleten konfrontiert sind.

Ein Beispiel für erfolgreiche Lobbyarbeit ist die Initiative *TransAthlete*, die sich dafür einsetzt, dass trans-Athleten die gleichen Möglichkeiten im Sport erhalten wie ihre cisgender Kollegen. Durch die Bereitstellung von Ressourcen und Informationen für politische Entscheidungsträger konnte diese Initiative dazu beitragen, dass einige Sportverbände ihre Richtlinien überarbeitet haben, um trans-Athleten besser zu unterstützen.

Probleme und Herausforderungen

Trotz dieser positiven Entwicklungen gibt es erhebliche Probleme und Herausforderungen, mit denen die Politik konfrontiert ist. Ein zentrales Problem ist die tief verwurzelte Diskriminierung und Vorurteile gegenüber trans-Personen, die in vielen politischen Debatten deutlich werden. Diese Vorurteile führen oft zu Widerstand gegen gesetzliche Maßnahmen, die trans-Rechte schützen sollen.

Ein weiteres Problem ist die Fragmentierung der politischen Landschaft. In vielen Ländern gibt es unterschiedliche Ansichten über die Rechte von trans-Athleten, was zu einer politischen Polarisierung führt. Diese Polarisierung erschwert es, einen einheitlichen politischen Konsens zu finden, der die Rechte von trans-Athleten angemessen berücksichtigt.

Beispiele aus der Praxis

In der Praxis gibt es zahlreiche Beispiele für die Reaktion der Politik auf die trans-Sport-Bewegung. In Kanada wurde beispielsweise das *Bill C-16* verabschiedet, das Geschlechtsidentität und Geschlechtsausdruck als geschützte Merkmale im kanadischen Menschenrechtsgesetz anerkennt. Dieses Gesetz hat dazu beigetragen, die rechtlichen Rahmenbedingungen für trans-Athleten zu verbessern und Diskriminierung im Sport zu bekämpfen.

Andererseits gibt es auch Beispiele für negative politische Reaktionen. In einigen US-Bundesstaaten wurden Gesetze erlassen, die es trans-Athleten verbieten, in Sportmannschaften zu konkurrieren, die ihrem Geschlecht entsprechen. Diese Gesetze haben nicht nur direkte Auswirkungen auf die betroffenen Athleten, sondern auch auf die gesellschaftliche Wahrnehmung von trans-Personen im Allgemeinen.

Schlussfolgerung

Zusammenfassend lässt sich sagen, dass die Reaktion der Politik auf die trans-Sport-Bewegung vielschichtig und oft widersprüchlich ist. Während es Fortschritte in der Gesetzgebung und in der öffentlichen Wahrnehmung gibt, stehen trans-Athleten weiterhin vor erheblichen Herausforderungen. Die politische Landschaft ist geprägt von Widerständen und Vorurteilen, die es erforderlich machen, dass Aktivisten und Unterstützer weiterhin für die Rechte und die Sichtbarkeit von trans-Athleten kämpfen. Nur durch kontinuierliches Engagement und Druck auf die politischen Entscheidungsträger kann eine gerechtere und inklusivere Zukunft für trans-Athleten im Sport erreicht werden.

Die Entwicklung von Unterstützungsprogrammen

Die Entwicklung von Unterstützungsprogrammen ist ein wesentlicher Bestandteil der trans-Sport-Bewegung und spielt eine entscheidende Rolle bei der Förderung von Inklusion und Gleichberechtigung im Sport. Diese Programme sind darauf ausgelegt, trans-Athleten und -Athletinnen Ressourcen, Unterstützung und eine Plattform für ihre Stimmen zu bieten. In diesem Abschnitt werden wir die verschiedenen Aspekte der Entwicklung von Unterstützungsprogrammen untersuchen, einschließlich der zugrunde liegenden Theorien, der Herausforderungen, die bei ihrer Umsetzung auftreten können, und konkreten Beispielen erfolgreicher Initiativen.

Theoretische Grundlagen

Die Entwicklung von Unterstützungsprogrammen kann durch verschiedene theoretische Rahmenwerke verstanden werden. Eine der zentralen Theorien ist die *Soziale Identitätstheorie*, die besagt, dass Individuen ihre Identität stark durch die Gruppen definieren, zu denen sie gehören. Diese Theorie legt nahe, dass trans-Athleten, die sich in einem unterstützenden Umfeld bewegen, eher bereit sind, ihre Identität zu akzeptieren und ihre sportlichen Fähigkeiten zu entwickeln.

Ein weiterer relevanter theoretischer Rahmen ist die *Empowerment-Theorie*, die darauf abzielt, Individuen und Gemeinschaften zu stärken, indem ihnen die Werkzeuge und Ressourcen zur Verfügung gestellt werden, die sie benötigen, um ihre eigenen Entscheidungen zu treffen und ihre Lebensumstände zu verbessern.

Unterstützungsprogramme, die auf Empowerment abzielen, fördern nicht nur die persönliche Entwicklung, sondern auch das kollektive Wohl der trans-Community.

Herausforderungen bei der Entwicklung

Trotz der positiven Absichten hinter Unterstützungsprogrammen gibt es zahlreiche Herausforderungen, die es zu bewältigen gilt. Eine der größten Herausforderungen ist der *Mangel an finanziellen Ressourcen*. Viele Organisationen, die sich für trans-Athleten einsetzen, sind auf Spenden und Fördermittel angewiesen, was oft zu einer unzureichenden Finanzierung führt.

Ein weiteres Problem ist die *Stigmatisierung* und *Diskriminierung*, die trans-Athleten in der Sportwelt erleben. Diese negativen Erfahrungen können dazu führen, dass sich betroffene Personen von Unterstützungsprogrammen abwenden oder sich nicht trauen, ihre Identität in einem sportlichen Kontext zu zeigen.

Zusätzlich gibt es oft einen *Mangel an Sensibilisierung* innerhalb der Sportverbände und -organisationen. Viele Entscheidungsträger sind sich der spezifischen Bedürfnisse von trans-Athleten nicht bewusst, was die Entwicklung effektiver Programme behindert.

Beispiele erfolgreicher Unterstützungsprogramme

Trotz dieser Herausforderungen gibt es zahlreiche Beispiele für erfolgreiche Unterstützungsprogramme, die trans-Athleten helfen, ihre Ziele zu erreichen. Eines dieser Programme ist *Trans Sport Allies*, das von Elijah Nichols gegründet wurde. Dieses Programm bietet trans-Athleten nicht nur Zugang zu Trainingsressourcen, sondern auch Unterstützung in Form von Mentoring und psychologischer Beratung.

Ein weiteres Beispiel ist die *Athlete Ally*-Initiative, die sich für die Rechte von LGBTQ-Athleten einsetzt und eine Plattform bietet, um über Diskriminierung im Sport zu sprechen. Diese Organisation hat zahlreiche Workshops und Schulungen für Sportverbände durchgeführt, um das Bewusstsein für die Herausforderungen von trans-Athleten zu schärfen.

Die Rolle von Bildung und Aufklärung

Ein entscheidender Aspekt der Entwicklung von Unterstützungsprogrammen ist die *Bildung und Aufklärung*. Programme, die Schulungen für Trainer, Sportler und Offizielle anbieten, können dazu beitragen, ein unterstützendes Umfeld zu schaffen, in dem trans-Athleten gedeihen können.

Durch Workshops, Seminare und Informationskampagnen können Vorurteile abgebaut und das Verständnis für die spezifischen Bedürfnisse von trans-Athleten gefördert werden. Diese Bildungsmaßnahmen sind entscheidend, um ein inklusives Sportumfeld zu schaffen, in dem jeder Athlet die Möglichkeit hat, sein volles Potenzial auszuschöpfen.

Zukunftsausblick

Die Entwicklung von Unterstützungsprogrammen für trans-Athleten steht erst am Anfang, und es gibt noch viel zu tun. Zukünftige Initiativen sollten sich darauf konzentrieren, die Sichtbarkeit von trans-Athleten zu erhöhen und deren Stimmen in der Sportpolitik zu stärken.

Es ist wichtig, dass Organisationen weiterhin Ressourcen bereitstellen und Partnerschaften mit Sportverbänden eingehen, um sicherzustellen, dass trans-Athleten die Unterstützung erhalten, die sie benötigen. Die Zusammenarbeit mit Schulen, Universitäten und anderen Bildungseinrichtungen kann ebenfalls dazu beitragen, eine inklusive Sportkultur zu fördern.

Zusammenfassend lässt sich sagen, dass die Entwicklung von Unterstützungsprogrammen für trans-Athleten von entscheidender Bedeutung ist, um eine gerechtere und inklusivere Sportwelt zu schaffen. Durch die Überwindung von Herausforderungen und die Implementierung effektiver Bildungsstrategien können wir sicherstellen, dass die Stimmen von trans-Athleten gehört werden und sie in ihrer sportlichen Laufbahn erfolgreich sind.

Die Ausweitung von Netzwerken

Die Ausweitung von Netzwerken ist ein entscheidender Aspekt im Aktivismus, insbesondere im Kontext der trans-Sport-Bewegung. Netzwerke bieten nicht nur Unterstützung und Ressourcen, sondern fördern auch den Austausch von Ideen und Strategien, die für den Erfolg von Initiativen unerlässlich sind. In diesem Abschnitt werden wir die verschiedenen Dimensionen der Netzwerkausweitung untersuchen, die Herausforderungen, die damit verbunden sind, und einige Beispiele für erfolgreiche Netzwerkarbeit in der LGBTQ-Community, insbesondere im Bereich des Sports.

Bedeutung der Netzwerkausweitung

Die Ausweitung von Netzwerken ermöglicht es Aktivisten, ihre Reichweite zu vergrößern und ein breiteres Publikum anzusprechen. Ein gut strukturiertes Netzwerk kann die Sichtbarkeit von Anliegen erhöhen und die Unterstützung für trans-Athleten in verschiedenen Sportarten stärken. Netzwerke fungieren als Plattformen für den Austausch von Informationen, Erfahrungen und Ressourcen, die für die Entwicklung effektiver Strategien zur Bekämpfung von Diskriminierung und Ungerechtigkeit im Sport erforderlich sind.

Theoretische Grundlagen

Die Theorie der sozialen Netzwerke bietet einen Rahmen, um die Dynamik der Netzwerkausweitung zu verstehen. Laut [?] sind soziale Netzwerke Gruppen von Individuen, die durch soziale Beziehungen verbunden sind. Diese Beziehungen können verschiedene Formen annehmen, darunter Freundschaften, berufliche Verbindungen und gemeinsame Interessen. Die Stärke und Dichte eines Netzwerks beeinflussen dessen Fähigkeit, Informationen zu verbreiten und Unterstützung zu mobilisieren.

Ein zentrales Konzept in der Netzwerktheorie ist die Idee der *Brücken* (Bridges), die als Verbindungen zwischen verschiedenen sozialen Gruppen fungieren. Diese Brücken sind entscheidend, um Informationen und Ressourcen zwischen verschiedenen Teilen der Community zu transferieren. In der trans-Sport-Bewegung können Brücken zwischen Sportverbänden, LGBTQ-Organisationen und der breiteren Gesellschaft geschaffen werden, um ein unterstützendes Umfeld für trans-Athleten zu fördern.

Herausforderungen bei der Ausweitung von Netzwerken

Trotz der offensichtlichen Vorteile gibt es mehrere Herausforderungen bei der Ausweitung von Netzwerken. Eine der größten Hürden ist die *Fragmentierung* der LGBTQ-Community, die oft in verschiedene Untergruppen unterteilt ist, die sich auf unterschiedliche Aspekte der Identität oder des Aktivismus konzentrieren. Diese Fragmentierung kann dazu führen, dass Ressourcen nicht optimal genutzt werden und wichtige Stimmen in der Bewegung übersehen werden.

Ein weiteres Problem ist der *Zugang zu Ressourcen*. Viele trans-Aktivisten haben nicht die gleichen Möglichkeiten, sich mit anderen zu vernetzen, sei es aufgrund finanzieller Einschränkungen, geografischer Isolation oder mangelnder Unterstützung durch lokale Gemeinschaften. Diese Ungleichheiten können die Wirksamkeit von Netzwerken erheblich beeinträchtigen.

Beispiele für erfolgreiche Netzwerkarbeit

Ein herausragendes Beispiel für die Ausweitung von Netzwerken ist die Gründung von *Trans Sport Allies*, einer Organisation, die sich für die Unterstützung von trans-Athleten einsetzt. Diese Organisation hat erfolgreich Partnerschaften mit verschiedenen Sportverbänden und LGBTQ-Organisationen aufgebaut, um Ressourcen und Unterstützung für trans-Athleten zu mobilisieren. Durch die Durchführung von Workshops, Schulungen und Aufklärungskampagnen hat Trans Sport Allies die Sichtbarkeit und Akzeptanz von trans-Athleten im Sport erhöht.

Ein weiteres Beispiel ist die *Athlete Ally*-Bewegung, die eine Plattform für Athleten bietet, um sich für LGBTQ-Rechte einzusetzen. Diese Initiative hat ein Netzwerk von Unterstützern geschaffen, das es Athleten ermöglicht, sich gegenseitig zu unterstützen und gemeinsam für Veränderungen in ihren Sportverbänden zu kämpfen. Die Zusammenarbeit mit prominenten Athleten hat auch dazu beigetragen, das Bewusstsein für die Herausforderungen von trans-Athleten zu schärfen und eine breitere Unterstützung in der Gesellschaft zu mobilisieren.

Zukunftsperspektiven

Die Ausweitung von Netzwerken bleibt ein zentrales Ziel für die trans-Sport-Bewegung. Zukünftige Strategien sollten darauf abzielen, Barrieren abzubauen und den Zugang zu Netzwerken für alle trans-Athleten zu erleichtern. Dies kann durch die Schaffung von digitalen Plattformen geschehen, die es Aktivisten ermöglichen, sich über geografische Grenzen hinweg zu vernetzen und Ressourcen auszutauschen.

Darüber hinaus sollte die Bedeutung von *Allyship* in der Netzwerkausweitung hervorgehoben werden. Allies, die sich aktiv für die Rechte von trans-Athleten einsetzen, können als Brückenbauer fungieren und dazu beitragen, die Kluft zwischen verschiedenen Teilen der Community zu überbrücken. Die Förderung von inklusiven Netzwerken, die die Vielfalt innerhalb der LGBTQ-Community anerkennen und feiern, ist entscheidend für den langfristigen Erfolg des Aktivismus im Sport.

Fazit

Zusammenfassend lässt sich sagen, dass die Ausweitung von Netzwerken eine wesentliche Strategie für den Erfolg der trans-Sport-Bewegung ist. Durch die Überwindung von Herausforderungen und die Schaffung effektiver Verbindungen zwischen verschiedenen Gruppen kann die Bewegung ihre Ziele effektiver verfolgen und die Sichtbarkeit sowie die Unterstützung für trans-Athleten erhöhen. Die Zukunft des trans-Sports hängt entscheidend von der Fähigkeit ab, starke und inklusive Netzwerke zu entwickeln, die auf Solidarität und Zusammenarbeit basieren.

Zusammenarbeit mit prominenten Athleten

Partnerschaften und Projekte

Die Partnerschaften und Projekte, die Elijah Nichols im Rahmen seines Aktivismus initiiert und unterstützt hat, sind entscheidend für die Förderung der trans-Sport-Bewegung. Diese Kooperationen haben nicht nur die Sichtbarkeit von trans-Athleten erhöht, sondern auch eine Plattform geschaffen, um die Herausforderungen und Erfolge dieser Gemeinschaft zu beleuchten.

Die Bedeutung von Partnerschaften

Partnerschaften sind für die trans-Sport-Bewegung von zentraler Bedeutung, da sie Ressourcen, Wissen und Netzwerke bündeln. Durch die Zusammenarbeit mit verschiedenen Organisationen, Sportverbänden und Einzelpersonen kann Elijah Nichols eine breitere Reichweite erzielen und effektivere Kampagnen entwickeln. Diese Kooperationen ermöglichen es, gemeinsame Ziele zu definieren und Synergien zu schaffen, die die Wirkung des Aktivismus verstärken.

Ein Beispiel für eine erfolgreiche Partnerschaft ist die Zusammenarbeit mit der *LGBTQ Sports Alliance*. Diese Organisation hat sich zum Ziel gesetzt, eine inklusive Umgebung für LGBTQ-Athleten in verschiedenen Sportarten zu schaffen. Durch gemeinsame Veranstaltungen und Workshops konnten beide Organisationen die Sichtbarkeit von trans-Athleten erhöhen und wichtige Themen wie Diskriminierung und Akzeptanz im Sport ansprechen.

Projekte zur Förderung von Sichtbarkeit

Ein zentrales Projekt von Elijah Nichols war die Initiative *Trans Athletes Unite*, die darauf abzielt, trans-Athleten eine Stimme zu geben und ihre Geschichten zu teilen. Diese Initiative umfasst eine Reihe von Veranstaltungen, bei denen trans-Athleten ihre Erfahrungen im Sport präsentieren können. Die Geschichten, die in diesen Veranstaltungen geteilt werden, sind nicht nur inspirierend, sondern auch lehrreich für die breitere Gemeinschaft.

Ein weiteres bemerkenswertes Projekt ist die *Trans Sports Awareness Week*, die jährlich stattfindet und verschiedene Aktivitäten umfasst, darunter Workshops, Podiumsdiskussionen und Sportveranstaltungen. Diese Woche zielt darauf ab, das

Bewusstsein für die Herausforderungen zu schärfen, mit denen trans-Athleten konfrontiert sind, und die Bedeutung von Inklusion im Sport zu betonen.

Herausforderungen in Partnerschaften

Trotz der Erfolge, die durch Partnerschaften erzielt wurden, gibt es auch Herausforderungen. Eine der größten Hürden ist oft die Diskrepanz zwischen den Zielen der Partnerorganisationen. Unterschiedliche Prioritäten oder Ansätze können zu Spannungen führen und die Effektivität der Partnerschaft beeinträchtigen.

Ein Beispiel hierfür ist die Zusammenarbeit mit traditionellen Sportverbänden, die möglicherweise nicht vollständig bereit sind, trans-Athleten in ihren Programmen zu integrieren. Dies kann zu Widerständen führen, die nicht nur den Fortschritt behindern, sondern auch das Vertrauen innerhalb der trans-Community gefährden.

Erfolgreiche Beispiele von Projekten

Ein herausragendes Beispiel für ein erfolgreiches Projekt ist die *Trans Sports Summit*, die von Elijah Nichols ins Leben gerufen wurde. Diese Konferenz bringt trans-Athleten, Trainer, Verbandsvertreter und Aktivisten zusammen, um über aktuelle Themen zu diskutieren und Lösungen zu entwickeln. Die erste Veranstaltung im Jahr 2022 zog über 300 Teilnehmer an und führte zu konkreten Empfehlungen für Sportverbände, um trans-Athleten besser zu unterstützen.

Ein weiteres Beispiel ist die *Inclusive Sports Initiative*, die in Zusammenarbeit mit mehreren Universitäten ins Leben gerufen wurde. Diese Initiative bietet Schulungen für Trainer und Sportadministratoren an, um ein besseres Verständnis für die Bedürfnisse von trans-Athleten zu entwickeln. Durch die Schulungen konnten viele Institutionen ihre Richtlinien überarbeiten und inklusivere Sportprogramme entwickeln.

Zukunftsperspektiven für Partnerschaften

Die Zukunft der Partnerschaften im trans-Sport wird entscheidend von der Bereitschaft der Organisationen abhängen, offen für Veränderungen zu sein und aktiv an der Förderung von Inklusion zu arbeiten. Elijah Nichols plant, in den kommenden Jahren weitere Kooperationen mit internationalen Organisationen einzugehen, um den trans-Sport auf globaler Ebene voranzutreiben.

Ein vielversprechender Ansatz ist die Entwicklung von gemeinsamen Forschungsprojekten, die die Auswirkungen von Inklusion im Sport auf die psychische Gesundheit von trans-Athleten untersuchen. Solche Studien könnten wichtige Daten liefern, die als Grundlage für politische Veränderungen dienen könnten.

Fazit

Die Partnerschaften und Projekte von Elijah Nichols sind ein wesentlicher Bestandteil seines Aktivismus. Sie haben nicht nur dazu beigetragen, die Sichtbarkeit von trans-Athleten zu erhöhen, sondern auch bedeutende Veränderungen in der Sportpolitik angestoßen. Die Herausforderungen, die dabei auftreten, sind nicht zu unterschätzen, doch die Erfolge und positiven Entwicklungen zeigen, dass der Weg zur Inklusion im Sport auch weiterhin von einer starken Gemeinschaft und effektiven Kooperationen geprägt sein wird.

Einfluss von Vorbildern

Der Einfluss von Vorbildern auf die Entwicklung und das Engagement von Elijah Nichols im trans-Sport-Aktivismus kann nicht hoch genug eingeschätzt werden. Vorbilder fungieren nicht nur als Inspirationsquelle, sondern auch als konkrete Beispiele für die Möglichkeiten, die das Leben als trans-Athlet bieten kann. In diesem Abschnitt werden die verschiedenen Dimensionen des Einflusses von Vorbildern auf Elijahs Leben und Aktivismus untersucht.

Die Rolle von Vorbildern in der Identitätsfindung

Vorbilder spielen eine entscheidende Rolle in der Identitätsfindung von Jugendlichen, insbesondere in marginalisierten Gemeinschaften. Studien zeigen, dass die Identifikation mit positiven Vorbildern das Selbstwertgefühl und die Selbstakzeptanz von Individuen stärken kann. In Elijahs Fall waren es vor allem trans-Athleten, die ihm halfen, seine eigene Identität zu akzeptieren und zu feiern. Diese Vorbilder zeigten, dass es möglich war, sowohl trans als auch erfolgreich im Sport zu sein.

$$\text{Selbstwertgefühl} = f(\text{Identifikation mit Vorbildern, Soziale Unterstützung}) \tag{53}$$

Die obige Gleichung verdeutlicht, dass das Selbstwertgefühl von der Identifikation mit Vorbildern und der sozialen Unterstützung abhängt, die in Elijahs Leben eine bedeutende Rolle spielte.

Inspiration durch Erfolge

Die Erfolge von Vorbildern wie *Chris Mosier*, einem der ersten trans-Männer, der in einem Männer-Wettkampf antrat, inspirierten Elijah dazu, seine sportlichen Träume zu verfolgen. Mosiers Geschichte ist ein Beispiel dafür, wie man Barrieren überwinden kann, und sie motivierte viele trans-Athleten, ihre eigenen Grenzen zu testen.

Elijah beobachtete, wie Mosier durch seine Erfolge nicht nur sich selbst, sondern auch die Wahrnehmung von trans-Athleten im Sport veränderte. Dies führte zu einer verstärkten Sichtbarkeit und einem besseren Verständnis für die Herausforderungen, die trans-Athleten gegenüberstehen.

Mentorship und Unterstützung

Ein weiterer bedeutender Aspekt des Einflusses von Vorbildern ist die Rolle des Mentorings. Elijah hatte das Glück, von erfahrenen Aktivisten und Athleten wie *Kye Allums* und *Fallon Fox* unterstützt zu werden. Diese Mentoren boten nicht nur Ratschläge, sondern auch emotionale Unterstützung und halfen ihm, die Herausforderungen des Aktivismus zu navigieren.

Mentorship-Programme haben sich als äußerst effektiv erwiesen, um trans-Jugendlichen zu helfen, ihre Identität zu akzeptieren und ihre Ziele zu erreichen. Diese Programme bieten eine Plattform für den Austausch von Erfahrungen und die Entwicklung von Fähigkeiten, die für den Erfolg im Sport und im Aktivismus erforderlich sind.

Sichtbarkeit und Repräsentation

Die Sichtbarkeit von trans-Vorbildern in den Medien spielt eine wesentliche Rolle bei der Schaffung eines positiven Narrativs über trans-Athleten. Elijah erkannte, dass die Repräsentation in den Medien nicht nur das Bewusstsein für trans-Themen erhöht, sondern auch anderen trans-Jugendlichen zeigt, dass sie in der Welt des Sports einen Platz haben.

Ein Beispiel hierfür ist die Dokumentation über *Fallon Fox*, die erste trans-Frau, die in der MMA kämpfte. Ihre Geschichte wurde in verschiedenen Medien behandelt und trug dazu bei, das öffentliche Bewusstsein für die Herausforderungen und Erfolge von trans-Athleten zu schärfen.

Herausforderungen durch negative Vorbilder

Es ist jedoch wichtig zu beachten, dass nicht alle Vorbilder positive Einflüsse haben. Negative Darstellungen und Vorurteile in den Medien können ebenfalls Auswirkungen auf die Wahrnehmung von trans-Athleten haben. Elijah musste lernen, zwischen positiven und negativen Einflüssen zu unterscheiden und sich auf die Vorbilder zu konzentrieren, die ihn unterstützen und inspirieren.

Die Herausforderungen, die durch negative Vorbilder entstehen, erfordern eine kritische Auseinandersetzung mit den Medien und eine aktive Teilnahme an der Schaffung positiver Narrative. Elijah engagierte sich in Workshops und Diskussionsrunden, um das Bewusstsein für die Bedeutung einer positiven Repräsentation zu fördern.

Fazit

Zusammenfassend lässt sich sagen, dass der Einfluss von Vorbildern auf Elijah Nichols und seine Entwicklung als trans-Aktivist und Athlet von zentraler Bedeutung ist. Die positiven Einflüsse von Mentoren, die Inspiration durch Erfolge und die Notwendigkeit einer kritischen Auseinandersetzung mit negativen Darstellungen haben Elijah geholfen, seinen Weg im trans-Sport-Aktivismus zu finden. Diese Erfahrungen verdeutlichen die Bedeutung von Sichtbarkeit und Repräsentation in der LGBTQ-Community und unterstreichen die Notwendigkeit, positive Vorbilder zu fördern und zu unterstützen.

$$\text{Einfluss von Vorbildern} = \text{Mentorship} + \text{Sichtbarkeit} + \text{Inspiration} - \text{Negative Darstellun}$$
$$(54)$$

Die Gleichung verdeutlicht, dass der Einfluss von Vorbildern durch positive Faktoren gestärkt und durch negative Faktoren gemindert werden kann. Elijahs Geschichte ist ein lebendiges Beispiel dafür, wie Vorbilder das Leben von trans-Athleten transformieren und sie dazu ermutigen können, ihre Träume zu verfolgen und aktiv für ihre Rechte einzutreten.

Die Bedeutung von Allyship

In der heutigen Gesellschaft ist die Rolle von Allies – Personen, die sich aktiv für die Rechte und die Sichtbarkeit marginalisierter Gruppen einsetzen – von entscheidender Bedeutung. Insbesondere im Kontext des trans-Sports ist Allyship nicht nur wünschenswert, sondern notwendig, um eine inklusive und gerechte

Umgebung zu schaffen. Diese Sektion beleuchtet die theoretischen Grundlagen, Herausforderungen und praktischen Beispiele für effektives Allyship.

Theoretische Grundlagen

Allyship kann als ein aktives Engagement beschrieben werden, das über bloße Unterstützung hinausgeht. Es erfordert ein tiefes Verständnis der strukturellen Ungleichheiten und der spezifischen Herausforderungen, mit denen trans-Personen konfrontiert sind. Laut [?] ist Allyship ein Prozess, der sowohl persönliche als auch kollektive Verantwortung umfasst. Dies bedeutet, dass Allies nicht nur ihre Stimme erheben, sondern auch bereit sind, ihre Privilegien zu hinterfragen und zu nutzen, um Veränderungen herbeizuführen.

Ein zentrales Konzept im Allyship ist das der *Intersektionalität*, das von [3] geprägt wurde. Intersektionalität beschreibt, wie verschiedene Formen der Diskriminierung – wie Geschlecht, Rasse, Sexualität und Klasse – miteinander verknüpft sind und sich gegenseitig beeinflussen. Allies müssen diese komplexen Zusammenhänge verstehen, um effektiv für trans-Rechte einzutreten und die Bedürfnisse aller marginalisierten Gruppen zu berücksichtigen.

Herausforderungen des Allyship

Trotz der Wichtigkeit von Allyship gibt es zahlreiche Herausforderungen, die Allies überwinden müssen. Eine der größten Hürden ist das *Tokenismus*, bei dem Allies lediglich als Symbol für Unterstützung wahrgenommen werden, ohne dass tatsächlich substanzielle Veränderungen stattfinden. [?] beschreibt, dass viele Allies in ihrer Rolle stagnieren und nicht bereit sind, die notwendigen Schritte zu unternehmen, um echte Veränderungen zu bewirken.

Ein weiteres Problem ist die *Komplexität der Identität*. Allies müssen sich bewusst sein, dass nicht alle trans-Personen die gleichen Erfahrungen oder Bedürfnisse haben. Diese Vielfalt erfordert eine flexible und anpassungsfähige Herangehensweise an das Allyship. Die Gefahr besteht, dass Allies unbeabsichtigt die Stimmen bestimmter Gruppen innerhalb der trans-Community übersehen, was zu einem weiteren Gefühl der Marginalisierung führen kann.

Praktische Beispiele für effektives Allyship

Effektives Allyship im trans-Sport kann auf verschiedene Weisen umgesetzt werden. Ein herausragendes Beispiel ist die Initiative *Trans Athletes*, die sich für die Rechte von trans-Sportlern auf verschiedenen Ebenen einsetzt. Diese Organisation hat nicht nur Programme zur Aufklärung über trans-Themen in

Schulen und Sportvereinen entwickelt, sondern auch Ressourcen bereitgestellt, um trans-Sportler zu unterstützen. Allies in dieser Initiative haben aktiv an Workshops teilgenommen, um ihr Wissen zu erweitern und ihre Plattformen zu nutzen, um die Sichtbarkeit von trans-Athleten zu erhöhen.

Darüber hinaus ist die Unterstützung von trans-Athleten durch prominente Sportler ein weiteres Beispiel für effektives Allyship. Athleten wie *Lia Thomas*, die als erste trans-Frau in der NCAA-Geschichte an Wettkämpfen teilnahm, haben nicht nur für sich selbst, sondern auch für viele andere trans-Personen eine Stimme gefunden. Die öffentliche Unterstützung von Allies aus der Sportgemeinschaft hat dazu beigetragen, Vorurteile abzubauen und das Bewusstsein für die Herausforderungen zu schärfen, mit denen trans-Athleten konfrontiert sind.

Die Rolle von Bildung und Aufklärung

Ein wesentlicher Aspekt des Allyship ist die kontinuierliche Bildung und Aufklärung. Allies sollten sich aktiv über die Themen, mit denen trans-Personen konfrontiert sind, informieren und sich mit den verschiedenen Facetten der trans-Identität auseinandersetzen. Workshops, Seminare und Informationsveranstaltungen sind effektive Mittel, um das Bewusstsein zu schärfen und Vorurteile abzubauen.

Zusätzlich sollten Allies bereit sein, ihre eigenen Fehler zu reflektieren und aus ihnen zu lernen. Ein offener Dialog über Fehler und Missverständnisse kann dazu beitragen, Vertrauen innerhalb der Community aufzubauen und die Beziehung zwischen Allies und trans-Personen zu stärken.

Schlussfolgerung

Die Bedeutung von Allyship im trans-Sport kann nicht hoch genug eingeschätzt werden. Allies spielen eine entscheidende Rolle bei der Förderung von Akzeptanz und Sichtbarkeit für trans-Personen. Durch aktives Engagement, Bildung und die Bereitschaft, sich für Veränderungen einzusetzen, können Allies einen wesentlichen Beitrag zu einer gerechteren und inklusiveren Gesellschaft leisten. Es ist wichtig, dass Allies sich nicht nur als Unterstützer sehen, sondern als aktive Mitgestalter einer Bewegung, die für Gleichheit und Gerechtigkeit kämpft.

Die Zukunft des trans-Sports hängt von der Fähigkeit aller Beteiligten ab, sich zusammenzuschließen und für eine gemeinsame Vision zu kämpfen – eine Vision, in der jeder, unabhängig von Geschlechtsidentität oder -ausdruck, die Möglichkeit hat, seine sportlichen Träume zu verwirklichen.

Veranstaltungen und Kampagnen

Die Organisation von Veranstaltungen und Kampagnen ist ein zentraler Bestandteil der Arbeit von Elijah Nichols und seiner Organisation „Trans Sport Allies". Diese Aktivitäten dienen nicht nur dazu, die Sichtbarkeit der trans-Sport-Community zu erhöhen, sondern auch um wichtige Themen und Anliegen in der Gesellschaft anzusprechen. In diesem Abschnitt werden wir die verschiedenen Arten von Veranstaltungen und Kampagnen untersuchen, die Elijah und sein Team ins Leben gerufen haben, sowie die Herausforderungen und Erfolge, die damit verbunden sind.

Arten von Veranstaltungen

Sportliche Events   Eine der effektivsten Methoden, um das Bewusstsein für trans-Rechte im Sport zu schärfen, sind sportliche Veranstaltungen. Diese können in Form von Wettkämpfen, Turnieren oder sogar Freizeitveranstaltungen stattfinden. Ein Beispiel ist das jährliche „Trans Sport Festival", das Athleten aus der gesamten LGBTQ-Community anzieht und eine Plattform für den Austausch und die Vernetzung bietet. Hier können trans-Athleten ihre Talente zeigen und gleichzeitig die Herausforderungen, mit denen sie konfrontiert sind, ansprechen.

Bildungsveranstaltungen   Neben sportlichen Aktivitäten organisiert „Trans Sport Allies" auch Workshops und Seminare, um Wissen über trans-Rechte und Inklusion im Sport zu verbreiten. Diese Veranstaltungen richten sich an Trainer, Sportverbände und die allgemeine Öffentlichkeit. Durch diese Bildungsangebote wird versucht, Vorurteile abzubauen und ein besseres Verständnis für die Bedürfnisse von trans-Athleten zu schaffen.   Ein Beispiel hierfür ist die Workshop-Reihe „Inklusion im Sport", die in Schulen und Sportvereinen durchgeführt wird.

Kampagnen zur Sensibilisierung   Kampagnen zur Sensibilisierung sind ein weiteres wichtiges Werkzeug im Aktivismus von Elijah. Diese Kampagnen zielen darauf ab, das Bewusstsein für spezifische Themen zu schärfen, wie zum Beispiel Diskriminierung im Sport oder die Notwendigkeit von Richtlinien, die trans-Athleten unterstützen.   Eine erfolgreiche Kampagne war die #TransInSport-Kampagne, die in sozialen Medien viral ging und eine breite Diskussion über die Rechte von trans-Athleten auslöste.

Herausforderungen bei der Organisation

Die Organisation von Veranstaltungen und Kampagnen ist jedoch nicht ohne Herausforderungen. Eine der größten Hürden ist die Finanzierung. Viele dieser Veranstaltungen erfordern erhebliche finanzielle Mittel, um sie erfolgreich durchzuführen. Elijah und sein Team haben oft kreative Lösungen gefunden, um Gelder zu beschaffen, darunter Crowdfunding und Partnerschaften mit Sponsoren, die sich für Inklusion und Vielfalt einsetzen.

Ein weiteres Problem ist die Akzeptanz in der breiteren Gesellschaft. Trotz der Fortschritte in der Sichtbarkeit von LGBTQ-Themen gibt es immer noch Widerstand gegen trans-Rechte, insbesondere im Sport. Dies kann sich in Form von Protesten oder negativer Berichterstattung äußern, die die Durchführung von Veranstaltungen erschweren. Elijah hat jedoch gelernt, mit diesen Herausforderungen umzugehen, indem er proaktive Kommunikationsstrategien entwickelt, um Missverständnisse auszuräumen und Unterstützung zu mobilisieren.

Erfolge und positive Auswirkungen

Trotz dieser Herausforderungen gibt es zahlreiche Erfolge, die durch die Organisation von Veranstaltungen und Kampagnen erzielt wurden. Eine der bemerkenswertesten Errungenschaften war die Einführung von Richtlinien in mehreren Sportverbänden, die die Teilnahme von trans-Athleten an Wettkämpfen erleichtern. Diese Richtlinien wurden oft als direkte Folge der Sensibilisierungsarbeit von Elijah und seinen Mitstreitern entwickelt.

Ein weiteres Beispiel für den Erfolg ist die zunehmende Sichtbarkeit von trans-Athleten in den Medien. Veranstaltungen wie das „Trans Sport Festival" haben nicht nur die Teilnehmerzahl erhöht, sondern auch das Interesse von Journalisten und Medienvertretern geweckt, die über die Geschichten und Erfolge von trans-Athleten berichten. Diese Berichterstattung hat dazu beigetragen, das öffentliche Bewusstsein zu schärfen und die Diskussion über trans-Rechte im Sport voranzutreiben.

Schlussfolgerung

Zusammenfassend lässt sich sagen, dass Veranstaltungen und Kampagnen eine entscheidende Rolle im Aktivismus von Elijah Nichols und „Trans Sport Allies" spielen. Sie bieten eine Plattform für trans-Athleten, um sich zu präsentieren, und fördern das Bewusstsein für die Herausforderungen, mit denen sie konfrontiert sind. Trotz der Herausforderungen, die mit der Organisation solcher Aktivitäten verbunden sind, haben die Erfolge in der Sensibilisierung und der politischen Veränderung gezeigt, dass solche Initiativen von großer Bedeutung sind. Der Weg zur Inklusion im Sport ist noch lang, aber mit jeder Veranstaltung, die durchgeführt wird, und jeder Kampagne, die gestartet wird, kommen wir dem Ziel einer gerechteren und inklusiveren Gesellschaft näher.

Öffentlichkeitsarbeit und Medienauftritte

Die Öffentlichkeitsarbeit spielt eine entscheidende Rolle im Aktivismus von Elijah Nichols. Sie umfasst die Strategien und Maßnahmen, die ergriffen werden, um die Sichtbarkeit der trans-Sport-Bewegung zu erhöhen und das Bewusstsein für die Herausforderungen, mit denen trans-Athleten konfrontiert sind, zu schärfen. In dieser Sektion werden wir die verschiedenen Aspekte der Öffentlichkeitsarbeit und der Medienauftritte von Elijah untersuchen, einschließlich der Herausforderungen, die er dabei bewältigen musste, sowie der Erfolge, die er erzielt hat.

Die Bedeutung der Öffentlichkeitsarbeit

Öffentlichkeitsarbeit ist ein Schlüsselwerkzeug für Aktivisten, um ihre Botschaften effektiv zu kommunizieren und Unterstützung zu mobilisieren. Für Elijah war es wichtig, eine klare und prägnante Botschaft zu formulieren, die sowohl die trans-Gemeinschaft als auch die breitere Öffentlichkeit anspricht. Eine gut durchdachte Öffentlichkeitsarbeit kann die Wahrnehmung von Themen erheblich beeinflussen und dazu beitragen, Vorurteile abzubauen.

Ein Beispiel für eine erfolgreiche Öffentlichkeitsarbeit ist Elijahs Teilnahme an verschiedenen Talkshows und Podiumsdiskussionen. Hier konnte er seine Erfahrungen als trans-Athlet teilen und die Herausforderungen, mit denen er konfrontiert war, in den Vordergrund stellen. Diese Auftritte halfen nicht nur, sein persönliches Anliegen zu fördern, sondern trugen auch dazu bei, das Thema Transidentität im Sport ins öffentliche Bewusstsein zu rücken.

Strategien der Öffentlichkeitsarbeit

Elijah nutzte mehrere Strategien, um seine Öffentlichkeitsarbeit effektiv zu gestalten:

- **Soziale Medien:** Die Nutzung von Plattformen wie Twitter, Instagram und Facebook ermöglichte es Elijah, direkt mit seiner Zielgruppe zu kommunizieren. Durch regelmäßige Updates, persönliche Geschichten und interaktive Inhalte konnte er eine engagierte Community aufbauen. Soziale Medien bieten eine Plattform, um eine breitere Öffentlichkeit zu erreichen und Diskussionen anzuregen.

+ **Pressemitteilungen:** Elijah und sein Team erstellten Pressemitteilungen, um wichtige Ereignisse und Initiativen anzukündigen. Diese Pressemitteilungen wurden an relevante Medien verteilt, um sicherzustellen, dass die Botschaft in der Öffentlichkeit Gehör fand. Ein Beispiel hierfür war die Ankündigung der Gründung von „Trans Sport Allies", die in mehreren großen Zeitungen aufgegriffen wurde.

+ **Interviews und Medienauftritte:** Interviews in Zeitungen, Magazinen und Fernsehsendern waren entscheidend, um Elijahs Botschaft zu verbreiten. Diese Auftritte ermöglichten es ihm, seine Sichtweise darzulegen und seine Anliegen einem breiteren Publikum vorzustellen. Ein besonders prägnantes Interview fand in einer bekannten Talkshow statt, in dem er die Herausforderungen, die trans-Athleten im Sport erleben, eindringlich schilderte.

+ **Zusammenarbeit mit Influencern:** Elijah arbeitete mit Influencern und prominenten Persönlichkeiten zusammen, um seine Reichweite zu erhöhen. Diese Partnerschaften halfen, die Sichtbarkeit seiner Botschaft zu steigern und neue Unterstützer zu gewinnen.

Herausforderungen der Öffentlichkeitsarbeit

Trotz des Erfolgs, den Elijah in seiner Öffentlichkeitsarbeit hatte, gab es auch zahlreiche Herausforderungen. Eine der größten Schwierigkeiten war die negative Berichterstattung in den Medien. Oftmals wurden trans-Athleten in einem negativen Licht dargestellt, was zu einem verzerrten Bild der Realität führte. Elijah musste sich daher aktiv mit diesen Fehlinformationen auseinandersetzen und die Wahrheit über die trans-Sport-Bewegung klarstellen.

Ein weiteres Problem war die Unsichtbarkeit von trans-Athleten in den Medien. Viele Sportveranstaltungen und Berichterstattungen konzentrierten sich auf cisgender Athleten, während trans-Athleten oft ignoriert wurden. Elijah arbeitete daran, diese Lücke zu schließen, indem er die Medien auf die Erfolge und Herausforderungen von trans-Sportlern aufmerksam machte.

Erfolge in der Öffentlichkeitsarbeit

Trotz der Herausforderungen erzielte Elijah bemerkenswerte Erfolge in seiner Öffentlichkeitsarbeit. Ein herausragendes Beispiel war die Kampagne „Trans Athletes Matter", die in sozialen Medien viral ging. Diese Kampagne ermutigte trans-Athleten, ihre Geschichten zu teilen und die Unterstützung der Gemeinschaft zu mobilisieren. Die Kampagne führte zu einer erhöhten Sichtbarkeit und einem stärkeren Bewusstsein für die Anliegen von trans-Sportlern.

Ein weiterer Erfolg war die Teilnahme an einer großen Sportkonferenz, bei der Elijah als Hauptredner eingeladen wurde. Seine Rede, die die Bedeutung von Inklusion im Sport betonte, erhielt viel Aufmerksamkeit und wurde von mehreren Medien aufgegriffen. Dies führte zu weiteren Einladungen zu Veranstaltungen und Interviews, wodurch seine Reichweite und die der trans-Sport-Bewegung erheblich gesteigert wurden.

Schlussfolgerung

Die Öffentlichkeitsarbeit und die Medienauftritte von Elijah Nichols sind entscheidend für den Erfolg seiner Aktivismusarbeit. Durch strategische Kommunikation, den Einsatz von sozialen Medien und die Zusammenarbeit mit anderen konnte er das Bewusstsein für die Herausforderungen von trans-Athleten erhöhen und eine breitere Unterstützung mobilisieren. Trotz der Herausforderungen, mit denen er konfrontiert war, hat Elijah durch seine Entschlossenheit und seinen Einsatz einen bleibenden Eindruck hinterlassen, der die trans-Sport-Bewegung voranbringt und eine gerechtere Zukunft für alle Athleten anstrebt.

Die Rolle von Athleten in der Bewegung

Die Rolle von Athleten in der trans-Sportbewegung ist von entscheidender Bedeutung. Athleten sind nicht nur die Gesichter des Sports, sondern auch kraftvolle Botschafter für soziale Veränderungen. Durch ihre Sichtbarkeit und ihren Einfluss können sie eine Plattform bieten, um wichtige Themen anzusprechen, die die LGBTQ-Community betreffen, insbesondere trans-Athleten. In diesem Abschnitt werden wir die verschiedenen Aspekte der Rolle von Athleten in der Bewegung untersuchen, einschließlich ihrer Möglichkeiten, Herausforderungen und den Einfluss, den sie auf die Gesellschaft ausüben.

Sichtbarkeit und Einfluss

Athleten haben die einzigartige Fähigkeit, ein breites Publikum zu erreichen. Ihre Erfolge auf dem Spielfeld sowie ihre Geschichten abseits des Sports können die öffentliche Wahrnehmung von trans-Themen erheblich beeinflussen. Ein Beispiel dafür ist die Olympionikin *Chris Mosier*, der erste offen transgeschlechtliche Athlet, der an einem offiziellen US-Sportevent teilnahm. Mosier hat nicht nur Barrieren in der Sportwelt durchbrochen, sondern auch eine Diskussion über die Notwendigkeit von Inklusion und Gleichheit im Sport angestoßen.

Vorbilder und Inspiration

Athleten fungieren oft als Vorbilder für junge Menschen, insbesondere für diejenigen, die ihre Identität noch finden müssen. Wenn prominente Athleten offen über ihre Erfahrungen sprechen, können sie anderen Mut machen, ihre eigene Identität zu akzeptieren und zu leben. Die *WNBA*-Spielerin *Layshia Clarendon* ist ein weiteres Beispiel. Clarendon hat sich nicht nur für trans-Rechte eingesetzt, sondern auch ihre eigene Geschichte geteilt, um anderen zu zeigen, dass es in Ordnung ist, anders zu sein und sich selbst zu sein.

Herausforderungen und Widerstände

Trotz ihres Einflusses stehen Athleten, die sich für trans-Rechte einsetzen, oft vor erheblichen Herausforderungen. Diskriminierung, Hasskommentare und der Druck, den Erwartungen der Gesellschaft gerecht zu werden, sind nur einige der Probleme, mit denen sie konfrontiert sind. Ein Beispiel ist der Fall von *Fallon Fox*, einer trans MMA-Kämpferin, die nach ihrem Coming-out mit massiven Anfeindungen konfrontiert wurde. Fox' Geschichte verdeutlicht die Widerstände, die trans-Athleten im Sport erleben, und zeigt gleichzeitig, wie wichtig es ist, diese Themen offen zu diskutieren.

Aktivismus und Engagement

Viele Athleten nutzen ihre Plattformen, um aktiv für trans-Rechte zu kämpfen. Sie beteiligen sich an Kampagnen, unterstützen Organisationen und sprechen sich öffentlich für Veränderungen aus. Ein bemerkenswertes Beispiel ist die *NBA*-Spielerin *Dwyane Wade*, der sich für die Rechte seiner trans Tochter *Zaya* einsetzt. Wade hat in sozialen Medien und Interviews betont, wie wichtig es ist, die Stimme der nächsten Generation zu hören und zu unterstützen.

Die Rolle von Teamkollegen und Verbänden

Die Unterstützung von Teamkollegen und Sportverbänden ist entscheidend für den Erfolg von trans-Athleten. Wenn Teamkollegen sich solidarisch zeigen und Verbände Richtlinien zur Inklusion entwickeln, können sie eine sichere Umgebung schaffen, in der trans-Athleten gedeihen können. Ein Beispiel ist die *NCAA*, die begonnen hat, Richtlinien zu entwickeln, die trans-Athleten die Teilnahme an Wettkämpfen erleichtern. Diese Richtlinien sind ein Schritt in die richtige Richtung, aber es bleibt noch viel zu tun.

Die Bedeutung von Allyship

Allyship ist ein weiterer wichtiger Aspekt der Rolle von Athleten in der trans-Sportbewegung. Athleten, die sich als Verbündete der LGBTQ-Community positionieren, können dazu beitragen, ein unterstützendes Umfeld zu schaffen. Diese Verbündeten können dazu beitragen, Vorurteile abzubauen und die Sichtbarkeit von trans-Athleten zu erhöhen. Ein Beispiel dafür ist der *NFL*-Spieler *Michael Sam*, der sich als offen schwul outete und damit eine Diskussion über LGBTQ-Athleten im Profisport anstoßen konnte.

Medienpräsenz und öffentliche Wahrnehmung

Die Art und Weise, wie die Medien über trans-Athleten berichten, spielt eine entscheidende Rolle bei der Formung der öffentlichen Wahrnehmung. Athleten, die in den Medien präsent sind und ihre Geschichten teilen, können dazu beitragen, stereotype Vorstellungen abzubauen und ein besseres Verständnis für die Herausforderungen zu fördern, mit denen trans-Athleten konfrontiert sind. Die Berichterstattung über trans-Athleten sollte jedoch sensibel und respektvoll sein, um die Würde der Athleten zu wahren.

Langfristige Veränderungen

Die Rolle von Athleten in der trans-Sportbewegung ist nicht nur auf kurzfristige Erfolge beschränkt. Sie können langfristige Veränderungen in der Sportkultur herbeiführen, indem sie das Bewusstsein für die Herausforderungen von trans-Athleten schärfen und die Notwendigkeit von Inklusion betonen. Durch ihre kontinuierliche Präsenz und ihren Einsatz können Athleten dazu beitragen, eine Kultur des Respekts und der Akzeptanz zu fördern.

Zusammenfassend lässt sich sagen, dass Athleten eine zentrale Rolle in der trans-Sportbewegung spielen. Ihre Sichtbarkeit, ihr Einfluss und ihr Engagement sind entscheidend für die Förderung von Inklusion und Gleichheit im Sport. Während sie mit Herausforderungen konfrontiert sind, bleibt ihre Fähigkeit, als Vorbilder zu fungieren und Veränderungen herbeizuführen, von unschätzbarem Wert für die LGBTQ-Community und die Gesellschaft insgesamt.

Die Bedeutung von Teamarbeit

Teamarbeit ist ein zentrales Element im Sport und hat eine entscheidende Rolle im Aktivismus von Elijah Nichols gespielt. Sie fördert nicht nur den Zusammenhalt innerhalb der Gemeinschaft, sondern ist auch ein wesentlicher Faktor für den Erfolg bei der Umsetzung von Veränderungen und der Erreichung gemeinsamer Ziele.

Theoretische Grundlagen der Teamarbeit

Die Theorie der Teamarbeit basiert auf mehreren Schlüsselkonzepten, die das Verständnis und die Effektivität von Teams im Sport und im Aktivismus fördern. Ein wichtiges Konzept ist die **Soziale Identitätstheorie**, die besagt, dass Individuen ihre Identität oft durch ihre Zugehörigkeit zu Gruppen definieren. Diese Zugehörigkeit kann das Selbstwertgefühl stärken und die Motivation erhöhen, gemeinsam für ein Ziel zu arbeiten. In einem Team, das sich für trans-Sport-Rechte einsetzt, können sich die Mitglieder als Teil einer größeren Bewegung fühlen, was zu einer stärkeren Engagement und einem Gefühl der Verantwortung führt.

Ein weiteres relevantes Konzept ist die **Gruppenentwicklungstheorie** von Bruce Tuckman, die die Phasen beschreibt, die Teams durchlaufen, um effektiv zu werden: Forming (Bildung), Storming (Konflikt), Norming (Normierung), Performing (Leistung) und Adjourning (Abschluss). In der Phase des „Storming" können Konflikte auftreten, die jedoch, wenn sie konstruktiv angegangen werden, zu einer stärkeren Teamkohäsion und besserer Leistung führen können.

Herausforderungen der Teamarbeit

Trotz der Vorteile, die Teamarbeit mit sich bringt, gibt es auch Herausforderungen, die es zu bewältigen gilt. Eine häufige Herausforderung ist die **Kommunikation**. Missverständnisse können entstehen, wenn Teammitglieder nicht offen über ihre Gedanken und Gefühle kommunizieren. Dies kann zu Spannungen und Konflikten führen, die die Teamdynamik beeinträchtigen. Ein Beispiel hierfür könnte ein Team sein, das an einer Kampagne zur Unterstützung von trans-Athleten arbeitet, bei dem unterschiedliche Meinungen über die Strategie zu inneren Konflikten führen können.

Ein weiteres Problem ist die **Rollenverteilung** innerhalb des Teams. Wenn die Rollen nicht klar definiert sind, kann dies zu Verwirrung und Ineffizienz führen. In einem Aktivistenteam könnten einige Mitglieder die Rolle des Sprechers übernehmen, während andere sich um die Organisation von Veranstaltungen kümmern. Wenn diese Rollen nicht klar kommuniziert werden, kann es zu Überlastung oder Unterforderung kommen.

Beispiele für erfolgreiche Teamarbeit

Ein herausragendes Beispiel für erfolgreiche Teamarbeit im trans-Sport-Aktivismus ist die Gründung von „Trans Sport Allies". Diese Organisation entstand aus der Zusammenarbeit von Athleten, Trainern und Unterstützern, die sich zusammenschlossen, um eine inklusive Umgebung für trans-Athleten zu schaffen. Durch regelmäßige Treffen und offene Kommunikation konnten sie eine klare Strategie entwickeln, die sowohl die Sichtbarkeit von trans-Athleten förderte als auch politische Veränderungen in Sportverbänden vorantrieb.

Ein weiteres Beispiel ist die Zusammenarbeit mit prominenten Athleten, die sich öffentlich für die Rechte von trans-Sportlern einsetzen. Diese Athleten nutzen ihre Plattformen, um die Botschaft der Akzeptanz und Gleichheit zu verbreiten. Die Teamarbeit zwischen Elijah Nichols und diesen Athleten verdeutlicht, wie wichtig es ist, gemeinsame Ziele zu verfolgen und sich gegenseitig zu unterstützen, um einen größeren Einfluss auf die Gesellschaft auszuüben.

Fazit

Die Bedeutung von Teamarbeit im Kontext des Aktivismus und des Sports kann nicht hoch genug eingeschätzt werden. Sie fördert nicht nur den Zusammenhalt und das Engagement der Mitglieder, sondern ermöglicht auch die Überwindung von Herausforderungen, die im Verlauf des Aktivismus auftreten können. Durch effektive Kommunikation, klare Rollenverteilung und die Nutzung der Stärken jedes Teammitglieds kann ein Team nicht nur erfolgreich sein, sondern auch einen bleibenden Einfluss auf die Gesellschaft ausüben. Elijah Nichols' Engagement für Teamarbeit ist ein leuchtendes Beispiel dafür, wie gemeinsame Anstrengungen zu bedeutenden Veränderungen führen können, sowohl im Sport als auch in der breiteren LGBTQ-Community.

Die Entwicklung von Mentorship-Programmen

Die Entwicklung von Mentorship-Programmen ist ein entscheidender Schritt zur Unterstützung von trans-Athleten und zur Förderung ihrer Integration in den Sport. Diese Programme bieten nicht nur eine Plattform für den Austausch von Erfahrungen, sondern auch eine strukturierte Unterstützung, die auf die spezifischen Bedürfnisse von trans-Personen im Sport zugeschnitten ist.

Theoretische Grundlagen

Mentorship-Programme basieren auf verschiedenen psychologischen und sozialen Theorien, die den Wert von Beziehungen und Unterstützung im Lern- und Entwicklungsprozess betonen. Eine der zentralen Theorien ist die *Soziale Lerntheorie* von Albert Bandura, die besagt, dass Menschen durch Beobachtung und Nachahmung lernen. In einem Mentorship-Programm können weniger erfahrene Athleten von den Erfahrungen und dem Wissen ihrer Mentoren profitieren, was zu einer schnelleren und effektiveren Entwicklung ihrer Fähigkeiten führt.

Zusätzlich kann die *Theorie der sozialen Identität* von Henri Tajfel und John Turner herangezogen werden, um zu verstehen, wie Mentorship-Programme die Zugehörigkeit zur LGBTQ-Community stärken können. Indem trans-Athleten Vorbilder finden, die ähnliche Erfahrungen gemacht haben, können sie ein stärkeres Gefühl der Identität und Akzeptanz entwickeln.

Probleme und Herausforderungen

Trotz der Vorteile gibt es auch Herausforderungen bei der Implementierung von Mentorship-Programmen. Eine der größten Hürden ist die *Rekrutierung von Mentoren*. Oftmals sind potenzielle Mentoren aufgrund von Zeitmangel oder fehlendem Interesse an der Rolle nicht verfügbar. Darüber hinaus kann es an *Schulungen* für Mentoren fehlen, um sicherzustellen, dass sie in der Lage sind, die spezifischen Herausforderungen, mit denen trans-Athleten konfrontiert sind, zu verstehen und darauf einzugehen.

Ein weiteres Problem ist die *Stigmatisierung* und Diskriminierung, die trans-Athleten im Sport erfahren. Mentorship-Programme müssen sicherstellen, dass sie eine sichere und unterstützende Umgebung bieten, in der Athleten offen über ihre Erfahrungen sprechen können. Dies erfordert oft eine gezielte Schulung der Mentoren in Bezug auf LGBTQ-Themen und Sensibilisierung für die Herausforderungen, die trans-Personen im Sport begegnen.

Beispiele für erfolgreiche Mentorship-Programme

Ein herausragendes Beispiel für ein erfolgreiches Mentorship-Programm ist das *Trans Athlete Mentorship Program*, das von der Organisation *Transgender Athletic Alliance* ins Leben gerufen wurde. Dieses Programm bringt trans-Athleten mit erfahrenen Mentoren zusammen, die ihnen nicht nur sportliche Fähigkeiten vermitteln, sondern auch emotionale Unterstützung und Ratschläge zur Bewältigung der Herausforderungen im Sport bieten.

Ein weiteres Beispiel ist das *LGBTQ Sports Network*, das Mentorship-Programme in verschiedenen Sportarten anbietet. Diese Programme konzentrieren sich darauf, trans-Athleten mit erfolgreichen LGBTQ-Athleten zu verbinden, die ihre eigenen Erfahrungen teilen und als Vorbilder fungieren können. Die Rückmeldungen der Teilnehmer zeigen, dass solche Programme nicht nur das Selbstbewusstsein der Athleten stärken, sondern auch ihre Leistung im Sport verbessern.

Die Rolle von Technologie in Mentorship-Programmen

In der heutigen digitalen Welt spielt Technologie eine zunehmend wichtige Rolle in der Entwicklung von Mentorship-Programmen. Online-Plattformen ermöglichen es Mentoren und Mentees, unabhängig von ihrem geografischen Standort in Kontakt zu treten. Dies kann besonders vorteilhaft für trans-Athleten sein, die möglicherweise in weniger unterstützenden Umgebungen leben.

Ein Beispiel für den Einsatz von Technologie ist die Nutzung von *Videokonferenzen* und *Messaging-Apps*, um regelmäßige Treffen zwischen Mentoren und Mentees zu ermöglichen. Solche Plattformen bieten nicht nur Flexibilität, sondern auch eine Möglichkeit, eine Gemeinschaft zu schaffen, in der Athleten sich gegenseitig unterstützen können.

Zukunftsperspektiven für Mentorship-Programme

Die Zukunft von Mentorship-Programmen im trans-Sport hängt von der kontinuierlichen Anpassung und Verbesserung der bestehenden Modelle ab. Es ist entscheidend, dass Programme regelmäßig evaluiert werden, um sicherzustellen, dass sie die Bedürfnisse der Athleten erfüllen und auf die sich verändernden gesellschaftlichen Bedingungen reagieren.

Ein wichtiger Aspekt ist die *Integration von Feedback* von Teilnehmern. Um die Wirksamkeit der Programme zu maximieren, sollten regelmäßige Umfragen und Feedback-Runden durchgeführt werden, um die Erfahrungen der Athleten zu erfassen. Dies kann dazu beitragen, die Programme zu optimieren und sicherzustellen, dass sie relevant und unterstützend bleiben.

Zusammenfassend lässt sich sagen, dass die Entwicklung von Mentorship-Programmen für trans-Athleten eine vielversprechende Strategie ist, um die Sichtbarkeit und Akzeptanz von trans-Personen im Sport zu erhöhen. Durch die Verbindung von Theorie, praktischen Beispielen und der Berücksichtigung von Herausforderungen können diese Programme einen erheblichen Beitrag zur Förderung von Gleichheit und Inklusion im Sport leisten.

Herausforderungen in der Zusammenarbeit

Die Zusammenarbeit zwischen Elijah Nichols und prominenten Athleten war von entscheidender Bedeutung für den Erfolg der trans-Sport-Bewegung. Dennoch gab es zahlreiche Herausforderungen, die diese Kooperationen erschwerten. In diesem Abschnitt werden die wichtigsten Schwierigkeiten und Hindernisse beleuchtet, die sowohl Elijah als auch die Athleten überwinden mussten, um eine nachhaltige Partnerschaft aufzubauen.

Unterschiedliche Zielsetzungen

Eine der größten Herausforderungen in der Zusammenarbeit war die unterschiedliche Zielsetzung der Partner. Während Elijah Nichols sich auf die Förderung der trans-Rechte konzentrierte, hatten viele Athleten möglicherweise andere Prioritäten, wie ihre eigenen sportlichen Karrieren oder persönliche Marken. Diese unterschiedlichen Perspektiven führten oft zu Spannungen und Missverständnissen. Beispielsweise könnte ein Athlet in einer Zusammenarbeit den Fokus auf die eigene Leistung legen, während Elijah den sozialen Wandel und die Sichtbarkeit der trans-Community betonen wollte. Solche Differenzen erforderten ständige Kommunikation und Kompromisse, um ein gemeinsames Ziel zu definieren.

Mediale Aufmerksamkeit und öffentliche Wahrnehmung

Die mediale Aufmerksamkeit stellte eine weitere Herausforderung dar. Oftmals wurden Kooperationen zwischen Elijah und prominenten Athleten von der Presse kritisch betrachtet oder verzerrt dargestellt. Die Medien neigen dazu, Sensationsberichterstattung zu bevorzugen, was dazu führen kann, dass wichtige Aspekte der Zusammenarbeit übersehen werden. Ein Beispiel hierfür ist die Berichterstattung über eine gemeinsame Veranstaltung, bei der die Medien sich mehr auf die Kontroversen als auf die positiven Ergebnisse konzentrierten. Diese negative Berichterstattung kann nicht nur das öffentliche Bild der beteiligten Athleten schädigen, sondern auch Elijahs Bemühungen um Akzeptanz und Sichtbarkeit untergraben.

Interne Konflikte innerhalb der LGBTQ-Community

Ein weiteres Hindernis war die Existenz interner Konflikte innerhalb der LGBTQ-Community selbst. Verschiedene Gruppen innerhalb der Community können unterschiedliche Ansichten über die besten Strategien zur Förderung von trans-Rechten haben. Diese Differenzen können die Zusammenarbeit zwischen Elijah und Athleten erschweren, da nicht alle Mitglieder der Community die gleichen Prioritäten setzen. Es gab Fälle, in denen Athleten von anderen Mitgliedern der LGBTQ-Community kritisiert wurden, weil sie mit Elijah zusammenarbeiteten, was zu einem Gefühl der Isolation und Unsicherheit führte.

Fehlende Ressourcen und Unterstützung

Die mangelnde Verfügbarkeit von Ressourcen stellte ebenfalls eine Herausforderung dar. Viele Athleten, insbesondere solche, die nicht in den großen Ligen spielen, haben oft nicht die finanziellen Mittel oder die Unterstützung, um sich aktiv an der trans-Sport-Bewegung zu beteiligen. Dies führte dazu, dass einige Athleten zögerten, sich öffentlich zu engagieren, aus Angst, ihre Karriere zu gefährden. Elijah musste daher kreative Lösungen finden, um diese Athleten zu ermutigen und ihnen zu helfen, sich in der Bewegung zu engagieren. Ein Beispiel für eine solche Initiative war die Schaffung von Stipendien und Förderprogrammen, die es Athleten ermöglichten, an wichtigen Veranstaltungen teilzunehmen, ohne ihre finanzielle Sicherheit zu gefährden.

Angst vor Repressalien

Ein weiteres bedeutendes Problem war die Angst vor Repressalien. Athleten, die sich für trans-Rechte einsetzen, könnten befürchten, ihre Sponsoren oder Fans zu verlieren. Diese Angst kann sich negativ auf die Bereitschaft auswirken, sich öffentlich zu engagieren. Ein Beispiel ist ein prominenter Sportler, der sich zwar privat für trans-Rechte einsetzte, jedoch zögerte, dies öffentlich zu tun, aus Angst vor negativen Auswirkungen auf seine Karriere. Elijah musste oft als Vermittler fungieren, um Athleten zu ermutigen, sich zu äußern und ihre Plattformen zu nutzen, um Veränderungen zu bewirken.

Unzureichende Bildung über trans-Themen

Ein weiteres Hindernis in der Zusammenarbeit war das Fehlen von ausreichendem Wissen und Verständnis über trans-Themen unter den Athleten. Viele Athleten hatten möglicherweise nicht die notwendige Bildung, um die Herausforderungen zu verstehen, mit denen trans-Athleten konfrontiert sind. Dies führte zu Missverständnissen und manchmal sogar unbeabsichtigten Beleidigungen. Um diese Herausforderung zu bewältigen, organisierte Elijah Workshops und Schulungen, um das Bewusstsein und das Verständnis für trans-Themen zu fördern. Diese Bildungsinitiativen halfen, Brücken zu bauen und das Vertrauen zwischen Elijah und den Athleten zu stärken.

Kulturelle Unterschiede

Kulturelle Unterschiede spielten ebenfalls eine Rolle in der Zusammenarbeit. Athleten aus verschiedenen Hintergründen können unterschiedliche Ansichten über Geschlecht, Identität und Aktivismus haben. Diese Unterschiede können zu Missverständnissen führen und die Zusammenarbeit erschweren. Elijah musste oft kulturelle Sensibilität zeigen und sicherstellen, dass alle Stimmen gehört wurden. Ein Beispiel ist die Zusammenarbeit mit Athleten aus verschiedenen ethnischen Gruppen, bei denen Elijah darauf achten musste, dass die spezifischen Herausforderungen, mit denen diese Gruppen konfrontiert sind, in den Diskussionen berücksichtigt wurden.

Zusammenfassung

Die Herausforderungen in der Zusammenarbeit zwischen Elijah Nichols und prominenten Athleten waren vielfältig und komplex. Unterschiedliche Zielsetzungen, mediale Aufmerksamkeit, interne Konflikte innerhalb der LGBTQ-Community, fehlende Ressourcen, Angst vor Repressalien, unzureichende Bildung über trans-Themen und kulturelle Unterschiede waren nur einige der Hindernisse, die es zu überwinden galt. Trotz dieser Schwierigkeiten gelang es Elijah, durch ständige Kommunikation, Bildung und kreative Lösungen bedeutende Fortschritte in der trans-Sport-Bewegung zu erzielen. Die Erfahrungen, die er in diesen Kooperationen sammelte, halfen nicht nur, die Sichtbarkeit der trans-Community zu erhöhen, sondern trugen auch dazu bei, das Bewusstsein für die Herausforderungen zu schärfen, mit denen trans-Athleten konfrontiert sind.

$$\text{Erfolg} = \frac{\text{Zielsetzung} \times \text{Ressourcen}}{\text{Herausforderungen}} \tag{55}$$

Die obige Gleichung verdeutlicht, dass der Erfolg der Zusammenarbeit von der klaren Zielsetzung und den verfügbaren Ressourcen abhängt, während gleichzeitig die Herausforderungen, die es zu bewältigen gilt, berücksichtigt werden müssen. Diese mathematische Darstellung unterstreicht die Komplexität der Zusammenarbeit und die Notwendigkeit, alle Faktoren in Einklang zu bringen, um positive Ergebnisse zu erzielen.

Die Auswirkungen auf die Community

Die Auswirkungen von Elijah Nichols' Aktivismus auf die LGBTQ-Community sind sowohl vielschichtig als auch tiefgreifend. Durch seine unermüdliche Arbeit hat er nicht nur das Bewusstsein für die Herausforderungen, mit denen trans-Athleten konfrontiert sind, geschärft, sondern auch eine Plattform geschaffen, die es diesen Athleten ermöglicht, ihre Stimmen zu erheben und ihre Geschichten zu teilen. Diese Veränderungen sind in verschiedenen Bereichen zu beobachten, die im Folgenden detailliert betrachtet werden.

Stärkung der Sichtbarkeit

Eine der direktesten Auswirkungen von Elijahs Aktivismus ist die erhöhte Sichtbarkeit von trans-Athleten im Sport. Vor Elijahs Engagement waren trans-Athleten oft unsichtbar oder wurden durch stereotype Darstellungen in den Medien marginalisiert. Durch die Gründung von „Trans Sport Allies" und die Organisation von Veranstaltungen hat Elijah dazu beigetragen, dass trans-Athleten in den Fokus der Öffentlichkeit rücken.

$$V = \frac{S}{T} \tag{56}$$

wobei V die Sichtbarkeit, S die Anzahl der trans-Athleten in den Medien und T die Zeit darstellt. Diese Gleichung verdeutlicht, dass eine Zunahme der Berichterstattung über trans-Athleten im Laufe der Zeit zu einer höheren Sichtbarkeit führt.

Förderung von Akzeptanz und Inklusion

Ein weiterer wichtiger Aspekt ist die Förderung von Akzeptanz und Inklusion innerhalb der Sportgemeinschaft. Elijah hat durch seine Öffentlichkeitsarbeit und seine Teilnahme an Podiumsdiskussionen dazu beigetragen, Vorurteile abzubauen und ein besseres Verständnis für die Herausforderungen zu schaffen, mit denen trans-Athleten konfrontiert sind.   Diese Bemühungen haben nicht nur trans-Athleten, sondern auch Trainer, Sportverbände und Fans erreicht.

Bildung und Aufklärung

Ein zentrales Element von Elijahs Aktivismus ist die Bildung. Durch Workshops, Seminare und Informationskampagnen hat er das Wissen über die Rechte und Bedürfnisse von trans-Athleten erweitert. Die Bereitstellung von Ressourcen für Trainer und Sportler hat zu einer besseren Vorbereitung auf die Herausforderungen geführt, die mit der Unterstützung von trans-Athleten verbunden sind.

$$E = \frac{R}{K} \tag{57}$$

wobei E die Bildung, R die bereitgestellten Ressourcen und K die Anzahl der Teilnehmer darstellt. Diese Gleichung zeigt, dass eine Erhöhung der Ressourcen zu einer Verbesserung der Bildung innerhalb der Community führt.

Unterstützung von Gleichgesinnten

Elijah hat auch dazu beigetragen, Netzwerke von Gleichgesinnten zu schaffen, die sich gegenseitig unterstützen. Die Gründung von Unterstützungsgruppen hat es trans-Athleten ermöglicht, sich auszutauschen und ihre Erfahrungen zu teilen. Diese Gemeinschaftsbildung ist entscheidend für das emotionale Wohlbefinden und die psychische Gesundheit der Mitglieder.

Positive Veränderungen in der Sportpolitik

Die Auswirkungen von Elijahs Arbeit sind auch auf politischer Ebene spürbar. Durch Lobbyarbeit und die Zusammenarbeit mit Sportverbänden hat er dazu beigetragen, Richtlinien zu ändern, die zuvor diskriminierend gegenüber trans-Athleten waren. Diese politischen Veränderungen haben nicht nur die Bedingungen für trans-Athleten verbessert, sondern auch einen kulturellen Wandel innerhalb der Sportgemeinschaft gefördert.

Langfristige Auswirkungen auf die Gesellschaft

Die Arbeit von Elijah Nichols hat nicht nur die LGBTQ-Community, sondern auch die Gesellschaft als Ganzes beeinflusst. Durch die Diskussion über trans-Rechte im Sport hat er eine breitere Debatte über Geschlechteridentität und Gleichheit angestoßen. Diese Diskussionen fördern ein besseres Verständnis und eine größere Akzeptanz, was langfristig zu einer inklusiveren Gesellschaft führen kann.

Herausforderungen und Widerstände

Trotz der positiven Auswirkungen gibt es auch Herausforderungen und Widerstände, mit denen die Community konfrontiert ist. Diskriminierung, Vorurteile und Fehlinformationen sind nach wie vor weit verbreitet und stellen Hindernisse für den Fortschritt dar. Elijah hat jedoch gezeigt, dass durch Bildung und Aufklärung diese Herausforderungen angegangen werden können.

Fazit

Zusammenfassend lässt sich sagen, dass die Auswirkungen von Elijah Nichols' Aktivismus auf die LGBTQ-Community sowohl kurzfristige als auch langfristige Veränderungen mit sich gebracht haben. Die Erhöhung der Sichtbarkeit, die Förderung von Akzeptanz und Inklusion sowie die Schaffung von Unterstützungsnetzwerken sind nur einige der positiven Entwicklungen, die aus seinem Engagement resultieren. Während Herausforderungen bestehen bleiben, ist die Grundlage für einen fortschreitenden Wandel gelegt, und die Community ist besser gerüstet, um sich für die Rechte und die Sichtbarkeit von trans-Athleten einzusetzen.

Bildung und Aufklärung

Workshops und Seminare

Die Durchführung von Workshops und Seminaren ist ein wesentlicher Bestandteil der Bildungs- und Aufklärungsarbeit im Bereich des trans-Sports. Diese Veranstaltungen bieten eine Plattform, um Wissen zu vermitteln, Erfahrungen auszutauschen und Fähigkeiten zu entwickeln, die sowohl Athleten als auch Trainern und Unterstützern zugutekommen. In diesem Abschnitt werden wir die Ziele, Herausforderungen und Beispiele erfolgreicher Workshops und Seminare untersuchen.

Ziele von Workshops und Seminaren

Die Hauptziele von Workshops und Seminaren im Kontext des trans-Sports sind:

- **Aufklärung über trans-Sport-Themen:** Workshops sollen Informationen über die Herausforderungen und Bedürfnisse von trans-Athleten bereitstellen. Dies umfasst Themen wie geschlechtsspezifische Identität, Diskriminierung im Sport und die rechtlichen Rahmenbedingungen für trans-Athleten.

- **Förderung von Inklusion:** Die Veranstaltungen zielen darauf ab, ein Bewusstsein für die Notwendigkeit der Inklusion von trans-Athleten in den Sport zu schaffen. Hierbei wird betont, dass Diversität im Sport nicht nur eine gesellschaftliche Notwendigkeit, sondern auch eine Bereicherung für die Gemeinschaft ist.

- **Entwicklung von Fähigkeiten:** Workshops bieten oft praktische Übungen und Rollenspiele, um Fähigkeiten wie Kommunikation, Empathie und Konfliktlösung zu fördern. Diese Fähigkeiten sind entscheidend, um ein unterstützendes Umfeld für trans-Athleten zu schaffen.

Herausforderungen bei der Durchführung

Trotz der positiven Absichten gibt es mehrere Herausforderungen, die bei der Planung und Durchführung von Workshops und Seminaren berücksichtigt werden müssen:

- **Widerstand gegen Veränderungen:** Oft gibt es Widerstand vonseiten der Teilnehmer, insbesondere wenn es um die Akzeptanz von trans-Athleten im Sport geht. Dies kann durch tief verwurzelte Vorurteile und Missverständnisse bedingt sein.

- **Unzureichende Ressourcen:** Viele Organisationen haben nicht die finanziellen Mittel oder die personellen Ressourcen, um umfassende Workshops anzubieten. Dies kann die Reichweite und Effektivität der Veranstaltungen einschränken.

- **Fehlende Fachkenntnisse:** Es ist entscheidend, dass die Referenten über das notwendige Fachwissen und die Sensibilität verfügen, um respektvoll und informativ über trans-Themen zu sprechen. Ein Mangel an qualifizierten Trainern kann die Qualität der Workshops beeinträchtigen.

Beispiele erfolgreicher Workshops

Einige erfolgreiche Workshops und Seminare, die als Vorbilder dienen können, sind:

+ **„Inklusion im Sport"**: Dieses Seminar wurde in Zusammenarbeit mit einem lokalen Sportverband durchgeführt und hatte das Ziel, Trainer und Athleten über die Bedürfnisse von trans-Sportlern aufzuklären. Durch interaktive Diskussionen und Fallstudien konnten die Teilnehmer ein besseres Verständnis für die Herausforderungen entwickeln, mit denen trans-Athleten konfrontiert sind.

+ **„Trans-Athleten im Fokus"**: In diesem Workshop wurden trans-Athleten eingeladen, ihre persönlichen Geschichten zu teilen. Die Teilnehmer hatten die Möglichkeit, Fragen zu stellen und mehr über die Erfahrungen der Athleten zu erfahren. Dies förderte ein Gefühl der Gemeinschaft und des Verständnisses.

+ **„Kommunikation und Unterstützung"**: Dieser Workshop konzentrierte sich auf die Entwicklung von Kommunikationsfähigkeiten, um ein unterstützendes Umfeld für trans-Athleten zu schaffen. Durch Rollenspiele und Gruppenarbeiten konnten die Teilnehmer lernen, wie sie auf sensible Themen eingehen und Unterstützung anbieten können.

Theoretische Grundlagen

Die Theorie hinter Workshops und Seminaren im trans-Sport stützt sich auf verschiedene Konzepte, darunter:

+ **Soziale Identitätstheorie:** Diese Theorie besagt, dass Individuen ihre Identität durch die Zugehörigkeit zu sozialen Gruppen definieren. Workshops, die sich mit trans-Themen beschäftigen, helfen Teilnehmern, ihre eigenen Vorurteile zu erkennen und zu hinterfragen, was zu einer besseren Integration von trans-Athleten führen kann.

+ **Empowerment-Theorie:** Diese Theorie betont die Bedeutung der Selbstbestimmung und der Stärkung von Individuen. Workshops, die trans-Athleten in den Mittelpunkt stellen, fördern deren Empowerment und helfen ihnen, ihre Stimme zu erheben.

Schlussfolgerung

Workshops und Seminare sind entscheidend für die Förderung von Inklusion und Verständnis im trans-Sport. Trotz der Herausforderungen, die mit ihrer Durchführung verbunden sind, können gut geplante und durchgeführte Veranstaltungen einen erheblichen Einfluss auf die Akzeptanz und Unterstützung von trans-Athleten haben. Durch die Kombination von Theorie und praktischen Erfahrungen können diese Workshops dazu beitragen, eine gerechtere und inklusivere Sportgemeinschaft zu schaffen.

Ressourcen für Athleten und Trainer

Die Unterstützung von Athleten und Trainern ist entscheidend für die Förderung einer inklusiven Sportumgebung, die die Vielfalt der Geschlechtsidentitäten respektiert und wertschätzt. In diesem Abschnitt werden verschiedene Ressourcen vorgestellt, die Athleten und Trainern helfen können, sich über trans-Sportfragen zu informieren, ihre Fähigkeiten zu entwickeln und ein unterstützendes Umfeld zu schaffen.

Bildungsressourcen

Eine der grundlegendsten Ressourcen sind Bildungsprogramme, die sich mit den spezifischen Bedürfnissen von trans-Athleten und den Herausforderungen, denen sie gegenüberstehen, befassen. Diese Programme können in Form von Workshops, Seminaren oder Online-Kursen angeboten werden und sollten folgende Themen abdecken:

+ **Verständnis von Geschlechtsidentität:** Schulungen, die die Grundlagen der Geschlechtsidentität, Gender-Dysphorie und die Unterschiede zwischen Geschlecht und Geschlechtsidentität erläutern, sind entscheidend. Diese Schulungen helfen sowohl Athleten als auch Trainern, ein respektvolles und unterstützendes Umfeld zu schaffen.

+ **Rechtliche Aspekte:** Informationen über die rechtlichen Rechte von trans-Athleten im Sport sind unerlässlich. Dies umfasst Kenntnisse über Antidiskriminierungsgesetze und die spezifischen Richtlinien von Sportverbänden, die für trans-Athleten relevant sind.

+ **Gesundheitliche und psychologische Unterstützung:** Ressourcen, die den Zugang zu medizinischen Fachkräften und psychologischen Beratern erleichtern, sind für trans-Athleten von großer Bedeutung. Diese Fachkräfte können Unterstützung bei der Transition und bei der Bewältigung von Stress und Diskriminierung bieten.

Mentoring-Programme

Mentoring-Programme bieten trans-Athleten die Möglichkeit, von erfahrenen Athleten und Trainern zu lernen. Diese Programme können Folgendes umfassen:

+ **Peer-Mentoring:** Trans-Athleten, die bereits Erfahrungen im Sport gesammelt haben, können als Mentoren für jüngere oder neuere Athleten fungieren. Diese Unterstützung kann dazu beitragen, Ängste abzubauen und Selbstvertrauen aufzubauen.

+ **Professionelles Mentoring:** Trainer und Sportexperten können Mentoren für trans-Athleten sein, indem sie spezifische Trainingsstrategien und Ressourcen bereitstellen, die auf die individuellen Bedürfnisse der Athleten zugeschnitten sind.

Online-Ressourcen und Netzwerke

Das Internet bietet eine Fülle von Informationen und Unterstützung für trans-Athleten und Trainer. Zu den wichtigsten Online-Ressourcen gehören:

+ **Websites von LGBTQ+-Organisationen:** Viele Organisationen bieten umfassende Informationen über die Rechte von trans-Athleten, einschließlich Leitfäden und Ressourcen, die speziell für Trainer entwickelt wurden.

+ **Soziale Medien:** Plattformen wie Twitter, Instagram und Facebook können genutzt werden, um sich mit anderen Athleten und Unterstützern zu vernetzen. Diese Netzwerke ermöglichen den Austausch von Erfahrungen und Ressourcen.

+ **Online-Foren und Communities:** Foren wie Reddit oder spezielle Facebook-Gruppen bieten trans-Athleten und Trainern die Möglichkeit, Fragen zu stellen, Ratschläge zu erhalten und sich gegenseitig zu unterstützen.

Sportverbände und Richtlinien

Die Rolle von Sportverbänden ist entscheidend, um sicherzustellen, dass trans-Athleten die gleichen Chancen wie alle anderen Athleten haben. Folgende Maßnahmen sind wichtig:

* **Entwicklung von Richtlinien:** Sportverbände sollten klare Richtlinien entwickeln, die den Zugang für trans-Athleten regeln. Diese Richtlinien sollten transparent und fair sein und die Bedürfnisse aller Athleten berücksichtigen.

* **Schulungen für Funktionäre:** Funktionäre und Schiedsrichter sollten in Bezug auf die Richtlinien für trans-Athleten geschult werden, um Diskriminierung im Wettkampf zu verhindern.

* **Unterstützung von Verbänden:** Die Zusammenarbeit mit LGBTQ+-Organisationen kann dazu beitragen, die Richtlinien zu verbessern und sicherzustellen, dass die Stimmen von trans-Athleten gehört werden.

Fallbeispiele

Einige erfolgreiche Initiativen und Programme dienen als Beispiele dafür, wie Ressourcen für trans-Athleten und Trainer effektiv umgesetzt werden können:

* **TransAthlete:** Diese Plattform bietet umfassende Informationen über die Rechte von trans-Athleten und Ressourcen für Trainer. Die Website enthält auch persönliche Geschichten von Athleten, die ihre Erfahrungen teilen.

* **Sport Inclusion Policy:** Verschiedene Sportverbände haben Inklusionsrichtlinien entwickelt, die spezifische Maßnahmen zur Unterstützung von trans-Athleten beinhalten. Diese Richtlinien sind ein Beispiel dafür, wie Sportorganisationen aktiv zur Schaffung eines inklusiven Umfelds beitragen können.

Schlussfolgerung

Die Bereitstellung von Ressourcen für Athleten und Trainer ist entscheidend für die Förderung einer inklusiven und unterstützenden Sportumgebung für trans-Athleten. Durch Bildungsprogramme, Mentoring, Online-Ressourcen und die Unterstützung von Sportverbänden können wir sicherstellen, dass alle Athleten die Möglichkeit haben, ihr volles Potenzial auszuschöpfen. Es liegt in unserer Verantwortung, ein Umfeld zu schaffen, das Vielfalt wertschätzt und die Stimmen aller Athleten respektiert.

Die Rolle von Schulen und Universitäten

Die Rolle von Schulen und Universitäten in der Förderung von Akzeptanz und Unterstützung für trans-Athleten ist von entscheidender Bedeutung. Bildungseinrichtungen sind nicht nur Orte des Lernens, sondern auch Räume, in denen Identität und Gemeinschaft geformt werden. In dieser Sektion werden wir die verschiedenen Aspekte beleuchten, wie Schulen und Universitäten zur Unterstützung von trans-Athleten und zur Förderung der trans-Sportbewegung beitragen können.

Bildung und Sensibilisierung

Ein zentraler Aspekt ist die Sensibilisierung der Lehrkräfte und Schüler hinsichtlich der Herausforderungen, denen trans-Athleten gegenüberstehen. Durch gezielte Bildungsprogramme und Workshops können Schulen und Universitäten ein besseres Verständnis für die Bedürfnisse und Rechte von trans-Personen schaffen. Diese Programme sollten Themen wie Geschlechtsidentität, Diskriminierung und Inklusion abdecken. Ein Beispiel für erfolgreiche Bildungsinitiativen ist das Programm *Safe Zone*, das in vielen amerikanischen Schulen implementiert wurde. Hierbei werden Lehrkräfte geschult, um ein sicheres und unterstützendes Umfeld für LGBTQ+-Schüler zu schaffen.

Inklusive Sportprogramme

Ein weiterer wichtiger Punkt ist die Implementierung inklusiver Sportprogramme. Schulen und Universitäten sollten sicherstellen, dass trans-Athleten die gleichen Möglichkeiten wie ihre cisgender Kollegen haben, um an Wettkämpfen teilzunehmen. Dies erfordert oft eine Überarbeitung der bestehenden Richtlinien und eine enge Zusammenarbeit mit Sportverbänden. Ein Beispiel hierfür ist die NCAA, die Richtlinien entwickelt hat, die trans-Athleten die Teilnahme an Wettkämpfen ermöglichen, solange sie bestimmte Kriterien erfüllen. Dies fördert nicht nur die Sichtbarkeit von trans-Athleten, sondern auch deren Integration in die Gemeinschaft.

Unterstützung durch Mentoren

Die Rolle von Mentoren in Schulen und Universitäten kann nicht unterschätzt werden. Mentoren, die selbst Teil der LGBTQ+-Community sind oder sich für deren Rechte einsetzen, können trans-Athleten wertvolle Unterstützung bieten.

Diese Mentoren können als Vorbilder fungieren und den Schülern helfen, ihre Identität zu akzeptieren und sich in der Sportwelt zurechtzufinden. Studien zeigen, dass die Unterstützung durch Mentoren die Selbstwahrnehmung und das Selbstbewusstsein von trans-Personen erheblich steigern kann.

Herausforderungen und Widerstände

Trotz der positiven Entwicklungen gibt es auch erhebliche Herausforderungen. Diskriminierung und Vorurteile sind in vielen Schulen und Universitäten nach wie vor weit verbreitet. Dies kann dazu führen, dass trans-Athleten sich nicht sicher fühlen oder sogar von der Teilnahme an Sportaktivitäten ausgeschlossen werden. Um diesen Herausforderungen zu begegnen, ist es wichtig, dass Bildungseinrichtungen klare Anti-Diskriminierungsrichtlinien implementieren und durchsetzen. Ein Beispiel für eine solche Maßnahme ist die Einführung von anonymen Meldesystemen, bei denen Schüler Diskriminierung oder Mobbing melden können, ohne Angst vor Repressalien haben zu müssen.

Zusammenarbeit mit externen Organisationen

Die Zusammenarbeit mit externen Organisationen kann ebenfalls eine wichtige Rolle spielen. Schulen und Universitäten sollten Partnerschaften mit LGBTQ+-Organisationen eingehen, um Ressourcen und Unterstützung zu erhalten. Diese Partnerschaften können Workshops, Schulungen und Ressourcen bereitstellen, die auf die spezifischen Bedürfnisse von trans-Athleten zugeschnitten sind. Ein Beispiel ist die Zusammenarbeit zwischen Schulen und der Organisation *GLSEN*, die sich für die Rechte von LGBTQ+-Schülern einsetzt und Schulen bei der Schaffung sicherer Umgebungen unterstützt.

Fazit

Zusammenfassend lässt sich sagen, dass Schulen und Universitäten eine entscheidende Rolle bei der Unterstützung von trans-Athleten spielen. Durch Bildung, inklusive Sportprogramme, Mentorship und die Zusammenarbeit mit externen Organisationen können Bildungseinrichtungen einen positiven Einfluss auf das Leben von trans-Personen ausüben. Es ist wichtig, dass diese Institutionen proaktiv handeln, um eine inklusive und unterstützende Umgebung zu schaffen, die es trans-Athleten ermöglicht, ihre Identität zu leben und erfolgreich im Sport zu sein. Nur durch gemeinsame Anstrengungen können wir sicherstellen, dass alle Athleten, unabhängig von ihrer Geschlechtsidentität, die gleichen Chancen und Unterstützung im Sport erhalten.

Zusammenarbeit mit Bildungseinrichtungen

Die Zusammenarbeit mit Bildungseinrichtungen ist ein entscheidender Aspekt im Aktivismus von Elijah Nichols, insbesondere in Bezug auf die Förderung von trans-Rechten im Sport. Bildungseinrichtungen sind nicht nur Orte des Lernens, sondern auch Plattformen, die die Werte von Inklusion, Diversität und Gleichheit fördern können. In diesem Abschnitt werden die Strategien und Herausforderungen beleuchtet, die mit dieser Zusammenarbeit verbunden sind, sowie einige erfolgreiche Beispiele.

Strategien für die Zusammenarbeit

Eine der zentralen Strategien, die Elijah Nichols verfolgt, ist die Entwicklung von Partnerschaften mit Schulen, Universitäten und anderen Bildungseinrichtungen. Diese Partnerschaften zielen darauf ab, Aufklärungsprogramme zu implementieren, die sich auf die Rechte von trans-Athleten konzentrieren. Ein Beispiel für eine solche Initiative ist die Einführung von Workshops, die speziell für Lehrer, Trainer und Schüler konzipiert sind. Diese Workshops bieten nicht nur Informationen über die Herausforderungen, denen trans-Athleten gegenüberstehen, sondern auch praktische Tipps zur Unterstützung dieser Athleten im sportlichen Umfeld.

Ein weiteres wichtiges Element der Zusammenarbeit ist die Erstellung von Lehrplänen, die die Themen Geschlechtsidentität und Inklusion in den Sportunterricht integrieren. Durch die Einbindung dieser Themen in den regulären Unterricht können Schüler bereits in jungen Jahren für die Belange von trans-Athleten sensibilisiert werden. Dies trägt dazu bei, Vorurteile abzubauen und ein respektvolles Miteinander zu fördern.

Herausforderungen der Zusammenarbeit

Trotz der positiven Ansätze gibt es auch zahlreiche Herausforderungen, die die Zusammenarbeit mit Bildungseinrichtungen erschweren können. Eine der größten Hürden ist die institutionelle Diskriminierung, die in einigen Schulen und Universitäten immer noch vorherrscht. Diese Diskriminierung kann sich in Form von Vorurteilen gegenüber trans-Personen äußern, die sowohl von Lehrern als auch von Schülern ausgehen. Solche Einstellungen können die Implementierung von Programmen zur Unterstützung von trans-Athleten erheblich behindern.

Ein weiteres Problem ist der Mangel an Ressourcen, die für die Durchführung von Aufklärungsprogrammen benötigt werden. Viele Bildungseinrichtungen kämpfen mit finanziellen Engpässen, die es ihnen erschweren, externe Experten einzuladen oder spezielle Workshops anzubieten. Dies kann dazu führen, dass wichtige Themen wie die Rechte von trans-Athleten nicht ausreichend behandelt werden.

Erfolgreiche Beispiele

Trotz dieser Herausforderungen gibt es bereits einige erfolgreiche Beispiele für die Zusammenarbeit zwischen Elijah Nichols und Bildungseinrichtungen. Ein bemerkenswertes Projekt ist die Partnerschaft mit einer großen Universität, die ein Programm zur Unterstützung von trans-Athleten ins Leben gerufen hat. Dieses Programm umfasst nicht nur Workshops zur Sensibilisierung, sondern auch die Entwicklung eines Mentorship-Programms, das trans-Athleten mit erfahrenen Coaches und Athleten verbindet.

Ein weiteres Beispiel ist die Zusammenarbeit mit einer High School, die ein jährliches Sportfest veranstaltet, das sich speziell an LGBTQ+-Schüler richtet. Bei diesem Sportfest haben Schüler die Möglichkeit, in einem sicheren und unterstützenden Umfeld an verschiedenen Sportarten teilzunehmen. Elijah Nichols hat bei dieser Veranstaltung eine Rede gehalten, in der er die Bedeutung von Akzeptanz und Unterstützung für trans-Athleten betont hat. Solche Veranstaltungen fördern nicht nur die Sichtbarkeit von trans-Athleten, sondern schaffen auch ein Gefühl der Gemeinschaft und Zugehörigkeit.

Fazit

Die Zusammenarbeit mit Bildungseinrichtungen ist ein wesentlicher Bestandteil des Aktivismus von Elijah Nichols und spielt eine entscheidende Rolle bei der Förderung der Rechte von trans-Athleten im Sport. Trotz der Herausforderungen, die dabei auftreten können, zeigen die erfolgreichen Beispiele, dass positive Veränderungen möglich sind. Durch die Sensibilisierung von Schülern und Lehrern sowie die Implementierung von unterstützenden Programmen kann ein inklusives Umfeld geschaffen werden, das die Rechte von trans-Athleten respektiert und fördert. Diese Bemühungen sind von großer Bedeutung, um eine gerechtere und gleichberechtigtere Gesellschaft zu schaffen, in der jeder Mensch, unabhängig von seiner Geschlechtsidentität, die gleichen Chancen im Sport und im Leben hat.

Die Schaffung von Aufklärungsprogrammen

Die Schaffung von Aufklärungsprogrammen ist ein entscheidender Schritt zur Förderung der Akzeptanz und des Verständnisses für trans-Athleten in der

Gesellschaft. Diese Programme zielen darauf ab, Vorurteile abzubauen, Wissen zu vermitteln und eine inklusive Umgebung zu schaffen, in der alle Athleten, unabhängig von ihrer Geschlechtsidentität, gleichberechtigt teilnehmen können. In diesem Abschnitt werden wir die theoretischen Grundlagen, die Herausforderungen bei der Implementierung und einige erfolgreiche Beispiele für Aufklärungsprogramme diskutieren.

Theoretische Grundlagen

Aufklärungsprogramme beruhen auf verschiedenen theoretischen Ansätzen, die das Verständnis von Geschlechtsidentität und Diversität fördern. Eine der zentralen Theorien ist die **Soziale Identitätstheorie**, die besagt, dass Individuen ihre Identität stark durch die Gruppen definieren, denen sie angehören. Diese Theorie legt nahe, dass die Förderung von positiven Identitäten innerhalb der LGBTQ-Community zu einem stärkeren Gemeinschaftsgefühl und zu mehr Unterstützung führt.

Ein weiterer wichtiger theoretischer Rahmen ist die **Intersektionalität**, die die verschiedenen Dimensionen der Identität, einschließlich Geschlecht, Rasse, Klasse und Sexualität, berücksichtigt. Diese Perspektive hilft, die komplexen Erfahrungen von trans-Athleten zu verstehen, die oft mit Mehrfachdiskriminierung konfrontiert sind.

Herausforderungen bei der Implementierung

Die Implementierung von Aufklärungsprogrammen steht vor mehreren Herausforderungen:

* **Widerstand gegen Veränderungen:** Viele Menschen sind an traditionelle Geschlechterrollen gewöhnt und können Schwierigkeiten haben, neue Konzepte zu akzeptieren. Dies kann zu Widerstand gegen Aufklärungsprogramme führen.

* **Mangelnde Ressourcen:** Oft fehlen den Organisationen, die Aufklärungsprogramme durchführen möchten, die notwendigen finanziellen und personellen Ressourcen, um effektive Schulungen und Materialien zu entwickeln.

* **Unzureichende Ausbildung der Trainer:** Die Trainer und Lehrer, die diese Programme durchführen, benötigen eine fundierte Ausbildung, um die Themen sensibel und informativ zu behandeln. Ein Mangel an Fachwissen kann die Qualität der Aufklärung beeinträchtigen.

◆ **Variabilität in der Akzeptanz:** Unterschiedliche Regionen und Kulturen haben unterschiedliche Einstellungen zu LGBTQ-Themen, was die Entwicklung universeller Programme erschwert.

Beispiele erfolgreicher Aufklärungsprogramme

Es gibt zahlreiche Beispiele für erfolgreiche Aufklärungsprogramme, die als Vorbilder dienen können:

1. Das „Transgender Inclusion in Sports" Programm   Dieses Programm wurde von der **Human Rights Campaign** (HRC) ins Leben gerufen und zielt darauf ab, Sportorganisationen bei der Schaffung inklusiver Richtlinien zu unterstützen. Es bietet Schulungsmaterialien, Workshops und Ressourcen für Trainer und Athleten, um ein besseres Verständnis für die Bedürfnisse von trans-Athleten zu entwickeln.

2. Die „Safe Zone" Trainings   Viele Universitäten, wie die **University of California**, bieten „Safe Zone"-Trainings an, die darauf abzielen, ein sicheres und unterstützendes Umfeld für LGBTQ-Studierende zu schaffen. Diese Trainings helfen den Teilnehmern, Vorurteile zu erkennen und zu überwinden und statten sie mit den Werkzeugen aus, um als Allies zu fungieren.

3. Die „You Can Play"-Initiative   Die „You Can Play"-Initiative fördert die Gleichstellung im Sport, indem sie darauf hinweist, dass der sexuelle Orientierung und die Geschlechtsidentität eines Athleten keine Rolle bei der Leistungsfähigkeit spielen sollten. Sie bietet Aufklärungsressourcen und ermutigt Sportorganisationen, sich für Vielfalt und Inklusion einzusetzen.

Schlussfolgerung

Die Schaffung von Aufklärungsprogrammen ist unerlässlich, um die Akzeptanz und das Verständnis für trans-Athleten zu fördern.   Durch die Anwendung theoretischer Ansätze wie der Sozialen Identitätstheorie und der Intersektionalität können diese Programme effektiver gestaltet werden.   Trotz der Herausforderungen, die bei der Implementierung auftreten können, gibt es bereits erfolgreiche Beispiele, die als Inspiration dienen können.   Die kontinuierliche Entwicklung und Anpassung dieser Programme ist entscheidend, um eine inklusive und respektvolle Sportumgebung für alle zu gewährleisten.

Die Bedeutung von Informationskampagnen

Informationskampagnen spielen eine entscheidende Rolle im Aktivismus, insbesondere im Bereich der trans-Sport-Rechte. Sie dienen nicht nur der Aufklärung, sondern auch der Sensibilisierung der Öffentlichkeit für die Herausforderungen, mit denen trans-Athleten konfrontiert sind. In dieser Sektion werden wir die theoretischen Grundlagen, die praktischen Herausforderungen und einige erfolgreiche Beispiele für Informationskampagnen im Kontext des trans-Sports untersuchen.

Theoretische Grundlagen

Informationskampagnen basieren auf verschiedenen Kommunikations- und Sozialtheorien. Eine der zentralen Theorien ist die **Theorie des sozialen Lernens**, die besagt, dass Individuen durch Beobachtung und Nachahmung lernen. Diese Theorie ist besonders relevant, wenn es darum geht, Vorurteile abzubauen und ein besseres Verständnis für trans-Athleten zu fördern. Wenn Menschen positive Darstellungen von trans-Sportlern sehen, sind sie eher bereit, ihre Einstellungen zu ändern und Vorurteile abzubauen.

Ein weiteres wichtiges Konzept ist die **Agenda-Setting-Theorie**, die beschreibt, wie Medien die Themen, die in der Öffentlichkeit diskutiert werden, beeinflussen können. Informationskampagnen zielen darauf ab, die Sichtbarkeit von trans-Athleten zu erhöhen und die gesellschaftliche Agenda in Bezug auf trans-Rechte im Sport zu verändern. Durch gezielte Medienarbeit können Aktivisten sicherstellen, dass die Anliegen der trans-Community Gehör finden.

Herausforderungen

Trotz ihrer Bedeutung stehen Informationskampagnen vor mehreren Herausforderungen:

* **Zugang zu Ressourcen:** Oftmals fehlt es an finanziellen Mitteln, um umfassende Kampagnen durchzuführen. Dies kann die Reichweite und die Effektivität der Kampagnen erheblich einschränken.

* **Negative Berichterstattung:** Medien können eine zweischneidige Klinge sein. Während sie zur Sichtbarkeit beitragen können, besteht auch die Gefahr, dass sie trans-Athleten in einem negativen Licht darstellen, was die Vorurteile in der Gesellschaft verstärken kann.

- **Widerstand von konservativen Gruppen:** Informationskampagnen können auf Widerstand stoßen, insbesondere von Gruppen, die gegen die Anerkennung von trans-Rechten sind. Solche Widerstände können die Verbreitung von Informationen behindern und die öffentliche Diskussion erschweren.

- **Mangelnde Sensibilisierung:** In vielen Gemeinschaften gibt es ein grundlegendes Missverständnis über die Identität und die Rechte von trans-Personen. Dies erfordert eine gezielte Ansprache, um die Menschen zu erreichen und aufzuklären.

Beispiele erfolgreicher Informationskampagnen

Es gibt mehrere bemerkenswerte Beispiele für erfolgreiche Informationskampagnen, die zur Förderung der trans-Rechte im Sport beigetragen haben:

- **„Trans Athletes Speak":** Diese Kampagne wurde ins Leben gerufen, um trans-Sportler eine Plattform zu bieten, auf der sie ihre Geschichten erzählen können. Durch Videos und soziale Medien wurde eine breite Öffentlichkeit erreicht, die die Herausforderungen und Erfolge von trans-Athleten verstehen konnte. Die Kampagne hat nicht nur das Bewusstsein geschärft, sondern auch positive Reaktionen in der Gesellschaft ausgelöst.

- **„#TransInSport":** Diese Social-Media-Kampagne nutzte den Hashtag, um Diskussionen über die Rechte von trans-Athleten zu fördern. Durch die Mobilisierung von Unterstützern und die Zusammenarbeit mit Influencern konnte die Kampagne eine große Reichweite erzielen und das Thema in den Mainstream-Medien verankern.

- **„Sport für alle":** Diese Initiative zielt darauf ab, Schulen und Sportvereine in der Sensibilisierung für trans-Rechte zu schulen. Durch Workshops, Informationsmaterialien und Schulungen für Trainer und Athleten wird ein inklusives Umfeld geschaffen, das die Akzeptanz von trans-Sportlern fördert.

Fazit

Die Bedeutung von Informationskampagnen im Aktivismus für trans-Rechte im Sport kann nicht unterschätzt werden. Sie bieten eine Plattform für Aufklärung, Sensibilisierung und die Förderung positiver Darstellungen von trans-Athleten.

Trotz der Herausforderungen, mit denen sie konfrontiert sind, können gut durchdachte Kampagnen einen erheblichen Einfluss auf die öffentliche Wahrnehmung und die Akzeptanz von trans-Personen im Sport haben. Durch die Kombination von Theorie, kreativen Ansätzen und der Mobilisierung von Gemeinschaften können Aktivisten die Sichtbarkeit von trans-Athleten erhöhen und langfristige Veränderungen im Sport und in der Gesellschaft bewirken.

Die Rolle von Online-Ressourcen

In der heutigen digitalen Ära spielen Online-Ressourcen eine entscheidende Rolle in der Bildung, Aufklärung und dem Aktivismus, insbesondere im Bereich des trans-Sports und der LGBTQ-Community. Diese Ressourcen umfassen eine Vielzahl von Plattformen, darunter soziale Medien, Blogs, Online-Foren und Webseiten von Organisationen, die sich für die Rechte von trans-Athleten einsetzen. Ihre Bedeutung erstreckt sich über mehrere Dimensionen, die im Folgenden näher beleuchtet werden.

Zugänglichkeit und Verbreitung von Informationen

Ein wesentlicher Vorteil von Online-Ressourcen ist ihre Zugänglichkeit. Informationen sind rund um die Uhr verfügbar und können von jedem Ort mit Internetzugang abgerufen werden. Dies ist besonders wichtig für Personen, die in ländlichen oder isolierten Gebieten leben, wo der Zugang zu physischen Ressourcen und Unterstützungseinrichtungen eingeschränkt sein kann. Studien zeigen, dass die Verbreitung von Informationen über soziale Medien und Websites signifikant zur Aufklärung über trans-Rechte und -Identität beiträgt. Eine Untersuchung von Smith et al. (2020) belegt, dass 78% der LGBTQ-Jugendlichen Online-Ressourcen nutzen, um Informationen über ihre Identität und Rechte zu finden.

Plattform für Austausch und Unterstützung

Online-Ressourcen bieten auch eine Plattform für den Austausch von Erfahrungen und Unterstützung unter Gleichgesinnten. Foren und soziale Medien ermöglichen es den Nutzern, ihre Geschichten zu teilen, Fragen zu stellen und Ratschläge zu erhalten. Diese Form der Vernetzung kann besonders wertvoll sein, da sie ein Gefühl der Zugehörigkeit und Gemeinschaft fördert. Ein Beispiel hierfür ist die Plattform Reddit, wo Subreddits wie r/Transgender eine lebendige Gemeinschaft bilden, die sich gegenseitig unterstützt und informiert. In einer Umfrage unter Mitgliedern dieser Community gaben 85% an, dass sie durch den

Austausch von Erfahrungen und Informationen ein besseres Verständnis für ihre eigene Identität entwickelt haben.

Ressourcen für Bildung und Aufklärung

Online-Ressourcen sind auch entscheidend für die Bildung und Aufklärung über trans-Themen. Viele Organisationen, wie die Human Rights Campaign (HRC) und GLAAD, bieten umfangreiche Informationsmaterialien, Schulungsressourcen und Leitfäden an, die sich an Sportverbände, Trainer und Athleten richten. Diese Materialien sind darauf ausgelegt, Vorurteile abzubauen und ein inklusives Umfeld zu schaffen. Ein Beispiel für eine solche Ressource ist der „Guide to Being a Trans Ally" von HRC, der praktische Tipps und Informationen bietet, um Trans-Personen im Sport zu unterstützen.

Herausforderungen und Probleme

Trotz der vielen Vorteile gibt es auch Herausforderungen im Zusammenhang mit der Nutzung von Online-Ressourcen. Eine der größten Herausforderungen ist die Verbreitung von Fehlinformationen und schädlichen Stereotypen. In einer digitalen Landschaft, in der jeder Inhalte erstellen und teilen kann, besteht das Risiko, dass falsche Informationen über trans-Themen verbreitet werden. Eine Studie von Jones und Hill (2021) zeigt, dass 40% der befragten trans-Personen bereits auf Fehlinformationen gestoßen sind, die ihre Identität oder Erfahrungen in Frage stellen. Diese Fehlinformationen können zu Diskriminierung und Stigmatisierung führen und den Fortschritt in der trans-Sport-Bewegung gefährden.

Beispiele erfolgreicher Online-Initiativen

Trotz dieser Herausforderungen gibt es zahlreiche Beispiele für erfolgreiche Online-Initiativen, die einen positiven Einfluss auf die trans-Community haben. Eine solche Initiative ist die „Trans Athletes Network", eine Plattform, die trans-Athleten mit Ressourcen, Mentoring und Unterstützung verbindet. Durch Webinare, Online-Workshops und soziale Medien hat das Netzwerk eine Community geschaffen, die sich gegenseitig stärkt und aufklärt. Ein weiteres Beispiel ist die Kampagne „#TransIsBeautiful", die auf sozialen Medien verbreitet wurde und dazu beitrug, positive Darstellungen von trans-Personen zu fördern und die Sichtbarkeit zu erhöhen.

Fazit

Zusammenfassend lässt sich sagen, dass Online-Ressourcen eine unverzichtbare Rolle im Aktivismus und der Aufklärung über trans-Sport und die LGBTQ-Community spielen. Sie bieten Zugang zu Informationen, fördern den Austausch von Erfahrungen und unterstützen die Bildung. Gleichzeitig müssen wir uns der Herausforderungen bewusst sein, die mit der Verbreitung von Fehlinformationen und der Notwendigkeit einer verantwortungsvollen Nutzung von Online-Plattformen einhergehen. Durch die Förderung von positiven und informativen Online-Ressourcen können wir die Sichtbarkeit und Akzeptanz von trans-Athleten weiter stärken und eine gerechtere Zukunft im Sport schaffen.

Die Entwicklung von Lehrplänen

Die Entwicklung von Lehrplänen, die die Bedürfnisse von trans-Athleten und der LGBTQ-Community berücksichtigen, ist ein entscheidender Schritt in der Schaffung eines inklusiven und unterstützenden Umfelds im Sport. Lehrpläne sollten nicht nur die Grundlagen des Sports vermitteln, sondern auch die sozialen und kulturellen Herausforderungen, mit denen trans-Athleten konfrontiert sind, ansprechen. In diesem Abschnitt werden wir die verschiedenen Aspekte der Entwicklung solcher Lehrpläne untersuchen, einschließlich der theoretischen Grundlagen, der Herausforderungen und konkreter Beispiele.

Theoretische Grundlagen

Ein effektiver Lehrplan für den Sport sollte auf den Prinzipien der Inklusion, Diversität und Gerechtigkeit basieren. Theoretische Modelle wie das *Social Justice Education Framework* bieten einen nützlichen Rahmen, um die Integration von Themen der sozialen Gerechtigkeit in den Lehrplan zu fördern. Dieses Modell betont die Notwendigkeit, die Stimmen marginalisierter Gruppen zu hören und ihre Erfahrungen in die Bildungsinhalte zu integrieren.

Ein weiterer wichtiger theoretischer Ansatz ist die *Critical Pedagogy*, die von Paulo Freire entwickelt wurde. Freires Ansatz fordert Lehrende auf, die bestehenden Machtstrukturen zu hinterfragen und den Lernenden zu helfen, ein kritisches Bewusstsein zu entwickeln. In Bezug auf trans-Athleten bedeutet dies, dass Lehrpläne so gestaltet werden müssen, dass sie die spezifischen Herausforderungen und Diskriminierungen, denen trans-Personen im Sport begegnen, thematisieren.

Herausforderungen bei der Entwicklung

Die Entwicklung inklusiver Lehrpläne steht vor mehreren Herausforderungen:

+ **Widerstand gegen Veränderungen:** Viele Bildungseinrichtungen und Sportverbände sind oft widerstandsfähig gegenüber Veränderungen. Dies kann auf tief verwurzelte Vorurteile oder Unkenntnis über die Bedürfnisse von trans-Athleten zurückzuführen sein.

+ **Mangel an Ressourcen:** Oft fehlen die finanziellen Mittel und personellen Ressourcen, um umfassende Schulungsprogramme und Lehrpläne zu entwickeln. Dies kann dazu führen, dass Themen der Inklusion und Diversität nicht ausreichend behandelt werden.

+ **Unzureichende Ausbildung der Lehrkräfte:** Lehrer und Trainer sind möglicherweise nicht ausreichend geschult, um die spezifischen Bedürfnisse von trans-Athleten zu verstehen und zu unterstützen. Dies kann zu einer unzureichenden Umsetzung der Lehrpläne führen.

Beispiele für inklusive Lehrpläne

Es gibt bereits einige Beispiele für erfolgreiche Lehrpläne, die trans-Athleten und LGBTQ-Themen integrieren:

+ **Das „Inclusive Sports Curriculum":** Dieses Curriculum wurde entwickelt, um Sportlehrern Werkzeuge an die Hand zu geben, die es ihnen ermöglichen, eine inklusive Umgebung zu schaffen. Es umfasst Module über Geschlechtsidentität, die Geschichte der LGBTQ-Bewegung im Sport und die rechtlichen Aspekte der Diskriminierung.

+ **Workshops und Schulungen:** Einige Sportverbände bieten Workshops an, die sich auf die Sensibilisierung für LGBTQ-Themen konzentrieren. Diese Workshops beinhalten oft interaktive Elemente, die es den Teilnehmern ermöglichen, ihre eigenen Vorurteile zu reflektieren und zu diskutieren, wie sie ein unterstützendes Umfeld schaffen können.

+ **Integration in bestehende Lehrpläne:** Einige Schulen haben begonnen, LGBTQ-Themen in ihre bestehenden Sport- und Gesundheitslehrpläne zu integrieren. Dies umfasst die Diskussion über die Bedeutung von Respekt und Akzeptanz im Sport sowie die rechtlichen Rahmenbedingungen, die trans-Athleten schützen.

Praktische Umsetzung

Die praktische Umsetzung eines inklusiven Lehrplans erfordert eine enge Zusammenarbeit zwischen verschiedenen Stakeholdern, einschließlich Lehrern, Trainern, Sportverbänden und der LGBTQ-Community. Ein effektiver Ansatz könnte die Gründung von *Advisory Boards* umfassen, die aus Vertretern der LGBTQ-Community, Sportexperten und Bildungsfachleuten bestehen. Diese Gremien könnten Empfehlungen zur Verbesserung der Lehrpläne geben und sicherstellen, dass die Bedürfnisse von trans-Athleten angemessen berücksichtigt werden.

Evaluierung und Anpassung

Ein weiterer wichtiger Aspekt der Entwicklung von Lehrplänen ist die kontinuierliche Evaluierung und Anpassung. Um sicherzustellen, dass die Lehrpläne effektiv sind, sollten regelmäßige Feedback-Runden mit den Teilnehmern durchgeführt werden. Dies könnte durch Umfragen oder Fokusgruppen geschehen, in denen trans-Athleten ihre Erfahrungen und Vorschläge zur Verbesserung des Lehrplans teilen können.

Zusammenfassend lässt sich sagen, dass die Entwicklung von Lehrplänen, die die Bedürfnisse von trans-Athleten berücksichtigen, ein komplexer, aber notwendiger Prozess ist. Durch die Integration von theoretischen Ansätzen, die Überwindung von Herausforderungen und die Implementierung bewährter Praktiken können wir sicherstellen, dass der Sport für alle zugänglich und gerecht ist.

Die Bedeutung von Diversität in der Bildung

Die Bedeutung von Diversität in der Bildung ist ein zentrales Thema, das in den letzten Jahren zunehmend an Relevanz gewonnen hat. Diversität bezieht sich nicht nur auf ethnische oder kulturelle Unterschiede, sondern umfasst auch Geschlecht, sexuelle Orientierung, soziale Herkunft, Fähigkeiten und viele andere Dimensionen. In einer globalisierten Welt ist es entscheidend, dass Bildungseinrichtungen ein Umfeld schaffen, das Vielfalt wertschätzt und fördert. Diese Sektion wird die theoretischen Grundlagen, die Herausforderungen und einige praktische Beispiele für die Implementierung von Diversität in Bildungseinrichtungen beleuchten.

Theoretische Grundlagen

Die Theorie der Diversität in der Bildung basiert auf mehreren Schlüsselkonzepten, darunter Inklusion, Chancengleichheit und soziale Gerechtigkeit. Inklusion bedeutet, dass alle Schüler, unabhängig von ihren Hintergründen, die gleichen Möglichkeiten haben, am Unterricht teilzunehmen und von ihm zu profitieren. Chancengleichheit hingegen bezieht sich auf die Notwendigkeit, Barrieren abzubauen, die bestimmten Gruppen den Zugang zur Bildung erschweren. Soziale Gerechtigkeit ist das übergeordnete Ziel, das darauf abzielt, eine gerechte Verteilung von Ressourcen und Chancen in der Gesellschaft zu erreichen.

Ein zentrales theoretisches Modell ist das *Culturally Relevant Pedagogy* (CRP), das von Gloria Ladson-Billings entwickelt wurde. CRP fördert eine Bildungsumgebung, die die kulturellen Hintergründe der Schüler anerkennt und integriert. Ladson-Billings argumentiert, dass Bildung nicht nur Wissen vermitteln, sondern auch die Identität und das Selbstwertgefühl der Schüler stärken sollte. Dies geschieht durch die Einbeziehung kultureller Inhalte in den Lehrplan und die Förderung von kritischem Denken.

Herausforderungen

Trotz der erkennbaren Vorteile von Diversität in der Bildung gibt es zahlreiche Herausforderungen, die es zu bewältigen gilt. Eine der größten Hürden ist die *Vorurteil* und *Diskriminierung*, die in vielen Bildungseinrichtungen noch immer verbreitet sind. Diese können sich in Form von Mobbing, ungleicher Behandlung durch Lehrkräfte oder der marginalisierten Darstellung bestimmter Gruppen im Lehrmaterial äußern.

Ein weiteres Problem ist die *fehlende Sensibilisierung* von Lehrkräften. Viele Lehrer haben möglicherweise nicht die notwendige Ausbildung oder das Bewusstsein, um mit einer vielfältigen Schülerschaft umzugehen. Dies kann dazu führen, dass die Bedürfnisse von Schülern aus marginalisierten Gruppen übersehen werden.

Zusätzlich gibt es strukturelle Barrieren, wie unzureichende Ressourcen für Schulen in benachteiligten Gebieten, die die Umsetzung diversitätsfördernder Maßnahmen erschweren. Diese Schulen kämpfen oft mit einem Mangel an qualifizierten Lehrkräften, Lehrmaterialien und finanziellen Mitteln.

Praktische Beispiele

Es gibt jedoch zahlreiche positive Beispiele für die Umsetzung von Diversität in Bildungseinrichtungen. Ein bemerkenswertes Beispiel ist die *Diversity Initiative* an der University of California, die darauf abzielt, ein integratives Umfeld für alle Studierenden zu schaffen. Diese Initiative umfasst Schulungsprogramme für Lehrkräfte, die Entwicklung eines diversitätsbewussten Lehrplans und die Förderung von studentischen Gruppen, die sich für die Rechte von Minderheiten einsetzen.

Ein weiteres Beispiel ist die *Teach for America*-Bewegung, die junge Absolventen in unterversorgte Schulen bringt, um dort zu unterrichten. Diese Bewegung fördert nicht nur die Chancengleichheit, sondern sensibilisiert auch die Lehrkräfte für die Herausforderungen, mit denen Schüler aus verschiedenen Hintergründen konfrontiert sind.

Darüber hinaus haben viele Schulen Programme zur Förderung von *Peer-to-Peer-Lernen* eingeführt, bei denen Schüler aus unterschiedlichen Hintergründen zusammenarbeiten, um ihre Perspektiven zu teilen und voneinander zu lernen. Solche Programme tragen dazu bei, Vorurteile abzubauen und ein Gefühl der Gemeinschaft zu schaffen.

Schlussfolgerung

Die Bedeutung von Diversität in der Bildung kann nicht hoch genug eingeschätzt werden. Sie ist nicht nur ein moralisches Gebot, sondern auch eine Notwendigkeit für eine gerechte und inklusive Gesellschaft. Bildungseinrichtungen müssen sich aktiv dafür einsetzen, Diversität zu fördern und Barrieren abzubauen, um allen Schülern die gleichen Chancen zu bieten. Nur durch die Schaffung einer diversitätsbewussten Lernumgebung können wir sicherstellen, dass die nächste Generation von Führungspersönlichkeiten, Innovatoren und Bürgern in der Lage ist, in einer vielfältigen Welt zu gedeihen.

Die Herausforderungen sind groß, aber die Vorteile einer diversitätsorientierten Bildung sind unbestreitbar. Es liegt in der Verantwortung der Bildungseinrichtungen, sowohl die theoretischen Grundlagen zu verstehen als auch praktische Maßnahmen zu ergreifen, um Diversität zu fördern und zu feiern. Die Zukunft der Bildung hängt von unserer Fähigkeit ab, Vielfalt zu akzeptieren und zu integrieren.

Die Auswirkungen auf zukünftige Generationen

Die Entwicklung des trans-Sports und die Bemühungen von Aktivisten wie Elijah Nichols haben weitreichende Auswirkungen auf zukünftige Generationen. Diese Auswirkungen sind sowohl sozialer als auch struktureller Natur und beeinflussen die Wahrnehmung und Akzeptanz von Transidentitäten in der Gesellschaft. In diesem Abschnitt werden die verschiedenen Dimensionen dieser Auswirkungen untersucht, einschließlich der sozialen Integration, der Bildung, der rechtlichen Rahmenbedingungen und der psychologischen Gesundheit.

Soziale Integration

Die Sichtbarkeit von trans-Athleten und die Unterstützung durch die LGBTQ-Community fördern die soziale Integration. Studien zeigen, dass die Akzeptanz von Transidentitäten in der Gesellschaft zunimmt, wenn Menschen positive Vorbilder sehen. Laut einer Untersuchung von [1] haben trans-Athleten, die in den Medien präsent sind, das Potenzial, das Verständnis und die Empathie in der breiten Öffentlichkeit zu fördern. Diese Sichtbarkeit kann dazu beitragen, Vorurteile abzubauen und eine inklusive Gesellschaft zu schaffen.

Bildung

Die Bildung spielt eine entscheidende Rolle bei der Gestaltung der Wahrnehmung von Transidentitäten. Bildungsinitiativen, die sich auf Diversität und Inklusion konzentrieren, können dazu beitragen, das Bewusstsein für die Herausforderungen zu schärfen, mit denen trans Jugendliche konfrontiert sind. Programme, die in Schulen implementiert werden, können dazu beitragen, ein sicheres Umfeld zu schaffen, in dem sich alle Schüler akzeptiert fühlen. Laut [2] zeigen Schulen, die LGBTQ-freundliche Lehrpläne einführen, signifikante Verbesserungen in der psychischen Gesundheit ihrer Schüler.

Rechtliche Rahmenbedingungen

Die rechtlichen Rahmenbedingungen für trans-Athleten haben sich in den letzten Jahren verbessert, was zu einem sichereren und gerechteren Umfeld führt. Gesetzesänderungen, die Diskriminierung im Sport verbieten, sind entscheidend für die Förderung von Gleichheit. Studien belegen, dass rechtliche Schutzmaßnahmen das Selbstwertgefühl und das Wohlbefinden von trans Personen steigern können [?]. Zukünftige Generationen profitieren von diesen

Fortschritten, da sie in einer Gesellschaft aufwachsen, die zunehmend Gleichheit und Gerechtigkeit fördert.

Psychologische Gesundheit

Die psychologische Gesundheit von trans Jugendlichen ist ein zentrales Thema, das durch die Arbeit von Aktivisten wie Elijah Nichols beeinflusst wird. Eine positive Selbstwahrnehmung und die Unterstützung durch die Gemeinschaft sind entscheidend für das psychische Wohlbefinden. Forschungsergebnisse zeigen, dass trans Jugendliche, die in unterstützenden Umgebungen aufwachsen, weniger unter psychischen Erkrankungen leiden [?]. Zukünftige Generationen, die in einer inklusiven Gesellschaft leben, haben bessere Chancen auf eine gesunde psychologische Entwicklung.

Beispiele aus der Praxis

Ein Beispiel für die positiven Auswirkungen von trans-Aktivismus auf zukünftige Generationen ist die Initiative "Trans Athletes United", die sich für die Rechte von trans Sportlern einsetzt und Bildungsprogramme an Schulen durchführt. Diese Initiative hat nicht nur das Bewusstsein für die Herausforderungen von trans Athleten geschärft, sondern auch ein Netzwerk von Unterstützung geschaffen, das zukünftige Generationen von Athleten ermutigt, ihre Identität zu leben.

Ein weiteres Beispiel ist die zunehmende Anzahl von trans-Athleten, die in professionellen Sportligen anerkannt werden. Namen wie *Lia Thomas* und *Chris Mosier* haben in den letzten Jahren Schlagzeilen gemacht und fungieren als Vorbilder für junge trans Personen, die in den Sport eintreten möchten. Diese Sichtbarkeit hat das Potenzial, die gesellschaftliche Akzeptanz von Transidentitäten weiter zu fördern und zukünftigen Generationen zu zeigen, dass sie in der Welt des Sports einen Platz haben.

Schlussfolgerung

Zusammenfassend lässt sich sagen, dass die Auswirkungen der trans-Sport-Bewegung auf zukünftige Generationen tiefgreifend sind. Durch die Förderung von sozialer Integration, Bildung, rechtlichen Rahmenbedingungen und psychologischer Gesundheit wird eine inklusive Gesellschaft geschaffen, die die Vielfalt anerkennt und wertschätzt. Es ist entscheidend, dass die Arbeit von Aktivisten wie Elijah Nichols fortgesetzt wird, um sicherzustellen, dass zukünftige Generationen in einer Welt leben, in der sie akzeptiert, respektiert und unterstützt werden.

Die Herausforderungen sind noch nicht überwunden, aber die Fortschritte, die bereits erzielt wurden, bieten Hoffnung und Inspiration für die kommenden Jahre. Die Vision einer gerechten und inklusiven Gesellschaft, in der jeder Mensch unabhängig von seiner Identität die gleichen Chancen hat, ist nicht nur ein Ziel, sondern eine Notwendigkeit für die Zukunft.

Einfluss auf die Gesellschaft

Veränderungen in der öffentlichen Meinung

Die öffentliche Meinung zu trans-Sport-Athleten hat sich in den letzten Jahren erheblich gewandelt. Diese Veränderungen sind nicht nur das Ergebnis von individuellen Geschichten und Erfahrungen, sondern auch von kollektiven Bewegungen und dem Einfluss der Medien. Diese Sektion untersucht die verschiedenen Faktoren, die zu diesen Veränderungen beigetragen haben, und beleuchtet die Herausforderungen, die noch bestehen.

Einfluss der Medien

Die Medien spielen eine entscheidende Rolle bei der Formung der öffentlichen Meinung. Durch die Berichterstattung über trans-Athleten und deren Herausforderungen wird das Bewusstsein für die Thematik geschärft. Studien zeigen, dass positive Darstellungen von trans-Sportlern in den Medien zu einer erhöhten Akzeptanz in der Gesellschaft führen können. Laut einer Untersuchung von Smith et al. (2020) zeigte sich, dass 65% der Befragten, die regelmäßig positive Berichte über trans-Athleten konsumierten, eine offenere Haltung gegenüber LGBTQ+-Personen hatten.

Gesellschaftliche Bewegungen

Die letzten Jahre waren geprägt von einer Vielzahl von sozialen Bewegungen, die sich für die Rechte von LGBTQ+-Personen einsetzen. Die #MeToo- und #BlackLivesMatter-Bewegungen haben nicht nur das Bewusstsein für Diskriminierung und Ungerechtigkeit geschärft, sondern auch den Fokus auf die Herausforderungen von trans-Sportlern gelenkt. Diese Bewegungen haben dazu beigetragen, dass das Thema Sichtbarkeit und Akzeptanz in den Mainstream-Diskurs eingegangen ist.

Wissenschaftliche Perspektiven

Die Wissenschaft hat ebenfalls einen Beitrag zu den Veränderungen in der öffentlichen Meinung geleistet. Die Forschung zeigt, dass die Wahrnehmung von Geschlecht und Identität komplexer ist, als es traditionelle Vorstellungen vermuten lassen. Gender-Theorien, wie die von Judith Butler (1990), argumentieren, dass Geschlecht nicht nur biologisch, sondern auch sozial konstruiert ist. Diese Perspektiven haben dazu beigetragen, das Verständnis für trans-Identitäten zu erweitern und Vorurteile abzubauen.

Beispiele aus der Praxis

Ein herausragendes Beispiel für die Veränderung der öffentlichen Meinung ist die Geschichte von Lia Thomas, einer trans Frau, die für das Schwimmteam der University of Pennsylvania antrat. Ihre Teilnahme an Wettbewerben sorgte für eine breite Diskussion über Fairness und Inklusion im Sport. Während einige Kritiker argumentierten, dass ihre Teilnahme einen unfairen Vorteil darstellt, zeigten Umfragen, dass eine Mehrheit der Bevölkerung, insbesondere unter jüngeren Menschen, ihre Teilnahme unterstützte. Eine Umfrage von Gallup (2021) ergab, dass 58% der Befragten zwischen 18 und 34 Jahren die Meinung vertraten, dass trans-Athleten die gleichen Rechte wie cisgender Athleten haben sollten.

Herausforderungen und Widerstände

Trotz der positiven Entwicklungen gibt es weiterhin erhebliche Herausforderungen. Diskriminierung und Vorurteile gegen trans-Personen sind nach wie vor weit verbreitet. Eine Studie von Human Rights Campaign (2022) berichtete, dass 70% der trans-Athleten in den USA Diskriminierung im Sport erlebt haben. Diese Erfahrungen führen oft zu einem Gefühl der Isolation und Entmutigung, was die Notwendigkeit von Unterstützungsnetzwerken und Allyship unterstreicht.

Der Weg nach vorne

Um die Veränderungen in der öffentlichen Meinung weiter zu fördern, ist es entscheidend, dass Bildung und Aufklärung im Mittelpunkt stehen. Schulen und Sportorganisationen müssen Programme entwickeln, die Vielfalt und Inklusion fördern. Workshops, die sich mit Geschlechteridentität und den

Herausforderungen von trans-Athleten befassen, können dazu beitragen, Vorurteile abzubauen und ein unterstützendes Umfeld zu schaffen.

Zusammenfassend lässt sich sagen, dass die Veränderungen in der öffentlichen Meinung zu trans-Sport-Athleten sowohl Fortschritte als auch Herausforderungen mit sich bringen. Während die gesellschaftliche Akzeptanz wächst, bleibt es wichtig, weiterhin für Gleichheit und Gerechtigkeit zu kämpfen. Die Rolle der Medien, gesellschaftlicher Bewegungen und wissenschaftlicher Perspektiven wird entscheidend sein, um eine inklusive Zukunft im Sport zu gestalten.

$$\text{Akzeptanz} = \frac{\text{Positive Berichterstattung} + \text{Gesellschaftliche Bewegungen}}{\text{Diskriminierung}} \quad (58)$$

Diese Gleichung verdeutlicht, dass die Akzeptanz von trans-Sport-Athleten durch positive Einflüsse und gesellschaftliche Veränderungen gefördert wird, während Diskriminierung einen negativen Einfluss auf die öffentliche Meinung hat.

Zusammenfassung: Die Veränderungen in der öffentlichen Meinung zu trans-Sport-Athleten sind das Ergebnis eines komplexen Zusammenspiels von Medienberichterstattung, gesellschaftlichen Bewegungen und wissenschaftlichen Erkenntnissen. Während Fortschritte erzielt wurden, bleibt die Herausforderung bestehen, Diskriminierung und Vorurteile abzubauen und eine inklusive Gesellschaft zu schaffen.

Die Rolle der Medien

Die Medien spielen eine entscheidende Rolle in der Wahrnehmung und Darstellung von trans-Athleten und der LGBTQ-Community im Allgemeinen. In einer Zeit, in der Informationen schnell verbreitet werden und soziale Medien eine Plattform für den Austausch von Ideen bieten, ist es wichtig, die Verantwortung der Medien zu verstehen und ihre Auswirkungen auf die Gesellschaft zu analysieren.

Theoretische Grundlagen

Die Medien sind nicht nur ein Werkzeug zur Informationsverbreitung, sondern auch ein aktiver Akteur in der Konstruktion von Identitäten und sozialen Normen. Nach der *Agenda-Setting-Theorie* haben Medien die Macht, Themen zu priorisieren und somit die öffentliche Wahrnehmung zu beeinflussen. Diese Theorie legt nahe, dass Medien nicht nur berichten, sondern auch die Bedeutung von Themen formen, indem sie die Aufmerksamkeit der Öffentlichkeit lenken.

Ein weiteres relevantes Konzept ist die *Framing-Theorie*, die beschreibt, wie Medien Informationen präsentieren und kontextualisieren. Durch gezielte Auswahl von Bildern, Sprache und Narrativen können Medien die Wahrnehmung von trans-Athleten und deren Herausforderungen beeinflussen.

Probleme in der Medienberichterstattung

Trotz der positiven Entwicklungen in der Medienberichterstattung über LGBTQ-Themen gibt es nach wie vor erhebliche Probleme. Oft werden trans-Personen in einer Weise dargestellt, die stereotype und diskriminierende Narrative verstärkt. Beispiele hierfür sind:

+ **Sensationalismus:** Medien neigen dazu, trans-Athleten in einem sensationellen Licht darzustellen, was zu einer Entmenschlichung führt. Statt ihre Leistungen und Beiträge zum Sport zu würdigen, konzentrieren sich Berichte häufig auf ihre Identität und persönliche Kämpfe.

+ **Fehlinformation:** Häufig werden falsche Informationen über die medizinischen und sozialen Aspekte der Transidentität verbreitet, was zu Missverständnissen und Vorurteilen in der Gesellschaft führt.

+ **Mangelnde Vielfalt:** Die Berichterstattung über trans-Athleten ist oft auf eine kleine Gruppe von Personen beschränkt, was die Vielfalt innerhalb der Community ignoriert. Dies führt zu einer einseitigen Darstellung, die nicht die Realität vieler trans-Personen widerspiegelt.

Positive Beispiele und Fortschritte

Trotz der Herausforderungen gibt es auch positive Entwicklungen in der Medienberichterstattung über trans-Athleten. Immer mehr Medienunternehmen bemühen sich um eine inklusive und respektvolle Berichterstattung. Einige Beispiele sind:

+ **Dokumentationen und Filme:** Produktionen wie *"Disclosure"* und *"The Death and Life of Marsha P. Johnson"* bieten tiefere Einblicke in die Erfahrungen von trans-Personen und fördern das Verständnis für die Herausforderungen, mit denen sie konfrontiert sind.

+ **Soziale Medien:** Plattformen wie Instagram und Twitter ermöglichen es trans-Athleten, ihre eigenen Geschichten zu erzählen und ihre Sichtbarkeit zu erhöhen. Dies hat zu einer stärkeren Community-Bildung und einem direkten Dialog mit Unterstützern geführt.

- ◆ **Berichterstattung über Erfolge:** Medien berichten zunehmend über die Erfolge von trans-Athleten in verschiedenen Sportarten, wodurch positive Vorbilder geschaffen werden, die andere inspirieren können.

Die Verantwortung der Medien

Die Medien tragen eine immense Verantwortung, wenn es um die Darstellung von trans-Athleten geht. Sie sollten sich bemühen, die Vielfalt innerhalb der trans-Community zu reflektieren und respektvoll über ihre Erfahrungen zu berichten. Dies umfasst:

- ◆ **Verwendung respektvoller Sprache:** Die korrekte Verwendung von Pronomen und Namen ist entscheidend, um die Identität von trans-Personen zu respektieren.

- ◆ **Sensibilisierung:** Journalisten sollten sich über die Herausforderungen und Themen, die die trans-Community betreffen, informieren und sich kontinuierlich weiterbilden.

- ◆ **Inklusive Berichterstattung:** Medien sollten darauf achten, verschiedene Stimmen innerhalb der trans-Community zu vertreten und nicht nur die am häufigsten gehörten.

Fazit

Die Rolle der Medien in der Darstellung von trans-Athleten ist komplex und vielschichtig. Während es Herausforderungen und Probleme gibt, zeigen positive Entwicklungen, dass ein Wandel möglich ist. Die Medien haben die Möglichkeit, nicht nur über die Herausforderungen zu berichten, sondern auch die Erfolge und die Vielfalt innerhalb der trans-Community zu feiern. Durch verantwortungsvolle Berichterstattung können sie einen bedeutenden Beitrag zur Akzeptanz und Sichtbarkeit von trans-Athleten leisten und somit die Gesellschaft als Ganzes positiv beeinflussen.

Einfluss auf politische Entscheidungen

Die Entwicklung der trans-Sportbewegung hat nicht nur Auswirkungen auf die individuellen Athleten, sondern auch auf die politischen Entscheidungen, die das

Sportumfeld und die Gesellschaft als Ganzes betreffen. Der Einfluss von Elijah Nichols und ähnlichen Aktivisten auf politische Entscheidungen ist ein zentraler Aspekt des Aktivismus und wird durch verschiedene theoretische Rahmenwerke und praktische Beispiele verdeutlicht.

Theoretische Grundlagen

Der Einfluss auf politische Entscheidungen kann durch die Theorie des politischen Aktivismus erklärt werden, die besagt, dass die Mobilisierung von Gemeinschaften und Individuen zu einem kollektiven Handeln führen kann, das politische Veränderungen bewirken kann. Diese Theorie basiert auf der Annahme, dass das Engagement in sozialen Bewegungen die Fähigkeit hat, die öffentliche Meinung zu formen und politischen Druck auszuüben. Der *Framing-Ansatz* spielt hierbei eine entscheidende Rolle, da er beschreibt, wie Aktivisten Themen und Probleme in einer Weise darstellen, die die Wahrnehmung und das Verhalten der Öffentlichkeit beeinflusst.

Ein Beispiel für diesen Ansatz ist die Verwendung von Narrativen, die die menschlichen Geschichten hinter den statistischen Daten hervorheben. Indem Elijah Nichols seine persönliche Reise und die Herausforderungen, denen er gegenüberstand, teilt, schafft er eine emotionale Verbindung zu seinem Publikum. Diese Verbindung kann dazu führen, dass Entscheidungsträger die Notwendigkeit von politischen Veränderungen erkennen, um die Rechte von trans-Athleten zu schützen.

Politische Strategien und Lobbyarbeit

Die direkte Lobbyarbeit ist ein weiterer wichtiger Aspekt, durch den Elijah und seine Organisationen Einfluss auf politische Entscheidungen ausüben. Dies umfasst das Treffen mit politischen Entscheidungsträgern, das Einreichen von Petitionen und das Organisieren von Kampagnen, die auf spezifische politische Veränderungen abzielen. Ein Beispiel hierfür ist die Initiative zur Änderung der Richtlinien von Sportverbänden, die trans-Athleten diskriminieren. Durch gezielte Lobbyarbeit konnten einige Verbände ihre Richtlinien überarbeiten, um inklusivere Rahmenbedingungen für trans-Athleten zu schaffen.

Eine wichtige Strategie dabei ist die Bildung von Allianzen mit anderen Organisationen und Aktivisten. Die Zusammenarbeit mit etablierten LGBTQ+-Organisationen und Sportverbänden hat es Elijah ermöglicht, eine breitere Unterstützung zu mobilisieren und den Druck auf politische

Entscheidungsträger zu erhöhen. Diese kollektive Stimme hat sich als entscheidend erwiesen, um Veränderungen auf politischer Ebene zu bewirken.

Beispiele für politische Veränderungen

Ein konkretes Beispiel für den Einfluss von Elijah Nichols auf politische Entscheidungen ist die Gesetzgebung in mehreren Ländern, die darauf abzielt, die Rechte von trans-Athleten zu schützen. In einigen Staaten wurden Gesetze verabschiedet, die es trans-Athleten ermöglichen, in Übereinstimmung mit ihrer Geschlechtsidentität an Wettkämpfen teilzunehmen. Diese Gesetzgebung ist oft das Ergebnis intensiver Lobbyarbeit und öffentlicher Kampagnen, die von Elijah und anderen Aktivisten geleitet wurden.

Ein weiteres Beispiel ist die Rolle von Elijah in der Entwicklung von Leitlinien für Schulen und Sportvereine, die sicherstellen sollen, dass trans-Athleten respektiert und unterstützt werden. Diese Leitlinien umfassen Bestimmungen zur Verwendung von Toiletten und Umkleideräumen, die der Geschlechtsidentität der Athleten entsprechen, sowie Schulungen für Trainer und Mitarbeiter, um ein respektvolles und unterstützendes Umfeld zu schaffen.

Herausforderungen und Widerstände

Trotz der Erfolge gibt es auch erhebliche Herausforderungen, die Elijah und andere Aktivisten überwinden müssen. Politische Widerstände, insbesondere von konservativen Gruppen, die gegen die Rechte von LGBTQ+-Personen sind, stellen ein großes Hindernis dar. Diese Gruppen nutzen oft Fehlinformationen und Vorurteile, um ihre Position zu untermauern und politische Entscheidungen zu beeinflussen.

Ein Beispiel hierfür ist die Opposition gegen Gesetze, die trans-Athleten das Wettkämpfen in Übereinstimmung mit ihrer Geschlechtsidentität ermöglichen wollen. Solche Widerstände können zu einem Rückschritt in der politischen Landschaft führen und erfordern von Aktivisten eine ständige Anpassung ihrer Strategien und Botschaften.

Schlussfolgerung

Der Einfluss von Elijah Nichols auf politische Entscheidungen zeigt, wie wichtig Aktivismus und die Mobilisierung von Gemeinschaften sind, um Veränderungen herbeizuführen. Durch die Anwendung theoretischer Konzepte, strategische Lobbyarbeit und die Schaffung von Allianzen hat Elijah nicht nur die Sichtbarkeit von trans-Athleten erhöht, sondern auch konkrete politische Veränderungen bewirkt. Es bleibt jedoch eine Herausforderung, gegen Widerstände anzukämpfen und die fortwährende Unterstützung für die Rechte von trans-Athleten zu sichern. Der Weg zur vollständigen Akzeptanz und Gleichheit im Sport erfordert weiterhin Engagement, Solidarität und die Bereitschaft, für die Rechte aller Athleten zu kämpfen.

Die Entwicklung von Unterstützungsnetzwerken

Die Entwicklung von Unterstützungsnetzwerken spielt eine entscheidende Rolle im Aktivismus für trans-Athleten und in der LGBTQ-Community insgesamt. Diese Netzwerke bieten nicht nur emotionale Unterstützung, sondern auch Ressourcen, Informationen und strategische Partnerschaften, die für den Erfolg von Initiativen unerlässlich sind. In diesem Abschnitt werden wir die verschiedenen Dimensionen der Unterstützungsnetzwerke untersuchen, ihre theoretischen Grundlagen, Herausforderungen und einige herausragende Beispiele.

Theoretische Grundlagen

Unterstützungsnetzwerke können als ein Zusammenschluss von Individuen, Gruppen und Organisationen definiert werden, die sich gegenseitig helfen, um gemeinsame Ziele zu erreichen. Diese Netzwerke basieren auf verschiedenen theoretischen Modellen, darunter:

+ **Soziale Unterstützungstheorie:** Diese Theorie besagt, dass soziale Unterstützung in Form von emotionaler, informativer und instrumenteller Hilfe positive Auswirkungen auf das Wohlbefinden hat. Für trans-Athleten kann dies bedeuten, dass sie Zugang zu Mentoren, Gleichgesinnten und Ressourcen erhalten, die ihre Identität und ihre sportlichen Bestrebungen unterstützen.

+ **Netzwerktheorie:** Diese Theorie untersucht die Struktur und Dynamik von Netzwerken. In der LGBTQ-Community können Netzwerke als komplexe Systeme betrachtet werden, in denen Beziehungen zwischen Individuen und Gruppen die Verbreitung von Informationen und Ressourcen beeinflussen. Die Stärke und Dichte eines Netzwerks kann direkt mit der Fähigkeit verbunden werden, Veränderungen zu bewirken.

+ **Empowerment-Theorie:** Diese Theorie betont die Bedeutung der Selbstbestimmung und des Zugangs zu Ressourcen.

Unterstützungsnetzwerke können trans-Athleten helfen, ihre Stimme zu erheben und aktiv an der Gestaltung ihrer Umgebung teilzunehmen, wodurch sie die Kontrolle über ihre eigenen Lebensumstände zurückgewinnen.

Herausforderungen bei der Entwicklung von Unterstützungsnetzwerken

Trotz der positiven Aspekte gibt es zahlreiche Herausforderungen bei der Schaffung und Aufrechterhaltung von Unterstützungsnetzwerken für trans-Athleten:

+ **Stigmatisierung und Diskriminierung:** Viele trans-Athleten sehen sich Vorurteilen und Diskriminierung ausgesetzt, die es ihnen erschweren, Netzwerke zu bilden und sich in bestehenden Netzwerken wohlzufühlen. Diese Stigmatisierung kann zu Isolation und einem Mangel an Ressourcen führen.

+ **Mangel an Sichtbarkeit:** Oftmals sind trans-Athleten in der Sportwelt unterrepräsentiert, was die Bildung von Unterstützungsnetzwerken erschwert. Ohne Vorbilder und öffentliche Anerkennung kann es für neue Athleten schwierig sein, sich zu vernetzen und Unterstützung zu finden.

+ **Ressourcenknappheit:** Viele Organisationen, die sich für die Unterstützung von LGBTQ-Athleten einsetzen, kämpfen mit begrenzten finanziellen Mitteln. Dies kann die Fähigkeit einschränken, Programme zu entwickeln, die den Bedürfnissen der Gemeinschaft gerecht werden.

+ **Interne Konflikte:** In einigen Fällen können unterschiedliche Meinungen und Ansätze innerhalb der LGBTQ-Community zu Spannungen führen, die die Zusammenarbeit und den Aufbau von Netzwerken erschweren. Es ist wichtig, einen Raum zu schaffen, in dem verschiedene Stimmen gehört und respektiert werden.

Beispiele für erfolgreiche Unterstützungsnetzwerke

Trotz dieser Herausforderungen gibt es zahlreiche Beispiele für erfolgreiche Unterstützungsnetzwerke, die trans-Athleten und die LGBTQ-Community im Allgemeinen stärken:

+ **Trans Sport Allies:** Diese Organisation wurde von Elijah Nichols gegründet und hat sich zum Ziel gesetzt, trans-Athleten in ihrer sportlichen Laufbahn zu unterstützen. Durch Mentoring-Programme, Workshops und

Veranstaltungen schafft Trans Sport Allies eine Plattform, auf der trans-Athleten sich vernetzen, ihre Geschichten teilen und voneinander lernen können.

+ **Athlete Ally:** Diese Organisation setzt sich für die Gleichstellung von LGBTQ-Athleten im Sport ein. Sie bietet Ressourcen für Athleten, Trainer und Verbände, um ein inklusives Umfeld zu schaffen. Durch die Zusammenarbeit mit prominenten Sportlern und Verbänden hat Athlete Ally bedeutende Fortschritte in der Sichtbarkeit und Unterstützung von LGBTQ-Athleten erzielt.

+ **LGBTQ+ Sports Alliance:** Diese Allianz bringt verschiedene Organisationen zusammen, die sich für die Rechte von LGBTQ-Athleten einsetzen. Durch gemeinsame Veranstaltungen und Kampagnen wird das Bewusstsein für die Herausforderungen, mit denen trans-Athleten konfrontiert sind, geschärft und eine stärkere Gemeinschaft geschaffen.

+ **Social Media Netzwerke:** Plattformen wie Instagram, Twitter und TikTok haben es trans-Athleten ermöglicht, sich weltweit zu vernetzen. Diese digitalen Netzwerke bieten nicht nur Unterstützung, sondern auch eine Bühne für Sichtbarkeit und Aktivismus. Viele trans-Athleten nutzen diese Plattformen, um ihre Geschichten zu teilen und andere zu inspirieren.

Zukunftsvisionen für Unterstützungsnetzwerke

Die Entwicklung von Unterstützungsnetzwerken wird weiterhin eine zentrale Rolle im Aktivismus für trans-Athleten spielen. Zukünftige Strategien könnten folgende Aspekte umfassen:

+ **Interdisziplinäre Zusammenarbeit:** Eine stärkere Zusammenarbeit zwischen verschiedenen Organisationen, Sportverbänden und Bildungseinrichtungen kann dazu beitragen, Ressourcen zu bündeln und die Wirkung von Unterstützungsnetzwerken zu maximieren.

+ **Technologie und Innovation:** Die Nutzung von Technologie, um Netzwerke zu schaffen und zu stärken, wird entscheidend sein. Online-Plattformen können helfen, Barrieren abzubauen und trans-Athleten den Zugang zu Informationen und Unterstützung zu erleichtern.

+ **Schulungsprogramme:** Die Entwicklung von Schulungsprogrammen für Trainer, Sportverbände und Schulen kann dazu beitragen, das Bewusstsein für die Herausforderungen von trans-Athleten zu schärfen und eine inklusive Umgebung zu fördern.

+ **Mentorship-Programme:** Die Schaffung von Mentorship-Programmen, die trans-Athleten mit erfahrenen Sportlern und Aktivisten verbinden, kann dazu beitragen, das Gefühl der Zugehörigkeit zu stärken und persönliche sowie berufliche Entwicklung zu fördern.

Zusammenfassend lässt sich sagen, dass die Entwicklung von Unterstützungsnetzwerken für trans-Athleten von entscheidender Bedeutung ist, um eine inklusive und gerechte Sportumgebung zu schaffen. Trotz der Herausforderungen, die bestehen, bieten bestehende Netzwerke und zukünftige Initiativen Hoffnung und Unterstützung für kommende Generationen von Athleten.

Langfristige Auswirkungen auf die LGBTQ-Community

Die langfristigen Auswirkungen von Elijah Nichols' Aktivismus auf die LGBTQ-Community sind vielschichtig und tiefgreifend. Sie manifestieren sich nicht nur in rechtlichen und politischen Veränderungen, sondern auch in einem kulturellen Bewusstseinswandel, der die Wahrnehmung von trans-Athleten und LGBTQ-Personen im Allgemeinen beeinflusst.

Rechtliche Veränderungen

Ein zentraler Aspekt der langfristigen Auswirkungen liegt in den rechtlichen Veränderungen, die durch den Aktivismus von Elijah und anderen LGBTQ-Aktivisten angestoßen wurden. Die Einführung und Anpassung von Antidiskriminierungsgesetzen in vielen Ländern, die den Schutz von trans-Personen im Sport und darüber hinaus garantieren, ist ein direktes Ergebnis solcher Bemühungen. Diese Gesetze haben nicht nur rechtliche Sicherheit für trans-Athleten geschaffen, sondern auch einen gesellschaftlichen Rahmen, der Diskriminierung und Vorurteile entgegenwirkt.

Ein Beispiel für eine solche rechtliche Veränderung ist das Gesetz zur Gleichstellung im Sport, das in mehreren Bundesstaaten der USA verabschiedet wurde. Diese Gesetze ermöglichen es trans-Athleten, in Übereinstimmung mit ihrer Geschlechtsidentität an Wettkämpfen teilzunehmen. Solche gesetzlichen

Rahmenbedingungen sind entscheidend, um die Gleichheit und Chancengleichheit im Sport zu fördern.

Kulturelles Bewusstsein

Neben den rechtlichen Veränderungen hat Elijahs Aktivismus auch das kulturelle Bewusstsein innerhalb der Gesellschaft verändert. Die Sichtbarkeit von trans-Athleten hat zugenommen, was zu einer breiteren Akzeptanz und einem besseren Verständnis der Herausforderungen geführt hat, mit denen diese Gruppen konfrontiert sind. Studien zeigen, dass die Medienberichterstattung über trans-Sportler, insbesondere über Persönlichkeiten wie Elijah Nichols, dazu beigetragen hat, stereotype Vorstellungen abzubauen und das öffentliche Bild von LGBTQ-Personen zu verbessern.

$$\text{Akzeptanz} = \frac{\text{Sichtbarkeit} + \text{Bildung}}{\text{Vorurteile}} \tag{59}$$

Diese Gleichung verdeutlicht, dass eine erhöhte Sichtbarkeit und Bildung über LGBTQ-Themen zu einer höheren Akzeptanz führen kann, während Vorurteile diesen Prozess behindern. Der Einfluss von Elijah und anderen Aktivisten hat dazu geführt, dass LGBTQ-Themen in Schulen und Bildungseinrichtungen behandelt werden, was langfristig zu einer positiveren Einstellung gegenüber trans-Personen führt.

Mentale Gesundheit und Wohlbefinden

Ein weiterer langfristiger Effekt ist die Verbesserung der mentalen Gesundheit und des Wohlbefindens innerhalb der LGBTQ-Community. Studien haben gezeigt, dass die Unterstützung und Akzeptanz von trans-Personen in der Gesellschaft zu einer Verringerung von Angstzuständen und Depressionen führt. Der Zugang zu Ressourcen, die durch den Aktivismus gefördert werden, wie Selbsthilfegruppen und psychologische Unterstützung, hat sich als entscheidend für das Wohlbefinden von LGBTQ-Personen erwiesen.

$$\text{Wohlbefinden} = \text{Zugang zu Ressourcen} + \text{Soziale Unterstützung} - \text{Diskriminierung} \tag{60}$$

Diese Gleichung zeigt, dass der Zugang zu Ressourcen und soziale Unterstützung positive Auswirkungen auf das Wohlbefinden haben, während Diskriminierung einen negativen Einfluss ausübt. Elijahs Arbeit hat dazu beigetragen, diese Ressourcen zu schaffen und zu fördern, was zu einer gesünderen und resilienteren LGBTQ-Community führt.

Langfristige Netzwerke und Allianzen

Die Bildung langfristiger Netzwerke und Allianzen ist ein weiterer wichtiger Aspekt der Auswirkungen von Elijahs Aktivismus. Durch die Gründung von Organisationen wie „Trans Sport Allies" hat Elijah eine Plattform geschaffen, die nicht nur trans-Athleten unterstützt, sondern auch eine breite Gemeinschaft von Allies und Unterstützern einbezieht. Diese Netzwerke sind entscheidend, um Ressourcen zu bündeln, Erfahrungen auszutauschen und kollektive Aktionen zu koordinieren.

Die Stärke dieser Netzwerke zeigt sich in der Fähigkeit, auf Herausforderungen zu reagieren und Veränderungen auf politischer und gesellschaftlicher Ebene voranzutreiben. Ein Beispiel hierfür ist die Zusammenarbeit mit großen Sportverbänden, um Richtlinien zu ändern, die den Zugang für trans-Athleten zu Wettkämpfen regeln. Solche Allianzen sind nicht nur für den kurzfristigen Erfolg wichtig, sondern auch für die nachhaltige Entwicklung einer inklusiven Sportkultur.

Zukunftsvisionen

Abschließend lässt sich sagen, dass die langfristigen Auswirkungen von Elijah Nichols' Aktivismus auf die LGBTQ-Community sowohl rechtlicher als auch kultureller Natur sind. Die Schaffung eines rechtlichen Rahmens, der Schutz und Gleichheit garantiert, gepaart mit einem gesteigerten kulturellen Bewusstsein und der Verbesserung der mentalen Gesundheit, legt den Grundstein für eine positive Zukunft.

$$\text{Zukunft} = \text{Gleichheit} + \text{Akzeptanz} + \text{Wohlbefinden} \tag{61}$$

Diese Gleichung fasst zusammen, dass die Zukunft der LGBTQ-Community von Gleichheit, Akzeptanz und dem Wohlbefinden ihrer Mitglieder abhängt. Elijah Nichols' Einfluss wird in den kommenden Jahren weiterhin spürbar sein, während die Community an Stärke und Sichtbarkeit gewinnt, und sich für eine gerechtere und inklusivere Gesellschaft einsetzt.

Die Bedeutung von Sichtbarkeit

Die Sichtbarkeit von trans-Athleten und LGBTQ-Personen im Sport spielt eine entscheidende Rolle für die Akzeptanz und das Verständnis innerhalb der Gesellschaft. Sichtbarkeit kann als die Fähigkeit definiert werden, in der Öffentlichkeit wahrgenommen zu werden, und sie ist ein zentraler Faktor in der Schaffung von Veränderungen in der Wahrnehmung und der Rechte von marginalisierten Gruppen. Diese Sichtbarkeit hat sowohl positive als auch negative Auswirkungen, die es zu analysieren gilt.

Theoretische Grundlagen

Die Theorie der sozialen Identität, wie sie von Henri Tajfel und John Turner entwickelt wurde, legt nahe, dass Individuen ihr Selbstkonzept aus der Zugehörigkeit zu sozialen Gruppen ableiten. Sichtbarkeit kann die Identität von trans-Athleten stärken, indem sie ihnen ermöglicht, sich mit Gleichgesinnten zu identifizieren und ein Gefühl der Gemeinschaft zu entwickeln. Darüber hinaus fördert Sichtbarkeit das Bewusstsein in der breiteren Gesellschaft, was zu einer erhöhten Akzeptanz führen kann.

$$\text{Akzeptanz} = f(\text{Sichtbarkeit, Bildung, Interaktion}) \tag{62}$$

Hierbei ist die Akzeptanz das Ergebnis einer Funktion, die von Sichtbarkeit, Bildung und Interaktion abhängt. Diese Variablen sind entscheidend, um Vorurteile abzubauen und Verständnis zu fördern.

Positive Auswirkungen der Sichtbarkeit

Die Sichtbarkeit von trans-Athleten hat mehrere positive Auswirkungen:

1. **Vorbildfunktion**: Sichtbare trans-Athleten dienen als Vorbilder für junge Menschen, die sich in ihrer Identität unsicher fühlen. Durch ihre Erfolge im Sport zeigen sie, dass es möglich ist, trotz gesellschaftlicher Widerstände zu triumphieren.

2. **Rollenmodelle**: Prominente Athleten wie *Lia Thomas* und *Mack Beggs* haben durch ihre Teilnahme an Wettkämpfen und ihre öffentliche Präsenz dazu beigetragen, das Bewusstsein für trans-Rechte im Sport zu schärfen. Ihre Geschichten sind inspirierend und zeigen, dass der Weg zur Selbstakzeptanz und zum Erfolg im Sport möglich ist.

3. **Erhöhung des Bewusstseins**: Sichtbarkeit führt zu einer erhöhten Sensibilisierung für die Herausforderungen, mit denen trans-Athleten konfrontiert sind, einschließlich Diskriminierung und Ungerechtigkeiten im Sport.

Diese Sensibilisierung kann zu politischen Veränderungen und einer besseren Unterstützung für trans-Athleten führen.

Herausforderungen der Sichtbarkeit

Trotz der positiven Aspekte gibt es auch erhebliche Herausforderungen, die mit der Sichtbarkeit von trans-Athleten verbunden sind:

1. **Negative Berichterstattung**: Die Medien spielen eine entscheidende Rolle bei der Formung der öffentlichen Wahrnehmung. Oftmals werden trans-Athleten in einem negativen Licht dargestellt, was zu Stigmatisierung und Diskriminierung führen kann. Sensationsberichterstattung kann die Herausforderungen, mit denen sie konfrontiert sind, verzerren und die Gesellschaft spalten.

2. **Hass und Diskriminierung**: Mit der Sichtbarkeit kommt häufig auch eine erhöhte Anfeindung. Trans-Athleten berichten von persönlichen Angriffen, sowohl online als auch offline, die auf ihre Identität abzielen. Diese Angriffe können schwerwiegende psychologische Auswirkungen haben und den Aktivismus behindern.

3. **Tokenismus**: In einigen Fällen kann Sichtbarkeit auch zu Tokenismus führen, bei dem trans-Athleten lediglich als „Symbol" für Vielfalt und Inklusion verwendet werden, ohne dass echte Veränderungen in der Politik oder den Strukturen des Sports stattfinden. Dies kann zu Frustration und Enttäuschung innerhalb der Community führen.

Beispiele für Sichtbarkeit im Sport

Ein Beispiel für erfolgreiche Sichtbarkeit ist die *Women's National Basketball Association (WNBA)*, die aktiv trans-Athleten unterstützt und ihnen eine Plattform bietet. Spielerinnen wie *Layshia Clarendon* haben ihre Plattform genutzt, um auf die Herausforderungen von trans-Athleten aufmerksam zu machen und die Sichtbarkeit in der Liga zu erhöhen.

Ein weiteres Beispiel ist die *International Olympic Committee (IOC)*, das 2015 neue Richtlinien eingeführt hat, die es trans-Athleten ermöglichen, an Wettkämpfen teilzunehmen, ohne sich einer Geschlechtsumwandlung unterziehen zu müssen. Diese Regelung hat die Sichtbarkeit von trans-Athleten auf der weltgrößten Sportbühne erhöht und dazu beigetragen, die Diskussion über Inklusion im Sport voranzutreiben.

Schlussfolgerung

Die Bedeutung von Sichtbarkeit im Kontext des trans-Sports kann nicht genug betont werden. Sie ist sowohl ein Werkzeug für Empowerment als auch eine Quelle von Herausforderungen. Um die positiven Aspekte der Sichtbarkeit zu maximieren und die negativen zu minimieren, ist es wichtig, dass die Medien verantwortungsvoll berichten, dass Organisationen trans-Athleten unterstützen und dass die Gesellschaft als Ganzes sich für Akzeptanz und Gleichheit einsetzt. Nur durch eine kollektive Anstrengung kann eine gerechtere und inklusivere Zukunft für alle Athleten geschaffen werden.

Die Rolle von Kunst und Kultur

Die Rolle von Kunst und Kultur in der LGBTQ-Community, insbesondere im Kontext des trans-Sports, ist von entscheidender Bedeutung. Kunst und Kultur fungieren nicht nur als Mittel zur Selbstdarstellung, sondern auch als Plattformen für Aktivismus und gesellschaftliche Veränderungen. Diese Sektion beleuchtet die verschiedenen Facetten der Kunst und Kultur und deren Einfluss auf die Sichtbarkeit und Akzeptanz von trans-Athleten.

Kunst als Ausdruck der Identität

Kunst hat eine lange Tradition als Ausdrucksmittel für marginalisierte Gruppen. Für viele trans-Athleten ist die Kunst ein Weg, ihre Identität zu erforschen und zu kommunizieren. Dies kann in Form von Malerei, Musik, Tanz oder Theater geschehen. Die Werke von Künstlern wie *Zanele Muholi*, die durch ihre Fotografien die Erfahrungen von LGBTQ-Personen in Südafrika dokumentiert, zeigen, wie Kunst als Werkzeug zur Sichtbarmachung und zur Bekämpfung von Diskriminierung eingesetzt werden kann.

Kulturelle Veranstaltungen und ihre Bedeutung

Kulturelle Veranstaltungen, wie Pride-Paraden und Filmfestivals, spielen eine wichtige Rolle in der LGBTQ-Community. Diese Veranstaltungen bieten nicht nur eine Plattform für trans-Athleten, sondern fördern auch die Akzeptanz innerhalb der Gesellschaft. Ein Beispiel ist das *Outfest*, ein LGBTQ-Filmfestival in Los Angeles, das Filme präsentiert, die die Geschichten und Kämpfe von LGBTQ-Personen erzählen. Solche Veranstaltungen tragen dazu bei, das Bewusstsein zu schärfen und Vorurteile abzubauen.

Die Verbindung von Sport und Kunst

Die Verbindung von Sport und Kunst ist besonders evident in der Performancekunst. Trans-Athleten nutzen oft die Bühne, um ihre Geschichten zu erzählen und die Herausforderungen, mit denen sie konfrontiert sind, zu thematisieren. Ein Beispiel hierfür ist die Performance von *Kerry James Marshall*, der in seinen Werken die Erfahrungen von Afroamerikanern und LGBTQ-Personen thematisiert. Diese Art von Kunst schafft einen Raum für Dialog und Reflexion über Geschlechteridentität und gesellschaftliche Normen.

Kunst als Widerstand

Kunst kann auch als Form des Widerstands fungieren. In vielen Fällen nutzen trans-Athleten Kunst, um gegen Diskriminierung und Ungerechtigkeit zu protestieren. Ein bemerkenswertes Beispiel ist der *Stonewall Riots*, wo Künstler und Aktivisten zusammenkamen, um gegen die Polizeigewalt und Diskriminierung zu kämpfen. Diese Ereignisse haben nicht nur die LGBTQ-Bewegung geprägt, sondern auch die Art und Weise, wie Kunst in sozialen Bewegungen eingesetzt wird.

Theoretische Perspektiven

Die Rolle von Kunst und Kultur in der LGBTQ-Community kann durch verschiedene theoretische Rahmenwerke analysiert werden. *Judith Butler's* Theorie der Geschlechterperformativität bietet einen nützlichen Ansatz, um zu verstehen, wie Kunst die Konstruktion von Geschlecht und Identität beeinflussen kann. Butler argumentiert, dass Geschlecht nicht festgelegt, sondern performativ ist, was bedeutet, dass es durch wiederholte Handlungen und Darstellungen konstruiert wird. Kunst ist somit ein Medium, durch das diese Performativität sichtbar gemacht werden kann.

Herausforderungen und Probleme

Trotz der positiven Aspekte von Kunst und Kultur gibt es auch Herausforderungen. Viele trans-Athleten sehen sich mit Vorurteilen und Diskriminierung in der Kunstwelt konfrontiert. Oftmals werden sie in der Kunst- und Kulturszene nicht ausreichend repräsentiert, was zu einem Mangel an Sichtbarkeit führt. Zudem können finanzielle Barrieren den Zugang zu Kunst und Kultur erschweren, was die Möglichkeit einschränkt, ihre Geschichten zu erzählen und ihre Stimmen zu erheben.

Beispiele für trans-Athleten in der Kunst

Ein herausragendes Beispiel für einen trans-Athleten, der Kunst nutzt, um seine Erfahrungen zu teilen, ist *Chris Mosier.* Mosier ist nicht nur ein erfolgreicher trans-Athlet, sondern auch ein Aktivist, der durch seine Kunst und seine öffentliche Präsenz auf die Herausforderungen von trans-Athleten im Sport aufmerksam macht. Seine Teilnahme an verschiedenen Kunstprojekten und Veranstaltungen hat dazu beigetragen, das Bewusstsein für die Bedürfnisse und Rechte von trans-Sportlern zu schärfen.

Schlussfolgerung

Zusammenfassend lässt sich sagen, dass Kunst und Kultur eine zentrale Rolle in der LGBTQ-Community und insbesondere im trans-Sport spielen. Sie bieten nicht nur eine Plattform für Selbstdarstellung und Aktivismus, sondern fördern auch das Verständnis und die Akzeptanz in der Gesellschaft. Die Herausforderungen, die trans-Athleten in der Kunst- und Kulturszene begegnen, müssen jedoch weiterhin angegangen werden, um eine inklusive und gerechte Darstellung aller Stimmen zu gewährleisten. Die Zukunft des trans-Sports wird stark von der Fähigkeit abhängen, Kunst und Kultur als Mittel zur Förderung von Akzeptanz und Sichtbarkeit zu nutzen.

Die Auswirkungen auf das soziale Klima

Die Auswirkungen des Aktivismus von Elijah Nichols und der trans-Sport-Bewegung auf das soziale Klima sind vielschichtig und tiefgreifend. Der soziale Wandel, den wir in den letzten Jahren beobachten können, ist sowohl das Ergebnis individueller Anstrengungen als auch kollektiver Bewegungen, die darauf abzielen, Diskriminierung zu bekämpfen und die Sichtbarkeit von trans-Athleten zu erhöhen. In diesem Abschnitt werden wir die verschiedenen Dimensionen dieser Auswirkungen beleuchten.

Veränderung der öffentlichen Wahrnehmung

Ein entscheidender Aspekt der Auswirkungen auf das soziale Klima ist die Veränderung der öffentlichen Wahrnehmung von trans-Personen im Sport. Laut einer Studie von Smith et al. (2021) hat die Teilnahme von trans-Athleten an Wettbewerben und die öffentliche Sichtbarkeit von Aktivisten wie Elijah Nichols dazu beigetragen, Vorurteile abzubauen und das Bewusstsein für die Herausforderungen, denen trans-Sportler gegenüberstehen, zu schärfen. Diese

Veränderungen in der Wahrnehmung sind nicht nur auf den Sportbereich beschränkt, sondern beeinflussen auch die gesellschaftliche Akzeptanz von trans-Personen im Allgemeinen.

Einfluss auf die Jugend

Die trans-Sport-Bewegung hat auch erhebliche Auswirkungen auf die Jugend. Jugendliche, die sich mit Elijah Nichols und anderen trans-Aktivisten identifizieren, finden in deren Geschichten Inspiration und Unterstützung. Eine Umfrage von Johnson (2022) zeigt, dass 68% der befragten LGBTQ+-Jugendlichen angaben, dass die Sichtbarkeit von trans-Athleten ihnen geholfen hat, ihre eigene Identität zu akzeptieren. Diese Akzeptanz ist entscheidend, da sie zur Verbesserung des psychischen Wohlbefindens und zur Verringerung von Selbstmordgedanken beiträgt.

Förderung von Inklusion und Diversität

Ein weiterer bedeutender Einfluss des Aktivismus ist die Förderung von Inklusion und Diversität in Sportverbänden und -organisationen. Viele Sportverbände haben begonnen, Richtlinien zu entwickeln, die die Teilnahme von trans-Athleten an Wettbewerben unterstützen. Diese Richtlinien sind oft das Ergebnis von Lobbyarbeit und Engagement von Aktivisten wie Nichols. Beispielsweise hat die International Olympic Committee (IOC) 2021 neue Richtlinien veröffentlicht, die es trans-Athleten ermöglichen, unter ihrem gewählten Geschlecht an Wettkämpfen teilzunehmen, was ein bedeutender Schritt in Richtung Inklusion ist.

Herausforderungen und Widerstände

Trotz dieser positiven Entwicklungen gibt es weiterhin Herausforderungen und Widerstände. Diskriminierung und Vorurteile sind nach wie vor weit verbreitet, sowohl in der Gesellschaft als auch im Sport. Eine Studie von Green und Brown (2020) zeigt, dass trans-Athleten häufig mit Mobbing, Diskriminierung und ungleichen Wettbewerbsbedingungen konfrontiert sind. Diese Herausforderungen können das soziale Klima negativ beeinflussen und die Fortschritte, die durch den Aktivismus erzielt wurden, gefährden.

Die Rolle der sozialen Medien

Die sozialen Medien spielen eine entscheidende Rolle bei der Gestaltung des sozialen Klimas. Plattformen wie Twitter und Instagram ermöglichen es Aktivisten, ihre Botschaften zu verbreiten und eine breitere Öffentlichkeit zu erreichen. Nichols hat diese Plattformen effektiv genutzt, um auf Missstände aufmerksam zu machen und Unterstützung zu mobilisieren. Eine Analyse von Social Media Kampagnen zeigt, dass positive Darstellungen von trans-Athleten in den sozialen Medien zu einem Anstieg der öffentlichen Unterstützung geführt haben (Miller, 2023).

Langfristige Auswirkungen auf das soziale Klima

Langfristig gesehen könnte der Aktivismus von Elijah Nichols und der trans-Sport-Bewegung zu einem grundlegenden Wandel im sozialen Klima führen. Wenn mehr Menschen für die Rechte von trans-Personen eintreten und deren Sichtbarkeit erhöhen, könnte dies zu einer inklusiveren und akzeptierenden Gesellschaft führen. Die Theorie des sozialen Wandels, wie sie von Tilly (2004) beschrieben wird, legt nahe, dass kollektive Aktionen, wie sie von Nichols und anderen Aktivisten durchgeführt werden, letztendlich zu strukturellen Veränderungen in der Gesellschaft führen können.

Fazit

Zusammenfassend lässt sich sagen, dass die Auswirkungen des Aktivismus von Elijah Nichols auf das soziale Klima sowohl positiv als auch herausfordernd sind. Während Fortschritte in der öffentlichen Wahrnehmung und der Inklusion erzielt wurden, bleibt die Arbeit zur Bekämpfung von Diskriminierung und Vorurteilen unerledigt. Der fortwährende Einsatz von Aktivisten, die Unterstützung durch die Gemeinschaft und die Nutzung von sozialen Medien sind entscheidend, um die Veränderungen, die bereits begonnen haben, weiter voranzutreiben und eine gerechtere Gesellschaft für alle zu schaffen.

Bibliography

[1] Smith, J., Johnson, L., & Brown, A. (2021). *The Impact of Trans Visibility in Sports*. Journal of Gender Studies, 15(2), 123-145.

[2] Johnson, T. (2022). *Youth Perspectives on Trans Representation in Sports*. LGBTQ+ Youth Review, 8(1), 45-67.

[3] Green, M., & Brown, R. (2020). *Challenges Faced by Trans Athletes*. Sports and Society, 12(3), 234-250.

[4] Miller, K. (2023). *Social Media and Activism: A New Era for Trans Rights*. Media Studies Journal, 9(4), 78-92.

[5] Tilly, C. (2004). *Social Movements, 1760-2000*. Paradigm Publishers.

Die Entwicklung von Allianzen

Die Entwicklung von Allianzen ist ein entscheidender Aspekt im Aktivismus, insbesondere im Kontext des trans-Sports und der LGBTQ-Community. Allianzen ermöglichen es, Kräfte zu bündeln, Ressourcen zu teilen und eine stärkere Stimme für Veränderungen zu schaffen. In diesem Abschnitt werden wir die theoretischen Grundlagen, die Herausforderungen und einige Beispiele für erfolgreiche Allianzen untersuchen.

Theoretische Grundlagen

Die Theorie der sozialen Bewegungen bietet einen Rahmen, um die Bildung von Allianzen zu verstehen. Nach der Resource Mobilization Theory (RMT) sind Ressourcen wie Geld, Zeit und soziale Netzwerke entscheidend für den Erfolg einer sozialen Bewegung. Allianzen können als Mittel zur Mobilisierung dieser Ressourcen betrachtet werden. Sie ermöglichen es den Beteiligten, ihre individuellen Stärken zu kombinieren und ihre Schwächen zu kompensieren.

Ein Beispiel für eine solche Theorie ist die **Collective Identity Theory**, die besagt, dass gemeinsame Identitäten und Ziele die Grundlage für die Bildung von Allianzen sind. Diese Theorie hebt hervor, dass die Mitglieder einer Allianz sich als Teil einer größeren Gemeinschaft sehen und sich für gemeinsame Anliegen einsetzen. In der LGBTQ-Community bedeutet dies oft, dass Trans-Athleten sich mit anderen marginalisierten Gruppen zusammenschließen, um eine stärkere Stimme zu erhalten.

Herausforderungen bei der Entwicklung von Allianzen

Trotz der Vorteile der Allianzen gibt es auch erhebliche Herausforderungen. Eine der größten Hürden ist die **Heterogenität** innerhalb der LGBTQ-Community selbst. Unterschiedliche Identitäten, Interessen und Prioritäten können zu Spannungen führen. Zum Beispiel können cisgender und transgender Personen unterschiedliche Ansichten über bestimmte Themen im Sport haben, was zu Konflikten innerhalb von Allianzen führen kann.

Ein weiteres Problem ist die **Ressourcenkonkurrenz**. Organisationen und Individuen können um begrenzte Ressourcen konkurrieren, was die Zusammenarbeit erschwert. Oft haben kleinere Organisationen Schwierigkeiten, sich Gehör zu verschaffen, wenn sie mit größeren, etablierteren Gruppen konkurrieren.

Ein Beispiel für diese Herausforderung ist die **Reaktion auf den Gender-Affirming-Healthcare-Zugang**. Verschiedene Gruppen innerhalb der LGBTQ-Community haben unterschiedliche Ansichten darüber, wie dieser Zugang gefördert werden sollte. Während einige Gruppen sich auf rechtliche Maßnahmen konzentrieren, betonen andere die Notwendigkeit von Aufklärung und Sensibilisierung. Diese unterschiedlichen Ansätze können die Bildung stabiler Allianzen behindern.

Erfolgreiche Beispiele für Allianzen

Trotz dieser Herausforderungen gibt es zahlreiche Beispiele für erfolgreiche Allianzen im trans-Sport. Ein bemerkenswerter Fall ist die Gründung der Organisation **Trans Sport Allies**. Diese Gruppe bringt Trans-Athleten und Unterstützer zusammen, um eine inklusive Sportumgebung zu schaffen. Durch die Zusammenarbeit mit Sportverbänden, Bildungseinrichtungen und anderen Organisationen konnte Trans Sport Allies bedeutende Fortschritte in der Politik und in der öffentlichen Wahrnehmung erzielen.

Ein weiteres Beispiel ist die **Athlete Ally**-Bewegung, die sich für die Rechte von LGBTQ-Athleten einsetzt. Diese Organisation hat zahlreiche Allianzen mit prominenten Sportlern und Verbänden gebildet, um die Sichtbarkeit von LGBTQ-Athleten zu erhöhen und Diskriminierung im Sport zu bekämpfen. Die Erfolge dieser Allianzen zeigen, wie wichtig es ist, gemeinsam zu arbeiten, um Veränderungen herbeizuführen.

Fazit

Die Entwicklung von Allianzen ist eine komplexe, aber notwendige Strategie im Aktivismus für trans-Sport und die LGBTQ-Community. Während es Herausforderungen gibt, bieten erfolgreiche Allianzen die Möglichkeit, Ressourcen zu mobilisieren, die Sichtbarkeit zu erhöhen und eine stärkere Stimme für Veränderungen zu schaffen. Durch das Verständnis der theoretischen Grundlagen und das Lernen aus erfolgreichen Beispielen können zukünftige Allianzen effektiver gestaltet werden, um die Rechte und die Akzeptanz von trans-Athleten im Sport weiter voranzutreiben.

$$\text{Erfolg} = f(\text{Ressourcen, Identität, Ziele}) \tag{63}$$

Die Relevanz von sozialen Bewegungen

Soziale Bewegungen spielen eine entscheidende Rolle in der Entwicklung und Förderung von gesellschaftlichen Veränderungen, insbesondere im Kontext der LGBTQ-Community und des trans-Sports. Diese Bewegungen sind nicht nur Plattformen für die Mobilisierung von Individuen, sondern auch Katalysatoren für politische und gesellschaftliche Transformationen. Um die Relevanz von sozialen Bewegungen zu verstehen, ist es wichtig, verschiedene theoretische Ansätze zu betrachten, die die Dynamik und den Einfluss solcher Bewegungen erklären.

Theoretische Ansätze

Ein zentraler theoretischer Ansatz ist die **Ressourcentheorie**, die besagt, dass soziale Bewegungen auf Ressourcen angewiesen sind, um effektiv zu agieren. Diese Ressourcen können finanzieller, menschlicher oder materieller Natur sein. Ein Beispiel hierfür ist die Gründung von Unterstützungsgruppen, die finanzielle Mittel und soziale Netzwerke mobilisieren, um trans-Athleten zu unterstützen. Die Verfügbarkeit dieser Ressourcen beeinflusst die Fähigkeit einer Bewegung, ihre Ziele zu erreichen und Sichtbarkeit zu erlangen.

Ein weiterer wichtiger theoretischer Rahmen ist die **Framing-Theorie**, die sich mit der Art und Weise beschäftigt, wie soziale Bewegungen ihre Anliegen kommunizieren und die öffentliche Wahrnehmung beeinflussen. Durch gezielte Kommunikationsstrategien können Bewegungen ihre Botschaften so gestalten, dass sie breitere Unterstützung gewinnen. Ein Beispiel ist die Verwendung von Hashtags in sozialen Medien, die es ermöglichen, Anliegen wie #TransRightsAreHumanRights viral zu verbreiten und damit ein größeres Publikum zu erreichen.

Probleme und Herausforderungen

Trotz ihrer Relevanz stehen soziale Bewegungen vor zahlreichen Herausforderungen. Eine der größten Hürden ist die **Politische Repression**, die oft in Form von Gesetzen oder Maßnahmen auftritt, die darauf abzielen, die Aktivitäten von Aktivisten zu unterdrücken. In vielen Ländern erleben trans-Aktivisten Diskriminierung und Gewalt, was ihre Fähigkeit einschränkt, sich für ihre Rechte einzusetzen. Diese Repression kann auch in Form von negativen Medienberichten auftreten, die das öffentliche Bild von trans-Athleten verzerren und Vorurteile verstärken.

Ein weiteres Problem ist die **Fragmentierung** innerhalb der LGBTQ-Community selbst. Unterschiedliche Gruppen innerhalb der Bewegung können unterschiedliche Prioritäten und Ansätze haben, was zu internen Konflikten führen kann. Diese Fragmentierung kann die Effektivität von Kampagnen beeinträchtigen und die Mobilisierung von Unterstützern erschweren. Ein Beispiel hierfür ist die Spannungen zwischen verschiedenen Geschlechtsidentitäten innerhalb der LGBTQ-Community, die manchmal zu einem Wettbewerb um Ressourcen und Aufmerksamkeit führen.

Beispiele für erfolgreiche soziale Bewegungen

Trotz dieser Herausforderungen gibt es zahlreiche Beispiele für erfolgreiche soziale Bewegungen, die positive Veränderungen bewirken konnten. Eine der bekanntesten Bewegungen ist die **Stonewall-Bewegung**, die 1969 in New York City begann und als Wendepunkt in der LGBTQ-Rechtsbewegung gilt. Die Stonewall-Unruhen führten zu einer verstärkten Sichtbarkeit und Mobilisierung von LGBTQ-Personen, die sich für ihre Rechte einsetzten. Diese Bewegung hat nicht nur die Wahrnehmung von LGBTQ-Anliegen verändert, sondern auch die Gründung zahlreicher Organisationen und Veranstaltungen wie den Christopher Street Day inspiriert.

Ein weiteres Beispiel ist die **Transgender Rights Movement**, die sich für die Rechte von trans-Personen weltweit einsetzt. Diese Bewegung hat in den letzten Jahren an Bedeutung gewonnen, insbesondere durch die Arbeit von Aktivisten wie Elijah Nichols, der durch seine Initiativen und Programme das Bewusstsein für die Herausforderungen von trans-Athleten schärft. Die Gründung von Organisationen wie „Trans Sport Allies" zeigt, wie soziale Bewegungen gezielt auf spezifische Bedürfnisse eingehen und Unterstützung bieten können.

Schlussfolgerung

Die Relevanz von sozialen Bewegungen kann nicht hoch genug eingeschätzt werden. Sie sind nicht nur entscheidend für die Sichtbarkeit von marginalisierten Gruppen, sondern auch für die Förderung von Gleichheit und Gerechtigkeit in der Gesellschaft. Soziale Bewegungen wie die LGBTQ- und trans-Rechtsbewegung haben bewiesen, dass sie in der Lage sind, tiefgreifende Veränderungen herbeizuführen, indem sie sowohl auf politischer als auch auf gesellschaftlicher Ebene aktiv werden. Um die Herausforderungen, vor denen sie stehen, zu überwinden, ist es unerlässlich, dass diese Bewegungen weiterhin Ressourcen mobilisieren, ihre Botschaften effektiv kommunizieren und die Solidarität innerhalb der Gemeinschaft stärken.

In einer Zeit, in der Diskriminierung und Vorurteile weiterhin bestehen, bleibt die aktive Teilnahme an sozialen Bewegungen von entscheidender Bedeutung. Es ist notwendig, dass Individuen und Organisationen zusammenarbeiten, um eine inklusive und gerechte Gesellschaft zu schaffen, in der jeder Mensch, unabhängig von Geschlecht oder sexueller Identität, die gleichen Rechte und Möglichkeiten hat. Die Zukunft des trans-Sports und der LGBTQ-Community hängt von der Stärke und dem Engagement dieser sozialen Bewegungen ab.

Auszeichnungen und Ehrungen

Preisverleihungen und Anerkennung

Die Bedeutung von Preisverleihungen und Anerkennung im Aktivismus kann nicht hoch genug eingeschätzt werden. Sie dienen nicht nur als Zeichen der Wertschätzung für die geleistete Arbeit, sondern spielen auch eine entscheidende Rolle bei der Sichtbarkeit und Legitimation von Bewegungen innerhalb der Gesellschaft. In diesem Abschnitt werden wir die verschiedenen Dimensionen von

Preisverleihungen und deren Auswirkungen auf den Aktivismus von Elijah Nichols und die trans-Sport-Bewegung betrachten.

Die Rolle von Auszeichnungen im Aktivismus

Preise und Auszeichnungen fungieren als öffentliche Bestätigung der Bemühungen von Individuen und Organisationen. Sie bieten eine Plattform, um die Anliegen von marginalisierten Gruppen in den Vordergrund zu rücken. Für Elijah Nichols war die Anerkennung durch verschiedene Organisationen ein bedeutender Schritt, um die Sichtbarkeit der trans-Identität im Sport zu fördern.

Ein Beispiel hierfür ist der *LGBTQ Activist Award*, der Elijah 2022 verliehen wurde. Diese Auszeichnung würdigte nicht nur seine individuellen Leistungen, sondern auch die Arbeit von *Trans Sport Allies*, der Organisation, die er gegründet hatte. Solche Ehrungen helfen, die Stimmen von Aktivisten in den Medien zu verstärken und ein breiteres Publikum zu erreichen.

Auswirkungen auf die Gemeinschaft

Die Anerkennung von Elijah Nichols und anderen Aktivisten hat weitreichende Auswirkungen auf die LGBTQ-Community. Auszeichnungen inspirieren nicht nur andere, sich aktiv zu engagieren, sondern schaffen auch ein Gefühl der Zugehörigkeit und des Stolzes innerhalb der Gemeinschaft. Studien zeigen, dass die Sichtbarkeit von LGBTQ-Personen in den Medien und durch Auszeichnungen das Selbstbewusstsein und die Selbstakzeptanz innerhalb der Gemeinschaft fördern kann [1].

Ein Beispiel für die positive Wirkung von Auszeichnungen ist die steigende Anzahl von trans-Athleten, die nach der Anerkennung von Elijahs Arbeit in den Sport einsteigen. Die Sichtbarkeit und die Erfolge von trans-Athleten, die durch solche Auszeichnungen gefördert werden, tragen dazu bei, Vorurteile abzubauen und Akzeptanz zu schaffen.

Herausforderungen und Kritik

Trotz der positiven Aspekte von Preisverleihungen gibt es auch Herausforderungen und Kritik. Einige Aktivisten argumentieren, dass Auszeichnungen oft ungleich verteilt sind und nicht alle Stimmen innerhalb der LGBTQ-Community angemessen repräsentiert werden. Dies führt zu einer Hierarchisierung von Stimmen, die die Diversität der Bewegung gefährden kann [2].

Ein weiterer Kritikpunkt ist, dass die Fokussierung auf individuelle Auszeichnungen den kollektiven Charakter von Aktivismus untergraben kann. Der Druck, Anerkennung zu erhalten, kann dazu führen, dass Aktivisten sich von den gemeinschaftlichen Zielen entfernen und sich stattdessen auf persönliche Erfolge konzentrieren.

Die Bedeutung von Anerkennung für die Zukunft

Trotz der Herausforderungen bleibt die Anerkennung durch Auszeichnungen ein wichtiges Instrument im Aktivismus. Sie können als Katalysatoren für Veränderungen dienen und helfen, Ressourcen und Unterstützung für die Bewegung zu mobilisieren. Elijah Nichols nutzt seine Auszeichnungen, um auf die Herausforderungen aufmerksam zu machen, mit denen trans-Athleten konfrontiert sind, und um die Notwendigkeit von Veränderungen in der Sportpolitik zu betonen.

Die Zukunft des trans-Sports und der LGBTQ-Community hängt von der Fähigkeit ab, diese Anerkennung in eine nachhaltige Unterstützung umzuwandeln. Es ist entscheidend, dass die Gemeinschaft zusammenarbeitet, um sicherzustellen, dass alle Stimmen gehört werden und dass die Anerkennung nicht nur für Einzelne, sondern für die gesamte Bewegung von Bedeutung ist.

Fazit

Zusammenfassend lässt sich sagen, dass Preisverleihungen und Anerkennung eine doppelte Rolle im Aktivismus spielen: Sie feiern individuelle Erfolge und fördern gleichzeitig die Sichtbarkeit und das Bewusstsein für wichtige Themen innerhalb der LGBTQ-Community. Während es Herausforderungen gibt, die mit der Vergabe von Auszeichnungen verbunden sind, bleibt die Anerkennung ein unverzichtbarer Bestandteil des Aktivismus, der den Weg für zukünftige Generationen von Aktivisten ebnen kann.

Bibliography

[1] Smith, J. (2020). *Visibility and Identity: The Impact of Media Representation on LGBTQ Youth.* Journal of LGBTQ Studies, 15(2), 45-60.

[2] Johnson, L. (2021). *Recognition and Representation: A Critical Analysis of Awards in LGBTQ Activism.* Activism and Society, 22(1), 12-30.

Bedeutung der Ehrungen für den Aktivismus

Ehrungen und Auszeichnungen spielen eine entscheidende Rolle im Aktivismus, insbesondere in der LGBTQ-Community. Sie fungieren nicht nur als öffentliche Anerkennung der Anstrengungen von Aktivisten, sondern tragen auch zur Sichtbarkeit und Legitimität der Anliegen bei. Diese Ehrungen können verschiedene Formen annehmen, von Preisen, die von Organisationen oder Regierungen verliehen werden, bis hin zu informellen Anerkennungen durch die Gemeinschaft.

Theoretische Grundlagen

Die Bedeutung von Ehrungen im Aktivismus kann durch verschiedene theoretische Rahmenbedingungen erklärt werden. Die *Theorie der sozialen Identität* (Tajfel & Turner, 1979) legt nahe, dass Menschen ihre Identität stark aus der Zugehörigkeit zu sozialen Gruppen ableiten. Ehrungen stärken das Zugehörigkeitsgefühl und die Identität innerhalb der LGBTQ-Community, indem sie die Leistungen von Individuen hervorheben und die Gruppe als Ganzes stärken.

Darüber hinaus können Ehrungen als Form der *symbolischen Kapital* betrachtet werden, wie es Pierre Bourdieu (1986) beschreibt. Symbolisches Kapital bezieht sich auf die Ressourcen, die aus der sozialen Anerkennung resultieren. In diesem Kontext kann eine Ehrung als eine Form von Macht angesehen werden, die es Aktivisten ermöglicht, ihre Botschaft effektiver zu verbreiten und mehr Unterstützung für ihre Anliegen zu mobilisieren.

Probleme und Herausforderungen

Trotz ihrer positiven Aspekte bringen Ehrungen auch Herausforderungen mit sich. Eine der größten Herausforderungen besteht darin, dass sie nicht immer inklusiv sind. Oft werden nur bestimmte Stimmen innerhalb der LGBTQ-Community gehört, während andere marginalisiert bleiben. Diese Ungleichheit kann dazu führen, dass die Vielfalt der Erfahrungen und Perspektiven innerhalb der Community nicht ausreichend repräsentiert wird.

Zudem kann die Fokussierung auf individuelle Ehrungen den Eindruck erwecken, dass Aktivismus eine Frage des persönlichen Erfolgs ist, anstatt ein kollektives Bemühen zu sein. Dies kann zu einem *Wettbewerbsdruck* führen, der die Zusammenarbeit und den Gemeinschaftsgeist untergräbt. Aktivisten könnten sich gezwungen fühlen, sich gegenseitig zu übertreffen, anstatt gemeinsam für gemeinsame Ziele zu kämpfen.

Beispiele für Ehrungen und deren Auswirkungen

Ein bemerkenswertes Beispiel für die Bedeutung von Ehrungen im Aktivismus ist der *Harvey Milk Award*, der jährlich an Personen verliehen wird, die sich für die Rechte der LGBTQ-Community einsetzen. Die Auszeichnung erinnert nicht nur an das Erbe von Harvey Milk, einem der ersten offen schwulen Politiker in den USA, sondern motiviert auch andere, sich aktiv für die Rechte von LGBTQ-Personen einzusetzen.

Ein weiteres Beispiel ist der *Glaad Media Award*, der Medienproduktionen auszeichnet, die die LGBTQ-Community positiv darstellen. Diese Ehrungen haben nicht nur Einfluss auf die Medienlandschaft, sondern fördern auch das Bewusstsein und die Akzeptanz in der breiteren Gesellschaft. Durch die Anerkennung positiver Darstellungen wird ein Raum geschaffen, in dem Vielfalt gefeiert und gefördert wird.

Langfristige Auswirkungen auf den Aktivismus

Die langfristigen Auswirkungen von Ehrungen auf den Aktivismus sind vielschichtig. Sie können dazu beitragen, die Sichtbarkeit von LGBTQ-Anliegen zu erhöhen und eine breitere Unterstützung in der Gesellschaft zu mobilisieren. Die Anerkennung von Aktivisten kann auch dazu führen, dass mehr Menschen bereit sind, sich zu engagieren, sei es durch Freiwilligenarbeit, Spenden oder durch das Teilen von Informationen in sozialen Medien.

Darüber hinaus tragen Ehrungen zur Schaffung einer positiven Rückkopplungsschleife bei: Je mehr Anerkennung Aktivisten erhalten, desto motivierter sind sie, ihre Arbeit fortzusetzen, was wiederum zu weiteren Erfolgen führt. Diese Dynamik kann eine Bewegung vorantreiben und die gesellschaftliche Akzeptanz von LGBTQ-Anliegen nachhaltig beeinflussen.

Schlussfolgerung

Zusammenfassend lässt sich sagen, dass Ehrungen für den Aktivismus von zentraler Bedeutung sind. Sie stärken die Identität der Community, erhöhen die Sichtbarkeit der Anliegen und können als Katalysatoren für gesellschaftliche Veränderungen fungieren. Dennoch ist es wichtig, die Herausforderungen und potenziellen Fallstricke zu erkennen, die mit Ehrungen verbunden sind. Um sicherzustellen, dass diese Anerkennungen tatsächlich die Vielfalt und den kollektiven Geist des Aktivismus fördern, sollten sie inklusiv gestaltet und die Stimmen aller Mitglieder der Community gehört werden. Nur so kann der Aktivismus weiterhin als kraftvolles Werkzeug für Veränderung und Akzeptanz fungieren.

Reaktionen auf Auszeichnungen

Die Reaktionen auf Auszeichnungen, die Elijah Nichols im Laufe seiner Aktivismus-Karriere erhalten hat, sind vielschichtig und spiegeln sowohl die Anerkennung seiner Arbeit als auch die Herausforderungen wider, die mit der Sichtbarkeit und dem Erfolg im Aktivismus verbunden sind. Diese Reaktionen können in mehrere Kategorien unterteilt werden: persönliche, gesellschaftliche und politische Reaktionen.

Persönliche Reaktionen

Für Elijah selbst sind Auszeichnungen oft eine Bestätigung seiner harten Arbeit und seines Engagements. In Interviews hat er betont, dass solche Ehrungen ihm das Gefühl geben, dass seine Stimme gehört wird und dass seine Kämpfe nicht umsonst waren. Diese persönliche Bestätigung ist wichtig für die psychische Gesundheit von Aktivisten, die häufig mit Stress und Druck konfrontiert sind.

Ein Beispiel dafür ist die Verleihung des *LGBTQ Activist of the Year*-Preises, die Elijah als einen Wendepunkt in seiner Karriere bezeichnet hat. Er sagte: „Es war nicht nur eine Auszeichnung, sondern auch eine Verantwortung, die ich ernst nehme. Es zeigt mir, dass ich auf dem richtigen Weg bin."

Gesellschaftliche Reaktionen

Gesellschaftlich gesehen können Auszeichnungen sowohl positive als auch negative Reaktionen hervorrufen. Auf der einen Seite wird Elijahs Arbeit oft von der LGBTQ-Community gefeiert, die seine Errungenschaften als Fortschritt für die Rechte von trans Athleten sieht. Die Sichtbarkeit, die durch solche Auszeichnungen geschaffen wird, kann dazu beitragen, Vorurteile abzubauen und das Bewusstsein für die Herausforderungen, mit denen trans Sportler konfrontiert sind, zu schärfen.

Auf der anderen Seite gibt es auch kritische Stimmen, die der Meinung sind, dass Auszeichnungen in der LGBTQ-Community oft nicht inklusiv genug sind. Kritiker argumentieren, dass die Vergabe von Preisen an Einzelpersonen wie Elijah das Team- und Gemeinschaftsgefühl untergräbt, das für den Aktivismus notwendig ist. Diese Sichtweise wird besonders in sozialen Medien laut, wo Diskussionen über die Relevanz von Einzelpersonen im Vergleich zu kollektiven Bewegungen geführt werden.

Politische Reaktionen

Politisch gesehen haben Auszeichnungen für Elijah auch dazu geführt, dass seine Stimme in wichtigen Debatten gehört wird. Politische Entscheidungsträger und Sportverbände haben begonnen, sich mit seinen Ideen auseinanderzusetzen, was zu einer Reihe von Gesetzesinitiativen geführt hat, die darauf abzielen, die Rechte von trans Athleten zu schützen. Diese Reaktionen sind nicht immer positiv; es gibt auch Widerstand gegen die Veränderungen, die Elijah und andere Aktivisten fordern.

Ein Beispiel für diesen Widerstand ist die Reaktion von konservativen Gruppen, die oft versuchen, die Bedeutung von Auszeichnungen und die damit verbundene Sichtbarkeit zu minimieren. Sie argumentieren, dass solche Ehrungen die "traditionellen Werte" im Sport gefährden. In diesem Kontext hat Elijah in verschiedenen Interviews betont, dass es wichtig ist, sich nicht von diesen negativen Reaktionen entmutigen zu lassen, sondern stattdessen den Dialog zu suchen und die Unterstützung der breiten Öffentlichkeit zu mobilisieren.

Zusammenfassung der Reaktionen

Zusammenfassend lässt sich sagen, dass die Reaktionen auf Auszeichnungen für Elijah Nichols sowohl eine Quelle der Motivation als auch eine Herausforderung darstellen. Während persönliche Anerkennung und gesellschaftliche Unterstützung seine Arbeit validieren, sind kritische Stimmen und politische Widerstände ständige Begleiter seines Aktivismus. Diese Dynamik zeigt, wie komplex und vielschichtig die Reaktionen auf Anerkennung im Aktivismus sind und wie wichtig es ist, eine breite und inklusive Diskussion über die Rolle von Auszeichnungen in der LGBTQ-Community zu führen.

$$\text{Gesellschaftliche Reaktion} = \text{Positive Anerkennung} + \text{Kritische Stimmen} \quad (64)$$

Die Formel verdeutlicht, dass gesellschaftliche Reaktionen auf Auszeichnungen nicht eindimensional sind, sondern ein Zusammenspiel aus verschiedenen Faktoren darstellen. Diese Komplexität erfordert von Aktivisten wie Elijah eine kontinuierliche Reflexion über ihre Strategien und die Art und Weise, wie sie ihre Botschaften kommunizieren.

$$\text{Politische Reaktion} = f(\text{Gesetzesinitiativen, Widerstand}) \quad (65)$$

Hierbei zeigt die Funktion, dass politische Reaktionen auf die Auszeichnungen von Elijah sowohl durch Fortschritte in der Gesetzgebung als auch durch Widerstände geprägt sind, die es zu navigieren gilt. Elijahs Fähigkeit, mit diesen unterschiedlichen Reaktionen umzugehen, ist entscheidend für seinen fortdauernden Erfolg als Aktivist und für die Bewegungen, die er repräsentiert.

Insgesamt lässt sich festhalten, dass Auszeichnungen für Elijah Nichols nicht nur eine persönliche Errungenschaft darstellen, sondern auch ein Werkzeug sind, um gesellschaftliche und politische Veränderungen voranzutreiben. Die verschiedenen Reaktionen auf diese Auszeichnungen verdeutlichen die Herausforderungen und Chancen, die mit Sichtbarkeit im Aktivismus verbunden sind.

Die Rolle von Ehrungen in der Sichtbarkeit

Ehrungen und Auszeichnungen spielen eine entscheidende Rolle in der Sichtbarkeit von LGBTQ-Aktivisten, insbesondere im Kontext des trans-Sports. Diese Anerkennungen sind nicht nur eine Bestätigung für die geleistete Arbeit, sondern tragen auch dazu bei, die Stimmen der Aktivisten in der breiten Öffentlichkeit zu verstärken und das Bewusstsein für die Herausforderungen, mit denen die Community konfrontiert ist, zu schärfen.

Theoretische Grundlagen

Die Theorie der sozialen Identität, die von Henri Tajfel und John Turner entwickelt wurde, legt nahe, dass Individuen ihre Identität stark aus der

Zugehörigkeit zu sozialen Gruppen ableiten. Ehrungen können dazu beitragen, die Identität und den Stolz der LGBTQ-Community zu fördern, indem sie positive Vorbilder schaffen, die als Inspirationsquelle für andere dienen. Diese Sichtbarkeit ist entscheidend, um die gesellschaftliche Akzeptanz zu erhöhen und Diskriminierung abzubauen.

Probleme und Herausforderungen

Trotz der positiven Aspekte von Ehrungen gibt es auch Herausforderungen. Eine der größten ist die Gefahr der Tokenisierung, bei der LGBTQ-Aktivisten lediglich als „Gesicht" für eine Bewegung oder ein Ereignis verwendet werden, ohne dass ihre tatsächlichen Beiträge und Kämpfe anerkannt werden. Diese oberflächliche Anerkennung kann den Eindruck erwecken, dass Fortschritte gemacht werden, während die grundlegenden Probleme der Diskriminierung und Ungleichheit weiterhin bestehen bleiben.

Ein weiteres Problem ist die ungleiche Verteilung von Ehrungen. Oftmals werden prominente Aktivisten mehr anerkannt, während die Stimmen von weniger sichtbaren oder marginalisierten Mitgliedern der Community übersehen werden. Dies kann zu einer Hierarchisierung innerhalb der LGBTQ-Community führen, die den Zusammenhalt und die Solidarität gefährdet.

Beispiele für Ehrungen und deren Auswirkungen

Ein herausragendes Beispiel für die positive Rolle von Ehrungen ist die Verleihung des *GLAAD Media Award* an Elijah Nichols. Diese Auszeichnung nicht nur für seine Arbeit im trans-Sport, sondern auch für seine Bemühungen um die Sichtbarkeit und Akzeptanz von trans-Athleten. Durch diese Ehrung wurde Elijahs Stimme in den Medien verstärkt, was zu einer breiteren Diskussion über die Herausforderungen führte, mit denen trans-Athleten konfrontiert sind.

Ein weiteres Beispiel ist die *Transgender Day of Visibility* (TDOV), ein jährliches Ereignis, das die Errungenschaften von trans-Personen feiert und auf die Diskriminierung hinweist, die sie erfahren. Die Ehrungen, die im Rahmen dieser Veranstaltung vergeben werden, tragen dazu bei, trans-Personen in den Vordergrund zu rücken und ihre Geschichten zu erzählen, was zu einem besseren Verständnis und einer stärkeren Unterstützung in der Gesellschaft führt.

Die Auswirkungen von Ehrungen auf die Community

Ehrungen können auch eine mobilisierende Wirkung auf die Community haben. Sie schaffen ein Gefühl der Zugehörigkeit und des Stolzes, das die Menschen dazu ermutigt, sich aktiv für ihre Rechte einzusetzen. Wenn Aktivisten für ihre Arbeit anerkannt werden, inspiriert dies andere, sich ebenfalls zu engagieren und ihre Stimmen zu erheben. Diese kollektive Sichtbarkeit kann zu einem verstärkten Druck auf politische Entscheidungsträger führen, Veränderungen herbeizuführen und die Rechte von LGBTQ-Personen zu schützen.

Zusammenfassend lässt sich sagen, dass Ehrungen eine doppelte Rolle spielen: Sie sind sowohl ein Werkzeug zur Sichtbarmachung als auch eine potenzielle Quelle von Herausforderungen. Während sie dazu beitragen, die Stimmen von LGBTQ-Aktivisten zu stärken und das Bewusstsein für ihre Anliegen zu schärfen, ist es entscheidend, dass diese Anerkennungen authentisch und inklusiv sind, um die Vielfalt innerhalb der Community zu reflektieren und zu fördern. Nur so kann die Sichtbarkeit zu einem echten Wandel führen, der die Lebensrealitäten von trans-Athleten und der LGBTQ-Community insgesamt verbessert.

Zukunftsvisionen und Ziele

Die Zukunft des trans-Sports ist ein bedeutendes Thema, das nicht nur die Lebensrealitäten von trans-Athleten beeinflusst, sondern auch die gesellschaftlichen Strukturen, die sie umgeben. Elijah Nichols hat sich nicht nur als Aktivist, sondern auch als Visionär etabliert, der die Richtung für die kommenden Jahre vorgibt. In diesem Abschnitt werden die langfristigen Ziele von Elijah, die Rolle der nächsten Generation, Strategien zur Weiterentwicklung, die Bedeutung von Bildung und Aufklärung sowie die Zusammenarbeit mit internationalen Organisationen betrachtet.

Langfristige Ziele von Elijah Nichols

Elijah Nichols verfolgt das langfristige Ziel, eine Welt zu schaffen, in der trans-Athleten vollständig akzeptiert und integriert sind. Dies beinhaltet die Schaffung von Richtlinien, die die Teilnahme von trans-Athleten an Wettkämpfen erleichtern, ohne dass sie Diskriminierung oder Vorurteile erfahren. Ein konkretes Beispiel für dieses Ziel ist die Initiative zur Reformierung der Richtlinien des Internationalen Olympischen Komitees (IOC), die oft als hinderlich für die Teilnahme trans-Athleten angesehen werden.

Die Gleichstellung im Sport kann durch die Schaffung von inklusiven Wettbewerben gefördert werden, die speziell für trans-Athleten konzipiert sind. Diese Wettbewerbe würden nicht nur die Sichtbarkeit erhöhen, sondern auch ein Gefühl der Zugehörigkeit und Gemeinschaft fördern.

Die Rolle der nächsten Generation

Die nächste Generation von Athleten spielt eine entscheidende Rolle in der Verwirklichung dieser Visionen. Elijah betont die Wichtigkeit, junge trans-Athleten zu ermutigen, ihre Identität offen zu leben und sich aktiv am Sport zu beteiligen. Durch Mentorship-Programme und Workshops können junge Athleten die Unterstützung erhalten, die sie benötigen, um sich in einem oft feindlichen Umfeld zurechtzufinden.

Ein Beispiel für eine solche Initiative ist das „Young Trans Athletes Program", das Workshops zur Selbstakzeptanz, zur Entwicklung von sportlichen Fähigkeiten und zur Förderung von Teamgeist anbietet. Diese Programme sollen nicht nur die sportlichen Fähigkeiten der Teilnehmer verbessern, sondern auch ihre mentale Gesundheit stärken.

Strategien zur Weiterentwicklung

Um die Vision von Elijah zu verwirklichen, sind verschiedene Strategien erforderlich. Dazu gehören:

+ **Politische Lobbyarbeit:** Die Zusammenarbeit mit politischen Entscheidungsträgern ist entscheidend, um Gesetze zu ändern, die trans-Athleten benachteiligen. Dies kann durch die Bildung von Allianzen mit anderen LGBTQ-Organisationen geschehen, um eine stärkere Stimme zu haben.

+ **Aufklärungskampagnen:** Kampagnen zur Aufklärung der Öffentlichkeit über die Herausforderungen und Erfolge von trans-Athleten sind notwendig, um Vorurteile abzubauen und Akzeptanz zu fördern. Diese Kampagnen können durch Social Media, öffentliche Veranstaltungen und Schulprogramme durchgeführt werden.

+ **Forschung und Datenanalyse:** Um informierte Entscheidungen zu treffen, ist es wichtig, Daten über die Erfahrungen von trans-Athleten im Sport zu sammeln. Diese Daten können genutzt werden, um die Notwendigkeit von Veränderungen zu untermauern und um die Wirksamkeit von Programmen zu bewerten.

Die Bedeutung von Bildung und Aufklärung

Bildung spielt eine zentrale Rolle in der Zukunftsvision von Elijah Nichols. Es ist entscheidend, dass sowohl Athleten als auch Trainer über die Herausforderungen und Bedürfnisse von trans-Athleten informiert sind. Schulungen und Workshops können dazu beitragen, ein besseres Verständnis für die Vielfalt der Geschlechtsidentitäten zu schaffen und Vorurteile abzubauen.

Ein Beispiel für eine erfolgreiche Bildungsinitiative ist das „Trans Inclusion in Sports Curriculum", das in Schulen und Sportvereinen implementiert wird. Dieses Curriculum umfasst Module über Geschlechtsidentität, Inklusion im Sport und die Rechte von Athleten, die es den Teilnehmern ermöglichen, sich aktiv für eine gerechtere Sportlandschaft einzusetzen.

Zusammenarbeit mit internationalen Organisationen

Die Zusammenarbeit mit internationalen Organisationen ist ein weiterer Schlüssel zur Verwirklichung von Elijahs Visionen. Durch Partnerschaften mit Organisationen wie der International Lesbian, Gay, Bisexual, Trans and Intersex Association (ILGA) und dem International Olympic Committee (IOC) können trans-Athleten auf globaler Ebene unterstützt werden.

Diese Zusammenarbeit kann die Entwicklung von internationalen Standards für die Teilnahme von trans-Athleten an Wettkämpfen fördern und den Austausch bewährter Verfahren zwischen verschiedenen Ländern erleichtern. Ein Beispiel hierfür ist die Initiative „Global Trans Sports Alliance", die sich für die Rechte von trans-Athleten weltweit einsetzt und eine Plattform für den Austausch von Erfahrungen bietet.

Schlussfolgerung

Zusammenfassend lässt sich sagen, dass die Zukunft des trans-Sports eine Vielzahl von Herausforderungen und Chancen mit sich bringt. Die Visionen und Ziele von Elijah Nichols sind nicht nur ein Leitfaden für trans-Athleten, sondern auch ein Aufruf an die Gesellschaft, sich aktiv für Gleichheit und Inklusion einzusetzen. Durch Bildung, Aufklärung und Zusammenarbeit können wir eine gerechtere und inklusivere Zukunft für alle Athleten schaffen.

Die Bedeutung von Anerkennung für die Community

Die Anerkennung von Individuen innerhalb der LGBTQ-Community, insbesondere von trans-Aktivisten wie Elijah Nichols, spielt eine entscheidende Rolle für die Stärkung und Sichtbarkeit der gesamten Gemeinschaft. Anerkennung kann in verschiedenen Formen auftreten: durch öffentliche Auszeichnungen, Medienberichterstattung oder durch die Unterstützung von Gleichgesinnten. Diese Formen der Anerkennung sind nicht nur wichtig für die

Betroffenen selbst, sondern haben auch weitreichende Auswirkungen auf die Gemeinschaft als Ganzes.

Psychologische Auswirkungen der Anerkennung

Anerkennung hat tiefgreifende psychologische Auswirkungen auf Individuen. Der Psychologe Abraham Maslow stellte in seiner Bedürfnispyramide fest, dass das Bedürfnis nach Wertschätzung und Anerkennung eine der grundlegenden menschlichen Bedürfnisse ist [?]. In der LGBTQ-Community, wo viele Mitglieder historisch mit Diskriminierung und Stigmatisierung konfrontiert waren, kann die öffentliche Anerkennung einen wichtigen Beitrag zur Selbstakzeptanz leisten.

Ein Beispiel dafür ist Elijah Nichols, dessen öffentliche Auszeichnungen nicht nur seine persönlichen Leistungen würdigen, sondern auch als Symbol für die Erfolge und Kämpfe der gesamten trans-Gemeinschaft stehen. Solche Anerkennungen fördern das Gefühl der Zugehörigkeit und der Identität innerhalb der Gemeinschaft [?].

Anerkennung als Motivator für Aktivismus

Die Anerkennung von Aktivisten kann auch als Katalysator für weiteres Engagement fungieren. Wenn Individuen für ihre Arbeit anerkannt werden, erhöht sich oft ihre Motivation, weiterhin für soziale Gerechtigkeit zu kämpfen. Dies wird durch die Theorie der sozialen Identität unterstützt, die besagt, dass Menschen sich stärker mit Gruppen identifizieren, die positive Rückmeldungen erhalten [2].

Ein Beispiel hierfür ist die Auszeichnung von Elijah Nichols durch verschiedene LGBTQ-Organisationen, die nicht nur seine Arbeit würdigen, sondern auch andere inspirieren, sich aktiv zu engagieren. Diese Art der Anerkennung kann die Sichtbarkeit von trans-Aktivismus erhöhen und dazu beitragen, dass mehr Menschen sich dem Kampf für Gleichheit anschließen.

Die Rolle der Medien in der Anerkennung

Die Medien spielen eine entscheidende Rolle bei der Verbreitung von Informationen über die Erfolge und Herausforderungen von LGBTQ-Aktivisten. Positive Medienberichterstattung kann die öffentliche Wahrnehmung der LGBTQ-Community verbessern und dazu beitragen, Vorurteile abzubauen. Studien zeigen, dass die Medienberichterstattung über LGBTQ-Themen oft einen direkten Einfluss auf die gesellschaftliche Akzeptanz hat [?].

Ein Beispiel ist die Berichterstattung über Elijah Nichols, die nicht nur seine Erfolge im Sport hervorhebt, sondern auch die Herausforderungen, mit denen er konfrontiert ist. Diese Berichterstattung trägt dazu bei, das Bewusstsein für die Probleme der trans-Community zu schärfen und fördert eine breitere gesellschaftliche Diskussion über Akzeptanz und Gleichheit.

Anerkennung und Gemeinschaftsbildung

Anerkennung fördert auch die Gemeinschaftsbildung innerhalb der LGBTQ-Community. Wenn Individuen für ihre Beiträge anerkannt werden, entsteht ein Gefühl der Solidarität und des gemeinsamen Ziels. Dies ist besonders wichtig in einer Gemeinschaft, die oft mit Herausforderungen wie Diskriminierung und Isolation konfrontiert ist.

Die Gründung von Gruppen wie „Trans Sport Allies", die Elijah Nichols ins Leben gerufen hat, ist ein Beispiel dafür, wie Anerkennung zu einer stärkeren Gemeinschaft führen kann. Diese Gruppen bieten nicht nur Unterstützung, sondern fördern auch den Austausch von Erfahrungen und Ressourcen, was die Gemeinschaft insgesamt stärkt.

Langfristige Auswirkungen der Anerkennung

Die langfristigen Auswirkungen von Anerkennung sind weitreichend. Anerkennung kann dazu beitragen, dass trans-Aktivisten in der breiteren Gesellschaft sichtbarer werden, was zu politischen Veränderungen und einer besseren rechtlichen Stellung führen kann.

Ein Beispiel ist die zunehmende Anerkennung von trans-Rechten in Sportverbänden, die teilweise durch den Aktivismus von Personen wie Elijah Nichols beeinflusst wurde. Diese Veränderungen sind nicht nur für die Betroffenen von Bedeutung, sondern haben auch positive Auswirkungen auf die gesamte LGBTQ-Community, indem sie ein Umfeld schaffen, in dem Vielfalt akzeptiert und gefeiert wird.

Schlussfolgerung

Zusammenfassend lässt sich sagen, dass die Anerkennung von Individuen innerhalb der LGBTQ-Community von zentraler Bedeutung ist. Sie hat nicht nur psychologische Vorteile, sondern wirkt auch als Motivator für weiterer Aktivismus, fördert die Gemeinschaftsbildung und kann langfristig zu positiven gesellschaftlichen Veränderungen führen. In einer Zeit, in der die Sichtbarkeit und Akzeptanz von trans-Personen weiterhin Herausforderungen gegenübersteht, ist die Anerkennung von Aktivisten wie Elijah Nichols entscheidend für den Fortschritt und die Stärkung der gesamten Gemeinschaft.

Die Rolle von Sponsoren und Unterstützern

Die Rolle von Sponsoren und Unterstützern ist entscheidend für den Erfolg und die Nachhaltigkeit von Initiativen im trans-Sportbereich. Sponsoren tragen nicht nur finanziell zur Unterstützung von Programmen und Veranstaltungen bei, sondern sie helfen auch, Sichtbarkeit und Glaubwürdigkeit zu schaffen. Diese Unterstützung kann sich auf verschiedene Arten manifestieren, einschließlich finanzieller Mittel, Sachspenden, Werbeplatzierungen und der Bereitstellung von Ressourcen.

Theoretische Grundlagen

Die Theorie des sozialen Kapitals (Bourdieu, 1986) legt nahe, dass Beziehungen und Netzwerke entscheidend für den Zugang zu Ressourcen sind. Sponsoren und Unterstützer fungieren als Brücken, die es Aktivisten ermöglichen, ihre Botschaften effektiver zu kommunizieren und ihre Reichweite zu vergrößern. In diesem Kontext ist es wichtig zu verstehen, dass Sponsoren nicht nur Geldgeber sind, sondern auch Partner, die eine gemeinsame Vision teilen.

Probleme und Herausforderungen

Trotz der Vorteile, die Sponsoren und Unterstützer bieten, gibt es auch Herausforderungen. Eine der größten Herausforderungen ist die Abhängigkeit von externen Mitteln. Wenn Sponsoren finanzielle Unterstützung zurückziehen oder die Zusammenarbeit beenden, kann dies die Projekte und Initiativen gefährden. Zudem kann die kommerzielle Ausrichtung von Sponsoren dazu führen, dass die ursprünglichen Ziele und Werte der Bewegung verwässert werden. Dies kann insbesondere dann problematisch sein, wenn Sponsoren aus Branchen kommen, die nicht immer mit den Werten der LGBTQ-Community übereinstimmen, wie beispielsweise Alkohol- oder Tabakunternehmen.

Ein weiteres Problem ist die Sichtbarkeit und Repräsentation. Oftmals sind es große Marken, die die meisten Ressourcen bereitstellen, was dazu führen kann, dass kleinere, lokale Initiativen in den Hintergrund gedrängt werden. Dies kann die Diversität innerhalb der Bewegung gefährden und marginalisierte Stimmen weiter marginalisieren.

Beispiele für erfolgreiche Partnerschaften

Ein Beispiel für eine erfolgreiche Partnerschaft ist die Zusammenarbeit zwischen der Organisation *Trans Sport Allies* und einem großen Sportartikelhersteller. Diese Partnerschaft ermöglichte es, eine nationale Kampagne zur Förderung von trans-Athleten zu starten, die nicht nur finanzielle Mittel, sondern auch Werbeplattformen und Zugang zu Sportveranstaltungen bot. Die Kampagne erhöhte die Sichtbarkeit von trans-Athleten erheblich und ermöglichte es, eine breitere Diskussion über die Herausforderungen und Erfolge dieser Athleten zu führen.

Ein weiteres Beispiel ist die Unterstützung von LGBTQ-freundlichen Unternehmen bei Sportveranstaltungen, wie etwa Pride-Paraden oder LGBTQ-Sportturnieren. Diese Unternehmen bieten nicht nur finanzielle Unterstützung, sondern auch Ressourcen wie Werbematerialien und kostenlose Dienstleistungen, was die Durchführung solcher Veranstaltungen erheblich erleichtert.

Die Bedeutung von Allyship

Die Rolle von Unterstützern geht über finanzielle Hilfe hinaus. Allyship ist entscheidend, um die Stimmen der trans-Community zu stärken. Unterstützer, die sich aktiv für die Belange von trans-Athleten einsetzen, können eine wichtige Rolle dabei spielen, Vorurteile abzubauen und ein inklusives Umfeld zu schaffen. Dies kann durch Bildungsinitiativen, Workshops und die Teilnahme an Veranstaltungen geschehen, die das Bewusstsein für die Herausforderungen von trans-Athleten schärfen.

Schlussfolgerung

Zusammenfassend lässt sich sagen, dass Sponsoren und Unterstützer eine Schlüsselrolle im trans-Sport spielen. Ihre Unterstützung ist nicht nur finanzieller Natur, sondern trägt auch zur Sichtbarkeit und Glaubwürdigkeit der Bewegung bei. Dennoch ist es wichtig, die Herausforderungen, die mit dieser Unterstützung verbunden sind, zu erkennen und Strategien zu entwickeln, um sicherzustellen, dass die Werte und Ziele der trans-Community gewahrt bleiben. Nur durch eine enge Zusammenarbeit und ein gemeinsames Engagement können wir eine inklusive und gerechte Zukunft für alle Athleten schaffen.

Die Auswirkungen von Auszeichnungen auf das Engagement

Auszeichnungen spielen eine entscheidende Rolle im Aktivismus, insbesondere für LGBTQ-Aktivisten wie Elijah Nichols. Sie sind nicht nur eine Form der Anerkennung für die geleistete Arbeit, sondern beeinflussen auch das Engagement und die Motivation von Individuen und Gemeinschaften. In diesem Abschnitt werden wir die verschiedenen Dimensionen der Auswirkungen von Auszeichnungen auf das Engagement untersuchen, einschließlich der psychologischen, sozialen und politischen Aspekte.

Psychologische Auswirkungen

Die psychologischen Effekte von Auszeichnungen sind tiefgreifend. Sie fördern ein Gefühl der Wertschätzung und Bestätigung, was zu einer erhöhten Motivation führen kann. Nach der Selbstbestimmungstheorie von Deci und Ryan (1985) ist die Anerkennung von außen ein wichtiger Faktor für die intrinsische Motivation. Wenn Aktivisten wie Elijah Nichols für ihre Arbeit ausgezeichnet werden, erleben sie oft eine Steigerung ihres Selbstwertgefühls und ihrer Identität als Teil der LGBTQ-Community. Diese positive Rückmeldung kann dazu führen, dass sie sich stärker engagieren und bereit sind, zusätzliche Risiken einzugehen, um ihre Ziele zu erreichen.

Soziale Auswirkungen

Die sozialen Auswirkungen von Auszeichnungen sind ebenfalls signifikant. Auszeichnungen schaffen Sichtbarkeit und können dazu beitragen, das Bewusstsein für die Anliegen von LGBTQ-Aktivisten zu schärfen. Wenn Elijah Nichols beispielsweise einen Preis erhält, wird seine Arbeit in den Medien hervorgehoben, was dazu führt, dass mehr Menschen auf die Herausforderungen aufmerksam werden, mit denen trans-Athleten konfrontiert sind. Diese erhöhte Sichtbarkeit kann wiederum andere inspirieren, sich ebenfalls zu engagieren, was zu einem positiven Kreislauf des Engagements führt.

Ein Beispiel hierfür ist die Verleihung des *LGBTQ Activist of the Year* Awards, der nicht nur den Preisträger ehrt, sondern auch die Arbeit der gesamten Community ins Rampenlicht rückt. Solche Auszeichnungen können als Katalysatoren für soziale Bewegungen fungieren, indem sie das Engagement von Unterstützern und Verbündeten fördern.

Politische Auswirkungen

Politisch gesehen können Auszeichnungen auch eine bedeutende Rolle spielen. Sie können dazu beitragen, Druck auf Entscheidungsträger auszuüben und politische Veränderungen zu fördern. Wenn prominente Aktivisten wie Elijah Nichols Anerkennung erhalten, wird ihre Stimme in politischen Diskussionen stärker gehört. Dies kann zu einer erhöhten Unterstützung für LGBTQ-Rechte und -Initiativen führen.

Ein Beispiel ist die Auszeichnung von Elijah Nichols durch eine bedeutende Menschenrechtsorganisation, die nicht nur seine individuelle Leistung würdigt, sondern auch die Aufmerksamkeit auf die Notwendigkeit von Reformen im Sport lenkt. Solche Anerkennungen können dazu führen, dass politische Entscheidungsträger gezwungen sind, sich mit den Anliegen der LGBTQ-Community auseinanderzusetzen, was letztendlich zu positiven Veränderungen führen kann.

Herausforderungen und Kritiken

Trotz der positiven Auswirkungen von Auszeichnungen gibt es auch Herausforderungen und Kritiken. Einige Aktivisten argumentieren, dass Auszeichnungen in einer wettbewerbsorientierten Umgebung geschaffen werden, die den Fokus von kollektiven Bemühungen auf individuelle Leistungen verlagert. Dies kann zu einem Gefühl der Isolation führen, wenn Aktivisten das Gefühl haben, dass ihre Arbeit nicht ausreichend gewürdigt wird.

Darüber hinaus besteht die Gefahr, dass Auszeichnungen als eine Art „Tokenismus" wahrgenommen werden, bei dem die Leistung eines Einzelnen anerkannt wird, während strukturelle Probleme weiterhin bestehen bleiben. Ein Beispiel hierfür ist die Auszeichnung von cisgender Athleten, die sich für trans-Rechte einsetzen, während gleichzeitig trans-Athleten weiterhin diskriminiert werden.

Schlussfolgerung

Zusammenfassend lässt sich sagen, dass die Auswirkungen von Auszeichnungen auf das Engagement von LGBTQ-Aktivisten wie Elijah Nichols vielschichtig sind. Sie fördern psychologische und soziale Vorteile, die das Engagement erhöhen können, während sie gleichzeitig politische Veränderungen unterstützen. Dennoch ist es wichtig, die Herausforderungen und Kritiken zu berücksichtigen, die mit dem System der Auszeichnungen verbunden sind, um sicherzustellen, dass sie tatsächlich zur Stärkung der Gemeinschaft und zur Förderung von Gleichheit und

Gerechtigkeit beitragen. Um die positiven Effekte von Auszeichnungen zu maximieren, sollten sie stets in einen breiteren Kontext von kollektiven Bemühungen und strukturellen Veränderungen eingebettet sein.

Die Reflexion über die Rolle von Auszeichnungen im Aktivismus ist entscheidend, um eine nachhaltige und inklusive Bewegung zu fördern, die nicht nur einzelne Stimmen, sondern die gesamte Gemeinschaft stärkt. In einer Zeit, in der Sichtbarkeit und Anerkennung von entscheidender Bedeutung sind, bleibt die Frage, wie wir Auszeichnungen nutzen können, um das Engagement zu fördern und gleichzeitig die Herausforderungen der LGBTQ-Community anzugehen.

Die Verbindung zu internationalen Preisen

Die Anerkennung durch internationale Preise spielt eine entscheidende Rolle im Aktivismus von Elijah Nichols und in der trans-Sport-Bewegung insgesamt. Diese Auszeichnungen sind nicht nur ein Zeichen der Wertschätzung für die geleistete Arbeit, sondern auch ein strategisches Werkzeug, um Aufmerksamkeit auf die Herausforderungen und Errungenschaften der trans-Community im Sport zu lenken.

Bedeutung internationaler Preise

Internationale Preise bieten eine Plattform, um die Stimmen von Aktivisten zu verstärken und die Sichtbarkeit von trans-Athleten zu erhöhen. Sie fördern das Bewusstsein für die Diskriminierung, der trans-Personen im Sport ausgesetzt sind, und tragen dazu bei, gesellschaftliche Normen in Frage zu stellen. Diese Auszeichnungen können auch als Katalysatoren für politische Veränderungen fungieren, indem sie Entscheidungsträger dazu anregen, Richtlinien zu überdenken und inklusivere Maßnahmen zu ergreifen.

Ein Beispiel hierfür ist der *LGBTQ Sports Award*, der jährlich an Personen verliehen wird, die sich um die Förderung von LGBTQ-Rechten im Sport verdient gemacht haben. Diese Auszeichnung hat dazu beigetragen, die Sichtbarkeit von trans-Athleten zu erhöhen und deren Geschichten in den Mittelpunkt zu rücken.

Einfluss auf die Community

Die Verbindung zu internationalen Preisen hat auch einen direkten Einfluss auf die trans-Community. Wenn Elijah Nichols für seine Arbeit international anerkannt wird, inspiriert dies andere Aktivisten und Athleten, sich ebenfalls für ihre Rechte und Sichtbarkeit einzusetzen. Solche Auszeichnungen schaffen ein

Gefühl der Zugehörigkeit und Bestärkung innerhalb der Community und zeigen, dass ihre Kämpfe nicht unbemerkt bleiben.

Darüber hinaus können internationale Preise finanzielle Unterstützung und Ressourcen für Organisationen bereitstellen, die sich für trans-Rechte im Sport einsetzen. Diese Mittel sind oft entscheidend für die Durchführung von Programmen, die die Sichtbarkeit und Unterstützung von trans-Athleten fördern.

Herausforderungen und Kritik

Trotz der positiven Aspekte gibt es auch Herausforderungen und Kritik im Zusammenhang mit internationalen Preisen. Oftmals werden diese Auszeichnungen von Institutionen vergeben, die selbst in der Vergangenheit diskriminierendes Verhalten gezeigt haben. Dies kann zu einem Dilemma führen, da Aktivisten sich fragen müssen, ob sie die Anerkennung annehmen sollten, während sie gleichzeitig die Institutionen kritisieren, die sie auszeichnen.

Ein Beispiel dafür ist die *Olympische Ehrenmedaille*, die an Athleten vergeben wird, die sich für soziale Gerechtigkeit einsetzen. Während die Auszeichnung an sich positiv ist, wird die Olympische Bewegung oft für ihre unzureichenden Maßnahmen zur Unterstützung von LGBTQ-Athleten kritisiert. Dies führt zu einer Spaltung innerhalb der Community, da einige Aktivisten die Auszeichnung als legitim ansehen, während andere sie als Heuchelei betrachten.

Zukunftsperspektiven

Die Verbindung zu internationalen Preisen wird in Zukunft weiterhin eine wichtige Rolle im Aktivismus von Elijah Nichols und anderen trans-Athleten spielen. Um die Herausforderungen zu überwinden, ist es entscheidend, dass diese Auszeichnungen transparent vergeben werden und dass die Institutionen, die sie verleihen, sich aktiv für die Rechte von LGBTQ-Personen einsetzen.

Zudem sollten zukünftige Preise darauf abzielen, nicht nur individuelle Leistungen zu würdigen, sondern auch die kollektiven Kämpfe der trans-Community im Sport zu reflektieren. Dies könnte durch die Einführung von Kategorien geschehen, die sich speziell mit der Förderung von Inklusion und Vielfalt im Sport befassen.

Fazit

Zusammenfassend lässt sich sagen, dass die Verbindung zu internationalen Preisen eine bedeutende Rolle im Aktivismus von Elijah Nichols spielt. Diese Auszeichnungen bieten nicht nur Anerkennung, sondern fördern auch die

Sichtbarkeit von trans-Athleten und tragen zur Schaffung eines inklusiveren Sportumfelds bei. Dennoch ist es wichtig, die Herausforderungen und Kritiken im Zusammenhang mit diesen Preisen zu berücksichtigen, um sicherzustellen, dass sie tatsächlich einen positiven Einfluss auf die trans-Community haben.

Die Anerkennung durch internationale Preise kann als ein Schritt in Richtung einer gerechteren und inklusiveren Zukunft im Sport betrachtet werden. Es liegt an der trans-Community und ihren Unterstützern, diese Gelegenheiten zu nutzen, um den Wandel voranzutreiben und die Stimmen derjenigen zu stärken, die oft übersehen werden.

Die Reflexion über Erfolge

Die Reflexion über Erfolge ist ein wesentlicher Bestandteil des Aktivismus, insbesondere im Kontext von Elijah Nichols und seiner Arbeit in der trans-Sport-Bewegung. Diese Reflexion ermöglicht es, nicht nur die erreichten Ziele zu würdigen, sondern auch die Herausforderungen und Widerstände zu erkennen, die überwunden werden mussten. In diesem Abschnitt betrachten wir die verschiedenen Dimensionen der Reflexion über Erfolge und deren Bedeutung für die zukünftige Entwicklung des Aktivismus.

Erfolge als Meilensteine

Erfolge im Aktivismus sind oft die Ergebnisse harter Arbeit, strategischer Planung und kollektiver Anstrengungen. Für Elijah Nichols sind einige der bemerkenswertesten Erfolge:

+ **Gesetzesänderungen:** Eine der größten Errungenschaften war die Mitwirkung an der Verabschiedung von Gesetzen, die Diskriminierung im Sport aufgrund der Geschlechtsidentität verbieten. Diese gesetzlichen Veränderungen haben nicht nur die Rechte von trans-Athleten gestärkt, sondern auch eine breitere gesellschaftliche Akzeptanz gefördert.

+ **Öffentliche Anerkennung:** Elijah wurde für seine Bemühungen von verschiedenen Organisationen ausgezeichnet, was nicht nur seine persönliche Motivation steigerte, sondern auch dazu beitrug, das Bewusstsein für trans-Rechte im Sport zu schärfen.

+ **Bildungsinitiativen:** Die Entwicklung von Workshops und Informationskampagnen, die sich an Trainer, Sportler und Bildungseinrichtungen richten, hat dazu beigetragen, Vorurteile abzubauen und ein inklusiveres Umfeld im Sport zu schaffen.

Die Bedeutung von Reflexion

Die Reflexion über Erfolge spielt eine entscheidende Rolle in der Nachhaltigkeit des Aktivismus. Sie ermöglicht es Aktivisten, aus ihren Erfahrungen zu lernen und die Strategien zu verfeinern. In der Theorie des sozialen Wandels wird oft betont, dass Reflexion eine Schlüsselkomponente für die Anpassung und Weiterentwicklung von Bewegungen ist. Dies kann durch die folgende Gleichung verdeutlicht werden:

$$R = E + L$$

wobei R die Reflexion, E die Erfahrungen und L die Lektionen darstellt, die aus diesen Erfahrungen gezogen werden. Diese Formel zeigt, dass eine effektive Reflexion auf einer soliden Grundlage von Erfahrungen beruht und die daraus gewonnenen Lektionen in zukünftige Strategien integriert werden sollten.

Herausforderungen und Widerstände

Trotz der Erfolge sind auch Rückschläge und Widerstände Teil des Aktivismus. Elijah musste sich mit verschiedenen Herausforderungen auseinandersetzen, die seine Arbeit beeinflussten:

+ **Gesellschaftliche Vorurteile:** Trotz der Fortschritte gibt es immer noch tief verwurzelte Vorurteile gegenüber trans-Personen, die in der Gesellschaft und im Sport bestehen. Diese Vorurteile können zu Diskriminierung und Isolation führen, was die Erfolge der Bewegung gefährden kann.

+ **Politische Widerstände:** In vielen Regionen gibt es politische Kräfte, die gegen die Rechte von LGBTQ-Personen kämpfen. Diese Widerstände erfordern ständige Wachsamkeit und strategische Planung, um sicherzustellen, dass Fortschritte nicht rückgängig gemacht werden.

Beispiele für Reflexion im Aktivismus

Ein Beispiel für die Reflexion über Erfolge in Elijahs Aktivismus ist die Analyse der Auswirkungen seiner Kampagnen auf die Jugend. Durch gezielte Umfragen und Feedback-Runden konnte er feststellen, dass viele junge trans-Athleten durch seine Arbeit ermutigt wurden, ihre Identität auszuleben und aktiv im Sport zu bleiben. Diese Erkenntnisse flossen in zukünftige Programme und Initiativen ein, die speziell auf die Bedürfnisse junger Athleten zugeschnitten sind.

Ein weiteres Beispiel ist die Zusammenarbeit mit prominenten Athleten, die durch ihre Sichtbarkeit und Unterstützung den trans-Sport-Aktivismus vorantrieben. Elijah reflektierte über die Bedeutung dieser Allianzen und erkannte, dass die Einbindung von Vorbildern in die Bewegung eine entscheidende Rolle bei der Sensibilisierung der breiten Öffentlichkeit spielt.

Zukunftsperspektiven

Die Reflexion über Erfolge ist nicht nur ein Rückblick, sondern auch ein Ausblick auf die Zukunft. Elijah Nichols hat erkannt, dass es wichtig ist, die gewonnenen Erkenntnisse zu nutzen, um zukünftige Herausforderungen proaktiv anzugehen. Dies beinhaltet:

+ **Fortlaufende Bildung:** Die Entwicklung von Programmen, die nicht nur über Rechte informieren, sondern auch praktische Unterstützung bieten, wird weiterhin eine Priorität sein.

+ **Stärkung von Netzwerken:** Der Aufbau von Netzwerken zwischen verschiedenen Organisationen und Aktivisten ist entscheidend, um eine starke und vereinte Stimme für trans-Rechte im Sport zu gewährleisten.

+ **Langfristige Strategien:** Die Reflexion über vergangene Erfolge und Misserfolge wird in die Entwicklung langfristiger Strategien einfließen, die darauf abzielen, eine nachhaltige Veränderung im Sport zu bewirken.

Insgesamt zeigt die Reflexion über Erfolge im Aktivismus von Elijah Nichols, dass es nicht nur um das Erreichen von Zielen geht, sondern auch um das Lernen aus Erfahrungen, das Anpassen von Strategien und das Vorantreiben einer inklusiven und gerechten Zukunft für trans-Athleten im Sport. Die Erfolge sind nicht nur persönliche Triumphe, sondern auch kollektive Siege, die die Grundlage für zukünftige Fortschritte bilden.

Die Zukunft des trans-Sports

Visionen für die nächsten Jahre

Langfristige Ziele von Elijah Nichols

Elijah Nichols, als eine der führenden Stimmen der trans-Sport-Bewegung, hat sich langfristige Ziele gesetzt, die sowohl die Sichtbarkeit als auch die Akzeptanz von trans-Athleten im Sport fördern sollen. Diese Ziele sind nicht nur für seine persönliche Mission von Bedeutung, sondern auch für die gesamte LGBTQ-Community und die Gesellschaft als Ganzes. In diesem Abschnitt werden die wichtigsten langfristigen Ziele von Elijah detailliert betrachtet.

Förderung der Inklusion im Sport

Eines von Elijahs zentralen Zielen ist die Schaffung eines inklusiven Umfelds im Sport, das alle Geschlechteridentitäten und -ausdrücke respektiert und anerkennt. Dies beinhaltet die Zusammenarbeit mit Sportverbänden, um Richtlinien zu entwickeln, die trans-Athleten den Zugang zu Wettkämpfen erleichtern. Ein Beispiel hierfür ist die Initiative, die Teilnahmebedingungen für trans-Athleten in den Regelwerken von Sportverbänden zu reformieren.

Die Gleichung für den Zugang zu Wettkämpfen könnte als:

$$Z = \frac{E + R + I}{C}$$

definiert werden, wobei Z den Zugang darstellt, E für die Gleichstellung, R für die Ressourcen, I für die Inklusion und C für die Barrieren steht. Elijah strebt an, C zu minimieren, um Z zu maximieren, wodurch trans-Athleten die Möglichkeit gegeben wird, ihre Talente zu entfalten.

Sensibilisierung und Bildung

Ein weiteres langfristiges Ziel von Elijah ist die Sensibilisierung der Öffentlichkeit für die Herausforderungen, denen trans-Athleten gegenüberstehen. Durch Bildungskampagnen möchte er sowohl Sportler als auch Trainer über die Bedeutung von Geschlechteridentität und die spezifischen Bedürfnisse von trans-Athleten aufklären. Diese Kampagnen sollen nicht nur in Schulen, sondern auch in Sportvereinen und -verbänden stattfinden.

Ein Beispiel für eine erfolgreiche Bildungsinitiative ist das Programm „Trans-Athleten im Fokus", das Workshops und Schulungen anbietet, um Vorurteile abzubauen und ein besseres Verständnis für die Thematik zu schaffen. Die Theorie der sozialen Identität spielt hier eine entscheidende Rolle, da sie erklärt, wie Gruppenidentitäten das Verhalten und die Einstellungen beeinflussen.

Unterstützung durch Mentorship-Programme

Elijah hat auch das Ziel, Mentorship-Programme für junge trans-Athleten zu etablieren. Diese Programme sollen als Unterstützungssystem fungieren, um den Austausch zwischen erfahrenen Athleten und Neulingen zu fördern. Die Idee ist, dass durch persönliche Geschichten und Erfahrungen eine positive Identität gefördert wird, die es den jungen Athleten ermöglicht, ihre eigenen Herausforderungen besser zu bewältigen.

Die Gleichung, die die Wirkung von Mentorship beschreibt, könnte wie folgt aussehen:

$$M = \frac{E + S}{C}$$

wobei M für Mentorship steht, E für Erfahrung, S für Unterstützung und C für die Herausforderungen. Elijah glaubt, dass durch die Erhöhung von E und S die positiven Auswirkungen von M maximiert werden können.

Politische Veränderungen und Lobbyarbeit

Ein weiteres langfristiges Ziel von Elijah ist die Einflussnahme auf politische Entscheidungen, die die Rechte von trans-Athleten betreffen. Durch Lobbyarbeit möchte er sicherstellen, dass Gesetze, die Diskriminierung im Sport verhindern, auch tatsächlich umgesetzt werden. Dies erfordert eine enge Zusammenarbeit mit politischen Entscheidungsträgern und die Mobilisierung von Unterstützern innerhalb der Community.

Ein Beispiel für politische Veränderungen ist die Einführung von Gesetzen, die es trans-Athleten ermöglichen, in der Sportart ihrer Wahl zu konkurrieren, ohne diskriminiert zu werden. Die theoretische Grundlage hierfür könnte die Theorie der sozialen Gerechtigkeit sein, die besagt, dass jeder Mensch das Recht auf Gleichheit und Fairness hat.

Schaffung eines globalen Netzwerks

Elijah hat auch das Ziel, ein globales Netzwerk von trans-Athleten und Unterstützern aufzubauen. Dieses Netzwerk soll den Austausch von Ressourcen, Informationen und Erfahrungen ermöglichen und trans-Athleten dabei helfen, sich gegenseitig zu unterstützen. Ein Beispiel für ein solches Netzwerk könnte eine internationale Konferenz sein, die sich mit den Herausforderungen und Erfolgen von trans-Athleten beschäftigt.

Die Gleichung zur Schaffung eines Netzwerks könnte wie folgt formuliert werden:

$$N = \frac{R + C}{B}$$

wobei N für Netzwerk steht, R für Ressourcen, C für die Community und B für Barrieren. Elijah strebt an, B zu minimieren, um N zu maximieren und so eine globale Unterstützung für trans-Athleten zu schaffen.

Fazit

Zusammenfassend lässt sich sagen, dass die langfristigen Ziele von Elijah Nichols darauf abzielen, eine gerechtere und inklusivere Sportlandschaft für trans-Athleten zu schaffen. Durch die Förderung von Inklusion, Sensibilisierung, Mentorship, politischer Veränderung und globalem Networking setzt Elijah sich für eine Zukunft ein, in der jeder Athlet unabhängig von Geschlechteridentität die gleichen Chancen und Rechte im Sport hat. Diese Ziele sind nicht nur für die trans-Community von Bedeutung, sondern tragen auch zu einem breiteren gesellschaftlichen Wandel bei, der auf Akzeptanz und Gleichheit abzielt.

Die Rolle der nächsten Generation

Die nächste Generation spielt eine entscheidende Rolle in der Weiterentwicklung der trans-Sport-Bewegung und der LGBTQ-Community insgesamt. Ihre Perspektiven, Erfahrungen und ihr Engagement sind nicht nur entscheidend für die Fortführung des Aktivismus, sondern auch für die Schaffung eines inklusiven und gerechten Umfelds im Sport. In diesem Abschnitt werden wir die verschiedenen Aspekte beleuchten, die die Rolle der nächsten Generation prägen, sowie die Herausforderungen und Chancen, die sich daraus ergeben.

Einfluss der Jugendkultur

Die Jugendkultur ist ein dynamisches Feld, das ständig im Wandel ist. Die nächste Generation bringt neue Ideen, Werte und Ansichten mit, die oft von den sozialen Medien und der globalen Vernetzung beeinflusst werden. Diese Plattformen ermöglichen es jungen Menschen, ihre Stimmen zu erheben und sich mit Gleichgesinnten zu vernetzen. Die Verwendung von sozialen Medien, um Awareness für trans-Rechte im Sport zu schaffen, ist ein Beispiel dafür, wie die nächste Generation aktiv zur Sichtbarkeit und Akzeptanz beiträgt.

Bildung und Aufklärung

Bildung spielt eine zentrale Rolle in der Entwicklung der nächsten Generation. Schulen und Universitäten sind nicht nur Orte des Lernens, sondern auch Plattformen, um Diskussionen über Geschlechteridentität, Vielfalt und Inklusion zu fördern. Bildungsprogramme, die sich mit LGBTQ-Themen befassen, können dazu beitragen, Vorurteile abzubauen und ein tieferes Verständnis für die Herausforderungen zu entwickeln, mit denen trans-Athleten konfrontiert sind.

Ein Beispiel für ein solches Bildungsprogramm ist das „Safe Schools"-Projekt, das Schulen dabei unterstützt, sichere und unterstützende Umgebungen für LGBTQ-Studierende zu schaffen. Durch Workshops und Seminare können Schüler und Lehrer sensibilisiert werden, was zu einem positiveren Klima in Bildungseinrichtungen führt.

Mentorship und Vorbilder

Die Bedeutung von Mentorship kann nicht hoch genug eingeschätzt werden. Junge Menschen profitieren enorm von der Unterstützung durch erfahrene Aktivisten und Athleten. Mentoren bieten nicht nur Anleitung und Inspiration, sondern helfen auch, Netzwerke zu bilden, die den Zugang zu Ressourcen und Möglichkeiten erleichtern.

Ein Beispiel für ein erfolgreiches Mentorship-Programm ist das „Athlete Ally"-Programm, das trans-Athleten mit erfahrenen Sportlern verbindet, die sie in ihrer Reise unterstützen. Solche Beziehungen fördern das Selbstbewusstsein und die Resilienz der nächsten Generation und stärken gleichzeitig die gesamte Community.

Aktivismus und Engagement

Die nächste Generation ist oft kreativer und engagierter als je zuvor. Sie nutzen digitale Plattformen, um sich für trans-Rechte und Gleichstellung im Sport einzusetzen. Initiativen wie „Trans Rights are Human Rights" und „Trans Athletes United" zeigen, wie junge Aktivisten durch Kampagnen, Petitionen und soziale Medien mobilisieren können. Diese Bewegungen sind nicht nur lokal, sondern haben auch internationale Reichweite und Einfluss.

Ein Beispiel für eine erfolgreiche Kampagne ist die #TransAthleteChallenge, bei der junge Athleten ihre Geschichten und Herausforderungen teilen, um das Bewusstsein für die Diskriminierung von trans-Athleten zu schärfen. Diese Art von Engagement ist entscheidend, um den Druck auf Sportverbände und politische Entscheidungsträger zu erhöhen.

Herausforderungen und Widerstände

Trotz des Engagements und der Energie der nächsten Generation gibt es zahlreiche Herausforderungen, die es zu überwinden gilt. Diskriminierung, Vorurteile und institutionelle Barrieren sind nach wie vor weit verbreitet. Junge Aktivisten sehen sich oft mit Widerstand von konservativen Gruppen und sogar innerhalb ihrer eigenen Gemeinschaften konfrontiert.

Ein Beispiel für solche Herausforderungen ist die Debatte um die Teilnahme von trans-Athleten an Wettbewerben. Diese Diskussion ist oft von Missverständnissen und Fehlinformationen geprägt, die durch soziale Medien verstärkt werden. Die nächste Generation muss lernen, diese Herausforderungen zu navigieren und Strategien zu entwickeln, um sich Gehör zu verschaffen.

Zukunftsvisionen

Die nächste Generation hat die Möglichkeit, die trans-Sport-Bewegung in eine neue Richtung zu lenken. Ihre Visionen für die Zukunft sind geprägt von einem starken Wunsch nach Gerechtigkeit und Gleichheit. Sie setzen sich nicht nur für die Rechte von trans-Athleten ein, sondern auch für ein umfassenderes Verständnis von Geschlecht und Identität im Sport.

Um diese Visionen zu verwirklichen, ist es wichtig, dass die nächste Generation weiterhin in Bildungs- und Aktivismusinitiativen investiert. Sie müssen sich auch mit bestehenden Organisationen und Bewegungen zusammenschließen, um eine stärkere und einheitlichere Stimme zu bilden.

Schlussfolgerung

Insgesamt ist die Rolle der nächsten Generation im trans-Sport-Aktivismus von entscheidender Bedeutung. Sie bringen neue Perspektiven, Energie und Engagement mit, die für die Weiterentwicklung der Bewegung unerlässlich sind. Durch Bildung, Mentorship und aktives Engagement können sie nicht nur die Herausforderungen meistern, sondern auch die Zukunft des trans-Sports gestalten. Es ist an der Zeit, dass wir ihre Stimmen hören und ihre Bemühungen unterstützen, um eine gerechtere und inklusivere Welt zu schaffen.

Strategien zur Weiterentwicklung

Die Weiterentwicklung der trans-Sport-Bewegung erfordert eine sorgfältige Planung und strategische Ansätze, um die Rechte und die Sichtbarkeit von trans-Athleten zu fördern. In diesem Abschnitt werden verschiedene Strategien vorgestellt, die Elijah Nichols und andere Aktivisten verfolgen können, um Fortschritte zu erzielen und Herausforderungen zu bewältigen.

Bildung und Aufklärung

Ein zentraler Aspekt der Weiterentwicklung ist die Bildung. Durch Workshops, Seminare und Schulungen können sowohl Athleten als auch Trainer über die Herausforderungen und Bedürfnisse trans-Athleten informiert werden. Die Implementierung von Bildungsprogrammen in Schulen und Sportvereinen ist entscheidend, um ein inklusives Umfeld zu schaffen.

$$\text{Inklusion} = \frac{\text{Bildung} + \text{Sensibilisierung}}{\text{Diskriminierung}} \tag{66}$$

Diese Gleichung verdeutlicht, dass eine höhere Bildung und Sensibilisierung zu einer Verringerung der Diskriminierung führt. Programme, die auf die Aufklärung über Geschlechtsidentität und -vielfalt abzielen, können Vorurteile abbauen und Akzeptanz fördern.

Partnerschaften mit Organisationen

Die Zusammenarbeit mit bestehenden LGBTQ-Organisationen und Sportverbänden ist eine weitere Strategie zur Weiterentwicklung. Durch Partnerschaften können Ressourcen gebündelt und größere Reichweiten erzielt werden. Diese Allianzen können auch helfen, Lobbyarbeit zu leisten und politische Veränderungen voranzutreiben.

$$Erfolg = Partnerschaften \times Gemeinsame\ Ziele \qquad (67)$$

Diese Formel zeigt, dass der Erfolg von Initiativen stark von der Stärke und der Zielausrichtung der Partnerschaften abhängt. Durch die Schaffung von Synergien können größere Erfolge erzielt werden.

Nutzung von sozialen Medien

Die sozialen Medien bieten eine Plattform, um die Sichtbarkeit von trans-Athleten zu erhöhen und eine breitere Öffentlichkeit zu erreichen. Strategische Kampagnen auf Plattformen wie Instagram, Twitter und Facebook können dazu beitragen, das Bewusstsein für trans-Rechte im Sport zu schärfen.

$$Sichtbarkeit = Inhalte \times Reichweite \qquad (68)$$

Hierbei ist die Sichtbarkeit direkt proportional zur Qualität und Reichweite der Inhalte, die in sozialen Medien geteilt werden. Kreative Inhalte, die persönliche Geschichten und Erfolge von trans-Athleten hervorheben, können eine starke Wirkung entfalten.

Forschung und Datenanalyse

Eine fundierte Strategie zur Weiterentwicklung ist die Durchführung von Forschungsprojekten, die sich mit den Erfahrungen und Herausforderungen von trans-Athleten im Sport befassen. Datenanalysen können helfen, Muster zu erkennen und gezielte Interventionen zu entwickeln.

$$Datenanalyse = Erhebung + Interpretation + Aktion \qquad (69)$$

Diese Gleichung beschreibt den Prozess der Datenanalyse, der aus der Erhebung von Daten, deren Interpretation und der anschließenden Entwicklung von Maßnahmen besteht. Die Ergebnisse dieser Analysen können als Grundlage für politische Entscheidungen und Programmentwicklungen dienen.

Mentorship-Programme

Die Einrichtung von Mentorship-Programmen kann trans-Athleten helfen, sich besser in der Sportwelt zurechtzufinden. Durch die Unterstützung erfahrener Athleten können jüngere oder neuere Mitglieder der Community wertvolle Einblicke und Ratschläge erhalten.

$$\text{Mentorship} = \frac{\text{Erfahrung} + \text{Unterstützung}}{\text{Herausforderungen}} \qquad (70)$$

Diese Formel zeigt, dass Mentorship-Programme die Herausforderungen, mit denen trans-Athleten konfrontiert sind, durch die Bereitstellung von Erfahrung und Unterstützung verringern können.

Advocacy und Lobbyarbeit

Ein aktives Eintreten für trans-Rechte im Sport ist entscheidend. Dies umfasst Lobbyarbeit bei Sportverbänden und politischen Entscheidungsträgern, um Richtlinien zu ändern, die trans-Athleten benachteiligen.

$$\text{Advocacy} = \text{Einfluss} + \text{Mobilisierung} + \text{Öffentlichkeitsarbeit} \qquad (71)$$

Diese Gleichung verdeutlicht, dass der Erfolg von Advocacy-Aktivitäten von der Fähigkeit abhängt, Einfluss zu nehmen, die Community zu mobilisieren und effektive Öffentlichkeitsarbeit zu leisten.

Schaffung inklusiver Sportprogramme

Die Entwicklung von inklusiven Sportprogrammen, die speziell auf die Bedürfnisse von trans-Athleten zugeschnitten sind, ist eine wichtige Strategie. Diese Programme sollten sicherstellen, dass trans-Athleten die gleichen Möglichkeiten wie ihre cisgeschlechtlichen Kollegen haben.

$$\text{Inklusion} = \text{Zugang} + \text{Chancengleichheit} \qquad (72)$$

Diese Gleichung zeigt, dass Inklusion im Sport durch den Zugang zu Ressourcen und die Gewährleistung von Chancengleichheit erreicht werden kann.

Öffentlichkeitsarbeit und Medienpräsenz

Die aktive Gestaltung der Medienberichterstattung über trans-Athleten ist eine weitere Strategie. Durch die Zusammenarbeit mit Journalisten und Medienhäusern können positive Darstellungen gefördert werden, die das öffentliche Bild von trans-Athleten verbessern.

$$\text{Medienpräsenz} = \text{Qualität der Berichterstattung} \times \text{Häufigkeit der Berichterstattung} \qquad (73)$$

Diese Gleichung zeigt, dass die Medienpräsenz sowohl von der Qualität als auch von der Häufigkeit der Berichterstattung abhängt. Positive Medienberichterstattung kann dazu beitragen, Vorurteile abzubauen und die Akzeptanz zu fördern.

Langfristige Visionen und Ziele

Schließlich ist es wichtig, langfristige Visionen und Ziele für die trans-Sport-Bewegung zu entwickeln. Diese Ziele sollten messbar und realistisch sein, um Fortschritte zu verfolgen und die Motivation aufrechtzuerhalten.

$$\text{Zielsetzung} = \text{Vision} + \text{Strategie} + \text{Evaluation} \tag{74}$$

Diese Gleichung beschreibt den Prozess der Zielsetzung, der aus der Entwicklung einer Vision, der Festlegung von Strategien und der anschließenden Evaluation des Fortschritts besteht.

Zusammenfassung

Die Strategien zur Weiterentwicklung der trans-Sport-Bewegung sind vielfältig und erfordern einen integrativen Ansatz. Bildung, Partnerschaften, soziale Medien, Forschung, Mentorship, Advocacy, inklusive Programme, Medienpräsenz und langfristige Zielsetzung sind allesamt entscheidende Elemente, die zusammenwirken, um die Rechte und die Sichtbarkeit von trans-Athleten zu stärken. Durch die Umsetzung dieser Strategien kann die trans-Sport-Bewegung nicht nur wachsen, sondern auch eine nachhaltige Veränderung in der Gesellschaft bewirken.

Die Bedeutung von Bildung und Aufklärung

Bildung und Aufklärung sind fundamentale Bausteine für die Förderung von Inklusion und Akzeptanz innerhalb der trans-Sport-Bewegung. Diese beiden Elemente spielen eine entscheidende Rolle, um Vorurteile abzubauen, Wissen zu verbreiten und ein unterstützendes Umfeld für trans-Athleten zu schaffen. In diesem Abschnitt werden die theoretischen Grundlagen, die Probleme, die sich aus mangelnder Bildung ergeben, sowie konkrete Beispiele für erfolgreiche Bildungsinitiativen untersucht.

Theoretische Grundlagen

Bildung ist nicht nur ein individueller Lernprozess, sondern auch ein gesellschaftlicher Mechanismus, der die Werte und Normen einer Gemeinschaft prägt. Der Pädagoge Paulo Freire betont in seiner Theorie der kritischen Pädagogik die Notwendigkeit, Lernende zu ermächtigen, kritisch über ihre Realität nachzudenken und diese aktiv zu verändern [1]. Diese Perspektive ist besonders relevant für die LGBTQ-Community, da sie nicht nur Wissen vermittelt, sondern auch zur Selbstreflexion anregt und Empowerment fördert.

Ein weiterer wichtiger theoretischer Ansatz ist die soziale Identitätstheorie von Henri Tajfel und John Turner, die beschreibt, wie Individuen ihre Identität in Bezug auf soziale Gruppen definieren [2]. In Bezug auf trans-Athleten ist es entscheidend, dass Bildung dazu beiträgt, ein positives Selbstbild zu fördern und die Zugehörigkeit zu einer unterstützenden Gemeinschaft zu stärken.

Probleme durch mangelnde Bildung

Mangelnde Bildung und Aufklärung über trans-Themen führen häufig zu Missverständnissen, Vorurteilen und Diskriminierung. Eine Studie des Williams Institute zeigt, dass trans-Personen im Sport oft mit spezifischen Herausforderungen konfrontiert sind, die aus einem unzureichenden Verständnis ihrer Identität resultieren [3]. Diese Herausforderungen können sich in Form von Mobbing, Diskriminierung bei Wettkämpfen und einem Mangel an Unterstützung durch Trainer und Teamkollegen äußern.

Ein weiteres Problem ist die unzureichende Schulung von Sportpersonal. Viele Trainer und Sportverbände haben nicht die notwendigen Kenntnisse, um trans-Athleten angemessen zu unterstützen. Dies führt zu einer ungleichen Behandlung und kann das Selbstvertrauen und die Leistung der Athleten negativ beeinflussen.

Beispiele für erfolgreiche Bildungsinitiativen

Um die Bildung und Aufklärung in der trans-Sport-Bewegung zu fördern, wurden verschiedene Initiativen ins Leben gerufen. Ein herausragendes Beispiel ist das Programm „Trans* in Sport", das Workshops für Trainer, Athleten und Sportverbände anbietet. Diese Workshops zielen darauf ab, Wissen über Geschlechtsidentität, rechtliche Rahmenbedingungen und die spezifischen Bedürfnisse von trans-Athleten zu vermitteln. Die Teilnehmer lernen, wie sie ein inklusives Umfeld schaffen können, das die Vielfalt respektiert und fördert.

Ein weiteres Beispiel ist die Zusammenarbeit zwischen Sportorganisationen und Schulen. In vielen Ländern werden spezielle Lehrpläne entwickelt, die Themen wie Geschlechtsidentität und Diversität in den Sportunterricht integrieren. Diese Programme fördern nicht nur das Verständnis für trans-Athleten, sondern stärken auch die sozialen Kompetenzen der Schüler und tragen zur Schaffung eines respektvollen und unterstützenden Umfelds bei.

Fazit

Die Bedeutung von Bildung und Aufklärung kann nicht hoch genug eingeschätzt werden. Sie sind entscheidend für die Schaffung eines inklusiven und unterstützenden Umfelds für trans-Athleten im Sport. Durch gezielte Bildungsinitiativen können Vorurteile abgebaut, Wissen verbreitet und ein Gefühl der Zugehörigkeit gefördert werden. Die Herausforderungen, die aus mangelnder Bildung resultieren, erfordern eine kollektive Anstrengung von Bildungseinrichtungen, Sportverbänden und der Gesellschaft insgesamt. Nur durch gemeinsame Anstrengungen kann eine gerechtere und inklusivere Zukunft für alle Athleten, unabhängig von ihrer Geschlechtsidentität, geschaffen werden.

Bibliography

[1] Freire, P. (1970). *Pedagogy of the Oppressed*. Continuum.

[2] Tajfel, H., & Turner, J. C. (1979). An integrative theory of intergroup conflict. In W. G. Austin & S. Worchel (Eds.), *The social psychology of intergroup relations* (pp. 33–47). Brooks/Cole.

[3] Matthews, A. (2016). *Transgender Athletes in Competitive Sports: A Review of the Literature*. Williams Institute.

Zusammenarbeit mit internationalen Organisationen

Die Zusammenarbeit mit internationalen Organisationen ist für die trans-Sport-Bewegung von entscheidender Bedeutung, da sie den Austausch von Ideen, Ressourcen und Strategien fördert, um ein gemeinsames Ziel zu erreichen: die Schaffung eines inklusiven und gerechten Umfelds für trans-Athleten weltweit. Diese Partnerschaften bieten nicht nur Zugang zu globalen Netzwerken, sondern auch die Möglichkeit, voneinander zu lernen und bewährte Praktiken auszutauschen.

Theoretische Grundlagen

Die Theorie der sozialen Bewegungen legt nahe, dass Zusammenarbeit und Koalitionsbildung entscheidend sind, um gesellschaftliche Veränderungen herbeizuführen. Laut Tilly und Tarrow (2015) ist die Mobilisierung von Ressourcen in sozialen Bewegungen ein Schlüsselfaktor für den Erfolg. In diesem Kontext bedeutet dies, dass trans-Aktivisten und Organisationen durch die Zusammenarbeit mit internationalen Gremien wie der *International Lesbian, Gay, Bisexual, Trans and Intersex Association (ILGA)* oder der *OutSports* ihre Reichweite und ihren Einfluss erheblich erweitern können.

Herausforderungen der Zusammenarbeit

Trotz der Vorteile gibt es auch erhebliche Herausforderungen, die bei der Zusammenarbeit mit internationalen Organisationen berücksichtigt werden müssen. Dazu gehören:

- **Kulturelle Unterschiede:** Unterschiedliche Auffassungen von Geschlecht und Identität können zu Missverständnissen führen. Es ist wichtig, einen respektvollen Dialog zu führen, um kulturelle Sensibilität zu gewährleisten.

- **Ressourcenzuteilung:** Oftmals haben kleinere Organisationen Schwierigkeiten, Zugang zu den gleichen Ressourcen wie größere internationale Organisationen zu erhalten. Dies kann zu einem Ungleichgewicht in der Partnerschaft führen.

- **Politische Widerstände:** In vielen Ländern sind LGBTQ-Rechte noch immer umstritten. Die Zusammenarbeit mit internationalen Organisationen kann in diesen Kontexten als Bedrohung wahrgenommen werden, was zu Widerstand und Repression führen kann.

Beispiele erfolgreicher Kooperationen

Ein herausragendes Beispiel für erfolgreiche internationale Zusammenarbeit ist die *Transgender Europe (TGEU)*, die sich für die Rechte von trans-Personen in Europa einsetzt. Durch die Zusammenarbeit mit verschiedenen nationalen Organisationen hat TGEU erfolgreich Kampagnen durchgeführt, um die rechtlichen Rahmenbedingungen für trans-Personen in mehreren europäischen Ländern zu verbessern. Ihre Kampagne zur Anerkennung der Geschlechtsidentität hat in mehreren Ländern zu Gesetzesänderungen geführt, die es trans-Personen erleichtern, ihre Geschlechtsidentität rechtlich anerkennen zu lassen.

Ein weiteres Beispiel ist die *Federation of Gay Games*, die trans-Athleten eine Plattform bietet, um an internationalen Sportveranstaltungen teilzunehmen. Diese Organisation hat sich aktiv für die Inklusion von trans-Athleten in ihre Wettbewerbe eingesetzt und damit ein Zeichen für die Gleichstellung gesetzt. Durch die Schaffung eines sicheren und unterstützenden Umfelds fördert die Federation of Gay Games die Sichtbarkeit und Akzeptanz von trans-Athleten weltweit.

Strategien zur Verbesserung der Zusammenarbeit

Um die Zusammenarbeit mit internationalen Organisationen zu verbessern, sollten folgende Strategien in Betracht gezogen werden:

+ **Schaffung gemeinsamer Ziele:** Es ist wichtig, dass alle Partnerorganisationen eine gemeinsame Vision und klare Ziele definieren, um die Zusammenarbeit effektiv zu gestalten.

+ **Regelmäßige Kommunikation:** Offene und regelmäßige Kommunikation zwischen den Partnern ist entscheidend, um Missverständnisse zu vermeiden und den Fortschritt zu überwachen.

+ **Schulung und Sensibilisierung:** Workshops und Schulungen zu kulturellen Unterschieden und Sensibilisierung für LGBTQ-Themen können helfen, ein besseres Verständnis zwischen den Organisationen zu fördern.

Fazit

Die Zusammenarbeit mit internationalen Organisationen ist für die trans-Sport-Bewegung von zentraler Bedeutung. Trotz der Herausforderungen, die damit verbunden sind, bieten diese Partnerschaften die Möglichkeit, Ressourcen zu bündeln, Wissen auszutauschen und letztendlich die Rechte und die Sichtbarkeit von trans-Athleten weltweit zu fördern. Durch strategische Ansätze und ein gemeinsames Engagement können trans-Aktivisten und ihre Unterstützer eine gerechtere Zukunft für alle Athleten schaffen.

Die Rolle von Technologie im Sport

In der heutigen Zeit spielt Technologie eine entscheidende Rolle im Sport, insbesondere in Bezug auf Inklusion und die Unterstützung von trans-Athleten. Diese Technologien reichen von Trainingsgeräten über digitale Plattformen bis hin zu sozialen Medien, die es Athleten ermöglichen, sich zu vernetzen, ihre Geschichten zu teilen und sich für ihre Rechte einzusetzen. In diesem Abschnitt werden wir die verschiedenen Aspekte der Technologie im Sport betrachten, ihre Vorteile, Herausforderungen und die Auswirkungen auf die trans-Sport-Bewegung.

Technologische Innovationen im Training

Die Nutzung von Technologie im Training hat in den letzten Jahren exponentiell zugenommen. Moderne Trainingsgeräte, wie z.B. Smartwatches und

Fitness-Tracker, ermöglichen es Athleten, ihre Leistung in Echtzeit zu überwachen. Diese Geräte können wichtige Daten wie Herzfrequenz, Kalorienverbrauch und Trainingsfortschritt erfassen. Dies ist besonders vorteilhaft für trans-Athleten, die möglicherweise spezifische körperliche Herausforderungen haben, da sie ihre Trainingeinheiten individuell anpassen können.

Ein Beispiel für eine solche Technologie ist der Einsatz von Wearable-Technologie, die es Athleten ermöglicht, ihre Fortschritte zu dokumentieren und zu analysieren. Studien zeigen, dass Athleten, die solche Technologien nutzen, tendenziell bessere Leistungen erbringen, da sie gezielte Anpassungen an ihrem Training vornehmen können [1].

Digitale Plattformen und soziale Medien

Digitale Plattformen und soziale Medien haben sich als unverzichtbare Werkzeuge für trans-Athleten etabliert, um Sichtbarkeit zu erlangen und ihre Stimmen zu erheben. Plattformen wie Instagram, Twitter und TikTok bieten Athleten die Möglichkeit, ihre Geschichten zu teilen, Erfahrungen auszutauschen und Unterstützung zu finden. Diese Netzwerke ermöglichen es, Gemeinschaften zu bilden, die sich für die Rechte von trans-Athleten einsetzen.

Ein bemerkenswertes Beispiel ist die Kampagne #TransAthlete, die von verschiedenen trans-Sportlern ins Leben gerufen wurde, um auf die Herausforderungen aufmerksam zu machen, mit denen sie konfrontiert sind. Diese Kampagne hat nicht nur die Sichtbarkeit erhöht, sondern auch das Bewusstsein für die Notwendigkeit von inklusiven Richtlinien in Sportverbänden geschärft [?].

Herausforderungen durch technologische Entwicklungen

Trotz der Vorteile, die Technologie im Sport bietet, gibt es auch Herausforderungen. Eine der größten Herausforderungen ist der Zugang zu Technologie. Nicht alle Athleten haben die finanziellen Mittel, um die neuesten Geräte oder Dienstleistungen zu erwerben, was zu einer digitalen Kluft führen kann. Diese Kluft kann insbesondere für trans-Athleten problematisch sein, die bereits mit zusätzlichen Hürden konfrontiert sind.

Ein weiterer Aspekt ist die Frage der Datensicherheit und des Datenschutzes. Die Erfassung sensibler Daten über die Leistung und den Gesundheitszustand von Athleten wirft ethische Fragen auf. Es besteht die Gefahr, dass diese Informationen missbraucht werden, insbesondere in einer Zeit, in der

Diskriminierung und Vorurteile gegenüber trans-Personen noch weit verbreitet sind [4].

Zukunftsvisionen für Technologie im trans-Sport

Die Zukunft der Technologie im Sport sieht vielversprechend aus. Mit der Weiterentwicklung von Künstlicher Intelligenz (KI) und maschinellem Lernen können personalisierte Trainingsprogramme entwickelt werden, die auf die individuellen Bedürfnisse von trans-Athleten zugeschnitten sind. Diese Technologien könnten helfen, die Leistung zu maximieren und gleichzeitig das Risiko von Verletzungen zu minimieren.

Ein weiterer vielversprechender Bereich ist die Entwicklung von inklusiven Sporttechnologien, die speziell für trans-Athleten konzipiert sind. Dies könnte die Entwicklung von Sportbekleidung umfassen, die den unterschiedlichen körperlichen Bedürfnissen gerecht wird, oder von Sportgeräten, die an die spezifischen Anforderungen von trans-Sportlern angepasst sind.

Schlussfolgerung

Zusammenfassend lässt sich sagen, dass Technologie im Sport eine transformative Rolle spielt, insbesondere für trans-Athleten. Während es Herausforderungen gibt, die es zu bewältigen gilt, bieten technologische Innovationen enorme Möglichkeiten zur Verbesserung der Sichtbarkeit, der Leistung und der Unterstützung für trans-Sportler. Die kontinuierliche Entwicklung und Implementierung von Technologien, die inklusiv und zugänglich sind, wird entscheidend sein, um eine gerechtere und gleichberechtigtere Sportlandschaft zu schaffen.

Die Entwicklung von inklusiven Programmen

Die Entwicklung von inklusiven Programmen im Sport ist ein entscheidender Schritt zur Förderung der Gleichstellung und Akzeptanz von trans Athleten. Diese Programme zielen darauf ab, Barrieren abzubauen und eine Umgebung zu schaffen, in der alle Athleten, unabhängig von ihrer Geschlechtsidentität, die Möglichkeit haben, sich zu engagieren und erfolgreich zu sein. Um die Notwendigkeit und die Herausforderungen dieser Programme zu verstehen, ist es wichtig, verschiedene theoretische Ansätze und praktische Beispiele zu betrachten.

Theoretische Grundlagen

Inklusivität im Sport kann durch verschiedene theoretische Rahmenwerke beschrieben werden. Ein relevanter Ansatz ist das **Soziale Identitätstheorie**, die besagt, dass Individuen ihre Identität stark durch ihre Zugehörigkeit zu sozialen Gruppen definieren. Diese Theorie legt nahe, dass die Schaffung einer positiven Gruppenidentität für trans Athleten entscheidend ist, um Diskriminierung zu verringern und das Zugehörigkeitsgefühl zu stärken. Ein weiterer wichtiger theoretischer Rahmen ist die **Intersektionalität**, die die Überschneidungen von verschiedenen Identitätsdimensionen (z.B. Geschlecht, Sexualität, Ethnizität) betrachtet. Programme, die intersektionale Ansätze berücksichtigen, können effektiver auf die spezifischen Bedürfnisse und Herausforderungen von trans Athleten eingehen.

Herausforderungen bei der Entwicklung

Trotz der Notwendigkeit inklusiver Programme gibt es zahlreiche Herausforderungen, die es zu überwinden gilt. Eine der größten Hürden ist die **Vorurteile und Diskriminierung**, die oft in Sportumgebungen präsent sind. Diese können sich in Form von Mobbing, ungleichem Zugang zu Ressourcen oder sogar Ausschluss von Wettbewerben äußern. Um diese Probleme anzugehen, müssen Programme nicht nur auf die trans Athleten selbst, sondern auch auf Trainer, Verbandsmitglieder und andere Stakeholder abzielen.

Ein weiteres Problem ist die **Mangelnde Sensibilisierung** für die spezifischen Bedürfnisse von trans Athleten. Viele Trainer und Sportorganisationen sind sich der Herausforderungen, denen sich trans Athleten gegenübersehen, nicht bewusst oder haben falsche Vorstellungen darüber. Daher ist Bildung und Aufklärung ein zentraler Bestandteil der Entwicklung inklusiver Programme.

Beispiele erfolgreicher Programme

Es gibt bereits einige vielversprechende Beispiele für inklusive Programme, die als Vorbilder dienen können. Ein solches Beispiel ist die **Transgender Inclusion Policy** des *International Olympic Committee (IOC)*. Diese Richtlinien erlauben es trans Athleten, entsprechend ihrer Geschlechtsidentität an Wettkämpfen teilzunehmen, solange bestimmte Kriterien erfüllt sind. Diese Richtlinien haben nicht nur das Bewusstsein für die Rechte trans Athleten geschärft, sondern auch viele andere Sportorganisationen dazu inspiriert, ähnliche Maßnahmen zu ergreifen.

Ein weiteres Beispiel ist das Programm *"You Can Play"*, das sich dafür einsetzt, LGBTQ+ Athleten in allen Sportarten zu unterstützen. Dieses Programm bietet Ressourcen und Schulungen für Trainer und Sportorganisationen an, um eine inklusivere Umgebung zu schaffen. Es hat sich als sehr effektiv erwiesen, da es nicht nur trans Athleten unterstützt, sondern auch das gesamte Teamklima verbessert.

Empfehlungen für die Entwicklung

Um die Entwicklung inklusiver Programme weiter voranzutreiben, sollten folgende Empfehlungen in Betracht gezogen werden:

- **Schulung und Sensibilisierung**: Sportorganisationen sollten Schulungen für Trainer und Mitarbeiter anbieten, um das Bewusstsein für die Herausforderungen von trans Athleten zu schärfen.

- **Ressourcenzugang**: Sicherstellen, dass trans Athleten Zugang zu den gleichen Ressourcen und Unterstützungssystemen haben wie ihre cisgender Kollegen.

- **Partizipation fördern**: Trans Athleten sollten aktiv in die Entwicklung von Programmen einbezogen werden, um sicherzustellen, dass ihre Stimmen und Bedürfnisse gehört werden.

- **Monitoring und Evaluierung**: Die Wirksamkeit inklusiver Programme sollte regelmäßig überwacht und evaluiert werden, um kontinuierliche Verbesserungen zu gewährleisten.

Fazit

Die Entwicklung von inklusiven Programmen im Sport ist ein komplexer, aber notwendiger Prozess, der sowohl Herausforderungen als auch Chancen bietet. Durch die Anwendung theoretischer Rahmenwerke, das Lernen aus erfolgreichen Beispielen und die aktive Einbeziehung von trans Athleten können Sportorganisationen eine inklusivere und gerechtere Umgebung schaffen. Dies wird nicht nur den trans Athleten zugutekommen, sondern auch das gesamte Sportumfeld bereichern und stärken.

$$\text{Inklusivität} = \text{Zugang} + \text{Akzeptanz} + \text{Unterstützung} \qquad (75)$$

Die Bedeutung von Forschung und Daten

In der heutigen Welt, in der Informationen und Daten eine zentrale Rolle spielen, ist die Bedeutung von Forschung und Daten für die trans-Sport-Bewegung nicht zu unterschätzen. Forschung bietet nicht nur eine Grundlage für fundierte Entscheidungen, sondern ermöglicht auch das Verständnis von Trends, Herausforderungen und Möglichkeiten innerhalb der Gemeinschaft. Diese Erkenntnisse sind entscheidend, um die Sichtbarkeit und Akzeptanz von trans-Athleten im Sport zu fördern.

Theoretische Grundlagen

Die Forschung im Bereich des trans-Sports basiert auf verschiedenen theoretischen Rahmenbedingungen, darunter die Gender-Theorie und die soziale Identitätstheorie. Die Gender-Theorie untersucht, wie Geschlecht und Geschlechtsidentität soziale Konstrukte sind, die durch kulturelle Normen und Erwartungen geprägt werden. Diese Theorie ist besonders relevant für trans-Athleten, da sie die Herausforderungen beleuchtet, mit denen diese konfrontiert sind, wenn sie versuchen, ihre Identität in einem oft feindlichen Umfeld zu behaupten.

Die soziale Identitätstheorie hingegen erklärt, wie Individuen ihre Identität durch die Zugehörigkeit zu bestimmten Gruppen definieren. Für trans-Sportler kann die Zugehörigkeit zu einer unterstützenden Gemeinschaft entscheidend sein, um das Selbstwertgefühl zu stärken und die Resilienz gegenüber Diskriminierung zu fördern.

Probleme und Herausforderungen

Trotz der Fortschritte in der Forschung gibt es mehrere Herausforderungen, die die Sammlung und Analyse von Daten im Bereich des trans-Sports erschweren. Eine der größten Hürden ist die Stigmatisierung und Diskriminierung, die viele trans-Athleten erfahren. Diese Faktoren können dazu führen, dass Betroffene zögern, an Umfragen oder Studien teilzunehmen, was die Datenerhebung erheblich erschwert.

Ein weiteres Problem ist die mangelnde Standardisierung der Datenerhebung. Viele Studien verwenden unterschiedliche Definitionen und Kategorien für Geschlechtsidentität, was die Vergleichbarkeit von Daten über verschiedene Forschungsarbeiten hinweg erschwert. Dies führt zu einer Fragmentierung des Wissens und kann die Entwicklung von effektiven Politiken und Programmen behindern.

Beispiele für erfolgreiche Forschung

Trotz dieser Herausforderungen gibt es zahlreiche Beispiele für erfolgreiche Forschungsprojekte, die wertvolle Erkenntnisse über die Erfahrungen von trans-Athleten im Sport geliefert haben. Eine bemerkenswerte Studie wurde von der *Sport Research Institute* durchgeführt, die die Erfahrungen von trans-Athleten in verschiedenen Sportarten untersuchte. Die Ergebnisse zeigten, dass trans-Athleten häufig mit Diskriminierung und Vorurteilen konfrontiert sind, aber auch, dass die Unterstützung durch Gleichgesinnte und Verbände einen positiven Einfluss auf ihr Wohlbefinden und ihre sportliche Leistung hat.

Ein weiteres Beispiel ist die Untersuchung von *Smith et al. (2020)*, die sich mit der Rolle von Medienberichterstattung auf die Wahrnehmung von trans-Athleten beschäftigte. Die Studie fand heraus, dass positive Darstellungen in den Medien zu einer erhöhten Akzeptanz und Unterstützung von trans-Athleten in der breiten Öffentlichkeit führten. Diese Erkenntnisse unterstreichen die Notwendigkeit, Forschungsergebnisse in die Praxis umzusetzen, um die Sichtbarkeit und Akzeptanz von trans-Athleten zu fördern.

Forschung als Grundlage für Veränderungen

Die Bedeutung von Forschung und Daten erstreckt sich auch auf die Entwicklung von Richtlinien und Programmen für trans-Athleten. Daten können dazu beitragen, informierte Entscheidungen zu treffen und die Bedürfnisse der Gemeinschaft besser zu verstehen. Beispielsweise können Umfragen unter trans-Athleten dazu verwendet werden, spezifische Herausforderungen zu identifizieren, mit denen sie konfrontiert sind, und entsprechende Programme zu entwickeln, die auf diese Bedürfnisse eingehen.

Darüber hinaus können Forschungsdaten als Werkzeug für die Advocacy-Arbeit genutzt werden. Indem sie die Realität der Erfahrungen von trans-Athleten dokumentieren, können Aktivisten und Organisationen auf politische Entscheidungsträger einwirken, um Veränderungen in der Sportpolitik herbeizuführen. Ein Beispiel hierfür ist die Kampagne von *Trans Sports Allies*, die auf empirischen Daten basierte, um Gesetzesänderungen zu fördern, die trans-Athleten mehr Rechte und Schutz bieten.

Zukunftsausblick

In Zukunft wird die Bedeutung von Forschung und Daten im trans-Sport weiterhin zunehmen. Mit dem Aufkommen neuer Technologien und Methoden zur Datenerhebung, wie z.B. Online-Umfragen und soziale Medien, wird es einfacher, umfassende Daten zu sammeln und zu analysieren. Diese Informationen können dazu beitragen, die Sichtbarkeit von trans-Athleten zu erhöhen und eine inklusive Sportumgebung zu schaffen.

Zusammenfassend lässt sich sagen, dass Forschung und Daten eine zentrale Rolle in der trans-Sport-Bewegung spielen. Sie bieten die Grundlage für das Verständnis von Herausforderungen, die Entwicklung von Programmen und die Förderung von Veränderungen in der Sportpolitik. Um die Zukunft des trans-Sports zu sichern, ist es unerlässlich, dass wir weiterhin in Forschung investieren und die gesammelten Daten nutzen, um die Stimmen der trans-Athleten zu stärken und ihre Rechte zu schützen.

Die Auswirkungen von gesellschaftlichem Wandel

Die Auswirkungen von gesellschaftlichem Wandel auf die trans-Sport-Bewegung sind vielschichtig und beeinflussen sowohl die Wahrnehmung von trans-Athleten als auch die Strukturen, innerhalb derer sie agieren. Diese Veränderungen sind nicht nur das Ergebnis von individuellen Anstrengungen, sondern auch von kollektiven gesellschaftlichen Entwicklungen, die in den letzten Jahrzehnten an Bedeutung gewonnen haben.

Ein zentraler Aspekt des gesellschaftlichen Wandels ist die zunehmende Akzeptanz von LGBTQ+-Identitäten in vielen Kulturen. Diese Akzeptanz hat sich durch verschiedene Faktoren entwickelt, darunter Bildung, Medienpräsenz und die Sichtbarkeit von LGBTQ+-Personen in verschiedenen Lebensbereichen. Die Theorie des sozialen Wandels, wie sie von Theoretikern wie Karl Marx und Max Weber beschrieben wurde, legt nahe, dass gesellschaftliche Normen und Werte nicht statisch sind, sondern sich im Laufe der Zeit durch soziale Bewegungen und kollektives Handeln ändern können.

Ein Beispiel für diese Veränderung ist die zunehmende Unterstützung von trans-Athleten in professionellen Sportverbänden. In den letzten Jahren haben viele Sportorganisationen Richtlinien entwickelt, die es trans-Athleten ermöglichen, an Wettkämpfen teilzunehmen, die ihrer Geschlechtsidentität entsprechen. Diese Richtlinien sind oft das Ergebnis von Druck durch Aktivisten und die Gesellschaft, die eine gerechtere Behandlung verlangen. Ein prominentes Beispiel ist die Entscheidung des Internationalen Olympischen Komitees (IOC), die Teilnahme von trans-Frauen an den Olympischen Spielen unter bestimmten Bedingungen zuzulassen. Diese Entscheidung spiegelt den gesellschaftlichen Wandel wider, der eine größere Akzeptanz und Unterstützung für trans-Athleten zeigt.

Dennoch gibt es auch Herausforderungen, die mit diesem Wandel einhergehen. Trotz der Fortschritte gibt es immer noch weit verbreitete Vorurteile und Diskriminierung gegenüber trans-Personen im Sport. Eine Studie von Anderson und McCormack (2016) zeigt, dass viele trans-Athleten weiterhin mit Mobbing, Diskriminierung und einem Mangel an Unterstützung konfrontiert sind. Diese Probleme können die psychische Gesundheit und das Wohlbefinden von trans-Athleten erheblich beeinträchtigen und ihre Teilnahme am Sport erschweren.

Die Rolle der Medien ist ebenfalls entscheidend für den gesellschaftlichen Wandel. Medienberichterstattung über trans-Athleten hat die Sichtbarkeit und das Bewusstsein für ihre Herausforderungen und Erfolge erhöht. In den letzten Jahren haben Dokumentationen und Berichte über trans-Sportler, wie die Geschichte von Chris Mosier, der erste trans-Mann, der an einem nationalen Wettkampf in den USA teilnahm, dazu beigetragen, die Wahrnehmung von trans-Athleten zu verändern. Solche Geschichten fördern das Verständnis und die Akzeptanz und zeigen, dass trans-Athleten ebenso talentiert und fähig sind wie ihre cisgender Kollegen.

Ein weiteres Beispiel ist die Verwendung von sozialen Medien, die es Aktivisten ermöglicht, ihre Botschaften direkt an ein breites Publikum zu verbreiten. Plattformen wie Twitter und Instagram haben es trans-Athleten ermöglicht, ihre Erfahrungen zu teilen und eine Gemeinschaft zu bilden, die sich gegenseitig unterstützt. Diese Online-Communities tragen dazu bei, das Bewusstsein für die Herausforderungen zu schärfen, mit denen trans-Athleten konfrontiert sind, und fördern eine Kultur des Respekts und der Akzeptanz.

Insgesamt zeigt sich, dass der gesellschaftliche Wandel sowohl Chancen als auch Herausforderungen für die trans-Sport-Bewegung mit sich bringt. Während die Akzeptanz und Unterstützung für trans-Athleten zugenommen hat, bleibt die Arbeit zur Bekämpfung von Diskriminierung und Vorurteilen unerlässlich. Der kontinuierliche Dialog und die Zusammenarbeit zwischen Aktivisten, Sportorganisationen und der Gesellschaft sind entscheidend, um eine inklusive und gerechte Zukunft für alle Athleten zu schaffen.

$$\text{Gesellschaftlicher Wandel} = \text{Akzeptanz} + \text{Sichtbarkeit} + \text{Politische Unterstützung} - \text{Diskrir} \tag{76}$$

Diese Gleichung verdeutlicht, dass der gesellschaftliche Wandel in der trans-Sport-Bewegung von einer Vielzahl von Faktoren abhängt, die sich gegenseitig beeinflussen. Ein Anstieg der Akzeptanz und Sichtbarkeit, kombiniert mit politischer Unterstützung, kann zu einem positiven Wandel führen, während Diskriminierung und Vorurteile diesen Prozess behindern können.

Zusammenfassend lässt sich sagen, dass die Auswirkungen von gesellschaftlichem Wandel auf die trans-Sport-Bewegung tiefgreifend sind und sowohl positive als auch negative Aspekte beinhalten. Die fortlaufende Unterstützung durch die Gesellschaft, die Medien und die Sportorganisationen wird entscheidend sein, um sicherzustellen, dass trans-Athleten die gleichen Chancen und Rechte wie alle anderen Sportler genießen können.

Die Vision von einer gerechten Zukunft

Die Vision von einer gerechten Zukunft im Bereich des trans-Sports ist nicht nur eine Utopie, sondern ein erreichbares Ziel, das durch gezielte Maßnahmen, Bildung und das Engagement der Gemeinschaft verwirklicht werden kann. Diese Vision ist geprägt von den Prinzipien der Gleichheit, Inklusion und Akzeptanz, die es trans-Athleten ermöglichen, ihre Identität ohne Angst vor Diskriminierung oder Vorurteilen auszuleben.

Theoretische Grundlagen

Die theoretische Grundlage für eine gerechte Zukunft im Sport basiert auf verschiedenen sozialen Gerechtigkeitstheorien, die die Notwendigkeit betonen, strukturelle Ungleichheiten zu beseitigen. Eine wichtige Theorie in diesem Kontext ist die Gerechtigkeitstheorie von John Rawls, die das Konzept der „Gerechten Gesellschaft" einführt. Rawls postuliert, dass eine gerechte Gesellschaft die Grundrechte und Freiheiten aller Individuen schützt und sicherstellt, dass die am stärksten benachteiligten Mitglieder der Gesellschaft den größtmöglichen Nutzen aus den sozialen und wirtschaftlichen Ressourcen ziehen. Dies kann auf den Sport übertragen werden, indem man sicherstellt, dass trans-Athleten die gleichen Chancen und Rechte wie ihre cisgender Kollegen haben.

Herausforderungen auf dem Weg zur Gerechtigkeit

Trotz der Fortschritte, die in den letzten Jahren erzielt wurden, stehen trans-Athleten weiterhin vor erheblichen Herausforderungen. Diskriminierung, Vorurteile und mangelnde Unterstützung sind nach wie vor weit verbreitet. Eine Studie von [?] zeigt, dass 60% der befragten trans-Athleten in ihrer sportlichen Laufbahn Diskriminierung erfahren haben. Diese Diskriminierung kann in verschiedenen Formen auftreten, einschließlich verbaler Angriffe, physischer Gewalt und systematischer Ausgrenzung aus Sportorganisationen.

Ein weiteres bedeutendes Problem ist die unzureichende Berücksichtigung der spezifischen Bedürfnisse von trans-Athleten in den Richtlinien der Sportverbände. Viele Verbände haben Richtlinien, die den Zugang von trans-Athleten zu Wettkämpfen regeln, jedoch sind diese oft nicht ausreichend, um die Vielfalt der Transidentitäten und die unterschiedlichen Erfahrungen von trans-Personen zu berücksichtigen. Die Implementierung von Richtlinien, die auf den Prinzipien der Inklusion und Fairness basieren, ist entscheidend, um eine gerechte Zukunft zu schaffen.

Beispiele für positive Veränderungen

Trotz dieser Herausforderungen gibt es ermutigende Beispiele für positive Veränderungen in der Sportwelt. So hat die International Olympic Committee (IOC) im Jahr 2021 neue Richtlinien verabschiedet, die trans-Athleten eine Teilnahme an den Olympischen Spielen ermöglichen, ohne dass sie eine Geschlechtsumwandlungsoperation nachweisen müssen. Diese Entscheidung wurde als Meilenstein für die Akzeptanz von trans-Athleten im Leistungssport gefeiert und zeigt, dass Veränderungen möglich sind, wenn der Wille zur Gerechtigkeit vorhanden ist.

Ein weiteres Beispiel ist die Gründung von Organisationen wie „Trans Sport Allies", die sich aktiv für die Rechte von trans-Athleten einsetzen und Programme zur Aufklärung und Unterstützung entwickeln. Diese Organisationen arbeiten daran, ein Netzwerk von Unterstützern zu schaffen, das trans-Athleten in ihrem sportlichen Werdegang stärkt und ihnen hilft, sich in einer oft feindlichen Umgebung zurechtzufinden.

Die Rolle der Bildung und Aufklärung

Bildung spielt eine entscheidende Rolle bei der Schaffung einer gerechten Zukunft für trans-Athleten. Durch Aufklärungsprogramme in Schulen, Sportvereinen und Gemeinschaften können Vorurteile abgebaut und ein besseres Verständnis für die Herausforderungen, mit denen trans-Personen konfrontiert sind, gefördert werden. Studien zeigen, dass Bildung und Aufklärung zu einer signifikanten Reduzierung von Diskriminierung und Vorurteilen führen können [?].

Die Implementierung von Schulungsprogrammen für Trainer, Sportler und Funktionäre ist ein weiterer Schritt in Richtung einer inklusiven Sportkultur. Solche Programme sollten Informationen über Geschlechtsidentität,

Geschlechtervielfalt und die Bedeutung von Allyship enthalten, um ein unterstützendes Umfeld zu schaffen.

Die Bedeutung von Allyship

Allyship ist ein weiterer wesentlicher Bestandteil der Vision einer gerechten Zukunft. Verbündete, die sich aktiv für die Rechte von trans-Athleten einsetzen, können einen bedeutenden Unterschied machen. Sie tragen dazu bei, ein Umfeld zu schaffen, in dem trans-Athleten sich sicher fühlen und ihr volles Potenzial entfalten können. Dies erfordert nicht nur persönliches Engagement, sondern auch die Bereitschaft, sich gegen Diskriminierung und Ungerechtigkeit auszusprechen.

Schlussfolgerung

Die Vision von einer gerechten Zukunft im trans-Sport ist sowohl eine Herausforderung als auch eine Chance. Sie erfordert das Engagement aller Beteiligten – von Sportverbänden über Trainer bis hin zu Athleten und der breiten Öffentlichkeit. Indem wir uns für Gleichheit und Inklusion einsetzen, können wir eine Zukunft schaffen, in der trans-Athleten nicht nur akzeptiert, sondern gefeiert werden. Die Reise ist zwar lang und voller Herausforderungen, aber mit Entschlossenheit und Solidarität können wir eine gerechte Zukunft für alle Sportlerinnen und Sportler gestalten.

Herausforderungen, die vor uns liegen

Politische Widerstände

Die politischen Widerstände, die die trans-Sport-Bewegung betreffen, sind vielschichtig und oft tief verwurzelt in gesellschaftlichen Normen, Vorurteilen und bestehenden Machtstrukturen. Diese Widerstände manifestieren sich in verschiedenen Formen, von legislativen Hürden bis hin zu institutionellen Diskriminierungen, die die Integration von trans-Athleten im Sport behindern.

Legislative Hürden

Ein zentrales Problem sind die Gesetze, die spezifische Anforderungen an die Geschlechtszugehörigkeit von Athleten stellen. In vielen Ländern sind die Richtlinien für die Teilnahme von trans-Athleten oft restriktiv und basieren auf veralteten medizinischen und biologischen Annahmen. Ein Beispiel hierfür ist die Regelung der Internationalen Olympischen Komitees (IOC), die besagt, dass trans-Frauen nur dann an Frauenwettbewerben teilnehmen dürfen, wenn ihr Testosteronspiegel für mindestens zwölf Monate vor dem Wettkampf unter einem bestimmten Wert liegt. Diese Regelung hat nicht nur Auswirkungen auf die Teilnahme von Athleten, sondern auch auf das Selbstverständnis und die Identität der betroffenen Personen.

Institutionelle Diskriminierung

Zusätzlich zur gesetzlichen Diskriminierung erleben trans-Athleten oft institutionelle Widerstände innerhalb von Sportverbänden und -vereinen. Diese Widerstände können sich in Form von mangelnder Unterstützung, fehlenden Ressourcen oder sogar offenen Anfeindungen äußern. Ein Beispiel für solche Diskriminierung ist der Fall von Hannah Mouncey, einer trans-Frau, die aufgrund ihrer Geschlechtsidentität von der Teilnahme an bestimmten Sportarten ausgeschlossen wurde. Solche Vorfälle zeigen, wie tief verwurzelt die Diskriminierung in den Strukturen des Sports ist und wie schwer es für trans-Athleten ist, Gleichheit und Akzeptanz zu finden.

Gesellschaftliche Vorurteile

Gesellschaftliche Vorurteile spielen ebenfalls eine entscheidende Rolle bei den politischen Widerständen, die trans-Athleten gegenüberstehen. Viele Menschen haben noch immer ein begrenztes Verständnis von Geschlecht und Identität, was zu Misstrauen und Feindseligkeit gegenüber trans-Personen führt. Dies wird durch die Medienberichterstattung verstärkt, die oft sensationell und einseitig ist. Eine Studie von Smith et al. (2021) zeigt, dass negative Darstellungen von trans-Athleten in den Medien das öffentliche Bild und die politische Unterstützung für trans-Rechte im Sport erheblich beeinflussen können.

Strategien zur Überwindung von Widerständen

Um diese politischen Widerstände zu überwinden, sind gezielte Strategien erforderlich. Eine Möglichkeit besteht darin, die Aufklärung über Geschlechtsidentität und die Rechte von trans-Athleten zu fördern. Bildungsprogramme, die sowohl Athleten als auch Trainer einbeziehen, können helfen, Vorurteile abzubauen und ein inklusiveres Umfeld zu schaffen. Zudem ist es wichtig, trans-Athleten eine Stimme zu geben und sie in Entscheidungsprozesse einzubeziehen.

Die Gründung von Organisationen wie „Trans Sport Allies" hat gezeigt, wie wichtig es ist, Netzwerke zu schaffen, die sich für die Rechte von trans-Athleten einsetzen. Diese Organisationen können Lobbyarbeit leisten, um legislative Veränderungen zu bewirken und die Sichtbarkeit von trans-Athleten zu erhöhen.

Fazit

Zusammenfassend lässt sich sagen, dass politische Widerstände gegen trans-Athleten im Sport ein komplexes Problem darstellen, das sowohl legislative als auch gesellschaftliche Dimensionen umfasst. Um die Gleichheit und Akzeptanz von trans-Athleten zu fördern, sind umfassende Aufklärungs- und Lobbyarbeit sowie die Schaffung unterstützender Netzwerke unerlässlich. Nur durch kollektives Handeln und die Einbeziehung aller Beteiligten kann eine gerechtere und inklusivere Zukunft für trans-Athleten im Sport geschaffen werden.

Diskriminierung im Sport

Die Diskriminierung im Sport ist ein tief verwurzeltes Problem, das sowohl auf individueller als auch auf institutioneller Ebene auftritt. Diese Diskriminierung kann sich in verschiedenen Formen manifestieren, einschließlich, aber nicht beschränkt auf, Vorurteile, Mobbing, Ungleichheit bei den Chancen und systematische Ausgrenzung von trans Athleten. Diese Probleme sind nicht nur eine Frage der Fairness, sondern auch eine Herausforderung für die Integrität des Sports selbst.

Theoretische Grundlagen

Die Diskriminierung im Sport kann durch verschiedene theoretische Rahmenbedingungen erklärt werden. Eine häufige Theorie ist die *Soziale Identitätstheorie*, die besagt, dass Individuen ihre Identität durch die Zugehörigkeit zu bestimmten Gruppen definieren. Diese Zugehörigkeit kann zu einer In-Group/Out-Group-Dynamik führen, bei der Mitglieder der In-Group (z.B. cisgender Athleten) oft Vorurteile gegenüber Mitgliedern der Out-Group (z.B. trans Athleten) entwickeln. Diese Vorurteile können sich in diskriminierenden Verhaltensweisen äußern, die von offenen Angriffen bis hin zu subtilen Formen der Ausgrenzung reichen.

Ein weiterer theoretischer Ansatz ist die *Intersektionalität*, die aufzeigt, dass Diskriminierung nicht isoliert betrachtet werden kann. Trans Athleten erleben oft multiple Formen der Diskriminierung, die sich aus der Überschneidung ihrer Geschlechtsidentität mit anderen sozialen Identitäten wie Rasse, Klasse oder sexueller Orientierung ergeben. Diese Überschneidungen können die Erfahrungen von trans Athleten im Sport erheblich beeinflussen und verstärken.

Probleme der Diskriminierung

Die Diskriminierung gegen trans Athleten manifestiert sich in verschiedenen Formen, darunter:

* **Zugangsbeschränkungen:** Viele Sportverbände haben Richtlinien, die trans Athleten den Zugang zu Wettkämpfen erschweren oder verwehren. Diese Richtlinien basieren oft auf veralteten Vorstellungen von Geschlecht und Biologie, die nicht die Realität der Geschlechtsidentität widerspiegeln.

* **Mobbing und Belästigung:** Trans Athleten sind häufig Ziel von Mobbing und Belästigung, sowohl auf dem Spielfeld als auch außerhalb. Diese Erfahrungen können zu psychischen Belastungen führen und die sportliche Leistung erheblich beeinträchtigen.

* **Ungleiche Behandlungen:** Trans Athleten erleben oft eine ungleiche Behandlung im Vergleich zu ihren cisgender Kollegen, sowohl in Bezug auf die Ressourcen, die ihnen zur Verfügung stehen, als auch in der Unterstützung durch Trainer und Verbände.

* **Medienberichterstattung:** Die Medien spielen eine entscheidende Rolle bei der Wahrnehmung von trans Athleten. Oftmals werden sie in einer Weise dargestellt, die ihre Identität und ihre Leistungen trivialisiert oder verzerrt, was zu einer weiteren Stigmatisierung führt.

Beispiele aus der Praxis

Ein prägnantes Beispiel für Diskriminierung im Sport ist der Fall von *Fallon Fox*, einer trans Frau und Mixed Martial Arts (MMA) Kämpferin. Fox wurde während ihrer Karriere mit erheblichem Widerstand konfrontiert, einschließlich öffentlicher Angriffe und der Forderung, sie vom Wettkampf auszuschließen. Trotz ihrer Erfolge als Kämpferin wurde sie oft auf ihre Geschlechtsidentität reduziert, was die Diskussion über die Fairness und die Richtlinien für trans Athleten im Sport anheizte.

Ein weiteres Beispiel ist die *Transgender Athletes Policy* des Internationalen Olympischen Komitees (IOC), die 2015 aktualisiert wurde. Diese Richtlinie erlaubte trans Frauen, an Frauenwettkämpfen teilzunehmen, solange sie bestimmte Testosteronwerte einhalten. Dennoch bleibt die Umsetzung dieser Richtlinien in vielen Sportverbänden uneinheitlich, was zu Verwirrung und Ungerechtigkeit führt.

Widerstand gegen Diskriminierung

Trotz der Herausforderungen gibt es auch zahlreiche Initiativen, die sich gegen Diskriminierung im Sport einsetzen. Organisationen wie *GLSEN* und *Athlete Ally* arbeiten daran, Bewusstsein zu schaffen und Richtlinien zu fördern, die die Inklusion von trans Athleten unterstützen. Diese Organisationen setzen sich für eine bessere Ausbildung von Trainern und Offiziellen ein, um Vorurteile abzubauen und ein sicheres Umfeld für alle Athleten zu schaffen.

Zusammenfassend lässt sich sagen, dass Diskriminierung im Sport ein komplexes und vielschichtiges Problem ist, das sowohl individuelle als auch kollektive Anstrengungen erfordert, um es zu bekämpfen. Es ist entscheidend, dass Sportverbände, Trainer und Athleten zusammenarbeiten, um eine inklusive und gerechte Sportumgebung zu schaffen, in der alle Athleten, unabhängig von ihrer Geschlechtsidentität, die gleichen Chancen haben, erfolgreich zu sein.

Die Rolle der Medien

Die Medien spielen eine entscheidende Rolle in der Wahrnehmung und Darstellung von trans-Athleten und der LGBTQ-Community im Allgemeinen. Sie sind nicht nur ein Werkzeug zur Informationsverbreitung, sondern auch eine Plattform, die die öffentliche Meinung formen und beeinflussen kann. In diesem Abschnitt werden wir die verschiedenen Aspekte der Medienberichterstattung über trans-Sportler und deren Auswirkungen auf die Gesellschaft untersuchen.

Theoretische Grundlagen

Die Medienwirkungstheorien bieten einen Rahmen, um zu verstehen, wie Medieninhalte die Wahrnehmung und das Verhalten der Menschen beeinflussen können. Eine der bekanntesten Theorien ist die *Agenda-Setting-Theorie*, die postuliert, dass die Medien nicht nur darüber berichten, was wichtig ist, sondern auch, was die Menschen als wichtig erachten sollten [?]. Diese Theorie ist besonders relevant, wenn es um die Berichterstattung über trans-Athleten geht, da sie die Sichtbarkeit und die gesellschaftliche Akzeptanz beeinflussen kann.

Ein weiteres wichtiges Konzept ist die *Framing-Theorie*, die sich mit der Art und Weise beschäftigt, wie Informationen präsentiert werden. Der Rahmen, in dem eine Geschichte erzählt wird, kann die Interpretation und das Verständnis des Publikums erheblich beeinflussen [?]. Zum Beispiel kann die Darstellung von trans-Athleten als „Held*innen" oder „Opfer" unterschiedliche Reaktionen und Einstellungen hervorrufen.

Probleme in der Medienberichterstattung

Trotz der potenziellen positiven Auswirkungen der Medienberichterstattung gibt es auch erhebliche Herausforderungen. Eine der größten Schwierigkeiten ist die *Sensationalisierung* von Geschichten. Oftmals werden trans-Athleten nicht als normale Sportler, sondern als exotische Figuren dargestellt, was zu einer verzerrten Wahrnehmung führen kann. Diese Sensationalisierung kann die Realität der Erfahrungen von trans-Athleten nicht angemessen widerspiegeln und zur Stigmatisierung beitragen.

Ein weiteres Problem ist die *Fehlinformation*. In vielen Berichten werden falsche oder veraltete Informationen über trans-Geschlechteridentitäten verbreitet, was zu Missverständnissen und Vorurteilen führen kann. Beispielsweise werden oft stereotype Annahmen über die körperlichen Fähigkeiten und die sportliche Leistung von trans-Athleten getroffen, die auf Vorurteilen basieren, anstatt auf fundierten Informationen.

Positive Beispiele

Trotz dieser Herausforderungen gibt es auch zahlreiche positive Beispiele für Medienberichterstattung, die zur Sichtbarkeit und Akzeptanz von trans-Athleten beitragen. Ein bemerkenswertes Beispiel ist die Berichterstattung über die trans-Athletin *Hannah Mouncey*, die in Australien für ihre Teilnahme an Frauensportarten bekannt ist. Die Medien haben in vielen Fällen ihre Geschichte als inspirierend dargestellt und dazu beigetragen, das Bewusstsein für die Herausforderungen zu schärfen, mit denen trans-Athleten konfrontiert sind.

Ein weiteres Beispiel ist die Dokumentation *"Changing the Game"*, die die Geschichten von trans-Athleten beleuchtet und deren Kämpfe und Erfolge zeigt. Diese Art von Berichterstattung trägt dazu bei, Vorurteile abzubauen und ein besseres Verständnis für die Erfahrungen von trans-Sportlern zu fördern.

Einfluss der sozialen Medien

In der heutigen digitalen Ära haben soziale Medien eine transformative Rolle in der Berichterstattung über trans-Athleten übernommen. Plattformen wie Twitter, Instagram und TikTok ermöglichen es Athleten, ihre eigenen Geschichten zu erzählen und direkt mit ihren Unterstützern zu kommunizieren. Diese direkte

Kommunikation kann helfen, Vorurteile abzubauen und eine Gemeinschaft von Unterstützern zu schaffen.

Soziale Medien bieten auch eine Plattform für Aktivismus. Trans-Athleten können ihre Erfahrungen teilen, um auf Diskriminierung und Ungerechtigkeiten aufmerksam zu machen. Ein Beispiel hierfür ist der Hashtag #TransAthlete, der von vielen trans-Sportlern verwendet wird, um ihre Sichtbarkeit zu erhöhen und andere zu ermutigen, sich für ihre Rechte einzusetzen.

Schlussfolgerung

Zusammenfassend lässt sich sagen, dass die Rolle der Medien in der Darstellung von trans-Athleten komplex und vielschichtig ist. Während sie das Potenzial haben, positive Veränderungen herbeizuführen und die Sichtbarkeit zu erhöhen, gibt es auch erhebliche Herausforderungen, die angegangen werden müssen. Eine verantwortungsvolle und informierte Berichterstattung ist entscheidend, um Vorurteile abzubauen und eine inklusive Gesellschaft zu fördern. Die Medien sollten sich ihrer Verantwortung bewusst sein und sich bemühen, die Stimmen von trans-Athleten authentisch und respektvoll zu repräsentieren.

Einfluss von sozialen Bewegungen

Soziale Bewegungen haben einen erheblichen Einfluss auf die Entwicklung und Sichtbarkeit von trans-Sport-Aktivisten wie Elijah Nichols. Diese Bewegungen, die oft aus dem Bedürfnis nach sozialer Gerechtigkeit und Gleichheit entstehen, tragen dazu bei, das Bewusstsein für die Herausforderungen und Diskriminierungen zu schärfen, mit denen trans-Athleten konfrontiert sind. In diesem Abschnitt werden wir die verschiedenen Dimensionen des Einflusses sozialer Bewegungen auf den trans-Sport untersuchen.

Theoretische Grundlagen

Die Theorie sozialer Bewegungen beschäftigt sich mit den Mechanismen, durch die Gruppen von Individuen organisiert werden, um soziale Veränderungen zu bewirken. Ein zentraler Aspekt ist das Konzept der *kollektiven Identität*, das beschreibt, wie Individuen sich mit einer bestimmten Gruppe identifizieren und gemeinsame Ziele verfolgen. Diese Identität kann durch verschiedene Faktoren wie Geschlecht, Sexualität und ethnische Zugehörigkeit geprägt werden.

Ein weiteres wichtiges Konzept ist die *Ressourcentheorie*, die besagt, dass der Zugang zu Ressourcen wie finanziellen Mitteln, sozialem Kapital und medialer Präsenz entscheidend für den Erfolg einer sozialen Bewegung ist. In Bezug auf trans-Sport-Aktivismus zeigt sich, dass Bewegungen, die über ausreichende Ressourcen verfügen, effektiver in der Lage sind, ihre Anliegen zu kommunizieren und Veränderungen herbeizuführen.

Probleme und Herausforderungen

Trotz der positiven Auswirkungen sozialer Bewegungen gibt es auch Herausforderungen, die es zu bewältigen gilt. Eine der größten Hürden ist die *institutionelle Diskriminierung*, die in vielen Sportverbänden und -organisationen verankert ist. Diese Diskriminierung kann sich in Form von Ausschlusskriterien, unfairen Regeln oder mangelnder Unterstützung für trans-Athleten äußern.

Ein weiteres Problem ist der *Widerstand* gegen soziale Bewegungen, der häufig von konservativen Gruppen oder Institutionen ausgeht, die sich gegen Veränderungen wehren. Dieser Widerstand kann in Form von negativen Medienberichten, politischen Kampagnen oder sogar rechtlichen Maßnahmen auftreten, die darauf abzielen, die Rechte von trans-Athleten zu untergraben.

Beispiele für den Einfluss sozialer Bewegungen

Ein prägnantes Beispiel für den Einfluss sozialer Bewegungen auf den trans-Sport ist die *Transgender-Athleten-Kampagne*, die sich für die Rechte von trans-Athleten in verschiedenen Sportarten einsetzt. Diese Kampagne hat nicht nur das Bewusstsein für die Herausforderungen geschärft, mit denen trans-Sportler konfrontiert sind, sondern auch konkrete Veränderungen in den Richtlinien von Sportverbänden bewirkt.

Ein weiteres Beispiel ist die *#TransRightsAreHumanRights*-Bewegung, die weltweit Unterstützung gefunden hat. Diese Bewegung hat soziale Medien genutzt, um Geschichten von trans-Athleten zu teilen und eine breitere Öffentlichkeit zu mobilisieren. Durch die Verwendung von Hashtags und viralen Kampagnen haben Aktivisten es geschafft, das Thema trans-Sport in den Mittelpunkt der gesellschaftlichen Diskussion zu rücken.

Die Rolle von Elijah Nichols

Elijah Nichols hat durch seine aktive Teilnahme an sozialen Bewegungen maßgeblich zur Sichtbarkeit und Akzeptanz von trans-Athleten beigetragen. Er hat nicht nur an Protesten und Veranstaltungen teilgenommen, sondern auch eigene Initiativen ins Leben gerufen, um das Bewusstsein für die Rechte von trans-Sportlern zu schärfen. Seine Fähigkeit, persönliche Geschichten zu erzählen und eine kollektive Identität zu fördern, hat es ihm ermöglicht, andere zu inspirieren und zu mobilisieren.

Zusammenfassend lässt sich sagen, dass soziale Bewegungen eine entscheidende Rolle im trans-Sport-Aktivismus spielen. Sie bieten nicht nur eine Plattform für die Stimmen von trans-Athleten, sondern fördern auch die notwendige Unterstützung und Ressourcen, um Veränderungen herbeizuführen. Trotz der Herausforderungen, die bestehen, bleibt die Kraft der sozialen Bewegungen ein entscheidender Faktor für die Zukunft des trans-Sports und die Rechte von trans-Athleten.

$$\text{Einfluss sozialer Bewegungen} = \text{Ressourcen} + \text{kollektive Identität} - \text{Widerstand} \tag{77}$$

Diese Gleichung verdeutlicht, dass der Einfluss sozialer Bewegungen durch die Verfügbarkeit von Ressourcen und die Stärkung der kollektiven Identität gefördert wird, während der Widerstand gegen diese Bewegungen den Einfluss mindern kann. Die fortwährende Unterstützung und Mobilisierung innerhalb der Community sind entscheidend, um die Herausforderungen zu überwinden und eine gerechtere Zukunft für alle trans-Athleten zu schaffen.

Die Notwendigkeit von Solidarität

In der heutigen Zeit, in der die Herausforderungen für trans-Athleten und die LGBTQ-Community weiterhin bestehen, ist die Notwendigkeit von Solidarität von zentraler Bedeutung. Solidarität ist nicht nur ein moralisches Konzept, sondern auch eine strategische Notwendigkeit, um den Wandel in der Gesellschaft voranzutreiben und die Rechte derjenigen zu schützen, die oft marginalisiert werden.

Theoretische Grundlagen der Solidarität

Solidarität kann als eine Form der sozialen Verbindung verstanden werden, die auf gemeinsamen Werten, Zielen und Erfahrungen basiert. In der sozialwissenschaftlichen Literatur wird Solidarität häufig als ein Schlüsselkonzept betrachtet, das Gemeinschaften zusammenhält und als Katalysator für sozialen Wandel fungiert. Der Sozialphilosoph Émile Durkheim betont in seinen Arbeiten die Bedeutung von sozialer Kohäsion und der kollektiven Identität, die durch Solidarität gefördert wird.

Ein zentrales Element der Solidarität ist die Idee der *Gemeinschaftlichkeit* (Gemeinschaftsgefühl), die es Individuen ermöglicht, über persönliche Interessen hinauszudenken und sich für das Wohl anderer einzusetzen. Diese Gemeinschaftlichkeit ist besonders wichtig in der LGBTQ-Community, wo das Gefühl der Zugehörigkeit und Unterstützung entscheidend für das individuelle und kollektive Wohl ist.

Probleme und Herausforderungen

Trotz der theoretischen Fundierung von Solidarität stehen viele trans-Athleten und LGBTQ-Aktivisten vor erheblichen Herausforderungen. Diskriminierung, Vorurteile und soziale Isolation sind weit verbreitet und können das Gefühl der Solidarität untergraben. Studien zeigen, dass trans-Personen in verschiedenen Lebensbereichen, einschließlich Sport, häufig Diskriminierung erfahren, was zu einem Rückgang des Selbstwertgefühls und zu psychischen Problemen führen kann [1].

Eine der größten Herausforderungen ist die Fragmentierung innerhalb der LGBTQ-Community. Verschiedene Gruppen innerhalb der Community können unterschiedliche Prioritäten und Ansichten haben, was zu Spannungen führen kann. Diese Fragmentierung kann die Fähigkeit der Gemeinschaft beeinträchtigen, solidarisch zu handeln und gemeinsame Ziele zu verfolgen.

Beispiele für Solidarität in der Praxis

Ein herausragendes Beispiel für Solidarität in der LGBTQ-Community ist die Gründung von Organisationen wie "Trans Sport Allies". Diese Organisation hat sich zum Ziel gesetzt, trans-Athleten zu unterstützen und eine inklusive Sportumgebung zu fördern. Durch die Zusammenarbeit mit Sportverbänden und die Durchführung von Aufklärungskampagnen hat "Trans Sport Allies" eine Plattform geschaffen, die es trans-Athleten ermöglicht, ihre Stimmen zu erheben und ihre Erfahrungen zu teilen.

Darüber hinaus ist die Rolle von prominenten Athleten und Verbündeten nicht zu unterschätzen. Athleten wie *Dwyane Wade* und *LGBTQ-Ikonen* wie *Ellen DeGeneres* haben öffentlich ihre Unterstützung für trans-Rechte bekundet. Diese Unterstützung hat nicht nur zur Sichtbarkeit von trans-Athleten beigetragen, sondern auch das Bewusstsein für die Herausforderungen geschärft, mit denen sie konfrontiert sind.

Die Rolle von Allyship

Die Rolle von Verbündeten (Allies) ist entscheidend für die Förderung von Solidarität. Allies können dazu beitragen, Barrieren abzubauen und eine

Atmosphäre des Verständnisses und der Unterstützung zu schaffen. Sie können auch als Sprachrohr für trans-Athleten fungieren, die möglicherweise nicht die Plattform oder die Stimme haben, um ihre Anliegen selbst zu artikulieren.

Ein Beispiel für effektives Allyship ist die Unterstützung von LGBTQ-Sportveranstaltungen durch nicht-LGBTQ-Athleten. Diese Athleten nutzen ihre Plattformen, um auf die Herausforderungen aufmerksam zu machen, mit denen trans-Athleten konfrontiert sind, und um für Veränderungen innerhalb ihrer Sportverbände zu plädieren.

Fazit

Die Notwendigkeit von Solidarität in der LGBTQ-Community, insbesondere im Kontext des trans-Sports, ist unverkennbar. Solidarität fördert nicht nur das Gefühl der Zugehörigkeit, sondern ist auch ein wesentlicher Bestandteil des Kampfes gegen Diskriminierung und Ungerechtigkeit. Durch die Stärkung von Gemeinschaften und die Unterstützung von trans-Athleten können wir eine inklusivere und gerechtere Zukunft im Sport und darüber hinaus schaffen. Es liegt an uns allen, diese Solidarität zu fördern und aktiv zu leben, um sicherzustellen, dass die Stimmen der marginalisierten Gemeinschaften gehört werden.

Die Herausforderungen der Finanzierung

Die Finanzierung von Initiativen im trans-Sport ist eine der größten Hürden, die Aktivisten und Organisationen überwinden müssen, um ihre Ziele zu erreichen. Diese Herausforderungen können in mehrere Kategorien unterteilt werden, die sich gegenseitig beeinflussen und die Effektivität von Programmen und Projekten einschränken können.

Mangel an Ressourcen

Eine der grundlegendsten Herausforderungen ist der Mangel an finanziellen Ressourcen. Viele Organisationen, die sich für trans-Rechte im Sport einsetzen, sind auf Spenden angewiesen. Diese Spenden können jedoch unregelmäßig und unsicher sein. Eine Untersuchung von [1] zeigt, dass über 60% der LGBTQ-Organisationen Schwierigkeiten haben, ausreichende Mittel für ihre Programme zu sichern. Oftmals müssen diese Organisationen kreative Wege finden, um ihre Projekte zu finanzieren, was zusätzliche Belastungen für die Mitarbeiter und Freiwilligen mit sich bringt.

Abhängigkeit von Stiftungen und Sponsoren

Die Abhängigkeit von Stiftungen und Sponsoren kann ebenfalls problematisch sein. Viele Organisationen sind gezwungen, sich an die Interessen ihrer Geldgeber anzupassen, um Fördergelder zu erhalten. Dies kann zu einem Verlust an Autonomie führen und die Fähigkeit der Organisationen einschränken, unabhängig zu agieren. Eine Studie von [2] hat gezeigt, dass Organisationen, die stark von externen Sponsoren abhängig sind, oft Schwierigkeiten haben, ihre ursprünglichen Ziele zu verfolgen, da sie sich an die Vorgaben und Erwartungen der Geldgeber anpassen müssen.

Politische Unsicherheiten

Politische Unsicherheiten können ebenfalls die Finanzierung von trans-Sport-Initiativen beeinträchtigen. In vielen Ländern gibt es zunehmende politische Spannungen und Widerstände gegen LGBTQ-Rechte, was dazu führen kann, dass Fördergelder gekürzt oder ganz gestrichen werden. [3] hebt hervor, dass Organisationen in Ländern mit restriktiven Gesetzen häufig Schwierigkeiten haben, internationale Unterstützung zu erhalten, was ihre finanzielle Situation weiter verschärft.

Fehlende öffentliche Unterstützung

Ein weiteres Problem ist die fehlende öffentliche Unterstützung für trans-Sport-Initiativen. Viele Menschen sind sich der Herausforderungen, mit denen trans-Athleten konfrontiert sind, nicht bewusst oder haben Vorurteile gegenüber der trans-Community. Dies führt zu einer geringeren Bereitschaft, für diese Initiativen zu spenden. Eine Umfrage von [4] zeigt, dass über 40% der Befragten angaben, nicht ausreichend informiert zu sein, um für trans-Rechte zu spenden.

Innovative Finanzierungsmodelle

Um diese Herausforderungen zu bewältigen, müssen Organisationen innovative Finanzierungsmodelle entwickeln. Crowdfunding-Plattformen bieten eine Möglichkeit, die Gemeinschaft direkt in den Finanzierungsprozess einzubeziehen. Ein Beispiel hierfür ist die Kampagne „Trans Athletes United", die 2020 ins Leben gerufen wurde und über 100.000 Euro durch Crowdfunding generierte. Solche Modelle erfordern jedoch eine starke Online-Präsenz und die Fähigkeit, die Gemeinschaft zu mobilisieren.

Bildung und Aufklärung

Ein weiterer Ansatz zur Überwindung der finanziellen Herausforderungen ist die Bildung und Aufklärung der Öffentlichkeit über die Bedeutung von trans-Rechten im Sport. Durch Workshops, Seminare und Informationskampagnen können Organisationen das Bewusstsein schärfen und die Unterstützung in der breiten Öffentlichkeit erhöhen. Laut [5] können gut informierte Gemeinschaften eher bereit sein, finanzielle Unterstützung zu leisten, da sie die Auswirkungen ihrer Spenden verstehen.

Politische Lobbyarbeit

Zusätzlich zur Bildung ist politische Lobbyarbeit entscheidend, um langfristige finanzielle Unterstützung für trans-Sport-Initiativen zu sichern. Indem Organisationen mit politischen Entscheidungsträgern zusammenarbeiten und sie über die Bedeutung von Inklusion im Sport informieren, können sie dafür sorgen, dass Fördermittel bereitgestellt werden. Ein Beispiel ist die Initiative „Sport für alle", die erfolgreich Lobbyarbeit geleistet hat, um staatliche Mittel für trans-Athleten in mehreren Bundesstaaten zu sichern.

Partnerschaften und Kooperationen

Die Bildung von Partnerschaften mit anderen Organisationen kann ebenfalls eine Lösung sein. Durch die Zusammenarbeit mit etablierten Institutionen können Ressourcen gebündelt und die Finanzierungsmöglichkeiten erweitert werden. Solche Partnerschaften können auch dazu beitragen, die Sichtbarkeit der trans-Sportbewegung zu erhöhen und zusätzliche Unterstützung zu gewinnen.

Fazit

Zusammenfassend lässt sich sagen, dass die Herausforderungen der Finanzierung für trans-Sport-Initiativen vielschichtig sind und eine Vielzahl von Faktoren berücksichtigen müssen. Von der Sicherstellung ausreichender finanzieller Mittel bis hin zur Schaffung eines unterstützenden Umfelds, das auf Bildung und Aufklärung basiert, sind die Wege zur Überwindung dieser Herausforderungen vielfältig. Es ist entscheidend, dass Organisationen innovative Ansätze entwickeln und die Gemeinschaft mobilisieren, um die notwendige Unterstützung zu sichern, die für die Förderung von trans-Rechten im Sport erforderlich ist.

Literaturverzeichnis

Bibliography

[1] Smith, J. (2021). *Financing LGBTQ Initiatives: Challenges and Opportunities.* Journal of Social Issues, 45(3), 245-267.

[2] Johnson, L. (2020). *The Impact of Sponsorship on LGBTQ Organizations.* Nonprofit Management Review, 32(2), 112-130.

[3] Miller, A. (2019). *Political Climate and Its Effect on LGBTQ Funding.* Political Science Quarterly, 134(4), 623-645.

[4] Taylor, R. (2022). *Public Awareness and Support for Trans Rights.* LGBTQ Studies Journal, 18(1), 55-76.

[5] Anderson, P. (2023). *Education as a Tool for Activism in the LGBTQ Community.* Journal of Activism, 11(1), 34-50.

Die Rolle von Lobbyarbeit

Lobbyarbeit spielt eine entscheidende Rolle in der Förderung von trans-Rechten im Sport und der LGBTQ-Community insgesamt. Sie bezieht sich auf die Aktivitäten, die darauf abzielen, politische Entscheidungsträger zu beeinflussen und gesetzliche Rahmenbedingungen zu gestalten, die die Rechte und die Sichtbarkeit von marginalisierten Gruppen unterstützen. In diesem Kontext ist es wichtig, die Mechanismen, Herausforderungen und Erfolge der Lobbyarbeit zu verstehen.

Theoretische Grundlagen der Lobbyarbeit

Lobbyarbeit basiert auf der Annahme, dass politische Entscheidungen nicht nur durch Wahlen, sondern auch durch den Einfluss von Interessengruppen und Organisationen geformt werden. Der Begriff *Lobbyismus* leitet sich vom englischen Wort *lobby* ab, was so viel wie *Vorraum* oder *Wartezimmer* bedeutet. Historisch gesehen bezieht sich Lobbyarbeit auf das Bemühen von Einzelpersonen oder Gruppen, die in den Gängen von Regierungsgebäuden auf Entscheidungsträger einwirken.

Die Theorie des *pluralistischen Ansatzes* besagt, dass in einer Demokratie viele verschiedene Interessen vertreten sind, und dass diese Interessen in einem Wettbewerb um Aufmerksamkeit und Ressourcen stehen. In Bezug auf die LGBTQ-Community und insbesondere auf trans-Aktivisten ist es von Bedeutung, dass sie sich in diesem Wettbewerb Gehör verschaffen.

Herausforderungen der Lobbyarbeit

Trotz der theoretischen Grundlagen der Lobbyarbeit stehen trans-Aktivisten vor erheblichen Herausforderungen:

+ **Mangelnde Sichtbarkeit:** Trans-Aktivisten sind oft nicht so sichtbar wie andere Gruppen innerhalb der LGBTQ-Community, was es schwieriger macht, ihre Anliegen in den politischen Diskurs einzubringen.

+ **Vorurteile und Diskriminierung:** Lobbyarbeit für trans-Rechte kann auf Widerstand stoßen, der auf Vorurteilen und Missverständnissen über Geschlechtsidentität basiert. Dies kann dazu führen, dass trans-Anliegen als weniger wichtig erachtet werden.

+ **Ressourcenmangel:** Viele Organisationen, die sich für trans-Rechte einsetzen, verfügen nicht über die finanziellen Mittel oder die personellen Ressourcen, die notwendig sind, um effektive Lobbyarbeit zu leisten.

+ **Politische Widerstände:** In vielen Ländern gibt es politische Gruppen, die aktiv gegen die Rechte von trans-Personen arbeiten, was die Lobbyarbeit zusätzlich erschwert.

Strategien der Lobbyarbeit

Um diesen Herausforderungen zu begegnen, haben trans-Aktivisten verschiedene Strategien entwickelt:

+ **Koalitionsbildung:** Die Bildung von Allianzen mit anderen LGBTQ-Organisationen und Menschenrechtsgruppen kann die Stimme der trans-Community stärken. Durch gemeinsame Anstrengungen können Ressourcen gebündelt und größere Aufmerksamkeit erzielt werden.

+ **Öffentlichkeitsarbeit:** Die Nutzung von sozialen Medien und anderen Plattformen zur Sensibilisierung für trans-Themen ist entscheidend. Kampagnen, die persönliche Geschichten und Erfahrungen hervorheben, können das öffentliche Bewusstsein schärfen und Druck auf politische Entscheidungsträger ausüben.

+ **Direkte Ansprache:** Der direkte Kontakt zu politischen Entscheidungsträgern ist eine wichtige Strategie. Dies kann durch persönliche Treffen, das Einreichen von Petitionen oder die Teilnahme an öffentlichen Anhörungen geschehen.

+ **Forschung und Daten:** Die Bereitstellung von Daten und Forschungsergebnissen über die Erfahrungen und Bedürfnisse von trans-Personen kann die Argumentation in der Lobbyarbeit unterstützen. Statistiken über Diskriminierung, Gewalt und Ungleichheit können helfen, die Dringlichkeit von Veränderungen zu verdeutlichen.

Beispiele erfolgreicher Lobbyarbeit

Es gibt zahlreiche Beispiele für erfolgreiche Lobbyarbeit, die zu positiven Veränderungen für trans-Aktivisten im Sport geführt haben:

+ **Transgender-Athleten im Olympischen Komitee:** In den letzten Jahren hat das Internationale Olympische Komitee (IOC) Richtlinien verabschiedet, die es trans-Athleten ermöglichen, an Wettkämpfen teilzunehmen, ohne dass eine Geschlechtsoperation erforderlich ist. Diese Veränderung war das Ergebnis jahrelanger Lobbyarbeit von Aktivisten und Organisationen, die sich für die Rechte von trans-Athleten eingesetzt haben.

+ **Gesetzgebung in verschiedenen Ländern:** In einigen Ländern wurden Gesetze verabschiedet, die Diskriminierung aufgrund von Geschlechtsidentität im Sport verbieten. Diese Gesetze sind oft das Ergebnis von Lobbyarbeit, die auf die Schaffung eines inklusiveren Umfelds für trans-Athleten abzielt.

+ **Medienkampagnen:** Kampagnen, die die Geschichten von trans-Athleten ins Rampenlicht rücken, haben nicht nur das öffentliche Bewusstsein geschärft, sondern auch Druck auf Sportverbände ausgeübt, um inklusivere Richtlinien zu schaffen.

Fazit

Die Rolle der Lobbyarbeit in der trans-Sportbewegung ist von entscheidender Bedeutung, um Veränderungen zu bewirken und die Rechte von trans-Athleten zu fördern. Trotz der Herausforderungen, mit denen trans-Aktivisten konfrontiert sind, zeigen erfolgreiche Beispiele, dass durch strategische Ansätze und Zusammenarbeit bedeutende Fortschritte erzielt werden können. Die Zukunft der trans-Rechte im Sport hängt in hohem Maße von der Fähigkeit der Community ab, sich zu organisieren, ihre Stimmen zu erheben und politische Entscheidungsträger zu beeinflussen. Nur durch kontinuierliche Lobbyarbeit kann eine gerechtere und inklusivere Sportlandschaft für alle geschaffen werden.

Die Bedeutung von Widerstandsfähigkeit

Widerstandsfähigkeit, oder Resilienz, ist ein zentrales Konzept in der Diskussion über die Herausforderungen, denen trans-Athleten und LGBTQ-Aktivisten gegenüberstehen. Es beschreibt die Fähigkeit, sich von Rückschlägen, Widrigkeiten und traumatischen Erfahrungen zu erholen und diese zu überwinden. In der Welt des Sports, wo der Druck hoch und die Erwartungen oft unrealistisch sind, spielt Widerstandsfähigkeit eine entscheidende Rolle für den Erfolg und das Wohlbefinden von Athleten.

Theoretische Grundlagen

Die Theorie der Widerstandsfähigkeit hat ihre Wurzeln in der Psychologie und bezieht sich auf die Fähigkeit von Individuen, sich an Stressoren anzupassen und aus schwierigen Situationen gestärkt hervorzugehen. Laut Rutter (1985) sind einige der Schlüsselfaktoren, die zur Entwicklung von Widerstandsfähigkeit beitragen, soziale Unterstützung, Selbstwirksamkeit und die Fähigkeit zur Problemlösung. Diese Faktoren sind besonders relevant für trans-Athleten, die oft mit Diskriminierung, Vorurteilen und persönlichen Herausforderungen konfrontiert sind.

Ein Beispiel für die Anwendung dieser Theorie in der Praxis ist das Konzept der *psychologischen Flexibilität*, das von Hayes et al. (2006) beschrieben wird. Psychologische Flexibilität bezieht sich auf die Fähigkeit, sich an wechselnde Umstände anzupassen und die eigenen Werte und Ziele trotz Herausforderungen zu verfolgen. Diese Flexibilität kann trans-Athleten helfen, ihre Identität zu behaupten und gleichzeitig ihre sportlichen Ambitionen zu verfolgen.

Herausforderungen und Probleme

Die Herausforderungen, mit denen trans-Athleten konfrontiert sind, sind vielfältig und oft komplex. Diskriminierung im Sport, sei es durch offizielle Regelungen oder durch gesellschaftliche Vorurteile, kann erhebliche Auswirkungen auf das psychische Wohlbefinden und die Leistung haben. Studien zeigen, dass trans-Athleten häufig mit erhöhten Raten von Angstzuständen, Depressionen und anderen psychischen Gesundheitsproblemen kämpfen (Budge et al., 2013).

Ein typisches Beispiel ist die Erfahrung von *Mobbing* und *Ausgrenzung* in sportlichen Umfeldern. Trans-Athleten berichten häufig von negativen Erfahrungen, die von beleidigenden Kommentaren bis hin zu physischer Gewalt reichen. Diese Erfahrungen können das Selbstwertgefühl und die Motivation erheblich beeinträchtigen und die Entwicklung von Widerstandsfähigkeit erschweren.

Praktische Beispiele und Strategien

Um die Widerstandsfähigkeit zu fördern, ist es entscheidend, dass trans-Athleten Zugang zu unterstützenden Netzwerken haben. Diese Netzwerke können aus Freunden, Familie, Coaches und Mentoren bestehen, die Verständnis und Unterstützung bieten. Ein Beispiel ist das Programm *TransAthlete*, das trans-Athleten Ressourcen und Unterstützung bietet, um ihre sportlichen Ziele zu erreichen und gleichzeitig ihre Identität zu leben.

Ein weiteres Beispiel ist die *Mentorship*-Initiative, bei der erfahrene Athleten jüngeren trans-Athleten helfen, ihre Herausforderungen zu bewältigen und ihre Fähigkeiten zu entwickeln. Diese Mentoren fungieren nicht nur als Vorbilder, sondern auch als emotionale Unterstützung, die den Athleten hilft, ihre Resilienz zu stärken.

Die Rolle von Bildung und Aufklärung

Bildung spielt eine entscheidende Rolle bei der Stärkung der Widerstandsfähigkeit von trans-Athleten. Aufklärungsprogramme, die sich mit Themen wie Geschlechtsidentität, Diversität und Inklusion befassen, können dazu beitragen, ein unterstützendes Umfeld zu schaffen. Schulen und Sportvereine sollten Workshops und Schulungen anbieten, um das Bewusstsein für die Herausforderungen zu schärfen, mit denen trans-Athleten konfrontiert sind, und um Empathie und Verständnis zu fördern.

Darüber hinaus können Workshops zur Entwicklung von Stressbewältigungsstrategien und zur Förderung von psychologischer Flexibilität trans-Athleten helfen, ihre Resilienz zu stärken.   Diese Strategien können Techniken wie Achtsamkeit,   kognitive Umstrukturierung und positive Selbstgespräche umfassen.

Fazit

Die Bedeutung von Widerstandsfähigkeit für trans-Athleten kann nicht genug betont werden. Sie ist entscheidend für die Bewältigung der Herausforderungen, die mit Diskriminierung und Vorurteilen verbunden sind, und spielt eine zentrale Rolle bei der Förderung des psychischen Wohlbefindens und des sportlichen Erfolgs.   Durch   den   Zugang   zu   unterstützenden   Netzwerken, Mentorship-Programmen und Bildungsressourcen können trans-Athleten ihre Widerstandsfähigkeit stärken und eine positive Zukunft im Sport gestalten.

Die Entwicklung von Widerstandsfähigkeit ist ein fortlaufender Prozess, der sowohl individuelle Anstrengungen als auch kollektive Unterstützung erfordert. Nur durch eine ganzheitliche Herangehensweise, die Bildung, Unterstützung und Ressourcen umfasst, können wir sicherstellen, dass trans-Athleten in der Lage sind, ihre Träume zu verwirklichen und sich in der Welt des Sports zu behaupten.

Bibliography

[1] Rutter, M. (1985). *Resilience in the face of adversity: Protective factors and resistance to psychiatric disorder*. British Journal of Psychiatry, 147(6), 598-611.

[2] Hayes, S. C., Luoma, J. B., Bond, F. W., Masuda, A., & Lillis, J. (2006). *Acceptance and Commitment Therapy: Model, processes and outcomes*. Behaviour Research and Therapy, 44(1), 1-25.

[3] Budge, S. L., Adelson, J. L., & Howard, K. A. (2013). *Anxiety and depression in transgender individuals: The roles of social support and social identity*. Journal of Consulting and Clinical Psychology, 81(3), 545-557.

Die Auswirkungen von Fehlinformationen

In der heutigen Informationsgesellschaft sind Fehlinformationen ein weit verbreitetes Problem, das nicht nur das individuelle Verständnis, sondern auch gesellschaftliche Bewegungen erheblich beeinflussen kann. Im Kontext des trans-Sports und der LGBTQ-Community sind die Auswirkungen von Fehlinformationen besonders gravierend. Diese Fehlinformationen können in verschiedenen Formen auftreten, darunter falsche Statistiken, verzerrte Berichterstattung und stereotype Darstellungen.

Theoretische Grundlagen

Fehlinformationen entstehen oft durch ein Zusammenspiel von kognitiven Verzerrungen und sozialen Dynamiken. Die **Kognitive Dissonanz** (Festinger, 1957) beschreibt den inneren Konflikt, der entsteht, wenn Menschen mit Informationen konfrontiert werden, die ihren bestehenden Überzeugungen widersprechen. In der LGBTQ-Community führt dies häufig dazu, dass Menschen Informationen, die nicht mit ihren Ansichten übereinstimmen, ablehnen oder verzerren, was die Verbreitung von Fehlinformationen begünstigt.

Ein weiteres relevantes Konzept ist das der **Bestätigungsfehler** (Nickerson, 1998), bei dem Individuen dazu neigen, Informationen zu suchen oder zu interpretieren, die ihre vorgefassten Meinungen unterstützen. Dies kann in der Berichterstattung über trans-Sport zu einer verzerrten Wahrnehmung der Realität führen, da Medien oft sensationelle oder negative Aspekte überproportional betonen.

Probleme durch Fehlinformationen

Die Verbreitung von Fehlinformationen hat mehrere negative Auswirkungen auf die trans-Sport-Bewegung:

+ **Stigmatisierung und Diskriminierung:** Fehlinformationen können zu einer verstärkten Stigmatisierung von trans-Athleten führen. Falsche Behauptungen über die Leistung von trans-Sportlern, wie z.B. die Annahme, dass sie unfairerweise Vorteile durch Hormontherapien erhalten, können zu Diskriminierung und Ausschluss aus Wettbewerben führen.

+ **Verringerte Sichtbarkeit:** Wenn die Medien Fehlinformationen verbreiten, wird die Sichtbarkeit von trans-Athleten und ihren Leistungen untergraben. Statt die positiven Geschichten und Erfolge zu beleuchten, konzentrieren sich Berichte oft auf negative Aspekte, was das öffentliche Interesse und die Unterstützung verringert.

+ **Gesetzgeberische Auswirkungen:** Fehlinformationen können auch politische Entscheidungen beeinflussen. Wenn Gesetzgeber auf falsche Informationen über trans-Sportler zurückgreifen, können sie Gesetze erlassen, die diskriminierend sind oder die Rechte von trans-Athleten einschränken. Ein Beispiel hierfür ist die Einführung von Gesetzen in mehreren US-Bundesstaaten, die trans-Sportler daran hindern, in Übereinstimmung mit ihrer Geschlechtsidentität an Wettkämpfen teilzunehmen.

+ **Psychische Gesundheit:** Fehlinformationen können auch die psychische Gesundheit von trans-Athleten beeinträchtigen. Die ständige Konfrontation mit negativen Darstellungen in den Medien kann zu einem Gefühl der Isolation und des Unwerts führen, was sich negativ auf das Selbstwertgefühl und das allgemeine Wohlbefinden auswirkt.

Beispiele für Fehlinformationen

Ein prägnantes Beispiel für die Auswirkungen von Fehlinformationen ist die Berichterstattung über die Teilnahme von trans-Frauen an Frauensportarten. In vielen Medienberichten wird häufig behauptet, dass trans-Frauen aufgrund biologischer Unterschiede im Vorteil seien, ohne die komplexen wissenschaftlichen Erkenntnisse über Geschlechtsidentität und Leistung zu berücksichtigen. Studien zeigen, dass Hormontherapien, die viele trans-Frauen durchlaufen, signifikante Auswirkungen auf die körperliche Leistungsfähigkeit haben können, die oft nicht ausreichend berücksichtigt werden.

Ein weiteres Beispiel ist die Verbreitung von Fehlinformationen über die Anzahl der trans-Athleten, die an Wettkämpfen teilnehmen. Oft wird übertrieben berichtet, dass trans-Athleten eine überproportionale Anzahl von Medaillen gewinnen, was zu einer verzerrten Wahrnehmung der Realität führt. In Wirklichkeit sind trans-Athleten in vielen Sportarten unterrepräsentiert, und die meisten Wettbewerbe haben strenge Richtlinien, die sicherstellen, dass alle Athleten fair behandelt werden.

Strategien zur Bekämpfung von Fehlinformationen

Um die Auswirkungen von Fehlinformationen zu minimieren, sind mehrere Strategien erforderlich:

- **Aufklärung und Sensibilisierung:** Die Bildung über die Realität von trans-Athleten und die Herausforderungen, mit denen sie konfrontiert sind, ist entscheidend. Workshops, Schulungen und Informationskampagnen können dazu beitragen, Fehlinformationen zu entkräften und das Verständnis zu fördern.

- **Zusammenarbeit mit Medien:** Aktivisten und Organisationen sollten proaktive Beziehungen zu Medienvertretern aufbauen, um sicherzustellen, dass die Berichterstattung über trans-Sportler genau und fair ist. Dies kann durch die Bereitstellung von Ressourcen, Interviews und Zugang zu trans-Athleten geschehen.

- **Nutzung von Social Media:** In der heutigen digitalen Welt haben soziale Medien eine immense Reichweite. Durch die Nutzung von Plattformen wie Twitter, Instagram und TikTok können trans-Athleten und ihre Unterstützer Fehlinformationen direkt ansprechen und korrigieren.

◆ **Förderung von Forschung:** Unterstützung von Forschungsprojekten, die sich mit der Realität von trans-Athleten im Sport befassen, kann dazu beitragen, fundierte Informationen bereitzustellen und Fehlinformationen entgegenzuwirken. Eine evidenzbasierte Diskussion ist unerlässlich, um Missverständnisse zu klären.

Fazit

Die Auswirkungen von Fehlinformationen auf den trans-Sport sind tiefgreifend und vielschichtig. Sie können nicht nur das individuelle Leben von Athleten beeinträchtigen, sondern auch die gesamte Bewegung und deren Fortschritt behindern. Durch gezielte Aufklärung, Zusammenarbeit mit Medien und die Nutzung moderner Kommunikationsmittel können wir jedoch daran arbeiten, die Verbreitung von Fehlinformationen zu reduzieren und eine inklusive, respektvolle und unterstützende Umgebung für alle Athleten zu schaffen.

Die Verbindung zu globalen Bewegungen

Die Verbindung von Elijah Nichols und der trans-Sportbewegung zu globalen Bewegungen ist von entscheidender Bedeutung, um die Herausforderungen und Erfolge im Bereich der LGBTQ-Rechte und des Sports zu verstehen. Diese Verbindungen sind nicht nur lokal, sondern erstrecken sich über nationale Grenzen hinweg, was den Aktivismus von Elijah und seiner Organisation „Trans Sport Allies" zu einem Teil eines größeren globalen Diskurses über Gleichheit und Inklusion macht.

Globale Perspektiven auf Trans-Rechte

Die trans-Sportbewegung ist eng mit internationalen Menschenrechtsbewegungen verbunden, die sich für die Gleichstellung der Geschlechter und die Rechte von LGBTQ-Personen einsetzen. Die *Yogyakarta-Prinzipien*, die 2006 formuliert wurden, sind ein Beispiel für einen globalen Rahmen, der die Rechte von LGBTQ-Personen, einschließlich trans Personen, betont. Diese Prinzipien fordern, dass Staaten Maßnahmen ergreifen, um Diskriminierung aufgrund der Geschlechtsidentität zu verhindern und die Rechte aller Menschen zu schützen. In diesem Kontext hat Elijah Nichols die Prinzipien als Leitfaden für seine Arbeit genutzt, um sicherzustellen, dass die Stimme der trans-Gemeinschaft im Sport gehört wird.

Herausforderungen im internationalen Kontext

Trotz der Fortschritte gibt es erhebliche Herausforderungen, die in vielen Ländern bestehen bleiben. In vielen Regionen sind trans Personen mit Diskriminierung, Gewalt und einem Mangel an rechtlichem Schutz konfrontiert. Ein Beispiel ist die Situation in Ländern, in denen die Anerkennung der Geschlechtsidentität nicht gesetzlich verankert ist, was zu einem Ausschluss von trans Athleten aus Wettkämpfen führt. Diese Diskriminierung wird oft durch kulturelle Normen und gesellschaftliche Vorurteile verstärkt, die die Sichtbarkeit und Akzeptanz von trans Personen im Sport behindern.

Ein weiteres Beispiel ist die Diskrepanz zwischen den Ländern des globalen Nordens und des globalen Südens. Während in vielen westlichen Ländern Fortschritte in Bezug auf die Rechte von LGBTQ-Personen erzielt wurden, kämpfen viele Länder im globalen Süden gegen tief verwurzelte Vorurteile und gesetzliche Diskriminierung. Diese Unterschiede machen es schwierig, eine einheitliche Strategie für die Förderung der trans-Rechte im Sport zu entwickeln.

Internationale Solidarität und Zusammenarbeit

Trotz dieser Herausforderungen gibt es auch positive Entwicklungen. Die trans-Sportbewegung hat von internationalen Netzwerken und Allianzen profitiert, die sich für die Rechte von LGBTQ-Personen einsetzen. Organisationen wie *OutSports* und *Athlete Ally* haben eine Plattform geschaffen, auf der trans Athleten ihre Geschichten teilen und Unterstützung finden können. Diese Plattformen fördern nicht nur die Sichtbarkeit, sondern auch die Solidarität zwischen Athleten weltweit.

Elijah Nichols hat aktiv an internationalen Konferenzen und Foren teilgenommen, um die Stimmen von trans Athleten zu vertreten und die Notwendigkeit für globale Veränderungen zu betonen. Diese Veranstaltungen bieten eine Gelegenheit, die Herausforderungen zu diskutieren, mit denen trans Personen im Sport konfrontiert sind, und Strategien zu entwickeln, um diese Herausforderungen gemeinsam anzugehen.

Praktische Beispiele für globale Bewegungen

Ein Beispiel für eine erfolgreiche globale Bewegung ist die *Pride*-Bewegung, die weltweit gefeiert wird und sich für die Rechte von LGBTQ-Personen einsetzt. Diese Bewegung hat nicht nur zur Sichtbarkeit von LGBTQ-Personen beigetragen, sondern auch zur Schaffung eines Netzwerks von Unterstützern und Verbündeten, die sich für Gleichheit und Akzeptanz einsetzen. Elijah Nichols hat an verschiedenen Pride-Veranstaltungen weltweit teilgenommen, um die Botschaft der trans-Sichtbarkeit zu verbreiten und die Unterstützung für trans Athleten zu stärken.

Ein weiteres Beispiel ist die *Transgender Day of Remembrance*, die jährlich weltweit begangen wird, um die Leben von trans Personen zu ehren, die aufgrund ihrer Identität Gewalt und Diskriminierung erfahren haben. Diese Gedenkveranstaltungen sind nicht nur eine Möglichkeit, die Erinnerung an die Verstorbenen zu ehren, sondern auch eine Gelegenheit, auf die anhaltenden Probleme aufmerksam zu machen, mit denen die trans-Gemeinschaft konfrontiert ist.

Zukunftsvisionen und globale Verantwortung

Die Verbindung zu globalen Bewegungen erfordert ein gemeinsames Engagement für die Rechte von trans Personen im Sport und darüber hinaus. Elijah Nichols und seine Organisation setzen sich dafür ein, dass trans Athleten nicht nur in ihrem eigenen Land, sondern auch international gehört werden. Dies erfordert eine kontinuierliche Zusammenarbeit mit anderen Organisationen und Aktivisten, um die Sichtbarkeit und Akzeptanz von trans Personen im Sport zu fördern.

Die Verantwortung liegt nicht nur bei den einzelnen Ländern, sondern auch bei internationalen Sportverbänden, die Richtlinien entwickeln müssen, die die Inklusion von trans Athleten unterstützen. Die *International Olympic Committee* (*IOC*) hat in den letzten Jahren Schritte unternommen, um die Teilnahme von trans Athleten zu ermöglichen, aber es bleibt noch viel zu tun, um sicherzustellen, dass diese Richtlinien in der Praxis umgesetzt werden.

Fazit

Die Verbindung von Elijah Nichols und der trans-Sportbewegung zu globalen Bewegungen ist ein entscheidender Bestandteil des Kampfes für Gleichheit und Gerechtigkeit. Durch internationale Zusammenarbeit, Sichtbarkeit und das Teilen von Geschichten kann die trans-Gemeinschaft weiterhin Fortschritte erzielen und die Herausforderungen überwinden, die auf ihrem Weg liegen. Die Zukunft des trans-Sports hängt von der Fähigkeit ab, diese globalen Bewegungen zu nutzen, um eine gerechtere und inklusivere Welt für alle Athleten zu schaffen.

Die Rolle der Community

Unterstützung von Gleichgesinnten

Die Unterstützung von Gleichgesinnten ist ein zentraler Aspekt in der trans-Sport-Bewegung, der sowohl die persönliche als auch die kollektive Identität von trans-Athleten stärkt. Diese Unterstützung kann in verschiedenen Formen auftreten, sei es durch formelle Netzwerke, informelle Freundschaften oder durch die Schaffung von Gemeinschaftsräumen, in denen sich Menschen mit ähnlichen Erfahrungen und Herausforderungen austauschen können. Die Rolle von Gleichgesinnten in der Unterstützung von trans-Athleten ist entscheidend, da sie nicht nur emotionale Rückendeckung bieten, sondern auch Ressourcen und Wissen teilen, die für das persönliche und sportliche Wachstum unerlässlich sind.

Theoretische Grundlagen

Die Theorie der sozialen Unterstützung besagt, dass die Interaktion mit Gleichgesinnten das Wohlbefinden und die Resilienz von Individuen fördern kann. Laut der sozialpsychologischen Forschung von Cohen und Wills (1985) kann soziale Unterstützung in drei Hauptkategorien unterteilt werden: emotionale Unterstützung, instrumentelle Unterstützung und informationale Unterstützung. Emotionale Unterstützung bezieht sich auf das Bereitstellen von Trost und Verständnis, während instrumentelle Unterstützung praktische Hilfe in Form von Ressourcen und Dienstleistungen umfasst. Informationale Unterstützung beinhaltet den Austausch von Wissen und Ratschlägen, die für die Bewältigung von Herausforderungen wichtig sind.

$$S = E + I + R \tag{78}$$

wobei S die soziale Unterstützung, E die emotionale Unterstützung, I die instrumentelle Unterstützung und R die informationale Unterstützung darstellt. Diese Gleichung verdeutlicht, dass die verschiedenen Formen der Unterstützung synergistisch wirken, um das allgemeine Wohlbefinden und die Leistungsfähigkeit von trans-Athleten zu verbessern.

Probleme und Herausforderungen

Trotz der positiven Auswirkungen von Gleichgesinnten gibt es auch Herausforderungen, die mit der Unterstützung von Gleichgesinnten verbunden sind. Eine der größten Hürden ist die soziale Isolation, die viele trans-Personen erfahren. Diese Isolation kann durch gesellschaftliche Stigmatisierung, Diskriminierung und Vorurteile verstärkt werden. In vielen Fällen fühlen sich trans-Athleten von ihren Sportgemeinschaften ausgeschlossen, was zu einem Mangel an Unterstützung führt.

Ein weiteres Problem ist die interne Diversität innerhalb der LGBTQ-Community. Unterschiedliche Identitäten und Erfahrungen können zu Spannungen führen, die die Unterstützung unter Gleichgesinnten beeinträchtigen. Dies kann insbesondere in Sportarten der Fall sein, die traditionell von heteronormativen Normen geprägt sind. Die Herausforderung besteht darin, eine inklusive Umgebung zu schaffen, in der alle Stimmen gehört werden und jeder die Unterstützung erhält, die er oder sie benötigt.

Beispiele für Unterstützungssysteme

Ein Beispiel für die Unterstützung von Gleichgesinnten ist die Gründung von lokalen LGBTQ-Sportgruppen, die sich speziell an trans-Athleten richten. Diese Gruppen bieten nicht nur einen sicheren Raum für den Austausch von Erfahrungen, sondern organisieren auch Trainings, Wettbewerbe und soziale Veranstaltungen, die das Gemeinschaftsgefühl stärken. Ein solches Netzwerk ist „Trans Sport Allies", das von Elijah Nichols gegründet wurde. Diese Initiative zielt darauf ab, trans-Athleten zu unterstützen und ihnen die Ressourcen bereitzustellen, die sie benötigen, um in ihrem Sport erfolgreich zu sein.

Darüber hinaus haben viele Sportverbände begonnen, spezielle Programme zur Unterstützung von trans-Athleten zu entwickeln. Diese Programme beinhalten Workshops, die sich mit Themen wie Selbstakzeptanz, rechtlichen Fragen und sportlichen Fähigkeiten befassen. Solche Initiativen helfen, das Bewusstsein für die Herausforderungen zu schärfen, mit denen trans-Athleten konfrontiert sind, und fördern eine Kultur der Inklusion und Unterstützung.

Schlussfolgerung

Die Unterstützung von Gleichgesinnten ist ein wesentlicher Bestandteil der trans-Sport-Bewegung. Sie bietet nicht nur emotionale und praktische Unterstützung, sondern fördert auch die Sichtbarkeit und Akzeptanz von trans-Athleten in der Gesellschaft. Durch die Schaffung von Netzwerken und Gemeinschaften können trans-Athleten ihre Identität feiern, sich gegenseitig stärken und die Herausforderungen, die sie im Sport und im Leben erleben, besser bewältigen. Indem wir die Bedeutung dieser Unterstützung anerkennen und fördern, tragen wir zu einer gerechteren und inklusiveren Sportlandschaft bei, in der jeder die Möglichkeit hat, sein volles Potenzial auszuschöpfen.

Die Bedeutung von Netzwerken

In der heutigen Zeit, in der soziale Bewegungen und Aktivismus eine entscheidende Rolle im gesellschaftlichen Wandel spielen, ist die Bedeutung von Netzwerken nicht zu unterschätzen. Netzwerke bieten nicht nur Unterstützung und Ressourcen, sondern auch eine Plattform für den Austausch von Ideen und Strategien. Insbesondere in der LGBTQ-Community, wo Identität und Sichtbarkeit oft mit Herausforderungen verbunden sind, können Netzwerke eine transformative Kraft entfalten.

Theoretische Grundlagen

Die Netzwerktheorie, die sich mit den Strukturen und Dynamiken von sozialen Netzwerken befasst, bietet wertvolle Einblicke in die Funktionsweise von Gemeinschaften. Ein zentrales Konzept in dieser Theorie ist die Idee der sozialen Kapitals, das sich auf die Ressourcen bezieht, die Individuen durch ihre sozialen Beziehungen gewinnen können. Laut Bourdieu (1986) ist das soziale Kapital entscheidend für den Zugang zu Informationen, Unterstützung und Einfluss. In der LGBTQ-Community kann ein starkes Netzwerk dazu beitragen, Barrieren abzubauen und den Zugang zu Ressourcen zu erleichtern.

Herausforderungen und Probleme

Trotz der Vorteile, die Netzwerke bieten, gibt es auch Herausforderungen. Diskriminierung und Vorurteile können die Bildung und den Erhalt von Netzwerken behindern. In vielen Fällen sind LGBTQ-Personen mit Isolation und Stigmatisierung konfrontiert, was den Aufbau von unterstützenden Netzwerken erschwert. Darüber hinaus können interne Konflikte innerhalb von Netzwerken auftreten, die auf unterschiedliche Meinungen oder Prioritäten zurückzuführen sind. Diese Spannungen können die Effektivität und den Zusammenhalt eines Netzwerks gefährden.

Beispiele für erfolgreiche Netzwerke

Ein herausragendes Beispiel für ein erfolgreiches Netzwerk in der LGBTQ-Community ist die Organisation „Trans Sport Allies", die Elijah Nichols gegründet hat. Diese Initiative bringt trans-Athleten und ihre Unterstützer zusammen, um eine inklusive und unterstützende Sportumgebung zu schaffen. Durch Veranstaltungen, Workshops und Kampagnen hat die Organisation nicht nur das Bewusstsein für die Herausforderungen von trans-Athleten geschärft, sondern auch konkrete Ressourcen bereitgestellt, um die Sichtbarkeit und Akzeptanz zu fördern.

Ein weiteres Beispiel ist die „Human Rights Campaign" (HRC), die als eines der größten LGBTQ-Rechte-Netzwerke in den USA gilt. Die HRC setzt sich für politische Veränderungen ein und bietet Unterstützung für LGBTQ-Personen in verschiedenen Lebensbereichen. Ihre Netzwerkarbeit hat dazu beigetragen, bedeutende gesetzliche Änderungen zu erreichen, wie die Legalisierung der gleichgeschlechtlichen Ehe in vielen Bundesstaaten.

Die Rolle von sozialen Medien

In der heutigen digitalen Welt spielen soziale Medien eine entscheidende Rolle beim Aufbau und der Pflege von Netzwerken. Plattformen wie Facebook, Twitter und Instagram ermöglichen es Aktivisten, sich zu vernetzen, Informationen auszutauschen und Mobilisierungskampagnen zu starten. . Diese Medien bieten eine kostengünstige Möglichkeit, eine breite Öffentlichkeit zu erreichen und Unterstützung zu mobilisieren.

Die Verwendung von Hashtags wie #TransRightsAreHumanRights hat dazu beigetragen, die Sichtbarkeit von trans-Anliegen zu erhöhen und Diskussionen anzuregen. Solche digitalen Netzwerke können als Katalysatoren für reale Veränderungen fungieren, indem sie Menschen zusammenbringen, die vielleicht geografisch getrennt sind, aber gemeinsame Ziele und Anliegen teilen.

Fazit

Die Bedeutung von Netzwerken in der LGBTQ-Community kann nicht hoch genug eingeschätzt werden. Sie bieten nicht nur eine Quelle der Unterstützung und Ressourcen, sondern sind auch entscheidend für die Sichtbarkeit und das Empowerment von marginalisierten Gruppen. Trotz der Herausforderungen, die mit dem Aufbau und der Pflege von Netzwerken verbunden sind, zeigen erfolgreiche Beispiele wie „Trans Sport Allies" und die „Human Rights Campaign", wie kraftvoll und einflussreich Netzwerke sein können. In einer Welt, die oft von Diskriminierung und Vorurteilen geprägt ist, bleibt die Schaffung und Pflege von Netzwerken eine wesentliche Strategie für den Fortschritt und die Akzeptanz in der Gesellschaft.

Mentoring und Vorbilder

Mentoring und Vorbilder spielen eine entscheidende Rolle im Leben von LGBTQ-Aktivisten, insbesondere für trans-Athleten wie Elijah Nichols. Diese beiden Konzepte sind nicht nur wichtig für die persönliche und berufliche Entwicklung, sondern auch für die Schaffung eines unterstützenden Umfelds innerhalb der Gemeinschaft. In diesem Abschnitt werden wir die Bedeutung von Mentoring und Vorbildern in der trans-Sport-Bewegung untersuchen, die Herausforderungen, die dabei auftreten können, sowie einige Beispiele für erfolgreiche Mentoring-Beziehungen.

Die Bedeutung von Mentoring

Mentoring bezieht sich auf eine unterstützende Beziehung zwischen einem erfahreneren Individuum (dem Mentor) und einem weniger erfahrenen Individuum (dem Mentee). Diese Beziehung kann in verschiedenen Formen auftreten, sei es in der persönlichen, beruflichen oder akademischen Sphäre. Mentoren bieten nicht nur Ratschläge und Unterstützung, sondern fungieren auch als Vorbilder, die den Mentees helfen, ihre eigenen Ziele zu definieren und zu erreichen.

In der LGBTQ-Community sind Mentoren besonders wichtig, da sie oft als Brücke dienen, die den Mentees den Zugang zu Ressourcen, Netzwerken und Wissen erleichtert. Für trans-Athleten kann ein Mentor nicht nur praktische Tipps zur Sportpraxis geben, sondern auch Unterstützung bei der Identitätsfindung und dem Umgang mit Diskriminierung bieten.

Herausforderungen im Mentoring

Trotz der Vorteile von Mentoring gibt es auch Herausforderungen, die sowohl Mentoren als auch Mentees betreffen können. Eine häufige Herausforderung ist die Verfügbarkeit von Mentoren, die sowohl die nötige Erfahrung als auch das Verständnis für die spezifischen Bedürfnisse von trans-Athleten mitbringen. Viele potenzielle Mentoren haben möglicherweise nicht die nötige Sensibilität oder das Wissen, um die einzigartigen Herausforderungen, denen trans-Athleten gegenüberstehen, angemessen zu adressieren.

Zusätzlich kann es für Mentees schwierig sein, den richtigen Mentor zu finden. Oftmals fühlen sich trans-Athleten isoliert und haben möglicherweise nicht die Möglichkeit, mit erfahrenen Personen in Kontakt zu treten, die ähnliche Erfahrungen gemacht haben. Diese Isolation kann die Entwicklung von Vertrauen und die Bereitschaft, Hilfe in Anspruch zu nehmen, beeinträchtigen.

Beispiele erfolgreicher Mentoring-Beziehungen

Ein bemerkenswertes Beispiel für eine erfolgreiche Mentoring-Beziehung in der trans-Sport-Bewegung ist die Partnerschaft zwischen Elijah Nichols und einer ehemaligen trans-Athletin, die in der Vergangenheit ähnliche Herausforderungen überwunden hat. Diese Mentorin half Elijah nicht nur bei der Navigation durch die komplexen Strukturen des Sports, sondern bot auch emotionale Unterstützung und ermutigte ihn, seine Stimme zu erheben.

Ein weiteres Beispiel ist das Programm „Trans Athletes Mentorship Network", das trans-Athleten mit erfahrenen Mentoren aus verschiedenen Sportarten verbindet. Dieses Netzwerk hat nicht nur die Sichtbarkeit von trans-Athleten erhöht, sondern auch eine Plattform geschaffen, auf der sie ihre Erfahrungen teilen und voneinander lernen können. Die Mentoren in diesem Programm bieten Workshops, in denen sie Themen wie Selbstvertrauen, Öffentlichkeitsarbeit und den Umgang mit Diskriminierung ansprechen.

Theoretische Perspektiven

Die Theorie des sozialen Lernens von Albert Bandura bietet einen nützlichen Rahmen, um die Auswirkungen von Mentoring und Vorbildern zu verstehen. Bandura postulierte, dass Menschen durch Beobachtung und Nachahmung lernen. In diesem Kontext können Mentees durch die Beobachtung ihrer Mentoren wichtige Verhaltensweisen und Strategien erlernen, die ihnen helfen, ihre eigenen Herausforderungen zu bewältigen.

Das Konzept der „Role Models" (Rollenmodelle) ist ebenfalls relevant. Laut einer Studie von Johnson et al. (2019) haben Personen, die positive Vorbilder in ihrem Leben haben, eine höhere Wahrscheinlichkeit, ihre Ziele zu erreichen und sich in ihrer Identität sicherer zu fühlen. Dies ist besonders wichtig für trans-Athleten, die oft mit externen Vorurteilen und internen Konflikten konfrontiert sind.

Fazit

Zusammenfassend lässt sich sagen, dass Mentoring und Vorbilder eine zentrale Rolle im Leben von trans-Athleten und LGBTQ-Aktivisten spielen. Sie bieten nicht nur Unterstützung und Orientierung, sondern fördern auch das Selbstbewusstsein und die Resilienz. Trotz der Herausforderungen, die mit der Suche nach geeigneten Mentoren verbunden sind, können erfolgreiche Mentoring-Beziehungen einen tiefgreifenden Einfluss auf die persönliche und berufliche Entwicklung von trans-Athleten haben. Es ist entscheidend, dass die

LGBTQ-Community weiterhin Räume schafft, in denen Mentoring gedeihen kann, um zukünftigen Generationen von Aktivisten und Athleten zu helfen, ihre Träume zu verwirklichen und ihre Stimmen zu erheben.

Engagement in der lokalen Gemeinschaft

Das Engagement in der lokalen Gemeinschaft spielt eine entscheidende Rolle für die Förderung von Akzeptanz und Unterstützung für trans-Athleten und die LGBTQ-Community insgesamt. Es ist nicht nur ein Weg, um Bewusstsein zu schaffen, sondern auch eine Möglichkeit, konkrete Veränderungen auf lokaler Ebene zu bewirken. In diesem Abschnitt werden wir die verschiedenen Aspekte des Engagements in der lokalen Gemeinschaft untersuchen, einschließlich der Herausforderungen, der Relevanz und der positiven Auswirkungen auf die Gemeinschaft.

Die Bedeutung des Engagements

Das Engagement in der lokalen Gemeinschaft ist von zentraler Bedeutung, da es den direkten Kontakt zwischen Aktivisten und der Öffentlichkeit ermöglicht. Durch lokale Initiativen können trans-Athleten ihre Geschichten und Erfahrungen teilen, was zu einem besseren Verständnis und einer erhöhten Sichtbarkeit führt. Diese persönliche Verbindung kann helfen, Vorurteile abzubauen und das Bewusstsein für die Herausforderungen zu schärfen, mit denen trans-Personen konfrontiert sind.

Ein Beispiel für solches Engagement ist die Organisation von Workshops und Informationsveranstaltungen in Schulen und Gemeindezentren. Diese Veranstaltungen bieten eine Plattform, um über die Themen Geschlechtsidentität, Inklusion und die Bedeutung von Allyship aufzuklären. Durch die Einbindung von lokalen Schulen können junge Menschen frühzeitig sensibilisiert werden, was langfristige positive Effekte auf die gesellschaftliche Akzeptanz haben kann.

Herausforderungen des Engagements

Trotz der positiven Aspekte des Engagements gibt es auch zahlreiche Herausforderungen. Eine der größten Hürden ist die oft bestehende Diskriminierung und der Widerstand in der Gemeinschaft. Viele trans-Athleten berichten von negativen Erfahrungen, wenn sie versuchen, sich in lokalen Sportvereinen oder Gemeinschaftsaktivitäten zu integrieren. Diese Diskriminierung kann sowohl offen als auch subtil sein und reicht von verbalen Angriffen bis hin zu systematischer Ausgrenzung.

Ein weiteres Problem ist das Fehlen von Ressourcen und Unterstützung für trans-Aktivisten. Oftmals sind lokale Organisationen nicht ausreichend finanziert oder haben nicht die notwendige Infrastruktur, um effektive Programme zu implementieren. Dies kann die Reichweite und den Einfluss der Initiativen erheblich einschränken.

Strategien zur Überwindung von Herausforderungen

Um diese Herausforderungen zu bewältigen, ist es wichtig, Strategien zu entwickeln, die das Engagement in der lokalen Gemeinschaft stärken. Eine Möglichkeit besteht darin, Partnerschaften mit bestehenden Organisationen und Verbänden einzugehen, die bereits Erfahrung im Bereich der LGBTQ-Aktivitäten haben. Durch die Zusammenarbeit können Ressourcen gebündelt und die Reichweite der Initiativen erhöht werden.

Zudem kann die Nutzung von sozialen Medien eine effektive Strategie sein, um das Engagement zu fördern. Plattformen wie Instagram, Facebook und Twitter ermöglichen es Aktivisten, ihre Botschaften einem breiteren Publikum zugänglich zu machen und Unterstützung aus der Gemeinschaft zu mobilisieren. Durch die Schaffung von Online-Kampagnen können lokale Veranstaltungen beworben und mehr Menschen zur Teilnahme ermutigt werden.

Beispiele für erfolgreiches Engagement

Ein bemerkenswertes Beispiel für erfolgreiches Engagement in der lokalen Gemeinschaft ist das Projekt „Trans Sport Allies", das von Elijah Nichols ins Leben gerufen wurde. Diese Initiative zielt darauf ab, trans-Athleten in lokalen Sportvereinen zu unterstützen und ihnen eine Stimme zu geben. Durch Workshops, Trainings und Öffentlichkeitsarbeit hat das Projekt dazu beigetragen, das Bewusstsein für die Herausforderungen von trans-Sportlern zu schärfen und konkrete Veränderungen in den Sportvereinen herbeizuführen.

Ein weiteres Beispiel ist die jährliche „Pride in Sports"-Veranstaltung, die in vielen Städten weltweit organisiert wird. Diese Veranstaltung bringt trans-Athleten, Unterstützer und die breite Öffentlichkeit zusammen, um die Vielfalt im Sport zu feiern und gleichzeitig auf die Herausforderungen hinzuweisen, mit denen trans-Sportler konfrontiert sind. Solche Veranstaltungen fördern nicht nur das Gemeinschaftsgefühl, sondern bieten auch eine Plattform für Dialog und Austausch.

Fazit

Das Engagement in der lokalen Gemeinschaft ist ein unverzichtbarer Bestandteil des Aktivismus für trans-Athleten. Es ermöglicht nicht nur die Schaffung von Bewusstsein und Verständnis, sondern fördert auch die Entwicklung von unterstützenden Netzwerken und Allianzen. Trotz der Herausforderungen, mit denen Aktivisten konfrontiert sind, zeigen erfolgreiche Beispiele, dass es möglich ist, positive Veränderungen herbeizuführen. Letztendlich liegt es an jedem Einzelnen, sich aktiv in der Gemeinschaft einzubringen und für eine inklusive und gerechte Gesellschaft zu kämpfen.

Die Kraft der kollektiven Stimme

Die Kraft der kollektiven Stimme ist ein zentrales Element im Aktivismus, insbesondere innerhalb der LGBTQ-Community und der trans-Sportbewegung. Diese Kraft manifestiert sich in der Fähigkeit von Individuen, sich zusammenzuschließen, um gemeinsame Anliegen zu vertreten und Veränderungen in der Gesellschaft zu bewirken. Die kollektive Stimme hat das Potenzial, sowohl auf lokaler als auch auf globaler Ebene bedeutende Auswirkungen zu haben.

Theoretische Grundlagen

Die Theorie der kollektiven Aktion, wie sie von Sozialwissenschaftlern wie Mancur Olson in seinem Werk „The Logic of Collective Action" (1965) formuliert wurde, legt nahe, dass Individuen oft zögern, sich an kollektiven Bemühungen zu beteiligen, wenn sie nicht unmittelbar von den Ergebnissen profitieren. Olson argumentiert, dass die Bildung von Gruppen und die Mobilisierung von Individuen entscheidend sind, um gemeinsame Ziele zu erreichen. In der LGBTQ-Community zeigt sich, dass die kollektive Stimme nicht nur die Sichtbarkeit erhöht, sondern auch den Druck auf politische Entscheidungsträger verstärkt, um Veränderungen herbeizuführen.

Ein weiterer wichtiger theoretischer Rahmen ist die soziale Identitätstheorie, die von Henri Tajfel und John Turner entwickelt wurde. Diese Theorie besagt, dass Individuen ihre Identität stark durch die Zugehörigkeit zu sozialen Gruppen definieren. In diesem Kontext können trans-Athleten und ihre Verbündeten durch die Bildung von Gemeinschaften und Netzwerken ihre kollektive Identität stärken und eine mächtige Stimme im Kampf für Gleichheit und Akzeptanz im Sport entwickeln.

Herausforderungen der kollektiven Stimme

Trotz ihrer Stärke sieht sich die kollektive Stimme auch Herausforderungen gegenüber. Eine der größten Herausforderungen ist die Fragmentierung innerhalb der LGBTQ-Community selbst. Unterschiedliche Identitäten und Erfahrungen können zu unterschiedlichen Prioritäten und Ansichten führen, was die Mobilisierung erschwert. Zum Beispiel kann die Priorität von cisgender LGBTQ-Aktivisten von den spezifischen Bedürfnissen trans-Athleten abweichen, was zu Spannungen innerhalb der Bewegung führen kann.

Ein weiteres Problem ist die externe Widerstandskraft, die gegen die kollektive Stimme mobilisiert wird. Diskriminierung, Vorurteile und politische Rückschläge können die Wirksamkeit kollektiver Bemühungen untergraben. So können beispielsweise Gesetze, die trans-Athleten den Zugang zu Sportmöglichkeiten verweigern, die kollektive Stimme schwächen, indem sie die Teilnahme an Wettkämpfen und die Sichtbarkeit im Sport einschränken.

Beispiele für kollektive Stimme in Aktion

Ein herausragendes Beispiel für die Kraft der kollektiven Stimme ist die Bewegung „Trans Athletes Matter", die sich für die Rechte von trans-Sportlern einsetzt. Diese Bewegung hat durch Proteste, Social-Media-Kampagnen und die Zusammenarbeit mit prominenten Athleten große Aufmerksamkeit erregt. Die kollektive Stimme dieser Bewegung hat dazu beigetragen, dass trans-Athleten in den Medien sichtbarer werden und ihre Anliegen auf nationaler und internationaler Ebene Gehör finden.

Ein weiteres Beispiel ist die Unterstützung von Organisationen wie „GLSEN" (Gay, Lesbian and Straight Education Network), die sich für die Rechte von LGBTQ-Jugendlichen einsetzen. Durch die Mobilisierung von Schülern, Lehrern und Unterstützern hat GLSEN eine kollektive Stimme geschaffen, die in der Lage ist, Bildungsrichtlinien zu beeinflussen und eine inklusive Umgebung für LGBTQ-Jugendliche zu fördern.

Die Rolle von sozialen Medien

In der heutigen digitalen Welt spielen soziale Medien eine entscheidende Rolle bei der Stärkung der kollektiven Stimme. Plattformen wie Twitter, Instagram und Facebook ermöglichen es Aktivisten, ihre Botschaften schnell und weitreichend zu verbreiten. Die virale Verbreitung von Hashtags wie #TransRightsAreHumanRights hat dazu beigetragen, das Bewusstsein für die Anliegen von trans-Athleten zu schärfen und eine globale Gemeinschaft von Unterstützern zu mobilisieren.

Schlussfolgerung

Die Kraft der kollektiven Stimme ist ein unverzichtbares Werkzeug im Kampf für Gleichheit und Akzeptanz im Sport. Durch die Bildung von Gemeinschaften, die Mobilisierung von Unterstützern und die Nutzung von sozialen Medien können trans-Athleten und ihre Verbündeten bedeutende Veränderungen bewirken. Die Herausforderungen, die der kollektiven Stimme gegenüberstehen, erfordern jedoch ständige Anstrengungen und Solidarität innerhalb der LGBTQ-Community. Nur durch vereinte Anstrengungen kann eine gerechte und inklusive Zukunft für alle Athleten erreicht werden.

Die Rolle von Freiwilligen

Freiwillige spielen eine entscheidende Rolle in der trans-Sport-Bewegung und im Aktivismus von Elijah Nichols. Sie sind nicht nur die treibende Kraft hinter vielen Initiativen, sondern auch unverzichtbare Unterstützer, die das Fundament für eine inklusive und gerechte Gesellschaft legen. In diesem Abschnitt werden wir die verschiedenen Aspekte der Rolle von Freiwilligen beleuchten, die Herausforderungen, denen sie gegenüberstehen, und die positiven Auswirkungen, die sie auf die Gemeinschaft haben.

Engagement und Motivation

Freiwillige bringen oft eine Vielzahl von Fähigkeiten und Erfahrungen mit, die sie in die Bewegung einbringen. Ihre Motivation kann von persönlichen Erfahrungen, dem Wunsch nach sozialer Gerechtigkeit oder dem Bestreben, eine positive Veränderung in ihrer Gemeinschaft herbeizuführen, geprägt sein. Viele Freiwillige sind selbst Teil der LGBTQ-Community oder haben enge Beziehungen zu Menschen, die betroffen sind. Diese persönliche Verbindung kann ihre Leidenschaft und ihr Engagement verstärken.

Freiwillige als Multiplikatoren

Freiwillige fungieren häufig als Multiplikatoren von Informationen und Ressourcen. Sie verbreiten das Bewusstsein für trans-Rechte und die Herausforderungen, mit denen trans-Athleten konfrontiert sind. Durch die Organisation von Workshops, Informationsveranstaltungen und sozialen Medien erreichen sie ein breiteres Publikum. Ein Beispiel hierfür ist die Initiative „Trans Sport Allies", die von Freiwilligen geleitet wird und darauf abzielt, das Bewusstsein für die Rechte von trans-Athleten zu schärfen und Unterstützung zu mobilisieren.

Herausforderungen für Freiwillige

Trotz ihres Engagements sehen sich Freiwillige oft mit einer Vielzahl von Herausforderungen konfrontiert. Eine der größten Hürden ist die emotionale Belastung, die mit der Arbeit in einem so sensiblen Bereich verbunden ist. Freiwillige müssen oft mit Diskriminierung, Vorurteilen und sogar Gewalt umgehen, während sie für die Rechte der LGBTQ-Community eintreten. Diese Belastungen können zu einem hohen Maß an Stress und Burnout führen, was die Notwendigkeit von Unterstützungsnetzwerken für Freiwillige verdeutlicht.

Ein weiteres Problem ist die Finanzierung. Viele Freiwillige arbeiten in Organisationen, die auf Spenden angewiesen sind. Diese Abhängigkeit kann die Stabilität der Initiativen gefährden, insbesondere in Zeiten wirtschaftlicher Unsicherheit. Freiwillige müssen oft zusätzliche Ressourcen aufbringen, um ihre Projekte zu realisieren, was zu Frustration und Entmutigung führen kann.

Schulung und Unterstützung

Um die Effektivität von Freiwilligen zu maximieren, ist eine angemessene Schulung und Unterstützung unerlässlich. Organisationen sollten Programme entwickeln, die Freiwillige in den Bereichen Kommunikation, Organisation und Konfliktlösung schulen. Durch Workshops und Schulungen können Freiwillige die notwendigen Fähigkeiten erwerben, um ihre Aufgaben erfolgreich zu erfüllen und gleichzeitig ihre eigene Resilienz zu stärken.

Ein Beispiel für ein erfolgreiches Schulungsprogramm ist das „Empowerment-Training" von „Trans Sport Allies", das Freiwilligen hilft, ihre eigenen Geschichten zu erzählen und ihre Erfahrungen effektiv zu kommunizieren. Solche Programme fördern nicht nur das individuelle Wachstum, sondern stärken auch die Gemeinschaft insgesamt.

Erfolge und positive Auswirkungen

Die Beiträge von Freiwilligen haben oft weitreichende positive Auswirkungen auf die trans-Sport-Bewegung. Durch ihre Arbeit konnten zahlreiche Veranstaltungen organisiert werden, die das Bewusstsein für trans-Rechte schärfen und die Sichtbarkeit von trans-Athleten erhöhen. Diese Veranstaltungen bieten nicht nur eine Plattform für trans-Athleten, sondern fördern auch den Austausch von Erfahrungen und das Networking innerhalb der Gemeinschaft.

Ein herausragendes Beispiel ist die jährliche „Trans Sports Conference", die von Freiwilligen organisiert wird und Athleten, Trainer und Unterstützer zusammenbringt. Diese Konferenz bietet Workshops, Podiumsdiskussionen und

Möglichkeiten zum Networking, was zu einem stärkeren Gemeinschaftsgefühl und einem besseren Verständnis der Herausforderungen führt, mit denen trans-Athleten konfrontiert sind.

Die Zukunft der Freiwilligenarbeit

Die Rolle von Freiwilligen wird in der Zukunft der trans-Sport-Bewegung weiterhin von zentraler Bedeutung sein. Um die Herausforderungen, mit denen sie konfrontiert sind, zu bewältigen, müssen Organisationen innovative Ansätze entwickeln, um Freiwillige zu unterstützen und zu motivieren. Dazu gehört die Schaffung von flexiblen Freiwilligenprogrammen, die es den Menschen ermöglichen, sich in einem für sie passenden Rahmen zu engagieren.

Zusätzlich sollten Organisationen stärker auf digitale Plattformen setzen, um Freiwillige zu gewinnen und zu schulen. Online-Schulungen und virtuelle Veranstaltungen können es ermöglichen, ein breiteres Publikum zu erreichen und Menschen aus verschiedenen Regionen einzubeziehen.

Fazit

Zusammenfassend lässt sich sagen, dass Freiwillige eine unverzichtbare Rolle in der trans-Sport-Bewegung spielen. Ihre Leidenschaft, ihr Engagement und ihre Fähigkeit, Gemeinschaften zu mobilisieren, sind entscheidend für den Fortschritt in der LGBTQ-Community. Trotz der Herausforderungen, denen sie gegenüberstehen, sind ihre Erfolge und positiven Auswirkungen auf die Gesellschaft unbestreitbar. Es ist von größter Bedeutung, dass Organisationen die notwendige Unterstützung und Schulung bieten, um Freiwillige in ihrer wichtigen Arbeit zu stärken und zu ermutigen. Nur so kann die trans-Sport-Bewegung weiter wachsen und gedeihen, und die Vision einer inklusiven und gerechten Zukunft für alle Athleten verwirklicht werden.

Die Bedeutung von Teilhabe

Die Teilhabe von trans-Athleten und der LGBTQ-Community im Allgemeinen ist ein entscheidender Aspekt für die Förderung von Gleichheit und Akzeptanz im Sport. Teilhabe bedeutet nicht nur, dass Individuen die Möglichkeit haben, aktiv am Sportgeschehen teilzunehmen, sondern auch, dass sie in Entscheidungsprozesse eingebunden sind, die ihre Rechte und Möglichkeiten betreffen.

Theoretische Grundlagen

Die Bedeutung von Teilhabe kann durch verschiedene soziale Theorien untermauert werden. Die *Partizipationstheorie* betont, dass aktive Teilnahme an sozialen und politischen Prozessen das Gefühl von Zugehörigkeit und Identität stärkt. Diese Theorie postuliert, dass Menschen, die in Entscheidungsprozesse einbezogen werden, ein höheres Maß an sozialer Verantwortung und Engagement zeigen.

Ein weiterer relevanter theoretischer Rahmen ist die *Theorie der sozialen Identität*, die besagt, dass das Zugehörigkeitsgefühl zu einer bestimmten Gruppe das Selbstwertgefühl und die Motivation von Individuen beeinflusst. Für trans-Athleten ist die Teilhabe an Sportorganisationen und -verbänden von zentraler Bedeutung, um ihre Identität zu stärken und positive Vorbilder zu schaffen.

Herausforderungen der Teilhabe

Trotz der theoretischen Grundlagen und der Notwendigkeit der Teilhabe gibt es zahlreiche Herausforderungen, die trans-Athleten daran hindern, aktiv am Sport teilzunehmen. Diskriminierung, Stigmatisierung und mangelnde Unterstützung sind häufige Probleme, mit denen trans-Athleten konfrontiert sind. Diese Herausforderungen können sich in verschiedenen Formen zeigen:

+ **Diskriminierung im Sport:** Viele trans-Athleten erleben Diskriminierung, wenn sie sich für Wettbewerbe anmelden oder an Trainings teilnehmen. Dies kann sowohl von anderen Athleten als auch von Trainern oder Verbandsvertretern ausgehen.

+ **Mangelnde Sichtbarkeit:** Oftmals fehlen Vorbilder, die trans-Athleten repräsentieren. Diese mangelnde Sichtbarkeit kann dazu führen, dass sich junge trans-Personen nicht mit dem Sport identifizieren oder sich nicht trauen, aktiv zu werden.

+ **Fehlende Ressourcen:** Viele Sportverbände bieten keine ausreichenden Ressourcen oder Programme an, die speziell auf die Bedürfnisse von trans-Athleten zugeschnitten sind. Dies kann eine Barriere für die Teilhabe darstellen.

Beispiele für erfolgreiche Teilhabe

Trotz dieser Herausforderungen gibt es inspirierende Beispiele für erfolgreiche Teilhabe von trans-Athleten. Ein bemerkenswerter Fall ist die trans-Athletin *Hannah Mouncey*, die in Australien eine bedeutende Rolle im Frauenfußball spielt. Ihre Teilnahme an Wettbewerben hat nicht nur ihre persönliche Karriere gefördert, sondern auch das Bewusstsein für die Rechte von trans-Athleten im Sport erhöht. Mouncey hat in Interviews betont, wie wichtig es ist, dass trans-Athleten in der Sportwelt sichtbar sind und gehört werden.

Ein weiteres Beispiel ist die Organisation *TransAthlete*, die sich dafür einsetzt, trans-Athleten in verschiedenen Sportarten eine Stimme zu geben. Diese Organisation arbeitet aktiv daran, Richtlinien zu entwickeln, die die Teilhabe von trans-Athleten fördern und Diskriminierung im Sport bekämpfen.

Schlussfolgerung

Die Bedeutung von Teilhabe kann nicht genug betont werden. Sie ist ein grundlegender Bestandteil des Aktivismus für trans-Rechte im Sport. Indem trans-Athleten die Möglichkeit erhalten, aktiv teilzunehmen und in Entscheidungsprozesse einbezogen werden, wird nicht nur ihre individuelle Identität gestärkt, sondern auch ein Umfeld geschaffen, in dem Akzeptanz und Gleichheit gedeihen können.

Die Förderung der Teilhabe ist somit nicht nur eine Frage der Gerechtigkeit, sondern auch eine notwendige Voraussetzung für die Entwicklung einer inklusiven und vielfältigen Sportgemeinschaft. Es ist entscheidend, dass Sportverbände, Trainer und die gesamte Gemeinschaft zusammenarbeiten, um Barrieren abzubauen und eine Kultur der Teilhabe zu fördern. Nur so kann sichergestellt werden, dass alle Athleten, unabhängig von ihrer Geschlechtsidentität, die gleichen Chancen im Sport erhalten.

Die Entwicklung von Unterstützungsgruppen

Die Entwicklung von Unterstützungsgruppen innerhalb der LGBTQ-Community, insbesondere im Kontext des trans-Sports, hat sich als entscheidend für die Förderung von Akzeptanz, Sichtbarkeit und Empowerment erwiesen. Diese Gruppen bieten nicht nur einen sicheren Raum für den Austausch von Erfahrungen, sondern auch eine Plattform, um kollektive Anliegen zu artikulieren und politische Veränderungen voranzutreiben.

Theoretische Grundlagen

Die Theorie der sozialen Identität, die von Henri Tajfel und John Turner in den 1970er Jahren entwickelt wurde, bietet einen wichtigen Rahmen für das Verständnis der Dynamik innerhalb von Unterstützungsgruppen. Diese Theorie besagt, dass Individuen ihre Identität stark durch die Zugehörigkeit zu sozialen Gruppen definieren. In der LGBTQ-Community können Unterstützungsgruppen dazu beitragen, ein positives Selbstbild zu fördern und ein Gefühl der Zugehörigkeit zu schaffen.

Die soziale Unterstützung, die Mitglieder dieser Gruppen erfahren, kann in verschiedenen Formen auftreten: emotional, informativ und instrumentell. Emotionaler Support umfasst das Teilen von Gefühlen und Erfahrungen, während informativ Hilfe bei der Navigation durch Herausforderungen bietet. Instrumenteller Support bezieht sich auf praktische Hilfen, wie beispielsweise Zugang zu Ressourcen oder rechtlicher Unterstützung.

Herausforderungen bei der Entwicklung

Trotz der positiven Aspekte von Unterstützungsgruppen stehen diese oft vor erheblichen Herausforderungen. Diskriminierung und Vorurteile innerhalb der Gesellschaft können die Sichtbarkeit und die Effektivität dieser Gruppen beeinträchtigen. Zudem können interne Konflikte, wie unterschiedliche Ansichten über Strategien oder Prioritäten, die Kohärenz der Gruppe gefährden.

Ein weiteres Problem ist die Finanzierung. Viele Unterstützungsgruppen sind auf Spenden und ehrenamtliche Arbeit angewiesen, was ihre Ressourcen und Reichweite stark einschränken kann. In einer Studie von Smith et al. (2020) wurde festgestellt, dass 65% der LGBTQ-Organisationen Schwierigkeiten haben, stabile finanzielle Mittel zu sichern. Dies kann die Fähigkeit der Gruppen, Programme zu entwickeln und aufrechtzuerhalten, erheblich beeinträchtigen.

Beispiele für erfolgreiche Unterstützungsgruppen

Ein herausragendes Beispiel für eine erfolgreiche Unterstützungsgruppe ist die Organisation „Trans Lifeline", die 2014 gegründet wurde. Diese Gruppe bietet nicht nur telefonische Unterstützung für trans Personen in Krisensituationen, sondern setzt sich auch aktiv für die Rechte von trans Menschen ein. Ihre Hotline ist von Transpersonen für Transpersonen und bietet eine einzigartige Perspektive, die oft in traditionellen Unterstützungsdiensten fehlt.

Ein weiteres Beispiel ist „Trans Sport Allies", eine Initiative, die von Elijah Nichols mitbegründet wurde. Diese Gruppe hat sich darauf spezialisiert, trans

Athleten zu unterstützen und ihnen eine Stimme im Sport zu geben. Durch Workshops, Mentoring-Programme und öffentliche Veranstaltungen hat „Trans Sport Allies" maßgeblich zur Sichtbarkeit und Akzeptanz von trans Athleten beigetragen. Ihre jährliche Konferenz zieht Hunderttausende von Teilnehmern an und bietet eine Plattform für den Austausch von Ideen und Erfahrungen.

Zukunftsperspektiven

Die zukünftige Entwicklung von Unterstützungsgruppen wird entscheidend davon abhängen, wie gut sie in der Lage sind, sich an die sich wandelnden gesellschaftlichen Bedingungen anzupassen. Die Integration von digitalen Plattformen kann eine Schlüsselrolle spielen, um die Reichweite und den Einfluss dieser Gruppen zu erhöhen. Online-Communities bieten eine Möglichkeit, Menschen zu verbinden, die möglicherweise keinen Zugang zu lokalen Unterstützungsgruppen haben.

Darüber hinaus wird die Zusammenarbeit zwischen verschiedenen Organisationen innerhalb und außerhalb der LGBTQ-Community zunehmend wichtig. Intersektionalität, ein Konzept, das die Überschneidungen von verschiedenen Identitäten und Diskriminierungsformen betrachtet, sollte in der Arbeit dieser Gruppen stärker berücksichtigt werden. Es ist entscheidend, dass Unterstützungsgruppen nicht nur für trans Personen, sondern auch für andere marginalisierte Gruppen innerhalb der LGBTQ-Community zugänglich und inklusiv sind.

Schlussfolgerung

Insgesamt spielen Unterstützungsgruppen eine zentrale Rolle bei der Förderung von Akzeptanz und Empowerment innerhalb der LGBTQ-Community. Ihre Entwicklung ist jedoch mit Herausforderungen verbunden, die es zu überwinden gilt, um ihre Effektivität und Reichweite zu maximieren. Durch die Stärkung der internen Kohärenz, die Sicherstellung finanzieller Ressourcen und die Nutzung digitaler Plattformen können diese Gruppen einen bedeutenden Beitrag zur Verbesserung der Lebensqualität von trans Personen im Sport und darüber hinaus leisten.

Die Rolle von sozialen Medien

Soziale Medien haben sich in den letzten Jahren als eine der mächtigsten Plattformen für Aktivismus und soziale Bewegungen etabliert. Für Elijah Nichols und die trans-Sport-Bewegung bieten diese Plattformen sowohl Chancen als auch Herausforderungen, die es wert sind, näher betrachtet zu werden.

Theoretischer Hintergrund

Die Rolle von sozialen Medien im Aktivismus kann durch verschiedene theoretische Rahmenbedingungen analysiert werden. Eine zentrale Theorie ist die *Netzwerktheorie*, die besagt, dass soziale Bewegungen durch Netzwerke von Individuen und Gruppen, die Informationen und Ressourcen austauschen, gestärkt werden. Soziale Medien fungieren als Katalysatoren für diese Netzwerke, indem sie die Kommunikation und Mobilisierung von Unterstützern erleichtern. Laut [1] ermöglichen soziale Medien eine *neue Form der öffentlichen Sphäre*, in der marginalisierte Stimmen Gehör finden können.

Ein weiterer relevanter theoretischer Ansatz ist die *Medienwirkungsforschung*, die sich mit den Effekten von Medieninhalten auf das Verhalten und die Einstellungen der Menschen beschäftigt. Studien zeigen, dass die Darstellung von LGBTQ-Themen in sozialen Medien das öffentliche Bewusstsein und die Akzeptanz erhöhen kann [2].

Chancen durch soziale Medien

Die Vorteile der Nutzung sozialer Medien für den Aktivismus sind vielfältig:

+ **Erweiterte Reichweite:** Soziale Medien ermöglichen es Aktivisten, ein breiteres Publikum zu erreichen, als es traditionelle Medien jemals könnten. Elijah Nichols nutzt Plattformen wie Twitter und Instagram, um seine Botschaften direkt an Millionen von Menschen zu senden. Dies hat nicht nur die Sichtbarkeit seiner Anliegen erhöht, sondern auch das Bewusstsein für trans-Athleten geschärft.

+ **Mobilisierung von Unterstützern:** Kampagnen können in Echtzeit organisiert werden, und Unterstützer können schnell mobilisiert werden, um an Protesten oder Veranstaltungen teilzunehmen. Ein Beispiel dafür ist die Kampagne „#TransRightsAreHumanRights", die innerhalb weniger Stunden Tausende von Unterstützern mobilisierte.

+ **Schaffung von Gemeinschaft:** Soziale Medien bieten trans-Athleten und ihren Unterstützern einen Raum, um sich zu vernetzen und Erfahrungen auszutauschen. Plattformen wie Facebook und Reddit haben Gruppen hervorgebracht, in denen Mitglieder ihre Geschichten teilen und sich gegenseitig unterstützen können.

Herausforderungen der sozialen Medien

Trotz der zahlreichen Vorteile gibt es auch erhebliche Herausforderungen, die mit der Nutzung sozialer Medien verbunden sind:

- **Hassrede und Diskriminierung:** Eine der größten Herausforderungen ist die Verbreitung von Hassrede und diskriminierenden Inhalten. Elijah Nichols hat mehrfach berichtet, dass er auf Plattformen wie Twitter mit beleidigenden Kommentaren und Drohungen konfrontiert wurde. Solche negativen Erfahrungen können nicht nur die psychische Gesundheit von Aktivisten beeinträchtigen, sondern auch die Mobilisierung von Unterstützern erschweren.

- **Desinformation:** Die Verbreitung von Fehlinformationen ist ein weiteres Problem. Falsche Informationen über trans-Athleten und deren Rechte können zu Vorurteilen und Diskriminierung führen. Ein Beispiel hierfür ist die Debatte über die Teilnahme von trans-Frauen an Frauenwettbewerben, die häufig von Fehlinformationen geprägt ist, die in sozialen Medien kursieren.

- **Echokammern:** Soziale Medien können dazu führen, dass Nutzer in Echokammern gefangen sind, in denen sie nur mit gleichgesinnten Personen interagieren. Dies kann die Sichtweise verengen und den Dialog mit anderen, insbesondere mit Gegnern, erschweren. Elijah betont, dass es wichtig ist, auch mit Menschen zu kommunizieren, die andere Ansichten vertreten, um ein umfassenderes Verständnis der Herausforderungen zu entwickeln.

Beispiele für erfolgreiche Nutzung

Elijah Nichols hat soziale Medien erfolgreich genutzt, um auf wichtige Themen aufmerksam zu machen und Veränderungen zu bewirken. Ein bemerkenswertes Beispiel war seine Kampagne zur Unterstützung von trans-Athleten bei den Olympischen Spielen. Durch gezielte Posts, die persönliche Geschichten und Daten über die Vorteile der Inklusion von trans-Athleten im Sport hervorhoben, konnte er eine breite Diskussion anstoßen und die Unterstützung von prominenten Athleten gewinnen.

Ein weiteres Beispiel ist die Nutzung von Hashtags wie #TransAthlete, die es Unterstützern ermöglichten, ihre Stimmen zu erheben und solidarisch zu sein. Diese Art der Mobilisierung zeigt, wie soziale Medien als Plattform für kollektive Aktionen dienen können, die letztlich zu politischen Veränderungen führen.

Schlussfolgerung

Zusammenfassend lässt sich sagen, dass soziale Medien eine entscheidende Rolle im Aktivismus von Elijah Nichols und der trans-Sport-Bewegung spielen. Sie bieten nicht nur eine Plattform zur Verbreitung von Informationen und zur Mobilisierung von Unterstützern, sondern auch zur Schaffung von Gemeinschaften. Dennoch müssen die Herausforderungen, die mit der Nutzung dieser Plattformen verbunden sind, aktiv angegangen werden, um die positiven Aspekte des sozialen Medienaktivismus zu maximieren. Der Weg zur Akzeptanz und Gleichstellung von trans-Athleten ist lang, aber soziale Medien haben das Potenzial, diesen Prozess erheblich zu beschleunigen.

Bibliography

[1] Castells, M. (2012). *Networks of Outrage and Hope: Social Movements in the Internet Age.* Polity Press.

[2] Meyer, M. (2015). *The Role of Social Media in Activism: A Case Study of LGBTQ Movements.* Journal of Social Issues, 71(2), 345-362.

Die Verbindung zu internationalen Initiativen

In der heutigen globalisierten Welt ist die Verbindung zu internationalen Initiativen für die trans-Sport-Bewegung von entscheidender Bedeutung. Diese Verbindungen ermöglichen es, Erfahrungen, Strategien und Ressourcen über Grenzen hinweg auszutauschen und so den Aktivismus zu stärken. Der Einfluss internationaler Organisationen kann nicht nur lokale Bewegungen unterstützen, sondern auch globale Standards für die Rechte von trans-Athleten setzen.

Ein herausragendes Beispiel für eine internationale Initiative ist die *International Olympic Committee (IOC)* und deren Richtlinien zur Inklusion von trans-Athleten. Im Jahr 2015 veröffentlichte das IOC neue Richtlinien, die es trans-Athleten ermöglichen, an Wettkämpfen teilzunehmen, ohne sich einer Geschlechtsumwandlung unterziehen zu müssen, solange sie bestimmte Hormonschwellen einhalten. Diese Richtlinien sind ein Schritt in die richtige Richtung, um die Gleichheit im Sport zu fördern, jedoch gibt es weiterhin Herausforderungen, die es zu überwinden gilt.

Eine der größten Herausforderungen ist die Uneinheitlichkeit der Richtlinien zwischen verschiedenen Sportverbänden und Ländern. Während einige Organisationen die IOC-Richtlinien übernehmen, gibt es viele, die noch restriktivere oder gar keine Richtlinien zur Teilnahme von trans-Athleten haben. Dies führt zu einer Fragmentierung der Bewegung und kann trans-Athleten in ihrer Karriere erheblich behindern. Ein Beispiel hierfür ist die *National Collegiate Athletic Association (NCAA)* in den USA, die zwar Richtlinien zur Teilnahme von trans-Athleten hat, jedoch häufig in der Anwendung und Interpretation der Regeln variiert.

Ein weiteres Beispiel für internationale Zusammenarbeit ist die *Athlete Ally*, eine Organisation, die sich für die Rechte von LGBTQ+-Athleten einsetzt. Diese Organisation arbeitet mit Sportverbänden weltweit zusammen, um Bewusstsein für die Herausforderungen, mit denen trans-Athleten konfrontiert sind, zu schaffen und um Veränderungen in der Sportpolitik voranzutreiben. Durch Kampagnen, Workshops und Partnerschaften mit Athleten und Sportorganisationen hat Athlete Ally dazu beigetragen, das Bewusstsein für die Notwendigkeit von Inklusion und Gleichheit im Sport zu schärfen.

Die Verbindung zu internationalen Initiativen bietet auch eine Plattform für trans-Athleten, um ihre Geschichten zu teilen und sich gegenseitig zu unterstützen. Durch soziale Medien und internationale Konferenzen können trans-Athleten ihre Erfahrungen austauschen und voneinander lernen. Dies fördert nicht nur den persönlichen Wachstum, sondern auch die kollektive Stärke der Bewegung.

Ein Beispiel für eine solche internationale Konferenz ist die *International LGBTQ Sports Conference*, die Athleten, Trainer, Aktivisten und Wissenschaftler aus aller Welt zusammenbringt, um über die Herausforderungen und Erfolge der LGBTQ+-Gemeinschaft im Sport zu diskutieren. Diese Konferenzen bieten nicht nur Raum für den Austausch von Ideen, sondern auch für die Entwicklung gemeinsamer Strategien zur Bekämpfung von Diskriminierung und zur Förderung von Inklusion.

Die Verbindung zu internationalen Initiativen ist jedoch nicht ohne Herausforderungen. Eine der größten Hürden ist die kulturelle Sensibilität und das Verständnis der unterschiedlichen gesellschaftlichen Kontexte, in denen trans-Athleten leben und kämpfen. In einigen Ländern sind die sozialen und politischen Bedingungen für LGBTQ+-Personen extrem herausfordernd, was die Umsetzung von Initiativen zur Unterstützung von trans-Athleten erschwert. Daher ist es wichtig, dass internationale Organisationen nicht nur globale Standards setzen, sondern auch lokale Kontexte berücksichtigen und anpassen.

Zusammenfassend lässt sich sagen, dass die Verbindung zu internationalen Initiativen für die trans-Sport-Bewegung von entscheidender Bedeutung ist. Sie bietet nicht nur die Möglichkeit, Ressourcen und Strategien auszutauschen, sondern auch eine Plattform für trans-Athleten, um ihre Stimmen zu erheben und ihre Geschichten zu teilen. Trotz der bestehenden Herausforderungen ist die Zusammenarbeit auf internationaler Ebene ein wesentlicher Schritt in Richtung einer gerechteren und inklusiveren Zukunft für trans-Athleten im Sport.

Elijahs persönliche Reflexionen

Rückblick auf den Aktivismus

In den letzten Jahren hat Elijah Nichols eine bemerkenswerte Reise als Aktivist hinter sich gebracht. Rückblickend auf diese Zeit wird deutlich, dass sein Engagement nicht nur von persönlichen Erfahrungen geprägt war, sondern auch von einem tiefen Verständnis für die gesellschaftlichen Strukturen, die die LGBTQ-Community beeinflussen. Der Aktivismus von Elijah kann in mehrere Schlüsselthemen unterteilt werden, die die Herausforderungen und Erfolge seiner Arbeit widerspiegeln.

Ein zentrales Element in Elijahs Aktivismus ist die Verbindung zwischen Sport und Identität. Sport hat für viele Menschen eine transformative Kraft. Für Elijah war es nicht nur ein Weg, seine eigene Identität zu erforschen, sondern auch eine Plattform, um die Sichtbarkeit von trans-Athleten zu erhöhen. In seinen frühen Jahren als Sportler stellte Elijah fest, dass die Herausforderungen, denen er gegenüberstand, nicht nur persönlicher Natur waren, sondern auch tief in den Institutionen des Sports verwurzelt waren. Diskriminierung und Vorurteile waren allgegenwärtig, und Elijah erkannte, dass der Kampf um Akzeptanz und Gleichheit im Sport ein Spiegelbild der breiteren gesellschaftlichen Kämpfe war.

Ein Beispiel für die Herausforderungen, mit denen Elijah konfrontiert war, ist die weit verbreitete Diskriminierung von trans-Athleten in Wettkampfsettings. Diese Diskriminierung manifestiert sich nicht nur in Form von Vorurteilen seitens anderer Athleten, sondern auch durch institutionelle Barrieren. Viele Sportverbände hatten lange Zeit Richtlinien, die trans-Athleten ausschlossen oder sie in ihrer Teilnahme an Wettkämpfen stark einschränkten. Elijahs Engagement in diesem Bereich führte dazu, dass er sich mit verschiedenen Sportverbänden auseinandersetzte und Lobbyarbeit leistete, um diese diskriminierenden Praktiken zu ändern.

Eine theoretische Grundlage für Elijahs Aktivismus ist die soziale Identitätstheorie, die besagt, dass Individuen ihr Selbstwertgefühl und ihre Identität stark aus den sozialen Gruppen ableiten, mit denen sie sich identifizieren. Für trans-Athleten kann dies bedeuten, dass sie sich oft in einem Spannungsfeld zwischen ihrer Geschlechtsidentität und den Erwartungen der Gesellschaft bewegen. Elijahs Arbeit zielte darauf ab, diesen Spannungsbogen zu entlasten, indem er eine Plattform schuf, auf der trans-Athleten sich selbst und ihre Erfahrungen ausdrücken konnten.

Ein weiterer wichtiger Aspekt von Elijahs Rückblick auf seinen Aktivismus ist die Rolle der Medien. Die Berichterstattung über trans-Aktivismus hat sich in den letzten Jahren erheblich verändert, doch viele Berichte sind nach wie vor von Stereotypen und Fehlinformationen geprägt. Elijah nutzte soziale Medien und traditionelle Medien, um die Geschichten von trans-Athleten zu verbreiten und um die Öffentlichkeit über die Herausforderungen, mit denen sie konfrontiert sind, aufzuklären. Diese Bemühungen haben nicht nur zur Sichtbarkeit von trans-Athleten beigetragen, sondern auch dazu, das öffentliche Bewusstsein für die Notwendigkeit von Veränderungen im Sport zu schärfen.

Ein Beispiel für den Einfluss der Medien war die Kampagne „#TransInSport", die Elijah ins Leben rief. Diese Kampagne nutzte soziale Medien, um Geschichten von trans-Athleten zu teilen und um die Unterstützung für trans-Rechte im Sport zu mobilisieren. Die Resonanz war überwältigend und führte zu einer breiten Diskussion über die Notwendigkeit von Inklusion und Gleichheit im Sport. Diese Art von Aktivismus zeigt, wie wichtig es ist, die Stimmen der Betroffenen zu hören und ihre Geschichten sichtbar zu machen.

Zusammenfassend lässt sich sagen, dass Elijah Nichols' Rückblick auf seinen Aktivismus eine komplexe Mischung aus persönlichen Erfahrungen, theoretischen Grundlagen und praktischen Herausforderungen darstellt. Sein Engagement hat nicht nur die Sichtbarkeit von trans-Athleten erhöht, sondern auch dazu beigetragen, die gesellschaftlichen Normen zu hinterfragen, die Diskriminierung und Ungleichheit im Sport perpetuieren. Die Reflexion über diese Erfahrungen zeigt, dass der Weg zur Gleichheit im Sport noch lange nicht abgeschlossen ist, aber Elijahs Arbeit hat den Grundstein für zukünftige Fortschritte gelegt. In der Zukunft wird es entscheidend sein, diese Bemühungen fortzusetzen und die nächsten Generationen von Aktivisten zu inspirieren, um eine gerechtere und inklusivere Welt zu schaffen.

Lektionen aus der Vergangenheit

Die Vergangenheit ist ein unerschöpflicher Lehrmeister, und die Lektionen, die wir daraus ziehen, können uns helfen, die Herausforderungen der Gegenwart und Zukunft besser zu bewältigen. Für Elijah Nichols und die trans-Sport-Bewegung gibt es mehrere entscheidende Erkenntnisse, die aus den Erfahrungen der letzten Jahrzehnte abgeleitet werden können.

Die Bedeutung der Sichtbarkeit

Eine der zentralen Lektionen ist die Bedeutung von Sichtbarkeit. In der Vergangenheit war die Sichtbarkeit von trans-Personen im Sport oft stark eingeschränkt. Viele Athleten fühlten sich gezwungen, ihre Identität geheim zu halten, aus Angst vor Diskriminierung oder Verlust ihrer sportlichen Karriere. Diese Unsichtbarkeit führte zu einem Mangel an Vorbildern, was es für jüngere Generationen schwierig machte, sich mit der trans-Identität im Sport zu identifizieren.

Ein Beispiel hierfür ist die Geschichte von Renée Richards, einer trans-Frau, die in den 1970er Jahren für Aufsehen sorgte, als sie an einem Tennisturnier für Frauen teilnehmen wollte. Ihr Kampf um die Akzeptanz und die rechtliche Anerkennung war nicht nur ein persönlicher Sieg, sondern auch ein Meilenstein für die Sichtbarkeit von trans-Athleten im Sport.

Die Kraft der Gemeinschaft

Eine weitere Lektion ist die Kraft der Gemeinschaft. In der Vergangenheit haben viele trans-Aktivisten und -Athleten erkannt, dass sie nicht allein sind. Die Bildung von Netzwerken und Unterstützungsgruppen hat es den Betroffenen ermöglicht, sich gegenseitig zu stärken und für ihre Rechte einzutreten. Elijah Nichols selbst hat durch die Gründung von „Trans Sport Allies" eine Plattform geschaffen, die trans-Athleten unterstützt und ihnen eine Stimme gibt.

Die Gemeinschaft spielt eine entscheidende Rolle bei der Mobilisierung von Ressourcen und beim Austausch von Informationen. In vielen Fällen haben trans-Athleten durch den Rückhalt ihrer Gemeinschaften Erfolge erzielt, die ohne diese Unterstützung nicht möglich gewesen wären.

Widerstandsfähigkeit und Resilienz

Die Herausforderungen, denen trans-Athleten gegenüberstehen, erfordern ein hohes Maß an Widerstandsfähigkeit. In der Vergangenheit gab es zahlreiche Rückschläge, sei es durch diskriminierende Regelungen in Sportverbänden oder durch persönliche Angriffe in den Medien. Die Fähigkeit, sich von diesen Rückschlägen zu erholen und weiterzukämpfen, ist entscheidend.

Elijahs eigene Erfahrungen zeigen, dass Resilienz nicht nur bedeutet, sich gegen äußere Widerstände zu behaupten, sondern auch, innere Stärke zu entwickeln. Der Prozess der Selbstakzeptanz und der Umgang mit den eigenen Emotionen sind essenziell, um in einem oft feindlichen Umfeld bestehen zu können.

Die Rolle von Bildung

Eine weitere wichtige Lektion ist die Rolle von Bildung. In der Vergangenheit war das Wissen über trans-Themen in vielen Bildungseinrichtungen begrenzt. Dies führte zu Vorurteilen und Missverständnissen, die die Integration von trans-Athleten im Sport erschwerten.

Elijah hat erkannt, dass Aufklärung und Sensibilisierung entscheidend sind, um Vorurteile abzubauen. Durch Workshops und Informationsveranstaltungen hat er dazu beigetragen, das Bewusstsein für die Herausforderungen von trans-Athleten zu schärfen und eine inklusive Kultur im Sport zu fördern. Die Rolle von Bildungseinrichtungen ist hierbei besonders wichtig, da sie die nächste Generation von Athleten und Trainern prägen.

Langfristige Strategien

Schließlich ist es wichtig, langfristige Strategien zu entwickeln, um die Rechte von trans-Athleten zu schützen. Die Vergangenheit hat gezeigt, dass kurzfristige Lösungen oft nicht nachhaltig sind. Elijah hat sich dafür eingesetzt, dass trans-Rechte in die Satzungen von Sportverbänden aufgenommen werden, um sicherzustellen, dass zukünftige Generationen von Athleten nicht die gleichen Kämpfe führen müssen.

Ein Beispiel für eine erfolgreiche Strategie ist die Zusammenarbeit mit internationalen Organisationen, um globale Standards für die Inklusion von trans-Athleten im Sport zu schaffen. Diese Zusammenarbeit ist entscheidend, um eine einheitliche und gerechte Behandlung von trans-Athleten weltweit zu gewährleisten.

Schlussfolgerung

Zusammenfassend lässt sich sagen, dass die Lektionen aus der Vergangenheit für Elijah Nichols und die trans-Sport-Bewegung von unschätzbarem Wert sind. Sichtbarkeit, Gemeinschaft, Widerstandsfähigkeit, Bildung und langfristige Strategien sind Schlüsselfaktoren, die nicht nur die individuelle Erfahrung von trans-Athleten verbessern, sondern auch dazu beitragen, eine gerechtere und inklusivere Sportlandschaft zu schaffen. Diese Lektionen sind nicht nur für die trans-Community von Bedeutung, sondern bieten auch wertvolle Einsichten für alle, die sich für soziale Gerechtigkeit und Gleichberechtigung einsetzen.

Hoffnungen für die Zukunft

Die Hoffnungen für die Zukunft von Elijah Nichols und der trans-Sport-Bewegung sind vielschichtig und von einer tiefen Überzeugung geprägt, dass Veränderung möglich ist. In einer Welt, die zunehmend von Vielfalt und Inklusion geprägt ist, gibt es zahlreiche Ansätze, um die Herausforderungen, vor denen trans-Athleten stehen, zu bewältigen und eine gerechtere Gesellschaft zu schaffen.

Zunächst einmal ist es wichtig, die Rolle von Bildung und Aufklärung zu betonen. Elijah glaubt fest daran, dass Wissen der Schlüssel zur Überwindung von Vorurteilen und Diskriminierung ist. In einer Studie von [?] wurde festgestellt, dass Bildungsprogramme, die sich mit Geschlechtsidentität und sexueller Orientierung befassen, signifikant zu einem besseren Verständnis und einer höheren Akzeptanz in Schulen und Gemeinschaften beitragen können. Diese Programme sollten nicht nur in Schulen, sondern auch in Sportvereinen und -verbänden integriert werden, um ein inklusives Umfeld zu schaffen, in dem alle Athleten, unabhängig von ihrer Identität, respektiert und unterstützt werden.

Ein weiteres wichtiges Element ist die Förderung von Sichtbarkeit und Repräsentation. Elijah hofft, dass mehr trans-Athleten in den Medien und im Sport sichtbar werden. Positive Darstellungen in Filmen, Fernsehsendungen und sozialen Medien können dazu beitragen, das Bewusstsein zu schärfen und stereotypes Denken abzubauen. Ein Beispiel hierfür ist die Dokumentation *"Trans in Sport"*, die trans-Athleten in verschiedenen Sportarten zeigt und deren Geschichten erzählt. Solche Medienprojekte können nicht nur inspirierend wirken, sondern auch als Plattform dienen, um die Herausforderungen zu beleuchten, mit denen trans-Athleten konfrontiert sind.

Darüber hinaus sieht Elijah die Notwendigkeit einer stärkeren politischen Unterstützung. Die Gesetzgebung muss sich weiterentwickeln, um trans-Athleten den gleichen Zugang zu Sportmöglichkeiten zu gewährleisten. Hierbei ist es wichtig, dass Sportverbände klare Richtlinien entwickeln, die Diskriminierung verhindern und Chancengleichheit fördern. [2] argumentieren, dass die Einbeziehung von trans-Athleten in Entscheidungsprozesse und die Schaffung von politischen Allianzen entscheidend sind, um nachhaltige Veränderungen zu bewirken.

Ein zentraler Aspekt von Elijahs Vision für die Zukunft ist die Schaffung eines unterstützenden Netzwerks für trans-Athleten. Dieses Netzwerk könnte Mentoring-Programme, Workshops und Veranstaltungen umfassen, die darauf abzielen, trans-Jugendlichen zu helfen, ihre Identität zu akzeptieren und ihre sportlichen Fähigkeiten zu entwickeln. Die Rolle von Vorbildern ist hierbei von großer Bedeutung. Elijah selbst hat erfahren, wie wichtig es ist, jemanden zu haben, der ähnliche Erfahrungen gemacht hat und als Inspiration dient. [5] hebt hervor, dass Vorbilder in der Gemeinschaft eine entscheidende Rolle dabei spielen, das Selbstbewusstsein und die Ambitionen junger Menschen zu stärken.

Die Entwicklung inklusiver Sportprogramme, die auf die Bedürfnisse von trans-Athleten zugeschnitten sind, ist ein weiterer Schritt in die richtige Richtung.

Diese Programme sollten nicht nur den körperlichen Aspekt des Sports berücksichtigen, sondern auch die psychologische Unterstützung, die viele Athleten benötigen. Sportpsychologen und Coaches sollten geschult werden, um ein Verständnis für die spezifischen Herausforderungen zu entwickeln, mit denen trans-Athleten konfrontiert sind. Dies könnte durch spezielle Schulungen und Workshops erreicht werden, die sich auf Themen wie Geschlechtsidentität, Diskriminierung und Inklusion konzentrieren.

Ein weiterer Hoffnungsträger in Elijahs Vision ist die Rolle der Technologie. Mit der zunehmenden Digitalisierung des Sports können neue Plattformen und Anwendungen entwickelt werden, die trans-Athleten unterstützen. Zum Beispiel könnten Online-Communities geschaffen werden, in denen Athleten Erfahrungen austauschen und sich gegenseitig unterstützen können. Technologien wie Virtual Reality könnten genutzt werden, um Trainingsumgebungen zu schaffen, die sicher und inklusiv sind.

Abschließend lässt sich sagen, dass die Hoffnungen für die Zukunft von Elijah Nichols und der trans-Sport-Bewegung in einem ganzheitlichen Ansatz liegen, der Bildung, Sichtbarkeit, politische Unterstützung, Netzwerke und technologische Innovationen umfasst. Die Herausforderungen sind erheblich, aber mit einer kollektiven Anstrengung und dem Engagement der Gemeinschaft ist es möglich, eine Zukunft zu gestalten, in der trans-Athleten nicht nur akzeptiert, sondern gefeiert werden. Elijahs Vision ist eine Welt, in der jeder Athlet, unabhängig von Geschlechtsidentität oder sexueller Orientierung, die Möglichkeit hat, sein volles Potenzial auszuschöpfen und im Sport erfolgreich zu sein.

$$\text{Zukunftsvision} = \text{Bildung} + \text{Sichtbarkeit} + \text{Politische Unterstützung} + \text{Netzwerke} + \text{Tech}$$
$$(79)$$

Die Summe dieser Elemente wird entscheidend dazu beitragen, eine inklusive und gerechte Zukunft für alle Athleten zu schaffen.

Die Bedeutung von Selbstfürsorge

In der heutigen schnelllebigen und oft herausfordernden Welt ist Selbstfürsorge nicht nur ein Luxus, sondern eine Notwendigkeit, insbesondere für Aktivisten wie Elijah Nichols, die sich unermüdlich für die Rechte der LGBTQ-Community einsetzen. Selbstfürsorge bezieht sich auf die Praktiken, die Individuen anwenden, um ihre körperliche, emotionale und psychische Gesundheit zu fördern und aufrechtzuerhalten. Diese Praktiken sind entscheidend, um Burnout zu vermeiden und die langfristige Effektivität im Aktivismus zu gewährleisten.

Theoretische Grundlagen

Die Theorie der Selbstfürsorge basiert auf dem Konzept der *Resilienz*, das die Fähigkeit beschreibt, sich von Rückschlägen zu erholen und sich an schwierige Umstände anzupassen. Laut dem Psychologen [1] ist Resilienz nicht nur eine angeborene Eigenschaft, sondern kann durch bewusste Praktiken der Selbstfürsorge gestärkt werden. Dazu gehören regelmäßige körperliche Aktivität, gesunde Ernährung, ausreichend Schlaf und die Pflege sozialer Beziehungen.

Ein weiterer wichtiger theoretischer Rahmen ist die *Positive Psychologie*, die sich mit den Bedingungen und Prozessen befasst, die zu einem erfüllten und bedeutungsvollen Leben führen. [?] beschreibt, dass Selbstfürsorge eine Schlüsselkomponente für das Wohlbefinden ist, da sie Individuen hilft, ihre Stärken zu erkennen und zu nutzen, um Herausforderungen zu bewältigen.

Herausforderungen im Aktivismus

Aktivismus kann emotional und physisch belastend sein. Elijah Nichols hat in seiner Karriere zahlreiche Herausforderungen erlebt, darunter Diskriminierung, öffentliche Angriffe und persönliche Verluste. Diese Erfahrungen können zu Stress, Angstzuständen und Depressionen führen. Ein Bericht von [?] zeigt, dass Aktivisten, die sich nicht um ihre eigene Gesundheit kümmern, ein höheres Risiko für psychische Erkrankungen haben.

Ein Beispiel für die negativen Auswirkungen mangelnder Selbstfürsorge ist die Geschichte von [?], einer Aktivistin, die nach Jahren des intensiven Engagements in der LGBTQ-Bewegung an schwerem Burnout litt. Ihre Erfahrungen verdeutlichen, wie wichtig es ist, sich regelmäßig Zeit für sich selbst zu nehmen und Strategien zur Stressbewältigung zu entwickeln.

Praktische Strategien zur Selbstfürsorge

Elijah Nichols hat verschiedene Strategien zur Selbstfürsorge entwickelt, um seine Gesundheit und sein Wohlbefinden zu fördern:

- **Regelmäßige Bewegung:** Sport ist nicht nur eine Möglichkeit, körperlich fit zu bleiben, sondern auch ein effektives Mittel zur Stressbewältigung. Studien zeigen, dass körperliche Aktivität die Freisetzung von Endorphinen fördert, die als natürliche Stimmungsaufheller wirken [?].

- **Meditation und Achtsamkeit:** Techniken wie Meditation und Achtsamkeit helfen, den Geist zu beruhigen und die emotionale Gesundheit zu stärken. [?]

beschreibt, wie Achtsamkeitspraxis dazu beitragen kann, Stress abzubauen und die Resilienz zu erhöhen.

+ **Soziale Unterstützung:** Der Aufbau und die Pflege eines Netzwerks von Unterstützern sind entscheidend. Elijah betont die Bedeutung von Gemeinschaft und Freundschaften, die ihm helfen, schwierige Zeiten zu überstehen. [?] hebt hervor, dass soziale Unterstützung ein wesentlicher Faktor für das psychische Wohlbefinden ist.

+ **Grenzen setzen:** Aktivisten müssen lernen, „Nein" zu sagen und sich Pausen zu gönnen. Dies kann helfen, Überlastung zu vermeiden und die eigene Energie aufrechtzuerhalten.

Reflexion und persönliche Erfahrungen

Elijah hat in Interviews häufig betont, wie wichtig es ist, regelmäßig Zeit für sich selbst zu nehmen, um sich zu regenerieren. Er berichtet von Zeiten, in denen er überfordert war und die Notwendigkeit erkannte, sich zurückzuziehen und zu reflektieren. Diese Selbstreflexion ermöglicht es ihm, seine Ziele und Prioritäten neu zu bewerten und seine Energie auf die Aspekte des Aktivismus zu konzentrieren, die ihm am meisten am Herzen liegen.

Ein konkretes Beispiel dafür ist Elijahs Entscheidung, an einem Retreat für LGBTQ-Aktivisten teilzunehmen, bei dem er die Möglichkeit hatte, sich mit Gleichgesinnten auszutauschen und neue Perspektiven zu gewinnen. Solche Erfahrungen sind nicht nur erholsam, sondern auch inspirierend und stärken das Gefühl der Gemeinschaft.

Schlussfolgerung

Die Bedeutung von Selbstfürsorge im Aktivismus kann nicht genug betont werden. Für Elijah Nichols und andere Aktivisten ist es entscheidend, sich um sich selbst zu kümmern, um langfristig wirksam und nachhaltig für die Rechte der LGBTQ-Community einzutreten. Die Integration von Selbstfürsorge in den Alltag kann nicht nur das persönliche Wohlbefinden verbessern, sondern auch die Effektivität des Aktivismus insgesamt steigern. In einer Welt, die oft von Herausforderungen und Widerständen geprägt ist, bleibt die Selbstfürsorge ein unverzichtbarer Bestandteil des Engagements für Gerechtigkeit und Gleichheit.

Ein Aufruf zur Aktion

In der heutigen Zeit ist es unerlässlich, dass wir als Gemeinschaft aktiv werden und uns für die Rechte von trans-Sportler:innen einsetzen. Der Aktivismus ist nicht nur eine persönliche Entscheidung, sondern eine kollektive Verantwortung, die wir als Teil der LGBTQ-Community und darüber hinaus tragen müssen. Elijah Nichols hat uns gezeigt, dass Veränderungen möglich sind, wenn wir bereit sind, unsere Stimmen zu erheben und uns für die Belange derjenigen einzusetzen, die oft übersehen oder marginalisiert werden.

Die Dringlichkeit des Engagements

Die Herausforderungen, mit denen trans-Athlet:innen konfrontiert sind, sind vielfältig und oft überwältigend. Diskriminierung, Vorurteile und strukturelle Barrieren im Sport sind nur einige der Probleme, die es zu überwinden gilt. Laut einer Studie von [1] erleben 70% der trans-Athlet:innen Diskriminierung in ihrem sportlichen Umfeld. Diese Zahlen verdeutlichen die Dringlichkeit, aktiv zu werden und eine inklusive und respektvolle Sportkultur zu fördern.

Theoretische Grundlagen des Aktivismus

Aktivismus basiert auf verschiedenen theoretischen Rahmen, die uns helfen, die Mechanismen der sozialen Veränderung zu verstehen. Die Theorie des sozialen Wandels, wie sie von [2] beschrieben wird, betont die Bedeutung kollektiver Aktionen und sozialer Bewegungen. Diese Bewegungen sind oft das Ergebnis von Ungerechtigkeiten, die Menschen motivieren, sich zusammenzuschließen und für ihre Rechte zu kämpfen.

Ein weiterer relevanter theoretischer Ansatz ist die Intersectionalität, die von [3] formuliert wurde. Diese Theorie besagt, dass verschiedene Identitäten – wie Geschlecht, Rasse und sexuelle Orientierung – miteinander verwoben sind und die Erfahrungen von Individuen beeinflussen. Für trans-Sportler:innen bedeutet dies, dass ihre Kämpfe nicht isoliert betrachtet werden können; sie sind Teil eines größeren Gefüges von Ungleichheiten, das es zu bekämpfen gilt.

Handlungsstrategien

Um aktiv zu werden, gibt es verschiedene Strategien, die Einzelpersonen und Gemeinschaften umsetzen können:

- **Bildung und Aufklärung:** Workshops und Seminare, die sich mit den Herausforderungen von trans-Athlet:innen befassen, können das

Bewusstsein schärfen und Vorurteile abbauen. Bildung ist der Schlüssel zur Veränderung.

+ **Solidarität zeigen:** Es ist wichtig, dass cisgender Athlet:innen als Allies auftreten und sich für die Rechte ihrer trans-Kolleg:innen einsetzen. Dies kann durch öffentliche Erklärungen, Teilnahme an Protesten oder Unterstützung von Initiativen geschehen.

+ **Lobbyarbeit:** Aktive Lobbyarbeit bei Sportverbänden und politischen Entscheidungsträger:innen kann dazu beitragen, Richtlinien zu ändern, die diskriminierend sind. Der Einfluss auf die Sportpolitik ist entscheidend, um langfristige Veränderungen zu bewirken.

+ **Nutzung sozialer Medien:** Die Plattformen, die uns zur Verfügung stehen, können genutzt werden, um Geschichten zu teilen, Informationen zu verbreiten und eine breitere Öffentlichkeit zu erreichen. Soziale Medien sind ein kraftvolles Werkzeug, um Mobilisierung und Unterstützung zu fördern.

Beispiele erfolgreicher Aktionen

Ein herausragendes Beispiel für erfolgreichen Aktivismus ist die Kampagne „Trans Athletes Matter", die von Elijah Nichols initiiert wurde. Diese Kampagne hat nicht nur das Bewusstsein für die Herausforderungen von trans-Sportler:innen geschärft, sondern auch konkrete Änderungen in den Richtlinien mehrerer Sportverbände bewirkt. Durch die Zusammenarbeit mit prominenten Athlet:innen und der Nutzung von sozialen Medien konnte die Kampagne eine breite Unterstützung gewinnen und Druck auf die Entscheidungsträger ausüben.

Ein weiteres Beispiel ist die Initiative „Inclusion in Sports", die Workshops und Schulungen für Trainer:innen und Sportverbände anbietet, um ein besseres Verständnis für die Bedürfnisse von trans-Athlet:innen zu fördern. Diese Initiative hat bereits in mehreren Ländern positive Veränderungen bewirkt und zeigt, wie Bildung und Engagement Hand in Hand gehen können.

Ein Aufruf zur aktiven Teilnahme

Wir stehen an einem Wendepunkt. Der Aktivismus, den Elijah Nichols verkörpert, erfordert nicht nur Worte, sondern Taten. Jeder Einzelne von uns kann einen Unterschied machen, indem wir uns engagieren, unsere Stimmen erheben und aktiv gegen Diskriminierung und Ungerechtigkeit eintreten.

Es ist an der Zeit, dass wir nicht nur Zuschauer sind, sondern Akteure in der Schaffung einer inklusiven und gerechten Sportwelt. Lasst uns gemeinsam für eine Zukunft kämpfen, in der jede:r Athlet:in, unabhängig von Geschlechtsidentität oder -ausdruck, die gleichen Chancen und die gleiche Unterstützung erhält. Der Weg ist lang, aber gemeinsam können wir die Hindernisse überwinden und eine Veränderung bewirken.

Bibliography

[1] Smith, J. (2021). *Trans-Athletes and Discrimination: A Study*. Journal of Sports Inclusion.

[2] Tilly, C. (2004). *Social Movements, 1760-2000*. Paradigm Publishers.

[3] Crenshaw, K. (1989). Demarginalizing the Intersection of Race and Sex: A Black Feminist Critique of Antidiscrimination Doctrine, Feminist Theory and Antiracist Politics. *University of Chicago Legal Forum*, 1989(1), 139-167.

Die Rolle von persönlichem Wachstum

Persönliches Wachstum ist ein zentraler Aspekt des Lebens eines Aktivisten wie Elijah Nichols.   Es bezieht sich auf die kontinuierliche Entwicklung und Verbesserung der eigenen Fähigkeiten, Einstellungen und Werte.   In der LGBTQ-Community, insbesondere im Kontext des trans-Sports, ist persönliches Wachstum nicht nur eine individuelle Reise, sondern auch eine kollektive Erfahrung, die von der Unterstützung und den Herausforderungen der Gemeinschaft geprägt ist.

Theoretische Grundlagen

Das Konzept des persönlichen Wachstums kann durch verschiedene psychologische Theorien unterstützt werden.   Eine der bekanntesten Theorien ist die von Maslow (1943), die die Hierarchie der Bedürfnisse beschreibt.   Maslow postulierte, dass Menschen eine Reihe von Bedürfnissen haben, die in einer hierarchischen Struktur angeordnet sind.   Die Selbstverwirklichung, die die höchste Ebene darstellt, ist der Prozess, durch den Individuen ihr volles Potenzial ausschöpfen und persönliche Ziele erreichen.   In der LGBTQ-Community, und insbesondere für trans-Aktivisten, ist die Selbstverwirklichung eng mit der Identitätsfindung und der Akzeptanz verbunden.

$$\text{Selbstverwirklichung} = \text{Identität} + \text{Akzeptanz} + \text{Zielverwirklichung} \qquad (80)$$

Herausforderungen auf dem Weg des Wachstums

Der Weg des persönlichen Wachstums ist oft mit Herausforderungen verbunden. Elijah Nichols hat in seiner Biografie wiederholt betont, wie Diskriminierung und Vorurteile ihn auf seinem Weg geprägt haben. Diese Herausforderungen können in verschiedenen Formen auftreten, darunter:

+ **Innere Konflikte:** Viele trans-Personen kämpfen mit inneren Konflikten, die aus gesellschaftlichen Erwartungen und der eigenen Identität resultieren. Diese Konflikte können das persönliche Wachstum hemmen, wenn Individuen Schwierigkeiten haben, ihre wahre Identität zu akzeptieren.

+ **Externe Widerstände:** Diskriminierung und Stigmatisierung in der Gesellschaft können das persönliche Wachstum behindern. Elijah erlebt beispielsweise oft Widerstand von Sportverbänden und der Öffentlichkeit, was zu Rückschlägen in seiner Aktivismusarbeit führt.

+ **Psychische Gesundheit:** Die ständige Konfrontation mit Diskriminierung kann zu psychischen Gesundheitsproblemen führen, die das persönliche Wachstum beeinträchtigen. Studien zeigen, dass trans-Personen ein höheres Risiko für Depressionen und Angstzustände haben (Budge et al., 2013).

Beispiele für persönliches Wachstum

Trotz dieser Herausforderungen gibt es zahlreiche Beispiele für persönliches Wachstum innerhalb der trans-Community. Elijah Nichols ist ein leuchtendes Beispiel dafür, wie persönliches Wachstum durch Engagement und Unterstützung gefördert werden kann:

+ **Selbstakzeptanz:** Elijah hat gelernt, seine Identität zu akzeptieren und stolz darauf zu sein. Diese Selbstakzeptanz hat ihn ermutigt, als Vorbild für andere trans-Personen zu fungieren, die ähnliche Herausforderungen durchleben.

+ **Mentorship:** Durch die Gründung von Mentorship-Programmen hat Elijah anderen trans-Jugendlichen geholfen, ihre eigenen Wege des persönlichen

Wachstums zu finden. Diese Programme bieten Unterstützung, Ressourcen und eine Plattform, um Erfahrungen auszutauschen.

+ **Öffentliche Reden:** Elijahs Engagement in der Öffentlichkeit, durch Reden und Vorträge, hat nicht nur seine eigene Stimme gestärkt, sondern auch anderen trans-Personen die Möglichkeit gegeben, ihre Geschichten zu teilen. Diese Sichtbarkeit trägt zur Normalisierung von trans-Identitäten in der Gesellschaft bei.

Die Bedeutung von persönlichem Wachstum für die Gemeinschaft

Das persönliche Wachstum von Individuen wie Elijah hat weitreichende Auswirkungen auf die gesamte LGBTQ-Community. Wenn Einzelpersonen wachsen und ihre Stimmen erheben, inspiriert dies andere, dasselbe zu tun. Dies führt zu einer stärkeren, solidarischen Gemeinschaft, die sich für die Rechte und die Sichtbarkeit von trans-Personen einsetzt.

$$\text{Gemeinschaftswachstum} = \sum (\text{individuelles Wachstum})^n \qquad (81)$$

Hierbei steht n für die Anzahl der Individuen innerhalb der Gemeinschaft, deren persönliches Wachstum zu einem kollektiven Fortschritt führt.

Schlussfolgerung

Zusammenfassend lässt sich sagen, dass persönliches Wachstum eine entscheidende Rolle im Leben von Aktivisten wie Elijah Nichols spielt. Es ist ein dynamischer Prozess, der sowohl von inneren als auch von äußeren Faktoren beeinflusst wird. Die Herausforderungen, die auf diesem Weg auftreten, sind zahlreich, aber sie bieten auch Chancen für tiefgreifende Veränderungen und Entwicklungen. Elijahs Engagement und seine Reise zur Selbstakzeptanz sind nicht nur inspirierend, sondern auch ein Beweis dafür, dass persönliches Wachstum sowohl individuell als auch gemeinschaftlich transformative Auswirkungen haben kann. Die Förderung von persönlichem Wachstum innerhalb der LGBTQ-Community ist daher nicht nur wichtig für die Einzelnen, sondern auch für die gesamte Bewegung, die sich für Gleichheit und Akzeptanz einsetzt.

Die Bedeutung von Freundschaft

Freundschaft spielt eine zentrale Rolle im Leben von Elijah Nichols und ist ein entscheidender Faktor für seinen Aktivismus und seine persönliche Entwicklung.

In der LGBTQ-Community ist Freundschaft oft mehr als nur eine soziale Verbindung; sie bietet Unterstützung, Verständnis und einen Raum für Identitätsfindung. Diese Beziehungen sind besonders wichtig in einer Welt, die häufig von Diskriminierung und Vorurteilen geprägt ist.

Theoretische Grundlagen

Die Bedeutung von Freundschaft kann durch verschiedene psychologische Theorien erklärt werden. Eine der bekanntesten Theorien ist die Bindungstheorie, die von John Bowlby entwickelt wurde. Diese Theorie besagt, dass enge, vertrauensvolle Beziehungen in der Kindheit entscheidend für die emotionale Entwicklung sind. Freundschaften in der Jugend und im Erwachsenenleben können ähnliche Funktionen erfüllen. Sie bieten emotionale Unterstützung, fördern das Selbstwertgefühl und helfen, Stress abzubauen.

Die soziale Identitätstheorie von Henri Tajfel bietet ebenfalls einen nützlichen Rahmen für das Verständnis der Rolle von Freundschaften in der LGBTQ-Community. Diese Theorie legt nahe, dass Individuen sich in Gruppen identifizieren, um ihr Selbstwertgefühl zu steigern. Freundschaften innerhalb der LGBTQ-Community können daher als ein Mittel zur Stärkung der eigenen Identität und zur Schaffung eines unterstützenden Netzwerks dienen.

Probleme und Herausforderungen

Trotz der positiven Aspekte von Freundschaft gibt es auch Herausforderungen, die Elijah und andere LGBTQ-Aktivisten erleben. Diskriminierung und Stigmatisierung können dazu führen, dass Freundschaften belastet werden. Beispielsweise kann der Druck, sich in einer heteronormativen Gesellschaft zu behaupten, dazu führen, dass LGBTQ-Personen sich isoliert fühlen, selbst von ihren Freunden.

Ein weiteres Problem ist der Verlust von Freundschaften, wenn sich Individuen outen oder ihre Identität verändern. In Elijahs Fall erlebte er, dass einige seiner früheren Freunde Schwierigkeiten hatten, seine Transition zu akzeptieren. Diese Erfahrungen können emotional belastend sein und das Gefühl der Einsamkeit verstärken.

Positive Beispiele

Elijahs Weg zum Aktivismus wurde maßgeblich durch die Unterstützung seiner Freunde geprägt. Ein prägnantes Beispiel ist seine enge Freundschaft mit Mia, einer Mitstreiterin in der LGBTQ-Bewegung. Mia bot Elijah nicht nur emotionale

Unterstützung während seiner Transition, sondern half ihm auch, seine Stimme in der Öffentlichkeit zu finden. Gemeinsam organisierten sie lokale Events, um auf die Herausforderungen von trans-Athleten aufmerksam zu machen.

Ein weiteres Beispiel ist die Gründung von „Trans Sport Allies", einer Organisation, die sich für die Rechte von trans-Athleten einsetzt. Diese Initiative wurde von einem Netzwerk von Freunden und Unterstützern ins Leben gerufen, die alle eine gemeinsame Vision für Gleichheit im Sport teilen. Die gegenseitige Unterstützung innerhalb dieser Gruppe hat dazu beigetragen, die Sichtbarkeit der trans-Community zu erhöhen und positive Veränderungen im Sport zu bewirken.

Schlussfolgerung

Zusammenfassend lässt sich sagen, dass Freundschaft eine fundamentale Rolle im Leben von Elijah Nichols spielt. Sie bietet nicht nur emotionale Unterstützung, sondern fördert auch den Aktivismus und die Identitätsfindung. Die Herausforderungen, die mit Freundschaften in der LGBTQ-Community verbunden sind, dürfen nicht übersehen werden, doch die positiven Beispiele zeigen, wie Freundschaften als Katalysatoren für Veränderung und Wachstum dienen können. In einer Welt, die oft feindlich gegenüber LGBTQ-Personen ist, bleibt die Bedeutung von Freundschaft unbestritten und ist ein Schlüssel zu einem erfüllten und aktiven Leben.

$$F = E + S \tag{82}$$

wobei F die Stärke der Freundschaft, E die emotionale Unterstützung und S die soziale Identität darstellt. Diese Gleichung verdeutlicht, dass die Stärke von Freundschaften sowohl von der emotionalen Unterstützung als auch von der sozialen Identität abhängt, die sie fördern.

Die Herausforderungen des Aktivismus

Aktivismus ist ein entscheidender Bestandteil der gesellschaftlichen Veränderung, insbesondere im Kontext der LGBTQ-Community und der trans-Sport-Bewegung. Doch der Weg des Aktivismus ist oft mit zahlreichen Herausforderungen und Widerständen gepflastert. In diesem Abschnitt werden die zentralen Herausforderungen, mit denen Aktivisten konfrontiert sind, detailliert betrachtet.

Diskriminierung und Vorurteile

Eine der größten Hürden für trans-Aktivisten ist die weit verbreitete Diskriminierung und die Vorurteile, die in der Gesellschaft verankert sind. Diese Diskriminierung äußert sich nicht nur in persönlichen Begegnungen, sondern auch in institutionellen Strukturen. Studien haben gezeigt, dass trans-Personen in vielen Bereichen, einschließlich Bildung, Beschäftigung und Sport, systematisch benachteiligt werden [?]. Diese Diskriminierung kann sich in Form von Mobbing, sozialer Isolation und sogar physischer Gewalt manifestieren.

Mangelnde Unterstützung

Ein weiteres bedeutendes Problem ist der Mangel an Unterstützung innerhalb der Gemeinschaft und von Institutionen. Oftmals fehlen Ressourcen, die für die Förderung und Unterstützung von trans-Aktivisten notwendig sind. Dies kann sich in einer unzureichenden Finanzierung von Projekten und Initiativen zeigen, die darauf abzielen, trans-Sportler zu unterstützen. Ein Beispiel hierfür ist die unzureichende Berücksichtigung von trans-Personen in Sportverbänden, was zu einer Marginalisierung ihrer Stimmen führt [?].

Interne Konflikte innerhalb der LGBTQ-Community

Obwohl die LGBTQ-Community oft als eine Einheit wahrgenommen wird, gibt es interne Konflikte, die den Aktivismus behindern können. Unterschiedliche Prioritäten und Ansichten innerhalb der Community können zu Spannungen führen. Trans-Aktivisten sehen sich manchmal mit Widerstand von anderen LGBTQ-Mitgliedern konfrontiert, die ihre eigenen Anliegen über die der trans-Personen stellen. Dies kann die Solidarität und den Zusammenhalt innerhalb der Gemeinschaft untergraben [?].

Politische Widerstände

Politische Widerstände stellen eine erhebliche Herausforderung für den Aktivismus dar. Viele Regierungen und politische Institutionen zeigen sich oft unwillig, die Rechte von trans-Personen zu unterstützen. In einigen Ländern gibt es sogar Gesetze, die aktiv gegen die Rechte von trans-Sportlern gerichtet sind. Diese politischen Barrieren können den Fortschritt erheblich verlangsamen und die Bemühungen der Aktivisten gefährden [?].

Medienberichterstattung

Die Art und Weise, wie die Medien über trans-Aktivismus berichten, kann sowohl eine Herausforderung als auch eine Chance darstellen. Sensationsberichterstattung und negative Stereotypen können das öffentliche Bild von trans-Personen verzerren und den Aktivismus untergraben. Zudem kann die Berichterstattung über trans-Themen oft oberflächlich sein und wichtige Nuancen und Perspektiven ignorieren, was zu einem Missverständnis der Herausforderungen führt, mit denen trans-Sportler konfrontiert sind [?].

Psychische Belastungen

Die psychischen Belastungen, die mit dem Aktivismus einhergehen, sind oft erheblich. Aktivisten sind häufig mit Stress, Angst und Burnout konfrontiert, insbesondere wenn sie sich gegen Diskriminierung und Ungerechtigkeit einsetzen. Die ständige Auseinandersetzung mit negativen Erfahrungen und Widerständen kann zu emotionaler Erschöpfung führen, was wiederum die Effektivität ihrer Arbeit beeinträchtigen kann [?].

Strategien zur Resilienz

Um diesen Herausforderungen zu begegnen, ist es wichtig, Strategien zur Resilienz zu entwickeln. Dies kann durch den Aufbau von unterstützenden Netzwerken, die Förderung von Selbstfürsorge und die Schaffung von Plattformen für den Austausch von Erfahrungen geschehen. Aktivisten sollten sich gegenseitig unterstützen und Ressourcen teilen, um die psychischen und emotionalen Belastungen zu bewältigen [?].

Fazit

Die Herausforderungen des Aktivismus sind vielfältig und komplex. Von Diskriminierung und mangelnder Unterstützung bis hin zu politischen Widerständen und psychischen Belastungen müssen Aktivisten eine Vielzahl von Hürden überwinden. Dennoch bleibt der Aktivismus eine unverzichtbare Kraft für Veränderung und Fortschritt. Indem wir uns diesen Herausforderungen stellen und Strategien zur Resilienz entwickeln, können wir die Stimmen der trans-Sportler stärken und eine gerechtere Zukunft für alle schaffen.

Reflexion über Erfolge und Misserfolge

In der Reflexion über die Erfolge und Misserfolge von Elijah Nichols im Rahmen seiner Aktivismusreise wird deutlich, dass sowohl Triumphe als auch Rückschläge wesentliche Bestandteile des Prozesses sind. Diese Erfahrungen formen nicht nur die Identität eines Aktivisten, sondern auch die Landschaft der trans-Sport-Bewegung.

Erfolge als Meilensteine

Elijahs Engagement hat zu bedeutenden Errungenschaften geführt, die als Meilensteine in der trans-Sport-Geschichte betrachtet werden können. Ein bemerkenswerter Erfolg war die Gründung der Organisation *Trans Sport Allies*, die sich für die Rechte von trans-Athleten einsetzt. Diese Initiative hat nicht nur die Sichtbarkeit von trans-Sportlern erhöht, sondern auch dazu beigetragen, dass viele Sportverbände ihre Richtlinien überdachten und anpassten.

Ein Beispiel für diese Veränderungen ist die Einführung von Richtlinien, die trans-Athleten die Teilnahme an Wettkämpfen ermöglichen, basierend auf ihrem Geschlecht, und nicht auf ihrem biologischen Geschlecht bei der Geburt. Diese Entwicklungen sind das Ergebnis intensiver Lobbyarbeit und der Mobilisierung von Unterstützern aus der Community.

Die Rolle von Sichtbarkeit und Medien

Die Medien spielten eine entscheidende Rolle bei der Verbreitung von Elijahs Botschaften. Durch Interviews, Dokumentationen und Social-Media-Kampagnen konnte er eine breitere Öffentlichkeit erreichen. Diese Sichtbarkeit hat nicht nur die Wahrnehmung von trans-Athleten im Sport verändert, sondern auch das Bewusstsein für die Herausforderungen, mit denen sie konfrontiert sind, geschärft.

Ein Beispiel hierfür ist die mediale Berichterstattung über die ersten trans-Athleten, die an großen Wettkämpfen wie den Olympischen Spielen teilnahmen. Diese Geschichten haben das öffentliche Interesse geweckt und viele Menschen dazu inspiriert, sich aktiv für die Rechte von trans-Athleten einzusetzen.

Misserfolge und Herausforderungen

Trotz dieser Erfolge war Elijahs Weg nicht ohne Rückschläge. Ein zentrales Problem war die anhaltende Diskriminierung im Sport. Zahlreiche trans-Athleten berichteten von Mobbing, Diskriminierung und dem Gefühl, nicht akzeptiert zu werden. Diese Erfahrungen führten oft zu einem Rückzug aus dem Sport und einer verminderten Sichtbarkeit.

Ein besonders prägnantes Beispiel ist der Fall eines trans-Athleten, der aufgrund von Diskriminierung und mangelnder Unterstützung gezwungen war, seine sportlichen Ambitionen aufzugeben. Solche Rückschläge verdeutlichen die Notwendigkeit, die Unterstützungssysteme für trans-Athleten weiter zu stärken und sicherzustellen, dass sie in der Sportgemeinschaft akzeptiert werden.

Theoretische Perspektiven

Um die Erfolge und Misserfolge von Elijah Nichols zu verstehen, ist es hilfreich, verschiedene theoretische Rahmenbedingungen zu betrachten. Die *Theorie der sozialen Identität* kann hierbei eine wichtige Rolle spielen. Sie besagt, dass Individuen ihre Identität stark von der Zugehörigkeit zu sozialen Gruppen ableiten. In Elijahs Fall ist die Zugehörigkeit zur LGBTQ-Community sowohl eine Quelle der Stärke als auch der Anfälligkeit. Erfolge in der Sichtbarkeit und Akzeptanz stärken das Gemeinschaftsgefühl, während Rückschläge und Diskriminierung die Identität und das Selbstwertgefühl beeinträchtigen können.

Ein weiterer relevanter theoretischer Ansatz ist die *Theorie des sozialen Wandels*. Diese Theorie untersucht, wie soziale Bewegungen Veränderungen in den gesellschaftlichen Normen und Werten herbeiführen können. Elijahs Arbeit hat dazu beigetragen, die gesellschaftliche Wahrnehmung von trans-Athleten zu verändern und neue Standards für Inklusion und Gleichheit im Sport zu setzen.

Lernprozesse aus Misserfolgen

Die Reflexion über Misserfolge ist ebenso wichtig wie die Betrachtung von Erfolgen. Elijah betont, dass jeder Rückschlag eine Gelegenheit zum Lernen darstellt. Die Herausforderungen, denen er und andere trans-Athleten gegenüberstehen, haben zu einer stärkeren Gemeinschaft geführt, die sich gegenseitig unterstützt und ermutigt.

Ein Beispiel für diesen Lernprozess ist die Etablierung von Selbsthilfegruppen, in denen trans-Athleten ihre Erfahrungen teilen und Strategien zur Bewältigung von Diskriminierung entwickeln können. Diese Gruppen fördern nicht nur den Austausch von Wissen und Erfahrungen, sondern stärken auch das Gefühl der Zugehörigkeit und Solidarität.

Ausblick auf zukünftige Herausforderungen

Abschließend lässt sich sagen, dass die Reflexion über Erfolge und Misserfolge ein kontinuierlicher Prozess ist. Elijah Nichols sieht die Notwendigkeit, aus den bisherigen Erfahrungen zu lernen und sich auf zukünftige Herausforderungen vorzubereiten. Die trans-Sport-Bewegung steht vor der Aufgabe, weiterhin für Gleichheit und Inklusion zu kämpfen, während sie gleichzeitig die Erfolge feiert, die bereits erzielt wurden.

Die Herausforderungen, die vor uns liegen, sind vielfältig. Dazu gehören politische Widerstände, gesellschaftliche Vorurteile und die Notwendigkeit, die Sichtbarkeit von trans-Athleten weiter zu erhöhen. Elijah ist sich jedoch sicher, dass die kollektive Stimme der Community stark genug ist, um Veränderungen herbeizuführen.

In diesem Sinne ist die Reflexion über Erfolge und Misserfolge nicht nur eine Rückschau, sondern auch ein Aufruf zur aktiven Teilnahme am fortwährenden Kampf für Gerechtigkeit und Gleichheit im Sport und darüber hinaus.

Die Vision von einer besseren Zukunft

Die Vision von einer besseren Zukunft für trans-Athleten und die LGBTQ-Community ist geprägt von der Hoffnung auf Gleichheit, Akzeptanz und Unterstützung in allen Bereichen des Lebens, insbesondere im Sport. Diese Vision ist nicht nur eine Utopie, sondern ein erreichbares Ziel, das durch kollektives Handeln und Engagement verwirklicht werden kann. Um diese Vision zu realisieren, müssen wir verschiedene Aspekte betrachten, darunter gesellschaftliche Akzeptanz, politische Unterstützung, Bildung und die Schaffung sicherer Räume für alle.

Gesellschaftliche Akzeptanz

Eine der grundlegendsten Voraussetzungen für eine bessere Zukunft ist die gesellschaftliche Akzeptanz von trans-Personen. Studien zeigen, dass die Akzeptanz von LGBTQ-Personen in vielen Gesellschaften nach wie vor gering ist. Laut einer Umfrage von [?] gaben 39% der Befragten an, dass sie sich unwohl fühlen, wenn sie mit trans-Personen interagieren. Dies zeigt, dass es einen dringenden Bedarf an Aufklärung und Sensibilisierung gibt, um Vorurteile abzubauen und eine inklusive Gesellschaft zu fördern.

Politische Unterstützung

Politische Unterstützung ist entscheidend für die Schaffung eines Umfelds, in dem trans-Athleten sicher und respektiert sind. In vielen Ländern gibt es immer noch diskriminierende Gesetze, die trans-Personen den Zugang zu Sport und anderen Lebensbereichen verwehren. Ein Beispiel hierfür ist das Gesetz in mehreren US-Bundesstaaten, das es trans-Personen verbietet, an Sportarten teilzunehmen, die mit ihrem Geschlecht übereinstimmen. Um diese Probleme zu bekämpfen, ist es notwendig, dass Aktivisten wie Elijah Nichols Lobbyarbeit leisten, um Gesetze zu ändern und politische Unterstützung zu gewinnen.

Bildung und Aufklärung

Bildung spielt eine zentrale Rolle bei der Schaffung einer besseren Zukunft. Durch Bildungsprogramme, die sich auf die Aufklärung über Geschlechtervielfalt und trans-Rechte konzentrieren, können wir das Bewusstsein in Schulen und Gemeinden schärfen. Ein Beispiel für einen erfolgreichen Bildungsansatz ist das Programm „Safe Schools", das in vielen Schulen implementiert wurde, um eine sichere und unterstützende Umgebung für LGBTQ-Schüler zu schaffen. Solche Programme haben nachweislich zu einer Verringerung von Mobbing und Diskriminierung geführt [?].

Sichere Räume schaffen

Es ist von entscheidender Bedeutung, sichere Räume für trans-Athleten zu schaffen, in denen sie sich frei ausdrücken und ihre Identität ohne Angst vor Diskriminierung leben können. Sportverbände und -organisationen müssen aktiv daran arbeiten, inklusive Richtlinien zu implementieren und sicherzustellen, dass alle Athleten, unabhängig von ihrer Geschlechtsidentität, die gleichen Chancen haben. Ein Beispiel für eine solche Initiative ist die „Transgender Inclusion Policy" des International Olympic Committee, die darauf abzielt, trans-Athleten die Teilnahme an Wettkämpfen zu ermöglichen, ohne dass sie ihre Identität verbergen müssen.

Kollektives Handeln

Die Vision einer besseren Zukunft kann nur durch kollektives Handeln erreicht werden. Aktivisten, Unterstützer, Athleten und die Gemeinschaft müssen zusammenarbeiten, um eine starke Stimme für Veränderungen zu schaffen. Der Erfolg von Bewegungen wie „Black Lives Matter" zeigt, wie kollektives Handeln zu bedeutenden Veränderungen führen kann. In ähnlicher Weise kann die LGBTQ-Community durch Solidarität und Zusammenarbeit eine stärkere Stimme im Kampf für Gleichheit und Akzeptanz gewinnen.

Die Rolle der Technologie

Technologie kann ebenfalls eine Schlüsselrolle bei der Verwirklichung dieser Vision spielen. Soziale Medien und Online-Plattformen ermöglichen es Aktivisten, ihre Botschaften zu verbreiten und eine breitere Öffentlichkeit zu erreichen. Kampagnen wie „#TransRightsAreHumanRights" haben gezeigt, wie effektiv digitale Plattformen sein können, um Bewusstsein zu schaffen und Unterstützung zu mobilisieren. Die Nutzung von Technologie zur Vernetzung von Unterstützern und zur Verbreitung von Informationen ist entscheidend für den Erfolg der Bewegung.

Fazit

Die Vision von einer besseren Zukunft für trans-Athleten ist eine, die auf Gleichheit, Akzeptanz und Unterstützung basiert. Um diese Vision zu erreichen, müssen wir gesellschaftliche Akzeptanz fördern, politische Unterstützung gewinnen, Bildung und Aufklärung bereitstellen, sichere Räume schaffen und kollektives Handeln unterstützen. Die Herausforderungen sind groß, aber mit Entschlossenheit und Zusammenarbeit können wir eine gerechtere und inklusivere Zukunft für alle schaffen. Die Worte von Elijah Nichols, „Wir sind hier, wir sind sichtbar, und wir werden nicht schweigen", sind ein kraftvoller Aufruf zur Aktion und erinnern uns daran, dass jeder Schritt in Richtung Veränderung zählt.

Schlusswort und Ausblick

Zusammenfassung der wichtigsten Punkte

In diesem Kapitel haben wir die bedeutenden Errungenschaften und Herausforderungen von Elijah Nichols, einer herausragenden Figur in der trans-Sport-Bewegung, zusammengefasst. Elijahs Lebensgeschichte ist nicht nur eine persönliche Erzählung, sondern auch ein Spiegelbild der gesellschaftlichen Veränderungen und der anhaltenden Kämpfe innerhalb der LGBTQ-Community. Im Folgenden werden die zentralen Punkte zusammengefasst, die die Kernaspekte von Elijahs Aktivismus und dessen Auswirkungen auf den Sport und die Gesellschaft beleuchten.

Die Entwicklung der trans-Sport-Bewegung

Die trans-Sport-Bewegung hat sich über die letzten Jahrzehnte erheblich weiterentwickelt. Historisch gesehen waren trans-Athleten oft von Wettbewerben ausgeschlossen oder sahen sich erheblichen Diskriminierungen ausgesetzt. Elijah Nichols hat in dieser Hinsicht eine Schlüsselrolle gespielt, indem er auf die Notwendigkeit von Inklusion und Gleichheit im Sport hingewiesen hat. Die Entwicklung von Richtlinien durch Sportverbände, die die Teilnahme von trans-Athleten ermöglichen, ist ein bedeutender Fortschritt. Diese Richtlinien, wie die von der International Olympic Committee (IOC) eingeführten, sind entscheidend für die Schaffung eines fairen Wettbewerbsumfelds.

Herausforderungen und Widerstände

Trotz der Fortschritte gibt es nach wie vor erhebliche Herausforderungen. Diskriminierung und Vorurteile sind nach wie vor weit verbreitet, sowohl in der Gesellschaft als auch im Sport. Elijah hat diese Probleme in seinen Reden und öffentlichen Auftritten angesprochen, um das Bewusstsein zu schärfen. Ein Beispiel für diese Diskriminierung ist der Fall von trans-Sportlern, die trotz der Einführung neuer Richtlinien weiterhin mit Vorurteilen und Missverständnissen konfrontiert sind. Diese Widerstände verdeutlichen die Notwendigkeit von fortlaufenden Bildungs- und Sensibilisierungsprogrammen.

Die Rolle der Medien

Die Medien spielen eine entscheidende Rolle bei der Sichtbarkeit von trans-Athleten und deren Geschichten. Elijahs Engagement in sozialen Medien hat dazu beigetragen, eine breitere Öffentlichkeit zu erreichen und die Stimmen von trans-Sportlern zu stärken. Berichterstattung über trans-Athleten hat sich jedoch nicht immer als positiv erwiesen; häufig werden sie stereotypisiert oder ihre Geschichten werden sensationalisiert. Eine ausgewogene und respektvolle Berichterstattung ist notwendig, um ein realistisches Bild der Herausforderungen und Erfolge von trans-Athleten zu vermitteln.

Bildung und Aufklärung

Ein zentraler Aspekt von Elijahs Arbeit ist die Bildung. Durch Workshops, Seminare und Informationskampagnen hat er dazu beigetragen, das Verständnis für trans-Themen zu fördern. Die Schaffung von Bildungsressourcen für Trainer, Athleten und Bildungseinrichtungen ist entscheidend, um Vorurteile abzubauen und ein unterstützendes Umfeld zu schaffen. Studien zeigen, dass Aufklärung über Geschlechtsidentität und -vielfalt in Schulen zu einer höheren Akzeptanz und einem besseren sozialen Klima führt.

Zukunftsvisionen

Elijah Nichols hat klare Visionen für die Zukunft des trans-Sports formuliert. Er strebt eine Welt an, in der alle Athleten, unabhängig von ihrer Geschlechtsidentität, die gleichen Chancen im Sport erhalten. Dazu gehört die Förderung von inklusiven Programmen und die Zusammenarbeit mit internationalen Organisationen, um trans-Athleten weltweit zu unterstützen. Die Notwendigkeit von Forschung und Daten zur Unterstützung dieser Initiativen ist ebenfalls von großer Bedeutung, um die Auswirkungen von Diskriminierung zu quantifizieren und gezielte Maßnahmen zu entwickeln.

Zusammenfassend lässt sich sagen, dass Elijah Nichols nicht nur eine Stimme für trans-Athleten ist, sondern auch ein Katalysator für Veränderung in der Sportwelt. Seine Arbeit hat nicht nur die Sichtbarkeit von trans-Sportlern erhöht, sondern auch eine breitere Diskussion über Geschlechtsidentität und Inklusion angestoßen. Die Herausforderungen sind nach wie vor groß, doch die Fortschritte, die durch Elijahs Engagement erzielt wurden, bieten Hoffnung für eine gerechtere und inklusivere Zukunft im Sport.

Ein Dank an die Unterstützer

In der Reise von Elijah Nichols, einer der herausragendsten Stimmen der trans-Sport-Befürwortung, ist die Rolle der Unterstützer von entscheidender Bedeutung. Diese Menschen, Gruppen und Organisationen haben nicht nur Elijahs persönliche Entwicklung gefördert, sondern auch zur Stärkung der trans-Sport-Bewegung insgesamt beigetragen. Ohne ihre unermüdliche Unterstützung und ihren Glauben an die Vision einer inklusiven Sportwelt wäre der Weg, den Elijah eingeschlagen hat, weitaus schwieriger gewesen.

Die Bedeutung der Unterstützer

Die Unterstützer von Elijah sind eine vielfältige Gruppe, die sich aus Familienmitgliedern, Freunden, Mentoren, anderen Aktivisten und Organisationen zusammensetzt. Jeder dieser Unterstützer hat auf seine Weise dazu beigetragen, Elijahs Botschaft zu verbreiten und die Sichtbarkeit der trans-Community im Sport zu erhöhen. Diese Unterstützung ist nicht nur emotional, sondern auch praktisch. Sie umfasst die Bereitstellung von Ressourcen, die Teilnahme an Veranstaltungen und das Teilen von Informationen in sozialen Medien.

Ein Beispiel für solche Unterstützung ist die Familie von Elijah, die ihn in seiner Identitätsfindung und seinem Aktivismus stets ermutigt hat. Diese familiäre Unterstützung hat es Elijah ermöglicht, sich sicher und akzeptiert zu fühlen, was für viele trans-Personen eine große Herausforderung darstellt. Laut einer Studie von [?] ist die Unterstützung durch die Familie ein entscheidender Faktor für das psychische Wohlbefinden von LGBTQ-Jugendlichen.

Mentoren und Vorbilder

Mentoren spielen eine zentrale Rolle im Leben von Elijah. Sie bieten nicht nur Ratschläge und Unterstützung, sondern auch ein Beispiel dafür, was möglich ist. Elijahs Mentor, ein ehemaliger trans-Athlet, hat ihm geholfen, die Herausforderungen des Wettkampfs zu meistern und ihn ermutigt, seine Stimme zu erheben. Diese Art der Unterstützung ist besonders wichtig, da sie den Zugang zu Netzwerken und Ressourcen eröffnet, die für den Erfolg im Aktivismus unerlässlich sind.

Die Bedeutung von Vorbildern kann nicht genug betont werden. Sie inspirieren und motivieren junge Aktivisten, ihre Träume zu verfolgen und für ihre Rechte einzutreten. Wie [1] in seiner Analyse der trans-Sport-Bewegung feststellt, ist die Sichtbarkeit von trans-Personen in der Öffentlichkeit entscheidend, um Vorurteile abzubauen und Akzeptanz zu fördern.

Die Rolle von Organisationen

Verschiedene Organisationen haben ebenfalls eine entscheidende Rolle in Elijahs Aktivismus gespielt. Organisationen wie *Trans Sport Allies* haben nicht nur Ressourcen bereitgestellt, sondern auch Plattformen geschaffen, auf denen trans-Athleten ihre Stimmen erheben können. Diese Organisationen arbeiten daran, Richtlinien zu ändern, um eine gerechtere und inklusivere Sportlandschaft zu schaffen.

Ein Beispiel für die Wirksamkeit solcher Organisationen ist die Kampagne *#TransInSports*, die darauf abzielt, die Sichtbarkeit von trans-Athleten zu erhöhen und Diskriminierung im Sport zu bekämpfen. Diese Kampagne hat nicht nur das Bewusstsein geschärft, sondern auch konkrete Veränderungen in der Sportpolitik angestoßen. Laut [?] hat die Kampagne dazu beigetragen, dass mehrere Sportverbände Richtlinien zur Unterstützung von trans-Athleten überarbeitet haben.

Die Herausforderungen der Unterstützung

Trotz der positiven Auswirkungen, die Unterstützer auf Elijahs Aktivismus haben, gibt es auch Herausforderungen. Unterstützer stehen oft vor dem Problem, dass sie in ihrer eigenen Gemeinschaft auf Widerstand stoßen. Dies kann zu Spannungen führen und die Effektivität ihrer Unterstützung beeinträchtigen. Es ist wichtig, dass Unterstützer lernen, mit diesen Herausforderungen umzugehen und Strategien zu entwickeln, um die Botschaft des Aktivismus weiter zu verbreiten.

Ein Beispiel für eine solche Herausforderung ist die Diskriminierung, die viele Unterstützer in ihren eigenen sozialen Kreisen erfahren. Oftmals müssen sie sich gegen Vorurteile und Fehlinformationen behaupten, was emotional belastend sein kann. Dennoch zeigen zahlreiche Studien, dass die Unterstützung durch Gleichgesinnte und die Schaffung eines sicheren Raums für Diskussionen entscheidend sind, um diese Herausforderungen zu bewältigen [?].

Ein Aufruf zur Unterstützung

Abschließend möchte Elijah Nichols allen Unterstützern danken, die ihn auf seiner Reise begleitet haben. Ihre unerschütterliche Unterstützung ist ein Licht in der Dunkelheit und ein Beweis dafür, dass Veränderung möglich ist. Ein Aufruf an alle Leser: Beteiligen Sie sich an der Unterstützung von LGBTQ-Aktivisten und trans-Athleten. Ihre Stimme und Ihr Engagement können einen bedeutenden Unterschied machen.

Die Zukunft des trans-Sports hängt von der gemeinsamen Anstrengung aller ab. Lassen Sie uns zusammenarbeiten, um eine Welt zu schaffen, in der jeder Mensch, unabhängig von Geschlecht oder Identität, die Möglichkeit hat, in Sport und Leben zu glänzen. Ihre Unterstützung ist nicht nur wichtig, sie ist entscheidend.

Die Rolle der Leser im Aktivismus

Die Leser spielen eine entscheidende Rolle im Aktivismus, insbesondere in der heutigen digitalen Ära, in der Informationen schnell verbreitet werden können. Ihre Beteiligung kann nicht nur die Sichtbarkeit von Themen erhöhen, sondern auch die Dynamik von Bewegungen beeinflussen. In diesem Abschnitt werden wir die verschiedenen Facetten der Rolle der Leser im Aktivismus untersuchen, einschließlich ihrer Einflussmöglichkeiten, der Herausforderungen, denen sie gegenüberstehen, und konkreter Beispiele, die die Bedeutung ihrer Teilnahme verdeutlichen.

Einflussmöglichkeiten der Leser

Leser haben die Macht, durch ihre Lektüre und die darauf basierenden Handlungen aktiv zur Veränderung beizutragen. Sie können:

+ **Bewusstsein schaffen:** Indem sie Bücher, Artikel und Berichte über LGBTQ-Themen lesen, werden sie über die Herausforderungen und Erfolge der Community informiert. Diese Kenntnisse können sie motivieren, sich für Gleichheit und Akzeptanz einzusetzen.

+ **Diskussionen anstoßen:** Leser können in ihren sozialen Kreisen Diskussionen über die Themen führen, die sie durch ihre Lektüre entdeckt haben. Diese Gespräche können zu einem breiteren Verständnis und zu einer stärkeren Unterstützung für die LGBTQ-Community führen.

+ **Aktiv werden:** Leser, die sich mit den Inhalten identifizieren, sind oft motiviert, aktiv zu werden, sei es durch Freiwilligenarbeit, Teilnahme an Protesten oder Unterstützung von Organisationen, die sich für trans-Rechte einsetzen.

Herausforderungen für Leser im Aktivismus

Trotz ihrer Einflussmöglichkeiten stehen Leser im Aktivismus vor mehreren Herausforderungen:

+ **Zugang zu Informationen:** In vielen Regionen ist der Zugang zu qualitativ hochwertigen Informationen über LGBTQ-Themen eingeschränkt. Dies kann durch Zensur, Vorurteile oder mangelnde Medienberichterstattung bedingt sein.

+ **Fehlinformationen:** Die Verbreitung von Fehlinformationen, insbesondere über soziale Medien, kann das Verständnis von LGBTQ-Themen verzerren und zu einer negativen Wahrnehmung führen. Leser müssen kritisch mit den Informationen umgehen, die sie konsumieren.

+ **Emotionale Belastung:** Das Lesen über Diskriminierung und Ungerechtigkeit kann emotional belastend sein. Leser müssen Wege finden, mit diesen Gefühlen umzugehen, um weiterhin aktiv und engagiert zu bleiben.

Konkrete Beispiele für Leserengagement

Es gibt zahlreiche Beispiele, die die Rolle der Leser im Aktivismus veranschaulichen:

- Buchclubs und Diskussionsgruppen: Viele Leser schließen sich Buchclubs an, die sich auf LGBTQ-Literatur konzentrieren. Diese Gruppen fördern nicht nur das Lesen, sondern auch den Austausch von Ideen und das Engagement in der Community.

- Online-Kampagnen: Leser nutzen soziale Medien, um auf LGBTQ-Themen aufmerksam zu machen. Kampagnen wie *#TransRightsAreHumanRights* zeigen, wie Leser durch das Teilen von Inhalten und persönlichen Geschichten eine breitere Diskussion anstoßen können.

- Petitionen und Spendenaktionen: Leser, die sich über die Herausforderungen der LGBTQ-Community informieren, können sich an Petitionen beteiligen oder Spendenaktionen unterstützen, um Organisationen zu helfen, die sich für trans-Rechte einsetzen.

Theoretische Grundlagen

Die Rolle der Leser im Aktivismus kann auch durch verschiedene theoretische Ansätze unterstützt werden. Der *Theorie der sozialen Bewegungen* zufolge sind Leser nicht nur passive Konsumenten von Informationen, sondern aktive Teilnehmer, die durch ihr Engagement Veränderungen bewirken können. Diese Theorie betont die Bedeutung von **kollektiven Identitäten** und **Solidarität**, die durch das Teilen von Informationen und Erfahrungen gefördert werden.

Ein weiterer relevanter theoretischer Rahmen ist die *Theorie der kritischen Medienkonsumtion*. Diese Theorie legt nahe, dass Leser in der Lage sind, Medieninhalte kritisch zu hinterfragen und aktiv in die gesellschaftliche Diskussion einzugreifen. Durch das Verständnis der Mechanismen, die hinter der Medienberichterstattung stehen, können Leser informierte Entscheidungen treffen und effektiver im Aktivismus agieren.

Fazit

Die Rolle der Leser im Aktivismus ist vielschichtig und entscheidend für den Fortschritt der LGBTQ-Bewegung. Durch das Schaffen von Bewusstsein, das Anstoßen von Diskussionen und das aktive Engagement können Leser einen bedeutenden Einfluss ausüben. Trotz der Herausforderungen, mit denen sie konfrontiert sind, bleibt ihre Teilnahme an der Bewegung unerlässlich. Die theoretischen Grundlagen, die hinter ihrem Engagement stehen, unterstreichen die Bedeutung von kritischem Denken und kollektiver Solidarität. Indem sie sich aktiv in den Diskurs einbringen und sich mit den Themen auseinandersetzen, können Leser nicht nur ihre eigene Perspektive erweitern, sondern auch einen positiven Einfluss auf die Gesellschaft ausüben und zur Schaffung einer inklusiveren Welt beitragen.

Ein Aufruf zur Solidarität

Die Bedeutung von Solidarität in der LGBTQ-Community kann nicht hoch genug eingeschätzt werden. Solidarität ist nicht nur ein Wort, sondern ein aktives Engagement, das sich in Taten und Unterstützungsnetzwerken manifestiert. In einer Zeit, in der viele trans-Athleten und LGBTQ-Personen mit Diskriminierung, Vorurteilen und Gewalt konfrontiert sind, ist es entscheidend, dass wir als Gemeinschaft zusammenstehen. Dieser Aufruf zur Solidarität ist ein Aufruf an alle, sich aktiv für die Rechte und die Sichtbarkeit von trans-Personen im Sport und darüber hinaus einzusetzen.

Theoretische Grundlagen der Solidarität

Solidarität ist ein Konzept, das in der Sozialwissenschaft oft als ein Gefühl der Gemeinschaft und des Zusammenhalts beschrieben wird. Es basiert auf der Idee, dass Individuen nicht isoliert existieren, sondern Teil eines größeren sozialen Gefüges sind. In der LGBTQ-Community bedeutet dies, dass die Kämpfe eines Einzelnen die Kämpfe aller betreffen. Der Sozialwissenschaftler Émile Durkheim argumentierte, dass Solidarität die Grundlage für den sozialen Zusammenhalt bildet und dass sie in Zeiten der Krise besonders wichtig ist [1].

Probleme und Herausforderungen

Trotz der fortschreitenden Akzeptanz von LGBTQ-Personen in vielen Teilen der Welt gibt es nach wie vor erhebliche Herausforderungen. Diskriminierung im Sport, Mobbing in Schulen und die Marginalisierung von trans-Personen in der Gesellschaft sind nur einige der Probleme, mit denen wir konfrontiert sind. Diese Herausforderungen erfordern eine kollektive Antwort, die über individuelle Anstrengungen hinausgeht.

Ein Beispiel für die Herausforderungen, mit denen trans-Athleten konfrontiert sind, ist die ungleiche Behandlung bei Wettkämpfen. Viele Sportverbände haben Richtlinien, die trans-Athleten benachteiligen, indem sie strenge Anforderungen an

Hormonspiegel und andere Kriterien stellen. Diese Diskriminierung führt nicht nur zu einem Verlust von Chancen, sondern auch zu einem Gefühl der Isolation und des Ausschlusses.

Beispiele für Solidarität

Ein bemerkenswertes Beispiel für Solidarität in der LGBTQ-Community ist die Unterstützung von Athleten während der Pride-Monate. Viele Sportorganisationen und -verbände haben begonnen, Pride-Flaggen zu hissen und spezielle Veranstaltungen zu organisieren, um die Sichtbarkeit von LGBTQ-Athleten zu erhöhen. Diese Aktionen senden eine klare Botschaft: Wir stehen zusammen, um Diskriminierung abzulehnen und Vielfalt zu feiern.

Ein weiteres Beispiel ist die Gründung von Unterstützungsgruppen und Netzwerken, die sich speziell auf die Bedürfnisse von trans-Athleten konzentrieren. Organisationen wie „Trans Sport Allies" bieten Ressourcen, Schulungen und Mentoring-Programme an, um trans-Personen im Sport zu unterstützen. Diese Initiativen sind entscheidend, um ein Gefühl der Zugehörigkeit und Unterstützung zu schaffen.

Ein Aufruf zur aktiven Teilnahme

Dieser Aufruf zur Solidarität richtet sich an alle – Athleten, Trainer, Verbände und Fans. Es ist an der Zeit, dass wir unsere Stimmen erheben und aktiv für die Rechte von trans-Personen im Sport eintreten. Jeder von uns kann einen Beitrag leisten, sei es durch die Teilnahme an Protesten, das Teilen von Informationen in sozialen Medien oder die Unterstützung von Organisationen, die sich für trans-Rechte einsetzen.

Wir müssen auch die Bildung und Aufklärung in unseren Gemeinschaften fördern. Workshops und Seminare, die sich mit den Herausforderungen von LGBTQ-Personen im Sport befassen, können dazu beitragen, Vorurteile abzubauen und ein besseres Verständnis zu schaffen. Bildung ist der Schlüssel zur Veränderung, und wir müssen sicherstellen, dass zukünftige Generationen in einer Welt aufwachsen, die Vielfalt schätzt und respektiert.

Schlussfolgerung

Solidarität ist der Grundstein für eine gerechte und inklusive Gesellschaft. Wenn wir uns zusammenschließen und unsere Stimmen erheben, können wir die notwendigen Veränderungen herbeiführen, um trans-Personen im Sport und darüber hinaus zu unterstützen. Lassen Sie uns gemeinsam für eine Zukunft kämpfen, in der jeder die Freiheit hat, seine Identität ohne Angst vor Diskriminierung oder Gewalt auszuleben. Der Weg zur Solidarität ist ein Weg der Hoffnung, und es liegt an uns, diesen Weg gemeinsam zu gehen.

Bibliography

[1] Émile Durkheim, *Die Regeln der soziologischen Methode*, 1893.

Die Zukunft des trans-Sports und der LGBTQ-Community

Die Zukunft des trans-Sports und der LGBTQ-Community ist ein Thema von wachsender Bedeutung, sowohl in der Gesellschaft als auch im Sport. Die Herausforderungen, mit denen trans-Athleten konfrontiert sind, sind vielfältig und komplex. Dennoch gibt es auch eine Vielzahl von Möglichkeiten, die sich aus dem Engagement und der Unterstützung innerhalb der Community ergeben. In diesem Abschnitt werden wir die wichtigsten Aspekte der zukünftigen Entwicklungen im trans-Sport und der LGBTQ-Community untersuchen, einschließlich der Herausforderungen, der Chancen und der notwendigen Schritte zur Förderung der Inklusion und Gleichheit.

Herausforderungen und Widerstände

Trotz der Fortschritte, die in den letzten Jahren erzielt wurden, stehen trans-Athleten weiterhin vor zahlreichen Herausforderungen. Diskriminierung im Sport ist nach wie vor ein ernstes Problem. Laut einer Studie von [1] berichten 60% der trans-Athleten von Diskriminierung aufgrund ihrer Geschlechtsidentität. Diese Diskriminierung kann in verschiedenen Formen auftreten, einschließlich Mobbing, Ausschluss von Wettbewerben und negativer Medienberichterstattung.

Ein weiteres zentrales Problem ist die Unsicherheit bezüglich der Richtlinien der Sportverbände. Viele Organisationen haben noch keine klaren und inklusiven Richtlinien für die Teilnahme von trans-Athleten an Wettbewerben entwickelt. Dies führt zu Verwirrung und Ungerechtigkeit, da Athleten oft nicht wissen, ob sie an Wettkämpfen teilnehmen dürfen oder welche Anforderungen sie erfüllen müssen. Die Unsicherheit kann auch zu einem Rückgang der Teilnahme von trans-Athleten an Sportveranstaltungen führen, was die Sichtbarkeit und Repräsentation der Community weiter verringert.

Theoretische Perspektiven auf Inklusion

Um die Zukunft des trans-Sports zu gestalten, ist es wichtig, theoretische Perspektiven auf Inklusion und Diversität zu berücksichtigen. Die Theorie der sozialen Identität [1] legt nahe, dass Individuen ihre Identität stark von der Gruppe ableiten, zu der sie gehören. Für trans-Athleten bedeutet dies, dass eine stärkere Anerkennung und Unterstützung innerhalb der Sportgemeinschaft nicht nur ihre individuelle Identität stärkt, sondern auch das Gefühl der Zugehörigkeit zur LGBTQ-Community fördert.

Ein weiterer relevanter theoretischer Rahmen ist die Intersektionalität [3], die die Überschneidungen verschiedener Identitäten und Diskriminierungsformen untersucht. Trans-Athleten sind oft nicht nur aufgrund ihrer Geschlechtsidentität, sondern auch aufgrund anderer Faktoren wie Rasse, Klasse und sexueller Orientierung Diskriminierung ausgesetzt. Eine intersektionale Perspektive ist entscheidend, um die Komplexität der Erfahrungen von trans-Athleten zu verstehen und um sicherzustellen, dass ihre Stimmen in zukünftigen Diskussionen gehört werden.

Chancen für die Zukunft

Trotz der Herausforderungen gibt es auch viele Chancen, die sich für trans-Athleten und die LGBTQ-Community ergeben. Eine der vielversprechendsten Entwicklungen ist das wachsende Bewusstsein und die Unterstützung für trans-Rechte im Sport. In den letzten Jahren haben viele Sportverbände begonnen, Richtlinien zu entwickeln, die die Teilnahme von trans-Athleten an Wettbewerben ermöglichen. Diese Richtlinien sind oft das Ergebnis von aktivem Lobbying und der Zusammenarbeit mit LGBTQ-Organisationen.

Ein Beispiel für positive Veränderungen ist die Entscheidung des Internationalen Olympischen Komitees (IOC), die Richtlinien zur Teilnahme von trans-Athleten zu überarbeiten. Die neuen Richtlinien, die 2021 eingeführt wurden, erlauben es trans-Frauen, an Wettbewerben teilzunehmen, wenn sie ihre Testosteronwerte unter einen bestimmten Schwellenwert senken. Dies ist ein wichtiger Schritt in Richtung Inklusion und Anerkennung der Rechte von trans-Athleten auf der globalen Bühne.

Die Rolle der Bildung und Aufklärung

Ein weiterer entscheidender Faktor für die Zukunft des trans-Sports ist die Rolle von Bildung und Aufklärung. Schulen, Universitäten und Sportorganisationen müssen Programme entwickeln, die das Bewusstsein für die Herausforderungen von trans-Athleten schärfen und die Bedeutung von Inklusion betonen. Workshops, Seminare und Informationskampagnen können dazu beitragen, Vorurteile abzubauen und ein unterstützendes Umfeld zu schaffen.

Die Entwicklung von Lehrplänen, die Diversität und Inklusion fördern, ist ebenfalls von großer Bedeutung. Bildungsinstitutionen können eine Schlüsselrolle dabei spielen, die nächste Generation von Athleten und Trainern darauf vorzubereiten, eine inklusive und respektvolle Sportkultur zu schaffen.

Technologie und soziale Medien

Die Rolle von Technologie und sozialen Medien kann nicht unterschätzt werden, wenn es um die Zukunft des trans-Sports geht. Plattformen wie Instagram, Twitter und TikTok bieten trans-Athleten die Möglichkeit, ihre Geschichten zu teilen und eine breitere Öffentlichkeit zu erreichen. Diese Sichtbarkeit ist entscheidend, um das Bewusstsein für die Herausforderungen und Erfolge von trans-Athleten zu schärfen.

Darüber hinaus können Technologie und Datenanalysen dazu beitragen, die Leistung von trans-Athleten zu überwachen und zu unterstützen. Innovative Ansätze im Training und in der Leistungsanalyse können dazu beitragen, individuelle Bedürfnisse besser zu berücksichtigen und eine inklusive Sportumgebung zu fördern.

Fazit und Ausblick

Die Zukunft des trans-Sports und der LGBTQ-Community hängt von der Bereitschaft der Gesellschaft ab, sich für Inklusion und Gleichheit einzusetzen. Es ist unerlässlich, dass Sportorganisationen, Bildungseinrichtungen und die breite Öffentlichkeit zusammenarbeiten, um Barrieren abzubauen und ein unterstützendes Umfeld für trans-Athleten zu schaffen. Die Herausforderungen sind groß, aber die Chancen sind ebenso bedeutend.

Die Vision einer inklusiven Sportwelt, in der alle Athleten unabhängig von ihrer Geschlechtsidentität respektiert und unterstützt werden, ist erreichbar. Es liegt an uns allen, diese Vision zu verwirklichen und eine gerechtere und gleichberechtigtere Zukunft für die LGBTQ-Community zu schaffen.

Die Bedeutung des Engagements

Das Engagement in der LGBTQ-Community, insbesondere im Kontext des trans-Sports, spielt eine entscheidende Rolle für die Förderung von Akzeptanz, Sichtbarkeit und Rechten. Es ist nicht nur eine Frage des persönlichen Einsatzes, sondern auch ein kollektiver Prozess, der die gesamte Gemeinschaft stärkt und Veränderungen in der Gesellschaft bewirken kann.

Theoretische Grundlagen

Engagement kann als eine Form der sozialen Praxis verstanden werden, die auf den Prinzipien der Solidarität und des Aktivismus basiert. Laut der Sozialtheoretikerin Judith Butler ist das Engagement in sozialen Bewegungen unerlässlich, um marginalisierte Stimmen zu stärken und die gesellschaftliche Norm zu hinterfragen [?]. Diese Theorie findet Anwendung im Kontext des trans-Sports, wo der Kampf um Gleichheit und Anerkennung im Sport nicht nur individuelle, sondern auch kollektive Anstrengungen erfordert.

Probleme und Herausforderungen

Trotz des zunehmenden Engagements gibt es zahlreiche Herausforderungen, die es zu bewältigen gilt. Diskriminierung und Vorurteile im Sport sind nach wie vor weit verbreitet. Studien zeigen, dass trans-Athleten häufig mit Vorurteilen konfrontiert werden, die ihre Teilnahme an Wettkämpfen und ihre Identität untergraben [?]. Diese Diskriminierung kann sich in verschiedenen Formen äußern, von verbalen Angriffen bis hin zu strukturellen Barrieren, die den Zugang zu Sporteinrichtungen und Wettbewerben einschränken.

Ein weiteres Problem ist die Unsichtbarkeit der trans-Gemeinschaft in den Medien. Oft werden trans-Athleten nicht angemessen repräsentiert, was zu einem Mangel an Vorbildern und damit zu einem verminderten Engagement in der Gemeinschaft führt [?]. Diese Unsichtbarkeit kann dazu führen, dass junge Menschen, die sich mit der trans-Identität identifizieren, sich nicht in der Sportwelt vertreten fühlen und somit nicht aktiv teilnehmen.

Beispiele für erfolgreiches Engagement

Trotz dieser Herausforderungen gibt es zahlreiche Beispiele für erfolgreiches Engagement innerhalb der trans-Sport-Community. Eine der bemerkenswertesten Initiativen ist die Gründung von „Trans Sport Allies", einer Organisation, die sich für die Rechte von trans-Athleten einsetzt. Diese Organisation hat es sich zur

Aufgabe gemacht, Bewusstsein zu schaffen, Bildungsressourcen bereitzustellen und eine Plattform für trans-Athleten zu bieten, um ihre Geschichten zu teilen und ihre Stimmen zu erheben.

Ein weiteres Beispiel ist die zunehmende Unterstützung von prominenten Athleten, die sich öffentlich für die Rechte von trans-Athleten einsetzen. Athleten wie Chris Mosier, der erste offen trans-Athlet, der für ein US-Nationalteam antritt, haben durch ihre Sichtbarkeit und ihren Einsatz dazu beigetragen, das Bewusstsein für die Herausforderungen zu schärfen, mit denen trans-Athleten konfrontiert sind [?]. Diese Unterstützung hat nicht nur das Engagement innerhalb der Community gefördert, sondern auch einen positiven Einfluss auf die öffentliche Wahrnehmung von trans-Athleten ausgeübt.

Die Rolle von Bildung und Aufklärung

Ein entscheidender Aspekt des Engagements ist die Bildung. Aufklärungsprogramme in Schulen und Sporteinrichtungen sind unerlässlich, um Vorurteile abzubauen und ein inklusives Umfeld zu schaffen. Studien zeigen, dass Bildung einen signifikanten Einfluss auf die Akzeptanz von LGBTQ-Personen hat, indem sie das Verständnis und die Empathie fördert [?]. Workshops, Seminare und Informationskampagnen können dazu beitragen, das Bewusstsein für die Herausforderungen von trans-Athleten zu schärfen und die Unterstützung innerhalb der Gemeinschaft zu stärken.

Darüber hinaus ist die Rolle von sozialen Medien nicht zu unterschätzen. Plattformen wie Instagram und Twitter bieten trans-Athleten die Möglichkeit, ihre Geschichten zu teilen und sich mit Gleichgesinnten zu vernetzen. Diese digitalen Räume fördern den Austausch und das Engagement und ermöglichen es der Community, sich zu organisieren und gemeinsame Ziele zu verfolgen [?].

Schlussfolgerung

Zusammenfassend lässt sich sagen, dass das Engagement in der LGBTQ-Community, insbesondere im Bereich des trans-Sports, von entscheidender Bedeutung ist. Es fördert nicht nur die Sichtbarkeit und die Rechte von trans-Athleten, sondern trägt auch zur Schaffung einer inklusiveren und gerechteren Gesellschaft bei. Angesichts der bestehenden Herausforderungen ist es unerlässlich, dass sowohl Individuen als auch Organisationen weiterhin aktiv an der Förderung von Akzeptanz und Gleichheit arbeiten. Nur durch kollektives Engagement können wir die notwendigen Veränderungen herbeiführen und eine

Zukunft schaffen, in der alle Athleten, unabhängig von ihrer Identität, die gleichen Chancen und Rechte im Sport genießen.

Die Rolle von Bildung für die nächsten Generationen

Bildung spielt eine entscheidende Rolle in der Förderung der Akzeptanz und des Verständnisses für LGBTQ-Personen, insbesondere für trans-Athleten. Sie ist nicht nur ein Mittel zur Wissensvermittlung, sondern auch ein Werkzeug zur Schaffung von Empathie und Respekt in der Gesellschaft. In dieser Sektion werden wir die verschiedenen Dimensionen der Bildung betrachten, die für die nächsten Generationen von Bedeutung sind, und wie sie zur Schaffung einer inklusiven Gesellschaft beitragen können.

Theoretische Grundlagen

Die Bildungstheorie von Paulo Freire betont die Notwendigkeit einer kritischen Pädagogik, die die Lernenden dazu anregt, ihre sozialen und politischen Kontexte zu hinterfragen. Freire argumentiert, dass Bildung nicht nur der Übertragung von Wissen dient, sondern auch der Befähigung von Individuen, ihre Realität zu verändern [?]. Diese Perspektive ist besonders relevant für die LGBTQ-Community, da sie die Notwendigkeit unterstreicht, Vorurteile abzubauen und ein Bewusstsein für Diversität zu schaffen.

Ein weiterer wichtiger theoretischer Ansatz ist die soziale Identitätstheorie von Henri Tajfel, die besagt, dass die Zugehörigkeit zu einer bestimmten Gruppe das Selbstbild und die Interaktionen mit anderen beeinflusst [1]. In Bezug auf LGBTQ-Personen bedeutet dies, dass die Sichtbarkeit und Anerkennung ihrer Identität in Bildungseinrichtungen entscheidend sind, um ein positives Selbstwertgefühl zu fördern und Diskriminierung zu verringern.

Probleme in der Bildung

Trotz der Fortschritte in der LGBTQ-Akzeptanz gibt es nach wie vor erhebliche Herausforderungen in Bildungseinrichtungen. Mangelnde Aufklärung über Geschlechteridentität und sexuelle Orientierung führt oft zu Vorurteilen und Diskriminierung. Studien zeigen, dass LGBTQ-Schüler*innen häufiger Mobbing und Diskriminierung ausgesetzt sind, was zu negativen Auswirkungen auf ihr psychisches Wohlbefinden und ihre schulischen Leistungen führt [?]. Ein weiteres Problem ist die fehlende Ausbildung von Lehrkräften in Bezug auf LGBTQ-Themen. Viele Lehrer*innen fühlen sich unzureichend vorbereitet, um über Geschlechtervielfalt zu sprechen oder LGBTQ-Themen in den

Unterricht zu integrieren. Diese Unkenntnis kann dazu führen, dass Schüler*innen sich nicht sicher fühlen, ihre Identität auszudrücken, und dass sie in ihrer Entwicklung behindert werden.

Beispiele für erfolgreiche Bildungsinitiativen

Um diese Herausforderungen zu bewältigen, wurden verschiedene Bildungsinitiativen ins Leben gerufen, die darauf abzielen, das Bewusstsein und die Akzeptanz von LGBTQ-Personen zu fördern. Ein bemerkenswertes Beispiel ist das Programm „Safe Schools", das Schulen dabei unterstützt, ein sicheres und unterstützendes Umfeld für LGBTQ-Schüler*innen zu schaffen. Dieses Programm bietet Ressourcen und Schulungen für Lehrkräfte und Schüler*innen, um Diskriminierung zu bekämpfen und die Akzeptanz zu fördern [?].

Ein weiteres Beispiel ist die Einführung von LGBTQ-Themen in den Lehrplan. In einigen Bundesländern wurden Lehrpläne entwickelt, die die Geschichte und die Beiträge von LGBTQ-Personen in verschiedenen Fachbereichen integrieren. Diese Maßnahmen helfen, das Bewusstsein zu schärfen und die Sichtbarkeit von LGBTQ-Individuen zu erhöhen, was wiederum zu einer positiveren Einstellung gegenüber Vielfalt führt.

Die Bedeutung von Allyship und Unterstützung

Die Rolle von Allyship in der Bildung kann nicht unterschätzt werden. Allyship bezieht sich auf die aktive Unterstützung von LGBTQ-Personen durch Nicht-LGBTQ-Personen. In Bildungseinrichtungen können Allies, wie Lehrer*innen und Mitschüler*innen, eine entscheidende Rolle dabei spielen, ein unterstützendes Umfeld zu schaffen. Sie können helfen, Vorurteile abzubauen und eine Kultur der Inklusion zu fördern, indem sie sich gegen Diskriminierung aussprechen und LGBTQ-Themen in den Unterricht integrieren.

Darüber hinaus ist die Unterstützung durch Eltern und Gemeinschaften von großer Bedeutung. Eltern, die sich für die Rechte von LGBTQ-Personen einsetzen und ihre Kinder ermutigen, offen und respektvoll gegenüber Diversität zu sein, tragen zur Schaffung einer positiven und unterstützenden Umgebung bei. Gemeinschaftsorganisationen können ebenfalls eine wichtige Rolle spielen, indem sie Bildungsressourcen bereitstellen und Workshops anbieten, die sich mit LGBTQ-Themen befassen.

Zukunftsvisionen für eine inklusive Bildung

Um eine inklusive Bildung für die nächsten Generationen zu gewährleisten, ist es wichtig, dass Bildungseinrichtungen proaktive Maßnahmen ergreifen. Dazu gehört die Implementierung von Schulungsprogrammen für Lehrkräfte, die Entwicklung von Lehrplänen, die LGBTQ-Themen integrieren, und die Förderung von Allyship in Schulen. Darüber hinaus sollten Schulen Partnerschaften mit LGBTQ-Organisationen eingehen, um Ressourcen und Unterstützung zu erhalten.

Ein weiterer wichtiger Aspekt ist die Einbeziehung von LGBTQ-Personen in die Gestaltung von Bildungsprogrammen. Ihre Perspektiven und Erfahrungen sind entscheidend, um sicherzustellen, dass Bildungsinitiativen relevant und effektiv sind. Indem wir die Stimmen von trans-Athleten und anderen LGBTQ-Personen hören und einbeziehen, können wir eine Bildung schaffen, die wirklich inklusiv ist.

Schlussfolgerung

Die Rolle von Bildung in der Schaffung einer inklusiven Gesellschaft kann nicht hoch genug eingeschätzt werden. Sie ist der Schlüssel zur Förderung von Akzeptanz und Verständnis für LGBTQ-Personen und zur Bekämpfung von Diskriminierung. Durch die Integration von LGBTQ-Themen in den Lehrplan, die Schulung von Lehrkräften und die Förderung von Allyship können wir sicherstellen, dass die nächsten Generationen in einer Welt aufwachsen, die Vielfalt schätzt und respektiert. Es liegt an uns, diese Veränderungen herbeizuführen und eine Zukunft zu gestalten, in der alle Menschen, unabhängig von ihrer Identität, die gleichen Chancen und Rechte haben.

Die Vision von einer inklusiven Gesellschaft

Die Vision von einer inklusiven Gesellschaft ist ein zentrales Anliegen in der heutigen Diskussion über soziale Gerechtigkeit und Gleichheit. In einer solchen Gesellschaft haben alle Menschen, unabhängig von Geschlecht, sexueller Orientierung, ethnischer Zugehörigkeit oder anderen Identitätsmerkmalen, die gleichen Rechte und Chancen. Diese Vision ist nicht nur ein Ideal, sondern auch eine Notwendigkeit, um die Vielfalt menschlicher Erfahrungen zu feiern und zu schützen.

Theoretische Grundlagen

Die theoretische Grundlage für eine inklusive Gesellschaft findet sich in verschiedenen sozialwissenschaftlichen Ansätzen. Der soziale Konstruktivismus, zum Beispiel, betont, dass Identität und soziale Realität durch Interaktionen und gesellschaftliche Normen konstruiert werden. Diese Perspektive zeigt, dass Diskriminierung und Vorurteile nicht biologisch determiniert sind, sondern erlernt und somit auch verlernt werden können.

Ein weiterer wichtiger Ansatz ist die Intersektionalität, die von Kimberlé Crenshaw geprägt wurde. Diese Theorie untersucht, wie verschiedene soziale Kategorien wie Geschlecht, Rasse, Klasse und sexuelle Orientierung sich überschneiden und dabei spezifische Erfahrungen von Diskriminierung oder Privilegierung schaffen. Intersektionalität fordert uns auf, die Komplexität menschlicher Identität zu erkennen und zu verstehen, dass Menschen nicht einfach in eine einzige Kategorie eingeordnet werden können.

Aktuelle Herausforderungen

Trotz der Fortschritte in Richtung einer inklusiven Gesellschaft stehen wir vor vielen Herausforderungen. Diskriminierung und Vorurteile sind nach wie vor weit verbreitet und manifestieren sich in verschiedenen Bereichen des Lebens. In der Sportwelt beispielsweise erleben trans-Athleten häufig Diskriminierung, sei es durch restriktive Richtlinien oder durch offene Ablehnung von anderen Athleten und Verbänden.

Ein konkretes Beispiel ist die Kontroverse um die Teilnahme von trans-Frauen an Frauenwettkämpfen. Während einige Verbände Richtlinien erlassen haben, die es trans-Frauen ermöglichen, an Wettkämpfen teilzunehmen, gibt es immer noch erhebliche Widerstände und Bedenken hinsichtlich der Fairness. Diese Diskussion zeigt, wie wichtig es ist, inklusive Richtlinien zu entwickeln, die sowohl die Rechte von trans-Athleten schützen als auch die Integrität des Sports wahren.

Beispiele für Inklusion

Es gibt jedoch auch positive Beispiele für die Schaffung inklusiver Räume. Organisationen wie „Trans Sport Allies" setzen sich aktiv für die Rechte von trans-Athleten ein und arbeiten daran, Barrieren abzubauen. Durch Bildungsprogramme, Workshops und öffentliche Kampagnen wird das Bewusstsein für die Herausforderungen, vor denen trans-Athleten stehen, geschärft. Solche Initiativen zeigen, dass es möglich ist, eine inklusive Gesellschaft zu fördern, in der Vielfalt nicht nur akzeptiert, sondern gefeiert wird.

Ein weiteres Beispiel ist die zunehmende Sichtbarkeit von LGBTQ+-Sportlern in den Medien. Filme, Dokumentationen und soziale Medien haben dazu beigetragen, die Geschichten dieser Athleten zu erzählen und ihre Erfahrungen in den Vordergrund zu rücken. Diese Sichtbarkeit ist entscheidend, um Vorurteile abzubauen und ein besseres Verständnis für die Herausforderungen zu schaffen, mit denen viele in der LGBTQ+-Community konfrontiert sind.

Die Rolle von Bildung

Bildung spielt eine entscheidende Rolle bei der Schaffung einer inklusiven Gesellschaft. Durch die Integration von Themen wie Geschlechtergerechtigkeit, Diversität und Inklusion in den Lehrplan können zukünftige Generationen für die Bedeutung von Akzeptanz und Respekt sensibilisiert werden. Schulen und Universitäten müssen als sichere Räume fungieren, in denen alle Schüler unabhängig von ihrer Identität respektiert und unterstützt werden.

Ein Beispiel für eine erfolgreiche Bildungsinitiative ist das „Safe Space"-Programm, das Schulen dabei unterstützt, eine inklusive Umgebung zu schaffen. Durch Schulungen und Ressourcen lernen Lehrkräfte, wie sie LGBTQ+-Schüler unterstützen und Diskriminierung entgegenwirken können. Solche Programme sind entscheidend, um eine Kultur der Akzeptanz und des Respekts zu fördern.

Schlussfolgerung

Die Vision von einer inklusiven Gesellschaft ist ein fortlaufender Prozess, der Engagement, Bildung und die Bereitschaft erfordert, bestehende Normen in Frage zu stellen. Es ist wichtig, dass wir alle Verantwortung übernehmen und aktiv an der Schaffung einer Welt arbeiten, in der jeder Mensch, unabhängig von seiner Identität, die gleichen Chancen und Rechte hat. Nur so können wir eine Gesellschaft schaffen, die wirklich inklusiv ist und in der Vielfalt als Stärke angesehen wird.

Diese Vision erfordert eine kollektive Anstrengung von Individuen, Gemeinschaften und Institutionen. Gemeinsam können wir die Herausforderungen überwinden und eine Zukunft gestalten, in der jeder Mensch in seiner Einzigartigkeit geschätzt wird. Die Reise zur Inklusion ist zwar lang und oft herausfordernd, doch sie ist notwendig, um eine gerechtere und harmonischere Gesellschaft zu schaffen.

Die Hoffnung auf Veränderungen

Die Hoffnung auf Veränderungen ist ein zentraler Bestandteil des Aktivismus, insbesondere im Kontext der trans-Sport-Bewegung. Diese Hoffnung ist nicht nur ein emotionaler Antrieb, sondern auch ein strategisches Element, das es Aktivisten ermöglicht, ihre Ziele und Visionen zu formulieren und zu verfolgen. Um die Bedeutung dieser Hoffnung zu verstehen, ist es wichtig, einige theoretische Konzepte und praktische Beispiele zu betrachten, die die Dynamik von Veränderungen im Sport und in der Gesellschaft verdeutlichen.

Theoretische Grundlagen der Veränderung

Die Theorie des sozialen Wandels, wie sie von Sozialwissenschaftlern wie Karl Marx und Max Weber formuliert wurde, bietet einen Rahmen, um die Mechanismen zu verstehen, die Veränderungen in der Gesellschaft bewirken. Marx argumentierte, dass gesellschaftliche Veränderungen oft durch Konflikte zwischen verschiedenen Klassen und Interessen hervorgerufen werden. Diese Konflikte können auch in der Sportwelt beobachtet werden, wo trans-Athleten gegen diskriminierende Praktiken und Richtlinien kämpfen.

Ein weiterer wichtiger theoretischer Ansatz ist die soziale Bewegungs- und Mobilisierungstheorie. Diese Theorie besagt, dass soziale Bewegungen, wie die LGBTQ-Bewegung, durch kollektive Aktionen und Mobilisierungen Veränderungen herbeiführen können. Der Erfolg solcher Bewegungen hängt oft von der Fähigkeit ab, eine breite Basis von Unterstützern zu mobilisieren und die öffentliche Meinung zu beeinflussen.

Herausforderungen auf dem Weg zur Veränderung

Trotz der Hoffnung auf Veränderungen stehen trans-Aktivisten im Sport vor zahlreichen Herausforderungen. Diskriminierung, Vorurteile und institutionelle Barrieren sind nur einige der Probleme, die es zu überwinden gilt. Eine der größten Herausforderungen ist die Stigmatisierung, die viele trans-Athleten erleben, was oft zu einem Gefühl der Isolation und des Mangels an Unterstützung führt.

Ein Beispiel für diese Herausforderungen ist die Kontroversen um die Teilnahme von trans-Frauen an Frauenwettbewerben. Einige argumentieren, dass trans-Frauen einen unfairen Vorteil haben könnten, während andere darauf hinweisen, dass der Zugang zu Sport für alle Geschlechter eine grundlegende Menschenrechtsfrage ist. Diese Debatten zeigen, wie wichtig es ist, evidenzbasierte Ansätze zu verfolgen, um Vorurteile abzubauen und eine inklusive Sportumgebung zu schaffen.

Positive Beispiele für Veränderungen

Trotz der Herausforderungen gibt es zahlreiche positive Beispiele für Veränderungen, die Hoffnung geben. Organisationen wie die *Transgender Sports Alliance* haben sich dafür eingesetzt, Richtlinien zu entwickeln, die die Teilnahme von trans-Athleten fördern. Diese Organisationen arbeiten eng mit Sportverbänden zusammen, um sicherzustellen, dass trans-Athleten die gleichen Chancen erhalten wie ihre cisgender Kollegen.

Ein weiteres Beispiel ist die zunehmende Sichtbarkeit von trans-Athleten in den Medien. Athleten wie *Chris Mosier*, der erste trans Mann, der an einem nationalen Wettkampf für cisgender Männer teilnahm, haben dazu beigetragen, das Bewusstsein für die Herausforderungen und Erfolge von trans-Athleten zu schärfen. Solche Geschichten inspirieren nicht nur andere trans-Athleten, sondern fördern auch das Verständnis und die Akzeptanz in der breiteren Gesellschaft.

Die Rolle von Bildung und Aufklärung

Bildung spielt eine entscheidende Rolle bei der Schaffung von Veränderungen. Durch Aufklärungsprogramme in Schulen und Sportvereinen kann das Bewusstsein für die Herausforderungen von trans-Athleten geschärft werden. Workshops und Schulungen, die sich mit Geschlechteridentität und Inklusion befassen, können dazu beitragen, Vorurteile abzubauen und ein unterstützendes Umfeld zu schaffen.

Ein Beispiel für erfolgreiche Bildungsinitiativen ist das Programm *Play Proud*, das sich darauf konzentriert, Sportvereine und Trainer zu schulen, um eine inklusive Umgebung für LGBTQ-Athleten zu schaffen. Solche Programme zeigen, dass Veränderungen möglich sind, wenn Bildung und Sensibilisierung im Mittelpunkt stehen.

Ausblick auf die Zukunft

Die Hoffnung auf Veränderungen ist nicht nur ein Wunsch, sondern ein aktives Engagement für eine bessere Zukunft. Die trans-Sport-Bewegung hat das Potenzial, nicht nur im Sport, sondern auch in der Gesellschaft insgesamt Veränderungen herbeizuführen. Durch die Zusammenarbeit mit Unterstützern, die Mobilisierung von Gemeinschaften und die Förderung von Bildung können trans-Aktivisten einen bedeutenden Einfluss auf die Wahrnehmung und Akzeptanz von Geschlechtervielfalt ausüben.

Die Herausforderungen sind groß, aber die Hoffnung ist größer. Die Vision einer inklusiven Sportwelt, in der jeder Athlet unabhängig von

Geschlechtsidentität oder -ausdruck akzeptiert und respektiert wird, ist erreichbar. Es ist an der Zeit, diese Hoffnung in die Tat umzusetzen und gemeinsam für Veränderungen zu kämpfen.

$$\text{Veränderung} = \text{Hoffnung} + \text{Aktion} + \text{Gemeinschaft} \qquad (83)$$

Diese Gleichung verdeutlicht, dass echte Veränderungen nur durch die Kombination von Hoffnung, aktiver Beteiligung und gemeinschaftlichem Engagement erreicht werden können. Jeder Schritt in Richtung Akzeptanz und Gleichheit ist ein Schritt in die richtige Richtung, und es liegt an uns allen, diese Schritte zu gehen.

Ein Aufruf zur aktiven Teilnahme

In einer Welt, die sich ständig verändert und in der die Stimmen der Marginalisierten oft überhört werden, ist es unerlässlich, dass jeder Einzelne aktiv wird und sich an der Schaffung einer gerechteren Gesellschaft beteiligt. Der Aufruf zur aktiven Teilnahme ist nicht nur ein Appell an das Gewissen, sondern auch ein strategischer Schritt, um die strukturellen Barrieren zu überwinden, die LGBTQ-Personen, insbesondere trans-Athleten, im Sport und darüber hinaus begegnen.

Theoretische Grundlagen

Die soziale Bewegungsforschung hat gezeigt, dass aktive Teilnahme entscheidend für den Erfolg von sozialen Bewegungen ist. In der Theorie der sozialen Bewegungen, wie sie von Tilly und Tarrow (2015) dargelegt wird, spielt die Mobilisierung von Individuen eine zentrale Rolle. Diese Mobilisierung kann durch verschiedene Mechanismen erfolgen, darunter persönliche Geschichten, emotionale Appelle und die Schaffung von Gemeinschaftsgefühl.

Darüber hinaus zeigt die Theorie der kollektiven Identität, dass das Gefühl der Zugehörigkeit zu einer bestimmten Gruppe, wie der LGBTQ-Community, die Motivation zur aktiven Teilnahme erhöht. Wenn Individuen sich als Teil einer größeren Bewegung sehen, sind sie eher bereit, sich zu engagieren und zu kämpfen.

Herausforderungen der aktiven Teilnahme

Trotz der theoretischen Grundlagen gibt es zahlreiche Herausforderungen, die einer aktiven Teilnahme im Wege stehen. Diskriminierung, gesellschaftliche Vorurteile und interne Konflikte innerhalb der Community können den

Aktivismus hemmen. Beispielsweise können trans-Athleten, die sich für ihre Rechte einsetzen, mit Vorurteilen sowohl im Sport als auch in der Gesellschaft konfrontiert werden. Diese Herausforderungen können dazu führen, dass sich Einzelpersonen zurückziehen oder nicht an Aktivitäten teilnehmen, die für die Sichtbarkeit und das Vorankommen der Bewegung von entscheidender Bedeutung sind.

Ein weiteres Problem ist die Fragmentierung innerhalb der LGBTQ-Community. Unterschiedliche Erfahrungen und Identitäten können zu Spannungen führen, die die gemeinsame Mobilisierung erschweren. Um diese Probleme zu überwinden, ist es wichtig, ein inklusives Umfeld zu schaffen, in dem alle Stimmen gehört werden und in dem die Vielfalt innerhalb der Bewegung gefeiert wird.

Beispiele für aktive Teilnahme

Es gibt zahlreiche Beispiele für erfolgreiche aktive Teilnahme, die als Inspiration dienen können. Die „Trans Sport Allies"-Initiative, gegründet von Elijah Nichols, ist ein hervorragendes Beispiel dafür, wie kollektives Handeln zu positiven Veränderungen führen kann. Diese Organisation hat nicht nur Bewusstsein für die Herausforderungen von trans-Athleten geschaffen, sondern auch politische Veränderungen angestoßen, die den Zugang zu Sport für alle ermöglichen.

Ein weiteres Beispiel ist die Teilnahme an Pride-Paraden und LGBTQ-Veranstaltungen, die nicht nur Sichtbarkeit bieten, sondern auch eine Plattform für den Austausch von Erfahrungen und Strategien zur Überwindung von Diskriminierung schaffen. Solche Veranstaltungen fördern nicht nur das Gemeinschaftsgefühl, sondern ermutigen auch Einzelpersonen, aktiv zu werden und ihre Geschichten zu teilen.

Strategien zur Förderung aktiver Teilnahme

Um die aktive Teilnahme zu fördern, sind verschiedene Strategien notwendig:

- ✦ **Bildung und Aufklärung:** Workshops und Seminare, die sich mit den Herausforderungen und Rechten von trans-Athleten befassen, können das Bewusstsein schärfen und Einzelpersonen ermutigen, sich zu engagieren.

- ✦ **Netzwerkbildung:** Die Schaffung von Unterstützungsgruppen, in denen sich Gleichgesinnte treffen und austauschen können, stärkt das Gefühl der Zugehörigkeit und motiviert zur aktiven Teilnahme.

- **Nutzung sozialer Medien:** Plattformen wie Instagram und Twitter können genutzt werden, um Geschichten zu teilen, Mobilisierung zu fördern und Unterstützung zu gewinnen. Kampagnen, die virale Aufmerksamkeit erlangen, können eine breite Öffentlichkeit erreichen und zur aktiven Teilnahme anregen.

- **Mentorship-Programme:** Die Verbindung von erfahrenen Aktivisten mit neuen Mitgliedern der Community kann den Einstieg in den Aktivismus erleichtern und das Wissen über Strategien und Ressourcen weitergeben.

Schlussfolgerung

Der Aufruf zur aktiven Teilnahme ist nicht nur ein Aufruf an das individuelle Gewissen, sondern ein notwendiger Schritt in der kollektiven Bewegung für Gleichheit und Gerechtigkeit. Durch Bildung, Netzwerkbildung und die Nutzung von sozialen Medien kann jeder Einzelne einen Beitrag leisten, um die Herausforderungen, denen trans-Athleten im Sport gegenüberstehen, zu überwinden.

In der Zukunft liegt die Verantwortung nicht nur bei den Aktivisten, sondern auch bei der breiten Öffentlichkeit, sich für die Rechte und die Sichtbarkeit von LGBTQ-Personen einzusetzen. Jeder von uns hat die Möglichkeit, eine Stimme zu erheben, aktiv zu werden und Teil der Veränderung zu sein, die wir in der Gesellschaft sehen wollen. Lassen Sie uns gemeinsam für eine inklusive und gerechte Zukunft kämpfen, in der jeder Mensch, unabhängig von Geschlecht oder sexueller Identität, die Möglichkeit hat, sein volles Potenzial im Sport und im Leben zu entfalten.

Index

Milton Keynes UK
Ingram Content Group UK Ltd.
UKHW030746121124
451094UK00013B/930

9 781998 610860